目录

序 　　　　　　　　　　　3
引言　　　　　　　　　　4
明星索引　　　　　　　　5

1860年代　　　　　　8

1870年代　　　　　　9

1880年代　　　　　　15

1890年代　　　　　　39

1900年代　　　　　　94

1910年代　　　　　　199

1920年代　　　　　　288

1930年代　　　　　　375

1940年代　　　　　　458

1950年代　　　　　　532

1960年代　　　　　　570

1970年代　　　　　　617

1980年代　　　　　　633

撰稿人　　　　　　　　　634
术语　　　　　　　　　　635
索引　　　　　　　　　　637
图片来源　　　　　　　　639
致谢　　　　　　　　　　640

501 MOVIE STARS
位电影明星

史蒂文·杰伊·施奈德◎主编

简练◎翻译

中央编译出版社
CCTP Central Compilation & Translation Press

图书在版编目（CIP）数据

501位电影明星 ／（英）施奈德（Schneider, S.J.）主编；简练译.
——北京：中央编译出版社，2015.1
ISBN 978-7-5117-2407-6

Ⅰ. ①5… Ⅱ. ①施… ②简… Ⅲ. ①电影演员-生平事迹-世界 Ⅳ. ①K815.78

中国版本图书馆CIP数据核字(2014)第274217号

Original title: 501 MOVIE STARS
© 2007 Quintessence Editions Ltd.
Chinese edition © 2014 Central Compilation and Translation Press
All rights reserved.

501位电影明星

出 版 人：	刘明清
出版统筹：	贾宇琰
责任编辑：	饶莎莎
特邀编辑：	刘文利
责任印制：	尹　珺
出版发行：	中央编译出版社
地　　址：	北京西城区车公庄大街乙5号鸿儒大厦B座（100044）
电　　话：	（010）52612345（总编室）　（010）52612342（编辑部）
	（010）52612316（发行部）　（010）52612315（网络销售）
	（010）52612346（馆配部）　（010）66509618（读者服务部）
传　　真：	（010）66515838
印　　刷：	利丰雅高印刷（深圳）有限公司
成品尺寸：	160毫米×210毫米　40印张
版　　次：	2015年1月北京第1版
印　　次：	2015年1月第1次印刷
定　　价：	148.00元
网　　址：	www.cctphome.com　　邮箱：cctp@cctphome.com
新浪微博：	@中央编译出版社　　微信：中央编译出版社（ID:cctphome）
淘宝网店：	编译出版社书店（http://shop108367160.taobao.com/）

本社常年法律顾问：北京市吴栾赵阎律师事务所律师　闫军　梁勤

序

奥布里·戴（Aubrey Day），《完全电影》《顶尖电影》杂志主编

每次出席晚宴，告诉人们我是一名电影记者后，他们就会不厌其烦地一次又一次提出一堆问题。而且不论你采访过多少导演、制片人、作家或其他迷人耀眼的电影工作室职员，他们一点儿都不会关心。他们会提出一些类似这样的问题：1.你见过的最著名的演员是谁？2.他们看起来如何？3.他们在现实生活中看起来和电影中一样好看吗？4.谁最友善？5.谁最难打交道？

实际上相当多的人都很迷恋电影明星。好莱坞很明白这一点，因此那儿的电影制片人为了请威尔·史密斯（Will Smith）、金·凯瑞（Jim Carrey）或汤姆·克鲁斯（Tom Cruise）拍电影不惜下血本。拿到一个尚有问题的浪漫喜剧剧本？不要紧，只要请史密斯来出演，这部电影就能取得两亿美元的票房。不确定一部文艺爱情片是否能吸引观众？只要瑞茜·威瑟斯彭（Reese Witherspoon）的名字出现在片头就大可放心了。

事情总是这样，保罗·纽曼（Paul Newman）、史蒂夫·麦奎因（Steve McQueen）、玛丽莲·梦露（Marilyn Monroe）……当你无事可做时这些名字仍然能让你坐在电视机前，欣赏他们演出的电影。

在这本书中，你会发现银幕中一些世界最著名的电影明星丰富多彩的生活细节。从默片时代查理·卓别林（Charlie Chaplin）的鬼把戏到詹姆斯·迪恩（James Dean）反抗的呐喊，从不朽的传奇约翰·韦恩（John Wayne）、詹姆斯·斯图尔特（James Stewart）、亨弗莱·鲍嘉（Humphrey Bogart）到演技派偶像马龙·白兰度（Marlon Brando）、达斯汀·霍夫曼（Dustin Hoffman）、罗伯特·德尼罗（Robert De Niro），再到现代著名影星莱昂纳多·迪卡普里奥（Leonardo DiCaprio）、约翰尼·德普（Johnny Depp）、妮可·基德曼（Nicole Kidman），你都可以在本书中找到他们的身影。

最棒的是，本书中还有许多本该出名却至今仍不为大众所知的伟大演员，如蒙哥马利·克里夫特（Montgomery Clift）、杰西卡·兰格（Jessica Lange）和吉恩·哈克曼（Gene Hackman），他们只是众多这类演员中的三个代表。

噢，最后还有一点，万一我们从未在晚宴上见过面，这就是以上问题的答案：1.我见过的最著名的演员是克林特·伊斯特伍德（Clint Eastwood）和朱迪·福斯特（Jodie Foster）。2.（他们两人）都很有魅力。3.嗯，是的，他们看起来和电影中一样。4.乔治·克鲁尼（George Clooney）最友善。5.恕我无可奉告……

Aubrey

于英国伦敦

引言

史蒂文·杰伊·施奈德（Steven Jay Schneider），本书主编

噢，成为一个电影明星，当然，很多人说——通常还是很大声地说——他们从来就不想……但是我们都知道这些人是什么意思。拜托，承认吧！与那些光鲜亮丽的生活相比，你和我，我们中的每一个人，都会很乐意接受这些负面事物——肮脏的流言、恶意的八卦、毫无隐私（还有一些其他不好之事，但我此刻想不起来了）。但是你会获得遍布全球的崇拜和奉承、名气、财富和朋友，即使没有朋友，至少还有粉丝，很多很多很多的粉丝，源源不断的派对，坐着头等舱满世界飞……这个清单可以排很长很长。

最重要的是，电影明星能在聚光灯下主演一部又一部的电影；在最显赫的舞台——电影中过着比普通人更丰富多彩的生活（更别提戏剧性的逝世）；随着电影的上映，同时出现在几十个国家上百个城市的数千个银幕上……更不用说死后还能靠电视、录像带、DVD和那些低级庸俗却让人喜欢的八卦报纸永远地留在人们记忆中……

是的，面对这个事实吧，我们所有人内心深处都想成为电影明星（也有不少人即使成不了电影明星也很乐意成为电视明星）。最美妙的是这儿的成功没有模式可循。美丽的外貌当然有帮助，但完美的对称也很无聊，一个看似完美无瑕的人通常只会出现在白天的肥皂剧中。性感的吸引力一定会加分，但你若想在颁奖礼上有所斩获，光靠性感显然是行不通的。聪明的头脑呢？嗯，当然……天赋？绝不会带来任何害处——但是，我们是在谈论电影，可不是什么音乐剧。

想成为电影明星当然要有一些（很可能并不需要全部）上面所提到的特质，再加上一点儿运气、恰当的时机、我也说不出来的某种东西……和足足一剂魔药，好好地摇一摇，再雇个优秀的公关。现在，如果像我们中的大多数人一样，你不愿按照这个大家公认的愚蠢至极的处方行事，我们希望并相信现在你捧在手中的这本丰富多彩的书能满足你对于明星最迫切的渴望。祝你有个好胃口！

Steven J. Schneider

于美国洛杉矶

明星索引

汉字（音序）
北野武 **509**
成龙 **546**
巩俐 **600**
黄柳霜 **133**
黄秋生 **577**
李连杰 **585**
李小龙 **469**
千叶真一 **454**
浅野忠信 **623**
三船敏郎 **288–9**
胜新太郎 **394**
田中绢代 **204**
梶芽衣子 **511**
杨紫琼 **582**
原节子 **291**
早川雪洲 **36**
张曼玉 **595**
章子怡 **632**
真田广之 **573**
郑佩佩 **508**
仲代达矢 **404**

A
Abbott, Bud & Costello, Lou **68**
Adjani, Isabelle **555**
Allen, Woody **425**
Allyson, June **273**
Ameche, Don **182**
Andrews, Julie **423**
Arbuckle, Roscoe "Fatty" **27**
Arkin, Alan **412**
Arliss, George **8**
Arnold, Edward **39**
Arthur, Jean **97**
Asano, Tadanobu **623**
Astaire, Fred **86–7**
Astor, Mary **147**
Auteuil, Daniel **532**
Autry, Gene **170**
Ayres, Lew **188**

B
Bacall, Lauren **326–7**
Bachchan, Amitabh **478**
Baggot, King **13**
Ball, Lucille **214**
Bancroft, Anne **393**
Banderas, Antonio **570**

Bankhead, Tallulah **106**
Bara, Theda **24**
Bardem, Javier **613**
Bardot, Brigitte **416**
Barrymore, Drew **627**
Barrymore, John **16**
Barrymore, Lionel **11**
Bates, Kathy **515**
Béart, Emmanuelle **588**
Beatty, Warren **435**
Bellamy, Ralph **127**
Belmondo, Jean-Paul **408**
Belushi, John **521**
Bennett, Joan **199**
Benny, Jack **60**
Bergen, Edgar **111**
Bergman, Ingrid **253–5**
Berle, Milton **184**
Berry, Halle **602**
Binoche, Juliette **592**
Blanchett, Cate **614**
Bogarde, Dirk **302**
Bogart, Humphrey **90–1**
Borgnine, Ernest **269**
Bow, Clara **140**
Brandauer, Klaus Maria **491**
Brando, Marlon **320–2**
Brennan, Walter **61**
Bridges, Jeff **530**
Bridges, Lloyd **226**
Bronson, Charles **308**
Brooks, Louise **150**
Brooks, Mel **350**
Brynner, Yul **252**
Burns, George **72**
Burton, Richard **343**
Buscemi, Steve **564**

C
Caan, James **461**
Cage, Nicolas **590**
Cagney, James **89**
Caine, Michael **406**
Cantinflas **215**
Cantor, Eddie **47**
Cardinale, Claudia **447**
Caron, Leslie **391**
Carradine, John **145**
Carrey, Jim **578**

Cassavetes, John **374**
Chan, Jackie **546**
Chaney, Lon **18–19**
Chaney, Lon Jr. **146**
Chaplin, Charles **33–5**
Cheech & Chong **504**
Cherkasov, Nikolai **116**
Cheung, Maggie **595**
Chevalier, Maurice **32**
Chiba, Sonny **454**
Christie, Julie **473**
Cleese, John **457**
Clift, Montgomery **295**
Clooney, George **575**
Cobb, Lee J. **218**
Coburn, Charles **10**
Colbert, Claudette **117**
Connery, Sean **382–3**
Cooper, Gary **103**
Costner, Kevin **550**
Cotten, Joseph **137**
Crabbe, Buster **153**
Crawford, Broderick **219**
Crawford, Joan **134–6**
Cronyn, Hume **213**
Crosby, Bing **112**
Crowe, Russell **593**
Cruise, Tom **580–1**
Cruz, Penélope **624**
Crystal, Billy **510**
Cummings, Robert **183**
Curtis, Tony **340**,
Cusack, John **601**
Cushing, Peter **231**

D
Dafoe, Willem **556**
Dallesandro, Joe **520**
Damon, Matt **620**
Dandridge, Dorothy **312**
Davis, Bette **175–7**
Davis, Judy **554**
Davis, Ossie **276**
Davis, Sammy Jr. **345**
Day, Doris **324**
Day-Lewis, Daniel **563**
de Havilland, Olivia **264**
De Niro, Robert **482–4**
Dean, James **388–9**

Del Toro, Benicio **606**
Delon, Alain **424**
Dench, Judi **418**
Deneuve, Catherine **486–7**
Depardieu, Gérard **518–19**
Depp, Johnny **587**
DeVito, Danny **494**
DiCaprio, Leonardo **626**
Dietrich, Marlene **104–5**
Dillon, Matt **591**
Divine **499**
Douglas, Kirk **266–7**
Douglas, Melvyn **102**
Douglas, Michael **492**
Downey, Robert Jr. **597**
Dreyfuss, Richard **514**
Dunaway, Faye **471**
Dunne, Irene **85**

E
Eastwood, Clint **378–80**
Ebsen, Buddy **174**
Evans, Dale **224**

F
Fairbanks, Douglas **20**
Fairbanks, Douglas Jr. **198**
Farrow, Mia **495**
Félix, María **242**
Fernandel **113**
Ferrer, José **189**
Fetchit, Stepin **107**
Fields, W. C. **15**
Fiennes, Ralph **584**
Fitzgerald, Barry **31**
Flynn, Errol **194–5**
Fonda, Henry **138–9**
Fonda, Jane **443**
Fonda, Peter **459**
Fontaine, Joan **274**
Ford, Glenn **262**
Ford, Harrison **476–7**
Foster, Jodie **583**
Freeman, Morgan **439**
Fröbe, Gert **228**
Funès, Louis de **244**

G
Gabin, Jean **124**

5

明星索引

Gable, Clark **100–1**
Ganz, Bruno **472**
Garbo, Greta **142**
Garcia, Andy **559**
Gardner, Ava **316**
Garfield, John **229**
Garland, Judy **310–11**
Garson, Greer **130**
Gere, Richard **528**
Gibson, Mel **558**
Gielgud, John **122–3**
Gish, Dorothy **83**
Gish, Lillian **56–7**
Gleason, Jackie **259**
Glover, Danny **505**
Goddard, Paulette **202**
Goldberg, Whoopi **557**
Goldblum, Jeff **540**
Gómez, Fernando Fernán **305**
Gordon, Ruth **74**
Grable, Betty **268**
Grahame, Gloria **317**
Granger, Stewart **230**
Grant, Cary **118–20**
Grant, Hugh **572**
Greenstreet, Sydney **14**
Grier, Pam **523**
Guinness, Alec **241**
Gwenn, Edmund **9**

H
Hackman, Gene **375**
Hanks, Tom **560**
Hara, Setsuko **291**
Harlow, Jean **208**
Harris, Richard **384**
Harrison, Rex **172**
Hauer, Rutger **489**
Hawn, Goldie **500**
Hayakawa, Sessue **36**
Hayden, Sterling **260**
Hayek, Salma **603**
Hayes, George "Gabby" **23**
Hayes, Helen **96**
Hayward, Susan **271**
Hayworth, Rita **280–1**
Heflin, Van **205**
Hepburn, Audrey **368–70**
Hepburn, Katharine **154–6**

Heston, Charlton **330–2**
Hoffman, Dustin **440–1**
Holden, William **278**
Hope, Bob **114**
Hopkins, Anthony **444–5**
Hopper, Dennis **429**
Houseman, John **109**
Howard, Trevor **234**
Hudson, Rock **344**
Hunter, Kim **313**
Hunter, Tab **392**
Huppert, Isabelle **452–3**
Hurt, John **458**
Hurt, William **533**
Huston, John **149**
Huston, Walter **21**

I
Infante, Pedro **275**
Ives, Burl **193**

J
Jackson, Samuel L. **517**
Jannings, Emil **22**
Jet Li **585**
Jolie, Angelina **628**
Jolson, Al **26**
Jones, Tommy Lee **506**
Jourdan, Louis **284**
Jouvet, Louis **30**
Juliá, Raúl **460**
Jürgens, Curd **258**

K
Kaji, Meiko **511**
Karina, Anna **468**
Karloff, Boris **28–9**
Kassovitz, Mathieu **608**
Katsu, Shintarô **394**
Keaton, Buster **69–71**
Keaton, Diane **501**
Keaton, Michael **538**
Keel, Howard **283**
Keeler, Ruby **196**
Keitel, Harvey **455**
Kelly, Gene **222**
Kelly, Grace **372–3**
Kennedy, Arthur **240**
Kerr, Deborah **306**

Khan, Aamir **596**
Khan, Sharukh **598**
Kidman, Nicole **607**
Kier, Udo **493**
Kingsley, Ben **488**
Kinski, Klaus **351**
Kitano, Takeshi **509**
Knef, Hildegard **346**
Krüger, Hardy **361**

L
Ladd, Alan **233**
Lake, Veronica **287**
Lamarr, Hedy **238**
Lambert, Christopher **562**
Lamour, Dorothy **245**
Lancaster, Burt **235**
Landau, Martin **390**
Lang, Jessica **522**
Lansbury, Angela **342**
Laughton, Charles **88**
Laurel, Stan & Hardy, Oliver **40–1**
Laurie, Piper **395**
Léaud, Jean-Pierre **490**
Lee, Bruce **469**
Lee, Christopher **309**
Leigh, Janet **356**
Leigh, Jennifer Jason **579**
Leigh, Vivien **236**
Lemmon, Jack **338**
Lewis, Jerry **347**
Li Gong **600**
Lisi, Virna **442**
Lloyd, Harold **52–3**
Lollobrigida, Gina **355**
Lombard, Carole **187**
Loren, Sophia **414–15**
Lorre, Peter **128–9**
Loy, Myrna **141**
Lugosi, Béla **17**
Lupino, Ida **277**

M
McCrea, Joel **143**
McDaniel, Hattie **66**
MacDonald, Jeanette **115**
McDowall, Roddy **364**
McDowell, Malcolm **481**

McGregor, Ewan **621**
MacLaine, Shirley **413**
MacMurray, Fred **186**
McQueen, Steve **376**
Magnani, Anna **173**
Malden, Karl **220**
Malkovich, John **544**
Mansfield, Jayne **410**
Marceau, Sophie **605**
March, Fredric **78**
Martin, Dean **270**
Martin, Steve **497**
Marvin, Lee **319**
Marx Brothers **44–5**
Masina, Giulietta **300**
Mason, James **191**
Mastroianni, Marcello **328**
Mature, Victor **227**
Maura, Carmen **498**
Meredith, Burgess **171**
Mifune, Toshirô **288–9**
Milland, Ray **132**
Mineo, Sal **453**
Minnelli, Liza **502**
Miranda, Carmen **190**
Mirren, Helen **496**
Mitchum, Robert **272**
Monroe, Marilyn **348–9**
Montalbán, Ricardo **297**
Montand, Yves **307**
Montez, Maria **221**
Montgomery, Robert **125**
Moore, Roger **358**
Moorehead, Agnes **98**
Moreau, Jeanne **359**
Mueller-Stahl, Armin **387**
Murphy, Eddie **574**
Murray, Bill **535**
Myers, Mike **586**

N
Nakadai, Tatsuya **404**
Nalder, Reggie **168**
Neeson, Liam **539**
Negrete, Jorge **217**
Negri, Pola **62**
Newman, Paul **334–6**
Nicholson, Jack **436–8**
Niven, David **200**

明星索引

Noiret, Philippe **385**
Norton, Edward **615**
Novak, Kim **405**

O
O'Hara, Maureen **292**
Oldman, Gary **566**
Olivier, Laurence **158–60**
O'Sullivan, Maureen **209**
O'Toole, Peter **403**

P
Pacino, Al **462–4**
Page, Geraldine **333**
Palance, Jack **282**
Paltrow, Gwyneth **622**
Peck, Gregory **261**
Pei-Pei Cheng **508**
Penn, Sean **571**
Peppard, George **365**
Perkins, Anthony **401**
Pfeiffer, Michelle **567**
Philippe, Gérard **314**
Phoenix, River **618**
Pickens, Slim **285**
Pickford, Mary **48–9**
Pidgeon, Walter **79**
Pitt, Brad **589**
Poitier, Sidney **352–4**
Portman, Natalie **633**
Powell, Dick **131**
Powell, William **51**
Power, Tyrone **243**
Presley, Elvis **420–1**
Preston, Robert **279**
Price, Vincent **210–11**
Pryor, Richard **470**

Q
Quinn, Anthony **248**

R
Raft, George **67**
Rains, Claude **38**
Rathbone, Basil **50**
Raye, Martha **265**
Reagan, Ronald **206**
Redford, Robert **430–2**
Redgrave, Lynn **479**

Redgrave, Vanessa **434**
Reed, Donna **298**
Reed, Oliver **446**
Reeves, Keanu **594**
Reid, Wallace **46**
Remick, Lee **426**
Reno, Jean **516**
Reynolds, Burt **427**
Reynolds, Debbie **400**
Richardson, Ralph **110**
Robbins, Tim **568**
Roberts, Julia **609–11**
Robeson, Paul **84**
Robinson, Edward G. **56–7**
Rochefort, Jean **377**
Rogers, Ginger **212**
Rogers, Roy **216**
Rogers, Will **12**
Roland, Gilbert **144**
Romero, Cesar **152**
Rooney, Mickey **294**
Roundtree, Richard **475**
Rowlands, Gina **381**
Russell, Jane **304**
Russell, Kurt **536**
Russell, Rosalind **165**
Ryan, Robert **197**

S
Sabu **318**
Saint, Eva Marie **325**
Sanada, Hiroyuki **573**
Sanders, George **148**
Sandler, Adam **604**
Sarandon, Susan **507**
Schell, Maximilian **386**
Schneider, Romy **449**
Schwarzenegger, Arnold **513**
Scott, Randolph **80**
Seberg, Jean **450**
Sellers, Peter **341**
Serrault, Michel **360**
Shah, Naseeruddin **534**
Sharif, Omar **402**
Shaw, Robert **357**
Shearer, Norma **108**
Sheen, Martin **466**
Sheridan, Ann **247**

Signoret, Simone **301**
Simon, Simone **201**
Sinatra, Frank **257**
Skelton, Red **232**
Smith, Maggie **419**
Smith, Will **612**
Sordi, Alberto **290**
Spacek, Sissy **531**
Spacey, Kevin **569**
Stallone, Sylvester **503**
Stanwyck, Barbara **166–7**
Steiger, Rod **339**
Stewart, James **178–80**
Stiller, Ben **599**
Stockwell, Dean **428**
Stone, Sharon **565**
Streep, Meryl **524–6**
Streisand, Barbra **474**
Stroheim, Erich von **25**
Stuart, Gloria **203**
Sutherland, Donald **422**
Swank, Hilary **625**
Swanson, Gloria **75**
Sweet, Blanche **73**
Sydow, Max von **366–7**

T
Tanaka, Kinuyo **204**
Tandy, Jessica **192**
Tautou, Audrey **631**
Taylor, Elizabeth **396–8**
Temple, Shirley **362–3**
Three Stooges **76–7**
Thurman, Uma **617**
Tierney, Gene **296**
Tomlin, Lily **456**
Totò **82**
Tracy, Spencer **94–5**
Travolta, John **545**
Turner, Kathleen **547**
Turner, Lana **299**

U
Ullmann, Liv **452**
Ustinov, Peter **303**

V
Valentino, Rudolph **63–5**
Vélez, Lupe **185**

Ventura, Lino **286**
Volontè, Gian Maria **409**

W
Walken, Christopher **480**
Wallach, Eli **256**
Washington, Denzel **548–9**
Wayne, John **162–4**
Weaver, Sigourney **529**
Weissmuller, Johnny **126**
Welch, Raquel **467**
Welles, Orson **250–1**
West, Mae **54**
Whitaker, Forest **576**
Widmark, Richard **246**
Wilder, Gene **411**
Williams, Robin **537**
Willis, Bruce **552–3**
Winslet, Kate **629**
Winters, Shelley **293**
Witherspoon, Reese **630**
Wong, Anna May **133**
Wong, Anthony **577**
Wood, Natalie **448**
Woods, James **512**
Wray, Fay **169**
Wyman, Jane **239**

Y
Yeoh, Michelle **582**
Young, Clara Kimball **42**
Young, Loretta **225**

Z
Zeta-Jones, Catherine **616**
Ziyi Zhang **632**

1860年代

乔治·阿利斯 GEORGE ARLISS

生平：本名乔治·奥古斯都·安德鲁斯（George Augustus Andrews），1868年4月10日生于英国伦敦；1946年卒于英国伦敦。

明星特质：拥有数十年的舞台经验和贵族外貌；怪咖、历史人物和政治家这类重量级角色的绝佳扮演者。

乔治·阿利斯是个威严的英国老派戏剧演员，给人的印象好像生来就带着那副单片眼镜，他曾宣称自己是"在世最伟大的演员"。他的父亲是个印刷出版商。早在出现在大银幕的几十年前，阿利斯就在英国和美国登台演出了，但直到1921年他五十多岁时才拍了自己的第一部电影。好莱坞在20世纪二三十年代扶持了大量被认为"非常英式"的演员，阿利斯因此得到了许多工作，收获了无数喝彩，在英美大受欢迎，并参演了《伏尔泰》（Voltaire）、《红衣主教黎塞留》（Cardinal Richelieu）、《内森·罗斯柴尔德》（Nathan Rothschild）和《威灵顿公爵》（the Duke of Wellington）等剧。

阿利斯最为人知的是1921年和1929年两度饰演英国首相本杰明·迪斯雷利（Benjamin Disraeli）。从默片成功转入有声电影绝非易事，而阿利斯是第一个凭借有声电影获得奥斯卡最佳男主角的英国演员。此外，他还凭借在《绿色女神》（The Green Goddess）中的拉711—角获得奥斯卡提名。阿利斯演过很多表里不一、极具人格化角色，他曾在三部不同影片中饰演假装穷光蛋的百万富翁或王公子弟，在另一部影片中却是个假冒百万富翁的流浪汉。在他最后一部也是重映最多次的影片《斯恩博士》（Doctor Syn，1937）中，他饰演的臭名昭著的走私犯假扮成教区牧师，而在《贵族身份》（His Lordship，1936）中他是总想装成双胞胎之中的另一个。阿利斯和他的妻子弗洛伦斯（Florence）一起出演了包括《迪斯雷利》（Disraeli，1929）、《百万富翁》（The Millionaire，1931）和《国王的假日》（The King's vacation，1933）在内的大量影片。好莱坞在20世纪30年代早期即将放弃贝蒂·戴维斯（Bette Davis）时，阿利斯还助其发展事业。**MC**

代表作：

Doctor Syn 1937
His Lordship 1936
Cardinal Richelieu 1935
The Iron Duke 1934
The House of Rothschild 1934
Voltaire 1933
The Working Man 1933
The King's Vacation 1933
The Man Who Played God 1932
Alexander Hamilton 1931
The Millionaire 1931
The Green Goddess 1930 ☆
Disraeli 1929 ★
The Green Goddess 1923
Disraeli 1921
The Devil 1921

> "一个从不开玩笑的人本身就是个笑料。"
> ——本杰明·迪斯雷利，《迪斯雷利》

埃德蒙·格温 EDMUND GWENN

生平： 本名埃德蒙·凯拉韦（Edmund Kellaway），1875年9月26日生于英国威尔士格拉摩根郡；1959年卒于美国洛杉矶。

明星特质： 矮矮胖胖、讨人喜欢的性格演员，擅长喜剧表演风格，常饰演留有络腮胡子的沉着和蔼的老人。

埃德蒙·格温于1895年开始在戏院表演。他17岁时因宣称要成为一名演员而被赶出威尔士的家，不久即获巨大成功，成为乔治·萧伯纳（George Bernard Shaw）的麾下爱将，于1902年出演了萧伯纳的首部作品《人与超人》（Man and Superman），随后又在他的五部戏剧中有过精彩表现。然而格温最为人们所熟识的还是他在《34街奇缘》（Miracle on 34th Street, 1947）中饰演的克里斯·柯林格勒一角，这个在百货公司饰演圣诞老人的人可能正是圣诞老人本人。大多数人在演圣诞老人时会突出他的天真无邪，格温却别具一格地突出圣诞老人的欢乐和仁慈，表明圣诞老人也不过是个普通人而已。这部影片为格温赢得了奥斯卡最佳男配角，领奖时他说，"现在我相信圣诞老人是存在的！"

从1916年起，格温成为阿尔弗雷德·希区柯克（Alfred Hitchcock）的最爱，先后出演了《维也纳的华尔兹》（Waltzes from Vienna, 1934）中的老约翰·施特劳斯、《海外特派员》（Foreign Correspondent, 1940）中和善的刺客和《怪尸案》（The trouble with Harry, 1955）中的艾伯特·维尔斯船长。在一些场景设定在英美的电影中他常饰演男管家、警察、教授、牧师或校长。他出演的角色还包括《男装》（Sylvia Scarlett, 1935）中凯瑟琳·赫本的骗子老爸、《行尸走肉》（The Walking Dead, 1936）里出于善意却让鲍里斯·卡洛夫（Boris Karloff）复活的科学家、《傲慢与偏见》（Pride and Prejudice, 1940）中软弱的父亲、《灵犬莱西》（Lassie Come Home, 1943）中被小狗帮助的修补匠和《两个世界之间》（Between Two Worlds, 1944）里的密使。格温晚期最让人难忘的角色之一是《X放射线》（Them! 1954）中的昆虫学家，该角色与他堂弟塞西尔·凯拉韦（Cecil Kellaway）同期在《原子怪兽》（The Beast from 20,000 Fathoms, 1953）中饰演的教授相映成趣。**KN**

代表作：

Calabuch 1956
The Trouble with Harry 1955
Them! 1954
Mister 880 1950 ☆
Life with Father 1947
Miracle on 34th Street 1947 ★
Lassie Come Home 1943
Foreign Correspondent 1940
Pride and Prejudice 1940
The Walking Dead 1936
Sylvia Scarlett 1935
Father and Son 1934
Waltzes from Vienna 1934
Smithy 1933
Channel Crossing 1933
The Real Thing at Last 1916

"噢，圣诞节可不只是一个日子而已，它是思想的构架……"
——克里斯·柯林格勒，《34街奇缘》

查尔斯·科本 CHARLES COBURN

生平： 本名查尔斯·多维尔·科本（Charles Douville Coburn），1877年6月19日生于美国佐治亚州萨凡纳；1961年卒于美国纽约。

明星特质： 戏剧演员、制片人、受训于莎士比亚剧的导演、南方绅士；戴单框眼镜，能演一些有性格的角色和喜剧角色。

代表作：

The Story of Mankind 1957
How to Murder a Rich Uncle 1957
Around the World in Eighty Days 1956
Gentlemen Prefer Blondes 1953
Monkey Business 1952
B. F.'s Daughter 1948
The Green Years 1946 ☆
Wilson 1944
Heaven Can Wait 1943
The More the Merrier 1943 ★
Kings Row 1942
The Devil and Miss Jones 1941 ☆
The Lady Eve 1941
Edison, the Man 1940
The Story of Alexander Graham Bell 1939
Made for Each Other 1939

"一个窗格就足够时没必要要两个。"

查尔斯·科本的第一任妻子在他60岁那年去世，从这之后科本才开始拍电影。他与妻子都是科本剧院的演员，成功地经营着舞台事业。科本原本只将电影作为退休后获利丰厚的消遣，但电影却让他为大众所熟识。他曾三次获得奥斯卡最佳男配角提名，并凭借浪漫喜剧《房东小姐》（The More the Merrier，1943）斩获这一奖项。他在剧中饰演的老头子本杰明·丁戈从一位年轻姑娘那儿租了一间公寓，又迅速将公寓的一部分转租给另外一个年轻人，最后扮演起这两人的爱神丘比特。

科本最令人难忘的形象是《淑女伊芙》（The Lady Eve，1941）中在邮轮上夸夸其谈的假绅士，这个角色总是透过单片眼镜色迷迷地盯着人，还伙同芭芭拉·斯坦威克（Barbara Stanwyck）阴谋骗取钱财。后来他在《绅士爱美人》（Gentlemen Prefer Blondes，1953）中饰演即将成为百万富翁的佛朗西斯·"小猪"·比克曼先生，佛朗西斯在旅行中被玛丽莲·梦露（Marilyn Monroe）盯上，这次的旅途同样欢快无比。除此之外，科本古板的长相、双下巴、大腹便便的身材和低沉沙哑的嗓音让他成为一些轻松戏剧或喜剧中保守死板角色的最佳人选，如《亚历山大·格雷厄姆·贝尔的故事》（The Story of Alexander Graham Bell，1939）、《伟人爱迪生》（Edison, the Man，1940）、《天长地久》（Heaven Can Wait，1943）、《妙药春情》（Monkey Business，1952）和《如何谋杀富有叔叔》（How to Murder a Rich Uncle，1957）中的法官、政客、学者和突然防碍年轻男子的岳父等。科本在《金石盟》（Kings Row，1942）中饰演的严肃古怪而又阴郁变态的角色大大出乎人们的意料，这个虐待成性的小镇外科医生在完全没有必要的情况下截断了罗纳德·里根的双腿。因长相有特色，科本经常饰演衬托明星的小配角，如《八十天环游地球》（Around the World in Eighty Days，1956）和《人类的故事》（The Story of Mankind，1957）中的角色。1961年，科本因心脏病发作逝世。**KN**

莱昂纳尔·巴里摩尔 LIONEL BARRYMORE

生平： 本名莱昂纳尔·赫伯特·布莱斯（Lionel Herbert Blyth），1878年4月28日生于美国宾夕法尼亚州费城；1954年卒于美国加利福尼亚州范奈斯。

明星特质： 艺术家、小说家、作曲家、导演、制片人、作家；出生于演员世家；有大量的电影作品。

莱昂纳尔·巴里摩尔追随家族传统，在百老汇断断续续演出了25年，但他从未被人们对他弟弟约翰的奉承所影响。莱昂纳尔在电影业刚刚起步时就拍了不少作品——仅1912年就有19部，当家人还依依不舍地在剧院表演时他已意识到电影这个媒介的潜力。

20年间，莱昂纳尔导演了《只是男孩》（Just Boys，1914）和《某夫人》（Madame X，1929）等电影。但他最终发现自己更适合做性格演员，他出演了《军中红粉》（Sadie Thompson，1928）中好色的传教士，《神秘岛》（The Mysterious Island，1929）里仁慈的首领科学家。莱昂纳尔因出演《自由魂》（A Free Soul，1931）中酗酒的辩护律师史蒂芬·阿什获得奥斯卡最佳男主角，也迎来了事业的高峰。他获奖也许得益于转入电影业后长期拍摄商业电影，在颁奖典礼上他发表了一段14分钟不间断的感言。

像约翰一样，莱昂纳尔也喜欢饰演乔装打扮的角色，在《魔鬼玩偶》（The Devil-Doll，1936）中他扮成一位老妇人，但在出演了弗兰克·卡普拉（Frank Capra）执导的《浮生若梦》（You Can't Take It with You，1938）中的族长和基尔代尔博士系列电影中执拗却聪慧的伦纳德·吉尔斯皮博士后，他对饰演快活或阴险的老头产生了极大的兴趣，他饰演的这类老头在看到年轻人犯错时总是暗自得意。尽管莱昂纳尔从小生长在严格的罗马天主教环境中，他却结过两次婚。他妹妹埃塞尔和弟弟约翰也都离过婚。虽然自20世纪30年代起他因腿部受伤和关节炎不得不坐上轮椅，但他还是出演了弗兰克·卡普拉导演的《生活多美好》（It's a Wonderful Life，1946）中放高利贷的百万富翁波特先生和约翰·休斯顿（John Huston）执导的《盖世枭雄》（Key Largo，1948）里暴躁的老前辈，并获得成功。**KN**

代表作：

Key Largo 1948
It's a Wonderful Life 1946
Young Dr. Kildare 1938
You Can't Take It with You 1938
Captains Courageous 1937
Camille 1936
The Devil-Doll 1936
The Road to Glory 1936
David Copperfield 1935
Should Ladies Behave 1933
Dinner at Eight 1933
Rasputin and the Empress 1932
Grand Hotel 1932
A Free Soul 1931 ★
The Mysterious Island 1929
Sadie Thompson 1928

1870年代

"我还记得曾经没人相信演员，也不在乎演员相信什么。"

威尔·罗杰斯 WILL ROGERS

生平：本名威廉·潘·阿戴尔·罗杰斯（William Penn Adair Rogers），1879年11月4日生于美国俄克拉荷马州乌卢嘉；1935年卒于美国阿拉斯加州巴罗角。

明星特质：幽默的牛仔作家、套绳艺人、精通马术、热心肠的广播员、机智的社会评论员、有影响力的报纸专栏作家。

代表作：

In Old Kentucky 1935
Doubting Thomas 1935
Life Begins at Forty 1935
Judge Priest 1934
State Fair 1933
Young as You Feel 1931
A Connecticut Yankee 1931
They Had to See Paris 1929
A Texas Steer 1927
Tiptoes 1927
Gee Whiz, Genevieve 1924
A Truthful Liar 1924
Fruits of Faith 1922
The Ropin' Fool 1922
Almost a Husband 1919
Laughing Bill Hyde 1918

集戏剧演员、广播员、作家、记者和电影明星等多重身份于一身的威尔·罗杰斯很享受自己丰富多彩的职业。他于1902年从军校毕业，然后去阿根廷从事家畜业生意。他是个马术专家，在第二次布尔战争期间（1899—1902）通过南大西洋将动物从布宜诺斯艾里斯运到南非。在约翰尼斯堡期间罗杰斯在得克萨斯杰克的西大荒马戏团表演，海报宣传称他是"彻罗基族的孩子"。他在马戏团表演马术和在自家牧场套得州长角牛时学到的套索技艺。当他回到美国后进了杂耍剧团，在那儿他发现自己的诙谐机智和套绳术一样广受观众的喜爱，1917年罗杰斯已是齐格飞歌舞团的大明星了。

罗杰斯的第一部电影是《大笑的比尔·海德》（Laughing Bill Hyde，1918），这部电影的成功为他带来了与塞缪尔·戈尔德温（Samuel Goldwyn）的两年合约。罗杰斯在好莱坞的初次亮相是《几成丈夫》（almost a husband，1919）。他为戈尔德温拍了12部电影，为法国高蒙公司拍了《目不识丁文摘》（The Illiterate Digest，1920）。虽然他曾参与创作电影的剧本原稿和命名，但这些默片都无法凸显罗杰斯的语言风格。1922年罗杰斯制作了三部电影：《信仰之果》（Fruits of Faith）、《罗品傻瓜》（The Ropin' Fool）和《一年中的一天》（one day in 365，本片并未上映），这些投资几乎让他破产。然而有声电影的到来又给他提供了新的机会。1930年，罗杰斯突然以1,125,000美元的价格与福克斯电影公司签订了一份六部电影的合约。这些角色与他一贯饰演的满脑子朴实忠告、爱说俏皮话的美国平民不太一样。这一时期他受欢迎的影片有《康涅狄格美国佬》（A Connecticut Yankee，1931）和《普利斯特法官》（Judge Priest，1934）。1935年，正当罗杰斯处于事业高峰期时却意外死于飞机失事。**WW**

"如果你什么都不做而只是坐在那儿一动不动，即使在对的路上也会被车碾。"

金·巴格特 KING BAGGOT

生平：1879年11月7日生于美国密苏里州圣路易斯；1948年卒于美国洛杉矶。

明星特质：默片时代各种流派中温文尔雅的高大英俊的男主角、导演、作家。

虽然出演过众多电影，但演员金·巴格特也许并不为当代电影观众所知。仔细观察，你能在很多好莱坞的经典剧中发现他的身影，如《费城故事》(The Philadelphia Story，1940)、《两傻大闹好莱坞》(Bud Abbott and Lou Costello in Hollywood，1945)和《邮差总按两次铃》(The Postman Always Rings Twice，1946)。然而巴格特在这300多部电影中饰演的大多是性格角色、小配角甚至无名小卒，当有声电影渐渐取代无声电影，巴格特从默片时代的巨星成了有声电影里默默无闻的临时演员，他的职业生涯也急剧下滑。

巴格特的父亲是密苏里州圣路易斯的房产投资商。怀着对舞台生涯的向往，巴格特前往纽约和百老汇，他很快就崭露头角，在戏剧《与其蔑视不如同情》(More to Be Pitied Than Scorned)中担当主演。但是之后巴格特去了IMP电影制片公司（这是刚成立的环球电影公司），依靠《爱的计谋》(Love's Stratagem，1909)初次亮相大银幕。后来他又继续出演了一些动作片和经典影片，如《劫后英雄传》(Ivanhoe，1913)。巴格特在电影公司还得到升迁，这在那时是并不常见，也是明星电影发展的早期标志。巴格特因饰演有多重性格的角色出名，例如《变身怪医》(Dr. Jekyll and Mr. Hyde，1913)中一人分饰两角的表演，在《影子》(Shadows，1914)中他饰演了十个不同角色。稍微年长一些的时候，巴格特把更多的精力放在了导演这一块，他和威廉姆·哈特(William S. Hart)合作执导了西部片《风滚草》(Tumbleweeds，1925)。巴格特拍摄了数量惊人的电影的秘密要追溯到1933年，那时他作为有丰富默片表演经验的演员之一和米高梅电影制片公司签署了一份终身合同。这份合同只是一个象征性的表示，因为他饰演的大多都是些小角色，每周领75美元的工资。**CK**

代表作：

Good News 1947
The Postman Always Rings Twice 1946
Bud Abbott and Lou Costello in Hollywood 1945
The Clock 1945
Barbary Coast Gent 1944
Swing Fever 1943
Come Live with Me 1941
The Philadelphia Story 1940
Mississippi 1935
The Big Flash 1932
The Corsican Brothers 1915
Shadows 1914
Ivanhoe 1913
Dr. Jekyll and Mr. Hyde 1913
The Better Way 1911
Love's Stratagem 1909

"他们把《更好的路》变成了一出滑稽剧，这太可怕了……"

——《纽约时报》

西德尼·格林斯特里特 SYDNEY GREENSTREET

生平：本名西德尼·休斯·格林斯特里特（Sydney Hughes Greenstreet），1879年12月27日生于英国肯特郡桑威次；1954年卒于美国好莱坞。

明星特质：仪表堂堂；多才多艺；饰演莎士比亚剧和音乐喜剧的戏剧演员；性格演员，能扮演冷酷无情和凶残恶毒的角色。

常年在英美演出戏剧的西德尼·格林斯特里特大器晚成，62岁才初次亮相银幕，出演了约翰·休斯顿（John Huston）的《马耳他之鹰》（The Maltese Falcon, 1941），他在其中饰演的"胖子"加斯普·古特曼成为了电影史上一个不朽的形象，这个冷酷无情的流氓在谈到自己毕生追寻的宝贝的历史时两眼放光。华纳兄弟签下格林斯特里特，之后他片约不断，常常与"马耳他之鹰"的共谋者彼得·洛（Peter Lorre）一起演出。他们在《迪米特里奥斯的面具》（The Mask of Dimitrios, 1944）和《判决》（The Verdict, 1946）中的演出尤其精彩，格林斯特里斯在《判决》中饰演一个维多利亚时期伦敦警察厅检查人员，被解雇后心生怨恨，决定实施一次完美的谋杀。

虽然格林斯特里特的电影生涯十分短暂，他却与好莱坞的传奇人物如亨佛莱·鲍嘉（Humphrey Bogart）、詹姆斯·斯图尔特（James Stewart）和斯宾塞·屈塞（Spencer Tracy）一起出演了许多令人难忘的角色。格林斯特里斯擅长演一些名声不好的角色，如《卡萨布兰卡》（Casablanca, 1942）里"蓝鹦鹉"酒吧的经营者和《白衣女人》（The Woman in White, 1948）中的考特·亚历山德罗·弗斯科。但他也能黏上络腮胡饰演历史名人，如《马革裹尸还》（They Died with Their Boots On, 1941）里的温菲尔德·斯科特中将和《奉献》（Devotion, 1946）中的威廉·梅克皮斯·萨克雷，或是喜剧《康州圣诞》（Christmas in Connecticut, 1945）和音乐剧《手足英雄》（Flamingo Road, 1949）里张扬跋扈、气势汹汹的权威人士。在揭露广告业的电影《广告员》（The Hucksters, 1947）中，他在一次商务会议上吐唾沫，表明粗俗也是能给人留下深刻印象的。1949年，格林斯特里斯因病退出银幕，之后做一些播音的工作，在广播中形象地诠释了虚构的私家侦探尼洛·伍尔夫这一角色。**KN**

代表作：

Flamingo Road 1949
The Velvet Touch 1948
The Woman in White 1948
Ruthless 1948
The Hucksters 1947
That Way with Women 1947
The Verdict 1946
Devotion 1946
Three Strangers 1946
Christmas in Connecticut 1945
The Conspirators 1944
The Mask of Dimitrios 1944
Between Two Worlds 1944
Casablanca 1942
They Died with Their Boots On 1941
The Maltese Falcon 1941 ☆

"我是个喜欢跟喜欢讲话的人讲话的人。"
——加斯普·古特曼，《马耳他之鹰》

1870年代

W.C.菲尔兹 W. C. FIELDS

生平： 本名威廉·克劳德·达金菲尔德（William Claude Dukinfield），1880年1月29日生于美国宾夕法尼亚州费城；1946年卒于美国加利福尼亚州帕萨迪纳。

明星特质： 天才骗子；蒜头鼻；爱喃喃自语；饰演愤世嫉俗者，不满现状的人或自高自大的人；写作和喜剧天才。

喜剧天才威·克劳德·达金菲尔德（演电影和写作剧本时）常为自己取各种不同的化名，如奥蒂斯·科瑞布勒科布里斯、艾格伯特·苏斯、尤斯塔斯·麦克噶格尔或是卡斯伯特·J.忒尔列，他为此洋洋自得，这不仅一点都不令人吃惊，还很符合这位荒谬主义者的生活态度，一如他在《旧时习俗》（The Old-Fashioned Way，1934）和《永远别给没主意的人平等机会》（Never Give a Sucker an Even Break，1941）里表现出的荒谬的痛苦。《永远别给没主意的人平等机会》是个近乎超现实主义的寓言，里面有部分故事设定在墨西哥一个俄国式乌托邦的小村庄，那儿的村民经常啜饮含有酒精的山羊奶。

中年的菲尔兹自负、行事诡秘、脾气暴躁，做事虽出于善意却总不讨好，他的梦想一次又一次破灭，贪恋杯中物，最终他发现自己被大声哭闹的孩子、唠唠叨叨的妻子、急于出嫁的女儿和好战的邻居包围。这个睡眼惺忪、酒糟鼻的演员对这些麻烦事的回应是耸耸肩或举起手臂，好像刚刚醒悟般，接着蹦出一句晦涩难懂、近乎渎神的咒骂——"戈弗雷·丹尼尔斯！"（Godfrey Daniels!）——然后拉长语调、唧唧咕咕地胡言乱语。

代表作：

Never Give a Sucker an Even Break 1941
The Bank Dick 1940
My Little Chickadee 1940
You Can't Cheat an Honest Man 1939
Man on the Flying Trapeze 1935
David Copperfield 1935
It's a Gift 1934
The Old-Fashioned Way 1934
You're Telling Me! 1934
Alice in Wonderland 1933
The Fatal Glass of Beer 1933
Million Dollar Legs 1932
Fools for Luck 1928
The Potters 1927
Sally of the Sawdust 1925
His Lordship's Dilemma 1915

多年以来，虽然电影技术变得越来越精良，电影手法却几无改变。《礼物》（It's a Gift，1934）是菲尔兹的一部引起争论的杰作，是最能引起人们感情共鸣的反面乌托邦电影，讲述了家庭生活无休无止的噩梦。然而，菲尔兹饰演的两个非典型人物却脱颖而出：《大卫·科波菲尔德》（David Copperfield，1935）中令人难忘的天性善良的威尔金斯·米考伯和菲尔兹自己创作的短片《致命啤酒》（The Fatal Glass of Beer，1933）中的警察。菲尔兹在杂耍剧院中学到的即兴发挥的快语速顺口溜和自创的表演让他颇具优势，而他在生活中滑稽搞笑的俏皮话也和他台上的对白一样著名。这一天赋也帮助他从1936年酗酒造成的伤害中恢复过来，他被获准进入疗养院治疗。**GA**

> "好莱坞就像牙齿上的金牙套，早就该拔掉了。"

约翰·巴里摩尔 JOHN BARRYMORE

生平：本名约翰·西德尼·布莱斯（John Sidney Blyth），1882年2月14日生于美国宾夕法尼亚州费城；1942年卒于美国洛杉矶。

明星特质：演员世家的成员；英俊；惹事鬼；完美的哈姆莱特；受女性观众欢迎；对生活和女人充满渴望。

约翰·巴里摩尔来自美国最著名的表演世家，他的父亲是舞台剧演员莫里斯·布莱斯（Maurice Blyth）；母亲乔治亚娜·德鲁（Georgie Drew）是约翰·德鲁（John Drew）的女儿；哥哥是莱昂纳尔·巴里摩尔，姐姐是埃塞尔·巴里摩尔（Ethel Barrymore）。他还是戴安娜·巴里摩尔（Diana Barrymore）和约翰·德鲁·巴里摩尔（John Drew Barrymore）的父亲，德鲁·巴里摩尔（Drew Barrymore）和约翰·布莱斯·巴里摩尔（John Blyth Barrymore）的祖父。在冠以巴里摩尔这个表演世家的姓氏之前，约翰只是玩玩而已，后来他成为一名全职演员，取得巨大成功。

约翰因外形俊美而广受赞誉，是他那个时代莎士比亚剧中最受女性观众喜爱的男演员，因饰演哈姆莱特而大受欢迎。但他也是个著名的惹事鬼和醉酒汉，是继他朋友埃罗尔·弗林之后又一个挥霍天才的典型代表。他似乎并未严肃对待自己的事业，为了钱他演了很多拙劣的电影。

作为默片时代女人们迷恋的美男子，约翰出演了《业余神偷拉弗尔斯》（Raffles, the Amateur Cracksman, 1917）和《美男子布鲁梅尔》（Beau Brummel, 1924），但他在《化身博士》（Dr.Jekyll and Mr.Hyde, 1920）中饰演的瘦长的人间怪物又展现了他的另一面风采。20世纪30年代早期他仍在饰演《亚森·罗宾》（Arsène Lupin, 1932）中的贵族侠盗，但是他更喜欢一些反派角色，如《斯文加利》（Svengali, 1931）中的大师。他还出演了全明星阵容的《大饭店》（Grand Hotel, 1931），并和哥哥莱昂纳尔、姐姐埃塞尔一起出演了《拉斯普京和女皇》（Rasputin and the Empress, 1932）。他最好的表演是《20世纪》（Twentieth Century）里狂躁且诡计多端的制片人，在《英俊外表》（The Great Profile, 1940）里放松地自我嘲弄，并在警官布尔多戈·德拉蒙德系列影片（Bulldog Drummond series, 1937—1938）中饰演角色。**KN**

代表作：

Playmates 1941
The Great Profile 1940
Midnight 1939
Bulldog Drummond's Peril 1938
Bulldog Drummond's Revenge 1937
Bulldog Drummond Comes Back 1937
Twentieth Century 1934
Dinner at Eight 1933
Hamlet—Act I: Scene V 1933
Rasputin and the Empress 1932
A Bill of Divorcement 1932
Arsène Lupin 1932
Svengali 1931
Beau Brummel 1924
Dr. Jekyll and Mr. Hyde 1920
Raffles, the Amateur Cracksman 1917

"世上有无数表演方式，而我的表演方式来自天赋、一个玻璃杯和一些碎冰。"

贝拉·卢戈西 BÉLA LUGOSI

生平： 本名贝拉·费伦茨·德热·布拉斯科（Béla Ferenc Dezso Blaskó），1882年10月20日生于奥匈帝国卢戈斯；1956年卒于美国洛杉矶。

明星特质： 莎士比亚舞台剧演员；给披着斗篷的邪恶吸血鬼德拉库拉伯爵赋予人性；浓厚的东欧口音；古怪；风靡一时的风云人物。

贝拉·卢戈西的父亲是个银行家，卢戈西在1901年时就开始在匈牙利登台演出，取得了一些成功，并靠默片《陆军上校》（Az Ezredes，1917）初次亮相银幕。一战服役结束后，卢戈西在1920年移民美国，当上了性格演员。仅仅一部电影就为卢戈西一生的电影表演定了型，环球电影公司的《德拉库拉》（Dracula，1931）让他成为不死伯爵德拉库拉的化身。直到今天，饰演德拉库拉的演员们在表演时依旧一成不变地模仿着卢戈西浓郁的口音。

虽然未受环球电影公司的重视，卢戈西仍在公司拍摄的另一部电影《科学怪人之子》（Son of Frankenstein，1939）中塑造了令人难忘的角色：狡猾丑陋的伊格尔。环球电影公司在之后两部科学怪人系列的电影中不再让卢戈西出演德拉库拉一角，把这个角色给了约翰·卡拉丹（John Carradine）。卢戈西在《两傻大战科学怪人》（Abbott and Costello Meet Frankenstein，1948）中才再次有机会披上斗篷饰演这一角色。但是这次出彩的演出并不足以让他的职业生涯起死回生。随着他吗啡上瘾的事实被公之于众，卢戈西晚年只在艾德·伍德（Edward D.Wood Jr.）的Z级电影《魔鬼新娘》（Bride of the Monster，1955）和其他人一起演出。卢戈西因心脏病发作去世，下葬时按照他儿子和第五任妻子的意愿穿着德拉库拉的斗篷。

公众对卢戈西持久不灭的热爱也帮助了马丁·兰道（Martin Landau），他在蒂姆·伯顿（Tim Burton）的《艾德·伍德》（Ed Wood，1994）中出演了卢戈西一角，并以此赢得奥斯卡最佳男配角。而卢戈西出演的除德拉库拉以外的许多角色也重获好评，"可怜的贝拉"现在已使当年他在环球电影公司演恐怖片的主要竞争对手鲍里斯·卡洛夫（Boris Karloff）黯然失色。**ML**

代表作：

Plan 9 from Outer Space 1959
Bride of the Monster 1955
Béla Lugosi Meets a Brooklyn Gorilla 1952
Abbott and Costello Meet Frankenstein 1948
The Body Snatcher 1945
Return of the Ape Man 1944
Voodoo Man 1944
The Return of the Vampire 1944
Frankenstein Meets the Wolf Man 1943
The Ape Man 1943
The Ghost of Frankenstein 1942
Ninotchka 1939
Son of Frankenstein 1939
Mark of the Vampire 1935
Dracula 1931
Az Ezredes 1917 (The Colonel)

"我要诚实地说，按周支付的薪水对我而言是最为重要的。"

朗·钱尼 LON CHANEY

生平： 本名列奥尼达斯·弗兰克·钱尼（Leonidas Frank Chaney），1883年4月1日生于美国科罗拉多州科罗拉多斯普林斯，1930年卒于美国好莱坞。

明星特质： "千面人"；化妆大师；能够扮演各种形形色色的怪人和令人恐惧的角色。

  朗·钱尼的父母都是聋哑人，他很小就通过手语和面部表情来与双亲交流。钱尼在声名鼎盛之时被授予"千面人"的称号。虽然他因在《巴黎圣母院》（The Hunchback of Notre Dame，1923）和《歌剧魅影》（The Phantom of the Opera，1925）中饰演"怪物"的角色被归入恐怖片明星之列，但若说他是如鲍里斯·卡洛夫（Boris Karloff）或贝拉·卢戈西（Béla Lugosi）这样的恐怖片先驱，毋宁说他是如亚利克·基尼斯（Alec Guinness）或彼得·塞勒斯（Peter Sellers）这样喜好伪装的变色龙明星。钱尼最典型的银幕角色是那些被恶意中伤或被外表英俊的敌人算计而思想和/或身体扭曲的可怜虫。除了《歌剧魅影》中著名的揭面具那一幕，他很少以恐怖的形象出现。他饰演的角色通常在电影结尾为救不可能与自己相爱的纯洁女主角而死，他卑鄙的罪行也因此得到了原谅。

  在导演了六部戏后，钱尼开始专注于演艺事业——据说除了与托德·布朗宁（Tod Browning）搭档外，他还经常和一些稍弱的导演，如华莱士·沃斯利（Wallace Worsley）和鲁伯特·朱利安（Rupert Julian）合作，以获得对他的镜头（其中大多数妆扮都是他自己完成的）的掌控权。

  钱尼的第一个著名的"耍花招"角色是在《奇迹人》（The Miracle Man，1919）里装瘸子，在这之后的电影表

代表作：

The Unholy Three 1930
West of Zanzibar 1928
While the City Sleeps 1928
Laugh, Clown, Laugh 1928
The Big City 1928
London After Midnight 1927
Mockery 1927
The Unknown 1927
Mr. Wu 1927
Tell It to the Marines 1926
The Tower of Lies 1925
The Phantom of the Opera 1925
The Unholy Three 1925
The Monster 1925
He Who Gets Slapped 1924
The Hunchback of Notre Dame 1923
A Blind Bargain 1922
Shadows 1922
Oliver Twist 1922
The Light in the Dark 1922
The Penalty 1920
Treasure Island 1920
The Miracle Man 1919
The Mark of Cain 1916
The Ways of Fate 1913

右图：钱尼和莉拉·李（Lila Lee）合作出演他唯一的一部有声电影《三个邪恶的人》。

朗·钱尼

上图:钱尼在《桑给巴尔之西》(West of Zanzibar,1928)中出演复仇的"死腿"弗洛索。

演中他经常使用假鼻子、可怕的假牙、假发、浑浊不清的隐形镜片、伤疤和皱纹等易容,如《金银岛》(Treasure Island,1920)中的盲人皮尤、《雾都孤儿》(Oliver Twist,1922)中的费京、《嘲笑》(Mockery,1927)里的蒙古农民。他的第一个明星角色是《处罚》(The Penalty,1920)里无腿的暴徒,但是他所塑造的最令人难忘的扭曲角色都是托德·布朗宁执导的电影:《三个邪恶的人》(The Unholy Three,1925)中有异装癖且会腹语的小偷和《未知者》(The Unknown,1927)里的无臂投刀者。钱尼在《挨了耳光的男人》(He Who Gets Slapped,1924)和《笑,小丑,笑》(Laugh, Clown, Laugh,1928)中改变戏路出演可怜的小丑,其表演既夸张又感人,但他沧桑平凡的相貌也让他能令人信服地演出像《胡说八道》(Tell It to the Marines,1926)中的操练军士这种需要吃苦耐劳的角色。他只出演了一部有声电影,即1930年重拍的《三个邪恶的人》(The Unholy Three)。**KN**

化妆大师

钱尼擅长表演清晰生动的角色,无论是古怪异常还是荒诞可笑他都能收放自如:

◆ 在《歌剧魅影》(1925)中,钱尼把卵膜放在眼球上,让眼睛看起来浑浊不清。他把双耳贴到脑后,用鱼皮把鼻子往上拉,让他的外表看起来更加怪异。

◆ 为了使他饰演的角色更可信,他愿意忍受一切痛苦。为了在《处罚》(1920)中饰演疯狂的截肢者,钱尼把双腿捆在身后,把膝盖塞进皮质的残肢里,这样看起来就像假腿了。真痛!

道格拉斯·范朋克 DOUGLAS FAIRBANKS

生平：本名道格拉斯·埃尔顿·托马斯·乌尔曼（Douglas Elton Thomas Ullman），1883年5月23日生于美国科罗拉多州丹佛；1939年卒于加利福尼亚州圣塔莫妮卡。

明星特质：身材矮小；标志性的小胡子；喜欢穿戏服和斗篷；强壮蛮勇；神气活现的巨星；身兼导演、制作人、作家数职。

代表作：

The Private Life of Don Juan 1934
Mr. Robinson Crusoe 1932
The Taming of the Shrew 1929
The Iron Mask 1929
The Gaucho 1927
The Black Pirate 1926
Don Q Son of Zorro 1925
The Thief of Bagdad 1924
Robin Hood 1922
The Three Musketeers 1921
The Nut 1921
The Mark of Zorro 1920
The Mollycoddle 1920
A Modern Musketeer 1917
The Mystery of the Leaping Fish 1916
The Lamb 1915

"决定做大事的人一定要在任何时候都保证高品质。"

　　道格拉斯·范朋克是默片银幕上哈哈大笑的鲁莽大胆之人。他开创了顽皮、自我嘲弄的动作英雄先河，为他的继任者埃罗尔·弗林（Errol Flynn）和布鲁斯·威利斯（Bruce Willis）的表演定下了基调。

　　范朋克最初是名喜剧演员，在《神秘的跳鱼》（The Mystery of the Leaping Fish，1916）里饰演依赖药物的侦探科克·安尼德（Coke Ennyday）。他崇尚运动——喜欢做自己发明的那些惊险动作——留着标志性的小胡子，天性快乐，总是神气活现，在严肃的剑术中掺杂优雅的闹剧。在《佐罗的标记》（The Mark of Zorro，1920）中他既是有男子气概的法外之徒，又是滑稽的花花公子。《佐罗的标记》是日后制作越来越精美的明星电影的开山之作。这些明星电影中的《三剑客》（The Three Musketeers，1921）是范朋克十年磨一剑、自己担任编剧和制片人的作品。范朋克与第二任妻子玛丽·碧克馥（Mary Pickford）合作拍摄了有声电影《驯悍记》（The Taming of the Shrew，1929）后星光黯淡不少，他告别电影舞台的最后一个角色是《唐璜艳史》（The Private Life of Don Juan，1934）中有讽刺意味的伟大的中年贵族情人。

　　范朋克留下的财富不仅仅限于银幕。因深谙投资之道，他开设了自己的制作公司"道格拉斯·范朋克电影公司"，1917年这家公司让他成为当时好莱坞最能赚钱的人之一。他的公司对于试图垄断电影发行的电影公司而言简直是眼中钉、肉中刺。然而他并未因此退缩，而是发挥自己的商业才干，在1919年与查理·卓别林、格里菲斯和碧克馥一起创建了联艺影片公司（United Artists studio）。他们掌握分销权，在艺术上控制他们的电影，收获了很大的利润份额。范朋克还是美国电影艺术与科学学院的创办人之一，1929年与导演威廉姆·C.德·米勒（William C.de Mille）一起主持了第一届奥斯卡金像奖的颁奖典礼。**KN**

沃尔特·休斯顿 WALTER HUSTON

生平：本名沃尔特·霍顿（Walter Houghston），1884年4月6日生于加拿大安大略湖多伦多；1950年卒于美国好莱坞。

明星特质：演员世家的领头羊、多才多艺的性格演员、制作人、歌手，既能演放荡不羁的牛仔，也能演西装革履文质彬彬的角色。

虽然沃尔特·休斯顿接受的是工程师训练，但他一直被表演事业深深吸引。在杂耍团工作一段时间后，为了养活第一任妻子和唯一的孩子——日后成为导演的约翰·休斯顿，他重拾工程师的旧业。后来休斯顿发现自己的工程技能不足，又回到了杂耍团，不久就成了主要演员。20年后他去好莱坞拍摄有声电影时已是一名舞台经验丰富的老手了。休斯顿修长的身材为他带来主演格里菲斯的电影《亚伯拉罕·林肯》（Abraham Lincoln，1930）的机会，但他演出西部片也同样出色，无论是《弗吉尼亚人》（The Virginian，1929）中的坏人特兰帕斯，还是《法律与秩序》（Law and Order，1932）里的好人怀亚特·厄普，他都表演得活灵活现。在《刑法》（The Criminal Code，1931）里他是穿着现代、改革积弊的监狱看守，在《重要证人》（The Star Witness，1931）中他是美国地方检察官，在《城中的野兽》（The Beast of the City，1932）里他又变成了警察。

休斯顿饰演更多的是有缺陷的权威人物，如《加百利在白宫》（Gabriel over the White House，1933）中疯狂腐败的美国总统，如有神助般受到启发，将神之愤怒发泄在非法酿酒者身上，但银幕下的休斯顿是个反对禁酒令的人，当禁酒令最终被取缔时，他和珍·哈露（Jean Harlow）一起在洛杉矶酿酒有限公司庆祝。在出演了《非洲的罗德斯》（Rhodes of Africa，1936）和《孔雀夫人》（Dodsworth，1936）后，休斯顿回到戏剧舞台。作为一名上了年纪的性格演员，他饰演了很多有趣的角色：《黑夜煞星》（The Devil and Daniel Webster，1941）中装友善的恶魔斯科拉奇先生、《歹徒》（The Outlaw，1943）里的多克·霍利德、《无人生还》（And Then There Were None，1945）里的醉酒医生、《阳光下的决斗》（Duel in the Sun，1946）里的传教士；最让人难忘的是他在《碧血金沙》（The Treasure of the Sierra Madre，1948）中饰演的旧式采矿者，他最终凭借本片获得奥斯卡最佳男配角。**KN**

代表作：

The Furies 1950
***The Treasure of the Sierra Madre* 1948** ★
Duel in the Sun 1946
And Then There Were None 1945
The Outlaw 1943
***Yankee Doodle Dandy* 1942** ☆
***The Devil and Daniel Webster* 1941** ☆
***Dodsworth* 1936** ☆
Rhodes of Africa 1936
Gabriel over the White House 1933
Law and Order 1932
The Beast of the City 1932
The Star Witness 1931
The Criminal Code 1931
Abraham Lincoln 1930
The Virginian 1929

"见鬼，我拿钱不是为了让好台词听起来精彩，我拿钱是为了让烂台词听起来精彩。"

埃米尔·强宁斯 EMIL JANNINGS

生平： 本名特奥多尔·弗里德里希·埃米尔·詹宁斯（Theodor Friedrich Emil Janenz），1884年7月23日生于瑞士罗夏；1950年卒于奥地利斯特罗布尔。

明星特质： 舞台演员；一流的默片明星；多才多艺；大块头增加了他的潇洒风度；因饰演重量级的、恐怖、怪异和悲剧角色而著名。

埃米尔·强宁斯曾被认为是世上最伟大的电影演员。他是第一个奥斯卡影帝，凭借《肉体之道》（The Way of All Flesh，1927）和《最后的命令》（The Last Command，1928）连续两年获得奥斯卡最佳男主角。他的银幕风度令人印象深刻，很适合出演一些重量级的角色——他肥胖的体型无处不在——出演了丹东（Danton）、亨利八世（Henry VIII）、尼禄（Nero）和彼得大帝（Peter the Great）等角色。强宁斯依靠穆瑙（F. W. Murnau）的默片《最卑贱的人》（Der letzte Mann，1924）获得国际声誉，他在里面饰演马杰斯特酒店的首席门卫，因被贬做打扫厕所的人而羞愧不已。这为经典的"强宁斯影片"设置了一个模式：尊贵的人被命运击倒，盛况难再。

1926年穆瑙再次找强宁斯饰演了与剧中主角同名的电影《塔度夫》（Herr Tartüff，1926）和《浮士德》（Faust，1926）里的魔鬼靡菲斯特（Mephistopheles）。他在《浮士德》里过于夸张的表演让影片失去了平衡。但是这些角色和他在埃瓦尔德·安德烈·杜邦（Ewald André Dupont）执导的《杂耍班》（Varieté，1925）里害相思病的秋千演员为他赢来了好莱坞的邀请，派拉蒙电影公司为他打造了几部"王子变乞丐"式的电影，其中最好的一部是由约瑟夫·冯·斯坦伯格（Josef von Sternberg）执导的《最后的命令》（The Last Command，1928）。强宁斯在其中饰演一个前沙皇时期的将军，后来沦落到好莱坞当临时演员。强宁斯有浓重的德国口音，有声电影时代来临，他的口音几乎毁了他在好莱坞的演艺生涯。后来他回到德国，斯坦伯格请他出演了他最后一个伟大的角色——《蓝色天使》（Der blaue Engel，1930）里浮夸的校长以马内利·拉特，他因喜欢美女，最终毁于玛琳·黛德丽（Marlene Dietrich）饰演的年轻夜总会演员劳拉之手。强宁斯是个狂热的纳粹支持者，是第三帝国环球电影公司的主要演员，拍摄了大量的纳粹宣传电影。战争结束时他上了黑名单，晚年生活十分凄苦。**PK**

代表作：

Der blaue Engel 1930 (The Blue Angel)
Betrayal 1929
Fighting the White Slave Traffic 1929
Sins of the Fathers 1928
The Patriot 1928
Street of Sin 1928
The Last Command 1928 ★
The Way of All Flesh 1927 ★
Faust 1926
Herr Tartüff 1926 (Tartuffe)
Varieté 1925 (Jealousy)
Der letzte Mann 1924 (The Last Laugh)
Das Leben ein Traum 1916
Nächte des Grauens 1916
Stein unter Steinen 1916
Arme Eva 1914 (Dear Eva)

"我们只能实现自己梦想的影子。"

乔治·"加比"·海耶斯 GEORGE "GABBY" HAYES

生平: 本名乔治·弗朗西斯·海耶斯(George Francis Hayes),1885年5月7日生于美国纽约州威尔斯维尔;1969年卒于美国加利福尼亚州伯班克。

明星特质: 大胡子,受欢迎的西部片副手;自己创作连环画系列的明星;常扮演脾气暴躁、喋喋不休、咀嚼烟草的老式人物。

1880年代

乔治·"加比"·海耶斯年轻的时候曾在马戏团表演,做过半职业的棒球运动员,还在杂耍团和滑稽戏团演出。他在四十多岁时功成身退,但1929年股市崩盘让他血本无归,不得不重新开始工作。在20世纪30年代的西部片中常能看到他的身影,海耶斯一开始饰演坏人,常与年轻的约翰·韦恩(John Wayne)演对手戏,如《命运骑士》(Riders of Destiny,1933)和《分水岭之西》(West of the Divide,1934)。从1936年起他常饰演赫白龙·卡西迪(Hopalong Cassidy)的副手温迪·哈利迪(Windy Halliday),《灰尘》(Trail Dust,1936)就是其中的一个。那时他已年过五旬,很适合饰演这种大胡子、喋喋不休的老式角色。

20世纪30年代末期海耶斯开始与罗伊·罗杰斯(Roy Rogers)一起搭戏,出演了《亚利桑那的孩子》(The Arizona Kid,1939)、《年轻的比尔·西科克》(Young Bill Hickok,1940)和数十部其他影片,他在这些电影中饰演的角色名叫"加比"。他偶尔也和吉恩·奥特里(Gene Autry)一起演出,例如《音乐牧场》(Melody Ranch,1940),他和许多其他西部片明星都有过合作。晚期他一直在兰道夫·斯科特(Randolph Scott)拍摄的电影中饰演白胡子老头,包括《小径街》(Trail Street,1947)和他的最后一部作品《加勒比人的踪迹》(The Cariboo Trail,1950)。1950—1954年,海耶斯制作了自己的西部片电视系列《加比·海耶斯秀》(The Gabby Hayes Show),这个系列主要是为孩子制作的,之后他就退休了。银幕下他是个严肃、穿着体面、久经世故的人,与他银幕上喋喋不休、恶声恶气的形象截然相反。他与妻子奥利薇·E.爱尔兰德(Olive E. Ireland)的婚姻一直持续到1956年她去世。虽然海耶斯总在电影中饰演牛仔,但直到40岁他都不会骑马。他甚至声称自己从来就不是西部片的热衷者。**EB**

代表作:

The Cariboo Trail 1950
Albuquerque 1948
Wyoming 1947
Trail Street 1947
Sunset in El Dorado 1945
Melody Ranch 1940
Young Bill Hickok 1940
The Arizona Kid 1939
Texas Trail 1937
Hopalong Rides Again 1937
Trail Dust 1936
The Plainsman 1936
Mr. Deeds Goes to Town 1936
Hop-Along Cassidy 1935
West of the Divide 1934
Riders of Destiny 1933

"邻居,不要那样鬼鬼祟祟地溜进营地!"

——奥斯卡·温特斯,《加勒比人的踪迹》

蒂达·巴拉 THEDA BARA

生平：本名西奥多西娅·伯·古德曼（Theodosia Burr Goodman），1885年7月29日生于美国俄亥俄州爱文代尔；1955年卒于美国洛杉矶。

明星特质：漂亮、魅力四射、耽于声色、性感迷人，有摄人心魄的眼神；银幕第一个媚妇；默片时代迷人而有异国情调的女王。

代表作：

The Prince of Silence 1921
La Belle Russe 1919
A Woman There Was 1919
When Men Desire 1919
The Lure of Ambition 1919
Salome 1918
The Soul of Buddha 1918
The Forbidden Path 1918
Madame Du Barry 1917
Cleopatra 1917
Camille 1917
The Darling of Paris 1917
Romeo and Juliet 1916
Under Two Flags 1916
Carmen 1915
A Fool There Was 1915

"……曾经有次在纽约街头，一个女人叫来警察，因为她的孩子跟我说了话。"

尽管蒂达·巴拉的大多数电影已无迹可寻，但她仍为我们留下了不可磨灭的银幕形象。那个时代的女星不是纯洁无知就是清纯无瑕，巴拉是银幕上第一个性感女人。她是个犹太裁缝的女儿，但福克斯电影公司在宣传时为她另编了一套身世，说她是艺术家和阿拉伯公主的女儿，在狮身人面像的影子下出生，并强调她的舞台艺名是由"阿拉伯死神"（Arab Death）的字母颠倒过来而成。她将自己的一头金发染成黑色，加强了这一说法的可信度。

直到饰演了《从前有个笨蛋》（A Fool There Was，1915）中的"吸血鬼"，她才迎来演艺事业中姗姗来迟的突破。该片源自鲁德亚德·吉普林（Rudyard Kipling）的诗，刻画了一个掠夺成性的女人形象，这个形象造成了强大的文化冲击，以致日后在拍摄《德拉库拉之女》（Dracula's Daughter，1936）时人们不得不把超自然中邪恶的吸血鬼和巴拉饰演的隐喻性的"吸血鬼"或"媚妇"区别开来。

巴拉几乎演遍文学和历史中蛇蝎女子的代表，穿过很多不同寻常的行头：《卡门》（Carmen，1915）、《埃及艳后》（Cleopatra，1917）、《杜巴利伯爵夫人》（Madame Du Barry，1917）和《莎乐美》（Salome，1918）。她也尝试演过一些正派角色：《两面旗下》（Under Two Flags，1916）、《茶花女》（Camille，1917）、《罗密欧与朱丽叶》（Romeo and Juliet，1916）和《巴黎圣母院》的一个版本《巴黎心肝》（The Darling of Paris，1917）里的埃斯梅拉达。她是第一个"同性恋"明星，似乎要与观众分享她骄奢淫逸的荒唐劣迹。她在20世纪20年代结束了自己的职业生涯，好像突然之间变成一个被遗忘的时代中的遗物。1921年，巴拉与导演查尔斯·布瑞宾（Charles Brabin）结婚，因丈夫希望她停止演艺事业，所以她从没拍过有声电影。虽然她的很多电影拷贝都不在了，但她依旧是默片时代的一个标记。**KN**

埃里克·冯·施特罗海姆 ERICH VON STROHEIM

生平： 本名埃里克·奥斯瓦德·施特罗海姆（Erich Oswald Stroheim），1885年9月22日生于奥匈帝国维也纳；1957年卒于法国法兰西岛伊芙林。

明星特质： 默片导演和制作人；脾气暴躁；强迫性的完美主义；常饰演罪大恶极的人、日耳曼暴君、疯子、坏蛋。

埃里克·冯·施特罗海姆是个犹太制帽匠的儿子，1909年移民去了美国。直到1914年他都只是在好莱坞演一些小配角，后来他给自己编造了一个贵族身份，说自己是奥地利贵族埃里克·奥斯瓦德·汉斯·卡尔·玛利亚·冯·施特罗海姆·昂德·诺登沃尔伯爵。他后来开始写作和导戏，成为一名重要的默片导演，他最出名的作品是《情场现形记》（Foolish Wives，1922）和《贪婪》（Greed，1924），但是由于他挥霍无度，不得不中断导演生涯。满怀愤恨，他开始重操旧业，做起了性格演员。秃头、又短又粗的脖子、总是一副怒气冲冲的样子，让他成为一战电影中敌人形象的缩影，他出演了《无信仰的人》（The Unbeliever，1918）和《内部的德国佬》（The Hun Within，1918），之后又将这一形象延续到有声电影中，赢得"你最恨的人"的名号。

虽然在让·雷诺（Jean Renoir）执导的《大幻影》（La Grande illusion，1937）中饰演了一名庄严、有同情心的德国军官，冯·施特罗海姆之后还是回到野蛮残酷的角色，如《开罗谍报站》（Five Graves to Cairo，1943）中的陆军元帅欧文·隆美尔和《反攻洛血战》（The North Star，1943）里把孩子身上的血放掉来救治德国伤员的战犯。他偶尔也会自嘲，自己一会是《失踪的中队》（The Lost Squadron，1932）里疯狂的电影导演，一会是《日落大道》（Sunset Blvd，1950）里悲惨地沦为奴役的马克斯·冯·梅耶林，但正是这些让他获得了奥斯卡最佳男配角提名。另外，他在朗·钱尼式的音乐剧中打扮得像B级片中的人物一样，如《了不起的高博》（The Great Gabbo，1929）里饱受相思之苦的扭曲、可怜的口技艺人，或《淑女与怪兽》（The Lady and the Monster，1944）中疯狂的科学家。拍完《日落大道》后他一直在欧洲工作，他的最后一个角色是影片《拿破仑》（Napoléon，1955）中的路德维希·凡·贝多芬。**KN**

代表作：

Napoléon 1955
Alraune 1952
Sunset Blvd. 1950 ☆
The Mask of Dijon 1946
The Great Flamarion 1945
The Lady and the Monster 1944
The North Star 1943
Five Graves to Cairo 1943
La Grande illusion 1937 (*The Grand Illusion*)
The Crime of Dr. Crespi 1935
The Lost Squadron 1932
The Great Gabbo 1929
Foolish Wives 1922
Blind Husbands 1919
The Hun Within 1918
The Unbeliever 1918

"在好莱坞——在好莱坞，你随时都要像在拍摄自己的最后一部电影一样好好表现。"

艾尔·乔森 AL JOLSON

生平：本名阿萨·尤尔森（Asa Yoelson），1886年5月26日生于沙俄立陶宛；1950年卒于美国旧金山。

明星特质：歌手；作曲家；爱吹哨；令人振奋的表演者；用歌剧的唱腔和戏剧的手势演唱催人泪下的歌曲；一连串畅销歌曲。

艾尔·乔森用饰演黑人歌手的戏剧手法和出色的演唱技巧，演唱了《我的妈咪》（My Mammy）和《桑尼男孩》（Sonny Boy），影响了一代低吟男歌手，如平·克劳斯贝（Bing Crosby）。乔森有个与自己早期在华纳兄弟电影公司的音乐传记片《爵士歌手》（The Jazz Singer，1927）中饰演的角色非常接近的职业。他父亲是名犹太学者，移民到了华盛顿特区，特别喜欢繁音拍子（译注：一种早期爵士乐）；艾尔·乔森的演艺生涯开始于美西战争时期，那时他在部队表演。乔森十几岁就去了百老汇，当了近30年的头牌大明星，人们都称他为"世上最伟大的演员"。尽管那个时期没有具体的唱片畅销榜，乔森的唱片却备受关注，印有他歌曲的乐谱也成为畅销品，他演唱的歌曲《斯旺尼河》（Swanee）还帮助开启了曲作家盖希文兄弟（George and Ira Gershwin）的职业生涯。

尽管《爵士歌手》（The Jazz Singer，1927）引起了人们的广泛关注，但是乔森随后的《歌唱傻瓜》（The Singing Fool，1928）、《妈咪》（Mammy，1930）和《哈利路亚，我是流浪汉》（Hallelujah I'm a Bum，1933）却反响平平。乔森离开百老汇，却没在好莱坞得到重视，于是他转而做起了播音，20世纪三四十年代他有三个很受欢迎的"艾尔·乔森秀"栏目。那时他还拍摄了电影《乔森的故事》（The Jolson Story，1946）和《乔森再次歌唱》（Jolson Sings Again，1949）。虽然这两部电影是由拉里·帕克斯（Larry Parks）饰演乔森，乔森却复出为帕克斯的表演配音。乔森受欢迎的程度在1948年的一次投票中可见一斑，那时一些同道歌手如克罗斯比（Crosby）、法兰克·辛纳屈（Frank Sinatra）和佩里·科莫（Perry Como）都处于各自的巅峰时期，人们却在《多样性》（Variety）举办的民意调查中将"最受欢迎男歌手"的票投给了乔森。乔森于1950年10月23日因心脏病发作逝世，百老汇在这一天熄灯十分钟表达对他的敬意。**MK**

代表作：

Swanee River 1939
Rose of Washington Square 1939
The Singing Kid 1936
Go Into Your Dance 1935
Wonder Bar 1934
Hallelujah I'm a Bum 1933
Big Boy 1930
Mammy 1930
Say It with Songs 1929
The Singing Fool 1928
The Jazz Singer 1927
Mammy's Boy 1923

> "等一分钟，等一分钟，你迟早会听到的！"
>
> ——杰克·拉比诺维茨，
> 《爵士歌手》

罗斯科·"大胖"·阿巴克尔 ROSCOE "FATTY" ARBUCKLE

生平： 本名罗斯科·康克林·阿巴克尔（Roscoe Conkling Arbuckle），1887年3月24日生于美国堪萨斯州史密斯中心；1933年卒于美国纽约。

明星特质： 头脑比赘肉多；受合约限制体重要超过250磅；用他的大块头制造喜剧效果；一身特技令人吃惊。

1880年代

罗斯科讨厌"大胖"这个昵称，因为这让他仅仅成为胖的一个标志，而忽略了他非凡的优雅体态、敏捷的杂技技艺、荒谬的喜剧幻想、对电影艺术的精通和中西部人的勤劳美德与忠诚。然而，无论挖苦与否，这个名称却让他跻身顶级明星之列。阿巴克尔是他那个时代好莱坞最伟大的喜剧演员之一，是麦克·塞纳特（Mack Sennett）传奇的启斯东电影公司（Keystone Studio）最优秀的男演员。他与查理·卓别林一起出现、和梅尔布·诺曼德（Mabel Normand）联袂主演过电影，还发掘了巴斯特·基顿（Buster Keaton）。

如果历史是公正的，阿巴克尔将会与查理·卓别林、基顿和哈罗德·劳埃德（Harold Lloyd）一起，因经典电影《当爱展翅》（When Love Took Wings，1915）和《修车铺》（The Garage，1919）被人们铭记。然而阿巴克尔只受到一小部分圈内人的爱戴，并不为大众所知。他的很多电影已遗失不见，人们说起他时不可避免地会讨论起终止他职业生涯并使他被迫流放的丑闻。1921年劳动节在旧金山举办的一个派对上，女演员维吉尼亚·拉佩（Virginia Rappe）被强奸三次后遭误杀致死，但是阿巴克尔在对这个案子的所有宣判中都被无罪释放。

阿巴克尔一开始在杂耍团表演，不久就成为明星。他插科打诨的表演方式大大超出启斯东电影公司紧缩的预算，所以他于1917年成立了自己的"丑角"电影公司。阿巴克尔精制的电影《闰年》（Leap Year，1921）和《快件》（The Fast Freight，1921）只在欧洲上映。随着丑闻渐渐被人们淡忘，圈中好友纷纷为他请愿，他在1932—1933年拍了一系列华纳兄弟电影公司制作的有声短片。从此他复出主演了一些喜剧短片，不幸的是，在他刚签下一份电影合约的第二天晚上就心脏病发作去世了，这个真正的喜剧天才就这样结束了混乱的一生。

DK

代表作：

Tomalio 1933
Close Relations 1933
How've You Bean? 1933
Buzzin' Around 1933
In the Dough 1932
Hey, Pop! 1932
The Back Page 1931
Crazy to Marry 1921
Traveling Salesman 1921
The Dollar-a-Year Man 1921
Brewster's Millions 1921
The Fast Freight 1921
Leap Year 1921
The Bell Boy 1918
The Butcher Boy 1917
When Love Took Wings 1915

"我的体重不会超过180磅，多一磅我都不干。"

1880年代

鲍里斯·卡洛夫 BORIS KARLOFF

生平：本名威廉·亨利·普拉特（William Henry Pratt），1887年11月23日生于英国伦敦坎伯威尔；1969年卒于英国苏塞克斯米德赫斯特。

明星特质：恐怖片大师，擅长扮演有异域情调的人物；创造了经典的怪物形象；化妆技艺出神入化。

鲍里斯·卡洛夫出演《科学怪人》（Frankenstein, 1931）中的怪物那年刚40出头。他来自一个在外交圈和社交圈都很知名的家族。年轻的亨利·普拉特把在舞台表演作为自己的终生追求，1919年从英国移民加拿大，给自己取了一个听起来很外国化的名字"鲍里斯·卡洛夫"。他随着专业剧团在加拿大和美国巡回演出了十年，20世纪20年代开始了忙碌的电影演员生涯，他饰演的大多是些有民族特色的小角色，为了获得动物皮毛在北部森林狩猎。

卡洛夫在《钟声》（The Bells, 1926）里饰演了像卡里加利一样的催眠师，这时他已显现出饰演恐怖角色的潜力。《刑法》（The Criminal Code, 1931）里的谋杀犯一角显示出卡洛夫的表演才华，之后，他口齿不清的英语发音和残暴的面孔常常在黑帮电影中占一席之地。在《科学怪人》中，卡洛夫的经典怪物造型由杰克·皮尔斯（Jack P. Pierce）设计，这个装扮让他无法说话。他与贝拉·卢戈西一起并称为电影中最恐怖的人。惠尔在另一部电影《古屋失魂》（The Old Dark House, 1932）中继续启用卡洛夫出演一个发出咕噜声的残忍角色。不久卡洛夫在出演《傅满洲的面具》（The Mask of Fu Manchu, 1932）和《食尸鬼》（The Ghoul, 1933）时即使化了妆也可以夸张地说话表达情感了。他与众不同、经常被模仿的声调成为恐怖

代表作：

The Fear Chamber 1972
Targets 1968
House of Evil 1968
The Sorcerers 1967
Die, Monster, Die! 1965
The Comedy of Terrors 1964
The Raven 1963
Frankenstein—1970 1958
The Secret Life of Walter Mitty 1947
Bedlam 1946
Isle of the Dead 1945
The Body Snatcher 1945
House of Frankenstein 1944
Son of Frankenstein 1939
The Raven 1935
Bride of Frankenstein 1935
The Black Cat 1934
The Ghoul 1933
The Mummy 1932
The Mask of Fu Manchu 1932
The Old Dark House 1932
Scarface 1932
Frankenstein 1931
The Criminal Code 1931
The Bells 1926

右图：卡洛夫在彼得·博格丹诺维奇的《目标》中恰到好处地饰演了一位退休的恐怖片演员。

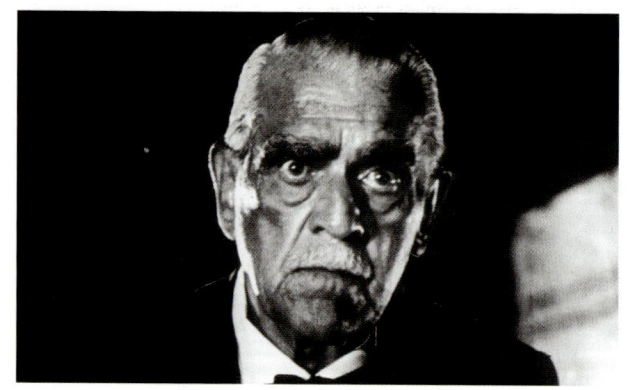

鲍里斯·卡洛夫

上图：鲍里斯·卡洛夫在《科学怪人》中饰演的经典怪物。

电影中饰演扁头丑陋的怪物必不可少的元素。他与惠尔的再度合作是《科学怪人的新娘》（Bride of Frankenstein，1935），在片中他坚持让怪物说话（"单独：不好。朋友：好！"），这次的表演同样让人心碎。当恐怖片不再流行时，卡洛夫开始出演一些有异国情调或友善滑稽的麻烦鬼。下一波恐怖风潮来袭时卡洛夫依旧是恐怖片的中流砥柱，他在维尔·鲁东（Val Lewton）的《盗尸者》（The Body Snatcher，1945）中杰出的演技、罗杰·科曼（Roger Corman）的《魔鸟》（The Raven，1963）里有趣的表演，迈克尔·里夫斯（Michael Reeves）的《魔法师》（The Sorcerers，1967）和彼得·博格丹诺维奇（Peter Bogdanovich）的《目标》（Targets，1968）里悲伤的演绎都给人留下了深刻印象。虽然公众因卡洛夫饰演的阴森恐怖的角色而对他记忆深刻，但在家人、朋友和工作人员眼中，他是个善良、有怜悯心的人，还是美国演员工会的创办人之一。**KN**

创造怪物

《科学怪人》中怪物的第一人选并不是卡洛夫，但是他给这个角色赋予了自己的风格：

◆ 现实生活中的卡洛夫身材并不魁梧，然而他依靠精巧的化妆、垫高鞋子、填塞衬料帮助自己塑造这个银幕经典。不幸的是，服装里沉重的支撑导致了他的背部受伤，他为此做过几次手术。晚年为了减轻疼痛他常常坐在轮椅上表演。

◆ 卡洛夫饰演的怪物与玛丽·雪莱书中的角色并不相像，是化妆大师杰克·皮尔斯创造了这个扁头、眼皮下垂、脖子上有螺丝的怪物形象。

路易·茹伟 LOUIS JOUVET

生平： 本名朱尔斯·尤金·路易·茹伟（Jules Eugène Louis Jouvet），1887年12月24日生于法国卡松市；1951年卒于法国巴黎。

明星特质： 轮廓分明、眼神忧郁、多才多艺的戏剧主角；法国电影的偶像、法国戏剧巨人；作家、导演。

戏剧是路易·茹伟的初恋，为了让自己的戏剧公司能正常运转，他接拍了很多电影。他一丝不苟的表演风格和对表演的高标准对法国电影非常有利。

虽然被巴黎音乐学院拒绝了三次，茹伟想成为戏剧演员的决心并未因此受到打击。他决定靠走后门的方式实现自己的理想，1908年他以管理人的身份加入了一家戏剧公司，两年后首次登台表演。1913年被任命为巴黎老鸽巢剧院（Théâtre du Vieux-Colombier）的经理，然而他的戏剧生涯却因一战爆发而中断，不得不上前线作战。

战争结束后他去了美国，1919—1921年他和自己的剧团一起演出了一些广受赞誉的作品。回到巴黎后他当上了香榭丽舍剧院（Théâtre des Champs-Élysées）的经理。他被认为是20世纪30年代早期法国最优秀的舞台剧演员之一。他制作的法国剧作家珍·季欧度（Jean Giraudoux）的戏剧在这一时期颇受好评，演员的表演、茹伟的舞台布景和灯光都十分出色。他首次出演的电影是《夏洛克》（Shylock，1910）。茹伟最值得一提的是出演了马塞尔·卡内尔（Marcel Carné）的三角爱情剧《北方旅馆》（Hôtel du Nord，1938）和朱利安·杜维威尔（Julien Duvivier）的《穷途末路》（La Fin du jour，1939）。战争又一次中断他的表演生涯，二战时他离开法国，随剧团一起去了南美洲。战争结束后他回到巴黎，担任巴黎雅典娜剧院（Paris' L'Athénée theater）的经理。此后他一直在活跃在戏剧舞台和大银幕，直至去世。**CK**

代表作：

Knock 1951 (Dr. Knock)
Une histoire d'amour 1951 (Love Story)
Retour à la vie 1949 (Return to Life)
Un revenant 1946 (A Lover's Return)
Volpone 1941
Sérénade 1940 (Schubert's Serenade)
L'école des femmes 1940
La Fin du jour 1939 (The End of the Day)
Hôtel du Nord 1938
L'alibi 1937
Forfaiture 1937
La kermesse héroïque 1935
　　(Carnival in Flanders)
Knock, ou le triomphe de la médecine 1933
　　(Knock)
Shylock 1910

> "没有什么能更无益了……但是也没有什么能比戏剧更有必要。"

巴里·菲茨杰拉德 BARRY FITZGERALD

生平： 本名威廉·约瑟夫·希尔兹（William Joseph Shields），1888年3月10日生于爱尔兰都柏林；1961年卒于爱尔兰都柏林。

明星特质： 身材矮小、说话有爱尔兰土腔、快活的性格演员；很适合饰演怀旧的角色。

巴里·菲茨杰拉德一开始在银行工作，但他一直想要尝试表演，还加入了都柏林阿比剧院（Dublin's Abbey Theatre）。他在该剧院中出演了肖恩·奥凯西（Sean O'Casey）的戏剧《朱诺和孔雀》（Juno and the Paycock）。1930年希区柯克改编并导演了电影版的《朱诺和孔雀》，菲茨杰拉德再次担任主演。他在好莱坞的首次演出是另一部由奥凯西的戏剧改编而成的电影——约翰·福特（John Ford）导演的《耕犁和星星》（The Plough and the Stars，1936）。菲茨杰拉德于1961年去世，这之前他一直呆在好莱坞。他擅于奉承，是美国最受欢迎的爱尔兰性格演员。他身材矮小、长相滑稽，常饰演多愁善感或反复无常的角色。福特对他尤为钟爱，让他出演了一些不同的角色，最著名的是《蓬门今始为君开》（The Quiet Man，1952）。菲茨杰拉德身材矮小，却常与高大魁梧的演员如约翰·韦恩（John Wayne）一起演戏，以此夸大他所饰演的角色的无畏。菲茨杰拉德其他著名的表演包括《育婴奇谈》（Bringing Up Baby，1938）中的醉鬼；《不夜城》（The Naked City，1948）中极具戏剧性的主角和《与我同行》（Going My Way，1944）中为他赢得奥斯卡最佳男配角的老神父一角。他曾因同一表演被提名奥斯卡最佳男主角和最佳男配角，后来奥斯卡金像奖修改了提名规则，这种情况再也没有出现过。

好莱坞很少给配角富有挑战性或非典型性的角色，因此菲茨杰拉德很少得到可以表现自己的机会。唯一一次他出演了与自己温厚的形象反差巨大的角色：在雷内·克莱尔（René Clair）导演的根据阿加莎·克里斯蒂（Agatha Christie）的小说改编的电影《无人生还》（And Then There Were None，1945）中，他饰演的看似欢快的爱尔兰人其实是个带着面具的冷血杀手。**MC**

代表作：

Broth of a Boy 1959
Happy Ever After 1954
The Quiet Man 1952
Silver City 1951
Union Station 1950
The Story of Seabiscuit 1949
Top o' the Morning 1949
The Naked City 1948
And Then There Were None 1945
Going My Way 1944 ★
How Green Was My Valley 1941
The Dawn Patrol 1938
Four Men and a Prayer 1938
Bringing Up Baby 1938
The Plough and the Stars 1936
Juno and the Paycock 1930

> "请不要用手抓肉饼吃，在任何时候都要注重自己的礼仪。"
> ——麦卡林·弗林，《蓬门今始为君开》

莫里斯·切瓦力亚 MAURICE CHEVALIER

生平： 本名莫里斯·奥古斯都·切瓦力亚（Maurice Auguste Chevalier），1888年9月12日生于法国巴黎；1972年卒于法国巴黎。

明星特质： 他是一位性感的法国绅士，有着高卢人的魅力和洗练，是位音调优美歌手和舞者，擅长喜剧风格的表演，平顶硬草帽、手杖和无尾晚礼服是他的特征。

在电影《金粉世界》（Gigi，1958）中，莫里斯是个矮小整洁的老式法国人，常戴一顶草帽，眼里闪着无辜的光。那时他已走红30年了。切瓦力亚最初是个杂技演员，后来出了一次事故，不得不改行唱歌和表演。他的首部电影是默片《幼稚》（Trop crédules，1908）。一战时他在法国军队服役，但不幸被俘并进了监狱。在狱中他从狱友那儿学会了英语，却不料这一本事在日后会发挥重大作用。战后20世纪20年代他在巴黎的卡巴莱歌舞表演中表现突出，写过不少脍炙人口的歌，如《瓦伦丁》（Valentine）等。

切瓦力亚在好莱坞拟定电影制作准则前的鼎盛时期来到了好莱坞，最后非常幸运地与派拉蒙电影公司签约，这是欧洲主要电影公司中最新式的一家。切瓦力亚在派拉蒙公司与恩斯特·刘别谦（Ernst Lubitsch）、乔治·库克（George Cukor）和鲁本·马莫里安（Rouben Mamoulian）等合作拍摄了一系列电影，这些电影结合了美妙的音乐、睿智的对话、深奥的文化，在今天的好莱坞电影中是不可想象的。切瓦力亚因出演《璇宫艳史》（The Love Parade，1929）和《大池塘》（The Big Pond，1930）两度获奥斯卡最佳男主角提名。切瓦力亚给美国观众的感觉既私密又熟悉，这种印象因他浓重的法国口音更让人有深深的认同感。在某种意义上，切瓦力亚是第一个现代男性的象征，魅力四射，却暗藏危险，充满了男人味，观众常常为之着迷。至于他的危险性，看看他在马莫里安别具一格的《红楼艳史》（Love Me Tonight，1932）中插入了多少"我是流氓"就清楚了。**MC**

代表作：

Monkeys, Go Home! 1967
I'd Rather Be Rich 1964
Panic Button 1964
Can-Can 1960
Count Your Blessings 1959
Gigi 1958
Love in the Afternoon 1957
Ma pomme 1950 (Just Me)
The Merry Widow 1934
Love Me Tonight 1932
Une heure près de toi 1932 (One Hour with You)
The Big Pond 1930 ☆
The Love Parade 1929 ☆
Innocents of Paris 1929
Gonzague 1922
Trop crédules 1908

"电影很像一位美丽的妇人，你只能通过电话向她大献殷勤。"

查理·卓别林 CHARLES CHAPLIN

生平：本名查理·斯宾塞·卓别林（Charles Spencer Chaplin），1889年4月16日生于英国伦敦沃尔沃思县；1977年卒于瑞士沃韦。

明星特质：经典滑稽的流浪汉；多才多艺的喜剧演员和电影人；敢于触碰世人的道德心。

查理·斯宾塞·卓别林爵士对电影的贡献怎么高估都不为过。他是最伟大的默片明星、导演、电影公司龙头（他与人合作成立了联艺影片公司）、作曲家，精通电影制作的所有领域。最为重要的是他饰演的流浪汉阿卡·查洛特深入人心，成为20世纪最受欢迎的形象之一：这个戴着圆顶礼帽、拄着手杖的小丑总是穿着过大的鞋子和裤子，唇上留有一撮小胡子。

卓别林演电影不久就出名并独立了。从伦敦到美国后，他先在杂耍团巡回演出，之后才去了好莱坞。他在好莱坞的第二部电影是启斯东电影公司制作的《威尼斯儿童赛车》（Kid Auto Races at Venice，1914），在这部电影中，他首次创造了一个颠覆社会准则和价值的流浪汉形象。卓别林开始导演自己的电影（他的首次尝试是1915年拍摄的《他的新工作》[His New Job]和《流浪汉》[The Tramp]）后，他减少了流浪汉表演中的滑稽成分，赋予他悲怆的情愫，令这个角色既滑稽又触动人心，既难管束又让人同情。到1917年，卓别林塑造的这个流浪汉已成为全世界最受欢迎的电影角色了。

卓别林渐渐在自己的电影中引入一些敏感问题，使之更符合当时的时代气息。例如他在《移民》（The Im-

代表作：

A Countess from Hong Kong 1967
Limelight 1952
Monsieur Verdoux 1947
The Great Dictator 1940 ☆
Modern Times 1936
City Lights 1931
The Circus 1928
The Gold Rush 1925
The Idle Class 1921
The Kid 1921
A Dog's Life 1918
The Immigrant 1917
The Rink 1916
Behind the Screen 1916
The Count 1916
The Vagabond 1916
The Fireman 1916
Burlesque on Carmen 1915
Shanghaied 1915
The Tramp 1915
In the Park 1915
A Night Out 1915
His New Job 1915
His Favorite Pastime 1914
Kid Auto Races at Venice 1914

左图：卓别林在《淘金记》里饰演一位淘金的单身勘探者。

查理·卓别林

伟大的独裁者

"我不是共产党，我这一生也没加入过任何党派或组织，"这是卓别林1947年接受调查时对众议院非美活动调查委员会的答复。人们都知道他的政治倾向和社会道德倾于左派，二战前后一段时期卓别林受到怀疑和中伤，他发现自己麻烦不断：

◆ 1942年卓别林呼吁打开第二欧洲战场来帮助苏联。据说他曾声称共产主义的扩散并不是坏事，并把它比作是"人类的进步"。

◆ 他在电影中饰演阿道夫·希特勒，虽然希特勒轻视卓别林（他认为卓别林有犹太血统），他却仿照卓别林的流浪汉形象留了小胡子，以为这样能让自己更受欢迎。电影中流浪汉的小胡子最初是用给纸做的。

◆《大独裁者》（1940）在纳粹占领的欧洲地区禁演，但是希特勒却看了两次这部电影。这是卓别林最卖座的电影。

◆ 卓别林与女人的关系充满争议，据说纳博科夫（Nabokov）写作《洛丽塔》（Lolita）的灵感源于卓别林与16岁的丽泰·格雷（Lita Grey）的婚姻，卓别林比丽泰大19岁。

migrant，1917）中坦率地批评了美国海关对移民的处理。虽然流浪汉对着官员的屁股踢了一脚的情节并不为美国保守党接受，但观众却对此津津乐道。卓别林的经典流浪汉形象在随后电影的杰作中得以巩固，如《狗的生活》（A Dog's Life，1918）、《寻子遇仙记》（The Kid，1921）和被低估的《有闲阶级》（The Idle Class，1921）。他还成为一名自由电影人，可以随心所欲地分配自己每部电影的时间，有时甚至花几年功夫来打造一部电影，正所谓慢工出细活，这种方式保证了他的每一部作品都是精品。《淘金记》（The Gold Rush，1925）和《城市之光》（City Lights，1931）在保留人物圆滑老练的情感的同时还精心编排了滑稽的表演。

有声电影的出现

接下来的两部电影《摩登时代》（Modern Times，1936）和《大独裁者》（Great Dictator，1940）让卓别林的事业达到了顶峰。对阶级差距的刻画和忍耐的寓意是这两部电影的共同之处，滑稽的表演、独出心裁的幽默、通过细微动作对情绪的调动和电影拍摄技巧——尤其是漫不经心的电影画面——都将喜剧这个表演形式推向了极致。《大独裁者》是卓别林的第一部有声电影，他通过剧中流浪汉的大声疾呼传达了自己对法西斯主义反对。不幸的是世人并未听见他的呼喊，二战以后卓别林似乎不再关心底层人民，他电影中的流浪汉消失了，后来制作的电影如《舞台春秋》（Limelight，1952）就反映并默认了这一点。

卓别林银幕下的生活和他的黑白电影一样丰富多彩。他早年的生活一片混乱：母亲患有精神分裂，1903年被送进一家精神病院，卓别林就在救济院和不同的慈善之家过着寄人篱下的生活。他结过四次婚，有11个孩子，还有许多受人瞩目、如暴风雨般浪漫的婚外情，其中的一个还在1944年提出与卓别林的父子确认诉讼。围绕他的争议和丑闻不仅仅限于他的爱情生活。他在一战时被英国人称为懦夫，1947年美国政府起诉他同情共产党。1952年他完成对《舞台春秋》的巡回宣传后美国拒绝让他入境，他不得不搬到瑞士，直到1971年他因获奥斯卡终生成就奖才再次回到美国参加颁奖典礼。卓别林死后也不得安宁，1978年一

查理·卓别林

1880年代

上图：《马戏团》中流浪汉摇摇晃晃地走绳索。

伙人将他的尸体从坟墓中偷走,希望借此敲诈他的家人。后来他的尸体终于被找到,再次下葬时人们把他安放在混凝土制成的墓穴中,以确保他能永远安息。

然而因为卓别林的电影一再重发,他本人也收到数不清的奖项,还被授予骑士身份,他从未离开过公众舞台,也没丧失过觉悟,所以1977年卓别林以88岁高龄逝世时,全世界都知道他们失去了一位电影天才。**EM**

"我制作一部喜剧所需要的不过是一个公园,一个警察和一位漂亮姑娘。"

早川雪洲 SESSUE HAYAKAWA

生平：本名早川金太郎，1889年6月10日生于日本千叶县七浦；1973年卒于日本东京。

明星特质：英俊时髦、默片时代受女观众喜欢的男演员；好莱坞第一位亚洲演员，常饰演异国恶棍或情夫；制作人、作家和导演。

早川雪洲本来是要当海军的，但是一次游泳事故导致他耳膜破裂，在体检中被淘汰。于是早川转而开始了表演生涯，并成立了日本帝国公司剧团，于1913年在美国巡回演出。在美国演出时制片人托马斯·H.恩斯（Thomas H. Ince）发现了他，与他签订了一部电影合约，随后他开始出演默片，包括《台风》（The Typhoon, 1914）和塞西尔·B.戴米尔（Cecil B. DeMille）的《欺骗》（The Cheat, 1915），早川雪洲成为好莱坞第一位亚裔美国明星。

虽然早川很受追捧，他却常在电影中塑造异国恶棍或情夫的形象，所以他决定成立自己的制作公司。他向之前在芝加哥大学念书的同班同学借了100万美元，于1918年建立了海华丝电影公司。接下来的三年他制作了23部电影，有时和妻子青木鹤子一起主演，公司也获得了巨大的经济效益，每年获益200万美元，早川过上了奢华浪费的生活，甚至建了一座城堡居住。当他在美国的事业有所下滑时早川迁居欧洲，开始演戏、写剧本和小说。二战时他一直在欧洲，并开始接触有声电影，如和亨佛莱·鲍嘉（Humphrey Bogart）一起演出的《东京风云》（1949）。早川最大的成就是出演了二战题材的电影《桂河大桥》（1957），他在里面饰演的斋藤上校是位受荣誉驱使的日本战俘集中营军官，在电影中是亚利克·基尼斯（Alec Guinness）的对手。早川因这部电影获得奥斯卡最佳男配角提名，并把这个角色和表演看作自己表演生涯的最高成就。实际上，1966年以后早川就不再演电影了，一直到去世前他都过着禅宗佛教徒的生活。**JK**

代表作：

The Geisha Boy 1958
The Bridge on the River Kwai 1957 ☆
Tokyo Joe 1949
Forfaiture 1937 (The Cheat)
Yoshiwara 1937
Daughter of the Dragon 1931
The Great Prince Shan 1924
Sen Yan's Devotion 1924
La Bataille 1923
The Dragon Painter 1919
The Bottle Imp 1917
The Honorable Friend 1916
Alien Souls 1916
The Cheat 1915
The Typhoon 1914
The Wrath of the Gods 1914

"你们忍受一切却没有勇气。我恨英国人！"

——斋藤上校，《桂河大桥》

右图：早川在战争片《桂河大桥》中出演了让人难以了解的上校一角。

克劳德·雷恩斯 CLAUDE RAINS

生平：本名威廉·克劳德·雷恩斯（William Claude Rains），1889年11月10日生于英国伦敦坎伯韦尔；1967年卒于美国新罕布什尔州拉科尼亚。

明星特质：身材矮小却天赋极高；有着温暖的笑容、恐吓的怒视、爽朗的笑声；能够饰演各式各样的人物。

代表作：

Lawrence of Arabia 1962
The Lost World 1960
The Man Who Watched the Trains Go By 1952
The Passionate Friends 1949
Notorious 1946 ☆
Mr. Skeffington 1944 ☆
Phantom of the Opera 1943
Casablanca 1942 ☆
Now, Voyager 1942
Here Comes Mr. Jordan 1941
Mr. Smith Goes to Washington 1939 ☆
Four Daughters 1938
The Adventures of Robin Hood 1938
They Won't Forget 1937
The Invisible Man 1933
Build Thy House 1920

"你来卡萨布兰卡究竟为什么？"
——路易斯·雷诺上尉，《卡萨布兰卡》

　　克劳德·雷恩斯的父亲是英国戏剧演员弗雷德里克·雷恩斯（Frederick Rains），克劳德决定追随家族传统从事演艺事业。他初次登台时只有11岁，出演了《老特鲁里街的内尔》（Nell of Old Drury）。1913年他首次到达美国，但在一战时返回英国服役，在一次毒气袭击中他的一只眼睛几乎失明。雷恩斯的第一部电影是《建造你的房子》（Build Thy House，1920）。他在伦敦皇家戏剧艺术学院做戏剧演员和老师——在那他完善了自己的演技——他最著名的学生是劳伦斯·奥利佛（Laurence Olivier）爵士和约翰·吉尔古德（John Gielgud）爵士。

　　1927年雷恩斯重返美国和百老汇，之后出演了他的首部有声电影《隐形人》（The Invisible Man，1933）。他在电影结尾才露面，但是他粗鲁的声音和疯狂的笑声已给观众塑造出隐形人恐怖的形象。雷恩斯是好莱坞的性格演员，如有需要，他还会自己资助电影的拍摄，他常常在一群强大的演员阵容中脱颖而出。1939年，他加入了美国国籍。

　　雷恩斯塑造的角色各式各样，有的机智，有的邪恶，有的亲切。这些角色有《史密斯先生到华盛顿》（Mr. Smith Goes to Washington，1939）中腐败的参议员、《扬帆》（Now, Voyager，1942）中贝蒂·戴维斯（Bette Davis）的心理医生、《史格芬顿先生》（Mr. Skeffington，1944）里的犹太银行家和《美人计》（Notorious，1946）中敏锐有同情心的纳粹分子。但他最著名的角色应该是《卡萨布兰卡》（Casablanca，1942）中的法国警察路易斯·雷诺上尉，电影结尾他和亨佛莱·鲍嘉饰演的里克·布莱恩的退隐让人印象深刻，他的台词"搜查可疑之人"在电影史上流传下来。雷恩斯曾四次获得奥斯卡最佳男配角提名——其中有一个是因他在《卡萨布兰卡》中的出色表现——但从未获得过奥斯卡奖。**KN**

爱德华·阿诺德 EDWARD ARNOLD

生平： 本名冈瑟·爱德华·阿诺德·施耐德（Gunther Edward Arnold Schneider），1890年2月18日生于美国纽约；1956年卒于美国加利福尼亚州恩西诺。

明星特质： 传奇人物；雄厚的男中音；早年常饰演饰演牛仔，晚年则演一些受权力引诱贪污腐败的人。

某些性格演员会越来越像他常在银幕上塑造的角色。爱德华·阿诺德的父母是德国到美国的移民。他的形象总让人联想起实业巨头，而他庄严威武的身躯似乎天生就是演这类角色的料。阿诺德1915年到1919年在埃森内电影制片厂出演了很多西部片，这十分令人费解，因为阿诺德给人的印象非常都市化，总是穿一身裁剪得体的西装。

阿诺德1932年重返银幕时已有丰富的舞台表演经验。他的演技得到大家的一致认可，无论是魅力四射还是威武庄严的角色，他都能表现得恰到好处。从他饰演的《钻石吉姆》（Diamond Jim，1935）里19世纪的电影业巨头、《红衣主教》（Cardinal Richelieu，1935）中的法国君主路易十三、《尼禄·沃尔夫》（Meet Nero Wolfe，1936）里闭门不出的私家侦探和《夺妻记》（Come and Get It，1936）里愁眉苦脸的木材大亨就可见一斑。阿诺德在乖僻喜剧《简单生活》（Easy Living，1937）中轻松自如地通过模仿取笑了他的人物角色，在《黑夜煞星》（The Devil and Daniel Webster，1941）中塑造了一位公正清廉的著名演说家的形象。

弗兰克·卡普拉（Frank Capra）雇请阿诺德为他股份公司的一份子，并在《浮生若梦》（You Can't Take It with You，1938）、《史密斯先生到华盛顿》（Mr. Smith Goes to Washington，1939）、《约翰·多伊》（Meet John Doe，1941）这三部电影中塑造了他腐败的权力经济人的形象。在这些电影中，阿诺德自然流露出的傲慢让他与卡普拉剧中圣洁的主角形成鲜明对比。阿诺德20世纪40年代在米高梅电影制片公司工作，但他饰演的角色不再像从前那样具有启迪性，人们不禁会想如果他出演悲观主义的影片会带来什么不一样的感受呢。阿诺德从1940年到1942年担任美国演员公会主席，直到去世前一直都在演员工会工作。**DS**

代表作：

Miami Expose 1956
The Ambassador's Daughter 1956
Man of Conflict 1953
Annie Get Your Gun 1950
Command Decision 1948
The Devil and Daniel Webster 1941
Meet John Doe 1941
Mr. Smith Goes to Washington 1939
You Can't Take It with You 1938
Easy Living 1937
Come and Get It 1936
Meet Nero Wolfe 1936
Cardinal Richelieu 1935
Whistling in the Dark 1933
A Broadway Saint 1919
Be My Best Man 1917

"从现在开始，你最好直接跟我一起工作。"
——D.B.诺顿，《约翰·多伊》

斯坦·劳莱和奥列佛·哈迪
STAN LAUREL AND OLIVER HARDY

生平：劳莱：本名亚瑟·斯坦利·杰佛逊（Arthur Stanley Jefferson），1890年6月16日生于英国坎布里亚郡阿尔佛斯顿；1965年卒于美国加利福尼亚州圣塔莫妮卡。哈迪：本名奥列佛·诺维尔·哈迪（Oliver Norvell Hardy），1892年1月8日生于美国佐治亚州哈莱姆；1957年卒于美国好莱坞。

明星特质：一个肥胖，一个精瘦；劳莱有着"焦躁的面孔"和孩子般的天真无邪；哈迪假装世故、留有滑稽的小胡子。

代表作：

Atoll K 1951
Nothing but Trouble 1944
The Big Noise 1944
The Dancing Masters 1943
Air Raid Wardens 1943
A-Haunting We Will Go 1942
The Flying Deuces 1939
Block-Heads 1938
Swiss Miss 1938
Way Out West 1937
Pick a Star 1937
The Bohemian Girl 1936
Thicker than Water 1935
The Live Ghost 1934
Sons of the Desert 1933
Me and My Pal 1933
Towed in a Hole 1932
Their First Mistake 1932
Pack Up Your Troubles 1932
Scram! 1932
The Music Box 1932
Another Fine Mess 1930
Early to Bed 1928
Hats Off 1927
Duck Soup 1927

斯坦·劳莱和奥列佛·哈迪是迄今为止最受电影观众爱戴的喜剧二人组之一。他们最初都是独唱演员，直到1927年哈尔·罗奇电影制片厂（Hal Roach Studios）的制作人雷欧·麦卡雷（Leo McCarey）决定让他们成为一个组合。不久他们就成为了默片明星。之后有声电影的出现让观众们听到他们有特色的声音，因而他们从无声短片转向有声电影要比大多数人成功得多。

像许多成功的喜剧组合一样，他们的角色（尤其是哈尔·罗奇时期）可以被简单地看作身体发育过快的孩子。即使在大受欢迎的影片《老瑞和哈迪之沙漠王子》（Sons of the Desert，1933）中饰演已婚男子，他们也常流露出想要逃避生活责任的愿望——最后只会把事情弄得一团糟。

哈迪常饰演出谋划策的那个人，这个好斗又爱夸夸其谈的家伙拒不承认自己跟朋友一样傻。尽管劳莱常常需要捧他的搭档，他却顺从得多。虽然各种灾难和伤害不可避免地降临在他们身上，但这两人的友情却历久弥新。劳莱对哈迪不断地付出，哈迪也明白像这样的珍贵的友情值得维持一辈子。因此，他们也明白虽然滑稽的表演让他们备受欢迎，但是友情的魅力才是他们最大的优势——简而

右图：这个组合展示他们的座右铭"非礼勿视，非礼勿听，非礼勿言"。

斯坦·劳莱和奥列佛·哈迪

上图:在《好莱坞聚会》(Hollywood Party)中劳莱好心地帮哈迪缝裤子。

言之,就是《老瑞和哈迪之西部历险》(Way Out West,1937)中的舞蹈"在舞会这就是一切"。劳莱和哈迪表演了一段欢快有趣的舞蹈,这段舞蹈对故事本身没有任何意义,但却表达了他们对生活的热爱和对对方的感情。他们把欢乐带给剧中其他角色,也带给了观众。对很多影迷而言,这段表演是他们记忆中最棒的一段。到1940年止,劳莱和哈迪已主演了近百部短片和电影,他们决定离开哈尔·罗奇电影制片厂,与21世纪福克斯和米高梅电影制片公司签约。但是他们不再有机会即兴表演或在电影中注入自己的想法,后来拍的这些影片都没有早期的成功。他们的最后一部电影《K环礁》(Atoll K)于1951年上映。**DW**

插科打诨

他们两人十分注重细节:哈迪无目的地摆弄领带,劳莱擦伤头后尖锐的悲啸,像这样细致的肢体表演非常多。这些小插曲一开始都很不起眼,但渐渐会发展成毁灭性的灾难。在《大生意》(Big Business, 1929)中,斯坦和奥列佛饰演一对卖圣诞树的促销员。一个小小的争执竟让他们一点一点毁了潜在客户的整个家,客户为了报复,把斯坦和奥列佛的车送去了废料站。通常都是因为劳莱坚持贯彻哈迪的主意才会出现这种灾难性的结果。

克拉拉·金博尔·杨 CLARA KIMBALL YOUNG

生平: 本名卡拉丽莎·金博尔(Clarisa Kimball),1890年9月6日生于美国伊利诺伊州芝加哥;1960年卒于美国洛杉矶。

明星特质: 拥有一头黑色的秀发、身材高挑、曲线美妙的女主角;默片时代的荡妇;喜剧女演员;有戏剧性的手势表演风格。

代表作:

Women Go on Forever 1931
A Wife's Romance 1923
The Worldly Madonna 1922
What No Man Knows 1921
Hush 1921
Eyes of Youth 1919
Cheating Cheaters 1919
The Easiest Way 1917
The Price She Paid 1917
The Common Law 1916
The Foolish Virgin 1916
Camille 1915
Lola 1914
My Official Wife 1914
Beau Brummel 1913

克拉拉·金博尔·杨是电影界早期的一个固执任性的明星,她很小就登台表演,20岁前就和维塔格拉夫制片厂(Vitagraph Studios)签约,出演了几十部短片和电影,包括她最成功的影片——由她丈夫詹姆斯·杨(James Young)执导的《我的官方老婆》(My Official Wife,1914),她在里面饰演一个策划刺杀俄国沙皇的年轻革命者。据称布尔什维克革命人和马克思主义理论家里昂·托洛茨基(Leon Trotsky)在该剧中出演了一个配角,实际上那只是一个长得很像托洛茨基的临时演员而已。

此后不久,杨被制作人路易斯·赛兹尼克(Lewis Selznick)签下,并开始改变她的形象,她被重塑成《罗拉》(Lola,1914)中性感妖娆的荡妇,这给她的婚姻和演艺工作都带来了伤害。幕后的花边新闻让杨与丈夫最后对簿公堂,以离婚告终。而杨也对淫荡好色的赛兹尼克越来越不满,但是她只能跟他签订电影合约,对自己饰演的角色完全没有发言权,也不能为其他人拍摄电影。

她把赛兹尼克告上法庭,宣布与她新结识的良师益友哈里·卡森(Harry Garson)一起成立一家新的公司,但是对赛兹尼克的法律诉讼不断被拖延,而她与卡森的电影也常常令人失望。她似乎厌倦了这些电影,观众也开始弃她而去。20世纪20年代年轻苗条的女子开始抢占电影市场,杨渐渐发胖的身材不再受欢迎,她已成为过去式。她开始出现在杂耍团、西部片和无出路的电影中,1941年,杨宣布息影。20世纪50年代杨的职业生涯又有了起色,她受电视谈话节目的主持人的邀请,成了好莱坞《约翰尼·卡森秀》(The Johnny Carson Show,1956—1957)的记者。**MC**

> "杨小姐在她大多数的电影场景中和黛西·波曼(Daisy Bowman)表现得一样出色。"
> ——《纽约时报》

右图:在这幅1916年的照片中,杨穿着新娘礼服,倚靠在沙发上沉思。

马克斯兄弟 THE MARX BROTHERS

格鲁乔：本名朱利叶斯·亨利·马克斯（Julius Henry Marx），1890年10月2日生于美国纽约；1977年卒于美国洛杉矶。

明星特质：从杂耍艺人转向戏剧演员的兄弟组合；有独一无二的艺名、外貌和个性。

代表作：

The Story of Mankind 1957
Love Happy 1949
A Night in Casablanca 1946
The Big Store 1941
Go West 1940
At the Circus 1939
Room Service 1938
A Day at the Races 1937
A Night at the Opera 1935
Duck Soup 1933
Horse Feathers 1932
Monkey Business 1931
Animal Crackers 1930
The Cocoanuts 1929

喜剧并不一定是越老的越好，因为喜剧通常是对社会规范的颠覆或嘲讽，随着这些规范的转换和改变，当时成功的喜剧也会随之失去魅力；然而有些表演却不会随时间的流逝而失色（如哈罗德·劳埃德、巴斯特·基顿、雅克·塔蒂等），若不是电影的忠实粉丝，随随便便就能欣赏上世纪50年代的情景喜剧、安迪·哈迪（Andy Hardy）节奏轻快的叙事、或是《枕边细语》（Pillow Talk，1959）显然不太可能。而马克斯兄弟——格鲁乔（Groucho）、契科（Chico）、哈珀（Harpo）和偶尔会加入的芝珀（Zeppo）最棒的电影即使今天看来也和当初刚刚上映时一样滑稽有趣，这也是对他们天才的见证。

马克斯兄弟在母亲的管理下开始在杂耍团表演。他们最初的两部电影是根据舞台剧改编的《椰子果》（The Cocoanuts，1929）和《疯狂的动物》（Animal Crackers，1930）。之后他们又为派拉蒙电影公司拍摄了三部电影：《猢狲把戏》（Monkey Business，1931）、《趾高气扬》（Horse Feathers，1932）和《鸭羹》（Duck Soup，1933）。《鸭羹》是一部讲述几无约束的无政府状态和超现实主义的杰作，是尖锐的反战讽刺电影，却出人意料地惨遭票房失败，他们也被剔除出派拉蒙天才演员的花名册。

右图：马克斯兄弟在他们早期的电影《椰子果》中大打出手。

马克斯兄弟

上图：格鲁乔、哈珀和契科在《走向西部》中身着典型的喜剧服装。

还好年轻的天才制作人艾尔文·萨尔伯格（Irving Thalberg）救了他们，1935年，他将马克斯兄弟介绍到米高梅电影制片公司，并对他们的电影结构做出调整，加入浪漫色彩和音乐元素，让情节更丰满，与之前派拉蒙电影公司为他们制作的由小品随机串联而成五部电影完全不同。马克斯兄弟在米高梅拍的前两部电影——《歌声俪影》（A Night at the Opera，1935）和《赌马风波》（A Day at the Races，1937）——让他们再次回到顶级演员的行列。然而他们与米高梅电影公司的关系不久就变味，而且萨尔伯格1936年的突然去世也让他们失去了在米高梅最重要的同盟。

虽然马克斯兄弟曾盛极一时，但在他们《歌声俪影》和《赌马风波》之后拍的大多数电影都不值一提，也配不上他们的才华。20世纪50年代马克斯兄弟各寻出路，只有格鲁乔因为兴趣留了下来，长期为广播和电视主持一档游戏节目《一世好命》（You Bet Your Life）。**TC**

艺名的由来

每个兄弟都有一个独一无二的舞台角色、标志和艺名：

◆ 俏皮话头头格鲁乔的名字可能来自他不太快活的个性，又或许是因为他很小气，总把钱包挂在脖子上（译注：grouch bag指一种挂在脖子上的钱包）。

◆ 花言巧语爱假扮成意大利人的契科据说很有女人缘（译注：契科名字的发音和对女士的俗称chicks很接近）。

◆ 不爱说话的哈珀会弹竖琴（译注：哈珀名字的发音跟竖琴harp接近）。

◆ 英俊浪漫的芝珀的艺名可能源于杂耍团中另一只黑猩猩（Mr. Zippo）的名字。

华莱士·里德 WALLACE REID

生平： 本名威廉·华莱士·里德（William Wallace Reid），1891年4月15日生于美国密苏里州圣路易斯；1923年卒于美国洛杉矶。

明星特质： 高大、蓝眼睛、轮廓清晰；"银幕最完美情人"；演员世家的一员；以赛车电影闻名；作家和导演。

华莱士·里德是默片时代一位重要的明星，一生拍过200多部电影，他因吗啡上瘾致死的新闻曾震惊全国，因为观众本能地将他与电影中轮廓鲜明的角色联系在一起。里德在拍摄《巨人峡谷》（The Valley of the Giants，1919）时受伤，于是用吗啡来减轻伤痛，但不久他就对吗啡上瘾，加上当时好莱坞酗酒成性的风气，里德31岁就英年早逝。他的死让人们广泛呼吁好莱坞应对演员过分荒淫的行为负责；好莱坞为此制定了许多措施，在一定程度上起作用的是最终于上世纪30年代颁布的《海斯法典》（Hays Code）。

里德的父亲哈尔·里德（Hal Reid）是演员、作家和导演，母亲贝莎·韦斯特布鲁克（Bertha Westbrook）也是演员，小里德四岁就登台参与父母的演出。他最初的梦想是成为一名摄影师，但由于他个子高大、外貌英俊、体格健壮，他常常从摄影机后走到镜头前表演，为他赢得"银幕最完美情人"的称号。里德还是名作家兼导演，当他褪去演员的光环时，也不情愿地放弃了做作家和导演。里德的电影有一些是以激烈危险的赛车为主题的，跟严肃的哈罗德·劳埃德（Harold Lloyd）的电影很像（《轰鸣的道路》[The Roaring Road，1919]；《双倍速度》[Double Speed，1920]）。里德至今仍然留在人们的记忆中主要是因为他在《一个国家的诞生》（The Birth of a Nation，1915）中饰演的配角，并与葛洛莉亚·斯旺森（Gloria Swanson）联袂主演了塞西尔·戴米尔的《安娜托尔韵事》（The Affairs of Anatol，1921）。里德死后，他的妻子多萝西·达文波特（Dorothy Davenport，也被称为华莱士·里德夫人）与人合作并演出了一部揭露贩毒的电影《人类残骸》（Human Wreckage，1923）。她在美国巡回宣传这部电影，警告人们药物成瘾的危险。**MC**

代表作：

Thirty Days 1922
The Ghost Breaker 1922
The Dictator 1922
The World's Champion 1922
Don't Tell Everything 1921
Forever 1921
The Affairs of Anatol 1921
Excuse My Dust 1920
Double Speed 1920
The Roaring Road 1919
Less Than Kin 1918
The House of Silence 1918
Rimrock Jones 1918
The Squaw Man's Son 1917
The Chorus Lady 1915
The Birth of a Nation 1915

"亲爱的，早饭开始前我们不要再亲吻了。"
——安娜托尔·斯宾塞，《安娜托尔的韵事》

埃迪·坎特 EDDIE CANTOR

生平： 本名爱德华·伊斯雷尔·伊斯科维茨（Edward Israel Iskowitz），1892年1月31日生于美国纽约；1964年卒于美国洛杉矶。

明星特质： 歌手、作曲家、喜剧演员、作家和制片人；适应性强；有政治和公民意识；坦率、有反抗意识、机智灵敏、慷慨大方。

埃迪·坎特出生于一个俄国犹太移民之家，三岁就成了孤儿，从小由祖母抚养长大，生活十分贫困。后来他为了奖金参加了才能竞赛并最终取胜。接着坎特成为舞台和银幕上最优秀的杂耍演员。早在齐格飞歌舞团表演时，坎特就开始创作自己的歌和喜剧素材，直到20世纪20年代晚期，他是早期重要的唱片明星，因饰演黑人被人们亲切地称为"Banjo eyes"。

尽管坎特早年在百老汇的演出《小山羊皮靴》（Kid Boots，1926）和《狂欢！》（Whoopee! 1930）很成功，1929年却还是因股市崩盘破产。好莱坞和广播给了他第二次机会，坎特出演了电影版的《狂欢！》（1930）——值得一提的是，这部电影是早期彩色电影制作的一次尝试。坎特因与妻子艾达·托拜厄丝（Ida Tobias）及他们五个孩子的美满生活赢得了不少观众的支持，还有了自己的广播节目《埃迪·坎特广播秀》（The Eddie Cantor Radio Show，1931—1934），每周六晚播出一小时，这个节目迅速走红。

坎特有很高的政治意识和博爱思想：他是美国演员公会的第一任主席（1933—1935），成立了畸形儿童基金会（March of Dimes）为患小儿麻痹症的儿童捐款，在20世纪30年代他曾直言不讳地抨击纳粹组织。坎特早年在齐格飞歌舞团时与美国黑人喜剧演员伯特·威廉姆斯（Bert Williams）搭档演出（他们一起饰演黑人）。上世纪50年代他因与小萨米·戴维斯（Sammy Davis Jr.）一起出演《高露洁喜剧一小时》（The Colgate Comedy Hour）而违抗了美国国家广播公司的意愿。50年代中期，由于身体状况不佳坎特不再有演出，但是他有幸在有生之年看到了自己的音乐传记片《埃迪·坎特的故事》（The Eddie Cantor Story，1953）的拍摄，这部电影中的埃迪·坎特一角由基弗·布拉塞勒（Keefe Brasselle）饰演。**MK**

代表作：

If You Knew Susie 1948
American Creed 1946
Show Business 1944
Forty Little Mothers 1940
Ali Baba Goes to Town 1937
Strike Me Pink 1936
Kid Millions 1934
Roman Scandals 1933
The Kid from Spain 1932
Palmy Days 1931
Whoopee! 1930
Insurance 1930
A Ziegfeld Midnight Frolic 1929
Special Delivery 1927
Kid Boots 1926

"……他们不再叫它股票市场，他们叫它卡票市场。"

1890年代

玛丽·碧克馥 MARY PICKFORD

生平： 本名格拉迪斯·玛丽·史密斯（Gladys Marie Smith），1892年4月8日生于加拿大安大略多伦多；1979年卒于美国加利福尼亚州圣塔莫妮卡。

明星特质： "小玛丽"；一头金色的卷发，光芒四射、天真无邪的美女；永远的孩子；默片时代最著名的女星。

玛丽·碧克馥和查理·卓别林、鲁道夫·瓦伦蒂诺（Rudolph Valentino）一起，跻身于默片时代的大明星之列。而最大的不同是大多数电影发烧友能轻而易举地列举出至少半打卓别林的电影，而碧克馥则是凭借美丽的外形、"美国甜心"的称号、好莱坞高额的版税和精明的女商人形象（她是联谊影片公司的主要创建人之一）留在人们的记忆中。她的电影似乎大多只是作为附属品，很少被重映，在普通收藏者家中也很难觅到它们的踪迹。相信她也不会介意这种情况：她曾有过一个奇怪心愿，即死前要烧毁她所有的电影。

这也许是因为她在有声电影出现不久就悄无声息地结束了自己的电影生涯。她厌倦了电影，厌倦了加诸于她银幕形象的种种特殊限制，在1933年选择默默息影。人们说她从未演过成年角色，虽然这一说法对她欠缺公平，但在她最成功的电影中她都是饰演孩子：如《可怜的富家小姑娘》（The Poor Little Rich Girl，1917）、《桑尼布鲁克农场的丽贝卡》（Rebecca of Sunnybrook Farm，1917）和《长腿爸爸》（Daddy-Long-Legs，1919）。她饰演《小安妮·鲁尼》（Little Annie Rooney，1925）中12岁的主角时已经32岁了。

碧克馥共演过四部有声电影，在这四部电影中她都故意一反传统，好像要急切地改变公众的印象，去塑造全新

代表作：

Secrets 1933
Kiki 1931
The Taming of the Shrew 1929
Coquette 1929 ★
My Best Girl 1927
Little Annie Rooney 1925
Rosita 1923
Pollyanna 1920
Heart o' the Hills 1919
Daddy-Long-Legs 1919
Stella Maris 1918
The Little Princess 1917
Rebecca of Sunnybrook Farm 1917
The Little American 1917
The Poor Little Rich Girl 1917
Less Than the Dust 1916
Hulda from Holland 1916
The Eternal Grind 1916
Tess of the Storm Country 1914
The New York Hat 1912
My Baby 1912
The One She Loved 1912
A Gold Necklace 1910
Wilful Peggy 1910
An Arcadian Maid 1910

右图：碧克馥在《小安妮·鲁尼》中编着辫子，一副小女孩的样子，让这个角色很具说服力。

玛丽·碧克馥

上图：碧克馥在恩斯特·刘别谦的电影《露西塔》中出演街头歌手。

的、更摩登的银幕形象。她的第一部转型之作《贵妇人》（Coquette, 1929）是好莱坞拟定电影制作准则前的一部女性悲剧影片，在该剧中碧克馥不仅首次开口说话，还穿上时髦的衣服，将头发剪短。这部影片得到了评论界的好评——碧克馥因此获得了奥斯卡最佳女主角——但是观众并不希望玛丽剪掉她的卷发。观众也不喜欢她在《基基》（Kiki, 1931）中饰演的性感任性的法国合唱队女子，她常常令人恼火，总是制造一些浪漫的冲突。虽然她表演很卖力，但该片却被错误地宣传为滑稽剧或浪漫喜剧，反响平平。《秘密》（Secrets, 1933）的票房有所改善，碧克馥在这部重拍的电影中饰演一个白手起家的人的妻子，从年轻演到年老，十分令人难忘，但观众的反应依然很冷淡。从此之后她再也没有在银幕中出现过了。**MC**

美国甜心

虽然玛丽·碧克馥是加拿大人，她却是第一个"美国甜心"，后来拥有这个称号的还有茱莉亚·罗伯茨（Julia Roberts）等人。这个称号是著名演员舒尔伯格（B. P. Schulberg）为宣传碧克馥的电影取的。舒尔伯格称这个名称的灵感源于他某次在街上不经意听到的谈话——"她可不只是你的小甜心，她是所有人的甜心"——但是在战时这个称号背后可能还有些爱国方面的原因。《小小美国人》（The Little American, 1917）的海报上碧克馥就裹着一面美国旗子。

1890年代

巴兹尔·雷斯伯恩 BASIL RATHBONE

生平：本名菲利普·圣约翰·巴兹尔·雷斯伯恩（Philip St. John Basil Rathbone），1892年6月13日生于南非约翰尼斯堡；1967年卒于美国纽约。

明星特质：又高又瘦、温文尔雅的绅士；运动健将；虚张声势的恶棍；敏捷的击剑手；歇洛克·福尔摩斯的化身。

代表作：

The Great Mouse Detective 1986
The Comedy of Terrors 1964
Tales of Terror 1962
Casanova's Big Night 1954
Sherlock Holmes and the House of Fear 1945
Sherlock Holmes Faces Death 1943
Sherlock Holmes and the Voice of Terror 1942
The Mark of Zorro 1940
The Adventures of Sherlock Holmes 1939
The Hound of the Baskervilles 1939
If I Were King 1938 ☆
The Adventures of Robin Hood 1938
Make a Wish 1937
Romeo and Juliet 1936 ☆
Captain Blood 1935
Innocent 1921

　　巴兹尔·雷斯伯恩出生在南非，童年时期就随父母去了英国。由于父亲不支持他的演艺事业，雷斯伯恩先在保险公司工作了一年，之后才开始上台表演。他演了许多莎士比亚的戏剧，磨练了自己的演技。一战爆发后他在军队的情报部门服役，还获得了军功十字勋章。战争结束后他回到剧院，之后去了美国和百老汇。他的第一部电影是默片《无辜》（Innocent，1921）。

　　随着《铁血船长》（Captain Blood，1935）和《罗宾汉历险记》（The Adventures of Robin Hood，1938）的上映，雷斯伯恩逐渐成为最受欢迎的反派角色，这时他被20世纪福克斯公司选为《巴斯克维尔的猎犬》（The Hound of the Baskervilles，1939）的主角歇洛克·福尔摩斯的饰演者；奈吉尔·布鲁斯（Nigel Bruce）饰演他的搭档华生医生。这部电影大获成功，很快就有了续集《福尔摩斯历险记》（The Adventures of Sherlock Holmes，1939）和福尔摩斯广播节目。环球影城接着拍摄了《福尔摩斯与恐怖之声》（Sherlock Holmes and the Voice of Terror，1942），这之后的11部福尔摩斯电影都是由雷斯伯恩饰演福尔摩斯，布鲁斯饰演华生医生。福尔摩斯的广播节目也很受欢迎，这对黄金搭档一直录了200多集。雷斯伯恩被定型为福尔摩斯，不再有其他角色找他，对此他感到十分沮丧，1946年后他决定不再签约拍摄福尔摩斯的广播和电影。然而他发现自己演其他角色很难成功，于是1953年再次饰演福尔摩斯，还为原始的阿瑟·柯南道尔爵士的故事录音。即使死后雷斯伯恩也没能逃过福尔摩斯的身份，他的名字最后一次出现在演职人员名单中是他去世19年后，动画片《伟大的老鼠侦探》（The Great Mouse Detective，1986）中出现了他当年饰演歇洛克·福尔摩斯的声音。**ML**

"当你变成你所塑造的角色之时，就是你演员生命终结之时。"

威廉·鲍威尔 WILLIAM POWELL

生平：本名威廉·霍雷肖·鲍威尔（William Horatio Powell），1892年7月29日生于美国宾夕法尼亚州匹兹堡；1984年卒于美国加利福尼亚州棕榈泉市。

明星特质：苗条、温和、文雅、久经世故；温文尔雅的银幕大侦探和罗曼蒂克主角；灵活的戏剧表演风格。

威廉·鲍威尔从戏剧学校毕业后曾在杂耍团和百老汇待过一段时间，他的第一部电影是《歇洛克·福尔摩斯》（Sherlock Holmes，1922）。鲍威尔1924年与派拉蒙电影公司签约，20年代拍了不少电影，通常是在时代剧中饰演贵族、流氓或小混混。联想到他晚期在银幕里温文尔雅的形象，他在《伟大的盖茨比》（The Great Gatsby，1926）中饰演的加油站站长实在叫人大吃一惊。鲍威尔的胡子总是经过精心的修饰，他举止优雅，声音清澈，眼里透着一股愤世嫉俗之气，常在有声电影中的客厅或酒吧出现。在《金丝雀谋杀案》（The Canary Murder Case，1929）中他饰演的菲洛·万斯（Philo Vance）是个讨人嫌的无所不知的侦探——他常常饰演这类角色。

鲍威尔不久就厌倦了派拉蒙公司给他的角色，1931年他改签华纳兄弟电影公司。在《瘦子》（The Thin Man，1934）中他饰演了另一位侦探尼克·查尔斯，在办案时总是醉醺醺的，和玛娜·洛伊（Myrna Loy）饰演的妻子诺拉的关系十分微妙。他因这部电影首次获奥斯卡最佳男主角提名，之后还曾两度获此提名。鲍威尔和洛伊之后又合作拍摄了一些由此延伸的电影，如《瘦人之歌》（Song of the Thin Man，1947），尼克渐渐从酒鬼成长为一个慈爱滑稽的人。鲍威尔的另外两个获奥斯卡提名的角色分别是《我的高德弗里》（My Man Godfrey，1936）中的男管家和《伴父生涯》（Life with Father，1947）中的父亲。然而他最好的表演也许是一直未受重视的喜剧《假戏真做》（Libeled Lady，1936）和《让我再爱你一次》（I Love You Again，1940）。他的私生活中最让人津津乐道的是常与合作的女明星传因戏生情：艾琳·威尔森（Eileen Wilson，他的第一任妻子）、卡洛·朗白（Carole Lombard，他的第二任妻子）、珍·哈露（Jean Harlow）和戴安娜·刘易斯（Diana Lewis，他的第三任妻子）。鲍威尔63岁时决定退出影坛，不再接演任何角色。他晚年所有时光都与第三任妻子刘易斯一起度过。**KN**

代表作：

Fernes Jamaica 1969
Mister Roberts 1955
How to Marry a Millionaire 1953
Song of the Thin Man 1947
Life with Father 1947 ☆
I Love You Again 1940
Libeled Lady 1936
My Man Godfrey 1936 ☆
The Great Ziegfeld 1936
Reckless 1935
The Thin Man 1934 ☆
The Benson Murder Case 1930
The Canary Murder Case 1929
The Last Command 1928
The Great Gatsby 1926
Sherlock Holmes 1922

"被观众喜欢总比被观众讨厌更能赚钱。"

哈罗德·劳埃德 HAROLD LLOYD

生平：本名哈罗德·克莱顿·劳埃德（Harold Clayton Lloyd），1893年4月20日生于美国内布拉斯加州伯查德；1971年卒于美国洛杉矶。

明星特质：勤勉的乐天派；总是戴着一副眼镜；表演常常别出心裁；制片人和导演。

    即使你从未看过哈罗德·劳埃德的电影，你也一定见过他——吊挂在12层楼高的钟面上。这是他的巅峰之作《最后安全！》（Safety Last!，1923）中的一幕，这已成为经典滑稽剧中不朽的标志。劳埃德不想只是作为"叫人胆战心惊的喜剧演员"载入电影史册，因为这只是他长长的辉煌电影生涯中的一面。然而他确实总叫人胆战心惊，但他也很勤奋乐观，是个偶尔误打误撞却意外获得成功的大赢家——简而言之，很像他在银幕里饰演的那些角色。

    劳埃德最初想成为一名严肃的演员。他常在电影摄制场附近徘徊，哪儿需要临时演员他就上哪儿，这时他认识了胸怀大志的同道中人哈尔·罗奇（Hal Roach）。罗奇在埃森内电影制片厂学会了导戏、而劳埃德在启斯东电影公司演技日渐成熟后他们就合作拍了一些电影。

    在为罗奇拍片的早期，劳埃德曾模仿过卓别林的角色，叫罗内索姆·卢克（Lonesome Luke）。这个系列的电影至今所剩无几，但当年却是十分流行。他1920年拍摄短片《阴魂不散》（Haunted Spooks）时发生意外，一个"道具"炸弹炸断了他右手，劳埃德从那之后不得不装上义肢，唯恐观众发觉他卖命表演背后的危险。在影片《从未苏醒》（Never Weaken，1921）和《追逐》（Speedy，1928）中他精心设计的特技既惊险又有趣。

1890年代

代表作：

The Sin of Harold Diddlebock 1947
Professor Beware 1938
The Milky Way 1936
The Cat's-Paw 1934
Movie Crazy 1932
Feet First 1930
Welcome Danger 1929
Speedy 1928
The Freshman 1925
Girl Shy 1924
Why Worry? 1923
Safety Last! 1923
Dr. Jack 1922
Grandma's Boy 1922
A Sailor-Made Man 1921
Never Weaken 1921
Haunted Spooks 1920
Two Scrambled 1918
Bride and Gloom 1918
That's Him 1918
Are Crooks Dishonest? 1918
Over the Fence 1917
Spit-Ball Sadie 1915
Just Nuts 1915
Samson 1914

右图：劳埃德在政治喜剧《猫爪》中饰演易上当受骗的伊齐基尔·科布（Ezekiel Cobb）。

哈罗德·劳埃德

上图：在《最后安全！》中劳埃德悬挂在钟面的经典一幕。

劳埃德对待滑稽剧的态度很严肃，在和罗奇友好地分道扬镳后，他成立了自己的电影制片厂，并拥有他电影的所有权，这可不是个小数目：他拍摄的电影比卓别林和巴斯特·基顿加起来的总和还多。劳埃德还发明了试映的方法，根据观众对试映的反应重新剪辑和拍摄。他张开双臂迎接有声电影的兴起，1929年重新制作了1925年的《不怕死》（Welcome Danger），为它加入了声音。

劳埃德的有声电影并没有像他的默片那样取得巨大成功。与同时代的人不同，他没有责怪有声电影的冲击带来的艰难转换和电影中声音出现的问题，而是简单地将其归结为他认真卖命的角色跟不上那个大萧条时代观众的步伐。他的最后一部电影《哈罗德·迪多鲍克的罪恶》（The Sin of Harold Diddlebock, 1947）被很好地保存，与其说是因为它是令人满意之作，还不如说人们把它视为珍品留存至今。**DK**

"眼镜男"

1917年劳埃德开始尝试饰演一个戴着大框眼镜的角色。这个戴眼镜的角色出现并引起长时间的讨论之时，正是每个人都渴望成功之时。劳埃德的影迷——有的甚至远至日本帝国——开始模仿他，"劳埃德"式的眼镜流行一时。劳埃德饰演的"眼镜男"是个帅气而迷人的普通人。劳埃德慷慨大方，与他合作的明星斯纳普·波勒德（Snub Pollard）和桑塞·萨米·莫里森（Sunshine Sammy Morrison）最终都有了自己主演的系列电影。

梅·韦斯特 MAE WEST

生平： 本名玛丽·珍·韦斯特（Mary Jane West），1893年8月17日生于美国纽约布鲁克林；1980年卒于美国好莱坞。

明星特质： 偶像级人物、有自己独特的味道、金发碧眼的尤物；骄奢淫逸，撩人心扉；女权主义先驱，争取同性恋权利的积极分子；擅说不雅的双关语；多产的作家。

代表作：

Sextette 1978
Myra Breckinridge 1970
The Heat's On 1943
My Little Chickadee 1940
Every Day's a Holiday 1937
Go West Young Man 1936
Klondike Annie 1936
Goin' to Town 1935
Belle of the Nineties 1934
I'm No Angel 1933
She Done Him Wrong 1933
Night After Night 1932

虽然因出演过上世纪30年代早期一些有伤风化的电影而著名，梅·韦斯特更为人知的应该是她是位女权主义先驱和争取同性恋权利的积极分子。1905年，只有12岁的她就开始在杂耍团表演，据称是她在1913年为了给歌曲《现在每个人都在摇摆》（"Everybody Shimmies Now"）伴舞而发明了"西迷"舞。20年代中期，韦斯特在表演的同时开始写作，并因色情演出引发争论。她因出演《性》（Sex，1926）被起诉淫秽罪（被判监禁十天），而《舞会》（The Drag，1927）则因其同性恋题材被禁止在百老汇演出。但是戏剧《小钻石》（Diamond Lil，1928）才真正地为她赢得名声，使她成为金发碧眼尤物的代表，剧中她的每句台词都是语带双关的猥亵语。

1932年韦斯特与派拉蒙电影公司签约，与当时还名不见经传的加里·格兰特联袂演出了由《小钻石》改编的电影《侬本多情》（She Done Him Wrong，1933）。虽然派拉蒙电影公司几乎全是仰赖韦斯特才不致破产，但是她对美国中产阶级而言实在过于性感，她的电影也因此成为《海斯法典》的另一个牺牲品。韦斯特一直为派拉蒙拍戏到1938年。她为环球影城拍过一部《我的小山雀》（My Little Chickadee，1940），与菲尔兹演对手戏。由于严格的审查制度，她决定重回舞台，以期有更多的自由表现自己。她的回归十分成功，她不再只是个演员，而是成为一个标志，二战时人们把充气救生衣称作"梅·韦斯特"。韦斯特70年代重返银幕，拍摄了《米拉·布来金里治》（Myra Breckinridge，1970）和她的最后一部电影《六重奏》（Sextette，1978），这两部作品都被认为是经典的邪典电影。1980年韦斯特因中风后的并发症逝世。**MK**

> "两种罪恶摆在我面前时，我通常会选以前没做过的那个。"

右图：《每天都是假日》中穿着毛皮衣的梅·韦斯特撩人心扉。

丽莲·吉许 LILLIAN GISH

生平：本名丽莲·戴安娜·德·吉许（Lillian Diana de Guiche），1893年10月14日生于美国俄亥俄州斯普林菲尔德；1993年卒于美国纽约。

明星特质：纯洁无暇、头脑冷静、极具表演天赋的默片明星，很适合演维多利亚时代的情节剧角。

  如果说谁能被称为电影史上第一位真正伟大的演员的话，这个人一定是丽莲·吉许。起初她和妹妹多萝西（Dorothy）一起在一家流动剧团演出。有一次她们拜访老友格拉迪斯·史密斯（Gladys Smith）——日后著名的玛丽·碧克馥——时认识了比沃格拉夫影片公司的格里菲斯，后来接受他的邀请进入电影业。格里菲斯很快就让这对姐妹出演了他正在拍摄的短片《看不见的敌人》（An Unseen Enemy，1912），从此开始了他们的合作，他们拍摄的经典影片包括《贝斯利亚女王》（Judith of Bethulia，1914）、《一个国家的诞生》（The Birth of a Nation，1915）、《党同伐异》（Intolerance: Love's Struggle Throughout the Ages，1916）、《真心的苏西》（True Heart Susie，1919）、《赖婚》（Way Down East，1920）和《风雨中的孤儿》（Orphans of the Storm，1921）。吉许同格里菲斯一样靠演维多利亚时代的情节剧出名，但将她与同时代大多数明星区分开来的是她克制的演技；早在《佩吉巷的火枪手》（The Musketeers of Pig Alley，1912）中她就出现在导演标志性的特写镜头里了。吉许很早就学到克制可以更富表现力，就是说，一旦需要感情爆发时——例如她在《凋谢的花朵》（Broken Blossoms，1919）中被锁在衣橱里的一幕——她能表现出惊人的能量。

代表作：

The Whales of August 1987
A Wedding 1978
The Unforgiven 1960
The Night of the Hunter 1955
The Cobweb 1955
Duel in the Sun 1946 ☆
His Double Life 1933
The Wind 1928
The Scarlet Letter 1926
La Bohème 1926
The White Sister 1923
Orphans of the Storm 1921
Way Down East 1920
The Greatest Question 1919
True Heart Susie 1919
Broken Blossoms 1919
Hearts of the World 1918
Intolerance: Love's Struggle Throughout the Ages 1916
The Birth of a Nation 1915
Judith of Bethulia 1914
The House of Darkness 1913
The Musketeers of Pig Alley 1912
Two Daughters of Eve 1912
An Unseen Enemy 1912

右图：吉许在《波西米亚女郎》中饰演的咪咪被约翰·吉尔伯特（John Gilbert）饰演的鲁道夫引诱。

丽莲·吉许

上图：吉许在《风》中饰演的莱蒂·梅森·海陶尔看起来局促不安。

20世纪20年代吉许确立了自己作为最有演技和最具献身精神的女演员的声望；虽然她纯洁无暇的形象与那些年轻时髦的女子略有出入，她却很有自己的想法，凭自己的判断仔细地挑选导演和剧本。她的巅峰之作——金·维多（King Vidor）执导的《波西米亚女郎》（La Bohème, 1926）和维克多·斯约史特洛姆（Victor Sjöström）执导的两部电影《红字》（The Scarlet Letter, 1926）和《风》（The Wind, 1928）就是她自己挑选的。但是随着有声电影的出现，在这个摩登女子常被认为不是要勾引男人就是要追逐男性权力的世界（至少在银幕里）中，吉许的角色似乎有些过时，她适时地选择急流勇退，回到了戏剧舞台。她偶尔也会回来饰演一些典型微妙的角色，如《猎人之夜》（The Night of the Hunter, 1955）中的未婚教母——没有一丝多愁善感，有的只是纯粹、坚毅和实实在在的善良，就与现实生活中的吉许一样。**GA**

格里菲斯和吉许

丽莲·吉许和导演格里菲斯有着亲密的合作关系，她主演了格里菲斯的多部电影。据传他们曾坠入过爱河。格里菲斯很迷恋年轻的丽莲，但最初他以为吉许姐妹是双胞胎，很难将她们区分开来。在丽莲和多萝西为比沃格拉夫影片公司拍摄的第一部电影《看不见的敌人》（An Unseen Enemy, 1912）中，格里菲斯让两姐妹系上不同颜色的发带——一个红色一个蓝色——这样他就能轻易地区分出谁是谁了。

爱德华·G.罗宾逊 EDWARD G. ROBINSON

生平：本名伊曼纽尔·戈登伯格（Emanuel Goldenberg），1893年12月12日生于罗马尼亚布加勒斯特；1973年卒于美国好莱坞。

明星特质：在正确的时机出现在正确的地点；他的长相和声音让他成为饰演黑帮角色的不二人选；多才多艺，有喜剧天赋。

爱德华·G.罗宾逊在一个说意第绪语的社区长大，十岁时从罗马尼亚移民到了美国。他1913年首次在纽约登台演出，戏剧生涯十分成功，直到1931年因出演电影《小凯撒》（Little Caesar）中的黑帮成员黎科·班戴洛（Rico Bandello）一夜成名。罗宾逊身材矮小却活力十足，声音粗厉，创造了经典的银幕黑帮的形象。他的表演极具魅力，举手投足间的习惯都成为日后黑帮电影模仿的对象。他急速的语言表达很适合新兴的有声电影，紧接着就饰演了一连串黑帮和落魄潦倒的角色，其中有些表演还处于拙劣的模仿阶段。在《小巨人》（The Little Giant，1933）中他因禁酒令的撤销被撵出黑帮，一心想挤入上流社会。《全城热议》（The Whole Town's Talking，1935）中罗宾逊一人分饰两角，一个是亡命天涯的恶棍，一个是和他长得一模一样却受人尊敬的公民。在《五星级谋杀案》（A Slight Case of Murder，1938）和《奥奇兄弟》（Brother Orchid，1940）里他是躲在修道院的恶徒，而《盗窃公司》（Larceny, Inc.，1942）里他是个惹人发笑的坏蛋。

1940年的两部传记片《欧立希医生的魔法子弹》（Dr. Ehrlich's Magic Bullet，1940）和《路透社新闻》（A Dispatch from Reuter's，1940）表明罗宾逊也可以出演严肃电影。在比利·怀尔德（Billy Wilder）的黑色电影《双倍赔偿》

代表作：

Soylent Green 1973
Song of Norway 1970
Mackenna's Gold 1969
Never a Dull Moment 1968
All About People 1967
The Cincinnati Kid 1965
The Outrage 1964
Two Weeks in Another Town 1962
The Ten Commandments 1956
Key Largo 1948
The Stranger 1946
Scarlet Street 1945
The Woman in the Window 1944
Double Indemnity 1944
Flesh and Fantasy 1943
Larceny, Inc. 1942
The Sea Wolf 1941
A Dispatch from Reuter's 1940
Brother Orchid 1940
Dr. Ehrlich's Magic Bullet 1940
A Slight Case of Murder 1938
The Whole Town's Talking 1935
The Little Giant 1933
Little Caesar 1931
The Bright Shawl 1923

右图：在《辛辛那提少年》（The Cincinnati Kid）中罗宾逊和史蒂夫·麦奎因一赌高下。

爱德华·G.罗宾逊

上图:罗宾逊在《小凯撒》中饰演持枪的小凯撒,奠定了他的明星地位。

(Double Indemnity,1944)中他饰演的巴顿·凯斯,是个狡猾的保险调查员,一直在追踪美艳毒辣的芭芭拉·斯坦威克(Barbara Stanwyck)。之后罗宾逊与弗里茨·朗(Fritz Lang)合作了两部电影。在《绿窗艳影》(The Woman in the Window,1944)里他饰演一位温文尔雅的教授,一直梦到自己被另一位蛇蝎美人琼·贝内特(Joan Bennett)掌控。《血红街道》(Scarlet Street,1945)与《绿窗艳影》情节相似,罗宾逊饰演一个怕老婆的小出纳,被一对骗子榨取钱财。罗宾逊银幕下是个有着惊人艺术收藏的雅士,在他后期的角色中他很好地利用了自身的感性来演戏。罗宾逊在《盖世枭雄》(Key Largo,1948)中再次出演了匪徒的角色,与鲍嘉展开一场决斗。在那之后他最令人难忘的角色都是些衬托明星演员的小配角,罗宾逊于1973年去世。**EB**

热心的收藏家

银幕下的罗宾逊很文雅,对艺术收藏有极大的热情——他还收集雪茄烟用套环和香烟卡:

◆ "没有一个地方的雪茄能逃过我的魔手。我父亲、叔叔和他们所有的朋友的肺都变黑了,只是为了满足我的收集热忱。"

◆ 1956年罗宾逊为了与第一任妻子格拉迪斯·劳埃德(Gladys Lloyd)离婚,不得不出售他的艺术收藏,这几乎要了他的命。

◆ "我没有收藏艺术品,艺术品收藏了我。我从来没有寻找绘画,它们找到了我。我甚至从未拥有过一件艺术品,它们拥有了我。"

杰克·本尼 JACK BENNY

生平： 本名本杰明·库比尔斯基（Benjamin Kubelsky），1894年2月14日生于美国伊利诺伊州芝加哥；1974年卒于美国洛杉矶。

明星特质： 独角滑稽戏演员，表演极具喜剧风格；插科打诨的大师、小提琴演奏者、制作人。

39岁的杰克·本尼是广播、电视、电影明星，因谦逊的幽默、模仿的风格和无人能比的毁坏小提琴的能力而闻名多年。他饰演的第一个电影角色是《1929好莱坞滑稽剧》（The Hollywood Review of 1929, 1929）中的节目主持人。本尼在杂耍团和夜总会表演了很多年，他六岁开始学拉小提琴，现实生活里是个出色的演奏者，但他在舞台上尝试演奏小提琴的样子既痛苦又滑稽。杰克·本尼饰演的角色与他真实生活中谦逊有礼的形象完全不同。1932年，本尼有了自己的第一档广播节目——美国国家广播公司每周一次的《杰克·本尼秀》（The Jack Benny Program），这个节目播出了16年。本尼与派拉蒙电影公司签约后拍了音乐喜剧《学院假期》（College Holiday, 1936）、《艺术家和模特》（Artists & Models, 1937）和《镇上的男人》（Man About Town, 1939）。之后的电影如《巴克·本尼显神威》（Buck Benny Rides Again, 1940）则借用了他广播中的人物形象，本尼在该片中饰演了他本人。

本尼最出色最受赞誉的银幕角色是恩斯特·刘别谦的讽刺电影《你逃我也逃》（To Be or Not to Be, 1942）中与纳粹党对立的虚荣演员。在《午夜号角》（The Horn Blows at Midnight, 1945）失意后本尼专心于广播和电视事业。他的广播节目1948年转到哥伦比亚广播公司（CBS）后又播出了七年。他还在1950年出演了电视版本的《杰克·本尼秀》，一直播到了1965年。本尼继续在电影中饰演配角，还为卡通角色配音。1974年他去世前还准备主演《阳光小子》（The Sunshine Boys, 1975），后来他在这部电影中的角色由他的朋友乔治·伯恩斯接任。在本尼的遗愿中，他要求他的遗孀玛丽·利文斯顿（Mary Livingstone）在剩下的日子里每天都能收到花，之后玛丽果然每天都会按时收到一支玫瑰，直至其六年后去世。**WW**

代表作：

A Guide for the Married Man 1967
The Horn Blows at Midnight 1945
The Meanest Man in the World 1943
To Be or Not to Be 1942
Charley's Aunt 1941
Love Thy Neighbor 1940
Buck Benny Rides Again 1940
Man About Town 1939
Artists and Models Abroad 1938
Artists & Models 1937
College Holiday 1936
The Big Broadcast of 1937 1936
It's in the Air 1935
Broadway Melody of 1936 1935
The Medicine Man 1930
Chasing Rainbows 1930

"只要我的表演有趣，我不在乎是谁在开怀大笑。"

沃尔特·布伦南 WALTER BRENNAN

生平： 本名沃尔特·安德鲁·布伦南（Walter Andrew Brennan），1894年7月25日生于美国马萨诸塞州斯瓦姆斯科特；1974年卒于美国加利福尼亚州奥克斯纳德。

明星特质： 歌手、反面角色之王、特技演员；体格瘦小、声音低沉；无牙；西部片中老式的牛仔。

如果沃尔特·布伦南的房地产生意很成功，我们可能就不会在银幕上见到他的表演天赋了。一战后布伦南在洛杉矶做房地产生意大赚了一笔，之后股市崩盘让他变得一无所有。为了赚钱，他开始做临时演员、特技表演者或一些小配角。他曾说自己有两种表演模式："有牙的和没牙的"。38岁后他的牙齿在一次事故中几乎掉光，布伦南专门饰演一些傻瓜，这些角色的称呼中常带有"老"、"老头儿"、"爸爸"或"爷爷"，其中最令人难忘的是《北非海岸》（Barbary Coast，1935）中的角色（译注：他在其中饰演Old Atrocity，该名字的本意是"旧罪行"）。

无牙的不幸反而让布伦南因祸得福，他从一些小角色，如《科学怪人的新娘》（Bride of Frankenstein，1935）中的邻居逐渐成为唯一一位三次获得奥斯卡最佳男配角的超级明星。第一次是《夺妻记》（Come and Get It，1936）中的瑞典伐木工。对霍华德·霍克斯（Howard Hawks）而言，布伦南是饰演古怪伙伴的理想人选，在《逃亡》（To Have and Have Not，1944）中他就饰演了亨弗莱·鲍嘉的朋友，其中他最有名的台词是"你有被死蜜蜂蛰过吗？"在《红河》（Red River，1948）和《赤胆屠龙》（Rio Bravo，1959）中他则是约翰·韦恩（John Wayne）的伙伴。布伦南出演的大多是一些快活的西部片，但他偶尔也会改变风格出演流氓恶棍，如《西部人》（The Westerner，1940）中的洛伊·W.比恩法官——"那事我说了算！"，或是《侠骨柔情》（My Darling Clementine，1946）中冷眼的老人克兰顿。他晚年有四首排名前100的单曲，包括《古老的河》（"Old Rivers"，1962）。布伦南还出演了电视剧，如《史密斯与琼斯》（Alias Smith and Jones），在一些老辈演员再度合作的电视电影，如《盛年过后的人》（Over-the-Hill Gang）中出演和蔼的老人。沃尔特·布伦南1974年去世，留下54岁的妻子、三个孩子和50年银幕表演的传奇。**KN**

代表作：

Smoke in the Wind 1975
Support Your Local Sheriff! 1969
Rio Bravo 1959
Bad Day at Black Rock 1955
Red River 1948
My Darling Clementine 1946
To Have and Have Not 1944
The Pride of the Yankees 1942
Sergeant York 1941 ☆
The Westerner 1940 ★
Kentucky 1938 ★
Come and Get It 1936 ★
Fury 1936
These Three 1936
Barbary Coast 1935
Bride of Frankenstein 1935

"不要一滴酒都不洒，儿子。它会被酒吧吸掉的。"

——洛伊·比恩法官，《西部人》

波拉·尼格丽 POLA NEGRI

生平： 本名芭芭拉·阿波罗尼娅·查露匹克（Barbara Apolonia Chalupiec），1894年12月31日生于波兰利普诺；1987年卒于美国得萨斯州圣安东尼奥。

明星特质： 娇小，有一头乌黑秀发的性感迷人演员；默片银幕的荡妇；因在情节剧中饰演蛇蝎美人而出名。

如今，源源不断的欧洲明星来到好莱坞闯荡，而这个传统起源于波拉·尼格丽。尼格丽出生于波兰，一战结束后不久即演出了一些德国电影而出名，后来因出演了刘别谦的一系列电影在国际上广为人知，尤其是《杜巴瑞夫人/激情》（Madame DuBarry，1919）一片，该片席卷了英美两国，获得了极高的评价。因为这部电影尼格丽和刘别谦双双与好莱坞签约。

但从一开始，尼格丽的作品就笼罩在她层出不穷的花边新闻和放纵行为的阴影下：她宣布与查理·卓别林订婚的消息显然没有事先征询过卓别林的意见（这两人也从未结过婚）；在情人鲁道夫·瓦伦蒂诺（Rudolph Valentino）的葬礼上因悲伤过度而崩溃；1927年与第二任丈夫赫吉·米蒂瓦尼（Serge Mdivani）结婚后恢复正常。她到好莱坞的时机不佳，那时在好莱坞荡女已不再大行其道，而是让位于年轻女子。尼格丽没有为饰演年轻女子做出足够的准备。不久葛丽泰·嘉宝（Greta Garbo）在尝试这个形象时取得成功，成为好莱坞神秘莫测的女神，但是尼格丽却显得华丽浮夸，一点神秘感也没有。在如此多的打击之后，最致命的一击是有声电影时代的到来，尼格丽因浓厚的波兰口音受到更多的限制。20世纪30年代早期，她在英国和法国短暂地工作过一段时间，之后回到德国，再次获得成功。她在纳粹管理下的第三帝国环球电影公司（Universum Film AG）拍电影，但在1938年决定逃离纳粹的统治，于三年后重返美国。尼格丽出演《钻石与罪犯》（Hi Diddle Diddle，1943）后息影了20年。1964年沃特·迪斯尼（Walt Disney）劝说她回到大银幕，出演了她的最后一部电影《爱琴海历险记》（The Moon-Spinners）。

MC

代表作：

The Moon-Spinners 1964
Hi Diddle Diddle 1943
Madame Bovary 1937
Mazurka 1935
The Way of Lost Souls 1929
The Woman from Moscow 1928
Loves of an Actress 1928
The Secret Hour 1928
The Woman on Trial 1927
Barbed Wire 1927
The Cheat 1923
Bella Donna 1923
The Spanish Dancer 1923
Madame DuBarry 1919 (Passion)
Studenci 1916 (Students)
Bestia 1915 (Beast)

"我不在乎自己漂不漂亮，我只想要个表演的机会。"

1890年代

鲁道夫·瓦伦蒂诺 RUDOLPH VALENTINO

生平：本名鲁道夫·迪·瓦伦蒂那·德安东古奥拉（Rodolfo di Valentina d'Antonguolla），1895年5月6日生于意大利卡斯泰兰尼塔；1926年卒于美国纽约。

明星特质："伟大的意大利情人"；有异域情调的长相；擅长饰演潇洒时髦的坏人和不情愿的英雄；私生活混乱；诗人；电影界第一个真正的名人。

鲁道夫·瓦伦蒂诺是电影史上第一个性感的男性演员，他的生活、职业和死亡都充满了各种传奇、轶闻和神秘。其中有些并不重要（如人们常推测他与剧作家琼·马希斯［June Mathis］的关系，有谣言说他被埋在琼和她丈夫之间），有些很有启迪性（如他年轻时被宠溺的生活，或暗示他是同性恋的传说），有些则很让人迷惑（像每年都有一个黑衣女人在他坟墓上放一束花的传说），但是这些传说都显示出瓦伦蒂诺对公众想象力产生的巨大影响，而且这些影响至今仍在。

瓦伦蒂诺忧郁的地中海长相、仿佛能将人看穿的凝视目光和性感的姿态让他成为第一个拥有众多粉丝的男明星。他在几年里结了（又离了）两次婚让他被判重婚罪，与波拉·尼格丽的分分合合都为他混乱的私生活增添不少谈资，还有人指责他太"娘娘腔"、爱好神秘学和吸毒。无论如何，瓦伦蒂诺银幕下的名声不该遮挡住他演戏方面的伟大成就。他的父亲本是流动马戏团的演员，后来改行做了兽医。瓦伦蒂诺几度被扔出学校，其中还包括一所著名的军校。后来他在农学院完成了农业科学的课程，之后在巴黎呆了整整一年，18岁时到了美国，在美国做过各种不同的工作，包括探戈舞者、被人包养的小白脸、小偷

代表作：

The Son of the Sheik 1926
Cobra 1925
The Eagle 1925
A Sainted Devil 1924
Monsieur Beaucaire 1924
The Hooded Falcon 1924
The Young Rajah 1922
Blood and Sand 1922
Beyond the Rocks 1922
The Sheik 1921
Camille 1921
The Conquering Power 1921
Uncharted Seas 1921
The Four Horsemen of the Apocalypse 1921
Stolen Moments 1920
Once to Every Woman 1920
Passion's Playground 1920
An Adventuress 1920
Eyes of Youth 1919
Nobody Home 1919
A Rogue's Romance 1919
Virtuous Sinners 1919
The Homebreaker 1919
The Married Virgin 1918
A Society Sensation 1918

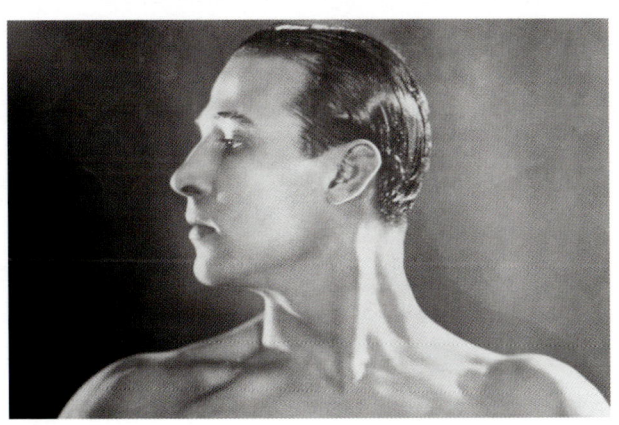

左图：从这张摄于1923年的侧影中可以看出瓦伦蒂诺拉丁登徒子的缩影。

鲁道夫·瓦伦蒂诺

酋长的献礼

自从1926年鲁道夫·瓦伦蒂诺去世后，他身上就充满了谜团，谣言四起。一些他的生活故事被拍成电影——最著名的是肯·罗素（Ken Russell）的《瓦伦蒂诺》（Valentino，1977）。以下是些很吸引人（有时还很好笑）的轶闻：

◆ 很多年里，每当他忌日那天，就会有个神秘的黑衣女子去墓地看他，并在墓前放上一束花。几经猜测，这个女子被证实是一个生病时瓦伦蒂诺曾去探望过的女孩。他们两人曾有过约定，活得长的那个人必须给另一个送花。从那之后就出现了很多黑衣女人。

◆ 据说瓦伦蒂诺葬礼上敞开的棺材里放着的是他的蜡像。他的家人显然考虑到他的遗体有可能被崇拜他的粉丝弄伤。

◆ 瓦伦蒂诺是个有抱负的诗人，在1923年发表了感伤的诗集《白日梦》（Day Dreams）。这本诗集很快在他的崇拜者中流行，卖出了几千册。

◆ "酋长"安全套在20世纪30年代出现，向他最著名的角色致敬。瓦伦蒂诺的轮廓被用在包装上很多年。

等。瓦伦蒂诺慢慢开始表演，先是一些小角色，然后是大一些的角色，他饰演的通常都是坏人。他在《偷走的时光》（Stolen Moments，1920）中的表演显示出他很擅长饰演此类角色。事实上，他演的坏人都潇洒时髦。他与同一时期另一个很有抱负的演员珍·阿克（Jean Acker）结婚，虽然他们直到1923年才离婚（这之前瓦伦蒂诺已娶了他的第二任妻子娜塔莎·瑞姆波娃〔Natacha Rambova〕），但据说这场婚姻只维持了五个多星期。

从恶棍到酋长

鲁道夫·瓦伦蒂诺出演的《启示录四骑士》（The Four Horsemen of the Apocalypse，1921）对他而言是个重大突破，这是由雷克斯·英格拉（Rex Ingram）和琼·马希斯（June Mathis）制作的反战电影，琼坚持要瓦伦蒂诺饰演男主角。这部电影非常成功，至今仍被认作有史以来最赚钱的默片。瓦伦蒂诺因此片成为一代巨星，一夜之间成为全世界女性的梦中情人。瓦伦蒂诺在该片中的成就不仅仅是他性感的吸引力，还在于他不着痕迹地从最初快活懒散的角色（鲁莽地跳着探戈）转变为可靠、不知怎么还有些不情愿的英雄。

不情愿、道德观模糊不清（实际上是在性关系上摇摆不定）成为瓦伦蒂诺日后所饰角色的标志。无论男人还是女人都着迷于他性感的魅力，常常有人为他疯狂——瓦伦蒂诺的形象与当时要求的性感释放和20世纪20年代新兴起的年轻女子运动相符。《沙漠情酋》（The Sheik，1921）开创了流行一时的阿拉伯风电影的先河，《茶花女》（Camille，1921）、《血与沙》（Blood and Sand，1922）、《年轻的王侯》（The Young Rajah，1922）、《老鹰》（The Eagle，1925）和《酋长的儿子》（The Son of the Sheik，1926）都充满了异域风情，在这些电影中他饰演的都是（通常是外国的）玩弄女性的人。《血与沙》（Blood and Sand）是另一部琼·马希斯的剧作，是瓦伦蒂诺与妮塔·纳尔迪（Nita Naldi）四度合作的首部电影，其他三部是《神圣的魔鬼》（A Sainted Devil，1924）、《白头秃鹰》（The Hooded Falcon，1924，未完成）和《眼镜蛇》（Cobra，1925）。1926年，《芝加哥论坛报》的一个作家

鲁道夫·瓦伦蒂诺

上图：瓦伦蒂诺和薇尔玛·班基（Vilma Bankey）在《酋长的儿子》中穿着阿拉伯的服装。

称瓦伦蒂诺是"粉红粉扑"。瓦伦蒂诺用当时男士流行的方式回应了这位作家，要与他来场拳击赛，但这场比赛从来就没实现过。

　　瓦伦蒂诺还没来得及享受他的盛名就突然死于穿孔性溃疡引起的并发症（也许是吸毒的结果），年仅31岁。他死后一些粉丝宣称要自杀，他的葬礼骚乱不断，有近十万粉丝和送葬人参加了他的葬礼，由此也可看出瓦伦蒂诺那时有多受欢迎。**EM**

"把女人分门别类是很危险的，而专门研究她们则是糟糕透顶。"

哈蒂·麦克丹尼尔 HATTIE MCDANIEL

生平：本名哈蒂·麦克丹尼尔，1895年6月10日生于美国堪萨斯州威奇托；1952年卒于美国洛杉矶。

明星特质："傲慢的哈蒂"；丰满的大乐队歌手、作曲家、广播表演者、黑人女演员先驱；擅长喜剧表演风格，以饰演保姆而出名。

从1932年不起眼的初次亮相到1949年最后一个角色，哈蒂·麦克丹尼尔共创造了94个银幕形象，其中大多数是厨子或女佣。她父亲生来就是奴隶，后来成为一名浸信会传教士；她母亲是个歌手。作为家中13个孩子中最小的一个，麦克丹尼尔放弃了学业，随着家里的吟唱队巡回演出，开始了她的职业生涯。她加入乔治·莫里森（George Morrison）的"旋律猎犬"（Melody Hounds）乐队并取得重大突破，接着又成为广播歌手。后来她前往好莱坞，开始在电影中饰演一些小角色。麦克丹尼尔因饰演了也许是有史以来最为出名的女佣——《乱世佳人》（Gone with the Wind，1939）中的奶妈——而成为第一个获得奥斯卡奖的黑人女演员（奥斯卡最佳女配角）。她是第一个作为来宾而非仆人出席奥斯卡金像奖的美国黑人。可悲的是她满怀感激得到的荣誉并没有为她带来本该属于她的更多的机会，她在以后的电影生涯中继续饰演着小角色。面对黑人社会对她饰演奴隶的批评，麦克丹尼尔回应道，比起成为真正的女佣，她宁愿饰演女佣。她所饰演的女佣都有各自的风格，常因与雇主关系亲密而言语尖酸。这种性格在《艾丽斯·亚当斯》（Alice Adams，1935）中得到了最好的展现，她在服侍主人吃饭时不停地发表意见，牢骚不断。她最后几年都花在广播和电视上，因饰演与剧集同名的角色比乌拉（Beulah，1950—1953）而获成功。这个角色也是个女佣，但却是主角，大受观众欢迎。正是在演出这些节目期间她被诊断出身患癌症，1952年她因病逝世。**MC**

代表作：

The Big Wheel 1949
Family Honeymoon 1949
Never Say Goodbye 1946
Since You Went Away 1944
Thank Your Lucky Stars 1943
They Died with Their Boots On 1941
Gone with the Wind 1939 ★
The Mad Miss Manton 1938
The Shopworn Angel 1938
Nothing Sacred 1937
Show Boat 1936
Alice Adams 1935
Judge Priest 1934
I'm No Angel 1933
The Golden West 1932
Blonde Venus 1932

"如果我演女佣一周能赚700美元，还有什么好抱怨的呢？"

乔治·拉夫特 GEORGE RAFT

生平： 本名乔治·兰福特（George Ranft），1895年9月26日生于美国纽约；1980年卒于美国洛杉矶。

明星特质： 灵动的舞者、淑女们的男人；衣着时髦，有着流氓般的生活方式；常饰演硬汉和暴徒，曾拒绝过一些黄金机会。

乔治·拉夫特是名拳击手和舞者，有些黑帮朋友，他在《疤面人》（Scarface, 1932）中出色地饰演了一个暴徒，完美地耍了个掷硬币的把戏。拉夫特在纽约"地狱厨房"（译注：纽约的一个区，常有黑帮出没）附近长大，小时生活贫困，他与黑帮成员的交往为他常饰演的恶棍、罪犯和私家侦探增加了可信度。然而他与犯罪分子的关系也让他在1966年被禁止进入英国，据说他曾动用自己的影响力阻止黑手党谋杀当时美国演员工会主席詹姆斯·卡格尼（James Cagney）。如果你认为他当初拒演《马其他之鹰》（The Maltese Falcon, 1941）和《双倍赔偿》（Double Indemnity, 1944）的决定很不明智，你也要考虑到当时他已十分了得，应该衬得起为自身量身定制的角色。他在《百老汇》（Broadway, 1942）中饰演了自己，并在有生之年看到了由雷·丹顿（Ray Danton）出演的《乔治·拉夫特的故事》（The George Raft Story, 1961）——那时他经济出现了问题，于是把自己人生故事的版权卖了出去。

拉夫特常在华纳兄弟的犯罪片中出演男二号，如《玻璃钥匙》（The Glass Key, 1935）和《强尼·阿雷格罗》（Johnny Allegro, 1949）。他在《中东谍影》（Background to Danger, 1943)和《小夜曲》（Nocturne, 1946）中不愿饰演坏人，但他饰演的诚实正直的英雄又不能让人信服，他很少有比这更无生命力的角色了。拉夫特在好莱坞是能与卡格尼（Cagney）和爱德华·G.罗宾逊并驾齐驱的明星，但这些电影的票房成功和他在好莱坞的地位并不相符。他在《热情似火》（Some Like It Hot, 1959）中嘲笑了他过去饰演的斯帕斯·科伦坡（Spats Colombo），从仆人手中抢过投掷的硬币，大吼道："你从哪儿弄来这么廉价的小把戏？"之后，他出演了一些很受欢迎的电影，如《十一罗汉》（Ocean's Eleven, 1960）和《007别传之皇家夜总会》（Casino Royale, 1967），在后者中他只匆匆露了一面，观众还没认出他来他就下场了。**KN**

代表作：

The Man with Bogart's Face 1980
Skidoo 1968
Silent Treatment 1968
Casino Royale 1967
Ocean's Eleven 1960
Some Like It Hot 1959
Johnny Allegro 1949
Nocturne 1946
Background to Danger 1943
Manpower 1941
They Drive by Night 1940
Each Dawn I Die 1939
The Glass Key 1935
Bolero 1934
If I Had a Million 1932
Scarface 1932

> "一部分时间去赌博，一部分时间追逐女人，剩下的时间过得十分无聊。"

巴德·阿伯特和卢·科斯特洛
BUD ABBOTT AND LOU COSTELLO

生平： 阿伯特，生于1895年10月2日，1974年卒于美国洛杉矶。科斯特洛，生于1906年3月6日，1959年卒于美国洛杉矶。

明星特质： 固定表演剧目"谁第一？"；滑稽演员；一个是配角，一个是小丑；一个矮矮胖胖，一个高高瘦瘦。

"谁第一？"是一个经典的喜剧短剧，不只因为它是由配角给出所有的答案并做出令人目瞪口呆的起承转合，愚笨的人根本无法识破问题中的语义学。第二个是"什么"，第三个是"我不知道"，接着是"今天"，然后是"明天"。当表演很专注地这么发展下去时，场景就会变得很奇妙。这是巴德·阿伯特和卢·科斯特洛的一个节目，这两位来自新泽西的喜剧演员组合是至今电影史上由杂耍剧团转战电影界的最成功的例子之一。

威廉·亚历山大·阿伯特是两人中个子较高的一个，担当滑稽剧配角，从1915年左右起一直到1931年他一直在不同的剧院谋生。1931年他首次与科斯特洛（本名路易斯·弗朗西斯·克里斯提洛 [Louis Francis Cristillo]）搭档。科斯特洛矮矮胖胖，20年代时一直试图进入电影界。他们两人一起在任何可以表演的地方演出，1936年阿伯特和科斯特洛成为正式的二人组，两年后他们在广播节目《凯特·史密斯时刻》（Kate Smith Hour）中表演，给全国观众带来了欢笑。随着这个广播节目的成功，他们两人与环球影城签约，演出了他们的第一部电影《热带一夜》（One Night in the Tropics，1940）。他们受到了意想不到的欢迎，于第二年再度合演了《三等兵》（Buck Privates，1941），打破了票房纪录，并开始主持一档广播节目。在战争年代，他们快活的天性结合了肢体幽默、滑稽的表演、玩笑和环境，很符合国民的胃口。战后他们开始拍摄公司常拍的怪物题材电影，演出了一系列别出心裁的恐怖喜剧片和各种冒险片。1957年，这对组合解散，两人都负债累累。阿伯特和科斯特洛的魔力一去不复返了。**GCQ**

代表作：

Abbott and Costello Meet the Mummy 1955
Abbott and Costello Meet the Invisible Man 1951
Bud Abbott Lou Costello Meet Frankenstein 1948
The Noose Hangs High 1948
Buck Privates Come Home 1947
The Time of Their Lives 1946
Bud Abbott and Lou Costello in Hollywood 1945
Here Come the Co-Eds 1945
Lost in a Harem 1944
In Society 1944
Ride 'Em Cowboy 1942
Keep 'Em Flying 1941
Hold That Ghost 1941
In the Navy 1941
Buck Privates 1941
One Night in the Tropics 1940

> "喜剧演员比比皆是，但一个优秀的喜剧配角却很难找。"
> ——卢·科斯特洛

巴斯特·基顿 BUSTER KEATON

生平：本名约瑟夫·弗兰克·基顿六世（Joseph Frank Keaton VI），1895年10月4日生于美国堪萨斯州皮奎；1966年卒于美国洛杉矶。

明星特质："巨石脸"；擅长杂耍和动作喜剧。

巴斯特·基顿是个电影巨人，这个描述也许很奇怪，因为这个身材矮小的人因极简抽象派艺术的表演风格（他曾被叫作"巨石脸"）和对真实细致入微的观察而著名。此外，他"只"表演喜剧。然而基顿很明白，喜剧表演是个严肃的事业。他致力于电影事业，极具献身精神，想象力丰富，又有专业的技术，因此成为电影史上最伟大的艺术家之一。

基顿的父母都是杂耍剧演员，他三岁就随父母一起演出，很快就练出杂技演员的力量和一身好技艺，这为他之后在电影中表演自己的绝技打下了良好的基础。他一向大胆鲁莽，甚至在一次电影演出中弄伤了自己的脖子，这个伤直到一年后的一次常规体检时才被发现。1917年基顿开始在罗斯科·"大胖"·阿巴克尔（Roscoe "Fatty" Arbuckle）主演的短片中表演，他为电影设计了很多插科打诨的桥段。1919年他执导了自己的电影。喜剧创作非同寻常，不仅仅要求速度和高频率的插科打诨，对电影的复杂性也有要求。基顿并不是仅仅用静态镜头记录滑稽失态表演的导演，他更多地是从角色、地点、环境和故事中发掘喜剧因素，运用构图、镜头的移动和剪切，不仅仅要显现意义和幽默，还要探索并提高这些因素。因此，即使是早期的短片《一周》（One Week，1920）也是部小杰作。

1890年代

代表作：

It's a Mad Mad Mad Mad World 1963
The Triumph of Lester Snapwell 1963
The Adventures of Huckleberry Finn 1960
Around the World in Eighty Days 1956
Limelight 1952
Paradise for Buster 1952
The Misadventures of Buster Keaton 1950
Grand Slam Opera 1936
Spite Marriage 1929
The Cameraman 1928
Steamboat Bill, Jr. 1928
College 1927
The General 1927
Battling Butler 1926
Go West 1925
Seven Chances 1925
The Navigator 1924
Sherlock Jr. 1924
Our Hospitality 1923
Three Ages 1923
Cops 1922
The Boat 1921
One Week 1920
The Garage 1919
The Butcher Boy 1917

左图：基顿在《爱巢》里饱经痛苦，为他的扑克脸找了个很好的理由。

巴斯特·基顿

成为巴斯特

约瑟夫·弗兰克·基顿六世是如何成为"巴斯特"的呢?这个名字最初的起源已无证可考,但是这里有些说法可供参考:

- 著名魔术师哈里·胡迪尼(Harry Houdini)与基顿家族的人曾一起表演过很多次,基顿家族的表演被认为是杂耍团最危险的表演。巴斯特的父亲乔·基顿会演示如何惩戒一个惹事生非的孩子,他把巴斯顿扔在舞台上、乐池中,有时甚至会扔进观众席里。巴斯特被证明是个非常有弹力的小家伙。一天,在演出开始前,胡迪尼震惊地发现18个月大的约瑟夫绊倒并滚下整段楼梯后竟毫发无伤地站了起来。胡迪尼对男孩的母亲说道"真是个茁壮的小家伙!"(译注:巴斯特的名字Buster有"茁壮的孩子"之意),于是这个名字就产生了。虽然没有证据显示是胡迪尼为他起了这个名字,我们甚至都无法确认那时他是否和基顿家族一起演出,但是也没有证据证明这个故事是假的。
- 乔·基顿目睹了同一次事故,于是给他的儿子取名"巴斯特"以纪念他惊人的健壮。
- 巴斯特的父亲编造了整个事情以便作为舞台上的谈资。
- 看来似乎每个人都想对这个名字负责,甚至连堪萨斯州为巴斯特接生的人都宣称是她在巴斯特出生那日给他取了这个名字!

体现了基顿对普通人面对看似超出自己控制的敌对势力这种题材的着迷:在这个短片中,尽管风雨大作,基顿还是设法自己搭建一个房子,但他屡屡失败,而妻子也不停地给予他各种"帮助"。

扑克脸却有无穷的表现力

早在基顿开始制作自己的电影短片之前他就不再在银幕上展现笑容了。禁欲般的凝视显示出他意识到生活的荒谬、变幻莫测而又危险重重,因此生活并不是件可笑之事;唯一既有尊严又有效的回应就是做一个坚定的实用主义者。这并不是说基顿英俊的脸不生动,恰恰相反,他警惕的眼神、优雅的姿态和瘦长强健的体格、运动员般的动作帮他塑造了角色的内心生活。当他开始演电影后,他利用拍戏的额外时间揣摩所饰角色的深度和细节。虽然《三个时代》(Three Ages,1923)仅仅是对诸如格里菲斯的历史史诗《党同伐异》(Intolerance,1916)聪明的嘲笑,但接下来的六年里基顿拍的11部电影则显现了他创造性的才华持续不断地迸发:《巴特勒战争》(Battling Butler,1926)、《大学》(College,1927)、《将军号》(The General,1927)、《船长二世》(Steamboat Bill, Jr.,1928)、《摄影师》(The Cameraman,1928)和《困扰婚姻》(Spite Marriage,1929)。

这些电影大获成功,展现了基顿的导演技巧,既滑稽又节奏紧凑,舞台、灯光、拍摄和表演都很出色,且在感情甚至哲学方面有着深远的意义。虽然电影剪辑可能会破坏巴斯特的表演,但《福尔摩斯二世》还是成为电影史上的经典。在《船长二世》里,有个场景(直接对着镜头表演,这样观众就取代了镜子的位置)是基顿在试戴各种各样影射他人物角色的帽子,这时他惊恐地发现自己熟悉的平顶草帽突然出现在他头上。现代主义一词在此之前已被创造,这些片段不仅没有对整部作品造成损害,反而证实了基顿是个天才。

基顿的电影事业走下坡路不仅因为有声电影的兴起,还因为他糟糕的管理、婚姻危机和酗酒无度。有声电影时代的电影公司不再容许他毫无计划、只靠喜剧创作激发的

巴斯特·基顿

上图：在《摄影师》中基顿运用了反投影重建技术。

灵感表演。基顿在有声电影中的表演悲哀地提醒着人们这是一个不被认可的荒废了的天才，但是他20世纪20年代的默片杰作的光辉依旧耀眼，从未黯淡。**GA**

"我在工作室想做的第一件事就是把摄影机摔成碎片。"

乔治·伯恩斯 GEORGE BURNS

生平： 本名南森·伯恩鲍姆（Nathan Birnbaum），1896年1月20日生于美国纽约；1996年卒于美国洛杉矶。

明星特质： 广播明星、独角喜剧演员、歌手、舞者；用雪茄作为戏剧道具；面无表情；夫妻档中的配角。

乔治·伯恩斯在和即将成为他第二任妻子的格雷西·艾伦（Gracie Allen）一起制作广播节目之前是个技巧熟练的杂耍演员，后来他们制作的广播节目《伯恩斯和艾伦秀》成为有史以来最成功的情景广播喜剧之一。起初伯恩斯负责滑稽搞笑的部分，但他后来意识到妻子得到比他更多的喝彩，于是就转而变成表演中的配角。20世纪40年代末，这对夫妻从美国国家广播公司（NBC）跳槽到哥伦比亚广播公司（CBS）。1950年哥伦比亚广播公司主席威廉·佩里（William Paley）认为把这档广播节目改成电视节目会很受欢迎。果然，这档电视节目一直播出到1958年艾伦因健康问题退休才停止。他们的婚姻被认为是广播界中最幸福美满的婚姻之一，艾伦1964年去世时伯恩斯十分悲伤，他余生的每个月都要去位于加利福尼亚格兰岱尔的森林草坪公墓看她。艾伦死后的十年里伯恩斯开始制作电视节目，并在夜总会和一群各式各样的明星一起表演。

1974年伯恩斯最好的朋友杰克·本尼（Jack Benny）被指名要求出演尼尔·西蒙（Neil Simon）的《阳光小子》（The Sunshine Boys，1975），但由于身体状况欠佳不得不推掉。伯恩斯很不情愿地接受了这次演出，饰演了杂耍演员阿尔·刘易斯（Al Lewis）。虽然上世纪30年代伯恩斯曾低调地出演过一些电影，《阳光小子》却为他开创了表演生涯的新纪元，并为他赢得了奥斯卡最佳男配角——那一年他已80岁高龄，他也是奥斯卡奖历史上年纪最大的获奖者。之后他出演了《噢，上帝！》（Oh, God!，1977），并在1980年和1984年接演了它的两部续集，此外还出演了《皓首红颜》（Just You and Me, Kid，1979）。伯恩斯90多岁时还能出色地完成工作，并称"我所知道的最幸福的人是那些至今仍在工作的人"。他的最后一部电影是《幕后杀手》（Radioland Murders，1994）。虽然他计划出演《伦敦帕拉斯剧院》（the London Palladium）作为自己100岁生日的礼物，但因健康原因最终未能如愿。**MK**

代表作：

Radioland Murders 1994
18 Again! 1988
Oh, God! You Devil 1984
Going in Style 1979
Just You and Me, Kid 1979
Sgt. Pepper's Lonely Hearts Club Band 1978
Oh, God! 1977
The Sunshine Boys 1975 ★
College Swing 1938
A Damsel in Distress 1937
The Big Broadcast of 1937 1936
The Big Broadcast of 1936 1935
Six of a Kind 1934
International House 1933
The Big Broadcast 1932
Lambchops 1929

"我们是广播界唯一一对因为必须结婚而结婚的夫妇。"

布兰彻·斯薇特 BLANCHE SWEET

生平: 本名莎拉·布兰彻·斯薇特(Sarah Blanche Sweet),1896年6月18日生于美国伊利诺伊州芝加哥;1986年卒于美国纽约。

明星特质: 身材娇小的金发美女,有天真无邪的眼睛;默片时代受欢迎的女主角;银幕上的金发碧眼女郎,因饰演精力充沛的角色出名。

布兰彻·斯薇特出身于杂耍剧和专业剧团世家,18个月大就登台演出,四岁就能跳舞,后来随着哥特路德·霍夫曼(Gertrude Hoffman)的剧团表演舞蹈,和乔西·奥科特(Chauncey Olcott)一起在百老汇演出。她的第一部电影是为默片电影先驱爱迪生电影制片厂拍摄的《有三个妻子的男人》(A Man with Three Wives, 1909)。斯薇特15岁时出演格里菲斯的《隆台儿的话务员》(The Lonedale Operator, 1911)给人留下深刻印象,她在电影中独自远程操控火车站,使运钞车避开了劫匪的抢劫,这一切都发生在15分钟内。这部电影是格里菲斯正式开始创新的里程碑,斯薇特成为他的第一个重要的明星演员,开始了与玛丽·碧克馥的竞争。这场竞争不久以玛丽·碧克馥离开比沃格拉夫影片公司收场。斯薇特接着出演了一系列受欢迎的电影,如《大屠杀》(The Massacre, 1913)中精力充沛、不断探索的女孩和美国第一部故事片《贝斯利亚女王》(Judith of Bethulia, 1914)中的女主角,《贝斯亚利女王》是她最为人知的一部电影,也是格里菲斯离开比沃格拉夫前的最后一部电影。

后来斯薇特被著名的拉斯基明星电影公司(Players-Lask,后改名为派拉蒙电影公司)开出的高薪吸引,拍摄了塞西尔·戴米尔的《弗吉尼亚的沃伦》(The Warrens of Virginia, 1915)和《俘虏》(The Captive, 1915)。但是斯薇特和戴米尔的合作并没有持续太久,戴米尔认为她的表演没有之前为格里菲斯拍戏时好。斯薇特为拉斯基明星电影公司拍摄的大多数电影都未流传下来,让我们失去了对这一看法重新评价的机会,但可以肯定的是她这段时间人气开始下滑。在出演了150多部默片后,斯薇特拍了三部有声电影,1930年后不再拍戏。她后期值得一提的作品是默文·勒·罗伊(Mervyn Le Roy)的杰作《好莱坞跳舞女郎》(Show Girl in Hollywood, 1930),斯薇特在这部电影中的表现可圈可点,不愧是默片时代的大明星。**MC**

代表作:

The Silver Horde 1930
Show Girl in Hollywood 1930
The Woman in White 1929
The Far Cry 1926
Bluebeard's Seven Wives 1925
Tess of the D'Urbervilles 1924
Anna Christie 1923
The Unpardonable Sin 1919
The Thousand-Dollar Husband 1916
Stolen Goods 1915
The Captive 1915
The Warrens of Virginia 1915
Judith of Bethulia 1914
A Woman Scorned 1911
The Lonedale Operator 1911
A Man with Three Wives 1909

"斯薇特小姐不只有魅力,还很有天赋……"

——《纽约时报》

鲁思·戈登 RUTH GORDON

生平：本名鲁思·戈登·琼斯（Ruth Gordon Jones），1896年10月30日生于美国马萨诸塞州昆西；1985年卒于美国马萨诸塞州埃德加敦。

明星特质：杰出的戏剧演员、获奖作家、多产的剧作家；擅长饰演古怪、笨拙、风趣的老太太。

代表作：

Maxie 1985
Delta Pi 1985
Jimmy the Kid 1982
Any Which Way You Can 1980
Scavenger Hunt 1979
Every Which Way But Loose 1978
The Big Bus 1976
Harold and Maude 1971
What Ever Happened to Aunt Alice? 1969
Rosemary's Baby 1968 ★
Lord Love a Duck 1966
Inside Daisy Clover 1965 ☆
Edge of Darkness 1943
Two-Faced Woman 1941
Dr. Ehrlich's Magic Bullet 1940
Abe Lincoln in Illinois 1940

"除了事业外我想要的一切不过是看起来像海泽尔·多恩（Hazel Dawn）和穿粉色的衣服。"

　　鲁思·戈登是名船长的女儿，她在纽约的美国戏剧艺术学院学习，曾做过默片临时演员，之后去了百老汇，接下来的20年一直在美国和英国演出。20世纪40年代戈登重返大银幕，出演了《伊利诺伊州的林肯》（Abe Lincoln in Illinois，1940）和《欧利希医生的魔法子弹》（Dr. Ehrlich's Magic Bullet，1940）。但她很快就不再表演，而是与她的第二任丈夫贾森·卡林一起写作。他们和乔治·库克创作了《双重生活》（A Double Life，1947）、《亚当的肋骨》（Adam's Rib，1949）、《婚姻趣事》（The Marrying Kind，1952）、《帕特和麦克》（Pat and Mike，1952）和《红伶泪》（The Actress，1953）。《女演员》是以戈登的生活经历为蓝本创作的。这对夫妇曾三次获得奥斯卡最佳编剧奖提名，据说斯宾塞·屈塞和凯瑟琳·赫本的银幕组合就是受了他们的启发。

　　戈登晚年又复出拍电影，常饰演古怪而无拘无束的人，就是在那时她才成为一名真正的电影明星。在饰演了如《春花秋月奈何天》（Inside Daisy Clover，1965）中乖僻的配角这类角色后，戈登因《魔鬼圣婴》（Rosemary's Baby，1968）中咯咯叫的崇拜撒旦的邻居获得奥斯卡奖——后来她在这部电影的电视续集《瞧瞧魔鬼圣婴究竟怎么了》（Look What's Happened to Rosemary's Baby，1976）中再次出演了这一角色。她在《爱丽丝姨妈》（What Ever Happened to Aunt Alice?，1969）中与杰拉尔丁·佩吉（Geraldine Page）不耐烦地纠缠，在《哈洛与穆德》（Harold and Maude，1971）里饰演年轻的巴德·科特（Bud Cort）爱恋的80岁的老妪也成为一个标志性角色。从那之后她一步一个脚印，在《神探科伦坡》（Columbo，1977）中饰演一位和蔼可亲的杀人犯。后因电视剧《出租汽车》（Taxi，1979）的特约演出获艾美奖，在最后一部电影《马克西》（Maxie，1985）中出演一位年轻女子。1985年，鲁思·戈登因中风去世。**KN**

葛洛丽亚·斯旺森 GLORIA SWANSON

生平：本名葛洛丽亚·梅·约瑟芬·斯旺森（Gloria May Josephine Svensson），1897年3月27日生于美国芝加哥；1983年卒于美国纽约。

明星特质：传奇娇娘、好莱坞魅力的缩影、默片时代的喜剧女演员、有声电影中戏剧性的女主角、炙手可热的银幕明星。

在默片时代，葛洛丽亚·斯旺森是派拉蒙电影公司最有价值的明星之一，她和塞西尔·戴米尔一起出演了佳作《别换老公》（Don't Change Your Husband，1919）和《男人与女人》（Male and Female，1919）。斯旺森是天生的默片演员，她的风格从不过时，至今看来仍然鲜活生动，自然得令人吃惊。当然，不可忽视的是，她还是个大美女。

银幕中的她是经验丰富的现代喜剧演员，无论台上还是台下，她的生活都幸福美满。虽然她与埃里克·冯·施特罗海姆（Erich von Stroheim）首次合作的《女王凯莱》（Queen Kelly，1929）和她狂妄自大又无节制的传言让好莱坞对她敬而远之，但她早期的有声电影却很受欢迎。斯旺森早就预料到公众会有何种情绪，在20世纪30年代初就息影了，那时她已是个独立富有的女人了。

后来她饰演了《日落大道》（Sunset Blvd，1950）中的诺玛·德斯蒙德，这位风华不再的默片明星意欲东山再起。《日落大道》有意将葛洛丽亚本人和诺玛这个角色混淆（或者说合并）以获得成功。《日落大道》做了一切能做的事来激励此片的拍摄，如让戴米尔和冯·施特罗海姆饰演她的导师，在剧中还播放了一段《女王凯莱》。她在这部杰出的电影中表现出色，但斯旺森和她的银幕角色诺玛唯一相同的地方就是她们的胜利。斯旺森之后大多数工作都是拍摄电视，但在70年代重返大银幕。她总共结过六次婚，她的名字和许多男人浪漫地联系在一起，如鲁道夫·瓦伦蒂诺、塞西尔·戴米尔和肯尼迪家族的家长老约瑟夫·肯尼迪等。**MC**

代表作：

Airport 1975 1974
Three for Bedroom C 1952
Sunset Blvd. **1950** ☆
Father Takes a Wife 1941
Music in the Air 1934
The Trespasser **1929** ☆
Queen Kelly 1929
Sadie Thompson **1928** ☆
Manhandled 1924
Don't Tell Everything 1921
The Affairs of Anatol 1921
Male and Female 1919
Don't Change Your Husband 1919
The Pullman Bride 1917
Teddy at the Throttle 1917
Sweedie Goes to College 1915

"我已决定，当我成为明星时，我每一秒每一寸都要像个明星。"

活宝三人组 THE THREE STOOGES

生平： 莫尔·霍华德（Moe Howard），本名摩西·霍维茨（Moses Horwitz），1897年6月19日生于美国纽约；1975年卒于美国洛杉矶。拉里·范恩（Larry Fine），本名路易斯·费因伯格（Louis Feinberg），1902年10月5日生于美国宾夕法尼亚州费城；1975年卒于美国洛杉矶。

明星特质： 发型与众不同；作品中充满了精心编排的谚语和爆炸性语言；第三个组员经常换人。

代表作：

The Three Stooges Go Around the World in a Daze 1963
The Three Stooges Meet Hercules 1962
Have Rocket, Will Travel 1959
He Cooked His Goose 1952
Corny Casanovas 1952
Hold That Lion 1947
Micro-Phonies 1945
If a Body Meets a Body 1945
Gents Without Cents 1944
Dutiful but Dumb 1941
A Plumbing We Will Go 1940
You Nazty Spy! 1940
Healthy, Wealthy and Dumb 1938
Cash and Carry 1937
Dizzy Doctors 1937
Disorder in the Court 1936
Ants in the Pantry 1936
Hoi Polloi 1935
Pardon My Scotch 1935
Three Little Pigskins 1934
Men in Black 1934
Punch Drunks 1934
Woman Haters 1934
Soup to Nuts 1930

右图：活宝三人组典型的困惑表情和愚蠢的服装。

从他们1922年第一次登上杂耍剧舞台到20世纪70年代初最后一名成员退休，活宝三人组是美国最受欢迎最经久不衰的喜剧组合之一。他们常在表演中斗来斗去，又是挥拳又是打耳光，有时还戳眼睛。

在50多年的表演生涯中，这些小伙子几乎嘲弄了所有能想到的职业：医生、厨师、消灭害虫的人！在他们无所不包的闹剧下隐藏着的是对职业的淡淡嘲讽，显现出各自不同的人物角色。严厉的负责人莫尔是这个组合的首席执行官（无论是台上还是台下），总把事情委托给笨手笨脚的下属；拉里是中层管理人员，无法独立思考；活宝三人组中的第三个成员是劳动者，也是喜剧的焦点所在。然而这个位置却不太稳定，这些年换了不少喜剧演员。

这个组合的成立要从泰德·希利（Ted Healy，1896—1937）说起，他是杂耍团的领衔明星，喜欢看别人被愚蠢举动激怒的反应。他将莫尔·霍华德，莫尔的哥哥山普（Shemp，本名塞缪尔·霍维茨［Samuel Horwitz］，1895—1955）和拉里·范恩组成最初的活宝三人组。在山普放弃这个位置之前他们一起拍了一部电影（《一应俱全》［Soup to Nuts］，1930）。后来山普的弟弟科里（Curly，本名杰罗姆·霍维茨［Jerome Horwitz］，1903—

活宝三人组

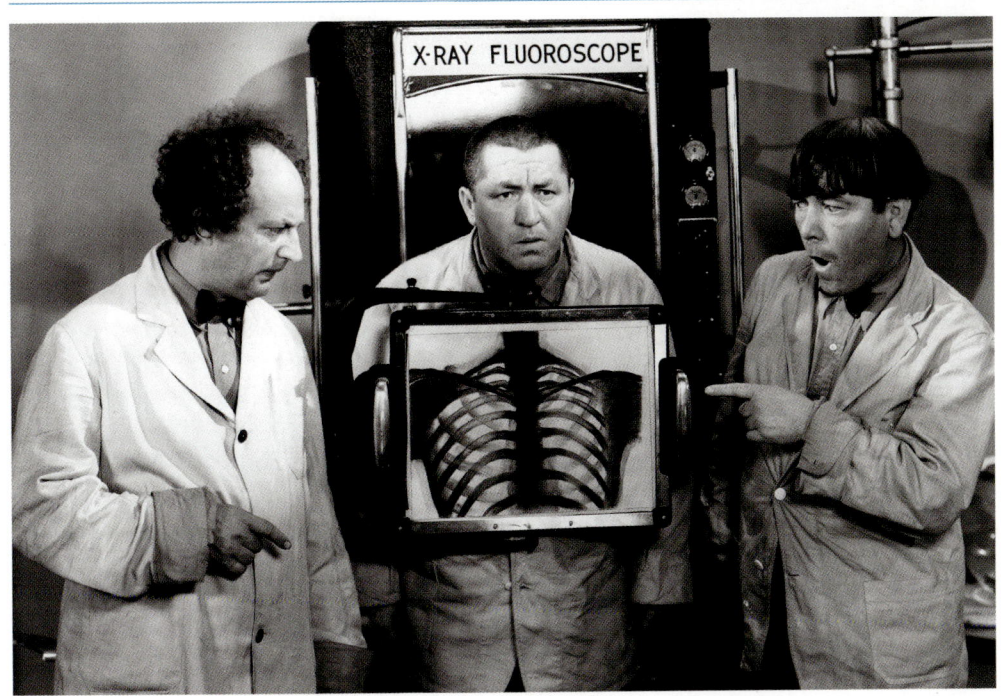

上图：拉里、科里和莫尔在《混乱的医生》（Dizzy Doctors）中饰演躲在医院的逃犯，他们看起来相当困惑。

1952）接替了他的位置。合同纠纷让活宝三人组最终与希利分道扬镳，莫尔、拉里和科里后来与哥伦比亚电影公司签约，以每年九部喜剧短片的速度破纪录地连续拍了24年。科里1947年退休，乔·贝瑟尔（Joe Besser，1907—1988）接替了他的位置，但是哥伦比亚公司最终于1957年停止拍摄活宝三人组的喜剧。

活宝三人组在电视中的再次流行为他们的电影、演出甚至卡通系列打开了新天地。肥胖的喜剧演员乔·德瑞塔（Joe DeRita，1909—1993）取代了贝瑟尔，在1970年拉里中风和莫尔退休后继续表演。人们普遍认为他们后期的电影如《三个活宝遇见赫拉克勒斯》（The Three Stooges Meet Hercules，1962）比不上早年开拓时期的经典，如1934年获奥斯卡奖提名的《黑衣男人》（Men in Black），但是人们必须承认他们在残酷的娱乐圈中成功地生存了下来。**DK**

快乐地掌掴

活宝三人组的成员很爱互相伤害，下面是一些他们最爱的运动：

◆ 双面开弓：双手同时掌掴两边的脸颊。

◆ 前额击打：拉里半秃的前额常常成为被攻击的目标——莫尔在打他之前总会亲切地拍拍他。

◆ 仙人指路：莫尔让这个招牌动作日趋完美，即用两指直戳双眼上方的额头。

◆ 拧鼻子：莫尔的专长，他会迅速地拧住组里某人的鼻头，看起来很痛！

弗雷德里克·马奇 FREDRIC MARCH

生平： 本名欧内斯特·弗雷德里克·麦金泰尔·比克尔（Ernest Frederick McIntyre Bickel），1897年8月30日生于美国威斯康星州拉辛；1975年卒于美国洛杉矶。

明星特质： 又高又帅；同辈人中令人敬佩的戏剧和电影演员；出演的角色跨度很大，从男主角到性格演员都不在话下。

代表作：

The Iceman Cometh 1973
Hombre 1967
Seven Days in May 1964
The Desperate Hours 1955
Death of a Salesman 1951 ☆
The Best Years of Our Lives 1946 ★
The Buccaneer 1938
Nothing Sacred 1937
A Star Is Born 1937 ☆
The Barretts of Wimpole Street 1934
Death Takes a Holiday 1934
Dr. Jekyll and Mr. Hyde 1931 ★
The Royal Family of Broadway 1930 ☆
The Marriage Playground 1929
The Studio Murder Mystery 1929
The Wild Party 1929

"演员不比银行职员有更多喜怒无常的权利。"

　　弗雷德里克·马奇最初是名银行职员，但在纽约当过一段时间默片临时演员后，他转而走向表演事业，并去了百老汇。马奇一生大多时间都转换于舞台和银幕之间。他第一次在好莱坞电影中出现是饰演如《野性聚会》（The Wild Party，1929）中穿晚礼服的那些角色，接着在《工作室神秘杀人案》（The Studio Murder Mystery，1929）中顽皮地模仿约翰·巴里摩尔——这部电影由他和第二任妻子弗洛伦斯·艾尔德里奇联袂主演，之后他又出演了《百老汇皇族》（The Royal Family of Broadway，1930）。在重拍的《化身博士》（1931）中他演的是巴里摩尔当初的角色，他饰演的亨利·哲基尔非常英俊，但在饰演凶残爱恶作剧的海德时却有些局限。他和米利亚普·霍普金斯的一些亲密场景令人毛骨悚然，不过他也因为这个角色获得了自己两次奥斯卡最佳男主角中的第一个奖杯。

　　马奇渐渐从同辈人中脱颖而出。他共获得过五次奥斯卡提名，跻身于加里·库柏、格里高利·派克、詹姆斯·斯图尔特的行列。1946年他因在《多年以前》（Years Ago）中的出色表现与乔斯·费勒一起夺得首届托尼奖最佳男主角，成为唯一一名在同一年获得舞台和银幕最高荣誉的演员。作为男主角，马奇演过浪漫片《红楼春怨》（The Barretts of Wimpole Street，1934）中的罗伯特·勃朗宁、《大海贼》（The Buccaneer，1938）里虚张声势的冒险家和《一个明星的诞生》（A Star Is Born，1937）中醉醺醺的演员。后来他成长为一名令人印象深刻的性格演员：《黄金时代》（The Best Years of Our Lives，1946）中的中士、《推销员之死》（Death of a Salesman，1951）里的威利·罗曼和《危急时刻》（The Desperate Hours，1955）中被亨佛莱·鲍嘉威胁的户主。马奇在做了前列腺癌手术后演出了他的绝唱——尤金·奥尼尔（Eugene O'Neill）的剧作《送冰的人来了》（The Iceman Cometh，1973）中的酒鬼。他最终死于前列腺癌。**KN**

沃尔特·皮金 WALTER PIDGEON

生平：本名沃尔特·戴维斯·皮金（Walter Davis Pigeon），1897年9月23日生于加拿大新布伦瑞克省圣约翰市；1984年卒于美国加利福尼亚州圣塔莫尼卡。

明星特质：衣着时髦、温文尔雅的绅士；年轻时常饰演浪漫剧的男主角，年老时饰演性格演员。

沃尔特·皮金长期饰演男主角，他曾在波士顿新英国音乐学院接受男中音歌手的古典训练，1926年去好莱坞演默片之前在剧院表演和唱歌，演电影后他还经常回纽约登台表演。他一直稳步地工作（饰演了1927年和1930年两个版本的《大猩猩》[The Gorilla]），是典型的罗曼蒂克三号主角，如《午夜花的世界》（Too Hot to Handle，1938）中的角色。皮金出演了两部尼克·卡特（Nick Carter）电影中的侦探，他好像也满足于B类明星的角色，然而在约翰·福特执导的《青山翠谷》（How Green Was My Valley，1941）中饰演的牧师格鲁费德先生奠定了他在重要电影中饰演主角的地位，而之前他的光芒常常被合作的其他演员遮住。他与葛丽亚·嘉逊（Greer Garson）一起演的电影——他们两人的合作几乎是票房保证——让他广为人知，因《忠勇之家》（Mrs. Miniver，1942）和《居里夫人》（Madame Curie，1943）中的出色表现两度获得奥斯卡最佳男主角提名，但是这对成功组合的焦点一直是嘉逊饰演的角色。

在《蜡炬成灰泪始干》（The Miniver Story，1950）的失败后，皮金再次在《警官布尔多戈·德拉蒙德》（Calling Bulldog Drummond，1951）中饰演侦探一角，并在如《滑稽女郎》（Funny Girl，1968）之类的电影中出演精彩的配角。偶尔尝试科幻电影让他意外发现"内心深处隐藏的怪物"，如《禁忌星球》（Forbidden Planet，1956）中的爱德华·莫比亚斯医生和《地球危机》（Voyage to the Bottom of the Sea，1961）里的海军上将哈里曼·尼尔森。皮金一辈子都在工作，在职业生涯的晚期，他经常演出电视剧。银幕下的尤金作为美国演员工会的主席（1952—1956）非常有影响力。他的第一任妻子1926年死于分娩，五年后他与自己的秘书露丝·沃克（Ruth Walker）结婚，他们一直生活在一起，直到尤金1984年去世。**KN**

代表作：

Funny Girl 1968
Voyage to the Bottom of the Sea 1961
Forbidden Planet 1956
Executive Suite 1954
The Bad and the Beautiful 1952
Calling Bulldog Drummond 1951
That Forsyte Woman 1949
Mrs. Parkington 1944
Madame Curie 1943 ☆
Mrs. Miniver 1942 ☆
How Green Was My Valley 1941
Too Hot to Handle 1938
The Shopworn Angel 1938
The Girl of the Golden West 1938
Saratoga 1937
Mannequin 1926

"你根本不需要带钱，你的脸就是信用卡——全世界通用。"

兰道夫·斯科特 RANDOLPH SCOTT

生平： 本名乔治·兰道夫·斯科特（George Randolph Scott），1898年1月23日生于美国弗吉尼亚州橘子郡；1987年卒于美国洛杉矶。

明星特质： 英俊粗犷、说话温和可亲的牛仔；常饰演英雄式的人物。

虽然兰道夫·斯科特总是和他著名的帕洛米诺马"星尘"一起出现在粗犷的西部片中，但他本人一直保持着南方人的彬彬有礼。他在北卡罗来纳大学取得纺织工程和制造专业的学位，毕业后却前往好莱坞，在《弗吉尼亚人》（The Virginian，1929）中饰演加里·库柏（Gary Cooper）的会话教练，他在这部电影中还出演了另外一个小角色。20世纪30年代他出演了一系列由赞恩·格雷（Zane Grey）的作品改编的电影，之后却出人意料地短暂地进入弗雷德·阿斯泰尔（Fred Astaire）和金格尔·罗杰斯（Ginger Rogers）的音乐剧世界，出演了《罗贝尔塔》（Roberta，1935）和《海上恋舞》（Follow the Fleet，1936）。

在与他最亲密的朋友——有人甚至暗示是情人——加里·格兰特在喜剧《我的爱妻》（My Favorite Wife，1940）和两部战争片中演对手戏后，斯科特出演的大多都是西部片，直到他最后也可能是最好的一部电影——萨姆·佩金法（Sam Peckinpah）的《午后枪声》（Ride the High Country，1962）。在这些晚期的西部片中斯科特成熟了许多。虽然说话一如既往地温和，行为举止也无可挑剔，但他像斯多葛学派的人一样常常掩饰内心的悲伤。这在他与导演巴德·伯蒂彻（Budd Boetticher）合作的西部系列片中表现得最为突出：《七寇伏尸记》（Seven Men from Now，1956）、《西部警长》（The Tall T，1957）、《单枪屠龙》（Ride Lonesome，1959）和《蛮山野侠》（Comanche Station，1960）。在这些电影中斯科特单枪匹马地与一群祸人却肆无忌惮的恶棍斗智斗勇，悲伤侵蚀了他英俊的面孔。他非常受欢迎，在《匹兹堡》（Pittsburgh，1942）和《午后枪声》中的地位甚至比约翰·韦恩（John Wayne）和乔尔·麦克雷（Joel McCrea）还高。然而，正享受着成功喜悦的斯科特决定息影，靠着名声和明智的投资他已坐拥百万美元的财产。晚年他热衷于宗教生活，是比利·葛培理教士（Reverend Billy Graham）的密友。**EB**

代表作：

Ride the High Country 1962
Comanche Station 1960
Ride Lonesome 1959
Buchanan Rides Alone 1958
The Tall T 1957
Seven Men from Now 1956
The Bounty Hunter 1954
Pittsburgh 1942
The Spoilers 1942
My Favorite Wife 1940
Virginia City 1940
Rebecca of Sunnybrook Farm 1938
Follow the Fleet 1936
Roberta 1935
The Virginian 1929
The Far Call 1929

"她留在这儿……我们要打包的是黄金，不是衬裙。"
——吉尔·沃斯特姆，《午后枪声》

右图：粗犷的斯科特手持手枪，完美地诠释了牛仔的形象。

托托 TOTÒ

生平：本名安东尼奥·克莱门特（Antonio Clemente），1898年2月15日生于意大利坎帕尼亚那不勒斯；1967年卒于意大利罗马。

明星特质：小丑般皱巴巴的脸；肢体语言大师；擅长喜剧表演风格；作品高产。

虽然托托是一个落魄贵族的私生子，但直到1946年他才被授予贵族头衔：安东尼奥·格里福·福克斯·弗拉维奥·多卡斯·卡姆讷诺·坡费罗杰尼托·加戈里亚蒂·德·柯蒂斯·迪·拜占庭（Antonio Griffo Focas Flavio Ducas Comneno Porfirogenito Gagliardi De Curtis di Bisanzio）。他在那不勒斯贫穷地长大，学习了传统喜剧艺术的哑剧表演（guitti）的技艺。后来他去了罗马的杂耍团表演讽刺时事的滑稽音乐剧。直到20世纪30年代末，托托的喜剧才能才日趋完善，人们才通过电影逐渐认识他。

托托的眼皮沉沉地垂在眼睑上，一脸忧郁的表情，让他很适合自己饰演的意大利喜剧中的那些形象，仿佛他就是一个衣衫褴褛的普通人。他开始受到人们的推崇，票房喜人，拍了近40部以他名字命名的电影，《在意大利旅游的托托》（Totò al giro d'Italia, 1948）就是这个系列的第一部。他在这些电影中饰演的大多是些诙谐滑稽的角色，用诡计和智慧击败官僚主义和恃强凌弱的对手。

很多托托高产时期的电影都运用了当时古典文学的传统手法，并对风行一时的事物进行了拙劣的模仿，如《地狱的托托》（Totò all'inferno, 1954）、《托托泰山》（Totò Tarzan, 1950）和《阿拉伯的托托》（Totò d'Arabia, 1964），在这些电影中常常能看到巴比诺·德·菲利波（Peppino De Filippo）和阿尔多·法布吕基（Aldo Fabrizi）的身影。托托写诗和创作歌曲的才能也很突出，他写的歌中最著名的《美丽坏女人》（"Malafemmena"）表达了对第一任妻子又爱又恨的感情，这种感情同样适用于他对演戏的态度。比起第一任妻子，托托要更倾心于第二任妻子芙兰卡·法尔蒂尼（Franca Faldini），他们于1954年结婚。托托去世后，他在意大利批评家中的声望有所上升，终于赢得了他生前人们就呼吁该给他的称号"王子"。**RH**

代表作：

Capriccio all'italiana 1968 (*Caprice Italian Style*)
Uccellacci e uccellini 1966
   (*The Hawks and the Sparrows*)
Totò d'Arabia 1964 (*Totò of Arabia*)
Totò e Cleopatra 1963 (*Totò and Cleopatra*)
Totò diabolicus 1962
Totò, Peppino e la dolce vita 1961
   (*Totò, Peppino and La Dolce Vita*)
Tototruffa '62 1961
I Tartassati 1959
Miseria e nobiltà 1954 (*Poverty and Nobility*)
Totò all'inferno 1954
Totò e le donne 1952 (*Totò and the Women*)
Totò Tarzan 1950
Totò le Moko 1949
Totò al giro d'Italia 1948

"托托是普通意大利人的漫画版，特别可爱迷人……"

——《纽约时报》

多萝西·吉许 DOROTHY GISH

生平： 本名多萝西·伊丽莎白·德·吉什（Dorothy Elizabeth de Guiche），1898年3月11日生于美国俄亥俄州马西隆；1968年卒于意大利利古利亚拉帕洛。

明星特质： 娇小优雅的喜剧女演员，总能逗人发笑，有演闹剧的天赋；亲切有魅力，长相单纯无辜。

如果多萝西·吉许不是默片电影中最出色的女演员的妹妹，她可能要更出名一些。但她似乎从未怨恨过丽莲更大的名气或引人注目的地位，其实她本身也是位了不起的喜剧女演员。丽莲也曾称赞过妹妹给人带来的活泼轻快感——对比自己严肃认真的形象，她不无嘲讽地说："当多萝西到达时聚会才真正开始，而当我到达时聚会常常已经结束。"

因为父亲的遗弃，多萝西和丽莲一样，很早就随母亲一起登台表演养家。她们因女演员玛丽·碧克馥的介绍认识了比沃格拉夫影片公司的导演格里菲斯（多萝西那时才14岁），之后就开始演电影。虽然成年后鲜有合作，但姐妹俩早期一起拍过不少电影，如格里菲斯的《世界的核心》（Hearts of the World，1918）、《风雨中的孤儿》（Orphans of the Storm，1921）和亨利·金（Henry King）的《罗莫拉》（Romola，1924）。在《风雨中的孤儿》里她们饰演了一对长期分离的姐妹，十分感人。

多萝西还出演了丽莲导演的唯一一部喜剧电影《重塑她的丈夫》（Remodeling Her Husband，1920）。电影一结束，她就嫁给了她的搭档詹姆斯·伦尼（James Rennie）。这对夫妇于1935年离婚。她常出演轻喜剧，技艺娴熟，也能优雅地饰演时代剧中的角色，在《内尔·格温妮》（Nell Gwynne，1926）中她出演了内尔·格温妮一角，这是她在英国与赫伯特·威尔克斯特（Herbert Wilcox）合作拍的许多电影中的第一部。多萝西的最后一部默片是在《庞巴度夫人》（Madame Pompadour，1927）中饰演庞巴度夫人。当有声电影兴起时多萝西发现自己已跟不上时代了，虽然她偶尔在电影中出演一些小角色，但她的电影生涯已基本结束，晚年基本都在剧院演出。1968年多萝西去世，享年70岁。**PK**

代表作：

The Cardinal 1963
Madame Pompadour 1927
Nell Gwynne 1926
Romola 1924
Orphans of the Storm 1921
Remodeling Her Husband 1920
The Hope Chest 1918
Battling Jane 1918
Hearts of the World 1918
Stage Struck 1917
The Little Yank 1917
Old Heidelberg 1915
The Saving Grace 1914
Judith of Bethulia 1914
The Musketeers of Pig Alley 1912
An Unseen Enemy 1912

"我认为喜剧演员必须把脸弄黑，或者带上红胡子。"

1890年代

保罗·罗贝森 PAUL ROBESON

生平：本名保罗·巴斯蒂尔·罗贝森（Paul Bustill Robeson），1898年4月9日生于美国新泽西州普林斯顿；1976年卒于美国宾夕法尼亚州费城。

明星特质：高大英俊、魅力非凡，极其聪明；会多种语言；专业运动员；雄厚的男中低音；直言不讳的民权积极分子。

保罗·罗贝森的父亲威廉·D.罗贝森（William D. Robeson）牧师是个出逃的奴隶，母亲是玛利亚·路易莎·巴斯蒂尔（Maria Louisa Bustill）。罗贝森似乎拥有无限天赋，学习能力和运动力俱佳，先就读于美国罗格斯大学，后从哥伦比亚大学法学院毕业。在短暂地做过一段时间的专业足球运动员后，罗贝森当起了律师。

但是表演才是罗贝森真正的兴趣所在，他作为一名音乐会歌手脱颖而出，出演了《琼斯皇帝》（The Emperor Jones，1924）和《上帝的儿女都有翅膀》（All God's Chillun Got Wings，1924），成为百老汇的明星。1943年他主演了第一部完整的莎士比亚剧《奥赛罗》（Othello）。罗贝森主演了12部故事片，包括在《灵与肉》（Body and Soul，1925）中饰演的以赛亚·詹金斯教士和他弟弟西尔维斯特，他一人分饰两角给观众留下了深刻的印象，然而他永载电影史册还是因为在《画航璇宫》（Show Boat，1936）中饰演了乔这个角色。他演唱的《老人河》（"Ol' Man River"）是好莱坞历史上最有名的音乐表演之一。

罗贝森亲切的人物角色为他赢得数不清的崇拜者，包括埃莉诺·罗斯福（Eleanor Roosevelt）、巴勃罗·聂鲁达（Pablo Neruda）和哈利·杜鲁门（Harry S.Truman）。罗贝森越来越热心于政治，曾公开支持刚成立的苏联，因此获得了1953年的斯大林和平奖。罗贝森还是一名黑人民族主义者，他因美国全国范围内的种族歧视现象和在全球各处的帝国主义活动中大声斥责美国政府。他的这种立场让他成为反共主义者，如参议员约瑟夫·麦卡锡（Joseph McCarthy）攻击的目标，麦卡锡认为他威胁了国家安全，在1950年撤销了他的护照。虽然1958年他重新取得护照，但罗贝森身边依旧争论不断。他去世时是受百万人尊崇的英雄。**JM**

代表作：

Tales of Manhattan 1942
Native Land 1942
The Proud Valley 1940
Jericho 1937
King Solomon's Mines 1937
Big Fella 1937
Show Boat 1936
Song of Freedom 1936
Sanders of the River 1935
The Emperor Jones 1933
Borderline 1930
Body and Soul 1925

> "我的武器就是爱好和平，因为唯有爱好和平才能获得和平。"

艾琳·邓恩 IRENE DUNNE

生平： 本名艾琳·玛丽·邓恩（Irene Marie Dunne），1898年12月20日生于美国肯塔基州路易斯维尔；1990年卒于美国洛杉矶。

明星特质： 富有魅力的"好莱坞第一夫人"；擅长喜剧表演风格；在音乐剧方面出类拔萃；热心公益事业。

艾琳·邓恩是20世纪三四十年代最耀眼的明星之一，虽然她浑身散发着一股正直之气，却从不吝惜自己滑稽可笑的天赋。她个性中的这两个方面在《春闺风月》（The Awful Truth，1937）里令人愉悦的音乐会这一幕中得到了很好的展现，她独唱完一首歌后，她的配偶加里·格兰特从椅子上摔到地上，乐得哈哈大笑。

邓恩学习和教授音乐俱佳，在纽约大都会剧院试唱失败后从音乐剧场中赢得声誉，特别是在《画航璇宫》（Show Boat）的巡回剧团中饰演玛戈诺莉娅·霍克斯（Magnolia Hawks）一角。她1930年与雷电华电影公司签约，在当时一些最赚人热泪的女性电影中生动夸张地演出，这些作品包括她被环球影城转借去拍的两部经典电影：《后街小巷》（Back Street，1932）和《天荒地老不了情》（Magnificent Obsession，1935）。

邓恩把滑稽可笑的一面成功带入到一些滑稽剧中，如《孽海狂涛》（Theodora Goes Wild，1936）、《春闺风月》（The Awful Truth，1937）和《我的爱妻》（My Favorite Wife，1940）。在《我的爱妻》中她再度与加里·格兰特合作，他们两人在《秋缠断肠记》（Penny Serenade，1941）中的表演曾牵动观众的心弦，邓恩与查尔斯·鲍育（Charles Boyer）在《爱情事件》（Love Affair，1939）中的表演也一样扣人心弦。20世纪40年代，邓恩出演了更多的母亲角色，如《安娜和暹罗国王》（Anna and the King of Siam，1946）、《伴父生涯》（Life with Father，1947）和《慈母泪》（I Remember Mama，1948），进一步加深了她正直的形象。她因《慈母泪》第五次也是最后一次获得奥斯卡提名。她最后一个给人留下深刻印象的角色是《拾荒者》（The Mudlark，1950）中的维多利亚女王。两年后她退出电影圈，把大多数时间花在政治运动中，成为了联合国的美国代表。**DS**

代表作：

The Mudlark 1950
I Remember Mama 1948 ☆
Life with Father 1947
Anna and the King of Siam 1946
Together Again 1944
Penny Serenade 1941
My Favorite Wife 1940
Love Affair 1939 ☆
The Awful Truth 1937 ☆
Theodora Goes Wild 1936 ☆
Show Boat 1936
Magnificent Obsession 1935
Roberta 1935
No Other Woman 1933
Back Street 1932
Cimarron 1931 ☆

"我不知道为什么公众这么快就会喜欢我，受欢迎是件奇怪的事情。"

弗雷德·阿斯泰尔 FRED ASTAIRE

生平：本名小弗雷德里克·奥斯特里茨（Frederic Austerlitz Jr.），1899年5月10日生于美国内布拉斯加州奥马哈市；1987年卒于美国洛杉矶。

明星特质：多才多艺的演员、歌手、舞者；为双腿上了100万美元的保险；忠贞、和蔼、谦逊的完美主义者。

20世纪30年代，弗雷德·阿斯泰尔开始了他一生漫长的电影生涯。当然，他是位伟大的职业舞蹈家，穿衣打扮十分时髦，行为举止温文尔雅，而且还会唱歌。许多关于他的简介总是对他的歌唱、舞蹈和表演给予高度评价，然而有个小小的事实却也不容忽视：1954年，在与菲莉丝·利文斯顿·波特（Phyllis Livingston Potter）结婚后的第21年，阿斯泰尔成了鳏夫。1980年他与罗萍·史密斯（Robyn Smith）结婚，七年后去世。

这种双重悲剧——比一个妻子活得长，却在另一个的照料下离世——暗示了他是个与众不同的人。有一点也许很容易被人们忽视，即电影圈除了忠贞之外什么都有，而阿斯泰尔却是这个圈中真正忠贞的人。事实上，性关系复杂、残酷无情、缺乏道德似乎成为好莱坞的标签，因此阿斯泰尔才能被人们记住——他是一位温和体面的绅士。

阿斯泰尔进入娱乐界时还是个跳舞的小男孩，他和姐姐阿黛尔搭档演出，直到阿黛尔1932年退出舞台。然后阿斯泰尔与雷电华电影公司签了合约。第二年雷电华把他借给米高梅拍摄《跳舞女郎》（Dancing Lady），同年他回雷电华拍了《飞到里约》（Flying Down to Rio, 1933），这是他与金格尔·罗杰斯合作拍摄的第一部电影。

阿斯泰尔因对完美的追求和为电影编舞声名远扬，20

代表作：

Ghost Story 1981
The Towering Inferno 1974 ☆
Silk Stockings 1957
Funny Face 1957
The Band Wagon 1953
The Belle of New York 1952
Let's Dance 1950
Three Little Words 1950
The Barkleys of Broadway 1949
Easter Parade 1948
Blue Skies 1946
Yolanda and the Thief 1945
The Sky's the Limit 1943
Holiday Inn 1942
You'll Never Get Rich 1941
The Story of Vernon and Irene Castle 1939
Carefree 1938
A Damsel in Distress 1937
Shall We Dance 1937
Swing Time 1936
Follow the Fleet 1936
Top Hat 1935
Roberta 1935
The Gay Divorcee 1934
Flying Down to Rio 1933

右图：《玻璃丝袜》中阿斯泰尔饰演的史蒂夫·坎菲尔德迷倒一群女士。

弗雷德·阿斯泰尔

上图：阿斯泰尔和金格尔·罗杰斯在他们的巅峰之作《摇摆乐时代》（Swing Time）中的表演。

世纪30年代中期他迎来了事业的高峰，拍了《礼帽》（Top Hat, 1935）和《随我婆娑》（Shall We Dance, 1937）；在战争年代拍了《假日酒店》（Holiday Inn, 1942）和《天是尽头》（The Sky's the Limit, 1943）。阿斯泰尔很享受战后电影的再度兴起，因为他有了新的搭档：先是《复活节游行》（Easter Parade, 1948）里的朱迪·加兰，然后是《篷车队》（The Band Wagon, 1953）中的赛德·查理斯，最后是《甜姐儿》（Funny Face, 1957）中的奥黛丽·赫本。

阿斯泰尔似乎在60年代中期隐退，只在电视中露过几次面。1970年他在《火烧摩天楼》（The Towering Inferno, 1974）中饰演了因意识到自己的年龄而苦乐参半的角色，这为他赢得奥斯卡提名。在他生命的最后三年里，小荧幕似乎更适合他，所以当阿斯泰尔在1979年的科幻剧《太空堡垒卡拉狄加》（Battlestar Galactica）中出演"变色龙"时，是"被遗忘的一代"（Generation X）最先发现这位歌舞大王的。**GCQ**

弗雷德和金格尔

阿斯泰尔和金格尔·罗杰斯一起拍了十部音乐剧。他们是一对受欢迎且令人难忘的组合，人们普遍认为他们革新了歌舞剧。凯瑟琳·赫本曾说："他令她优雅，她使他充满性感的魅力。"以下是他们最好的一些片段：

◆ "克里欧卡舞"（《飞到里约》）——他俩第一次颇受好评的演出。

◆ "我们让所有的事情都过去吧"（《随我婆娑》）——穿着溜冰鞋跳舞！

◆ "脸贴脸"（《礼帽》）——这场演出中金格尔穿着一件外面覆盖着鸵鸟羽毛的长袍，让弗雷德大怒不已。

查尔斯·劳顿 CHARLES LAUGHTON

生平：1899年7月1日出生于英国约克郡斯卡伯勒；1962年卒于美国好莱坞。

明星特质：导演、制片人、老师、作家；有创新精神；擅长饰演另类、文学和历史角色。

去一战服役前，查尔斯·劳顿在斯托尼赫斯特学院的耶稣会会士学校接收英式教育和军官训练。战后他在伦敦皇家艺术学院学习表演。在1932年拍第一部电影之前他一直在舞台演出。劳顿最为人知的角色是传奇般的历史文学角色：《罗宫春色》（The Sign of the Cross, 1932）中的尼禄、《英宫艳史》（The Private Life of Henry VIII, 1933）里的亨利八世（该角色为他赢得了奥斯卡最佳男主角）、《叛舰喋血记》（Mutiny on the Bounty, 1935）中的布莱船长、《伦勃朗》（Rembrandt, 1936）中的伦勃朗、《巴黎圣母院》（The Hunchback of Notre Dame, 1939）里的卡西莫多和《斯巴达克斯》（Spartacus, 1960）中的显普洛尼乌斯·格拉古。这些佳作的耀眼光芒在他参与制作的《亡魂岛》（Island of Lost Souls, 1933）和《牙买加旅店》（Jamaica Inn, 1939）中也可窥见一二，同样出色的还有《控方证人》（Witness for the Prosecution, 1957）。虽然他一直被自己的外貌和秘密的同性恋所折磨，但是他低调出演的普通人角色往往更令人满意：《风雨血痕》（Ruggles of Red Gap, 1935）、《犯罪嫌疑人》（The Suspect, 1944）和《华府千秋》（Advise & Consent, 1962）都被认为是一个演员最好的演出。

虽然劳顿两次获奥斯卡最佳男演员提名并一次斩获该奖，但他最了不起的成就毫无疑问是他执导的唯一一部电影《猎人之夜》（The Night of the Hunter, 1955），这部杰出的电影混杂了大萧条时代的戏剧、抒情般的神话传说和表现主义者的恐惧，在好莱坞占据了独一无二的地位。劳顿本人并未参与这部电影的演出，但参演的罗伯特·米彻姆（Robert Mitchum）、丽莲·吉许、谢利·温特斯（Shelley Winters）和其他演员都表现出色。劳顿曾在百老汇做过舞台导演，执导过乔治·萧伯纳的《地狱的唐璜》（Don Juan in Hell）和赫尔曼·沃克的《肯恩航叛变》（The Caine Mutiny Court-Martial）。**GA**

代表作：

Advise & Consent 1962
Spartacus 1960
Witness for the Prosecution 1957 ☆
The Strange Door 1951
The Suspect 1944
This Land Is Mine 1943
The Hunchback of Notre Dame 1939
Jamaica Inn 1939
I, Claudius 1937
Rembrandt 1936
Mutiny on the Bounty 1935 ☆
Ruggles of Red Gap 1935
The Private Life of Henry VIII 1933 ★
Island of Lost Souls 1933
The Sign of the Cross 1932
The Old Dark House 1932

> "好莱坞是个疯狂之地……一个没有一点疯狂的人是不可能在那的。"

詹姆斯·卡格尼 JAMES CAGNEY

生平：本名詹姆斯·弗朗西斯·卡格尼（James Francis Cagney），1899年7月17日生于美国纽约；1986年卒于美国纽约州斯坦福德维勒。

明星特质：多才多艺的歌手和舞者；演艺事业曾有间断；黑帮电影中个头矮小的头儿。

虽然无数演员会不屑地说"你这卑鄙小人！"，但詹姆斯·卡格尼却从未在任何电影中说过这句台词，他总是与众不同。从没有哪个演员像他一样精力充沛、轻快活泼，动作惊人地灵敏（在与华纳兄弟电影公司签约前他是杂耍团的职业舞蹈家）；他说话快速有力，清澈敏锐的眼里闪着捉摸不定的智慧之光。卡格尼在政治上是个自由派，过了64年幸福快乐的婚姻生活，他的私人生活跟在电影中演绎的说话厉声厉气的庄重角色截然相反。

卡格尼把对生活贪得无厌的欲求表现得有棱有角、异常生动，给在其他方面平淡无奇的《人民公敌》（The Public Enemy，1931）带来一股强有力的超道德感，有效地开启了黑帮电影的不同流派。然而，尽管他在《群众的喧哗》（The Crowd Roars，1932）和《愁云惨雾》（Ceiling Zero，1935）中表现出色，但这也意味着他在犯罪电影中定了型。他出演的《执法铁汉》（"G" Men，1935）、《一世之雄》（Angels with Dirty Faces，1938）和《私枭血》（The Roaring Twenties，1939），尤其是《歼匪喋血战》（White Heat，1949）——其中他饰演的患精神病的科迪·加勒特（Cody Jarrett）像一股自然之力——自始至终都非常有说服力，使得他同样出色的音乐剧《华清春暖》（Footlight Parade，1933）、《胜利之歌》（Yankee Doodle Dandy，1942，卡格尼凭借本片获得奥斯卡最佳男主角）、《仲夏夜之梦》（A Midsummer Night's Dream，1935，改编自莎士比亚戏剧）和冷战喜剧《玉女风流》（One, Two, Three，1961）都黯然失色。对于一个成熟的演员而言卡格尼过于活泼，他后来退出电影圈，住在自己的农场里，专心绘画，之后只在一部电影《爵士年代》（Ragtime，1981）中有过演出，他在里面饰演的年老却残忍的警察局长十分令人难忘。**GA**

代表作：

Ragtime 1981
One, Two, Three 1961
Man of a Thousand Faces 1957
Love Me or Leave Me 1955 ☆
White Heat 1949
Yankee Doodle Dandy 1942 ★
The Roaring Twenties 1939
Angels with Dirty Faces 1938 ☆
A Midsummer Night's Dream 1935
"G" Men 1935
Footlight Parade 1933
Hard to Handle 1933
The Crowd Roars 1932
The Millionaire 1931
The Public Enemy 1931
Sinners' Holiday 1930

1890年代

"千万不要放松，一旦你放松，观众也跟着放松了。还有，你所说的一切都要有意义。"

亨弗莱·鲍嘉 HUMPHREY BOGART

生平： 本名亨弗莱·德弗瑞斯特·鲍嘉（Humphrey DeForest Bogart），1899年12月25日生于美国纽约；1957年卒于美国好莱坞。

明星特质： 传奇人物、银幕上的经典硬汉，有着经典台词和经典角色；口齿不清几乎成为他的标志。

代表作：

The Harder They Fall 1956
The Desperate Hours 1955
We're No Angels 1955
The Barefoot Contessa 1954
Sabrina 1954
The Caine Mutiny 1954 ☆
Beat the Devil 1953
The African Queen 1951 ★
Sirocco 1951
In a Lonely Place 1950
Knock on Any Door 1949
Key Largo 1948
The Treasure of the Sierra Madre 1948
The Big Sleep 1946
To Have and Have Not 1944
Passage to Marseille 1944
Sahara 1943
Casablanca 1942 ☆
The Maltese Falcon 1941
High Sierra 1941
They Drive by Night 1940
Dark Victory 1939
Angels with Dirty Faces 1938
Dead End 1937
The Petrified Forest 1936

亨弗莱·鲍嘉是个传奇人物。一些民意调查把他列为有史以来最伟大的电影明星，包括美国电影协会1999年的一次评选。这个结果证实了鲍嘉的天资，然而他自己却说，他的大多表演都平淡无奇，只是他一直坚持而已。

鲍嘉演了许多值得记住的经典电影。如果有些不太有天赋的人能耐着性子把这些电影看完——即使如导演约翰·休斯顿（John Huston）那些人所暗示，鲍嘉的职业会因他太专注地借用角色身上的尖酸刻薄、爱惹麻烦的脾性和沉溺于女色而受影响——他们就会明白鲍嘉是无可否认的银幕传奇。正如很多电影和电视节目挖苦的那样，"鲍吉"——他的朋友兼同事演员斯宾塞·屈塞（Spencer Tracy）给他取的称号——是所有其他男人想成为的人。

鲍嘉的父亲是外科医生和商业插画家，鲍嘉年近40才成为一名有影响力的演员。天生不是当学生的料，鲍嘉1918年被著名的菲利普斯学院开除。在进入演艺圈之前他在海军后备队服役，被海军夜间迷人的生活方式所吸引。在百老汇出演一些小角色后他转战大银幕。20世纪30年代他一直庸庸碌碌，出演了30多部B级电影，饰演了各式各样的硬汉、匪徒和一些他不擅长的平凡角色。鲍嘉抱怨说华纳兄弟把一些詹姆斯·卡格尼（James Cagney）这类大牌明

右图：鲍嘉和彼得·洛在《马赛之路》被俘后悲伤的样子。

亨弗莱·鲍嘉

上图：在经典电影《卡萨布兰卡》中鲍嘉饰演的俱乐部老板看上去温文尔雅。

然而这一时期也有些例外，《死角》（Dead End, 1937）、《一世之雄》（Angels with Dirty Faces, 1938）和《卡车斗士》（They Drive by Night, 1940）都很出色，但是直到《夜困摩天岭》（High Sierra, 1941）鲍嘉才真正出名。这部电影的剧作家之一约翰·休斯顿在《马其他之鹰》（The Maltese Falcon, 1941）中再次任用鲍嘉，该片得到的反响极其热烈，但鲍嘉的巅峰还未来到。在经典战争浪漫片《卡萨布兰卡》（Casablanca, 1942）中鲍嘉和英格丽·褒曼（Ingrid Bergman）搭档演出，鲍嘉饰演被流放的美国俱乐部老板里克·布莱恩，这次极有魅力的演出奠定了他在电影史的地位，也让他进入罗曼蒂克男主角的行列。他饰演的角色外表强硬冷漠，却依旧存有爱和良心，这次演出说明鲍嘉的演技还是很有深度的，而且他也能胜任有着柔软内心的硬汉角色。这部电

"演戏就像性，要不就做了不谈论，要不就谈论却不做。"

亨弗莱·鲍嘉

惹事生非的鲍嘉

"我永远不该把苏格兰威士忌换成马汀尼"是亨弗莱·鲍嘉生前的最后一句话。他对杯中之物是来者不拒,"鲍吉"在好莱坞是个喧闹的存在。以下只是几个他惹事生非的滑稽的片段:

- 某晚在不对外人开放的比佛利山庄的查森饭店(restaurant Chasen's)吃晚饭后,鲍嘉和一起吃饭的彼得·洛把饭店巨大的保险箱推到街上,并把它留在那里让所有人观看。

- 他常在比佛利山庄的罗曼诺夫穿着不合时宜的休闲装嘲笑业主。

- 鲍嘉对电影圈的态度十分坦率,他总是很快地去批评其他演员和导演,还振振有词:"如果他不再优秀了,我为什么不能批评他们?"

- 渴望当海员,为了纪念他的第三任妻子——脾气火爆的梅奥·麦斯奥德(Mayo Methot),他把自己的船命名为"Sluggy"。这对夫妇被媒体称为"争斗不休的鲍嘉夫妇"。

- 1950年,鲍嘉和他的朋友比尔·西门(Bill Seeman)带两只巨大的填充熊猫在深夜造访了纽约的摩洛哥俱乐部(El Morocco Club),鲍嘉要了一张四人桌,并介绍说熊猫是他们的"马子"。在一番混战后他们被赶出了俱乐部。当人们问鲍嘉"你那时喝醉了吗?"他回应道:"凌晨三点钟难道不是每个人都喝醉了吗?"

- 鲍嘉是"鼠辈"("Rat Pack")的创建者——这是好莱坞的一个喝酒俱乐部。

影捕获了当时公众的情绪和所面临的情感困境,也给了鲍嘉演绎一些最著名的台词的机会,这些都在以后的电影中被拙劣地模仿,如"就看你了."。鲍嘉本人也与此有关,这句话本来不在剧本的初稿中,据说是在拍摄间隙鲍嘉教褒曼打扑克时想到的。

《卡萨布兰卡》后的生活与爱

接下来的两部电影《逃亡》(To Have and Have Not, 1944)和标志性的黑色电影《夜长梦多》(The Big Sleep, 1946)也许更出色,它们不仅将鲍嘉和导演霍华德·霍克斯(Howard Hawks)带到了一起,也带来了鲍嘉真实生活中的爱人劳伦·白考尔(Lauren Bacall)。鲍嘉和白考尔银幕下的浪漫转化为银幕上的火花,霍克斯借此为他们加了不少戏。

接着其他出色的角色滚滚而来,鲍嘉和休斯顿再次合作拍了《碧血金沙》(The Treasure of the Sierra Madre, 1948)、《盖世枭雄》(Key Largo, 1948)、《非洲女王号》(The African Queen, 1951)和《战胜恶魔》(Beat the Devil, 1953),其中《非洲女王号》为他赢得奥斯卡最佳男主角。但是鲍嘉最出色的表演是在由他自己公司制作的惊悚片《兰闺艳血》(In a Lonely Place, 1950)中,这部被低估的电影是鲍嘉和导演尼古拉斯·雷(Nicholas Ray)继《孽海枭雄》(Knock on Any Door, 1949)后的再次合作。《兰闺艳血》对处于暴力危机中人的愤怒、自我厌憎、男性身份的认同做了有力研究,鲍嘉作为一名不稳定的剧作家还无法控制自己的脾气。这部电影也证明了说鲍嘉不能充分地进入一个角色、在饰演时会流露出"鲍吉"的影响的这个说法是错误的。除了和休斯顿的合作外,他50年代的作品都平淡无奇。鲍嘉与第四任妻子白考尔的婚姻很幸福,一直持续到他1957年因癌症去世。**TC**

右图:鲍嘉和凯瑟琳·赫本在拍摄《非洲女王号》的片场休息。

斯宾塞·屈塞 SPENCER TRACY

生平：本名斯宾塞·博纳文图拉·屈塞（Spencer Bonaventure Tracy），1900年4月5日生于美国威斯康星州密尔沃基；1967年卒于美国洛杉矶。

明星特质：多面手；为人低调、有男子气概、极有天赋的演员；凯瑟琳·赫本长期以来的恋人。

斯宾塞·屈塞17岁时加入美国海军，但一战结束后却选择了舞台。他勤勤恳恳地工作了十年，终于被约翰·福特发现，福特把他带到好莱坞，让他主演了《在狱中》（Up the River，1930），这是一部关于两个囚犯的喜剧。他布满皱纹的脸、粗壮的体格和雄浑的风度很适合饰演硬汉一类的角色，之后他出演了一些匪徒和身陷囹圄的人，如《迅速致富》（Quick Millions，1931）和《星星监狱两万年》（20,000 Years in Sing Sing，1932）。1935年屈塞与米高梅电影公司签约，他现实而低调的演出风格让他很快成为一名重要的明星，凭借《怒海余生》（Captains Courageous，1937）和《孤儿乐园》（Boys Town，1938）连续两年获得奥斯卡奖。1942年屈塞与米高梅的另一个明星凯瑟琳·赫本搭档演出了《小姑居处》（Woman of the Year）。斯宾塞饰演的粗暴、大男子气概的报社记者娶了位明星通讯员（赫本饰）。这两人擦出了火花，银幕关系在接下来的几部电影中得到进一步加深和改善，他们还一起合作了《自由之火》（Keeper of the Flame，1942）、《联邦一州》（State of the Union，1948）、《亚当的肋骨》（Adam's Rib，1949）和《帕特和麦克》（Pat and Mike，1952）等片。在《亚当的肋骨》里他们两人都是律师，在一起婚姻纠纷的案子中争锋相对。

1900年代

代表作：

Guess Who's Coming to Dinner 1967 ☆
It's a Mad Mad Mad Mad World 1963
Judgment at Nuremberg 1961 ☆
Inherit the Wind 1960 ☆
The Last Hurrah 1958
The Old Man and the Sea 1958 ☆
Bad Day at Black Rock 1955 ☆
Broken Lance 1954
The Actress 1953
Pat and Mike 1952
Father of the Bride 1950 ☆
Adam's Rib 1949
State of the Union 1948
The Sea of Grass 1947
The Seventh Cross 1944
Woman of the Year 1942
Stanley and Livingstone 1939
Boys Town 1938 ★
Captains Courageous 1937 ★
San Francisco 1936 ☆
Fury 1936
20,000 Years in Sing Sing 1932
Quick Millions 1931
Up the River 1930

右图：在《陇上春色》中可以感受到屈塞和赫本间的化学反应。

斯宾塞·屈塞

上图：屈塞和《老人与海》的作者海明威在拍摄现场。

他们的关系在银幕下也有所发展。屈塞是名天主教徒，因宗教信仰不能离婚，但早在他和赫本的爱情在好莱坞成为公开的秘密之前就分居了。随着年纪渐渐增大，他开始演一些脾气不好却很可爱的家长，如在喜剧《岳父大人》（Father of the Bride, 1950）中他饰演伊丽莎白·泰勒的父亲，他还出演了根据鲁思·戈登（Ruth Gordon）的生平改编的自传电影《红伶泪》（The Actress, 1953），屈塞有两部电影的剧本都是鲁思写的。

屈塞在《黄粱梦》（Edward, My Son, 1949）中出演了一个完全没有同情心的人，在《断戈浴血记》（Broken Lance, 1954）中他出色地演绎了一位农场经营者，在《黑岩喋血记》（Bad Day at Black Rock, 1955）里饰演一名独臂的复仇者。1967年屈塞和赫本最后一次合作演出了《猜猜谁来吃晚餐》（Guess Who's Coming to Dinner, 1967），他们饰演一个想嫁给黑人的女孩的父母。屈塞在拍完这部电影几周后去世。**EB**

凯特和斯宾塞

"我看着斯宾塞和凯特的友谊在我眼皮底下发展起来，"这是导演乔治·史蒂文斯（George Stevens）在《小姑居处》（Woman of the Year, 1942）的拍摄现场对处于萌芽期的屈塞和赫本的关系作出的评价。这是银幕上下25年相爱的开端。已婚的屈塞很喜欢这种状态——"只要我想我就能离婚，但是我妻子和凯特认为现在这样就很好"。赫本曾结过一次婚，她认为演员不适合结婚。屈塞在拍完《猜猜谁来吃晚餐》后不久就去世，赫本伤心欲绝，她从来没看过这部电影。

海伦·海丝 HELEN HAYES

生平： 本名海伦·海丝·布朗（Helen Hayes Brown），1900年10月10日生于美国华盛顿特区；1993年卒于美国纽约州。

明星特质： "美国戏剧界第一夫人"、舞台童星、戏剧女主角、作家。

对于上世纪二三十年代的百老汇观众而言，海伦·海丝是美国最重要的女演员，她在整个20世纪都是美国的知名人物，她的逝世就像鲍勃·霍普（Bob Hope）的去世一样让人难以接受。海丝的母亲是个很有抱负的演员，海丝很小时就带她参加选拔。海丝五岁开始登台演出，一直演到了85岁。她是美国九个获得所有娱乐大奖（托尼奖、奥斯卡奖、艾美奖和格莱美奖）的人之一。然而电影观众却从未完全接受她，也许是因为她的名字很快与宿命论的悲剧电影联系在一起——她深情的面孔很适合演绎这类角色——又或许是因为她看起来不像琼·克劳馥（Joan Crawford）那样迷人。

海丝在自己的第一部有声电影《战地情天》（The Sin of Madelon Claudet，1931）中饰演了一位妓女，该片为她赢得了奥斯卡最佳女主角，她之后出演的角色大多是修女、护士和饱受苦难的家庭妇女。海丝在《永别了，武器》（A Farewell to Arms，1932）中完美地饰演了凯瑟琳·巴克利（Catherine Barkley），最后死在了加里·库柏的怀里，这部电影是根据海明威小说改编的最好的一个电影版本。虽然海丝在戏剧方面取得巨大成功，但她电影票房却惨败，从1935年开始她息影了近20年。20世纪50年代她重返银幕，在《真假公主》（Anastasia，1956）中出演了英格丽·褒曼的祖母、富孀玛丽娅·费奥多罗夫娜，70年代再次在迪斯尼的电影和电视剧中出演老夫人。80年代海丝出演了一些电视电影，如阿加莎·克里斯蒂（Agatha Christie）小说中的侦探简·马普尔小姐。她晚年的演艺事业依旧很活跃，凭借《国际机场》（Airport，1970）中的出色表演获得了第二个奥斯卡奖，不过这次是奥斯卡最佳女配角。当她以92岁高龄去世时百老汇为她调暗了灯光。**MC**

代表作：

Candleshoe 1977
One of Our Dinosaurs Is Missing 1975
Herbie Rides Again 1974
Airport 1970 ★
Vanessa: Her Love Story 1935
What Every Woman Knows 1934
Night Flight 1933
Another Language 1933
The White Sister 1933
The Son-Daughter 1932
A Farewell to Arms 1932
Arrowsmith 1931
The Sin of Madelon Claudet 1931 ★
The Dancing Town 1928
The Weavers of Life 1917

"我必须忍住不要对息影发表太多看法，它开始听起来很荒谬了。"

琪恩·亚瑟 JEAN ARTHUR

生平：本名格拉迪斯·乔治安娜·格林（Gladys Georgianna Greene），1900年10月17日生于美国纽约州普拉茨堡；1991年卒于美国加利福尼亚州卡梅尔。

明星特质：娇小害羞、富有经验的喜剧女演员；有着性感沙哑的声音；擅长饰演无辜的天真少女。

20世纪30年代好莱坞开始流行金发碧眼女郎，琪恩·亚瑟却毫不在意地将一头深褐色的秀发漂成淡色。然而她其他方面也有过人之处，性感沙哑的嗓子让她与众不同。亚瑟最初是个模特，她的电影处女作是默片《凯莫奥·吉尔比》（Cameo Kirby，1923），但直到有声电影兴起后她才出名。她表演喜剧和戏剧都很出色，在约翰·福特导演的黑帮喜剧《全城热议》（The Whole Town's Talking，1935）中与爱德华·G.罗宾逊演对手戏，表现突出。之后亚瑟在弗兰克·卡普拉（Frank Capra）执导的两部电影《迪兹先生进城》（Mr. Deeds Goes to Town，1936）和《史密斯先生到华盛顿》（Mr. Smith Goes to Washington，1939）中都有过精彩演出。在这两部戏中，她帮助天真的英雄对抗恶棍和想要摧毁他的愤世嫉俗者。导演卡普拉曾说："亚瑟是我最喜欢的女演员"。

拍这些电影期间，亚瑟还主演了霍华德·霍克斯（Howard Hawks）关于航空邮件飞行员的电影《天使之翼》（Only Angels Have Wings，1939）；在剧中亚瑟把丽塔·海华丝视作与她争夺加里·格兰特的情敌。亚瑟在乔治·史蒂文斯的战时喜剧《房东小姐》（The More the Merrier，1943）中的表演最为出色，她也因这部电影获得奥斯卡最佳女主角提名。她还在塞西尔·戴米尔的《乱世英杰》（The Plainsman，1936）中出演了动人的克莱米蒂·简；亚瑟最后一个重要角色是在乔治·史蒂文斯的另一部西部片《原野奇侠》（Shane，1953）中饰演农场主的妻子，在片中她被艾伦·拉德（Alan Ladd）饰演的穿鹿皮的魅力男肖恩吸引。众所周知，亚瑟十分害羞，在职业生涯的晚期她厌倦了拍电影，她曾短暂地拍过一段时间的电视剧《琪恩·亚瑟秀》（The Jean Arthur Show，1966），但是该剧只播出了11个星期就停了。亚瑟之后不再拍戏，而是全心全意在瓦萨尔学院和北卡罗来纳州艺术学院教书。**EB**

代表作：

Shane 1953
A Foreign Affair 1948
The More the Merrier 1943 ☆
The Talk of the Town 1942
The Devil and Miss Jones 1941
Too Many Husbands 1940
Mr. Smith Goes to Washington 1939
Only Angels Have Wings 1939
You Can't Take It with You 1938
Easy Living 1937
History Is Made at Night 1937
More than a Secretary 1936
The Plainsman 1936
Mr. Deeds Goes to Town 1936
The Whole Town's Talking 1935
Cameo Kirby 1923

"我想我做演员只是因为我不想做自己。"

阿格妮丝·摩尔海德 AGNES MOOREHEAD

生平：本名阿格妮丝·罗伯森·摩尔海德（Agnes Robertson Moorehead），1900年12月6日生于美国马萨诸塞州克林顿；1974年卒于美国明尼苏达州罗契斯特。

明星特质：性格演员；擅长有喜剧风格的表演；饰演有心机、爱嫉妒和好支使人的女人尤其出彩。

代表作：

Charlotte's Web 1973
Dear Dead Delilah 1972
The Singing Nun 1966
Hush . . . Hush,Sweet Charlotte 1964 ☆
Who's Minding the Store? 1963
How the West Was Won 1962
Jessica 1962
Bachelor in Paradise 1961
Pollyanna
Johnny Belinda 1948 ☆
The Opposite Sex 1956
Mrs. Parkington 1944 ☆
Jane Eyre 1944
Journey Into Fear 1943
The Magnificent Ambersons 1942 ☆
Citizen Kane 1941

"我想我会一直给他人做陪衬。"
———角逐奥斯卡奖失败后

"它不烫，它是冷的！"当范妮姨妈的侄子告诉她不要依靠在锅炉上时她讽刺地回应道。这是《伟大的安伯逊》（The Magnificent Ambersons，1942）中一场厨房里的戏，这个漫长著名的场景是银幕表演的一个高峰：演员阿格妮丝·摩尔海德嘲笑地抱怨着，仅仅通过这几个词就传达出她的自怜、恐慌、害怕、后悔、爱、怨愤、沮丧、对滑稽荒谬和生命无常之悲的意识，然后告诉侄子他们已经没钱付账单了。

摩尔海德的父亲是长老会牧师，她和罗莎琳德·拉塞尔（Rosalind Russell）同期在纽约戏剧艺术学院学习。摩尔海德很少被列在伟大的表演艺术家之列，虽然她在第一部电影《公民凯恩》（Citizen Kane，1941）中饰演的角色并未引起人们的注意，但她展现出了非凡的天赋，这就解释了为何奥森·威尔斯（Orson Welles）会把这个既没有很漂亮也没有魅力超群的女子从他的墨丘利广播剧团带到大银幕前。可悲的是，很少有导演能开发利用她的才能，摩尔海德一再出演类似角色，如爱说长道短的人、脾气暴躁的老泼妇，或是彻彻底底的婊子。尽管如此，除了再次和威尔斯合作《长夜漫漫路迢迢》（Journey Into Fear，1943）和《简爱》（Jane Eyre，1944）外，摩尔海德还凭借《帕金顿夫人》（Mrs. Parkington，1944）、《心声泪影》（Johnny Belinda，1948）和《最毒妇人心》（Hush . . . Hush，Sweet Charlotte，1964）中出色的表演三次获得奥斯卡最佳女配角提名。然而，她最著名的角色却是1964年到1971年在电视剧《家有仙妻》（Bewitched）中饰演的女巫。摩尔海德在该剧中饰演一位很有心机的母亲，用魔法和计谋迷惑她善良笨拙的女婿，并最终取胜，这个角色展现了摩尔海德的喜剧表演风格、飘逸的服装和对紫色的喜爱——她太喜欢这个颜色了，让朋友们都昵称她为"薰衣草夫人"。**GA**

右图：摩尔海德在《伟大的安伯逊》中饰演范妮一角，她因这个角色获奥斯卡提名。

克拉克·盖博 CLARK GABLE

生平：本名威廉·克拉克·盖博（William Clark Gable），1901年2月1日生于美国俄亥俄州卡迪斯；1960年卒于美国洛杉矶。

明星特质：男子气概和超凡魅力的代表；有着标志性的小胡子和让同时代的影星都黯然失色的吸引力。

盖博被称为"好莱坞的皇帝"。20世纪30年代盖博成为银幕上男子气概的象征——粗暴地追求女人，但并不像詹姆斯·卡格尼那样处于疯狂的边缘；让女人怦然心动，却不像鲁道夫·瓦伦蒂诺那样让人避之不及。尽管玛格丽特·米切尔更中意巴兹尔·雷斯伯恩饰演她的小说《乱世佳人》（Gone with the Wind）的男主角，但喜爱这部小说的粉丝们却不允许除盖博外的任何人来饰演这一角色。

盖博在默片中演过一些小角色，做过临时演员，但他强有力的咆哮很适合有声电影：在演了一些黑社会角色（《六个秘密》[The Secret Six, 1931]；《手指所指》[The Finger Points, 1931]）后，盖博在《红尘》（Red Dust, 1932）中饰演愤世嫉俗的冒险家，借口热带的高温撕开衬衫，向珍·哈露和玛丽·阿斯特示爱，他这次的表演很出色。米高梅电影公司安排他与琼·克劳馥（《跳舞的女人》[Dancing Lady, 1933]）和哈露（《钓金龟》[Hold Your Man, 1933]）一起演戏，但他的突破却是来自一个惩罚。米高梅把他转给弗兰克·卡普拉和哥伦比亚电影公司，他与克劳黛·考尔白一起主演了乖僻浪漫的路途喜剧《一夜风流》（It Happened One Night, 1934）。盖博的影迷很爱这部电影——男人中的男人驯服了一个骄横傲慢的女子，盖博在片中嚼胡萝卜和不穿内衣的样子迷

代表作：

The Misfits 1961
Run Silent Run Deep 1958
The Tall Men 1955
Lone Star 1952
Command Decision 1948
Gone with the Wind 1939 ☆
San Francisco 1936
Mutiny on the Bounty 1935 ☆
The Call of the Wild 1935
Manhattan Melodrama 1934
It Happened One Night 1934 ★
Dancing Lady 1933
Hold Your Man 1933
No Man of Her Own 1932
Red Dust 1932
The Secret Six 1931
The Finger Points 1931

右图：盖博与克劳黛·考尔白、菲尔·卡尔森在《一夜风流》中。

克拉克·盖博

上图：在盖博的最后一部电影《乱点鸳鸯谱》中他仍能让玛丽莲·梦露为之着迷。

人极了。他因此赢得奥斯卡最佳男主角，确立了他在大片中饰演重要角色的明星地位：《男人世界》（Manhattan Melodrama, 1934）中重情重义的匪徒、《叛舰喋血记》（Mutiny on the Bounty, 1935）里叛变者的领导、《火烧旧金山》（San Francisco, 1936）里从地震中得到教训的赌徒。虽然盖博出演的《帕内尔》（Parnell, 1937）惨遭失败，但他靠着不朽经典《乱世佳人》重新振作起来。20世纪30年代末，盖博与卡洛·朗白结婚——他们曾合演过《得不到的男人》（No Man of Her Own, 1932）。

1942年，朗白在一次飞机失事中不幸早逝，盖博离开了好莱坞，在美国空军服役。他重返银幕时已是一个老人了，常饰演军官（《上级命令》[Command Decision, 1948]）或是结实的牛仔（《孤星》[Lone Star, 1952]）。在盖博的最后一部电影《乱点鸳鸯谱》（The Misfits, 1961）中，他饰演一位上了年纪的现代牛仔，依旧男子气概十足，能套马，还赢得了玛丽莲·梦露的爱。**KN**

好莱坞的罗密欧

克拉克·盖博是好莱坞男主角的缩影——粗犷帅气的外貌让他在银幕上下都吸引了不少女友。在职业生涯的早期他与一些年纪比他大的女子纠缠不清：一些人认为他在寻找母亲的替代品（盖博还是婴儿时母亲就去世了）；另一些人则说他是借此推进自己的事业。盖博结过五次婚，但他一生最爱的是卡洛·朗白；1942年朗白的死击垮了盖博。在谈到沉溺于女色这个问题时盖博自己评论道："该死，如果我真的追过那些外界猜测的我追求过的女人，我就连钓鱼的时间都没了。"

茂文·道格拉斯 MELVYN DOUGLAS

生平： 本名茂文·埃杜阿德·赫赛尔伯格（Melvyn Edouard Hesselberg），1901年4月5日生于美国佐治亚州梅肯；1981年卒于美国纽约。

明星特质： 温文尔雅的浪漫喜剧和戏剧中经验丰富的男主角，晚年成为一名性格演员。

代表作：

The Changeling 1980
Being There 1979 ★
The Seduction of Joe Tynan 1979
Twilight's Last Gleaming 1977
The Candidate 1972
One Is a Lonely Number 1972
I Never Sang for My Father 1970 ☆
Hotel 1967
Rapture 1965
The Americanization of Emily 1964
Hud 1963 ★
Billy Budd 1962
They All Kissed the Bride 1942
Ninotchka 1939
The Vampire Bat 1933
Tonight or Never 1931

"我所饰演的好莱坞的角色都很无聊：我很快就受够他们了。"

　　茂文·道格拉斯的父亲是俄国犹太移民，是钢琴家和教师，道格拉斯高中辍学后就开始登台演出。在百老汇经历了一些起起落落后，他凭借《今夜不再来》（Tonight or Never）到达舞台事业的巅峰。1931年道格拉斯受好莱坞的召唤，主演了这部风靡一时的戏剧的电影版。同年他与在百老汇合演《今夜不再来》的演员海伦·盖哈根（Helen Gahagan）结婚。海伦的演员生涯十分短暂，她20世纪40年代进入政界，曾三次被选为加利福尼亚州美国众议院议员。1950年她参选美国参议员，但被理查德·尼克松（Richard Nixon）打败。

　　20世纪30年代道格拉斯一直饰演聪明快乐的浪漫剧男主角：如《吸血蝙蝠》（The Vampire Bat，1933）中为少数群体努力奋斗的坚定分子，在经典电影《妮诺契卡》（Ninotchka，1939）中与葛丽泰·嘉宝（Greta Garbo）演对手戏。道格拉斯和妻子一样，是自由民主党成员，他为此付出了一定的代价：在20世纪40年代末到50年代初被列入好莱坞的"灰名单"。这意味着虽然他没被公开列入黑名单，但也没有人再请他演电影了。因此他不得不改演电视剧，并重回百老汇表演，他也凭借精彩的表演获得了托尼奖和艾美奖。道格拉斯重返大银幕时已是位年老的性格演员了，出演了《战海风云》（Billy Budd，1962），接着靠《原野铁汉》（Hud，1963）中庄严沮丧的牧场主人一角获得奥斯卡最佳男配角。道格拉斯被电影界列入"灰名单"的那段生活经历似乎让他的表演更有深度也更成熟，他接着出演了一连串年老体衰、思想却很敏锐的角色，展现了他多才多艺的一面，如《我不为父唱歌》（I Never Sang for My Father，1970）和《富贵逼人来》（Being There，1979），后者为他赢得了第二个奥斯卡奖。

KN

加里·库柏 GARY COOPER

生平：本名弗兰克·詹姆斯·库柏（Frank James Cooper），1901年5月7日生于美国蒙大拿州海伦娜；1961年卒于美国洛杉矶。

明星特质：天生演西部片的料；高大英俊，很受女士们的欢迎；说话温和；有着外冷内热的银幕形象。

虽然加里·库柏在蒙大拿出生，是真正的西部人，他却在英国读了几年书，之后进入爱荷华州的大学，在那儿获得了舞台表演的经验。库柏在好莱坞做了一两年临时演员，终于在《芭芭拉·沃斯的胜利》（The Winning of Barbara Worth, 1926）一片中取得突破，与罗纳德·考尔曼一起演出。库柏身高六英尺有余，有着迷人的微笑，说话慢条斯理。库柏似乎就是为西部片和其他动作电影而生，1929年，他出演了根据欧文·威斯特的经典西部小说改编的电影《弗吉尼亚人》（The Virginian）中的同名男主角。在冯·斯坦伯格执导的浪漫电影《摩洛哥》（Morocco, 1930）中库柏完美地衬托了玛琳·黛德丽。

人们常用"简单明了"来描述库柏的银幕角色。他略显笨拙、不通世故的银幕形象，让他成为出演《迪兹先生进城》（Mr. Deeds Goes to Town, 1936）的最佳人选，这部由弗兰克·卡普拉导演的影片讲述了一个单纯的人假扮时髦世故的城市人的故事。实际上库柏渐渐显示出表演喜剧的潜力，如在刘别谦的经典电影《蓝胡子的第八任妻子》（Bluebeard's Eighth Wife, 1938）和霍华德·霍克斯的《火球》（Ball of Fire, 1941）中的表演。霍克斯还执导了库柏最受欢迎的一部戏《约克军曹》（Sergeant York, 1941），库柏因在该片中的精彩演出获得了他的第一个奥斯卡奖。库柏每隔一段时间就会拍一些西部片或动作片，包括《乱世英杰》（The Plainsman, 1936）、《火爆三兄弟》（Beau Geste, 1939）和《血战保山河》（Unconquered, 1947）。

1952年，库柏出演了他最为人们熟知的电影《正午》（High Noon, 1952），他饰演的小镇执法官被镇上的人遗弃，独自对抗一群危险的歹徒，库柏因这个角色第二次获得奥斯卡最佳男主角。《西部人》（Man of the West, 1958）也许是库柏最后一部伟大的电影，那时他已饱受癌症的折磨，布满皱纹的脸加深了角色的悲剧性。库柏最终于1961年逝世。**EB**

代表作：

Man of the West 1958
High Noon 1952 ★
Distant Drums 1951
The Fountainhead 1949
Unconquered 1947
The Pride of the Yankees 1942 ☆
For Whom the Bell Tolls 1943 ☆
Ball of Fire 1941
Sergeant York 1941 ★
Beau Geste 1939
Bluebeard's Eighth Wife 1938
The Plainsman 1936
Mr. Deeds Goes to Town 1936 ☆
Morocco 1930
The Virginian 1929
The Winning of Barbara Worth 1926

> "我认为他是一流的喜剧演员，我根本比不上他。"
> ——对加里·格兰特的评价

玛琳·黛德丽 MARLENE DIETRICH

生平：本名玛丽娅·玛格达蕾娜·黛德丽（Maria Magdalena Dietrich），1901年12月27日生于德国柏林；1992年卒于法国巴黎。

明星特质：拥有修长双腿的性感炸弹；卡巴莱歌舞演唱者；有着性感迷人的嗓音；当时片酬最高的演员；时尚标志；常与合作者传出风流韵事。

玛琳·黛德丽是20世纪20年代德国缺乏阶级意识电影中金发碧眼的花瓶角色，有声电影时代来临后她独特的浓厚口音给人们留下了深刻印象，直到这时她才成为真正的明星。美国导演约瑟夫·冯·斯坦伯格让她在《蓝天使》（Der Blaue Engel，1930）中出演了美丽迷人的歌手劳拉，建立了她银幕上引诱并摧毁老男人的祸水形象。她穿着性感的衣服随便一坐，用标志性的沙哑嗓子唱歌，浑身散发出一种自然的性感。

冯·斯坦伯格与黛德丽签下合约，把她带到好莱坞，为她精心打造了许多精美怪异的电影，凸显出她模糊不清的性别。在《摩洛哥》（Morocco，1930）中黛德丽穿上男士礼服，扮成卡巴莱歌舞表演者，亲吻了一位女士的嘴唇——她因这个角色获得唯一一次的奥斯卡提名。冯·斯坦伯格为黛德丽拍摄的美国电影中的角色比劳拉更怪异：这个蓝天使俱乐部的俗丽之光或是远东地区充满异域情调的想象（《上海快车》[Shanghai Express，1932]），或是年老的俄国人（《放荡的女皇》[The Scarlet Empress，1934]）。这些邪典电影因对正迷恋秀兰·邓波儿的美国人而言过于复杂，而不可避免地失败了。

演完《女人是魔鬼》（The Devil Is a Woman，1935）后，黛德丽离开了冯·斯坦伯格。《碧血烟花》（Destry

代表作：

Just a Gigolo 1979
Judgment at Nuremberg 1961
Touch of Evil 1958
Monte Carlo 1957
Witness for the Prosecution 1957
Around the World in Eighty Days 1956
Rancho Notorious 1952
Stage Fright 1950
A Foreign Affair 1948
Seven Sinners 1940
Kismet 1944
Golden Earrings 1947
Destry Rides Again 1939
Knight Without Armour 1937
The Garden of Allah 1936
Desire 1936
I Loved a Soldier 1936
The Devil Is a Woman 1935
The Scarlet Empress 1934
The Song of Songs 1933
Blonde Venus 1932
Shanghai Express 1932
Morocco 1930 ☆
Der Blaue Engel 1930 (The Blue Angel)

右图：1936年黛德丽拍摄《阿拉的花园》时在亚利桑那州沙漠出外景。

玛琳·黛德丽

上图：黛德丽在《蓝天使》中出演迷人的劳拉一角，取得演艺事业上的突破。

Rides Again，1939）是她精明的回归之作，黛德丽根据美国的消费观成功地再塑了劳拉的角色，改善了她的形象——她开始饰演吵吵嚷嚷的歌舞女郎/妓女，做坏事（和唱歌，译注：sins与sings英文发音相同）很有派头，但在电影结束时会得到救赎（通常是替英雄挡了子弹，所以他要娶这个"好女孩"）。可悲的是，黛德丽在《碧血烟花》中的幽默常常被忽略，她在20世纪40年代拍摄的多数电影都平淡无奇。从那之后，她很少拍电影——在希区柯克的《欲海惊魂》（Stage Fright，1950）中的表演有些生硬，但在比利·怀尔德的《柏林艳史》（A Foreign Affair，1948）、《控方证人》（Witness for the Prosecution，1957）和弗里茨·朗的《恶人牧场》（Rancho Notorious）中却有不错的表现。她出演的最好的配角是《历劫佳人》（Rancho Notorious，1952）中的吉普赛预言家。1975年黛德丽在舞台上摔断了腿，不能继续演出了，剩下的日子都在巴黎公寓的床上度过。**KN**

银幕妖妇

玛琳·黛德丽极具个人魅力，吸引了不少电影发烧友和与之合作的明星。她的风流韵事远近闻名，有与男人的，也有与女人的。她常常与合作拍戏的明星联系在一起，如尤·伯连纳，还有一些备受瞩目的人，如法兰克·辛纳屈和约翰·肯尼迪。据说她一生最爱的是法国演员让·迦本。这些风流韵事不仅没给她的演艺事业带来影响，反而让这位性向模糊的明星更受欢迎了。黛德丽1924年嫁给了鲁道夫·西伯，这场婚姻一直持续到1976年。他们只在一起生活了五年，但一直保持着好友的关系。

塔卢拉赫·班克黑德 TALLULAH BANKHEAD

生平：本名塔卢拉赫·布洛克曼·班克黑德（Tallulah Brockman Bankhead），1902年1月31日生于美国阿拉巴马州亨茨维尔；1968年卒于美国纽约。

明星特质：传奇的戏剧女演员；魅力非凡的派对女郎；因双性恋著名。

塔卢拉赫·班克黑德是百老汇的传奇人物，虽然在将《彗星美人》（All About Eve，1950）改编成电影时原来在舞台上由班克黑德饰演角色被贝蒂·戴维斯取代——戴维斯饰演的角色是根据班克黑德的角色改编而成的——而《彗星美人》比班克黑德所演的其他电影都更出名。班克黑德染上不少恶习，直到毁了她的职业生涯，她曾该谐精炼地评价过自己的堕落："我父亲曾警告我要提防男人，不要酗酒，对女人和可卡因却只字未提。"她的经典表达常被人模仿——慢吞吞地拉长声调的"你好啊，宝贝儿"——她成为了自己的讽刺画，在《蝙蝠侠》卡通电视节目中出演了一个反派角色，适时地终止了自己的演艺生涯。

父亲是美国民主党人，班克黑德16岁就在选美大赛中脱颖而出，这次得奖给了她信心，她去了百老汇，和纽约的阿姨一起生活。在百老汇处处碰壁，班克黑德1923年决定去英国。到英国后她时来运转，在伦敦西区的舞台取得成功，引起了派拉蒙电影公司的注意，于是她回到美国拍了《女人之法》（Woman's Law，1927），接着又拍了《他的房子井然有序》（His House in Order，1928）。这两部电影都反响平平，于是班克黑德又回到了戏剧舞台。在20世纪30年代早期，班克黑德出演了《魔鬼和深渊》（Devil and the Deep，1932），里面自画像优雅有趣（she graced the screen with amusing self-portraits），在阿尔弗雷德·希区柯克（Alfred Hitchcock）的《救生艇》（Lifeboat，1944）中饰演一名女记者，在恩斯特·刘别谦和奥托·普雷明格（Otto Preminger）的《皇族丑闻》（A Royal Scandal，1945）中饰演凯瑟琳大帝。此后她时而演舞台剧，时而拍电影，而她在电影中的角色并不能展现她的演技。班克黑德再次回到银幕时饶有兴趣地出演了《狂热分子》（Fanatic，1965）中衣着邋遢、热衷于宗教的狂热分子。

KN

代表作：

The Daydreamer 1966
Fanatic 1965
A Royal Scandal 1945
Lifeboat 1944
Stage Door Canteen 1943
Faithless 1932
Devil and the Deep 1932
Thunder Below 1932
The Cheat 1931
My Sin 1931
Tarnished Lady 1931
His House in Order 1928
The Trap 1919
Who Loved Him Best? 1918

"好女孩才写日记，坏女孩可没有时间。"

斯特平·费特奇特 STEPIN FETCHIT

生平：本名林肯·西欧多尔·门罗·安德鲁·佩里（Lincoln Theodore Monroe Andrew Perry），1902年5月30日生于美国佛罗里达州基韦斯特；1985年卒于美国洛杉矶。

明星特质：第一个黑人巨星；聪明、有开拓精神、爱挑战、充满争议；性格演员、喜剧演员；作家；常饰演20世纪30年代成腔滥调的黑人角色。

20世纪30年代是斯特平·费特奇特的全盛时期，他受到广泛的赞誉，但过了很久才被公认为是那个时代最伟大的喜剧配角。原因是他出演的人物角色总是迟钝蠢笨的黑人奴隶，这种限制和陈腔滥调的表演表明了当时年轻的黑人喜剧演员的选择是多么有限，当这唯一的选择不再出现，或是所演的每一场戏都很精彩地吸引住他人的目光时，费特奇特幸运地争取到第二种选择。

一个既讽刺又容易被遗忘的事实是，在演员阵容中加入费特奇特和曼坦·莫兰德（Mantan Moreland）常常是为了吸引黑人观众，让他们有亲切感。成功的黑人喜剧演员的粉丝把他们在主流好莱坞电影中的出现视作了不起的成就。费特奇特成为一个超级大明星和百万富翁，一时拥有12台汽车，雇了16名仆人。

费特奇特的父母是出生于西印度群岛的移民，费特奇特在拍电影前曾做过新闻记者和杂耍团的喜剧演员，他的第一部电影是《神秘的陌生人》（The Mysterious Stranger，1925）。之后费特奇特拍了很多电影，在20世纪30年代达到顶峰，那时他与威尔·罗杰斯（Will Rogers）合演了不少电影，包括约翰·福特（John Ford）执导的《疯狂的汽船》（Steamboat Round the Bend，1935）。1947年费特奇特宣布破产，之后他继续工作，但只是零星地接一些电影。60年代他成为拳王穆罕默德·阿里（Muhammad Ali）的朋友，改信伊斯兰教。他在1976年收到美国国家协会为有色人种的发展颁发的特殊形象奖。费特奇特的最后一部电影是迈克尔·温纳（Michael Winner）的讽刺剧《妙狗拯救好莱坞》（Won Ton Ton, the Dog Who Saved Hollywood，1976）。**MC**

代表作：

Won Ton Ton, the Dog Who Saved Hollywood 1976
Amazing Grace 1974
The Sun Shines Bright 1953
Harlem Follies of 1949 1950
I Ain't Gonna Open That Door 1949
Zenobia 1949
Steamboat Round the Bend 1935
Charlie Chan in Egypt 1935
Judge Priest 1934
Swing High 1930
Show Boat 1929
The Tragedy of Youth 1928
In Old Kentucky 1927
The Mysterious Stranger 1925

"人们看见我和威尔·罗杰斯像兄弟般，这对他们意味良多。"

瑙玛·希拉 NORMA SHEARER

生平： 本名伊迪斯·瑙玛·希拉（Edith Norma Shearer），1902年8月10日生于加拿大魁北克蒙特利尔；1983年卒于美国洛杉矶。

明星特质： 沉着、性感迷人、时髦漂亮的模特；穿着很有品位；非常在意她的外貌和形象。

代表作：

Her Cardboard Lover 1942
We Were Dancing 1942
Escape 1940
The Women 1939
Idiot's Delight 1939
Marie Antoinette 1938 ☆
Romeo and Juliet 1936 ☆
The Barretts of Wimpole Street 1934 ☆
Riptide 1934
Smilin' Through 1932
Private Lives 1931
A Free Soul 1931 ☆
The Divorcee 1930 ★
Their Own Desire 1930 ☆
The Trial of Mary Dugan 1929
The Student Prince in Old Heidelberg 1927

"35岁后千万别在公众面前露面，否则你就完了！"

瑙玛·希拉是传奇制作人艾尔文·塔尔伯格（Irving Thalberg）的妻子，这么说也许不公平，但她总能优先选择最好的角色，所以人们常说希拉在米高梅电影公司享有的特权地位并不仅仅是依靠才华得来的。讽刺的是，今天人们很难想起她演过什么电影。

希拉的父亲是加拿大皇家骑警，母亲是名演员，她很小就随家人一起搬到纽约。希拉14岁就在选美比赛中得奖，做起了模特。她1919年开始在电影中做临时演员，到1922年她已开始演出特定的角色了，1923年塔尔伯格来到米高梅电影公司，签下了希拉，他们于1927年结婚。据说路易斯·梅耶（Louis B. Mayer）并不重视希拉，要不是因为塔尔伯格的缘故他早就放弃希拉了。然而希拉的地位却迅速上升，拍了恩斯特·刘别谦的《学生王子》（The Student Prince in Old Heidelberg，1927），主演了米高梅的第一部有声电影《玛丽·杜根审判记》（The Trial of Mary Dugan，1929），并因《弃妇怨》（The Divorcee，1930）获得奥斯卡最佳女主角奖。接着塔尔伯格为了保护她的声誉，让她拍了一系列非商业片：《奇妙的插曲》（Strange Interlude，1932）、《红楼春怨》（The Barretts of Wimpole Street，1934）和《罗密欧与朱丽叶》（Romeo and Juliet，1936），希拉因《罗密欧与朱丽叶》第五次获奥斯卡提名。1936年塔尔伯格不幸英年早逝，之后希拉出演了《绝代艳后》（Marie Antoinette，1938）中的玛丽·安托瓦内特皇后，在《傻瓜喜事》（Idiot's Delight，1939）中卖力演出，在乔治·库克（George Cukor）《女人们》（The Women，1939）的竞争中艰难地脱颖而出，这是她最出名、重映最多次的一部电影，也是她最好的一次演出。在拒演《忠勇之家》（Mrs. Miniver，1942）的主角后她不再在聚光灯下表演。希拉后来嫁给一个比她小20岁的滑雪指导员马丁·阿罗戈（Martin Arrouge），他们一直生活在一起，直至她去世。**MC**

约翰·豪斯曼 JOHN HOUSEMAN

生平：本名雅克·奥斯曼（Jacques Haussmann），1902年9月22日生于罗马尼亚布加勒斯特；1988年卒于美国加利福尼亚州马里布。

明星特质：导演、制作人、作家、杰出的教师；曾是奥逊·威尔斯的良师益友。

约翰·豪斯曼在罗马尼亚出生，父亲是法国人，母亲是英国人。他在英国一所享有盛誉的学校克里夫顿学院完成教育，然后在1924年前往美国，成为一名重要的戏剧电影制作人。他与奥逊·威尔斯（Orson Welles）一起在纽约成立了水星剧团。在成功制作了一些戏剧后，剧团在1938年改名为"空中水星剧团"，开始制作广播节目，包括当时最著名的广播节目《世界大战》（The War of the Worlds）。这档广播节目改编自H.G.威尔斯（H. G. Wells）的科幻小说，其现实主义的描述让许多听众相信火星人真的登陆地球了，从而引发了一系列混乱。

豪斯曼随后和威尔斯一起去了好莱坞，水星剧团制作了电影《公民凯恩》（Citizen Kane，1941）。在与威尔斯激烈的争执后两人分道扬镳，豪斯曼在二战中为战情新闻处（Office of War Information）工作，曾做过《美国之声》（Voice of America）的广播节目。1945年到1962年豪斯曼制作了18部电影，包括乔治·马歇尔（George Marshall）的《蓝色大丽花》（The Blue Dahlia，1946）和弗里茨·朗（Fritz Lang）的《慕理小镇》（Moonfleet）。

豪斯曼的初次表演是《五月中的七天》（Seven Days in May，1964）里拒绝参加政变的海军上将。十年后他出演了《寒窗恋》（The Paper Chase，1973）中法学院的导师小查尔斯·金斯菲尔德教授，这个角色为他赢得了奥斯卡奖。后来他在电视剧（1983—1986）中再次饰演这个角色。继金斯菲尔德这个角色之后，豪斯曼继续在电视和电影中表演，包括在《天才鬼才蠢材》（The Cheap Detective，1978）中滑稽地模仿西德尼·格林斯垂特（Sydney Greenstreet）。他对表演的贡献还包括在纽约茱莉亚音乐学院教书，他的学生有日后著名的影星凯文·克莱恩（Kevin Kline）和罗宾·威廉姆斯（Robin Williams）。

KN

代表作：

Another Woman 1988
Bright Lights, Big City 1988
Murder by Phone 1982
Rose for Emily 1982
Ghost Story 1981
My Bodyguard 1980
Wholly Moses! 1980
The Fog 1980
Old Boyfriends 1979
The Cheap Detective 1978
St. Ives 1976
Three Days of the Condor 1975
Rollerball 1975
The Paper Chase 1973 ★
Seven Days in May 1964
Too Much Johnson 1938

"你来这儿时满脑子浆糊，离开时已能像律师一样思考了。"

拉尔夫·理查德森 RALPH RICHARDSN

生平：本名拉尔夫·大卫·理查德森（Ralph David Richardson），1902年12月19日生于英国格洛斯特郡切尔滕纳姆；1983年卒于英国伦敦梅利本。

明星特质：导演、戏剧演员；著名的莎士比亚剧演员；被授予爵士爵位；既能饰演严肃角色也能饰演快乐活泼的角色。

代表作：

Greystoke: The Legend of Tarzan, Lord of the Apes 1984 ☆
Time Bandits 1981
Watership Down 1978
Rollerball 1975
O Lucky Man! 1973
Lady Caroline Lamb 1972
Oh! What a Lovely War 1969
Khartoum 1966
Doctor Zhivago 1965
Richard III 1955
The Heiress 1949 ☆
The Fallen Idol 1948
Anna Karenina 1948
The Four Feathers 1939
The Ghoul 1933

"我一点都不喜欢我的脸，它对我而言总是个巨大的障碍。"

从拉尔夫·理查德森爵士的第一部电影、与鲍里斯·卡洛夫（Boris Karloff）合演的《食尸鬼》（The Ghoul，1933）中举止文雅却凶残无比的牧师到他常被低估的《泰山王子》（Greystoke: The Legend of Tarzan, Lord of the Apes, 1984）中孩子气却感人的老伯爵，他心不在焉的疯癫给人留下了深刻的印象。理查德森比其他因戏剧贡献而封爵的人，如约翰·吉尔古德（John Gielgud）和劳伦斯·奥利弗（Laurence Olivier）更懂得电影，他在《堕落的偶像》（The Fallen Idol, 1948）中饰演的男管家堪称有史以来十大最棒的演出之一。

理查德森的母亲是名教师，信奉罗马天主教，当理查德森还是个婴儿时就离开了她贵格会教徒的丈夫，独自将理查德森抚养长大。尽管她希望儿子能从事神职工作，理查德森却选择了表演，1926年首次亮相舞台，1930年去了伦敦西区。他在剧院演出莎士比亚剧和更现代一些的剧，如萨默赛特·毛姆（Somerset Maugham）的《谢佩岛》（Sheppey, 1933）和普利斯特里（J. B. Priestley）的《科尼利厄斯》（Cornelius, 1935），获得了无数喝彩。理查德森结束在二战的服役后回到伦敦的老维克剧团，和劳伦斯·奥利弗一起导戏，希望恢复这座被炸毁剧院的昔日辉煌。之后理查德森到美国巡回演出，他多才多艺，在舞台、广播、电视和电影中都游刃有余。理查德森出演了很多如人们预期般经典的角色和重要的历史人物，如《安娜·卡列尼娜》（Anna Karenina, 1948）中的阿列克谢·卡列宁，《理查三世》（Richard III, 1955）中的白金汉公爵，《战国春秋》（Khartoum, 1966）里的威廉·格莱斯顿。他能饰演任何角色——甚至是喜剧或古怪人物——例如在《疯狂滑轮》（Rollerball, 1975）中饰演的计算机图书馆员和《时光大盗》（Time Bandits, 1981）中的上帝。理查德森在1947年被授予爵士头衔。**KN**

埃德加·伯根 EDGAR BERGEN

生平：本名埃德加·约翰·伯根（Edgar John Bergen），1903年2月16日生于美国伊利诺伊州芝加哥；1978年卒于美国内华达州拉斯维加斯。

明星特质：腹语术人，有一个放肆无礼的贵族木人副手；广播表演者；擅长双关语和机敏的对话。

埃德加·伯根11岁时自学了腹语术，至今仍是娱乐史上最著名的腹语术者，还是唯一一个获得奥斯卡荣誉奖（1938年）的腹语术者，他与戴高顶大圆礼帽和单幅眼镜的假人查理·麦卡锡（Charlie McCarthy）是一对最经久不衰的广播综艺节目明星，因为他的伙伴，他的奥斯卡小雕像也适当地改成了木质的。他们的节目从1937年播到1956年。这个节目在1990年加入广播名人堂。伯根如此好运是因为他创造了查理，这个风趣爱说俏皮话的喜剧角色十分有趣，完全不顾自己腹语术不佳的事实。

伯根最初在杂耍团工作，偶尔也演一些电影短片，如与里兹兄弟（the Ritz Brothers）搭档演出的《水城之恋》（The Goldwyn Follies，1938）。伯根和他木偶朋友的讽刺风格在广播中获得了真正的成功。据说是尼尔·科沃德（Noel Coward）在好莱坞聚会中看到了伯根的表演，于是推荐伯根去了鲁迪·瓦利（Rudy Vallee）的节目。伯根和查理在广播中与菲尔兹（W. C. Fields）一起表演，他们的戏谑充满了双关语，节目大受欢迎，由此他们拍了《不能欺骗老实人》（You Can't Cheat an Honest Man，1939）和《查理·麦卡锡，侦探》（Charlie McCarthy, Detective，1939）。伯根作为配角也单独出演过一些电影，最著名的是《慈母泪》（I Remember Mama，1948）。他的最后一次演出是迈克尔·温纳（Michael Winner）的《妙狗拯救好莱坞》（Won Ton Ton, the Dog Who Saved Hollywood，1976）和《布偶电影》（The Muppet Movie，1979）。《布偶电影》在他死后上映，作为对他的纪念。《布偶秀》（The Muppet Show）的创造者吉姆·亨森（Jim Henson）说是伯根和查理·麦卡锡让他对布偶产生了兴趣。**MC**

代表作：

The Muppet Movie 1979
Won Ton Ton, the Dog Who Saved Hollywood 1976
Rogues' Gallery 1968
Don't Make Waves 1967
One Way Wahini 1965
Mystery Lake 1953
Captain China 1950
I Remember Mama 1948
Mickey and the Beanstalk 1947
Here We Go Again 1942
Look Who's Laughing 1941
Charlie McCarthy, Detective 1939
You Can't Cheat an Honest Man 1939
Letter of Introduction 1938
The Goldwyn Follies 1938

"重活儿可不会杀死人，但是为什么不试试呢？"

——查理·麦卡锡

平·克劳斯贝 BING CROSBY

生平： 本名哈利·利利斯·克劳斯贝（Harry Lillis Crosby），1903年5月2日生于美国华盛顿塔克马，1977年卒于西班牙马德里。

明星特质： 喜剧演员、制作人、音乐家、穿着漫不经心的低吟歌手；在广播和唱片业取得惊人的成功；有着悠闲的演唱风格。

平·克劳斯贝的昵称"平"来自一个漫画角色，他轻轻松松地出演了很多轻型电影，这种漫不经心的派头也让他成为一名成功的低吟歌手。他不必像弗兰克·辛纳屈（Frank Sinatra）一样事事努力，却能抓住时机：因在《与我同行》（Going My Way，1944）中饰演牧师一角获奥斯卡最佳男主角；在《乡下姑娘》（The Country Girl，1954）中与格蕾丝·凯莉（Grace Kelly）演对手戏，出演一个形容枯槁的醉汉，显示了他精湛的演技。

克劳斯贝的专业是法律，但他对乐队更感兴趣，想成为一名音乐家。1925年，哥伦比亚广播公司听了他的嗓音后让他主持一档直播的广播节目。这档节目很成功，引起了派拉蒙电影公司的注意，他们在20世纪30年代初找克劳斯贝演了一些电影，在《广播大会》（The Big Broadcast，1932）和《飞来横财》（Pennies from Heaven，1936）中克劳斯贝以自己的方式演唱了歌曲。之后他好运降临，与鲍勃·霍普（Bob Hope）和多萝西·拉莫尔（Dorothy Lamour）合演了《新加坡之路》（Road to Singapore，1940），由此衍生了一个成功的地球行程系列，这一系列喜剧越来越超现实，天性快活、和蔼可亲的平在剧中不止一次展现他的冷酷无情。克劳斯贝在《假日酒店》（Holiday Inn，1942）中演唱了《银色圣诞》，后来他在《银色圣诞》（White Christmas，1954）中再次演唱了这首歌。克劳斯贝在电影中唱的四首歌——《甜美的蕾拉妮》（"Sweet Leilani"，1937）、《银色圣诞》《在星星上摇摆》（"Swinging on a Star"，1944）和《在一个寒冷的夜晚》（"In the Cool, Cool, Cool of the Evening"，1951）。晚年，除了偶尔在如《罗宾七侠》（Robin and the 7 Hoods，1964）之类的电影中出演配角外，克劳斯贝还和伙伴霍普一起打打高尔夫。尽管他在公众面前十分随和，他的私生活却并不尽如人意：49岁时他妻子逝世，五年后他再婚；他七个孩子中有两个自杀身亡。**KN**

代表作：

Robin and the 7 Hoods 1964
The Road to Hong Kong 1962
High Society 1956
Anything Goes 1956
The Country Girl 1954 ☆
White Christmas 1954
Riding High 1950
A Connecticut Yankee in King Arthur's Court 1949
Blue Skies 1946
The Bells of St. Mary's 1945 ☆
Going My Way 1944 ★
Holiday Inn 1942
Road to Singapore 1940
Pennies from Heaven 1936
The Big Broadcast 1932

> "他是个歌唱得还不错的普通人。"
> ——克劳斯贝的墓志铭

费尔南代 FERNANDEL

生平：本名费尔南德·约瑟夫·德西雷·康坦丁（Fernand Joseph Désiré Contandin），1903年5月8日生于法国罗讷河口省马赛；1971年卒于法国巴黎。

明星特质：喜剧演员、歌手、导演；体格健壮，有着雌鹿般天真的眼睛；常饰演天真、愚蠢的人和小丑。

费尔南代五岁时就在台上协助父亲表演，随后他以歌手和喜剧演员的身份开始了自己的舞台生涯。与同胞让·迦本（Jean Gabin）一样，费尔南代初登大银幕是1930年，但他继续着自己成功的舞台表演，也从未停止过歌唱事业。费尔南代与让·迦本之后还一起成立了一家制作公司。

费尔南代在喜剧《弗朗西斯一世》（François Premier，1937）和《入室盗窃》（Fric-Frac，1939）中饰演天真可爱、时而愚笨、时而足智多谋的角色，很快成为一名明星。马塞尔·帕尼奥尔（Marcel Pagnol）充分发掘了费尔南代南方人的性格，最显著的是《挖井人的女儿》（La Fille du puisatier，1940）中的戏剧效果。二战结束后，费尔南代有时会冒险出演一些较黑暗的作品，如《空橱柜》（L'Armoire volante，1948），或是如《红色旅馆》（L'Auberge rouge，1951）般的讽刺闹剧，或是如《穿风衣的男人》（L'Homme à l'imperméable，1956）这样的侦探电影。但是费尔南代为了不失去欣赏他的观众的支持，其人物角色常常一成不变。

如果说费尔南代的事业在20世纪40年代停滞不前，下一个十年他演的电影却在商业上达到顶峰，如热门影片《囚徒与奶牛》（La vache et le prisonnier，1959）。他还拍了一些美国和意大利的电影，费尔南代在好莱坞的第一部电影是《环游世界八十天》（Around the World in Eighty Days，1956），他在里面饰演了大卫·尼文的法国教练。这次表演给他带来与鲍勃·霍普（Bob Hope）在《巴黎假期》（Paris Holiday，1958）中合作的机会，他们饰演了两个迷恋远洋渡轮的人。1951年到1965年，费南代尔在意大利分五期播出的连续剧《唐·卡米罗》（Don Camillo）中饰演一位教区牧师，这位牧师性格急躁，对人慷慨大方，这个角色至今仍广为人知。**FL**

代表作：

La vache et le prisonnier 1959 (The Cow and I)
Paris Holiday 1958
L'Homme à l'imperméable 1957
　(The Man in the Raincoat)
Around the World in Eighty Days 1956
Don Juan 1956
L'Auberge rouge 1951 (The Red Inn)
L'Armoire volante 1948
　(The Cupboard Was Bare)
La Fille du puisatier 1940
　(The Well-Digger's Daughter)
Fric-Frac 1939
François Premier 1937 (Francis the First)

"如果我创造了一种风格，一种类型的电影的话，那一定是无心的。"

鲍勃·霍普 BOB HOPE

生平： 本名莱斯利·汤斯·霍普（Leslie Townes Hope），1903年5月29日生于英国伦敦埃尔森；2003年卒于美国加利福尼亚州托鲁卡湖。

明星特质： 喜剧演员、制作人、作家、舞者、歌手、口若悬河的即兴表演之王；擅长低吟感伤和欢快的歌曲。

代表作：

The Muppet Movie 1979
How to Commit Marriage 1969
Beau James 1957
That Certain Feeling 1956
Casanova's Big Night 1954
My Favorite Spy 1951
The Lemon Drop Kid 1951
The Paleface 1948
My Favorite Blonde 1942
The Ghost Breakers 1940
Road to Singapore 1940
The Cat and the Canary 1939
Some Like It Hot 1939
Thanks for the Memory 1938
The Big Broadcast of 1938 1938
The Old Grey Mayor 1935

　　鲍勃·霍普爵士是银幕最伟大的喜剧明星之一，无论是伍迪·艾伦（Woody Allen）还是艾迪·墨菲（Eddie Murphy），每个人都把他当做楷模。霍普1908年从英国移民到美国，在杂耍团做了几年舞者和歌手后，拍了一些电影短片，如《老格雷市长》(The Old Grey Mayor, 1935)。之后霍普在《1938年广播大会》(The Big Broadcast of 1938, 1938)中精彩的表演让他一举成名。《感谢回忆》(Thanks for the Memory, 1938)一名源自霍普早年在电影中演唱的一首歌，这是他最著名的一部电影，为他之后的电影定下了基调。

　　从1940年《新加坡之路》(Road to Singapore)开始，派拉蒙电影公司安排霍普与平·克劳斯贝（Bing Crosby）、多萝西·拉莫尔（Dorothy Lamour）搭档演出，但霍普在《猫和金丝雀》(The Cat and the Canary, 1939)、《我最喜欢的金发女郎》(My Favorite Blonde, 1942)、《苍白的面孔》(The Paleface, 1948)和其他一些没有克劳斯贝的电影中的表演也十分有趣。霍普的银幕角色有语速很快的懦夫、牛皮大王或是在紧要关头不慎闯入的好色之徒；也有在《驯鬼者》(The Ghost Breakers, 1940)中被僵尸追踪，以及《冒牌卡萨诺瓦》(Casanova's Big Night, 1954)里虚张声势的恶棍。霍普的电影在20世纪50年代和60年代变得更加紧张，他出演的半严肃的政治传记片《风流市长》(Beau James, 1957)并未取得轰动，但他仍然在美国的广播、电视和戏剧中出现，也总能赢得奖项和喝彩。霍普共主持了18次奥斯卡颁奖典礼。二战、韩越战争时他曾在部队表演，1997年国会授予他荣誉勋章——他是唯一一位获得此勋章的人。1998年女王伊利莎白二世（Queen Elizabeth II）授予他荣誉爵士的爵位，他生前因对电影业的杰出贡献获得五个学院特别奖。

KN

"欢迎来到奥斯卡颁奖典礼，它在我家被称作逾越节。"（译注：逾越节，犹太人的节日，从3月底或4月初开始，持续八天。）

珍妮特·麦克唐纳 JEANETTE MacDONALD

生平：本名珍妮特·安娜·麦克唐纳（Jeanette Anna MacDonald），1903年6月18日生于美国宾夕法尼亚州费城；1965年卒于美国得克萨斯州休斯敦。

明星特质：美丽却坚强的"铁蝴蝶"；有着与众不同的红头发和蓝绿色的眼睛；天才女高音歌手；擅长饰演轻浮或滑稽的角色。

珍妮特·麦克唐纳是位技巧娴熟的女高音歌手和灵巧机敏的高雅喜剧演员，但她最为人知的是出演了很多米高梅的轻歌剧，常常与男中音歌手尼尔森·艾迪（Nelson Eddy）搭档。麦克唐纳和艾迪的歌唱组合与弗雷德·阿斯泰尔（Fred Astaire）和金格尔·罗杰斯的舞蹈组合一样著名。但是麦克唐纳的职业始于派拉蒙电影公司恩斯特·刘别谦的电影，她出演了刘别谦的一些欧洲风格的音乐喜剧，这些电影精明老练、充满了巧妙的技巧。

麦克唐纳在《璇宫艳史》（The Love Parade，1929）中取得突破，除此之外，她在《与你一小时》（One Hour with You，1932）和《红楼艳史》（Love Me Tonight，1932，麦克唐纳在里面饰演"珍妮特公主"）中与莫里斯·切瓦力亚（Maurice Chevalier）搭档，卖弄风情，十分有趣。麦克唐纳因与派拉蒙产生矛盾而改签米高梅电影公司，在米高梅她与克拉克·盖博（Clark Gable）和斯宾塞·屈塞（Spencer Tracy）一起，在《火烧旧金山》（San Francisco，1936）中出色地饰演了一个戏剧性角色。之后，她与艾迪合演了八部音乐剧，被称作"美国的歌唱甜心"，唱片大卖，拥有庞大的粉丝群。但是麦克唐纳在这一时期却很羞怯，完全比不上她1932年在短片《好莱坞游行》（Hollywood on Parade）中的表现，她在这部短片中靠在现场管弦乐队前的一张华丽的床上，穿着内衣唱歌。这一场景完美地展现了派拉蒙电影公司为她设定的妖艳形象。

麦克唐纳晚年改演正歌剧，跟着贵妇人洛特·莱曼（Lotte Lehmann）学习，多次和芝加哥抒情歌剧院一起表演。1937年，麦克唐纳与吉恩·雷蒙德（Gene Raymond）结婚。雷蒙德和艾迪长得十分相像，人们更加添油加醋地推测麦克唐纳和艾迪曾经有染。麦克唐纳61岁因心脏病发作逝世，艾迪和她丈夫都深受打击。**MC**

代表作：

Three Daring Daughters 1948
Cairo 1942
I Married an Angel 1942
Smilin' Through 1941
Bitter Sweet 1940
New Moon 1940
Broadway Serenade 1939
Sweethearts 1938
The Girl of the Golden West 1938
Maytime 1937
San Francisco 1936
Naughty Marietta 1935
The Merry Widow 1934
Love Me Tonight 1932
One Hour with You 1932
The Love Parade 1929

"我有爱尔兰人的脾气，苏格兰人的节俭，而像英国人一样，我喜欢出色的演出。"

尼克拉·契尔卡索夫 NIKOLAI CHERKASOV

生平： 本名尼克拉·康斯坦丁诺维奇·契尔卡索夫（Nikolai Konstantinovich Cherkasov），1903年7月27日生于俄国圣彼得堡，1966年卒于俄国莫斯科。

明星特质： 高大、仪表堂堂的戏剧演员、重量级历史剧的性格演员、哑剧艺术家；斯大林的最爱。

代表作：

Ivan Groznyy II: Boyarsky zagovor 1958
 (Ivan the Terrible, Part Two)
Don Kikhot 1957 (Don Quixote)
Stalingradskaya Bitva I 1949
 (The Battle of Stalingrad Part I)
Akademik Ivan Pavlov 1949 (Ivan Pavlov)
Ivan Groznyy I 1944 (Ivan the Terrible, Part One)
Lenin v 1918 godu 1939 (Lenin in 1918)
Aleksandr Nevskiy 1938 (Alexander Nevsky)
Pyotr pervyi I 1937 (Peter the First)

尼克拉·契尔卡索夫总是饰演严肃重要的角色，但他却是演舞台喜剧出身，这点十分不寻常。开始他只是抱着轻松好玩和试一试的心态在俄国剧院表演，不久就变得讨厌而自负。契尔卡索夫的表演从大动作发展为打手势，从体能的爆发过渡到装模作样，他被苏联了领导人约瑟夫·斯大林注意后成为他的最爱：他能饰演历史人物和世界革命时期的伟大领袖。契尔卡索夫几乎成为苏联伟人的代表，注定只能饰演英雄人物：《彼得大帝》（pervyy I，1937）中的阿列克谢王子，《列宁在一九一八》（Lenin v 1918 godu，1939）和《伊凡·巴甫洛夫》（Akademik Ivan Pavlov，1949）里的马克西姆·高尔基，《斯大林格勒战役》（Stalingradskaya Bitva I，1949）里的富兰克林·罗斯福（Franklin D. Roosevelt），他还出演了格里高利·柯静采夫（Grigori Kozintsev）根据塞万提斯（Miguel de Cervantes）巨著改编的《堂吉诃德》（Don Kikhot，1957）。

契尔卡索夫在谢尔盖·爱森斯坦（Sergei Eisenstein）的电影《亚历山大·涅夫斯基》（Aleksandr Nevskiy，1938）和《伊凡雷帝》第一部和第二部（Ivan Groznyy I and II，1944 and 1958）中饰演的伟人得到大家的肯定，虽然这些电影旨在展现伟人的力量和改变历史的决心，契尔卡索夫只是导演手下的一个傀儡，而且还能明显感到他对爱森斯坦取景的不适。与其说他是个演员，不如说是一个代表：他的长相比表演更有价值。然而，最终契尔卡索夫学到，不论是在生活中还是在电影中，你必须遵从你的主人。**AB**

> "斯大林很喜欢我的父亲，我父亲是唯一一个他愿意与之交谈的人。"

克劳黛·考尔白 CLAUDETTE COLBERT

生平：本名丽莉·克劳黛·乔乔恩（Lily Claudette Chauchoin），1903年9月13日生于法国巴黎，1996年卒于巴巴多斯斯佩茨敦。

明星特质：银幕中娇小迷人、性感优雅的法国女郎；有着天真无邪的眼睛；常在喜剧和戏剧中饰演可爱的罗曼蒂克女主角。

克劳黛·考尔白是好莱坞黄金时代最迷人最活泼的明星之一，她1903年出生在巴黎，三岁时举家移民美国。考尔白在《海斯法典》颁布前以出演辛辣女子出名，如在《淑女谎言》（The Lady Lies，1929）中饰演迷恋上一个年长男人的女店员，在《荣誉之间的恋人》（Honor Among Lovers，1931）中饰演爱上老板的秘书。这段时间的考尔白一头黑发，有时剪得很短，画着妖媚的妆，比之后在专为她拍摄的电影中的形象性感很多。在导演塞西尔·戴米尔（Cecil B. DeMille）的电影《罗宫春色》（The Sign of the Cross，1932）中，考尔白饰演的波皮亚女皇赤身露体地在驴奶中沐浴，在《埃及艳后》（Cleopatra，1934）中她饰演的埃及女王穿着有拜物教特色的服装；在丛林冒险喜剧《四个受惊的人》（Four Frightened People，1934）中饰演放纵的老师，每个场景都似乎会少一层衣服。

1934年后，好莱坞改善了她的形象，她烫起头发，开始饰演完美的妻子和女主人。她的喜剧天赋也渐渐被普莱斯顿·斯特奇斯（Preston Sturges）、恩斯特·刘别谦和山姆·沃德（Sam Wood）这些大导演开发，吸引了众多观众到影院观看她出演的电影。但她最好的表演也是她最为人知的角色是弗兰克·卡普拉（Frank Capra）导演的欢乐喜剧《一夜风流》（It Happened One Night，1934）中被宠坏的女继承人艾丽·安德鲁斯，剧中她在路边装作调整丝袜拦车的一幕非常著名，考尔白凭借这一角色获得奥斯卡最佳女主角。她当年认为自己会输给贝蒂·戴维斯，连颁奖典礼都没出席。

考尔白晚年在美国和英国的剧院表演，作为特邀嘉宾参加了很多电视节目。退休后她一直呆在巴巴多斯，她的最后一部电影是《凤凰谷》（Parrish，1961）。**MC**

代表作：

Parrish 1961
The Planter's Wife 1952
The Secret Fury 1950
Bride for Sale 1949
Sleep, My Love 1948
Guest Wife 1945
Since You Went Away 1944 ☆
It's a Wonderful World 1939
Private Worlds 1935 ☆
Cleopatra 1934
It Happened One Night 1934 ★
Four Frightened People 1934
The Sign of the Cross 1932
Honor Among Lovers 1931
The Lady Lies 1929

"听起来好像观众很高兴见到我，我他妈的也很高兴见到他们。"

加里·格兰特 CARY GRANT

生平：本名阿奇博尔德·亚历山大·里奇（Archibald Alexander Leach），1904年1月18日生于英国布里斯托尔荷菲特；1986年卒于美国爱荷华州达文波特。

明星特质：高大黝黑、温文尔雅、穿着得体；有着一脸灿烂的笑容；伊恩·弗莱明受他的启发创造了詹姆斯·邦德。

加里·格兰特1986年11月29日去世，在这之前，他的四任前妻——戴安·佳能（Dyan Cannon）、贝特西·德雷克（Betsy Drake）、芭芭拉·哈顿（Barbara Hutton）和佛吉尼亚·切里尔（Virginia Cherrill））都去世了，他留下遗孀芭芭拉·哈里斯（Barbara Harris）和女儿珍妮弗（Jennifer）。格兰特在爱荷华州达文波特去世，他的生命几乎贯穿整个20世纪，虽然他在英国出生并长大，却建立起了自己文雅的好莱坞形象。

加里·格兰特早年的生活平淡无奇，既不贫困也不富裕，既没有与众不同也没有丰富多彩。除了他九岁时母亲被送入精神病院，而格兰特成年之前对此毫不知情以外。家庭秘密的揭露最终对格兰特产生了深远的影响，他不断被信任危机困扰——尤其是与亲密之人的关系——主要是因为他童年被家人欺骗，对于母亲的去向一无所知。格兰特14岁时辍学，为了加入鲍勃·潘德（Bob Pender）的喜剧剧团，他谎报年龄并伪造了父亲的签名。他在英国巡回演出期间学会了哑剧和杂技。1920年，格兰特到百老汇演出《欢乐时光》（Good Times），之后就待在那儿追求他喜欢的事业。

有些年格兰特为了谋生做过不少零工，直到在百老

代表作：

Walk Don't Run 1966
Charade 1963
Operation Petticoat 1959
North by Northwest 1959
The Pride and the Passion 1957
An Affair to Remember 1957
To Catch a Thief 1955
I Was a Male War Bride 1949
Notorious 1946
None but the Lonely Heart 1944 ☆
Arsenic and Old Lace 1944
Penny Serenade 1941 ☆
The Philadelphia Story 1940
His Girl Friday 1940
Bringing Up Baby 1938
The Awful Truth 1937
She Done Him Wrong 1933
Madame Butterfly 1932
Blonde Venus 1932

右图：格兰特在喜剧《育婴奇谭》中完美地演绎了一位古生物学者。

加里·格兰特

上图：格兰特在《西北偏北》中饰演的广告执行意外变成一位逃犯。

汇演出喜剧获得一些知名度。格兰特1931年搬去好莱坞，不久就拍了一些不错的电影，如《金发维纳斯》（Blonde Venus，1932）、《蝴蝶夫人》（Madame Butterfly，1932），后来梅·韦斯特（Mae West）邀请他出演大受欢迎的电影《侬本多情》（She Done Him Wrong，1933），影片中有句著名的台词"你为什么不抽出点时间看看我？"韦斯特意识到格兰特的热情、性感魅力、教养和绅士派头一定会让他成为一个明星。在成为英俊的男主角和世俗的喜剧演员后不久，格兰特终于主演了一些经典的神经喜剧，包括《春闺风月》（The Awful Truth，1937）、《育婴奇谭》（Bringing Up Baby，1938）和《女友礼拜五》（His Girl Friday，1940），之后他在《费城故事》（The Philadelphia Story，1940）中的表演开始有个人特色。

格兰特总是精力充沛，他为世俗男人、无法抵抗的情人、不可靠但却依旧吸引人的都市人角色开创了重要先

"每个人都想成为加里·格兰特，连我也想成为加里·格兰特。"

加里·格兰特

拒演詹姆斯·邦德

詹姆斯·邦德的创造者伊恩·弗莱明说他所创造的这个温文尔雅的间谍形象有一部分是受加里·格兰特的启发。当人们看到加里·格兰特成功地在电影如《捉贼记》（To Catch a Thief, 1955）和《西北偏北》（North by Northwest, 1959）中塑造的冷酷温柔的角色时，就不难理解弗莱明的意思了。然而，当受邀出演第一部邦德的电影《诺博士》（Dr. No, 1962）时格兰特却拒绝了，他说自己已经58岁了，这个年纪出演邦德有点太老了。

◆ 最终邦德的饰演者肖恩·康纳利（Sean Connery）和罗杰·摩尔（Roger Moore）能被选中可能也是因为他们很像加里·格兰特——康纳利长得很像格兰特，摩尔则和格兰特一样有幽默感。

◆ 在拍摄《诺博士》期间，弗莱明最初认为康纳利的肖像"不够完善"，但电影拍摄完后他改变了自己的想法。

◆ 在选择詹姆斯·邦德的演员时作者伊恩·弗莱明心中还有其他候选人——包括大卫·尼文（David Niven）和雷克斯·哈里森（Rex Harrison）。

◆ 真正的邦德其实源于现实生活中的一个间谍梅林·门谢尔（Merlin Menshall），他在二战中为弗莱明工作。

◆ 加里·格兰特还拒绝过其他一些著名角色，包括《洛丽塔》（Lolita, 1962）中的亨伯特和《窈窕淑女》（My Fair Lady, 1964）中的亨利·希金斯。

例。他的口音、姿势、态度、举止和所有的一切都暗示了他的判断力、所受的训练、能力和血统的优越性。他晒成褐色的脸、分开的头发、明快的笑容、高大健壮的体格，不畏险难，一举一动都透着男子气概，这些特征使格兰特拥有极强的可塑性，适合不同导演的要求，其中最著名的也许是阿尔弗雷德·希区柯克。

晚期角色和父亲角色

格兰特在《美人计》（Notorious, 1946）、《战地新娘》（I Was a Male War Bride, 1949）、《捉贼记》（To Catch a Thief, 1955）、《金玉盟》（An Affair to Remember, 1957）、《西北偏北》（North by Northwest, 1959）、《粉红色潜艇》（Operation Petticoat, 1959）和《谜中谜》（Charade, 1963）中的表演已非常成熟。而他之后的生活更是充满戏剧性，他62岁息影，1966年成为父亲。格兰特的最后20年似乎都奉献给他的遗产和女儿，这对一位好莱坞有史以来最伟大的男主角而言是项了不起的成就——尤其是考虑到这个年龄对于一位身体已大不如前却还继续工作的人来说绝非益事。

格兰特曾两次获奥斯卡奖提名——《秋缠断肠记》（Penny Serenade, 1941）和《寂寞芳心》（None but the Lonely Heart, 1944），最终被授予奥斯卡荣誉奖，他还四次获得金球奖提名，评论界对格兰特一直不错，但也没对他阿谀奉承。格兰特独特的天赋和他的人物形象都远远超过他这些年通过电影建立起的受人尊敬的模式。但是他的影响却一直存在，给如詹姆斯·邦德这样的角色增色不少，而且每次回顾他的主要作品时都会有新的人成为他的粉丝。**GCQ**

右图：格兰特与索菲亚·罗兰合演《气壮山河》，银幕下格兰特疯狂地爱着罗兰。

约翰·吉尔古德 JOHN GIELGUD

生平：本名亚瑟·约翰·吉尔古德（Arthur John Gielgud），1904年4月14日生于英国伦敦；2000年卒于英国白金汉郡沃顿安德伍。

明星特质：作家、导演、杰出的莎士比亚剧演员；他那一代的哈姆莱特；谦虚努力、富有魅力；有着迷人的嗓音。

吉尔古德爵士70年来一直是英国戏剧舞台重要的明星。有种说法是他觉得自己必须要演电影，却从未完全释放自己的天资——他从不是劳伦斯·奥利弗这一级别的演员，也不像拉尔夫·理查德森（另一个舞台爵士）一样。

吉尔古德家有着表演的传统，他第一次专业的登台演出是17岁时出演的莎士比亚剧《亨利五世》。在出演了一些早期电影《新针的线索》（The Clue of the New Pin，1929）、《侮辱》（Insult，1932）和《良伴》（The Good Companions，1933）后，吉尔古德与希区柯克合作，出演了W.萨默赛特·毛姆（W. Somerset Maugham）的作品《间谍》（Secret Agent，1936）中的间谍阿兴登。无人对此感到高兴，吉尔古德此后再也没有饰演过浪漫剧主角。

吉尔古德曾息影近20年，只有演莎士比亚剧时才重返银幕，他出演了《凯撒大帝》（Julius Caesar，1953）中谋划刺杀凯撒的卡西乌斯、《罗密欧与朱丽叶》（Romeo and Juliet，1954）中的解说者，《理查三世》（Richard III，1955）里的克拉伦斯公爵。他还出演了奥逊·威尔斯的《午夜钟声》（Campanadas a medianoche，1965），有趣且不同寻常地在彼得·格林纳威执导的《普罗斯佩罗的魔典》（Prospero's Books，1991）中出演虽然生病却依旧思维清晰的普罗斯佩罗。

代表作：

Elizabeth 1998
Hamlet 1996
Shine 1996
Prospero's Books 1991
Plenty 1985
Gandhi 1982
Arthur 1981 ★
Chariots of Fire 1981
The Elephant Man 1980
Providence 1977
Galileo 1975
Murder on the Orient Express 1974
Julius Caesar 1970
The Charge of the Light Brigade 1968
Campanadas a medianoche 1965
 (Chimes at Midnight)
The Loved One 1965
Hamlet 1964
Becket 1964 ☆
Richard III 1955
Romeo and Juliet 1954
Julius Caesar 1953
The Good Companions 1933
Insult 1932
The Clue of the New Pin 1929

右图：吉尔古德饰演的诡计多端的卡西乌斯，和詹姆斯·梅森（James Mason）饰演的布鲁斯特在《凯撒大帝》中策划阴谋。

约翰·吉尔古德

上图：吉尔古德在与艾伦·伯斯汀（Ellen Burstyn）合演的《天意》中出演痛苦的垂死作家。

吉尔古德还是九个获得奥斯卡奖、格莱美奖、艾美奖和托尼奖的艺术家之一。他从20世纪60年代中期就显露出表演沉闷或诡计多端的角色的天赋，如《苦恋》（The Loved One，1965）、《英烈传》（The Charge of the Light Brigade，1968）和《东方快车谋杀案》（Murder on the Orient Express，1974）。他还很擅长饰演爱挑剔、难以驾驭的配角，如国王、红衣主教、大臣、教皇、学者和医生——《雄霸天下》（Becket，1964）、《伽利略》（Galileo，1975）、《象人》（The Elephant Man，1980）、《烈火战车》（Chariots of Fire，1981）、《闪亮的风采》（Shine，1996）、《伊丽莎白》（Elizabeth，1998）。但他最好的表演是在阿伦·雷奈的《天意》（Providence，1977）中饰演的小说家。

银幕下吉尔古德继奥利维尔之后成为伦敦国家剧院的导演，写了很多有关自己生平和职业的书。吉尔古德比他长期的伴侣马丁·亨斯勒长寿，96岁时寿终正寝。**KN**

一代哈姆莱特

虽然约翰·吉尔古德被赞为20世纪最出色的哈姆莱特，但他饰演的丹麦王子却从未以胶片的形式保存下来。1929年吉尔古德第一次饰演哈姆莱特，他是伦敦西区第一个出演这个角色的不到40岁的英国演员。吉尔古德对节奏独特的拿捏和细腻的声音为这个角色赋予了自己的特色。在多年的表演中他不断发展完善对哈姆莱特的诠释，使之成为他标志性的角色。他在20世纪30年代拒绝将自己饰演的哈姆莱特拍成电影，但之后参与了各种不同电影和电视版本的演出。

让·迦本 JEAN GABIN

生平：本名让·阿历克斯·蒙哥内（Jean-Alexis Moncorgé），1904年5月17日生于法国巴黎；1976年卒于法国法兰西岛。

明星特质：法国名人；嘴上常叼着一支香烟；饰演有经典的反英雄、不幸的受害者和失败者。

让·迦本躲藏在巴黎经济公寓的最顶层，警察渐渐将他包围，他愤怒地对下面伸长脖子的看客叫道："是的，我是杀手！但是街上到处都是杀手！每个人都杀人！"正如在马塞尔·卡尔内（Marcel Carné）的《天色破晓》（Le Jour se lève, 1939）中饰演的凶手一般，迦本认为自己只是一个普通人。

父母都是卡巴莱歌舞演员，迦本15岁就登台演出了，之后不久就拍了他的第一部电影——默片《嘿！行李》（Ohé! Les Valises, 1928）。他在剧院和音乐厅工作了很多年，包括女神游乐厅和红磨坊。踏实的魅力、反浪漫的浪漫主义是迦本20世纪30年代的惯用手法。迦本在朱利安·杜维威尔（Julien Duvivier）的《逃犯佩佩》（La Belle équipe, 1936）、卡尔内的《港雾》（Quai des brumes, 1938）、让·雷诺阿（Jean Renoir）的《低下层》（Les Bas-bonds, 1936）、《大幻影》（La Grande illusion, 1937）、《衣冠禽兽》（La Bête humaine, 1938）中出演禁欲主义者、外表野蛮内心温柔、不赞同法律的无产阶级英雄，坦然地接受自己的命运，没有一丝抱怨。

在德国占领法国期间迦本去了好莱坞。二战结束后，迦本的英雄风格已经过时，他失去了自己的方向。雅克·贝克（Jacques Becker）把他重新拉回正轨，让他出演了《金钱不要碰》（Touchez pas au Grisbi, 1954）中上了年纪的犯罪首领。迦本演了一系列饱经沧桑的权威人物，有时甚至是合乎法律的——他饰演了好几次梅格雷探长。后来迦本越来越顽固，只与他能够操控的导演合作，所以他后期电影的质量大幅下滑，但直到去世他都一直很受公众的欢迎，是法国电影界的大名人。**PK**

代表作：

L'Année sainte 1976 (Holy Year)
La Traversée de Paris 1956 (Four Bags Full)
Touchez pas au Grisbi 1954 (Grisbi)
Le Jour se lève 1939 (Daybreak)
La Bête humaine 1938 (The Human Beast)
Quai des brumes 1938 (Port of Shadows)
La Grande illusion 1937 (The Grand Illusion)
Les Bas-bonds 1936 (The Lower Depths)
La Belle équipe(1936 (They Were Five)
Ohé! Les Valises 1928

"我不喜欢看爱情故事，它们总是老调重弹的三角恋爱。"

罗伯特·蒙哥马利 ROBERT MONTGOMERY

生平：本名小亨利·蒙哥马利（Henry Montgomery Jr.），1904年5月21日生于美国纽约州比肯；1981年卒于美国纽约。

明星特质：导演、制片人；高大温和、英俊潇洒、衣着时髦、多才多艺；常饰演浪漫的主角或黑色电影中的私家侦探。

罗伯特·蒙哥马利20世纪30年代为米高梅电影公司拍的大多数电影都取得惊人的票房，他魅力十足、善于辞令、衣着时髦，很适合做葛丽泰·嘉宝、琼·克劳馥和其他女明星的护花使者。

蒙哥马利先在纽约的剧院演出，1929年与米高梅电影公司签约。他和嘉宝主演了《风流鉴》（Inspiration，1931），和克劳馥合演了《野姑娘》（Untamed，1929）、《名媛杀人案》（Letty Lynton，1932）、《贤惠夫人》（No More Ladies，1935）以及《切尼夫人最后的日子》（The Last of Mrs. Cheyney，1937）。之后蒙哥马利打破这种模式，在《荒林艳骨》（Night Must Fall，1937）中饰演了一位连环杀手，更多像这样具有挑战性的角色并没有随之而来，蒙哥马利1940年离开了米高梅电影公司。

与公司解约后，蒙哥马利开始出演各种不同的角色。他与卡洛·朗白（Carole Lombard）出演了希区柯克被低估的闹剧《史密斯夫妇》（Mr. & Mrs. Smith，1941），随后出演了取得巨大成功的《佐丹先生出马》（Here Comes Mr. Jordan，1941）。二战的爆发打断了蒙哥马利的演艺生涯，他加入海军服役，重返银幕后拍摄了约翰·福特激动人心的《菲律宾浴血战》（They Were Expendable，1945）。

接着，蒙哥马利站到了摄像机后，也大获成功。他的两部最著名的作品都是黑色电影：低沉的讲述边境以南的故事《骑粉红马》（Ride the Pink Horse，1947）和根据雷德蒙·钱德勒（Raymond Chandler）作品改编的《湖上艳尸》（Lady in the Lake，1947），在《湖上艳尸》中，镜头完全取代了缺席的菲利普·马洛的视角。蒙哥马利主演了《骑粉红马》，并在《湖上艳尸》里为警察配音。从那以后他把主要精力都放在了电视上，但他还是执导了最后一部电影——由詹姆斯·贾克内（James Cagney）主演的讲述海军上将哈尔希的传记电影《东京湾受降记》（The Gallant Hours，1960）。**DS**

代表作：

The Gallant Hours 1960
Your Witness 1950
June Bride 1948
Ride the Pink Horse 1947
Lady in the Lake 1947
They Were Expendable 1945
Unfinished Business 1941
Here Comes Mr. Jordan 1941
Mr. & Mrs. Smith 1941
Yellow Jack 1938
Night Must Fall 1937
The Last of Mrs. Cheyney 1937
No More Ladies 1935
Letty Lynton 1932
Inspiration 1931
Untamed 1929

"你可以接受公众的喝彩和奉承，但千万不要把它当真。"

约翰尼·韦斯默勒 JOHNNY WEISSMULLER

生平： 本名强诺斯·韦斯默勒（Janos Weissmuller），1904年6月2日生于罗马尼亚巴纳特；1984年卒于墨西哥阿卡普尔科。

明星特质： 肌肉发达、体态轻盈的世界级运动员；在影片中裹着一条缠腰布；拥有好看的外貌；终极泰山；动作片英雄。

约翰尼·韦斯默勒的父母是罗马尼亚移民，他从小体弱多病，于是学习游泳来强身健体，后来成为世界级的游泳冠军，是美国的明星奥运会运动员，赢得过五枚金牌。1929年退役后在BVD泳衣公司上班，之后米高梅电影公司向他伸出橄榄枝。他第一次以只穿一条缠腰布的美少年形象出现是在《伟大的美国女孩》（Glorifying the American Girl，1929）中，之后在《人猿泰山》（Tarzan the Ape Man，1932）中再次以这种形象出现，为他以后的电影角色定下了基调。韦斯默勒饰演的泰山体态轻盈、长发、近乎全裸、不懂人类语言，与莫琳·奥沙利文（Maureen O'sullivan）饰演的世故却动人的简成为朋友。其中有句著名台词是"我泰山，你简"，但韦斯默勒说自己从没说过这句台词，正确的应该是"泰山，简"。他们的丛林电影不断增多，在《泰山得美》（Tarzan and His Mate，1934）中泰山学会了更多的单词。

虽然奥沙利文最终没有完成这个系列的全部电影，但韦斯默勒却继续在米高梅电影公司和雷电华电影公司拍了十部续集。模式化的形象渐渐失去最初的性感，但冒险却一直在继续，韦斯默勒的泰山也有了许多标志性的动作：在《泰山的纽约冒险》（Tarzan's New York Adventure，1942）中撕开夹克，在《泰山得胜》（Tarzan Triumphs，1943）里加入战争，咆哮着咒骂"死纳粹"。韦斯默勒拍完《泰山和美人鱼》（Tarzan and the Mermaids，1948）后不再接拍泰山的系列电影，但他发明的有特色的变换真假音的喊叫却被保留下来。韦斯默勒渐渐有些发福，他脱下缠腰布，穿上短裤，继续出演了一系列"丛林吉姆"的冒险电影，包括《丛林吉姆》（Jungle Jim，1948）和《巫毒教之虎》（Voodoo Tiger，1952）。从《食人族的袭击》（Cannibal Attack，1954）开始，人们不再用"丛林吉姆"这个名字，而是简单地把这个英雄称作"约翰尼·韦斯默勒"。**KN**

代表作：

Won Ton Ton,the Dog Who Saved Hollywood 1976
Jungle Moon Men 1955
Cannibal Attack 1954
Killer Ape 1953
Valley of Head Hunters 1953
Voodoo Tiger 1952
Fury of the Congo 1951
The Lost Tribe 1949
Jungle Jim 1948
Tarzan and the Mermaids 1948
Tarzan Triumphs 1943
Tarzan's New York Adventure 1942
Tarzan and His Mate 1934
Tarzan the Ape Man 1932
Glorifying the American Girl 1929

"公众原谅我糟糕的演技，因为他们知道我是个运动员。"

拉尔夫·贝拉米 RALPH BELLAMY

生平： 本名拉尔夫·雷克斯福德·贝拉米（Ralph Rexford Bellamy），1904年6月17日生于美国伊利诺伊州芝加哥；1991年卒于美国加利福尼亚州圣塔莫妮卡。

明星特质： 莎士比亚剧演员；有实力的性格演员，因饰演迷人却麻木的角色出名；美国演员工会的创立者之一。

拉尔夫·贝拉米长相清新，说话慎重却很有魅力，他常常饰演那些美好却悲观、总是得不到女孩爱的人：无论是在《春闺风月》（The Awful Truth，1937）和《女友礼拜五》（His Girl Friday，1940）饰演的角色，还是在《火车上的小姐》（Lady on a Train，1945）中饰演的不受怀疑但最终却被证明是凶手的目击证人，都成为了经典。

贝拉米曾在自己的巡回剧团做过一段时间的戏剧演员，1929年在百老汇成名。他的第一个银幕角色是在《六个秘密》（The Secret Six，1931）中饰演愤怒咆哮的恶棍，但之后渐渐趋向于饰演更文明一些的角色，如《死胡同》（Blind Alley，1939）中叼着烟斗、严肃认真的精神病学家和自《大侦探艾勒里·奎恩》（Ellery Queen，Master Detective，1940）开始的神秘系列中的大侦探艾勒里·奎恩。贝拉米20世纪40年代在环球电影公司并未得到充分的重视，那时他遇到狼人和科学怪人中的怪物（都由小朗·钱尼饰演），为了拍电视和在百老汇表演，贝拉米曾短暂地放弃过电影事业。

60年代贝拉米重返银幕，在《旭日东升》（Sunrise at Campobello，1960）中饰演富兰克林·罗斯福一角，再创他舞台事业的辉煌。之后他的优势渐渐显露出来，饰演了《职业大贼》（The Professionals，1966）中缺少幽默感的畜牧业大亨、《魔鬼圣婴》（Rosemary's Baby，1968）中崇拜撒旦的产科医师和《运转乾坤》（Trading Places，1983）里残暴的企业大亨。银幕下，贝拉米支持演员的合法权利，是美国演员工会的创立者之一，1952年到1964年任演员协会主席，任职期间成绩突出（他坚决抵制麦卡锡时代的黑名单），帮助建立了第一个演员退休基金。1987年贝拉米因对表演事业的贡献获得奥斯卡荣誉奖。贝拉米的最后一部电影是《风月俏佳人》（Pretty Woman，1990）。**KN**

代表作：

Pretty Woman 1990
The Good Mother 1988
Trading Places 1983
Rosemary's Baby 1968
The Professionals 1966
Sunrise at Campobello 1960
Lady on a Train 1945
Delightfully Dangerous 1945
Guest in the House 1944
The Great Impersonation 1942
The Ghost of Frankenstein 1942
The Wolf Man 1941
Ellery Queen, Master Detective 1940
His Girl Friday 1940
Blind Alley 1939
The Secret Six 1931

"我总是说要是在电影结束时不能得到个女孩，那至少要给我更多的钱吧。"

彼得·洛 PETER LORRE

生平： 本名拉斯洛·勒文施泰因（László Löwenstein），1904年6月26日生于奥匈帝国鲁容贝罗克，1964年卒于美国洛杉矶。

明星特质： 口音独特、嗓音尖利；詹姆斯·邦德电影中的首个恶棍；银幕精神病患者的创始人。

鼓起的眼睛、佝偻的姿势、尖利的牢骚，彼得·洛是银幕最"脆弱的男人"。他的大多数角色都是懦夫，无法抑制突发的愤怒，随时准备出卖自己的灵魂。然而洛在饰演这些角色时却把他们塑造成有教养、聪明、总是带着迷人微笑的人。考虑到这些，洛发明了银幕中的精神病患者也就不足为奇了。在他的第一部电影——弗里茨·朗（Fritz Lang）的恐怖片《M就是凶手》（M，1931）中，洛饰演一个吹口哨的猥亵者，他的表演真实可怕，一直萦绕于心、挥之不去，成为之后所有银幕连环杀手的典范。这部电影让洛一举成名。

洛在希特勒执政期间逃离德国，花了好几年时间才在国际电影中找到立足之地。与阿尔弗雷德·希区柯克合作的两部电影《擒凶记》（The Man Who Knew Too Much，1934）和《间谍》（Secret Agent，1936）大获成功，洛终于在好莱坞站稳了脚跟。他在接下来的职业生涯中不可避免地饰演了许多驼背或虚弱的外国人，但也有例外：《墨托先生》系列（Mr. Moto，1937—1939）证明了洛可以站直，饰演正直的人，他也在受欢迎的喜剧《我是女冒险家》（I Was an Adventuress，1940）中展现了他的风趣。在《马耳他之鹰》（The Maltese Falcon，1941）中，洛饰演的贪婪的乔尔·凯洛用卑鄙的手段陷害任何妨碍他的人。

代表作：

The Raven 1963
Voyage to the Bottom of the Sea 1961
Silk Stockings 1957
Around the World in Eighty Days 1956
20,000 Leagues Under the Sea 1954
Der Verlorene 1951 (The Lost One)
Quicksand 1950
Casbah 1948
The Beast with Five Fingers 1946
Hotel Berlin 1945
Arsenic and Old Lace 1944
The Mask of Dimitrios 1944
The Cross of Lorraine 1943
Casablanca 1942
Invisible Agent 1942
All Through the Night 1942
The Maltese Falcon 1941
The Face Behind the Mask 1941
I Was an Adventuress 1940
Think Fast, Mr. Moto 1937
Secret Agent 1936
Crime and Punishment 1935
The Man Who Knew Too Much 1934
M 1931

右图：彼得·洛在他最值得记住的电影《M就是凶手》中饰演令人毛骨悚然的儿童杀手汉斯·埃克特。

彼得·洛

上图：在《马耳他之鹰》中，洛和常常合作电影的明星亨弗莱·鲍嘉一起。

《卡萨布兰卡》（Casablanca，1942）里，他给角色增加了一个悲剧而浪漫的戒指，若是由任何其他演员来演绎，则会让这个角色仅仅只具功能性，洛饰演的角色的多义性也是这部电影经久不衰的主要原因之一。在《毒药与老妇》（Arsenic and Old Lace，1944）中，洛饰演的爱因斯坦博士独特地将精神失常和绝望融为一体，给这个本来就古怪滑稽的故事增色不少。

二战后，洛把主要精力放在电视和独立制作的恐怖电影上，如《杯弓蛇影》（The Beast with Five Fingers，1946）和《魔鸟》（The Raven，1963）。洛后来获得美国国籍，他还曾执导过一部名为《迷失的人》（Der Verlorene，1951）的电影，影片讲述一个纳粹科学家杀死了自己的妻子，为使之成名的精神病患者的灵魂作出了黑暗而讽刺的评语。**EM**

模仿洛

洛的嗓音和与众不同的口音非常容易辨认，也成为大家争相模仿的对象。这也给洛带来广播事业的成功，他因此有了自己的广播节目。洛也为不少卡通角色配过音，如《莱恩和史丁比》（Ren and Stimpy）中的莱恩、《密探松鼠》（Secret Squirrel）中的摩洛哥鼹鼠和《摩登原始人》（The Flintstones）中的格鲁森姆先生。20世纪40年代史派克·琼斯（Spike Jones）在热门翻唱唱片《昔日恋人》（"My Old Flame"）中请配音演员保罗·福瑞斯（Paul Frees）模仿洛的声音。洛曾讽刺道："任何想要模仿我声音的人需要的不过是两个半熟的鸡蛋和性感的嗓音。"

葛丽亚·嘉逊 GREER GARSON

生平： 本名艾琳·伊芙琳·葛丽亚·嘉逊（Eileen Evelyn Greer Garson），1904年9月29日生于英国伦敦；1996年卒于美国得克萨斯州达拉斯。

明星特质： "女公爵"；火红的头发；正剧的女主角，常饰演贵妇人。

二战创造了三个不朽的女性形象：铆工露斯（Rosie the Riveter，能把男人的工作做得很好的女人）、"长腿"的贝蒂·葛莱宝（Betty "Legs" Grable，钉在墙上的画片女王）和"女公爵"葛丽亚·嘉逊饰演的米尼弗夫人（Mrs. Miniver，她是好莱坞中产阶级体面人物的代表，沉着自制、善良谦逊）。

电影界巨头一开始还不知道要怎么利用嘉逊超凡的魅力。嘉逊第一次获得欢呼是在《万世师表》（Goodbye, Mr. Chips，1939）中饰演老师的妻子、活泼的凯瑟琳·琦萍，这次表演也让她第一次获得奥斯卡最佳女演员的提名（她共获得过七次奥斯卡提名）。嘉逊在《忠勇之家》（Mrs. Miniver，1942）中与冷漠、外表粗犷帅气却不具威胁性的沃尔特·皮金（Walter Pidgeon）演对手戏，她因塑造了这位当代理想化的英国人而大受欢迎。在剧中，她以自己的个人魅力解除了德国飞行员的警戒心，这个角色斡旋于不同的阶级之间，情感坚强，正是战时优秀的中产阶级女人该有的品质。

嘉逊在《居里夫人》（Madame Curie，1943）中饰演的科学家的妻子同样很出彩，她冷静地拒绝居于丈夫之后的次要位置。然而，嘉逊战后的电影却有些令人失望，包括《忠勇之家续集》（The Miniver Story，1950）。这部电影试图重现昔日人们共同经历过的奉献和多愁善感的岁月，却未达预期。虽然嘉逊在舞台的表演一直很顺利，而且她在《凯撒大帝》（Julius Caesar，1953）中令人信服地出演了凯撒的妻子卡尔普尼亚，但她后来的银幕角色都不引人注目。她后来唯一出色的演出是在《旭日东升》（Sunrise at Campobello，1960）中再创战时"米尼弗"式的角色：年轻顺从却很坚强的埃莉诺·罗斯福（Eleanor Roosevelt）。**BP**

代表作：

The Happiest Millionaire 1967
The Singing Nun 1966
Sunrise at Campobello 1960 ☆
Her Twelve Men 1954
Julius Caesar 1953
The Miniver Story 1950
Julia Misbehaves 1948
Desire Me 1947
The Valley of Decision 1945 ☆
Mrs. Parkington 1944 ☆
Madame Curie 1943 ☆
Random Harvest 1942
Mrs. Miniver 1942 ★
Blossoms in the Dust 1941 ☆
Pride and Prejudice 1940
Goodbye, Mr. Chips 1939 ☆

"一旦你的角色被定型，你能饰演的人物类型将会越来越糟糕。"

迪克·鲍威尔 DICK POWELL

生平：本名理查德·尤因·鲍威尔（Richard Ewing Powell），1904年11月14日生于美国阿肯色州芒廷维尤；1963年卒于美国洛杉矶。

明星特质：导演、制片人、舞者、娃娃脸的男高音；银幕上完美的私家侦探；多才多艺，能演音乐剧、喜剧和戏剧。

迪克·鲍威尔最初是查理·戴维斯管弦乐队的一名歌手，他1932年与华纳兄弟电影公司签约，在处女作《福事》（Blessed Event，1932）中饰演一名乐队主唱。

作为演员，鲍威尔的电影事业分为两个完全不同的独立阶段。20世纪30年代他在《第42街》（42nd Street，1933）、《华清春暖》（Footlight Parade，1933）和《1933年淘金女郎》（Gold Diggers of 1933，1933）是音乐剧中永远不知忧愁为何物的年轻人，在浪漫场景中显得呆板僵硬、在巴斯比·伯克利（Busby Berkeley）精心设计的如万花筒般变化多端的人群中如鸟啼鸣般地唱着歌谣。在这一时期他与第一任妻子琼·布朗德尔（Joan Blondell）结婚，他们一起合演了12部电影。这一时期他一直饰演亲切温和的角色，直到40年代中期，鲍威尔在《爱人谋杀》（Murder, My Sweet，1944）中饰演了电影史上最好的菲利普·马洛——他将自己重塑为一个有血有肉的硬汉，这个黑色电影的男主角能感知到雷蒙德·钱德勒（Raymond Chandler）笔下这个角色的滑稽个性。

此后鲍威尔在《陷阱》（Pitfall，1948）中换上挺括的军用雨衣，带着都市人的怪念头，在《明天发生的事情》（It Happened Tomorrow，1944）里读第二天的报纸，在《你永远不能说》（You Never Can Tell，1951）中饰演由狗转世的私家侦探。鲍威尔偶尔也会出演一些历史剧，如《虎穴飞将》（Station West，1948）中的美国骑兵间谍和《血泊飞车》（The Tall Target，1951）中总统的保镖。50年代，鲍威尔把主要精力放在制作和导演上——主要是B级片，如《争分夺秒》（Split Second，1953），但是他的电影《海底喋血战》（The Enemy Below，1957）赢得了奥斯卡特效奖。鲍威尔也开始在电视剧中表演，在《漫长的告别》（The Long Goodbye，1954）中再创菲利普·马洛的辉煌，并在电影《玉女奇遇》（The Bad and the Beautiful，1952）中饰演叼着烟斗、与格洛丽亚·格雷厄姆（Gloria Grahame）结婚的剧作家。**KN**

代表作：

The Bad and the Beautiful 1952
You Never Can Tell 1951
The Tall Target 1951
Right Cross 1950
The Reformer and the Redhead 1950
Station West 1948
Pitfall 1948
To the Ends of the Earth 1948
Johnny O'Clock 1947
Cornered 1945
Murder, My Sweet 1944
It Happened Tomorrow 1944
Footlight Parade 1933
Gold Diggers of 1933 1933
42nd Street 1933
Blessed Event 1932

"（做导演）最好的事就是你可以开怀大吃，不用再担心自己的身材了。"

雷·米兰德 RAY MILLAND

生平：本名雷金娜的·阿尔弗雷德·约翰·特拉斯科特·琼斯（Reginald Alfred John Truscott-Jones），1905年1月3日生于威尔士格拉摩根郡尼思；1986年卒于美国加利福尼亚州托伦斯。

明星特质：温和、有魅力、体格健壮的英国绅士；无论是浪漫剧、喜剧男主角还是性格演员都能胜任。

雷·米兰德在大多电影中饰演的都是有修养、讨人喜欢的男主角。他最出色的角色之一是比利·怀尔德（Billy Wilder）执导的《失去的周末》（The Lost Weekend，1945）中酗酒的作家，他在片中与简·怀曼（Jane Wyman）演对手戏，也因这个角色获得奥斯卡最佳男主角。为了不要太出风头，米兰德在领奖时一个字儿都没说，而是在退场前优雅地向大家鞠躬致敬。

米兰德在威尔士出生，曾是伦敦皇室禁卫军中的一名卫兵，后来拍了《苏格兰飞人》（The Flying Scotsman，1929），进入了英国电影圈。这时他改了名字，据说他对自己的经纪人说："我一点儿也不在乎你们怎么叫我，但我名字的首字母R必须保留，因为我妈妈把它刻在了我的手提箱上。"米兰德1930年去好莱坞之前又拍了几部电影。在好莱坞，他在《陈查理在伦敦》（Charlie Chan in London，1934）中饰演了穿着晚礼服的人，在《警官布尔多戈·德拉蒙德出逃》（Bulldog Drummond Escapes，1937）中饰演了一名侦探，在《火爆三兄弟》（Beau Geste，1939）里饰演三兄弟之一。米兰德的东家派拉蒙电影公司让他出演了一些不落俗套的浪漫剧，如《时代儿女》（Arise, My Love，1940）、塞西尔·戴米尔（Cecil B. DeMille）的冒险片《野风》（Reap the Wild Wind，1942）和有趣的黑色电影《恐怖内阁》（Ministry of Fear，1944）。

50年代米兰德在阿尔弗雷德·希区柯克的《电话谋杀案》（Dial M for Murder，1954）中饰演了一个冷酷的凶手。从1955年开始，米兰德自导自演了一些电影，包括杰出的西部片《独自一人》（A Man Alone，1955）和匆匆制作的讲述残酷核爆炸的《零纪年的恐慌》（Panic in Year Zero!，1962）。脱下假发（他抱怨为了拍摄《野风》把头发烫卷导致了他的早秃），米兰德在《爱情故事》（Love Story，1970）和《青蛙》（Frogs，1972）中饰演恃强凌弱的老一代人物。**KN**

代表作：

The Last Tycoon 1976
Frogs 1972
Love Story 1970
Panic in Year Zero! 1962
A Man Alone 1955
The Girl in the Red Velvet Swing 1955
Dial M for Murder 1954
The Lost Weekend 1945 ★
Ministry of Fear 1944
Reap the Wild Wind 1942
Arise,My Love 1940
French Without Tears 1940
Beau Geste 1939
Bulldog Drummond Escapes 1937
Charlie Chan in London 1934
The Flying Scotsman 1929

"拍电影最大的缺点是电影人要吃东西。"

黄柳霜 ANNA MAY WONG

生平：1905年1月3日出生于美国洛杉矶；1961年卒于美国加利福尼亚州圣塔莫妮卡。

明星特质：拥有漂亮优雅、性感慵懒的面容和精致的发型；因皮肤和一双美手著名；有决心的开拓者。

黄柳霜是美国第一个华裔电影明星，好莱坞倾向于让她饰演的角色穿着有异国情调的服装。黄柳霜家是开洗衣店的，她十几岁就给摄影师做模特。好莱坞20世纪20年代流行拍"东方人"的故事，黄柳霜因此受益，拍了《耻辱》（Shame，1921）、《人生》（Bits of Life，1921）、《漂流》（Drifting，1923），并在梦幻史诗《月宫宝盒》（The Thief of Bagdad，1924）中饰演一个蒙古女奴。这些备受瞩目的角色给她带来更多机会，如《彼得·潘》（Peter Pan，1924）中的老虎莉莉和一些制作更精良的亚洲题材的电影，如与朗·钱尼合演的《武先生》（Mr. Wu，1927）。

20世纪20年代末，黄柳霜兼演了一些小角色，作为美籍华人，她不仅面临着种族歧视的困扰，还要一直饰演一成不变的角色，她大半生都在为此斗争，曾借"龙夫人"的角色质问："为什么银幕上的中国人总是坏人？"黄柳霜总是饰演如《中国鹦鹉》（The Chinese Parrot，1927）和《深红城市》（Crimson City，1928）中的舞女或其他一些下层角色，而她所希望的不过是饰演一名美国当代妇女。

为了寻求工作机会，黄柳霜于1928年离开了美国。她在英国受到欢迎，出演了相对奢华的英国电影《皮卡迪利》（Piccadilly，1929）。她还去了欧洲大陆，出演了包括《秀生活》（Schmutziges Geld，1928）在内的德国电影。回到美国后，她在《龙的女儿》（Daughter of the Dragon，1931）中饰演傅满洲的继承人，在《上海快车》（Shanghai Express，1932）中出演玛琳·黛德丽（Marlene Dietrich）的伙伴，在福尔摩斯式的作品《血字的研究》（A Study in Scarlet，1933）中出演了一位蛇蝎美女，在《上海的女儿》（Daughter of Shanghai，1937）中饰演了一位少有的中国女侦探。虽然黄柳霜晚年也曾出演《黑色肖像》（Portrait in Black，1960）中的配角，但她晚年几乎没有什么电影作品问世。黄柳霜56岁时因心脏病发作逝世。**KN**

代表作：

Portrait in Black 1960
Daughter of Shanghai 1937
A Study in Scarlet 1933
Shanghai Express 1932
Daughter of the Dragon 1931
Piccadilly 1929
Schmutziges Geld 1928 (Show Life)
The Crimson City 1928
The Chinese Parrot 1927
Mr. Wu 1927
Peter Pan 1924
The Thief of Bagdad 1924
Drifting 1923
Bits of Life 1921
Shame 1921

"为什么中国人和英国人不能在银幕上接吻？我找不出任何理由！"

琼·克劳馥 JOAN CRAWFORD

生平： 本名露西儿·费伊·勒萨埃尔（Lucille Fay LeSueur），1905年3月23日生于美国得克萨斯州圣安东尼奥；1977年卒于美国纽约。

明星特质： 热情、有野心、工作努力的女演员；天才舞者；拥有强有力的声音和惊人的美貌；性感的魅力为她赢得国际的认可。

琼·克劳馥1923年赢得舞蹈比赛的冠军，她的艺名来自一场由《电影故事》杂志举办的比赛。她几十年来一直身处顶级明星之列，虽然她没有贝蒂·戴维斯的天赋、葛丽泰·嘉宝的美貌、芭芭拉·斯坦威克的性感，也没有玛琳·黛德丽的神秘，但她表现出的与生俱来的坚韧和令人惊叹的风格掩饰了这个事实。

20世纪20年代中期，克劳馥成了爵士乐时代的化身——尤其是在《我们跳舞的姑娘们》（Our Dancing Daughters，1928）中——并嫁给好莱坞的新贵，成为小道格拉斯·范朋克的夫人（这段婚姻没有持续很久）。克劳馥没有像克拉拉·鲍一样在咆哮的20年代造成轰动，但她成功地进入有声电影时代，不久就在强大的演员阵容中找到了杰出的角色（令人吃惊的是角色常常是娼妓）：《大饭店》（Grand Hotel，1932）中野心勃勃的速记员，根据萨默赛特·毛姆（Somerset Maugham）作品改编的《雨》（Rain，1932）中的莎蒂·汤普森。她也曾不加选择地饰演了一些与剧同名的角色，如《名媛杀人案/莱蒂·林顿》（Letty Lynton，1932）、《莎蒂·麦基》（Sadie McKee，1934）、《俏女郎》（The Gorgeous Hussy，1936）和《切尼夫人最后的日子》（The Last of Mrs. Cheyney，1937）。

克劳馥在《情奔》（Love on the Run，1936）和《女模

代表作：

Berserk! 1967
I Saw What You Did 1965
Strait-Jacket 1964
What Ever Happened to Baby Jane? 1962
Autumn Leaves 1956
Queen Bee 1955
Johnny Guitar 1954
Sudden Fear 1952 ☆
Possessed 1947 ☆
Humoresque 1946
Mildred Pierce 1945 ★
A Woman's Face 1941
Susan and God 1940
Strange Cargo 1940
The Women 1939
Mannequin 1937
The Last of Mrs. Cheyney 1937
Love on the Run 1936
The Gorgeous Hussy 1936
Sadie McKee 1934
Rain 1932
Letty Lynton 1932
Grand Hotel 1932
Possessed 1931
Our Dancing Daughters 1928

右图：克劳馥在1932年的公开摄影展中展现她的个人魅力。

琼·克劳馥

上图:克劳馥和竞争对手贝蒂·戴维斯在拍摄《兰闺惊变》的现场。

特》(Mannequin,1937)中分别与克拉克·盖博、斯宾塞·屈塞一起演出,她似乎被迫待在他们身边,还大声尖叫,但银幕下她却因不能像凯瑟琳·赫本和玛娜·洛伊那样与这些男明星拥有与电影中等同的关系而痛苦不已。克劳馥在《女人们》(The Women,1939)中从海报女郎摇身一变成为歌剧的首席女主角,她在这部全由女人出演的电影中表现得像个女王一般。她还拍了一些媚俗的作品,如《奇异的货物》(Strange Cargo,1940)和《花容月貌》(A Woman's Face,1941)。在拍了安妮塔·卢斯的另一部喜剧《苏珊和上帝》(Susan and God,1940)后,克劳馥与米高梅解约,改签到华纳兄弟电影公司。华纳兄弟让她在《欲海情魔》(Mildred Pierce,1945)中饰演了一个特征鲜明的角色,克劳馥因此获得奥斯卡最佳女主角(之后又获两次提名)。克劳馥在《欲海情魔》中饰演的米尔德里德是个从家庭主妇成为企业巨

"在我活着时送我花,我死后送的花对我半点儿用都没有。"

琼·克劳馥

琼vs贝蒂

一个拥有电影明星的长相和迷人的气质,另一个演技出众,曾经十获奥斯卡奖提名。当琼·克劳馥和贝蒂·戴维斯合作出演《兰闺惊变》中敌对的姐妹时,关于这两个好莱坞女明星争风吃醋的传闻满天飞。但是戴维斯说她们之间没有不和,而且她们也不是竞争对手,因为她们的表演是两种不同的类型。《兰闺惊变》摄制组的工作人员也证实了她们两位在片场很客气。克劳馥说她们之间的不和传闻只是为了做宣传。然而当谈到彼此时这两位女演员总是不愿多费口舌,而她们之间的诽谤也给公众带来不少娱乐谈资。

◆ 贝蒂说琼:"她和米高梅除灵犬莱希以外的所有男明星都睡过觉。"

◆ 琼说贝蒂:"我不恨(戴维斯),我厌恶她。我真不明白她这么矫揉造作是怎么成为电影演员的……要是她不瞪大眼睛,拿走她的香烟,去掉那些有趣的省略词,还剩下些什么呢?她就会装腔作势,但我想观众却喜欢这一点。"

◆ 贝蒂说琼:"我钦佩她,但我跟她在一起就浑身不舒服。对我而言,她是电影明星的化身。我总觉得她最好的演技就是一直在表演自己。"

◆ 琼说贝蒂:"她就是这样一个娘子,但她又如此有天赋和奉献精神。"

头的职业女性,为了女儿不惜付出一切(而她女儿十分放荡,根本不值得她这么做)。克劳馥还演了其他一些一流的电影,在《银海香魂》(Humoresque,1946)中与约翰·加菲尔德(John Garfield)饰演的小提琴家逢场作戏,在恐怖片《作茧自缚》(Possessed,1947)中精神崩溃。

情节剧中坚强的女星

当克劳馥打算在《荒漠怪客》(Johnny Guitar,1954)和《女王蜂》(Queen Bee,1955)后,她的形象被定了型,而她饰演的角色在某种程度上也有些忸怩作态。罗伯特·奥德里奇(Robert Aldrich)在《怨妇悲秋》(Autumn Leaves,1956)中让克劳馥出演一个爱上年轻男人的悲惨老妪,后来又劝说她出演《兰闺惊变》(What Ever Happened to Baby Jane?,1962)中坐在轮椅上、总是绷着脸让人毛骨悚然的受害人,这部电影给她和贝蒂·戴维斯的演艺生涯注入了新的活力。虽然克劳馥拒演了奥德里奇的《最毒妇人心》(Hush...Hush, Sweet Charlotte,1964),但她晚年在心理恐怖片中找到一席之地,在《狂人拘束衣》(Strait-Jacket,1964)中饰演一个拿斧子的女凶手、在《你干的事瞒不了我》(I Saw What You Did,1965)中饰演死于浴室谋杀的受害者,还有《恐怖煞星》(Berserk!,1967)里的角色。自她死后,公众脑中关于她的银幕形象就与费·唐纳薇在《亲爱的妈咪》(Mommie Dearest,1981)中饰演的克劳馥("没有铁丝衣架!")混为一谈。**KN**

上图:琼和弗雷德·麦克默瑞(Fred MacMurray)出演纳粹时期的间谍片《致命疑云》(Above Suspicion)。

约瑟夫·科顿 JOSEPH COTTEN

生平：本名约瑟夫·切希尔·科顿（Joseph Cheshire Cotten），1905年5月15日生于美国弗吉尼亚州彼得斯堡；1994年卒于美国加利福尼亚州韦斯特伍德。

明星特质：拥有好看的外貌；几乎是所有类型电影中迷人、多才多艺的男主角；因饰演黑色电影中的角色出名；作家。

约瑟夫·科顿在华盛顿特区的西克曼表演学校学习表演，1924年去了纽约。他追求表演事业失败后在广告业工作过一段时间，之后以剧院经理和批评家的身份进入戏剧界。1930年科顿终于首次登上了百老汇的舞台，这次演出给他带来了演出戏剧和广播节目的机会。科顿因与导演奥逊·威尔斯（Orson Welles）的友谊得到一个演出电影的机会。他们在百老汇工作时认识，科顿不久就被说服加入威尔斯的水星剧团。水星剧团中只有科顿出演了《公民凯恩》（Citizen Kane，1941）。他继续努力，成为一个名符其实的电影明星。科顿的电影生涯持续了40年，拍了70部电影，做过性格演员、动作片和浪漫剧中的英雄。

之后，科顿和大卫·塞尔兹尼克（David O. Selznick）签约，虽然后者在《阳光下的决斗》（Duel in the Sun，1946）中只给了科顿一个让人扫兴的角色，但却在飘渺谵妄的浪漫剧《珍妮的画像》（Portrait of Jennie，1948）中让他出演重要角色。尽管科顿与威尔斯的友谊时好时坏，威尔斯却一直很支持他，不仅安排他出演《伟大的安巴逊》（The Magnificent Ambersons，1942），还让他参与了《长夜漫漫路迢迢》（Journey into Fear，1943）的剧本创作。后来威尔斯还在《第三人》（The Third Man，1949）中出演科顿的配角哈里·莱姆，重现了这对组合的奇妙和心碎。好莱坞一直让科顿饰演古板沉闷的人，阿尔弗雷德·希区柯克却发掘出他非凡的另一面，让他在《辣手摧花》（Shadow of a Doubt，1943）中出演一个连环杀手，一直风度翩翩，直到涉及富有遗孀的问题才变了嘴脸。之后他走向国际，在意大利式的西部片《残忍的人》（I Crudeli，1967）中出演南方的陆军上校，偶尔也出演一些标新立异的恐怖片，如马里奥·巴伐（Mario Bava）的《血男爵》（Orrori del castello di Norimberga，1972）。**KN**

代表作：

The Survivor 1981
Heaven's Gate 1980
Gli Orrori del castello di Norimberga 1972
 (Baron Blood)
The Abominable Dr. Phibes 1971
I Crudeli 1967 (The Cruel Ones)
Hush...Hush, Sweet Charlotte 1964
A Blueprint for Murder 1953
Niagara 1953
The Third Man 1949
Portrait of Jennie 1948
Duel in the Sun 1946
Journey into Fear 1943
Shadow of a Doubt 1943
The Magnificent Ambersons 1942
Citizen Kane 1941

"我真的没有很在乎电影。我很高，我能说会道，这样演起电影就容易多了。"

亨利·方达 HENRY FONDA

生平：本名亨利·詹尼斯·方达（Henry Jaynes Fonda），1905年5月16日生于美国内布拉斯加州格兰德岛；1982年卒于美国洛杉矶。

明星特质：有着热情的蓝眼睛；性格冲动、饱经沧桑、演技自然；是个招女士喜欢的男人。

亨利·方达第一次演出是在内布拉斯州奥马哈市的一家业余剧院，在百老汇获得丰富的表演经验后出演了电影版的《农夫娶妻》（The Farmer Takes a Wife, 1935），并凭借此片取得巨大的成功。他在好莱坞的演艺事业发展惊人，出演了讲述人烟稀少的荒蛮林区的电影《寂寞的松林径》（The Trail of the Lonesome Pine, 1936）、弗里茨·朗执导的《你只活一次》（You Only Live Once, 1937），并与贝蒂·戴维斯合作演出了时代传奇剧《红衫泪痕》（Jezebel, 1938）。1939年方达和导演约翰·福特一起制作了自己的第一部电影《青年林肯》（Young Mr. Lincoln），紧接着又拍了福特的两部电影——《铁血金戈》（Drums Along the Mohawk, 1939）和《愤怒的葡萄》（The Grapes of Wrath, 1940），方达凭借在《愤怒的葡萄》中的出色表现获得了奥斯卡提名。

方达瘦长的身躯、温柔的声音、高尚的气节让他大受欢迎。他在普莱斯顿·斯特奇斯（Preston Sturges）的《淑女伊芙》（The Lady Eve, 1941）中饰演一个不谙世故、总是上当受骗的人，展现出了喜剧才华。战争结束后，方达再度与福特合作，出演了《侠骨柔情》（My Darling Clementine, 1946）中的怀亚特·伊尔普、《亡命天涯》（The Fugitive, 1947）中的墨西哥牧师和《要塞风云》

代表作：

On Golden Pond 1981 ★
Fedora 1978
Midway 1976
C'era una volta il West 1968
　　(Once Upon a Time in the West)
Battle of the Bulge 1965
Fail-Safe 1964
How the West Was Won 1962
The Longest Day 1962
12 Angry Men 1957 ☆
The Wrong Man 1956
War and Peace 1956
Mister Roberts 1955
Fort Apache 1948
The Fugitive 1947
My Darling Clementine 1946
The Grapes of Wrath 1940 ☆
Drums Along the Mohawk 1939
Young Mr. Lincoln 1939
Jezebel 1938
You Only Live Once 1937
The Trail of the Lonesome Pine 1936
I Dream Too Much 1935
Way Down East 1935
The Farmer Takes a Wife 1935

右图：方达因在《金色池塘》中的出色表演获得他唯一一个奥斯卡最佳男演员奖。

上图：方达在根据斯坦贝克的小说改编的电影《愤怒的葡萄》中饰演汤姆·乔德。

（Fort Apache，1948）中缺乏同情心、严格执行纪律的陆军上校。这时方达离开好莱坞，重回百老汇，在讲述美国二战海军军舰的喜剧《罗伯茨先生》（Mister Roberts）中出演了他最受欢迎的角色（这个角色曾获托尼奖）。1955年，方达答应主演这部剧的电影版，这部电影的制作经历了颇多波折。原本这部电影是请约翰·福特做导演，福特想对该片做一些改变，而方达因对这部电影下了巨大的投资，不同意福特的改变，于是他们开始争吵，甚至拳脚相向。最终福特被另一位导演取代，他们二人再也没有一起工作过了。之后方达在希区柯克的电影《伸冤记》（The Wrong Man，1956）、《十二怒汉》（12 Angry Men，1957）和《奇幻核子战》（Fail-Safe，1964）中都有上佳表现。在赛尔乔·莱翁（Sergio Leone）的《西部往事》（C'era una volta il West，1968）中方达一改往日角色，出演了一个冷酷无情的杀手。方达一生结过五次婚，他的儿女彼得和简继承了父亲的演艺事业，他们的电影生涯都很成功。**EB**

演艺世家

彼得·方达和简·方达追随父亲的脚步进入了演艺界，他们也记录下与名人父亲间紧张的情感纠葛（他们的母亲在1950年自杀身亡）。亨利和简在《金色池塘》中饰演一对父女，当简演的角色出乎意料地抓住亨利的手，对他说她想成为他的朋友时，亨利留下了真实的眼泪。她的弟弟彼得在《养蜂人家》（Ulee's Gold，1997）中出演的坚强缄默的主角据说就是以他父亲为原型创作的。亨利坦白说他从不干涉儿女的事业，让他们知道一切都得靠自己。

克拉拉·鲍 CLARA BOW

生平：本名克拉拉·戈登·鲍（Clara Gordon Bow），1905年7月29日生于美国纽约布鲁克林；1965年卒于美国洛杉矶。

明星特质：第一个银幕性感演员；20世纪20年代标志性的时髦女子；"克拉拉·鲍"式的红唇非常著名；最初的"它"女孩（译注：指具有绝对吸引力的女孩）。

代表作：

Hoop-La 1933
Love Among the Millionaires 1930
The Saturday Night Kid 1929
The Wild Party 1929
Three Weekends 1928
Ladies of the Mob 1928
Red Hair 1928
Hula 1927
It 1927
The Runaway 1926
Free to Love 1925
The Adventurous Sex 1925
Capital Punishment 1925
Enemies of Women 1923
Down to the Sea in Ships 1922
Beyond the Rainbow 1922

"性感对于一个已经精疲力竭、伤痕累累且充满困惑的演员而言实在是个沉重的负担。"

　　克拉拉·鲍是默片时代最具标志性的明星之一，人们记住她更多是因为她的昵称"它"女孩和一些毫无根据的谣言及丑闻，而不是她的电影作品。鲍出生于布鲁克林一个特别贫困的家庭，她的父亲经常打她，她只能与精神不稳定的母亲相依为命，而她母亲有次趁她睡着时差点儿杀了她。鲍十岁那年祖父推她荡秋千，突然昏倒并逝世，她最好的朋友也因家庭事故被烧死。后来，鲍在杂志举办的竞赛中脱颖而出，在电影《飞越彩虹》（Beyond the Rainbow，1922）中得到一个角色，这才使她脱离原来悲惨的生活。接着她饰演了一些生气勃勃的时髦角色，很快成为电影明星。

　　紧张、天真、有种不安全感的鲍受到了公众的喜爱（她最受欢迎时一月能收到45000多封粉丝来信），但好莱坞却公然忽视她，因为他们认为鲍粗野蠢笨。有声电影兴起时，鲍因浓重的口音不再如以前那般成功。沮丧打倒了她，鲍开始憎恨自己的职业。她1933年嫁给了牛仔演员雷克斯·贝尔（Rex Bell），26岁时选择息影。她再也没有演过戏，1949年被诊断为精神分裂症。

　　尽管如此，鲍依旧是位极具天赋的女演员，对喜剧有着天生的鉴赏力，露易丝·布鲁克斯（Louise Brooks）是少数几个和鲍一样优秀的演员，她们都靠本能演戏。鲍也许是第一个散发性感魅力的女电影演员，为了吸引异性，她把口红涂成心型的形状。鲍的无数女粉丝纷纷效仿，她们说这是把"克拉拉·鲍"挂在嘴上。鲍的所有电影都令人愉悦，尤其是默片《夏威夷草裙舞》（Hula，1927）、《它》（It，1927）和她的首部有声电影《野宴》（The Wild Party，1929）。**MC**

玛娜·洛伊 MYRNA LOY

生平：本名玛娜·阿黛儿·威廉姆斯（Myrna Adele Williams），1905年8月2日生于美国蒙大拿州雷德斯伯格；1993年卒于美国纽约。

明星特质：美丽优雅、婀娜多姿、久经世故；在成为完美的银幕妻子前在默片中饰演蛇蝎美人。

玛娜·洛伊十几岁时随家人搬去了洛杉矶。之后，洛伊被表演吸引，鲁道夫·瓦伦蒂诺（Rudolph Valentino）的第二任妻子娜塔莎·兰波娃（Natacha Rambova）最先发现了她。瓦伦蒂诺夫人某晚在当地一家剧院看演出，她意识到洛伊很有表演天赋，安排她试镜，但她惨遭淘汰。洛伊并未气馁，终于在20世纪20年代进入电影界。她的第一部电影是《美丽的代价》（What Price Beauty?，1925）。洛伊经常在电影中饰演蒂达·巴拉（Theda Bara）式线条优美、有异域情调的荡妇，如《高雅的罪人》（Exquisite Sinner，1926）和《唐璜》（Don Juan，1926）。在有声电影早期，洛伊继续饰演这类角色：《黑表》（The Black Watch，1929）中随军的营妓、《误闯亚瑟王宫》（A Connecticut Yankee，1931）中的仙女摩根、《十三个女人》（Thirteen Women，1932）中施催眠术的欧亚混血杀人犯和《傅满洲的面具》（The Mask of Fu Manchu，1932）里的花痴。

30年代中期，洛伊打破这一类型的角色，在恐怖片、喜剧和音乐剧中建立了一个更持久的形象——通常和威廉·鲍威尔和克拉克·盖博一起——聪明能干而又时髦的妻子，如《瘦子》（The Thin Man，1934）中的诺拉·查尔斯。接着她出演了《男人世界》（Manhattan Melodrama，1934）、《歌舞大王齐格飞》（The Great Ziegfeld，1936）和《午夜花的世界》（Too Hot to Handle，1938）。洛伊共拍摄了六部《瘦子》系列电影。1938年洛伊的事业到达鼎盛期，她在一次民意调查中被选为"好莱坞王后"，而克拉克·盖博则当选"好莱坞国王"。这些年洛伊变得愈发稳重，但她在《黄金时代》（The Best Years of Our Lives，1946）中饰演弗雷德里克·马奇的妻子、《燕雀香巢》（Mr. Blandings Builds His Dream House，1948）里加里·格兰特长期忍辱负重的配偶和《父亲大人》（Cheaper by the Dozen，1950）里克利夫顿·韦伯的老伴时依旧光彩照人。之后洛伊出演了《75空难》（Airport 1975，1974）。到她去世时，洛伊共拍了129部电影。**KN**

代表作：

The End 1978
Airport 1975 1974
Cheaper by the Dozen 1950
Mr. Blandings Builds His Dream House 1948
The Best Years of Our Lives 1946
Too Hot to Handle 1938
The Great Ziegfeld 1936
The Thin Man 1934
Manhattan Melodrama 1934
The Mask of Fu Manchu 1932
Thirteen Women 1932
A Connecticut Yankee 1931
The Black Watch 1929
Don Juan 1926
Exquisite Sinner 1926
What Price Beauty? 1925

> "标签……限制了人的无限可能，但好莱坞就是喜欢给人分门别类。"

葛丽泰·嘉宝 GRETA GARBO

生平：本名葛丽泰·路易莎·格斯塔夫森（Greta Lovisa Gustafsson），1905年9月18日生于瑞典斯德哥摩尔；1990年卒于美国纽约。

明星特质：神秘的传奇美女；声音低沉、美丽优雅的银幕女神；很早就息影了。

葛丽泰·嘉宝十几岁就当上了模特，她的首次出镜是在广告短片《斯德哥尔摩夫妇外出购物》（Herr och fru Stockholm，1920）中。一些小角色随之而来，嘉宝随后去了戏剧学校。莫里兹·斯蒂勒（Mauritz Stiller）让嘉宝主演了《戈斯达传》（Gösta Berlings saga，1924），不久他们两人都与米高梅电影公司签约。嘉宝作为默片时代的性感演员来到美国，美国观众也为此首次认识她。嘉宝的与众不同——她身材高大、声音近乎男性、给人神秘疏远之感——让她迅速转变成神秘女神以及有声电影中最具标志性的明星。电影公司斥巨资为她拍片，而嘉宝精湛的演技让每一个角色都成为她本人的延伸：《大饭店》（Grand Hotel，1932）中渴望独处的人、《瑞典女王》（Queen Christina，1933）里的双性恋的君主以及《安娜·卡列尼娜》（Anna Karenina，1935）和《茶花女》（Camille，1936）中各有特色的角色。

尽管情绪多变的历史剧在美国并不卖座，但嘉宝的努力获得了回报。嘉宝的神秘、飘忽不定和对名声的厌恶让电影杂志目瞪口呆、也让观众为之着迷。欧洲观众的热情让电影变成了挣钱的手段——这也是她在二战前终止自己表演生涯的重要原因。嘉宝已迫不及待地要打破这种模式，她的最后两部喜剧电影是《妮诺契卡》（Ninotchka，1939）和《双面女人》（Two-Faced Woman，1941），她因前者第三次获奥斯卡最佳女主角提名。嘉宝1941年息影后去了纽约，过着隐士般的生活，这是喜爱她的粉丝怎么都没想到的。**MC**

代表作：

Two-Faced Woman 1941
Ninotchka 1939 ☆
Camille 1936
Anna Karenina 1935
Queen Christina 1933
As You Desire Me 1932
Grand Hotel 1932
Anna Christie 1931
Romance 1930 ☆
Anna Christie 1930 ☆
A Woman of Affairs 1928
The Temptress 1926
Gösta Berlings saga 1924
　　(The Atonement of Gosta Berling)
Herr och fru Stockholm 1920
　　(Mr. and Mrs. Stockholm Out Shopping)

"要是那些对好莱坞怀有梦想的人知道在那儿有多难就好了。"

乔尔·麦克雷 JOEL McCREA

生平： 本名乔尔·艾伯特·麦克雷（Joel Albert McCrea），1905年11月5日生于美国加利福尼亚州帕萨迪纳；1990年卒于美国洛杉矶。

明星特质： 高大、性感迷人；有着铁青色的眼睛；浪漫剧和喜剧中和蔼可亲的主角；西部片中经验丰富的牛仔。

乔尔·麦克雷出生在好莱坞附近，从小耳濡目染，对电影产生了极大的兴趣。他在波莫纳学院学习表演，之后在电影中当临时演员或特技替身，终于在《爵士乐时代》（The Jazz Age，1929）中第一次出演主要角色。据说女人都为之疯狂，连作家安妮塔·卢斯（Anita Loos）都说当她在海滩看见麦克雷时兴奋得昏了过去。在出演了一些小角色后，麦克雷给默片喜剧演员玛丽恩·戴维斯（Marion Davies）和她的情人、报纸巨头威廉·鲁道夫·赫斯特（William Randolph Hearst）留下了极好的印象，赫斯特帮他与电影公司签了约。

麦克雷是西部片中最有才华的演员之一。他在20世纪30年代出演了一些西部片的代表作，如塞西尔·戴米尔导演的《和平联盟》（Union Pacific，1939）。麦克雷第一次脱颖而出是在阿尔弗雷德·希区柯克的《海外特派员》（Foreign Correspondent，1940）中饰演的讨人喜欢、足智多谋又玩世不恭的记者强尼·琼斯，此外，麦克雷还出演了一系列普莱斯顿·斯特奇斯的经典喜剧，包括《苏利文的旅行》（Sullivan's Travels，1941）和《棕榈滩的故事》（The Palm Beach Story，1942），他在里面分别与维罗妮卡·莱克（Veronica Lake）和克劳黛·考白尔演对手戏。麦克雷40年代晚期再次出演西部片时曾再度与莱克合作主演了《输弹机》（Ramrod，1947）。可靠、讨人喜欢、有魅力、节操高尚的麦克雷是饰演西部片的理想人选，他20世纪50年代一直出演西部片，其中不乏佳作，如《侠骨兹航》（Stars in My Crown，1950）、《威奇托》（Wichita，1955）和《枪手》（Stranger on Horseback，1955）。麦克雷与兰道夫·斯科特（Randolph Scott）合演的由萨姆·佩金法执导的影片《午后枪声》（Ride the High Country，1962）是他最出色的表演之一，他在片中饰演一位上了年纪但运气不佳的枪战高手，在安定下来前打算完成最后一次任务。**EB**

代表作：

Mustang Country 1976
Cry Blood, Apache 1970
Sioux Nation 1970
The Young Rounders 1966
Ride the High Country 1962
Wichita 1955
Stranger on Horseback 1955
Stars in My Crown 1950
Ramrod 1947
The Virginian 1946
The Palm Beach Story 1942
Sullivan's Travels 1941
Foreign Correspondent 1940
Union Pacific 1939
Barbary Coast 1935
The Jazz Age 1929

"我没有什么遗憾，也许除了……我应该更努力一些，成为一个更好的演员。"

吉尔伯特·罗兰 GILBERT ROLAND

生平：本名路易斯·安东尼奥·达玛索·德·阿朗索（Luis Antonio Dámaso de Alonso），1905年12月11日生于墨西哥奇瓦瓦华雷斯；1994年卒于美国洛杉矶比佛利山庄。

明星特质：高大、温文尔雅、英俊时髦；默片主角；有声电影中成熟的性格演员；经常饰演"拉丁情人"。

代表作：

Barbarosa 1982
Cheyenne Autumn 1964
The Bad and the Beautiful 1952
The Miracle of Our Lady of Fatima 1952
We Were Strangers 1949
Angels with Broken Wings 1941
Una Viuda romántica 1933
　(*The Romantic Widow*)
She Done Him Wrong 1933
Resurrección 1931
Camille 1926
The Plastic Age 1925

　　墨西哥演员吉尔伯特·罗兰肤色黝黑、留着小胡子、气质温文尔雅。他虽然不是重要明星，却在好莱坞演了52年电影，很受欢迎。1910年到1911年间墨西哥革命爆发，罗兰随家人移民美国。罗兰最初是个斗牛士，20岁才进入电影界。一名好莱坞星探注意到他，请他当临时演员。后来，罗兰决定做一名电影演员，为了向影星约翰·吉尔伯特（John Gilbert）和露丝·罗兰（Ruth Roland）致敬，他改名为吉尔伯特·罗兰。罗兰在《懵懂年代》（The Plastic Age, 1925）中与克拉拉·鲍演对手戏，他很有魅力，立刻给观众和鲍留下深刻印象，于是鲍成了他的情人。他还与诺玛·塔尔梅奇（Norma Talmadge）合作过四次，他们的风流韵事导致塔尔梅奇与电影制作人丈夫约瑟夫·申克（Joseph Schenck）离婚。但是塔尔梅奇离婚后改变了主意，并没有嫁给吉尔伯特，而是与演员乔治·杰塞尔（George Jessel）结婚。

　　很多演员在转向有声电影时都受到不同程度的限制，而罗兰会说西班牙语则成为他的优势。有声电影早期为了争取不同市场常用多语言拍摄，罗兰拍了不少说西班牙语的美国电影，包括和同为墨西哥明星的同伴卢普·韦莱斯（Lupe Velez）合演的《复活》（Resurrección, 1931）。在好莱坞，罗兰的口音一方面很吸引观众，另一方面又很难与别人搭戏，因此他常常出演法国人。20世纪30年代晚期和40年代，罗兰出演了一些重要电影中的小角色和B级电影中的主角，之后在一系列西部片中饰演受欢迎的角色"思科·基德"。1954年罗兰依旧劲头十足，他在《万事如意》（The French Line, 1954）中还能把简·拉塞尔（Jane Russell）扛在肩上带走。**MC**

> "既然死神马上就要来了，何苦还要为此哭泣不已呢？"

约翰·卡拉丁 JOHN CARRADINE

生平：本名里奇蒙·瑞德·卡拉丁（Richmond Reed Carradine），1906年4月5日生于美国纽约；1988年卒于意大利米兰。

明星特质：高大削瘦；有与众不同的低沉声音；莎士比亚戏剧演员；常在西部片和恐怖片中饰演坏人。

重拍的经典默片《孝子戴维》（Tol'able David，1930）中的角色是约翰·卡拉丁第一个值得赞誉的银幕角色，那时他叫彼得·里奇蒙（Peter Richmond）。卡拉丁的父母是艺术家和外科医生，他在艺术学校学习雕塑，1925年首次登台演出。1927年卡拉丁搬去洛杉矶，靠替人画素描和设计景致谋生。塞西尔·戴米尔没接受卡拉丁的设计，却让他有了给很多电影配音的机会。1935年他给自己起了个新名字——约翰·卡拉丁，之后成为好莱坞最受追捧的性格演员之一。卡拉丁高大、削瘦、声音低沉洪亮，为他赢得"声音"的昵称，不久之后他就成为导演约翰·福特的手下爱将，拍了《鲨岛逃生记》（The Prisoner of Shark Island，1936）、《苏格兰女王玛丽》（Mary of Scotland，1936）和《飓风》（The Hurricane，1937），之后又在福特的经典影片中出演了两个令人难忘的角色：《关山飞渡》（Stagecoach，1939）中的赌徒和《愤怒的葡萄》（The Grapes of Wrath，1940）里的牧师。

卡拉丁在出演电影的同时还常常在剧院表演，莎士比亚剧是他的最爱。偶尔他也在一些小成本电影中饰演主角，如在B级恐怖片《德拉库拉的房子》（House of Dracula，1945）中饰演德拉库拉伯爵。卡拉丁20世纪50年代经常出演电视剧，尤其是西部片系列，如《火枪手》（The Rifleman）和《怀亚特·厄普传奇》（The Life and Legend of Wyatt Earp）。卡拉丁共结过四次婚，离了两次婚，当过一次鳏夫，有四个儿子，其中大卫（David）、基思（Keith）和罗伯特（Robert）曾作为杰西·詹姆斯（Jesse James）一伙的成员，以"年轻兄弟"的形式一起出现在《长骑者》（The Long Riders，1980）中。卡拉丁还客串了儿子大卫蕴含军事艺术的西部片《功夫》（Kung Fu，1972—1975）。他82岁时死于去米兰的旅途中，最后的遗言是："米兰，多么美的城市啊，死在这里真好。"。**EB**

代表作：

Peggy Sue Got Married 1986
Billy the Kid versus Dracula 1966
The Unearthly 1957
The Ten Commandments 1956
The Black Sleep 1956
House of Dracula 1945
Bluebeard 1944
The Grapes of Wrath 1940
Stagecoach 1939
Alexander's Ragtime Band 1938
Of Human Hearts 1938
The Hurricane 1937
Mary of Scotland 1936
The Prisoner of Shark Island 1936
Les Misérables 1935
Tol'able David 1930

"我拍了不少伟大的电影——也拍了很多拉圾片。"

小朗·钱尼 LON CHANEY JR.

生平：本名克雷顿·图尔·钱尼（Creighton Tull Chaney），1906年2月10日生于美国俄克拉荷马州俄克拉荷马市；1973年卒于美国加利福尼亚州圣克莱门特。

明星特质：歌手、高大的性格演员；演艺世家的一员；恐怖怪物的主人；标志性的"狼人"。

小朗·钱尼一直生活在他父亲、默片明星朗·钱尼的影子下。他常说自己"如饥似渴"地想要改名，好利用父亲的明星身份，最终从1942年他开始采用"小朗·钱尼"这个名字。他一直渴望成为一名演员；因为父母要巡回表演杂耍剧，小朗·钱尼童年时就一直随父母四处旅行，并从身为伪装大师的父亲那儿学会了化妆成怪物的技巧。然而直到父亲1930年去世小钱尼才追随他的脚步进入电影界，主要饰演一些小角色或给别人做特技替身。

经过30年代辛勤的努力，尤其是出演了一些暴徒后，钱尼在约翰·斯坦贝克的小说《人鼠之间》（Of Mice and Men，1939）的电影版中出演涉世未深的雷尼一角，终于脱颖而出。环球电影公司签下他，让他出演恐怖片，如《科学怪人的鬼魂》（The Ghost of Frankenstein，1942）中的怪物和四部草草赶制的电影中的木乃伊，包括《木乃伊之墓》（The Mummy's Tomb，1942）和《德拉库拉之子》（Son of Dracula，1943）中的德拉库拉，还有《狼人》（The Wolf Man，1941）中具有个人标志的角色。钱尼在续作中再次出演狼人拉里·塔尔波特，这个角色在《两傻大战科学怪人》（Abbott and Costello Meet Frankenstein，1948）中达到顶峰。他还在《美艳亲王》（My Favorite Brunette，1947）中模仿雷尼、在《斯普林菲尔德步枪》（Springfield Rifle，1952）里饰演西部恶棍。钱尼在《正午》（High Noon，1952）中饰演的经验丰富的法官是个正面角色，此后他一直出演恐怖片或西部片，渐渐从演电影公司制造的影片转为演临时开发的影片，如《乡村歌手闹鬼屋》（Hillbillys in a Haunted House，1967）和《德拉库拉大战科学怪人》（Dracula vs. Frankenstein，1971）。尽管钱尼一直酗酒，晚年却在杰克·希尔（Jack Hill）杰出的黑色喜剧《蜘蛛宝宝，或你所听说过最疯狂的故事》（Spider Baby, or The Maddest Story Ever Told，1968）中表现突出，还演唱了主题曲。**KN**

代表作：

Dracula vs. Frankenstein 1971
Spider Baby, or The Maddest Story Ever Told 1968
Hillbillys in a Haunted House 1967
Springfield Rifle 1952
High Noon 1952
Abbott and Costello Meet Frankenstein 1948
My Favorite Brunette 1947
House of Dracula 1945
The Mummy's Curse 1944
House of Frankenstein 1944
Son of Dracula 1943
The Mummy's Tomb 1942
The Ghost of Frankenstein 1942
The Wolf Man 1941
One Million B.C. 1940
Of Mice and Men 1939

> "我花了三年功夫，想要不依靠父亲的名字做出一点成绩。"

玛丽·阿斯特 MARY ASTOR

生平：本名露西尔·瓦斯康塞洛斯·朗汉克（Lucile Vasconcellos Langhanke），1906年5月3日生于美国伊利诺伊州昆西；1987年卒于美国洛杉矶。

明星特质：小说家、画家、钢琴家；有一头红褐色的美丽头发；虽然丑闻缠身，却有很强的适应力；童星出身，常饰演女家长式的角色。

玛丽·阿斯特的父母是德国移民，很有抱负。阿斯特还是孩子时就开始学习表演，并参加了选美竞赛。选美竞赛引起了好莱坞星探的注意，阿斯特14岁就签了约。她从1921年开始演电影，在20世纪三四十年代成为明星，但她最令人难忘的角色是《马耳他之鹰》（The Maltese Falcon，1941）中的两面派布里吉德·奥肖内西。阿斯特一反当时的银幕形象，出演了浪荡的女子，这是她职业生涯中起决定性作用的一次转变：她将头发向上梳起，谎话连篇，站在那些出演黑色电影的性感尤物身边，她简直要称得上端庄了。

在出演《马耳他之鹰》前，阿斯特已凭借如今被人们遗忘的肥皂剧《弥天大谎》（The Great Lie，1941）赢得了奥斯卡最佳女配角。三年后，她出演了《火树银花》（Meet Me in St. Louis，1944）中的女家长，这为她带来在《小妇人》（Little Women，1949）中出演马奇夫人的机会。从20世纪50年代起，阿斯特的主要工作是演电视剧——1956年在罗伯特·蒙哥马利（Robert Montgomery）版的《日落大道》中出演诺玛·戴斯蒙德。阿斯特的最后一个银幕角色是《最毒妇人心》（Hush...Hush, Sweet Charlotte，1964）中的一个古怪之人。

阿斯特银幕下的生活也和她的职业生涯一样起起落落。她结过四次婚，一直丑闻缠身。她的第一任丈夫导演肯尼斯·霍克斯（Kenneth Hawks）1930年因飞机失事去世，阿斯特几近崩溃。1934年她父母因赡养问题对她提起控诉，他们的不和引起社会公众的注意。30年代中期阿斯特与第二任丈夫富兰克林·索普（Franklin Thorpe）博士离婚，再次闹上了法庭，报纸头条都是他们争夺女儿抚养权的新闻和富兰克林·索普对她通奸的控告，紧接着她酗酒的丑闻又让她才恢复的名誉跌至谷底。从这之后阿斯特皈依罗马天主教，写了五本小说和一本畅销自传《我的故事》（My Story）。**KN**

代表作：

Hush...Hush, Sweet Charlotte 1964
Little Women 1949
Meet Me in St. Louis 1944
The Palm Beach Story 1942
The Maltese Falcon 1941
The Great Lie 1941 ★
Brigham Young 1940
Midnight 1939
The Prisoner of Zenda 1937
Man of Iron 1935
Convention City 1933
Red Dust 1932
Dressed to Kill 1928
Don Juan 1926
Beau Brummel 1924
The Beggar Maid 1921

"我从来没有完全投身于电影，我只是让我父亲梦想成真了而已。"

乔治·桑德斯 GEORGE SANDERS

生平：本名乔治·桑德斯，1906年7月3日生于俄国圣彼得堡；1972年卒于西班牙巴塞罗那卡斯特德菲斯。

明星特质：高大、温文尔雅、彬彬有礼；男中音歌手；有着英国上流社会的口音；银幕上的超级大侦探；擅长饰演无赖和坏人。

代表作：

Psychomania 1971
The Jungle Book 1967
The Rebel 1961
Village of the Damned 1960
Viaggio in Italia 1954 (Journey to Italy)
King Richard and the Crusaders 1954
All About Eve 1950 ★
The Ghost and Mrs. Muir 1947
The Private Affairs of Bel Ami 1947
The Picture of Dorian Gray 1945
Quiet Please: Murder 1942
The Moon and Sixpence 1942
Man Hunt 1941
Rebecca 1940
The Man Who Could Work Miracles 1936
Find the Lady 1936

"亲爱的世界，我要离开了，因为我感到厌倦了，我觉得自己已经活得够久了。"

乔治·桑德斯在俄国出生，父母都是英国人，他与父母在俄国大革命前夜返回英国。桑德斯在布莱顿一家私立学校读书，毕业后在纺织业和烟草业工作，后来成为一名广告撰稿人。桑德斯有着好听的男中音嗓音，他听从同事的建议走上了表演之路，最初在伦敦西区的歌舞剧中演唱。之后表演过卡巴莱歌舞、当过播音员、做过戏剧候补演员，最终凭借电影《寻找那位女士》（Find the Lady, 1936）给人们留下了印象。在英国电影中出演了一系列角色后，桑德斯前往好莱坞，在圣徒系列和鹰系列电影中出演侦探。

桑德斯的嗓音是电影中最棒的声音之一，很适合王尔德式的隽语，如《道林·格雷的画像》（The Picture of Dorian Gray, 1945），他还在《森林王子》（The Jungle Book, 1967）中给老虎希瑞·坎配音，发出倦怠的咆哮。桑德斯是很受欢迎的配角，尤其擅长饰演下流卑鄙之人，如《蝴蝶梦》（Rebecca, 1940）中的杰克·费弗尔。他职业生涯的高峰是饰演了《彗星美人》（All About Eve, 1950）中尖酸刻薄的批评家艾迪生·德威特，他也因这个角色获得奥斯卡最佳男配角。

导演艾伯特·卢因（Albert Lewin）曾让桑德斯在《道林·格雷的画像》中出演亨利·沃顿爵士，他在文学作品中找了一些很适合桑德斯的角色，如《贝尔·阿美的私人韵事》（The Private Affairs of Bel Ami, 1947）中粗鄙的记者。桑德斯在极少数专为他拍摄的电影如《请安静：谋杀》（Quiet Please: Murder, 1942）中饰演的藏书家令人毛骨悚然。即使是衰退时期，他依旧出演了不少优秀的作品，如罗伯托·罗西里尼（Roberto Rossellini）的《游览意大利》（Viaggio in Italia, 1954），并在电视剧《蝙蝠侠》中饰演急冻人。银幕下的桑德斯也缺乏上流社会的风度，他一共结过四次婚，1972年因服食过量巴比妥类药物自杀身亡，他在遗书中说自己厌倦了。显然，他一直企图自杀。**KN**

约翰·休斯顿 JOHN HUSTON

生平： 本名约翰·马赛勒斯·休斯顿（John Marcellus Huston），1906年8月5日生于美国密苏里州内华达；1987年卒于美国罗得岛米德尔顿。

明星特质： 顶级导演、杰出的作家、制作人、雕刻家和画家、拳击手；高大的性格演员；演艺世家的一员，多位家人曾获得过奥斯卡奖。

约翰·休斯顿是传奇银幕演员沃尔特·休斯顿（Walter Huston）的儿子，他在娱乐圈长大，三岁就开始随父亲一起在杂耍团表演。七岁时父母离异，他童年不是跟着父亲巡回演出就是跟着当新闻记者的母亲四处奔波。休斯顿18岁时在百老汇开始职业的表演生涯。他最想做的是导演和写作，其次才是成为电影明星。刚开始他只是修改润色剧本，如《莫尔格街谋杀案》（Murders in the Rue Morgue, 1932），后来渐渐开始写作重要电影的剧本，如《夜困摩天岭》（High Sierra, 1941）。他第一部兼任编剧和导演的电影是《马耳他之鹰》（1941），此后一直稳步地拍着商业电影和个人作品。

休斯顿在自己的电影中饰演过一些小角色，较著名的有《碧血金沙》（The Treasure of the Sierra Madre, 1948）中为宣传手册争吵的白衣观光客，他没演过其他人的电影，直到奥托·普雷明格（Otto Preminger）找他饰演《红衣主教》（The Cardinal, 1963）中的教堂高僧。从那之后，休斯顿常饰演诡计多端、粗鲁、坏心肠的人，有时也出演和蔼可亲的权威人物，如《玉女七试云雨情》（Candy, 1968）中的医学金融家、《007别传之皇家夜总会》（Casino Royale, 1967）中的M、《德·萨德》（De Sade, 1969）里侯爵堕落的牧师叔叔、《决战猩球》（Battle for the Planet of the Apes, 1973）中一眼就能认出的黑猩猩、《唐人街》（Chinatown, 1974）里超级腐败的诺亚·克洛斯，他还为电视版《霍比特人》（The Hobbit, 1977）中的甘道夫配音，并出演了《杀机》（Winter Kills, 1979）中的乔·肯尼迪。休斯顿结过五次婚，是演员安杰丽卡·休斯顿（Anjelica Huston）、演员兼导演托尼·休斯顿（Tony Huston）和导演丹尼·休斯顿（Danny Huston）的父亲。他1964年成为爱尔兰公民，在那儿生活了很多年。休斯顿在儿子丹尼导演的《会发电的小子》（Mr. North, 1988）中出演了一个配角，后因肺气肿去世。

代表作：

Momo 1986
Wise Blood 1979
Winter Kills 1979
The Visitor 1979
The Wind and the Lion 1975
Breakout 1975
Chinatown 1974
Battle for the Planet of the Apes 1973
The Other Side of the Wind 1972
Man in the Wilderness 1971
Myra Breckinridge 1970
De Sade 1969
Candy 1968
Casino Royale 1967
The Cardinal 1963 ☆
The Treasure of the Sierra Madre 1948

"好莱坞像个笼子……禁锢住我们的梦想。"

露易丝·布鲁克斯 LOUISE BROOKS

生平： 本名玛丽·露易丝·布鲁克斯（Mary Louise Brooks），1906年11月14日生于美国堪萨斯州契里威尔；1985年卒于美国纽约州罗切斯特。

明星特质： 美丽性感、放荡不羁的时髦女子；短发造型非常出名；打扮整洁、穿着优雅；爵士乐时代的标志。

露易丝·布鲁克斯是20世纪的偶像之一，15岁时搬到纽约，加入了丹尼萧恩舞团。两年后，身为歌舞队舞者的她出现在乔治·怀特（George White）的丑闻中，不久之后加入齐格飞歌舞团。1925年布鲁克斯与派拉蒙电影公司签约，渐渐为人们熟知。

1925年到1938年间布鲁克斯共演了24部电影，然而她最著名的角色却是来自一部欧洲电影。布鲁克斯在帕布斯特（G. W. Pabst）导演的默片《潘多拉的魔盒》（Die Büchse der Pandora，1929）中出演了女色情狂露露，她的表演充满情欲、不乏闪光之处，这个角色为她带来不朽的声誉。她把一头黑发剪成波波头，成为时髦女粉丝争相模仿的对象，她们不仅仿效布鲁克斯时髦的风格，还有她近乎无耻的奔放，这正符合了现代女性的形象。

布鲁克斯在欧洲还拍了两部电影《迷失少女日记》（Tagebuch einer Verlorenen，1929）和《美貌的代价》（Prix de beauté，1930）。然而，布鲁克斯一向以顽固和坏脾气著称，当她的默片《金丝雀谋杀案》（The Canary Murder Case，1929）被重拍成有声电影时她拒绝回到好莱坞，而当她再次回到美国时发现自己已上了黑名单，被放逐在电影圈外。布鲁克斯在拍完约翰·韦恩（John Wayne）的西部片《袭击公共马车的人》（Overland Stage Raiders，1938）后息影，曾短暂地居住在堪萨斯州威奇托的家附近，但不久后就搬去了纽约，她在纽约曾做过一段时间售货员。从公众视野消失多年以后，布鲁克斯20世纪50年代再度出现，在接下来的20年里为电影期刊写稿，她的文章机智诙谐，有理有据，其中不少文章后来收录在她的畅销自传《好莱坞的露露》（Lulu in Hollywood，1982）中。**SU**

代表作：

Overland Stage Raiders 1938
Empty Saddles 1936
God's Gift to Women 1931
It Pays to Advertise 1931
Prix de beauté 1930 (*Miss Europe*)
Tagebuch einer Verlorenen 1929
  (*Diary of a Lost Girl*)
The Canary Murder Case 1929
Die Büchse der Pandora 1929 (*Pandora's Box*)
Beggars of Life 1928
A Girl in Every Port 1928
The City Gone Wild 1927
Evening Clothes 1927
Ten Years Old 1927
Just Another Blonde 1926
The American Venus 1926

"一个穿着考究的女人，哪怕钱包空空如也，也能征服世界。"

右图：布鲁克斯在《潘多拉的魔盒》中饰演不幸的露露。

凯撒·罗摩洛 CESAR ROMERO

生平：本名小凯撒·胡里奥·罗摩洛（Cesar Julio Romero Jr.），1907年2月15日生于美国纽约；1994年卒于美国加利福尼亚州圣塔莫妮卡。

明星特质：高大、温文尔雅、留有小胡子；舞者、喜剧演员；常饰演温和的拉丁情人和墨西哥牛仔。

代表作：

The Computer Wore Tennis Shoes 1969
Batman 1966
Pepe 1960
Ocean's Eleven 1960
Villa!! 1958
The Story of Mankind 1957
Around the World in Eighty Days 1956
Vera Cruz 1954
Captain from Castile 1947
Dance Hall 1941
The Cisco Kid and the Lady 1939
Charlie Chan at Treasure Island 1939
Return of the Cisco Kid 1939
Hold 'Em Yale 1935
The Thin Man 1934
The Shadow Laughs 1933

"我们拉丁人是杰出的情人和杰出的年长者。"

凯撒·罗摩洛出生在纽约，父母都是古巴人。罗摩洛最初在舞厅跳舞，1927年在百老汇出演了《Lady Do》。他初次亮相银幕是在电影《影子笑》（The Shadow Laughs，1933）中。此后他在电影中饰演了各式各样的拉丁暴徒和职业舞男，如《瘦子》（The Thin Man，1934）和《Hold 'Em Yale》（1935）。之后，罗摩洛出演了《思科·基德归来》（Return of the Cisco Kid，1939）中的基德的伙伴，自《思科·基德和女士》（The Cisco Kid and the Lady，1939）开始，他在一系列电影中担任主角，饰演墨西哥牛仔英雄，还出演了《陈查理在珍宝岛》（Charlie Chan at Treasure Island，1939）中温和不幸的魔术师。20世纪40年代他常常出演20世纪福克斯电影公司的A级片，在里面饰演拉丁情人或是临时的舞蹈演员。罗摩洛在《舞厅》（Dance Hall，1941）和《哈瓦那的周末》（Week-End in Havana，1941）中的角色尤其迷人。

罗摩洛饰演的一些重量级的角色也十分出色，如在泰隆·鲍华（Tyrone Power）的电影《常胜将军》（Captain from Castile，1947）中饰演的西班牙探险家海纳·科尔蒂斯，虽然在喜剧《玉女倾城》（Julia Misbehaves，1948）中表现出色，但他只出演了一个配角。1953年罗摩洛主演了一个由39部分组成的间谍剧《危险之旅》（Passport to Danger，1954—1955）。他还经常客串电视剧中的角色，如《77号日落大道》（77 Sunset Strip，1963）。罗摩洛晚年最重要的角色是电视剧《蝙蝠侠》（Batman，1966—1968）中的小丑，他拒绝为了这一角色刮掉他钟爱的标志性胡子，于是不得不涂厚厚的粉来遮掩。在1966年的电影中他再次饰演这个咯咯笑的罪恶小丑，之后在迪斯尼喜剧《电脑神童》（The Computer Wore Tennis Shoes，1969）中滑稽地出演了白头发的反派角色，并在肥皂剧《鹰冠庄园》（Falcon Crest，1981—1990）中饰演简·怀曼（Jane Wyman）成熟的情人。尽管罗摩洛总在银幕饰演拉丁情人，但他却是同性恋，一生未婚。**KN**

巴斯特·克拉比 BUSTER CRABBE

生平：本名克拉伦斯·林登·克拉比（Clarence Linden Crabbe），1907年2月17日生于美国加利福尼亚州奥克兰；1983年卒于美国亚利桑那州斯科茨代尔。

明星特质：高大英俊、轮廓分明、肌肉发达的奥运会得奖运动员；擅长饰演男孩漫画书中的动作片英雄和牛仔。

在夏威夷长大的拉里·克拉比（Larry Crabbe，家人都昵称他"巴斯特"）发现自己很有游泳天赋，后来成为奥运会美国游泳队运动员，得过金牌和铜牌。克拉比追随队友约翰尼·韦斯默勒（Johnny Weissmuller）的脚步进入电影界，出演了影片《丛林之王》（King of the Jungle，1933），并在《无畏的泰山》（Tarzan the Fearless，1933）中饰演埃德加·赖斯·巴勒斯（Rice Burroughs）笔下的英雄，接着他主演了100多部电影。克拉比工作认真努力，常饰演方下巴、老实的牛仔，偶尔也饰演大学运动员，如《留在耶鲁》（Hold 'Em Yale，1935）。后来他把棕色的头发染成金色，在环球电影公司的《飞侠哥顿》（Flash Gordon，1936）及续集中出演他最著名的角色。

《巴克·罗杰斯》（Buck Rogers，1939）和飞侠系列让克拉比成为所有男孩心目中的英雄：他上着镣铐，袒露出胸膛，一次次逃离死亡的陷阱，无私地从残酷的明手下拯救黛尔·阿登（和世界），并拥护一切美德。20世纪40年代，克拉比在每周六的日场系列西部剧《比利小子》（Billy the Kid）中饰演正直却被人误解的英雄，阿尔·圣约翰（Al "Fuzzy" St. John）饰演他马鞍上的伙伴。人们对将这个历史上真实存在的下流杀手塑造成好人非常不满，最终主角的名字换成了"比利·卡森"，内容却没有丝毫改变。50年代克拉比将英雄气概带到电视剧《外国志愿军队长加伦特》（Captain Gallant of the Foreign Legion，1955—1957）中，并在《巴克·罗杰斯在25世纪》（Buck Rogers in the 25th Century，1979）中饰演高贵的退役战斗机飞行员戈登准将。晚年克拉比经营着自己的游泳馆，写了《能量学》一书，教超过50岁的人保持身体的健康。他继续出演一些小成本电影，在去世的前一年拍了《复辟之路》（The Comeback Trail，1982）。**KN**

代表作：

The Comeback Trail 1982
Buck Rogers 1977
Jungle Siren 1942
Billy the Kid's Smoking Guns 1942
Billy the Kid Trapped 1942
Billy the Kid's Round-up 1941
Billy the Kid Wanted 1941
Jungle Man 1941
Flash Gordon Conquers the Universe 1940
Buck Rogers 1939
Flash Gordon 1936
Hold 'Em Yale 1935
Tarzan the Fearless 1933
King of the Jungle 1933

> "一些人说我的表演还不够熟练，后来再也没改变。"

凯瑟琳·赫本 KATHARINE HEPBURN

生平： 本名凯瑟琳·霍顿·赫本（Katharine Houghton Hepburn），1907年5月12日生于美国康涅狄格州哈特福特；2003年卒于美国康涅狄格州旧塞布鲁克。

明星特质： 好莱坞超级巨星；身材修长、运动灵活，有自己的绝技；十分聪慧，一头天生的红发，有着迷人的魅力和活力。

代表作：

Love Affair 1994
On Golden Pond 1981 ★
Rooster Cogburn 1975
The Trojan Women 1971
The Lion in Winter 1968 ★
Guess Who's Coming to Dinner 1967 ★
Long Day's Journey Into Night 1962 ☆
Suddenly, Last Summer 1959 ☆
Summertime 1955 ☆
Pat and Mike 1952
The African Queen 1951 ☆
Adam's Rib 1949
State of the Union 1948
Keeper of the Flame 1942
Woman of the Year 1942 ☆
The Philadelphia Story 1940 ☆
Holiday 1938
Bringing Up Baby 1938
Stage Door 1937
Quality Street 1937
Sylvia Scarlett 1935
Alice Adams 1935 ☆
Little Women 1933
Morning Glory 1933 ★
A Bill of Divorcement 1932

凯瑟琳·赫本不仅是好莱坞最出色的女演员之一，也是最不像好莱坞的明星之一。一方面，她没有好莱坞式的美貌，但她也可以很迷人，不仅在《费城故事》（The Philadelphia Story，1940）中饰演了装扮优雅的贵族，还在《塞莉娅·斯卡利特》（Sylvia Scarlett，1935）中穿上男孩的衣服。这两部由乔治·库克（George Cukor）执导的电影——毫无疑问这位导演很赞赏她的才华，对她的职业发展起着至关重要的作用——展现了赫本不同于其他美国电影明星的特质：身材修长、体态轻盈、像男孩子一样顽皮、如男子般坚强独立，穿着考究、受过良好的教育，在新英国上流社会家庭长大，自信而聪明。

凯瑟琳·赫本的父亲是外科医生，母亲是妇女参政活动家，凯瑟琳十几岁时就开始表演，后来进入布尔茅尔学院学习。毕业后一年，她开始在百老汇饰演一些小角色，凯瑟琳因直言不讳激怒了不少导演和制片人，电影事业时好时坏，间歇性地前进。她初登银幕是在库克的《离婚账单》（A Bill of Divorcement，1932）中饰演约翰·巴里摩尔的女儿，除了前面提及的两部电影外，她还和库克合作拍了《小妇人》（Little Women，1933）、《休假日

右图：赫本在乔治·库克的《小妇人》中饰演有决心的乔·马奇。

凯瑟琳·赫本

上图:赫本在《猜猜谁来吃晚餐》中,这是她的恋人斯宾塞·屈塞的最后一部电影。

(Holiday,1938)、《自由之火》(Keeper of the Flame, 1942)、《亚当的肋骨》(Adam's Rib,1949)、《帕特和麦克》(Pat and Mike,1952)——后两部是与她银幕下的情人斯宾塞·屈塞合演的(她与屈塞银幕上的火花让他们合作了九部电影)——和电视剧《废墟中的爱情》(Love Among the Ruins,1975)。有些年她一直被电影界要人视为"票房毒药",因为他们实在不知道要如何应付她超群的智力、诚实正直和良好家教下养成的高贵端庄。然而,在饰演了一些良莠不齐的电影后——其中包括她迄今为止最好的电影《寂寞芳心》(Alice Adams,1935)和《塞莉娅·斯卡利特》——她全力出演了《名门街》(Quality Street,1937)、《摘星梦难圆》(Stage Door,1937)、《育婴奇谭》(Bringing Up Baby,1938)和《休假日》,赫本与加里·格兰特在后面两部电影中演对手戏,展示了她出演喜剧和更黑色一些的

我一直想成为一名演员,我觉得这很浪漫,事实也确实如此。

凯瑟琳·赫本

与众不同的凯特

高挑、脾气暴躁、一头红色的头发让凯瑟琳·赫本与好莱坞传统意义上的美女截然不同。她常常不化妆、喜欢穿着裤子出现在人们面前，而那时的女人并不流行这么做。她还拒绝接受访问，也不为摄影师摆姿势。因为母亲是妇女参政活动家，赫本从来就不认为女人不如男人，她总是自己做决定，并对自己的想法直言不讳。她有时拒绝好莱坞的那套游戏，最后自己却遭到排斥。但赫本一直做最真实的自己，无论好坏，她从不假装是其他什么人，从以下例子中可略知一二。

- "人们认为女人应该低人一等，直到最近我才意识到这点。"
- "敌人很有激发性。"
- "我常在想男人和女人是否真的彼此适合。也许他们应该住在隔壁，时不时互相拜访一下就好。"
- "我就穿属于自己风格的衣服，省得总是不知该穿哪件衣服好。"
- "只有当女人决定不生孩子之时她们才能活得像个男人，而我就是这么做的。"
- "平凡的女人比美丽的女人更懂得男人。"
- "如果你总做自己感兴趣的事，那么至少有一人是开心的。"

右图：赫本在《冬狮》中饰演的皇室成员阿基坦的埃莉诺很令人信服。

严肃戏剧的才华；赫本对时机的准确把握、她精确细腻的表演和机智聪慧至今依旧闪耀着光芒。

重返好莱坞

然而，好莱坞对赫本的商业潜力依旧谨慎而不确定；竞争斯嘉丽·奥哈拉（译注：《乱世佳人》女主角）一角失败后，赫本请《休假日》的作者菲利普·巴里（Philip Barry）写了《费城故事》。她在百老汇饰演的翠西·罗德（译注：《费城故事》的女主角）引起轰动。后来赫本与米高梅电影公司签约，在取得票房成功和第三次获奥斯卡奖提名后，赫本再次开始出演电影。她的下一部电影《小姑居处》（Woman of the Year，1942）是她和屈塞合作的第一部喜剧，赫本在此剧中的形象也稍微温柔一些。这可能也是电影公司和观众越来越喜欢她的重要原因。尽管《联邦一州》（State of the Union，1948）、《非洲女王号》（The African Queen，1951）和《艳阳天》（Summertime，1955）证明了她持久的受欢迎度，但她也失去了早期角色身上一些令人难忘的棱角、光芒和性感。后来，凯瑟琳因与屈塞引人注目的私人关系而渐渐减少了工作量。

赫本的很多电影都极具戏剧性，或是由文学作品改编或是腔调很文艺——如《夏日痴魂》（Suddenly, Last Summer，1959）、《长夜漫漫路迢迢》（Long Day's Journey Into Night，1962）、《猜猜谁来吃晚餐》（Guess Who's Coming to Dinner，1967）、《冬狮》（The Lion in Winter，1968）、《特洛伊妇女》（The Trojan Women，1971）——但是赫本在这些电影中越来越多愁善感，与她最好的、处于演艺巅峰时期的作品《狂人考伯恩》（Rooster Cogburn，1975）和以配角身份出演的《风流韵事》（Love Affair，1994）大相径庭，出演后两部电影时，虽然健康状况大不如前，赫本却为了沃伦·比蒂（Warren Beatty）复出。在赫本晚期的角色中，只有《金色池塘》（On Golden Pond，1981）才配得上她的才华，在该片中她与同样讨人喜欢却脾气暴躁的亨利·方达争吵。毫无疑问，赫本被人们铭记主要是因为她在1950年前拍的电影，这些作品现在看来依旧很出色。**GA**

劳伦斯·奥利弗 LAURENCE OLIVIER

生平： 本名劳伦斯·克尔·奥利弗（Laurence Kerr Olivier），1907年5月22日生于英国萨里郡多尔金；1989年卒于英国西撒塞克斯郡斯泰灵。

明星特质： 天才莎士比亚剧演员、有才华的导演；舞台传奇；天生易怒；与合作者有着浪漫的关系。

　　劳伦斯·奥利弗爵士是伟大的莎士比亚戏剧大师、故事讲述者和演员中的演员。他是戏剧表演的典范，拥有精湛的舞台技艺和才华。奥利弗的父亲是英国国教牧师，他从小在严格的宗教信仰家庭长大。12岁时母亲去世，父亲鼓励他追求演艺事业。奥利弗在圣爱德华学校接受初级教育，在剑桥加入学校的戏剧社，接着进入了伦敦的中央演讲和戏剧学院，然后加入了伯明翰轮演剧目剧团。

　　1930年奥利弗与第一任妻子、演员吉尔·埃斯蒙德（Jill Esmond）结婚，那时埃斯蒙德是个冉冉升起的戏剧明星。20世纪30年代中期，奥利弗开始出演莎士比亚作品，他才华横溢，表演充满热情，尤其是在舞台上与其他伟大演员的合作，如他与约翰·吉尔古德（John Gielgud）1935年在伦敦合演了《罗密欧与朱丽叶》（Romeo and Juliet）。戏剧是现场的艺术，将演员与现场观众联系在一起，一场接一场不间断，而电影则可能有更高的报酬，虽然他最爱的依旧是戏剧，但也开始演起电影。

　　这一时期他遇到了第二任妻子费雯·丽（Vivien Leigh），他们开始征服好莱坞。那时在南加州创作的好莱坞作品中缺乏有优良血统、高贵教养和出色演技的演员，于是好莱坞会定期挖掘有天赋的英国演员。费雯·丽

代表作：

Clash of the Titans 1981

The Boys from Brazil 1978 ☆

A Bridge Too Far 1977

Marathon Man 1976 ☆

Sleuth 1972 ☆

Battle of Britain 1969

Oh! What a Lovely War 1969

Othello 1965 ☆

Uncle Vanya 1963

Spartacus 1960

The Entertainer 1960 ☆

The Devil's Disciple 1959

The Prince and the Showgirl 1957

Richard III 1955 ☆

Carrie 1952

Hamlet 1948 ★

The Chronicle History of King Henry the Fift with His Battell Fought at Agincourt in France 1944 (Henry V) ☆

That Hamilton Woman 1941

Pride and Prejudice 1940

Rebecca 1940 ☆

Wuthering Heights 1939 ☆

Fire Over England 1937

右图：1948年奥利弗在自导自演的《哈姆莱特》中出演了这位丹麦王子。

劳伦斯·奥利弗

上图：奥利弗和妻子费雯·丽，他们曾合演过三部电影。

1939年拍摄的《乱世佳人》（Gone with the Wind）红遍全世界，为她赢得第一个奥斯卡最佳女演员奖，后来她又获得过一次获得该奖项，而奥利弗当年则凭借《呼啸山庄》（Wuthering Heights）建立了银幕男主角的地位。这对组合在银幕上合作过一些电影，包括《英伦战火》（Fire Over England，1937）和《忠魂鹃血离恨天》（That Hamilton Woman，1941），然而实际上他们在戏剧舞台的合作更为出色，戏剧表演贯穿了他们的一生。

20世纪40年代奥利弗拍了《蝴蝶梦》（Rebecca，1940）、《傲慢与偏见》（Pride and Prejudice，1940）和《亨利五世》（The Chronicle History of King Henry the Fift with His Battell Fought at Agincourt in France，1944）。战争期间奥利弗曾在空军服役，战争结束后，他出演了《哈姆莱特》（Hamlet，1948），这是他最伟大的作品之一，奥利弗不仅是主演，还亲自改编并执导

"表演是幻觉，像魔法一样，但不足以成为现实。"

劳伦斯·奥利弗

拉里（译注：劳伦斯的昵称）和莎士比亚剧

英国剧作家查尔斯·贝内特（Charles Bennett）说劳伦斯·奥利弗："他说莎士比亚的台词自然得好像他就是这样想的一样。"1935年奥利弗在伦敦剧院轮流饰演《罗密欧与朱丽叶》中的罗密欧和莫丘西奥，赢得观众的一致称赞。奥利弗第一次在大银幕上出演莎士比亚剧是在1936年的《皆大欢喜》（As You Like It）中饰演奥兰多。这次演出并不成功，奥利弗发誓如果要他再重复一次这段经历，他对作品必须要有创意的掌控。接着奥利弗导演了《亨利五世》、《哈姆莱特》和《理查三世》。奥利弗因《哈姆莱特》成为第一个靠自导自演的电影获奥斯卡奖的人。

◆ 奥利弗非常想在电影中饰演麦克白。伊丽莎白·泰勒当时的丈夫迈克尔·托德（Michael Todd）原本计划在1958年将该剧搬上大银幕，让奥利弗饰演麦克白，费雯·丽饰演他的夫人，但是托德却在飞机失事中身亡。

◆ 1955年奥利弗与密友拉尔夫·理查德森（Ralph Richardson）合演了电影版《理查二世》。这部电影并不成功，此后奥利弗再也没有执导过根据莎士比亚剧改编的电影了。

◆ 二战中《亨利五世》为正面宣传英国提供了机会，温斯特·丘吉尔（Winston Churchill）安排奥利弗带着演员和剧组工作人员到爱尔兰拍摄，避开炮弹的袭击。

了该片，该片不仅赢得奥斯卡最佳男演员和最佳影片两个奖项，奥利弗还被提名为奥斯卡最佳导演。

从主角到配角

奥利弗50年代受赞誉的电影包括《嘉丽妹妹》（Carrie，1952）、《理查三世》（Richard III，1955）和《魔鬼门徒》（The Devil's Disciple，1959）；60年代奥利弗与抑郁狂躁的费雯·丽离婚，与在影片《艺人》（The Entertainer，1960）中合作的演员琼·普莱怀特（Joan Plowright）结婚，《艺人》最初是部在伦敦演出的戏剧，后来跨过大西洋来到好莱坞。奥利弗出演的《斯巴达克斯》（Spartacus，1960）、《万尼亚舅舅》（Uncle Vanya，1963）、《奥赛罗》（Othello，1965）和《不列颠之战》（Battle of Britain，1969）见证了他从主演渐渐变为配角的过程，但在一些给观众留下更深印象的影片中他仍旧是主演，如《足迹》（Sleuth，1972）、《霹雳钻》（Marathon Man，1976）、《遥远的桥》（A Bridge Too Far，1977）和《来自巴西的男孩》（The Boys from Brazil，1978）。对于更年轻一些的观众而言，奥利弗是《诸神之战》（Clash of the Titans，1981）中的宙斯，他穿着长袍，牢牢地凌驾于小一些的神和人类对他旨意的信念之上。这个奇怪的印象证明了奥利弗在之前那些电影之后接拍这部戏并不明智，尤其是考虑到他在电视和舞台上的名望。但问题的关键在于我们伟大的艺术家有时是为了薪酬或仅仅想要取乐孩子而拍戏。所以有人可能还记得奥利弗饰演的宙斯说过的一句话："即使我和其他诸神被抛弃或遗忘，繁星也永不会黯淡。"

奥利弗曾11次获奥斯卡奖提名，赢得了两个奥斯卡表演奖和两个奥斯卡荣誉奖，八次获艾美奖提名，获奖四次，三次获金球奖提名，获奖两次，还得过一次荣誉奖。就这点而论，奥利弗是不朽的演员，人们永远不会忘记他。**GCQ**

右图：奥利弗在《霹雳钻》中饰演冷酷无情的前纳粹犯人。

约翰·韦恩 JOHN WAYNE

生平: 本名马里恩·罗伯特·莫里森(Marion Robert Morrison),1907年5月26日生于美国爱荷华州温特赛特;1979年卒于美国洛杉矶。

明星特质: 多产的好莱坞男主角;西部片中经久不衰的偶像;因缓慢的表演风格和低沉的嗓音而著名。

20世纪早期,电影成为基于大量诉求和精通基本故事叙述的标准化娱乐,西部片成为美国的同义词,因为描述老西部地区的广阔无垠对反映现代状况很有用处。马里恩·莫里森正好生于这个电影产业要巩固、电影类型要发展的时期,他在爱荷华州出生,家里过着拮据的生活,后来全家搬去了加利福尼亚州的格兰岱尔。

童年时期,莫里森是个好学生、优秀的运动员,他常和宠物狗"公爵"一起,最后"公爵"也成了他的昵称。从高中毕业时他就发现自己踢球很有天分,他申请加入美国海军学院被拒后进入了南加利福尼亚大学,还获得奖学金,在南加大时他为霍华德·琼斯(Howard Jones)演戏。

在学习和练习的空余时间,莫里森开始在洛杉矶周围的电影公司工作。一次受伤结束了他的足球生涯,莫里森离开了南加大,进入好莱坞,做起道具管理员的工作。就在这时,他与年轻的约翰·福特成为了朋友。

在饰演了不计其数的小角色后,莫里森终于主演了自己的第一部电影《大追踪》(The Big Trail,1930),为了这部电影他取了艺名约翰·韦恩。从那之后就开始了一段明星与某一类型电影最持久的银幕关系,韦恩成为美国西部片的象征。他是不驯的荒野中的保障、是混乱环境中体面正派的焦点、是道德观念越来越模糊的世界里恒定而不

代表作:

The Shootist 1976
Brannigan 1975
McQ 1974
True Grit 1969 ★
The Green Berets 1968
The Sons of Katie Elder 1965
How the West Was Won 1962
The Longest Day 1962
The Man Who Shot Liberty Valance 1962
The Alamo 1960
The Searchers 1956
Big Jim McLain 1952
The Quiet Man 1952
Rio Grande 1950
Sands of Iwo Jima 1949 ☆
She Wore a Yellow Ribbon 1949
Red River 1948
Fort Apache 1948
Flying Tigers 1942
Stagecoach 1939
Texas Terror 1935
Sagebrush Trail 1933
Ride Him, Cowboy 1932
Three Girls Lost 1931
The Big Trail 1930

右图:韦恩与合作者乔治·班克劳夫(George Bancroft)和克莱尔·特雷弗(Claire Trevor)在约翰·福特执导的影片《关山飞渡》中。

约翰·韦恩

上图：韦恩在《蓬门今始为君开》（The Quiet Man）中饰演的西恩·索恩顿企图驯服玛琳·奥哈拉（Maureen O'Hara）。

容置疑的正义。韦恩年轻时高大英俊（虽然年老后粗野驼背），工作十分认真。他工作起来犹如一个野心勃勃的商人，来者不拒，韦恩的简历很快就填满了一些容易被人遗忘的电影：《三女失踪》（Three Girls Lost，1931）、《牛仔》（Ride Him, Cowboy，1932）、《赃物》（Sagebrush Trail，1933）和《得克萨斯恐怖事件》（Texas Terror，1935），但其中也有一部杰作，如1939年的《关山飞渡》（Stagecoach）。二战开始时，韦恩饰演的人物类型及形象已深入人心，他的观众不断期待由他们最喜爱的正义之士主演下一部西部片，在战场上、大草原上、老西部的河谷里留下他的身影；尽管实际上这些电影是在位于亚利桑那州和犹他州典型的纪念碑山谷中取景的。

"在电影业中，西部片更接近于艺术，而不是什么其他形式。"

约翰·韦恩

美国的爱国者

约翰·韦恩一生都是激烈的右翼爱国者和政治活动家。然而,当他渐渐年长,观点却温和了一些。有趣的是,在1978年的巴拿马运河问题上韦恩支持卡特总统和民主党——他们认为运河属于巴拿马人而不是美国人。

◆ 韦恩与他那一代的很多其他演员不同,他没有参加二战。因为那时他已结婚,是四个孩子的父亲,在被征入伍时他要求延期。

◆ 韦恩在拍摄自导自演的越南战争片《绿色贝蕾帽》时损失了一笔巨款。很多评论员认为该片表现出的乐观合作的爱国主义精神与电视中播出的战争状况大相径庭。

◆ 韦恩支持黑名单,并协助众议院非美活动调查委员会的工作。他给如《檀岛歼谍记》(Big Jim McLain, 1952)这类传达反共信息的电影提供资金。

◆ 据说1968年共和党要韦恩竞选美国总统,他拒绝了,因为他认为美国人不会让一个电影明星当总统。

离开西部片

韦恩在二战的这些年里出演了更多的电影,包括军事片,如《飞虎队》(Flying Tigers, 1942)和《硫磺岛浴血战》(Sands of Iwo Jima, 1949),后者为他赢得第一次奥斯卡提名。韦恩在继续出演西部片的同时也开始涉足恐怖片,而他饰演的西部片常常由福特执导,如《要塞风云》(Fort Apache, 1948)、《搜索者》(Searchers, 1956)、《黄巾骑兵队》(She Wore a Yellow Ribbon, 1949)以及《一将功成万骨枯》(Rio Grande, 1950)。晚年,韦恩放慢了拍电影的速度,那时他已演了大约200部电影。他也做过导演,执导了《边城英烈传》(The Alamo, 1960),同时他还是这部戏的制片人和主演,并在1968年执导了讲述越南战争的影片《绿色贝蕾帽》(The Green Berets)。

这时,年龄的增长和日渐衰退的健康进一步削弱了韦恩的工作能力——但是有趣的事情却发生了:他在复仇故事《大地惊雷》(True Grit, 1969)中饰演的戴着眼罩的罗斯特·考伯恩最终赢得评论界的赞誉,加上观众由来已久的欢迎和喜爱,韦恩终于赢得了奥斯卡奖。他在政治上是保守派,因一直吸烟死于肺癌和胃癌。**GCQ**

右图:韦恩凭借《大地惊雷》赢得了评论界和观众的一致赞誉。

罗莎琳德·拉塞尔 ROSALIND RUSSELL

生平： 本名罗莎琳德·拉塞尔，1907年6月4日生于美国康涅狄格州沃特伯里；1976年卒于美国洛杉矶。

明星特质： 身材高挑、外形美丽的演员、歌手和慈善家；有一双富于表现力的眼睛；多才多艺、机智诙谐，是经验丰富的神经喜剧女演员、时髦先锋和性格演员。

罗莎琳德·拉塞尔最初在百老汇表演，20世纪50年代回到百老汇，后来又重返好莱坞拍了《欢乐梅姑》（Auntie Mame，1958），并凭借该片再获成功，也因该片获得她四次奥斯卡奖提名中的一次。拉塞尔的电影生涯断断续续，演过不少配角，并被电影公司转租多次。尽管如此，她仍然是20世纪30年代末40年代初一小部分电影中的明星，常饰演说俏皮话、戴大帽子、易怒的职业女性。

拉塞尔的父亲是律师，她在纽约的美国戏剧艺术学院接受训练，20出头就开始登台表演。拉塞尔的第一部电影是《主妇之谜》（Evelyn Prentice，19340）。虽然她出演严肃戏剧也很优秀，但显然她被塑造成了喜剧演员。她有一双大而富有表现力的眼睛，她的表演常常接近过火的边缘，但总能巧妙地在最后一刻控制住。

拉塞尔很少成为某一角色的第一人选，连她的两个最有名望的角色——《女人们》（The Women，1939）中最讨人厌的角色和霍华德·霍克斯（Howard Hawks）的《女友礼拜五》（His Girl Friday，1940）中的希尔迪·约翰逊的最初人选都不是她。然而，我们也很难想象其他演员能如此狂热而贴切地饰演这两个角色。拉塞尔在《女人们》中想要从瑙玛·希拉（Norma Shearer）、琼·克劳馥和宝莲·高黛（Paulette Goddard）那儿抢镜头，有时甚至是同时与这三个女星抢戏。她在《女友礼拜五》里饰演的记者在记者室与男孩子们高兴地说着俏皮话的片段则是她最精彩的演出。拉塞尔一直忍受着风湿性关节炎带来的痛苦，她晚年致力于对关节炎研究方面的慈善活动。1972年美国电影艺术和科学学院因拉塞尔对慈善事业的贡献授予她珍·赫肖尔特人道主义奖。**MC**

代表作：

Gypsy 1962
Auntie Mame 1958 ☆
Picnic 1955
A Woman of Distinction 1950
Mourning Becomes Electra 1947 ☆
The Guilt of Janet Ames 1947
Sister Kenny 1946 ☆
Flight for Freedom 1943
My Sister Eileen 1942 ☆
Take a Letter, Darling 1942
Design for Scandal 1941
This Thing Called Love 1940
His Girl Friday 1940
The Women 1939
Night Must Fall 1937
Evelyn Prentice 1934

"演戏就是赤身露体地站着，并以非常慢的速度转身。"

芭芭拉·斯坦威克 BARBARA STANWYCK

生平：本名鲁比·凯瑟琳·史蒂文斯（Ruby Catherine Stevens），1907年7月16日生于美国纽约州布鲁克林；1990年卒于美国加利福尼亚州圣塔莫妮卡。

明星特质：歌舞女郎；工作狂；常饰演美丽性感、有挑逗性的角色，是个多才多艺的演员。

斯坦威克初登银幕是在《百老汇之夜》（Broadway Nights, 1927）中饰演跳扇子舞的女孩，她是好莱坞黄金时代最性感的大美女，常在电影中饰演脱衣舞女。她在喜剧《淑女伊芙》（The Lady Eve, 1941）中饰演的女骗子诱惑亨利·方达饰演的蛇类专家，在《双重赔偿》（Double Indemnity, 1944）中饰演认真的菲莉丝，诱使弗莱德·麦克莫瑞杀人。斯坦威克被称为"从未赢得奥斯卡奖的最佳女演员"，她曾四次获奥斯卡提名，但是除了1981年得的荣誉奖外，她从未赢得过奥斯卡最佳女演员奖。

斯坦威克四岁时母亲就去世了，父亲也抛弃了她，她在不同的寄养家庭长大，13岁时开始当模特和歌舞女郎。斯坦威克在颁布《海斯法典》前的电影中饰演了一些具有挑逗性的角色，包括《娃娃脸》（Baby Face, 1933），这部直率而愤世嫉俗的电影讲述了一个无从区分道德是非的女子利用性获得想要的一切，最后爬上顶峰的故事。斯坦威克是个多才多艺的演员，既能饰演《袁将军的苦茶》（The Bitter Tea of General Yen, 1933）中压抑的老姑娘，也能饰演不穿束胸的风骚女子。20世纪30年代中期电影审查制度越发严苛，斯坦威克从为她量身制作的电影《爱的弹丸》（Annie Oakley, 1935）和《史帝拉·达拉斯》（Stella Dallas, 1937）等片中获益，她在《爱的弹丸》中第一次穿

1900年代

代表作：

Forty Guns 1957
Cattle Queen of Montana 1954
Blowing Wild 1953
Clash by Night 1952
To Please a Lady 1950
The Furies 1950
The File on Thelma Jordon 1950
Sorry, Wrong Number 1948 ☆
Cry Wolf 1947
The Two Mrs. Carrolls 1947
The Strange Love of Martha Ivers 1946
Christmas in Connecticut 1945
Double Indemnity 1944 ☆
Lady of Burlesque 1943
Ball of Fire 1941 ☆
The Lady Eve 1941
The Mad Miss Manton 1938
Stella Dallas 1937 ☆
Annie Oakley 1935
A Lost Lady 1934
Baby Face 1933
The Bitter Tea of General Yen 1933
Shopworn 1932
Ten Cents a Dance 1931
Broadway Nights 1927

右图：斯坦威克在戏剧《史帝拉·达拉斯》中饰演同名角色。

芭芭拉·斯坦威克

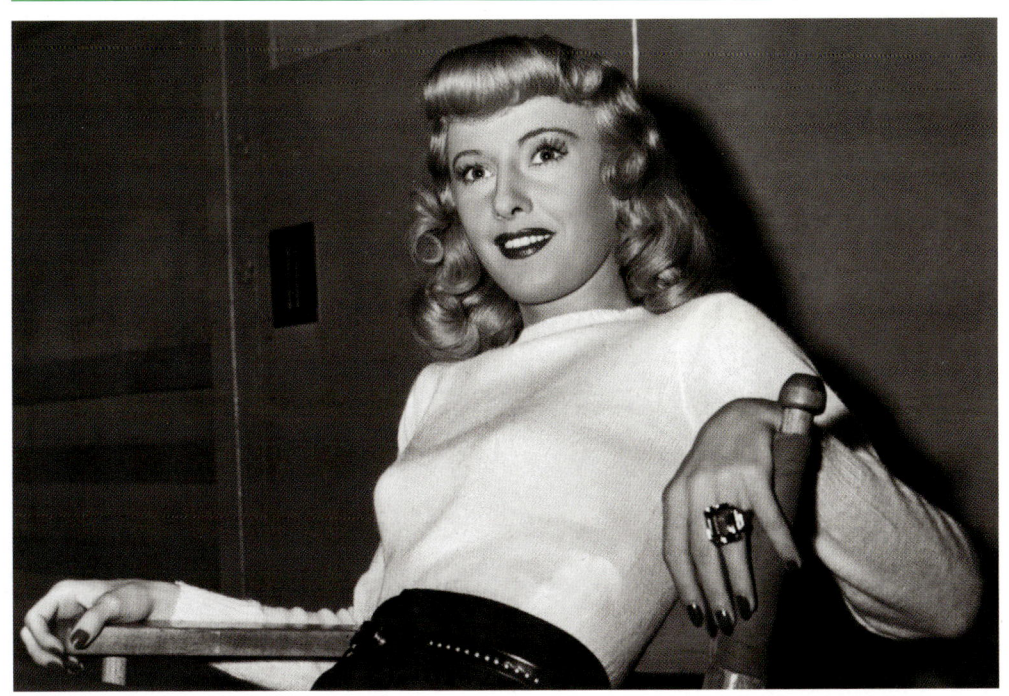

上图：斯坦威克在黑色电影《双重赔偿》中饰演诡计多端的菲莉丝·迪特里奇森。

上西部服装，看上去棒极了，在《史帝拉·达拉斯》中饰演的角色与琼·克劳馥的一个角色类似，却更真诚感人。

斯坦威克早期的角色都很粗鲁无礼，她在神经喜剧《疯狂的曼顿小姐》（The Mad Miss Manton，1938）和《康州圣诞》（Christmas in Connecticut，1945）中很好地诠释了这一点。拍完《双重赔偿》后，斯坦威克又拍了一些黑色电影。斯坦威克在《噩夜惊情》（The Two Mrs. Carrolls，1947）、《狼来了》（Cry Wolf，1947）和《电话惊魂》（Sorry, Wrong Number，1948）中分别饰演被丈夫亨弗莱·鲍嘉、埃罗尔·弗林和伯特·兰卡斯特明里暗里迫害的对象，逐渐建立起受压抑的歇斯底里的形象。20世纪50年代斯坦威克在《夜间冲突》（Clash by Night，1952）和《狂风飞絮》（Blowing Wild，1953）中饰演中年的女色情狂，在《蒙大拿州的养牛女王》（Cattle Queen of Montana，1954）和《四十支枪》（Forty Guns，1957）中饰演女地主，60年代中期斯坦威克息影，成功地转入电视界。**KN**

在小荧幕

当斯坦威克的电影事业开始走下坡路时，她成功转入小荧屏。虽然《芭芭拉·斯坦威克秀》（1961—1962）并未造成轰动，却为她赢得了艾美奖。然而，她因在西部剧《大峡谷》（1965—1969）中饰演巴克利家族的女家长受到热烈的欢迎（并获得另一个艾美奖）。20年代80年代，她因出演《豪门恩怨》（Dynasty）及《浮华世家》（The Colbys）中的康斯坦丝·科尔比再次取得巨大成功。她担任了《鹰冠庄园》（Falcon Crest）中钱宁一角，后来这个角色由简·怀曼取代。1983年斯坦贝克因在《荆棘鸟》（The Thorn Birds）中的出色表演获得最后一个艾美奖。

雷吉·纳尔德 REGGIE NALDER

生平：本名阿尔弗雷德·雷金纳德·纳泽勒（Alfred Reginald Natzler），1907年9月4日生于奥地利维也纳；1991年卒于美国加利福尼亚州圣塔莫妮卡。

明星特质：性格演员；恐怖电影的标志；有"让人出走一千次的脸"和伤痕累累的外貌以及柔软的声音。

    雷吉·纳尔德的脸是电影中最令人难忘的脸之一，比默片《歌剧魅影》中朗·钱尼的脸更接近加斯顿·勒鲁（Gaston Leroux）对魅影的描述。纳尔德遭遇了多次事故，在这些事故中他的嘴留下了明显的伤疤，也许是因为烧伤后变得丑陋无比，于是大家都称他有"让人出走一千次的脸"（"The Face That Launched a Thousand Trips"）。

    纳尔德的过去丰富多彩且神秘十足。他出生在一个表演世家，父母和叔叔都是演员。他的叔叔20世纪20年代在维也纳拥有一个叫作Hölle（意为"地狱"）的声名狼藉的卡巴莱歌舞剧院。小纳尔德帮助叔叔画幕景，并对歌舞表演的舞台造型提出建议。当纳粹到达时，纳尔德逃到了巴黎，在时事音乐讽刺剧中表演。二战结束后纳尔德演了自己的第一部电影《天牢勇士》（Jericho，1946）。50年代纳尔德积极参演了一系列法国电影，阿尔弗雷德·希区柯克让他在《擒凶记》（The Man Who Knew Too Much，1956）中饰演沉默的刺客，观众也由此认识了他，而他的伤疤也意味着他只能一直饰演坏人。

    纳尔德是《满洲候选人》（The Manchurian Candidate，1962）中的洗脑者之一，是《摧花手》（The Bird with the Crystal Plumage，1970）中另一个职业杀手，是《魔鬼记号》（Mark of the Devil，1970）里得白化病的女巫猎手，是《卡萨诺瓦》（Il Casanova di Federico Fellini，1976）里游行中的一人。他在吸血鬼电影中饰演了很多奇怪的角色，如《德拉库拉魔犬》（Dracula's Dog，1978）中献身于德拉库拉的半人半鬼的仆人、电视版的《撒冷镇——午夜行尸》（Salem's Lot，1979）中僵尸脸的主人，并在色情电影《德拉库拉之吻》（Dracula Sucks）中（以"德特勒夫·范·伯格"的名字）饰演了范·赫尔辛博士，这部电影是对布拉姆·斯托克（Bram Stoker）的小说《德拉库拉》戏谑式的改编，纳尔德并未参与片中那些色情场景的拍摄。**KN**

代表作：

The Devil and Max Devlin 1981
Seven 1979
Dracula Sucks 1979
Dracula's Dog 1978
Crash! 1977
Il Casanova di Federico Fellini 1976
   (*Fellini's Casanova*)
L'Uccello dalle piume di cristallo 1970
   (*The Bird with the Crystal Plumage*)
Hexen bis aufs Blut gequält 1970
   (*Mark of the Devil*)
The Manchurian Candidate 1962
The Man Who Knew Too Much 1956
Adventures of Captain Fabian 1951
Le signal rouge 1949
Jericho 1946

> "我是因为希区柯克才来到美国的，我非常感激他。"

菲伊·雷 FAY WRAY

生平：本名维纳·菲伊·雷（Vina Fay Wray），1907年9月15日生于加拿大亚伯达卡兹顿；2004年卒于美国纽约。

明星特质：娇小、有一头深褐色秀发的"连野兽都倾心的美女"；尖叫女王；银幕最大猩猩的瑟瑟发抖的俘虏。

菲伊·雷出生于一个摩门教徒的家庭，为了工作，他们举家搬到美国，先到亚利桑那州，后又到了洛杉矶，在那儿雷找到了一份临时演员的工作，默片时代雷在环球电影公司演西部片。1926年，西部电影广告协会选出了13个最有可能在电影界成名的初涉影坛的年轻人，雷即是其中一个。导演埃里克·冯·施特罗海姆（Erich von Stroheim）将雷从小角色一举提升到《结婚进行曲》（The Wedding March，1928）的主演，此后雷成为有声电影早期多部影片的女主角，如《飞艇大战》（Dirigible，1931）、《三个无赖》（Three Rogues，1931）和《偷渡者》（Stowaway，1932），她常饰演让两个男子为之争斗的女子。

雷在几乎所有电影中都是褐色头发，却因在《金刚》（King Kong，1933）中饰演被大猩猩抓在爪子中的金发的安·达罗而在流行文化中赢得经久不衰的名声。雷演过一些恐怖片，她总是尖声大叫：在采用减色系统（two-strip Technicolor）拍摄的《X博士》（Doctor X，1932）和《神秘蜡像馆》（Mystery of the Wax Museum，1933）中饰演讨人喜欢的角色，在《吸血蝙蝠》（The Vampire Bat，1933）中陷入危险尖声大叫，在《最危险的游戏》（The Most Dangerous Game，1932）中成为疯狂的莱斯利·班克斯（Leslie Banks）寻找的"奖品"。《金刚》之后她几乎没有什么能让人记住的角色，于是她冒险到英国拍了有趣的《洞察者》（The Clairvoyant，1934）和《斗牛犬杰克》（Bulldog Jack，1935）。从20世纪30年代晚期开始一直到60年代，雷只是偶尔出演电影，但她常常客串电视节目，如《阿尔弗雷德·希区柯克出现》（Alfred Hitchcock Presents，1958—1959）。导演彼得·杰克逊（Peter Jackson）重拍《金刚》时与雷成为朋友。2004年9月15日雷去世，她去世后两天，纽约帝国大厦——《金刚》中高潮一幕的拍摄点——为了纪念她熄灯15分钟。**KN**

代表作：

Bulldog Jack 1935
Viva Villa! 1934
The Clairvoyant 1934
King Kong 1933
Mystery of the Wax Museum 1933
The Vampire Bat 1933
The Most Dangerous Game 1932
Doctor X 1932
Stowaway 1932
Dirigible 1931
Three Rogues 1931
The Four Feathers 1929
The Wedding March 1928

"我在拍摄时根本没有金刚，我只能依靠自己的想象来演。"

吉恩·奥特里 GENE AUTRY

生平： 本名奥文·吉恩·奥特里（Orvon Gene Autry），1907年9月29日生于美国得克萨斯州泰奥加；1998年卒于美国洛杉矶。

明星特质： "歌唱的牛仔"、经验丰富的西部片演员、畅销的乡村音乐歌手、作曲家、作词家、制作人、竞技明星、棒球迷。

吉恩·奥特里是B级西部片历史和乡村音乐发展中的关键人物，最初他是俄克拉荷马州广播台的歌手，后来成为一名受欢迎的唱片明星。奥特里出演的第一部电影是为肯恩·梅纳德（Ken Maynard）制作的《在老圣达菲》（In Old Santa Fe, 1934）。奥特里的歌唱事业非常成功，他不仅自己创作歌曲，还出过唱片，他的流行金曲包括《红鼻子驯鹿鲁道夫》（Rudolph the Red-Nosed Reindeer, 1949）。

1935年奥特里出演了电视剧《幽灵帝国》（The Phantom Empire），这部电视剧奇异地将西部片和科幻小说混合在一起。与共和电影公司签约后，奥特里在接下来的20年里主演了很多程式化的西部片。他在《尘缘记》（Oh, Susanna!, 1936）和《苏城控告》（Sioux City Sue, 1946）中的角色都叫"吉恩·奥特里"，在六响枪、马群和汽车以及飞机共存的偏远地区与恶棍和法外之徒作斗争。他悦耳的歌声和友善的个性受到男人女人的一致喜爱，连小孩儿也能欣赏他的喜剧。

奥特里战时在航空运输司令部的服役中断了他的电影演出，但是在20世纪50年代早期他是最早看见电视潜力的好莱坞明星之一。他成立了自己的公司，制作了诸如《吉恩·奥特里秀》（The Gene Autry Show, 1950）、《冠军历险记》（The Adventures of Champion, 1955）和《安妮·奥克利》（Annie Oakley, 1954）这样的电视剧。奥特里非常精明，当他退休时因在房地产、广播和电视上的投资变得极其富有。1961年到1997年他拥有加州天使棒球队，之后他将一部分股份卖给华特·迪斯尼公司。奥特里去世时享年91岁。**EB**

代表作：

On Top of Old Smoky 1953
Gene Autry and The Mounties 1951
Beyond the Purple Hills 1950
Robin Hood of Texas 1947
Twilight on the Rio Grande 1947
Sioux City Sue 1946
Call of the Canyon 1942
Home in Wyomin' 1942
Cowboy Serenade 1942
Down Mexico Way 1941
Shooting High 1940
Rancho Grande 1940
Blue Montana Skies 1939
Oh, Susanna! 1936
In Old Sante Fe 1934

"我不是个好演员……也不是个特别优秀的歌手，但看起来我的工作就是做这些。"

布吉斯·梅迪斯 BURGESS MEREDITH

生平: 本名奥利弗·布吉斯·梅迪斯（Oliver Burgess Meredith），1907年11月16日生于美国俄亥俄州克利夫兰；1997年卒于美国加利福尼亚州马里布。

明星特质: 导演、制片人；身材矮小；常饰演配角的性格演员；因像企鹅一样的嗓音而著名。

布吉斯·梅迪斯因在电视剧《迷离时空》（Twilight Zone，1982—1983）中饰演温顺的小失败者——其中《最后的较量》（Time Enough at Last）最令人难忘的——和在电视版的《蝙蝠侠》（Batman，1966—1968）中饰演企鹅人而在流行文化中占一席之地。他在1975年因《蝗虫之日》（Day of the Locust，1975）中的表演获奥斯卡最佳男配角提名，获得同行的认可。然而，他最为人所知的也许是在《洛奇》（Rocky，1976）中饰演的不开心的训练员米奇·戈登米尔，与西尔维斯特·史泰龙（Sylvester Stallone）饰演的拳击手洛奇·巴尔博厄演对手戏，梅迪斯因这部戏再获奥斯卡奖提名。他在该片的四部续集中的三部里再次演绎了这个角色。

梅迪斯的电影生涯漫长而卓越，却因他自由主义的政治观点在20世纪50年代被列入黑名单，直到60年代才重新开始演电影。他早期杰出的电影都改编自舞台剧：《温特赛镇》（Winterset，1936）、《傻瓜喜事》（Idiot's Delight，1939）和《人鼠之间》（Of Mice and Men，1939）。他还在《美国大兵乔的故事》（Story of G. I. Joe，1945）中出演战地记者欧尼·派尔，在《我们自己的刽子手》（Mine Own Executioner，1947）中饰演精神病医生。

梅迪斯还在法国自导自演了《埃菲尔铁塔上的男人》（The Man on the Eiffel Tower，1950），之后一直拍电视剧，直到奥托·普雷明格（Otto Preminger）在电影如《红衣主教》（The Cardinal，1963）和《出走》（Skidoo，1968）中给他一些角色。接着他饰演了《邪恶花园》（Torture Garden，1966）中的恶魔，与埃维斯·普里斯利（Elvis Presley）合演了《乔，离远点》（Stay Away, Joe，1968），之后在诸如《大逃狱》（There Was a Crooked Man...，1970）、《蝗虫之日》（The Day of the Locust，1975）和《斗气老顽童》（Grumpy Old Men，1993）之类的电影中饰演暴躁的老式人物，几乎垄断了这一类型的市场。**KN**

代表作:

Grumpy Old Men 1993
Rocky 1976 ☆
The Day of the Locust 1975 ☆
There Was a Crooked Man... 1970
Skidoo 1968
Stay Away, Joe 1968
Torture Garden 1967
Batman 1966
The Cardinal 1963
L'Homme de la tour Eiffel 1950
 (The Man on the Eiffel Tower)
Mine Own Executioner 1947
Story of G. I. Joe 1945
Of Mice and Men 1939
Idiot's Delight 1939
Winterset 1936

"继续出演《蝙蝠侠》的主要动力是……它很流行。"

雷克斯·哈里森 REX HARRISON

生平：本名雷金纳德·凯里·哈里森（Reginald Carey Harrison），1908年3月5日生于英国兰开夏郡海顿；1990年卒于美国纽约。

明星特质：演员、制片人；"性感的雷克西"；擅长喜剧表演风格和快节奏的表演；被授以爵位；常饰演贵族、无赖、医生和教授。

雷克斯·哈里森爵士即使说着最精致的对话也会不自觉地流露出傲慢的神态，他天生就是饰演无赖或冷若冰霜、威严庄重角色的料。有时他看上去好像有点"难伺候"，哪怕他总是饰演无足轻重的人。

哈里森1924年首次登台表演，他第一次出演电影是在1930年。他凭借希区柯克式的恐怖片《开往慕尼黑的夜车》（Night Train to Munich，1940）和根据乔治·萧伯纳剧作改编的《芭芭拉上校》（Major Barbara，1941）首次引起观众的注意。哈里森二战中在英国海军服役，回来后出演了尼尔·科沃德（Noel Coward）的《欢乐的精灵》（Blithe Spirit，1945）和《浪子历程》（The Rake's Progress，1945）。

好莱坞吸引着哈里森，他的出现有些混乱，似乎这个梦工厂无法很好地展示他的才能。在靠化妆改变种族出演了《安娜与暹罗王》（Anna and the King of Siam，1946）后，他遇到了两位懂得他并能成功运用他的尖刻的导演：他与普莱斯顿·斯特奇斯（Preston Sturges）合作了《红杏出墙》（Unfaithfully Yours，1948），与约瑟夫·曼凯维奇（Joseph L. Mankiewicz）合作了《幽灵与未亡人》（The Ghost and Mrs. Muir，1947）和《逃亡》（Escape，1948）。在这些成功的作品之后，虽然哈里森因戏剧《窈窕淑女》（My Fair Lady，1956）的成功而星光熠熠，但他的电影事业却在50年代进入了死胡同。1964年《窈窕淑女》被搬上了大银幕，哈里森将他最精彩的表演呈现在电影观众面前。尽管曼凯维奇再次找他拍了两部电影，让他出演了《埃及艳后》（Cleopatra，1963）中臭名昭著的凯撒和《试情记》（The Honey Pot，1967）里古怪的富翁，但哈里森很少有其他作品能成功地印证他的才华。哈里森还曾在《杜立德医生》（Doctor Dolittle，1967）中尝试一展歌喉。**DS**

代表作：

Doctor Dolittle 1967
The Honey Pot 1967
The Agony and the Ecstasy 1965
My Fair Lady 1964 ★
Cleopatra 1963 ☆
Midnight Lace 1960
Unfaithfully Yours 1948
Escape 1948
The Ghost and Mrs. Muir 1947
Anna and the King of Siam 1946
The Rake's Progress 1945
Blithe Spirit 1945
Major Barbara 1941
Night Train to Munich 1940

> "这儿总是有奋斗，为了在所有艺术形式中得到一个比自己更厉害的角色而奋斗。"

安娜·麦兰妮 ANNA MAGNANI

生平：本名安娜·麦兰妮，1908年3月7日生于意大利拉丁姆罗马；1973年卒于意大利拉丁姆罗马。

明星特质：歌手、作家；有一头乌黑的头发；意大利战后的电影偶像、意大利新现实主义中丰满的女主角；因饰演朴实的角色而出名。

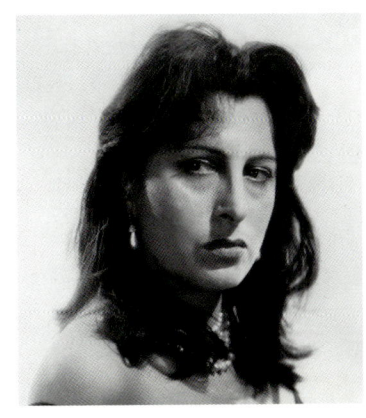

安娜·麦兰妮简直就是意大利妖冶性感女郎的对立面，她没有吉娜·劳洛勃丽吉达（Gina Lollobrigida）或索菲亚·罗兰那样的外貌。身材矮小，浓眉大眼的她因成功饰演意大利战后努力奋斗的普通工人阶级妇女而引起人们的注意。

麦兰妮是个私生女，从小生活在罗马的贫民窟，由外祖母抚养长大。她靠在夜总会卖唱赚取在罗马国家戏剧艺术学院学习表演的费用。她首次出演电影是在《斯康波罗》（Scampolo，1928）中饰演一个小角色。20世纪三四十年代麦兰妮一边在剧院工作一边在电影中不断进取，最出名的是在导演维托里奥·德·西卡（Vittorio De Sica）的《你喜欢女人吗》（Teresa Venerdì，1941）中出演的一个配角。直到导演罗伯托·罗西里尼（Roberto Rossellini）以纳粹占领的意大利为背景的新现实主义电影《罗马，不设防的城市》（Roma, città aperta，1945），布兰妮才迎来重大突破，出演了主角。这部杰作让她蜚声海内外，此后她一直与意大利及国外的顶级导演合作。

麦兰妮在引发争论的《爱情》（L'Amore，1948）中再次与罗西里尼合作，并在《黄金马车》（Le Carrosse d'or，1953）中携手让·雷诺（Jean Renoir），饰演一个欺骗众多情人的演员。她的第一部英语对白电影是改编自田纳西·威廉斯剧作的《玫瑰梦》（The Rose Tattoo，1955），该片为她赢得奥斯卡最佳女演员奖。重返好莱坞后，她接拍了乔治·库克（George Cukor）不太成功的戏剧《暴风雨》（Wild Is the Wind，1957）、斯坦利·克雷默（Stanley Kramer）的《秘密大战争》（The Secret of Santa Vittoria，1969）和西德尼·吕美特（Sidney Lumet）的《逃亡者》（The Fugitive Kind，1959），同时也在意大利演戏。麦兰妮的最后一个角色非常适合她——在费德里科·费里尼（Federico Fellini）的《罗马风情画》（Roma，1972）中饰演她自己。**CK**

代表作：

Roma 1972
The Secret of Santa Vittoria 1969
Mamma Roma 1962
The Fugitive Kind 1959
Nella città l'inferno 1959
  (The Wild Wild Women)
Wild Is the Wind 1957 ☆
The Rose Tattoo 1955 ★
Le Carrosse d'or 1953 (The Golden Coach)
Bellissima 1951
L'Amore 1948 (Ways of Love)
Roma, città aperta 1945 (Open City)
Teresa Venerdì 1941 (Do You Like Women)
Scampolo 1928

"动物很好，真的比人好很多，动物不会背叛你。"

巴迪·艾布森 BUDDY EBSEN

生平： 本名小克里斯蒂安·鲁道夫·艾布森（Christian Rudolph Ebsen Jr.），1908年4月2日生于美国伊利诺伊州贝尔维尔；2003年卒于美国加利福尼亚州托伦斯。

明星特质： 作家、作曲家、歌手、制作人、杂耍剧和音乐剧演员；有着摇曳的舞姿。

代表作：

Breakfast at Tiffany's 1961
Attack 1956
Night People 1954
Utah Wagon Train 1951
Rodeo King and the Senorita 1951
Thunder in God's Country 1951
Silver City Bonanza 1951
Under Mexicali Stars 1950
The Kid from Texas 1939
My Lucky Star 1938
The Girl of the Golden West 1938
Born to Dance 1936
Captain January 1936
Broadway Melody of 1936 1935

"真是一团乱。"
———— 对93岁写作爱情小说艾布森如是说

巴迪·艾布森原本要出演经典影片《绿野仙踪》（The Wizard of Oz，1939）中的铁皮人，却因对铝制服装上的灰尘近乎致命的过敏而被杰克·哈利（Jack Haley）取代。艾布森十岁时举家搬去佛罗里达州，他父亲在那儿经营着一家舞蹈室，后来教自己的孩子们跳舞。艾布森大学学医，几年后因家里经济困难不得不辍学。他离开奥兰多，前往纽约，在纽约的杂耍剧院工作。后来他和妹妹薇尔玛·艾布森（Vilma Ebsen）一起去了好莱坞，在《百老汇旋律1936》（Broadway Melody of 1936，1935）中初次演出电影，之后他的才华被发现，在20世纪30年代出演了很多歌舞片，他的演艺事业在出演《绿野仙踪》时到达顶点。

40年代艾布森出演了一些二流的西部片，二战中他在美国海岸警卫队服役。他还错过了另外一个著名的角色，原本他要主演迪斯尼的电视剧《大卫克罗传》（Davy Crockett, King of the Wild Frontier，1954），后来迪斯尼却让菲斯·帕克（Fess Parker）取代了他的角色，而让他出演了克罗虚构的朋友乔治·拉塞尔。

之后艾布森一直专注于朴实无华的表演，在电视喜剧《贝弗利山人》（The Beverly Hillbillies，1962—1971）中饰演从乡下佬变成百万富翁的杰德·克莱皮特，他的演艺生涯最终得到了保障。这部剧被哥伦比亚广播公司取消（尽管该剧颇受好评）后，他又主演了另一部侦探剧《巴纳比·琼斯》（Barnaby Jones，1973—1980）。直到80岁艾布森依旧活跃，出演了不少配角。艾布森95岁逝世前写了一些小说，其中一本是根据他饰演的角色侦探巴纳比·琼斯而创作的。他还写过一本自传《奥兹国的另一面》（The Other Side of Oz，1994）。**RU**

贝蒂·戴维斯 BETTE DAVIS

生平： 本名鲁思·伊丽莎白·戴维斯（Ruth Elizabeth Davis），1908年4月5日生于美国马萨诸塞州洛厄尔；1989年卒于法国纳伊。

明星特质： 为好角色奋力争取；获奥斯卡提名次数最多的演员之一；传奇女星。

贝蒂·戴维斯从约翰·默里·安德森戏剧学校毕业后，于1929年首次登上百老汇的舞台，出演了《打碎的盘子》（Broken Dishes）。第二年戴维斯的第一家电影公司环球电影公司与她解约，因为他们认为她"像斯利姆·萨默维尔（Slim Summerville）一样缺乏性感的吸引力"。整个30年代戴维斯都在华纳兄弟电影公司努力工作，出演各种不同的无礼、漂亮、时髦的城市女孩。像很多年轻的女演员一样，戴维斯明白脱颖而出的最好方法就是饰演无耻的荡妇，于是她努力说，终于在《名士殉情记》（Of Human Bondage，1934）中饰演了伦敦"艺术家模特"米尔德里德一角，与莱斯利·霍华德演对手戏。然而，华纳兄弟电影公司更倾向于让她饰演拳击比赛时等在赛场边的情妇，如《艳窟啼痕》（Kid Galahad，1937），或是《星星监狱两万年》（20,000 Years in Sing Sing，1932）中在家等待被判刑的爱人归来的女子。后来她的角色稍有提升，饰演了《化石森林》（The Petrified Forest，1936）中的酒店女招待，并在《马耳他之鹰》（The Maltese Falcon）的另一个版本《撒旦遇见淑女》（Satan Met a Lady，1936）中饰演了在《马耳他之鹰》中由玛丽·阿斯特饰演的诡计多端的女子。

代表作：

The Whales of August 1987
Return from Witch Mountain 1978
The Nanny 1965
Hush...Hush, Sweet Charlotte 1964
What Ever Happened to Baby Jane? 1962 ☆
The Virgin Queen 1955
The Star 1952 ☆
All About Eve 1950 ☆
Mr. Skeffington 1944 ☆
Old Acquaintance 1943
Now, Voyager 1942 ☆
The Man Who Came to Dinner 1942
The Little Foxes 1941 ☆
The Bride Came C.O.D. 1941
The Letter 1940 ☆
The Private Lives of Elizabeth and Essex 1939
The Old Maid 1939
Dark Victory 1939 ☆
Jezebel 1938 ★
Kid Galahad 1937
Satan Met a Lady 1936
The Petrified Forest 1936
Dangerous 1935 ★
Of Human Bondage 1934
20,000 Years in Sing Sing 1932

左图：戴维斯东山再起，在《彗星美人》中饰演光环不再的演员玛格特·钱宁。

贝蒂·戴维斯

令人钦佩的女人

贝蒂·戴维斯是个意志坚强的女人，她的成名完全在意料之中。她有句名言："当你在我所在的领域成为怪物之前，你都不是明星。"纵观她的整个职业生涯，戴维斯一直在为自己渴望的角色奋斗，华纳兄弟在她获得奥斯卡最佳女主角后没再为她制作出她想要的角色，为此她不惜与华纳兄弟电影公司对簿公堂。

◆ 1941年10月，戴维斯被选为美国电影艺术与科学学院的首位女主席。她任期还不满两个月就对公众宣布她太忙了，不能胜任主席这个职位，而私下她却抱怨说这个学院只想让她做名誉上的主席。

◆ 戴维斯公开承认她与男人的关系因她的职业和控制欲而遭遇种种问题。她结过（离过）四次婚，有无数风流韵事——在众多关系中，她与乔治·布伦特（George Brent）和威廉·惠勒（William Wyler）的关系被认为是"有时很适合发展成婚姻，这段关系充满情趣，使之免于无聊。"

◆ 当戴维斯开始进军好莱坞时，环球电影公司想把她的名字改成贝蒂娜·道斯（Bettina Dawes）。她断然拒绝，告诉电影公司她可不想一生都要伴随着这个听起来像"内裤之间"（"Between the Drawers"）的名字。

尽管困难重重，戴维斯还是凭借在《女人女人》（Dangerous, 1935）中的表演获奥斯卡最佳女主角，但她依旧不断争取配得上她才华的角色。戴维斯非常渴望获得斯嘉丽·奥哈拉（译注：《乱世佳人》女主角）一角，却没成功，但她因在华纳兄弟与《乱世佳人》对抗的电影《红衫泪痕》（Jezebel, 1938）中的角色获得了第二座奥斯卡奖杯。从那之后，戴维斯成为华纳兄弟公司"伟大的女演员"，主演了不少专为她打造的影片。她常饰演为了他人牺牲自己幸福的女子或是克服重重困难找到真爱的人——在《黑暗的胜利》（Dark Victory, 1939）中奄奄一息，在《老处女》（The Old Maid, 1939）和《老相识》（Old Acquaintance, 1943）中被虐待，在《江山美人》（The Private Lives of Elizabeth and Essex, 1939）中被迫下令砍掉情人的头，在《香笺泪》（The Letter, 1940）中杀死情人，在《小狐狸》（The Little Foxes, 1941）里满怀欣喜地毁灭整个家庭，在《扬帆》（Now, Voyager, 1942）中饰演神经过敏的老姑娘，在《史格芬顿先生》（Mr. Skeffington, 1944）中饰演因白喉毁容的角色，在《被窃的生活》（A Stolen Life, 1946）中分饰一个善良一个恶毒的双胞胎。在出演了这些影片后，欢乐喜剧《绑架新娘》（The Bride Came C.O.D., 1941）和《晚餐的约定》（The Man Who Came to Dinner, 1942）对戴维斯而言是个解脱。

逐渐黯淡的明星

二战后"女性电影"不再流行，人到中年的戴维斯的演艺事业渐渐减速。拍完《越过森林》（Beyond the Forest, 1949）后她与华纳兄弟的合约终止，她在这部由金·维多执导的无价值的影片中吸烟，拉长声调慢吞吞地说"真是个垃圾"的场景被引用到《灵欲春宵》（Who's Afraid of Virginia Woolf？）中。约瑟夫·曼凯维奇的《彗星美人》（All About Eve, 1950）让她再次成为焦点，她在片中成功地演绎了一位受到有心机的年轻竞争者挑战的戏剧女主角。虽然《彗星美人》一炮而红，但它并未恢复戴维斯往日的辉煌，她只能一再饰演年老的角色，如《情后顽将》（The Virgin Queen, 1955）中的伊丽莎白一世。

20世纪60年代戴维斯的事业停滞不前，罗伯特·奥德

贝蒂·戴维斯

上图:《兰闺惊变》让戴维斯和琼·克劳馥的演艺生涯起死回生。

里奇让她出演《兰闺惊变》(What Ever Happened to Baby Jane?,1962)中的宝贝简,在这部恐怖片中她与银幕下的竞争对手琼·克劳馥斗争到死。戴维斯因成功饰演精神错乱的前童星简·哈德森再获奥斯卡最佳女主角提名,演艺事业再次被点燃。她在与奥德里奇和奥利维亚·德·哈维兰合作的《最毒妇人心》(Hush...Hush, Sweet Charlotte,1964)中变得更加哥特更加艳丽,但她在《保姆》(The Nanny,1965)里对声音沙哑的仆人的演绎不够充分,没达到恐怖的效果。后来,她在《周年纪念》(The Anniversary,1968)中饰演戴一只金属眼罩的残酷女家长,接着在《来无影去无踪》(Return from Witch Mountain,1978)饰演坏女人,在《邪恶继母》(Wicked Stepmother,1989)中饰演邪恶的女巫,她的最后一部杰作是《八月的鲸鱼》(The Whales of August,1987)。这位"电影第一夫人"去世时享年91岁。**KN**

"好莱坞聚会上的表演比银幕上的表演更精彩。"

詹姆斯·斯图尔特 JAMES STEWART

生平：本名詹姆斯·梅特兰·斯图尔特（James Maitland Stewart），1908年5月20日生于美国宾夕法尼亚州印第安纳；1997年卒于美国洛杉矶。

明星特质："羞涩的"好好先生；希区柯克作品爱好者的偶像；他饰演的戏剧男主角诚实、说话温和。

詹姆斯·"吉米"·斯图尔特1932年从普林斯顿大学建筑系毕业，是普林斯顿大学三角俱乐部（译注：三角俱乐部是一个有百多年历史的话剧团）的一员。斯图尔特很快发现了自己的表演天赋，他的演艺事业在20世纪30年代末起飞。在饰演了一些小角色后，他在弗兰克·卡普拉（Frank Capra）的《浮生若梦》（You Can't Take It with You，1938）中饰演了一家神经不正常的人中唯一的正常人。第二年，斯图尔特又出演了卡普拉的《史密斯先生到华盛顿》（Mr. Smith Goes to Washington），他饰演一个小镇上的天真的人，在首都揭露那些不正当的政客。在西部喜剧《碧血烟花》（Destry Rides Again，1939）中，斯特尔特饰演了另一个看似天真的英雄，打败了一群坏人。他在精彩的喜剧《费城故事》（The Philadelphia Story，1940）中与加里·格兰特和凯瑟琳·赫本演对手戏，该片为他赢得了奥斯卡最佳男演员奖。二战时斯图尔特在美国空军做轰炸机飞行员，他的演艺事业搁置了下来，他是好莱坞第一个报名参加战争的电影明星。

斯图尔特战后的第一部电影是与卡普拉合作的《生活多美好》（It's a Wonderful Life，1946），这部电影的基调稍显黑暗，斯图尔特饰演了一个探索小镇诗意生活的银

代表作：

The Big Sleep 1978
Airport '77 1977
The Shootist 1976
Fools' Parade 1971
The Cheyenne Social Club 1970
Cheyenne Autumn 1964
The Man Who Shot Liberty Valance 1962
Two Rode Together 1961
Anatomy of a Murder 1959 ☆
Vertigo 1958
The Man Who Knew Too Much 1956
The Man from Laramie 1955
Rear Window 1954
The Naked Spur 1953
Bend of the River 1952
Harvey 1950 ☆
Winchester '73 1950
Rope 1948
Call Northside 777 1948
It's a Wonderful Life 1946 ☆
The Philadelphia Story 1940 ★
Destry Rides Again 1939
Mr. Smith Goes to Washington 1939 ☆
You Can't Take It with You 1938

右图：斯图尔特在与希区柯克第三次合作的《擒凶记》中。

178

詹姆斯·斯图尔特

上图：斯图尔特在喜剧《我的朋友叫哈维》中饰演一个古怪的人，他幻想自己有个兔子朋友。

行家。斯图尔特之前饰演的角色都很和气，他身材修长，说话慢条斯理，表现出一种纯朴的美德。但是后来他扩大了角色范围，在《反案记》（Call Northside 777，1948）中饰演一个固执的记者，一门心思要把一个误判的案子纠正过来。1950年他出演了安东尼·曼（Anthony Mann）导演的一系列西部片，自《百战宝枪》（Winchester '73）开始，后面还包括《怒河》（Bend of the River，1952）、《血泊飞车》（The Naked Spur，1953）和《从拉莱米来的人》（The Man from Laramie，1955），斯图尔特的角色因受到逼迫而爆发出近乎凶残的暴力。这些电影也打破了斯图尔特作为电影公司明星的体系，成为第一批参与制作影片的好莱坞演员之一。

斯图尔特拍的第一部阿尔弗雷德·希区柯克的电影是《夺魂索》（Rope，1948），他饰演的角色揭开了两个冷酷的年轻人犯下的谋杀案，而这两人之前是他的学生。斯

"有时我会怀疑自己是不是在模仿吉米·斯图尔特。"

詹姆斯·斯图尔特

> **吉米和政治**
>
> 詹姆斯·斯图尔特是个坚定的共和主义者,他促进右翼的利益,包括好莱坞20世纪40年代的黑名单。斯图尔特和亨利·方达是好友,方达是个自由派,某一时刻这两人甚至因为政治问题拳脚相向。为了不进一步危及友谊,他们显然达成一致,再也不一起讨论政治了。
>
> ◆ 哈利·杜鲁门(Harry S. Truman)总统是斯图尔特电影的热心粉丝,他甚至说如果自己有个儿子的话,他希望儿子"能像吉米·斯图尔特一样就好了。"
>
> ◆ 20世纪40年代,斯图尔特给美国联邦调查局领导埃德加·胡佛做秘密特工,把有共产党嫌疑的人从好莱坞排除出去。他被粉饰为著名的战争英雄,这给了他一定的权利。
>
> ◆ 一开始斯图尔特对是否支持朋友罗纳德·里根在1966年竞选加州州长持怀疑态度,因为里根过去是民主党人,但他在1976年的总统预选中为里根提供了支持。
>
> ◆ 斯图尔特在1968年和1972年的选举中为理查德·尼克松助选。

图尔特和希区柯克的关系进一步发展,后来他与加里·格兰特都成为希区柯克最信赖的男主角。斯图尔特饰演的角色没有格兰特那般浪漫,比起格兰特那些快活的角色,斯图尔特饰演的人物在内心上更加纠结。在《后窗》(Rear Window,1954)中他饰演的摄影师因腿受伤而卧床不起,在与格蕾丝·凯莉(Grace Kelly)开展浪漫关系的同时从公寓的窗口观察到一桩谋杀案。在《擒凶记》(The Man Who Knew Too Much,1956)里他的儿子被一伙肆无忌惮的间谍绑架。斯图尔特最伟大的角色之一是希区柯克的《迷魂记》(Vertigo,1958)中恐高的、无可救药地迷恋上一个女子的警察。

转型喜剧表演

斯图尔特很擅长喜剧表演,他最成功的电影之一是《我的朋友叫哈维》(Harvey,1950),他在里面饰演一个幻想自己有个兔子朋友的怪人。但他在戏剧中亦有不少精彩表现,如扣人心弦的庭审剧《桃色血案》(Anatomy of a Murder,1959),他因该片第五次获奥斯卡提名。之后斯图尔特拍了约翰·福特的《麦凯警长》(Two Rode Together,1961),他饰演的腐化的警长行事简洁;在福特的《双虎屠龙》(The Man Who Shot Liberty Valance,1962)中,他饰演的从外地来到西部的年轻律师假借枪战高手的名声成为了参议员。他还在福特的轻快喜剧《安邦定国志》(Cheyenne Autumn,1964)中出演配角怀亚特·厄普。之后他参演的西部片都很普通,如《霹雳双虎将》(The Cheyenne Social Club,1970),只有《英雄本色》(The Shootist,1976)是个例外,在该片中斯图尔特饰演约翰·韦恩(John Wayne)的医生,极不情愿地告诉韦恩他就要死于癌症了,这个角色戏份虽不重,斯图尔特的表演却十分精彩。

斯图尔特不喜欢好莱坞的魅力,他总是避免成为众人的焦点。与很多同辈人不同,斯图他没有追求奢侈的品味和飞快的汽车。他一生都献给了妻子葛罗瑞亚(Gloria),她1994年去世时斯图尔特深受打击。**EB**

右图:斯图尔特因在《生活多美好》中的表演获奥斯卡提名。

唐·阿米契 DON AMECHE

生平：本名多米尼克·菲利克斯·阿米西（Dominic Felix Amici），1908年5月31日生于美国威斯康星州肯诺夏；1993年卒于美国亚利桑那州斯科茨代尔。

明星特质：笑容灿烂、穿着得体、多才多艺的浪漫喜剧和戏剧的男主角，后来成为成熟的性格演员。

代表作：

Corrina, Corrina 1994
Folks! 1992
Oscar 1991
Things Change 1988
Coming to America 1988
Cocoon 1985 ★
Trading Places 1983
The Boatniks 1970
Picture Mommy Dead 1966
Sleep, My Love 1948
Heaven Can Wait 1943
Swanee River 1939
The Story of Alexander Graham Bell 1939
Alexander's Ragtime Band 1938
Ramona 1936
Sins of Man 1936

"感觉太惊人了！我已准备好重新回到这个世界了！"

——阿特·塞尔温（Art Selwyn），《魔茧》

像所有不是很出名的男主角一样，唐·阿米契一直被人们低估。他的父亲是意大利人，母亲有爱尔兰及德国血统，他在杂耍团和身兼歌手与演员的得克萨斯·贵南一起工作，直到贵南认为阿米契"太僵硬"而不再与他合作。阿米契在《人之罪》（Sins of Man，1936）中一人分饰两角后，主演了20世纪福克斯电影公司制作的《拉蒙纳》（Ramona，1936）。他常常出演令人愉快的音乐剧，如《亚历山大的爵士乐队》（Alexander's Ragtime Band，1938），偶尔也出演音乐传记片，如《斯旺尼河》（Swanee River，1939）。他在《电话之父贝尔的故事》（The Story of Alexander Graham Bell，1939）中饰演的发明家甚至让"阿米契"成为电话一词的俚语。他比泰隆·鲍华更有魅力，他们常在电影中争抢艾丽丝·费伊。铅笔胡和灿烂的微笑是他的标志。阿米契最好的角色是在恩斯特·刘别谦的《天堂可以等待》（Heaven Can Wait，1943）中饰演的通往地狱之路的可爱而忧郁的流氓亨利·范·克里夫，而在道格拉斯·塞克的《睡吧，吾爱》（Sleep, My Love，1948）中饰演的坏人也展示了他多才多艺的一面。

阿米契与弗朗西斯·兰福德合作了广播剧《柏克森夫妇》，20世纪50年代开始转入电视剧，之后回来拍了一些古怪的B级片，如《血腥夺命狂》（Picture Mommy Dead，1966），还出演了《金宝船》（The Boatniks，1970）中脾气暴躁的配角。他在《运转乾坤》（Trading Places，1983）中饰演年老的百万富翁，提醒好莱坞他仍然能够工作。阿米契最后的十年出演了热门影片《魔茧》（Cocoon，1985）中的老人，该片为他赢得奥斯卡最佳男配角奖，也为他带来出演《老千大阴谋》（Things Change，1988）的机会，这部饱含深情的尖锐电影完全围绕着阿米契展开。阿米契与霍诺尔·普兰德加斯特有六个孩子，他们的婚姻幸福美满，婚姻关系持续到他1986年去世。**KN**

罗伯特·卡明斯 ROBERT CUMMINGS

生平：本名查尔斯·克拉伦斯·罗伯特·奥维尔·卡明斯（Charles Clarence Robert Orville Cummings），1908年6月10日生于美国密苏里州乔普林；1990年卒于美国洛杉矶。

明星特质：年轻英俊；擅长喜剧表演风格；崇尚健康的食物；经验丰富的电视情景喜剧演员。

罗伯特·卡明斯是长期占领电影电视领域的讨人喜欢的演员之一。他1955年到1959年在《鲍勃·卡明斯秀》（The Bob Cummings Show，节目再度上演时改名为"爱上鲍勃"［Love That Bob］）中饰演受女士欢迎的单身摄影师，在片中和安·B.戴维斯（Ann B. Davis）饰演的辛辣秘书开玩笑。《新鲍勃·卡明斯秀》（The New Bob Cummings Show，1961—1962）和《我的玩偶》（My Living Doll，1964）随之而来，然而《鲍勃·卡明斯秀》是第一个建立他温和、比实际年龄年轻的登徒子形象的节目。

卡明斯的事业遇到过很多转折。他的祖父奥维尔·赖特（Orville Wright）教会他开飞机，二战中他成为一名飞行员。他在卡耐基理工学院和美国戏剧艺术学院学习表演。令人好奇的是，他最初登台表演和演电影时都是用的假名："布雷德·斯丹霍普·康威"（Blade Stanhope Conway）和"布鲁斯·赫钦斯"（Bruce Hutchins）。1935年卡明斯与派拉蒙电影公司签约，一直饰演小角色，直到在专为狄安娜·德宾（Deanna Durbin）制作的电影《二姐妹情事》（Three Smart Girls Grow Up，1939）中才取得突破。

如果说卡明斯出演的电视剧多为喜剧的话，那么戏剧在他的电影生涯中则占优先地位，尽管他也出演过像《情定迈阿密》（Moon over Miami，1941）这样小制作的影片。阿尔弗雷德·希区柯克两次找他饰演坚定的英雄：《海角擒凶》（Saboteur，1942）和《电话谋杀案》（Dial M for Murder，1954），后者是他转入荧屏前出演的最后一部电影。卡明斯20世纪40年代的其他杰作包括情绪低沉的黑色电影《追逐》（The Chase，1946），和根据亨利·詹姆斯（Henry James）小说《阿斯本文件》（The Aspern Papers）改编的电影《香笺艳异》（The Lost Moment，1947）。卡明斯60年代出演的电影基本可以忽略，他最后一次出演电视是在1979年。**DS**

代表作：

Five Golden Dragons 1967
Stagecoach 1966
Promise Her Anything 1965
What a Way to Go! 1964
Dial M for Murder 1954
For Heaven's Sake 1950
Paid in Full 1950
Reign of Terror 1949
Sleep, My Love 1948
The Lost Moment 1947
The Chase 1946
Saboteur 1942
Kings Row 1942
Moon Over Miami 1941
The Devil and Miss Jones 1941
Three Smart Girls Grow Up 1939

"我想告诉所有的批评家如今我因为合理的饮食感觉有多好，可是他们都去世了。"

米尔顿·伯利 MILTON BERLE

生平： 本名孟德尔·柏林杰（Mendel Berlinger），1908年7月12日生于美国纽约；2002年卒于美国洛杉矶。

明星特质： 喜剧演员、作家、童星、"电视先生"；支持慈善事业；辅导年轻的喜剧演员。

代表作：

Storybook 1995
The Muppet Movie 1979
Lepke 1975
For Singles Only 1968
Where Angels Go, Trouble Follows 1968
Silent Treatment 1968
The Happening 1967
The Oscar 1966
The Loved One 1965
It's a Mad Mad Mad Mad World 1963
Let's Make Love 1960
Always Leave Them Laughing 1949
Margin for Error 1943
Over My Dead Body 1942
Birthright 1920
The Mark of Zorro 1920

也许没有人能比米尔顿·伯利更能代表美国电视的黄金年代了，这为他赢得"电视先生"的绰号。伯利1913年模仿查理·卓别林（Charlie Chaplin）赢得比赛后就被鼓励追求舞台梦想。他进了戏剧学校，然后到了百老汇。伯利是早期如《与生俱来的权利》（Birthright, 1920）和《佐罗的标记》（The Mark of Zorro, 1920）默片中的儿童演员，但是真正让这位喜剧演员扬名的却是早期的广播。20世纪40年代晚期，伯利有了自己的综艺广播秀。全国广播公司在1948年把伯利的《德士古明星剧场》（The Texaco Star Theater）引入到电视中（这个节目也在美国广播公司播出），使"米尔顿叔叔"成为家喻户晓的人物。由于这一成功，伯利在1951年与全国广播公司签订了一份史无前例的有效期为30年的合同。

从1948年开始一直到50年代初，伯利占据了每周二的晚上，餐馆一般八九点钟关门，谣传说九点以后水库水位下降，因为那些爱看电视的人这时才会去洗澡。伯利还因在滑稽表演中穿女装而著名——这也许多少有些讽刺，因为据报道称他非常受女士的欢迎，结过五次婚（其中两次是与乔伊思·马修斯[Joyce Mathews]）。1953年，在经历变更赞助商、收视率下降、广播公司开始找寻下一个目标等一系列变化后，伯利开始失去昔日的光环，最终在1956年取消了《米尔顿·伯利秀》（The Milton Berle Show，即《德士古明星剧场》）。从60年代开始到20世纪末，伯利出演了许多电影，如《疯狂世界》（It's a Mad, Mad, Mad, Mad World, 1963）和《奥斯卡》（Oscar, 1966），大多是配角。除此之外，伯利还定期出演一些电视剧。**MK**

> "你必须永远劲头十足……成功是在漫漫长路上不断地奋斗。"

卢普·韦莱斯 LUPE VÉLEZ

生平：本名玛利亚·瓜达卢普·韦莱斯·德·维拉罗伯斯（María Guadalupe Vélez de Villalobos），1908年7月18日生于墨西哥圣路易斯波托西；1944年卒于美国洛杉矶。

明星特质：性感傲慢、娇小迷人的长发美女；"墨西哥烈性子人"；常在情节剧和喜剧中饰演有异域情调的女主角。

卢普·韦莱斯早已对通过作品扬名失去信心，多亏了肯尼斯·安格（Kenneth Anger）的电视剧《好莱坞巴比伦》（Hollywood Babylon，1992—1993），她终于建立起不朽的声名。安格的重述带着明显的欢快，不过韦莱斯可悲的早逝不该让她的所有作品黯然失色，也不该抹灭她曾受欢迎的事实。她确实值得拥有这一切。

这个傲慢性急的墨西哥女演员骄奢淫逸，是著名的派对女郎。她在默片中演过小角色，在哈尔·罗奇电影制片厂给查利·蔡斯（Charley Chase）和其他演员配戏，直到道格拉斯·范朋克让她与玛丽·碧克馥一起出演《加乌乔人》（The Gaucho，1927）。韦莱斯因此与米高梅电影公司签约，在一系列《海斯法典》颁布前的情节剧中饰演热情的、有异域情调的角色，包括至今仍令人瞠目结舌的《刚果人》（Kongo，1932）。

《辣椒》（Hot Pepper，1933）显示了韦莱斯至今仍未被开发的喜剧天赋，由此开始了她职业的第二阶段，她不仅在《好莱坞聚会》（Hollywood Party，1934）中与斯坦·劳莱（Stan Laurel）和奥列佛·哈台（Oliver Hardy）展开一场鸡蛋大战，还出演了雷电华电影公司的《墨西哥烈性子人》（Mexican Spitfire，1939—1943）系列电影。韦莱斯与喜剧演员利昂·厄罗（Leon Errol）联袂主演的这八部电影充分展现了她可爱的银幕形象，但她出演的主流电影却都以失败告终。她回到墨西哥，出演了根据埃米尔·左拉（Émile Zola）的作品《娜娜》（Nana，1944）改编的电影，这是她主演的最后一部作品，那时她经济拮据，个人生活也遇到很多困难。她在1933年嫁给了出演"泰山"的电影明星约翰尼·韦斯默勒，但在1939年离婚。接着她与西部片牛仔明星加里·库柏相爱，后来怀上了已婚的奥地利演员哈拉尔德·马雷驰的孩子，但后者拒绝为了她与妻子离婚。1944年韦莱斯因服药过量自杀身亡，去世时年仅36岁。**MC**

代表作：

Nana 1944
Mexican Spitfire's Blessed Event 1943
Ladies' Day 1943
Mexican Spitfire's Elephant 1942
Mexican Spitfire Sees a Ghost 1942
Mexican Spitfire at Sea 1942
Mexican Spitfire's Baby 1941
Mexican Spitfire Out West 1940
Mexican Spitfire 1940
Hollywood Party 1934
Laughing Boy 1934
Strictly Dynamite 1934
Palooka 1934
Hot Pepper 1933
Kongo 1932
The Gaucho 1927

"我宁愿在给他带来耻辱前带着我们的孩子离开。"

——自杀遗言

弗莱德·麦克莫瑞 FRED MacMURRAY

生平： 本名弗雷德里克·马丁·麦克莫瑞（Frederick Martin MacMurray）。1908年8月30日生于美国伊利诺伊州坎卡基；1991年卒于美国加利福尼亚州圣塔莫妮卡。

明星特质： 音乐家、歌手、制作人、杂耍艺人、多才多艺的男主角；蓝眼睛、黑头发、轮廓鲜明；银幕形象和蔼可亲。

弗莱德·麦克莫瑞的父亲是名音乐会小提琴演奏家，小弗莱德最初追寻父亲的脚步演奏萨克斯管。他靠在管弦乐队唱歌和演奏赚取大学学费，偶尔也在电影中做临时演员。大学期间他加入加利福尼亚大学的合唱团，然后去了纽约，开始在百老汇工作。这之后他做了一段时间的杂耍艺人，然后拍了他的第一部电影《傲慢的老太婆》（Grand Old Girl，1935）。

麦克莫瑞几乎一直饰演微笑的、有酒窝的大学好男孩，从《寂寞芳心》（Alice Adams，1935）中还是预科生的继承人，到《亲爱的，带上一封信》（Take a Letter, Darling，1942）中的男秘书、《亲吻总统》（Kisses for My President，1964）中美国女总统的"第一老公"。他在迪斯尼的《飞天老爷车》（The Absent-Minded Professor，1961）及《飞天老爷车续集》（Son of Flubber，1963）中做出转变，出演了一个科学家，并在电视情景喜剧《我的三个儿子》（My Three Sons，1964—1972）中成功地饰演了父亲一角。麦克莫瑞轮廓鲜明，艺术家C.C.贝克（C. C. Beck）的喜剧超级大英雄马维尔上尉就是照着他的样子做的。

然而，麦克莫瑞在电影中最精彩的表演都是很少见的配角：如比利·怀尔德（Billy Wilder）的《双重赔偿》（Double Indemnity，1944）中被引诱杀人的好色的保险推销员；《叛舰凯恩号》（The Caine Mutiny，1954）中口齿伶俐却胆小怕事的煽动者；《桃色公寓》（The Apartment，1960）中惹人讨厌、无从区分道德是非的与人通奸的上司。麦克莫瑞将一种特别的美国式的油滑、堕落具体化，他很适合饰演这类角色，以至于他在诸如《蛋与我》（Egg and I，1947）之类的影片中饰演的无足轻重的咧着嘴笑的笨蛋看起来很不真实，好像这种背后伤人的阴郁笑容是他装出来的。麦克莫瑞在《在枪口下》（At Gunpoint，1955）中的表演也十分精彩，他饰演的西部店主侥幸杀死匪徒，却让自己成为被追杀的目标。**KN**

代表作：

Charley and the Angel 1973
The Happiest Millionaire 1967
Follow Me, Boys! 1966
Kisses for My President 1964
Son of Flubber 1963
The Absent-Minded Professor 1961
The Apartment 1960
At Gunpoint 1955
The Caine Mutiny 1954
Father Was a Fullback 1949
The Egg and I 1947
Double Indemnity 1944
Take a Letter, Darling 1942
Hands Across the Table 1935
Alice Adams 1935
Grand Old Girl 1935

"牛仔演员需要两种表达方法——带帽和脱帽。"

卡洛·朗白 CAROLE LOMBARD

生平：本名简·艾丽丝·彼得斯（Jane Alice Peters），1908年10月6日生于美国印第安纳州韦恩堡；1942年卒于美国内华达州。

明星特质：性感美丽、娇小迷人、机智诙谐、口齿清晰的神经喜剧女王；浪漫剧女主角。

父母离婚后，卡洛·朗白随母亲一起搬到了洛杉矶。导演阿兰·多万（Allan Dwan）在街上发现了她，让她出演了《完美犯罪》（Perfect Crime，1921），这是朗白的第一部电影，那年她才12岁。这次演出使朗白爱上表演，她加入了一家剧团。最后朗白与福克斯电影公司签约，在默片中零零散散地出演一些小角色，如《爱情和马刺》（Hearts and Spurs，1925）中的金发美女。1926年的一场车祸让她脸上留下疤痕，福克斯取消了与她的合同。她在百代成立了一间新工作室，有声电影兴起时，成为一名明星。

自然、口齿清晰、苗条纤弱，朗白在《得不到的男人》（No Man of Her Own，1932）中表现出色，与克拉克·盖博展开了一段崎岖的浪漫感情，但她真正的才华是表演神经喜剧。她分别与约翰·巴里摩尔和威廉·鲍威尔在《20世纪快车》（Twentieth Century，1934）和《我的高德弗里》（My Man Godfrey，1936）中争斗，并因后者获奥斯卡最佳女演员提名。

朗白在《天造地设》（Made for Each Other，1939）中变得比较正直，与詹姆斯·斯图尔特的浪漫关系催人泪下，并在沉重的情节剧《知己知彼》（They Knew What They Wanted，1940）中一展身手。但她最后出演的作品都回归到快乐的婚姻喜剧，如《史密斯夫妇》（Mr. & Mrs. Smith，1941）。朗白在推销战争公债返回的途中因飞机失事而英年早逝，她是二战中第一个因尽义务而去世的女性，总统富兰克林·罗斯福（Franklin D. Roosevelt）在她死后授予她"自由勋章"。朗白有过两次婚姻，丈夫都是曾合作过的男明星。第一任是鲍威尔，他们在1933年离婚，朗白于1939年嫁给盖博，婚姻持续到她去世。**KN**

代表作：

To Be or Not to Be 1942
Mr. & Mrs. Smith 1941
They Knew What They Wanted 1940
Vigil in the Night 1940
In Name Only 1939
Made for Each Other 1939
Fools for Scandal 1938
True Confession 1937
Nothing Sacred 1937
My Man Godfrey 1936 ☆
Twentieth Century 1934
We're Not Dressing 1934
Supernatural 1933
No Man of Her Own 1932
Hearts and Spurs 1925
A Perfect Crime 1921

"我觉得婚姻很危险，两个人想要占有彼此的想法是错误的。"

刘·艾尔斯 LEW AYRES

生平： 本名刘易斯·弗雷德里克·艾尔三世（Lewis Frederick Ayre III），1908年12月28日生于美国明尼苏达州明尼阿波利斯；1996年卒于美国洛杉矶。

明星特质： 导演、制作人、作家、音乐家、性格演员、坚定的和平主义者、自信的理想主义者；有孩子般好看的外貌。

从大学辍学后，刘·艾尔斯在洛杉矶夜总会被一个有才华的星探发现，从此交上好运。他开始在电影中出演一些小角色，直到在《吻》（The Kiss，1929）中饰演葛丽泰·嘉宝爱慕的对象。接着他出演了《西线无战事》（All Quiet on the Western Front，1930），从此成为明星。在《西线无战事》中艾尔斯饰演的保罗·鲍曼从一个初出茅庐的理想主义者转变成心理受到巨大创伤的战士，当他追逐铁丝网上的蝴蝶时被流弹击中去世。《地狱之门》（The Doorway to Hell，1930）暴露了艾尔斯演技的局限，这部早期的黑帮电影需要的是詹姆斯·卡格尼这样的人，艾尔斯不久就在《爱州博览会》（State Fair，1933）这类的电影中转型，饰演活泼幼稚的角色。艾尔斯也主演一些小电影，如《大礼帽基德》（Silk Hat Kid，1935），还在一些较著名的电影如《休假日》（Holiday，1938）中出演配角，之后参演了《年轻的基尔代尔医生》（Young Dr. Kildare，1938），在这个成功的系列电影中找到了合适的角色，饰演一个年轻的医生，莱昂纳尔·巴里摩尔饰演他的导师。

1942年，艾尔斯成为焦点人物——因为他早已把《西线无战事》的反战精神铭记于心——他在二战期间因人道原因反对战争。他也同样认真对待《基尔代尔医生》这个系列，战时勇敢地在太平洋和新几内亚的医疗军团服务，但是米高梅电影公司放弃了他，单独找巴里摩尔演出了《呼叫吉莱斯皮医生》（Calling Dr. Gillespie，1942）。除了政治信仰外，艾尔斯还反对广播网靠香烟赞助商资助节目。他在《心声泪影》（Johnny Belinda，1948）和《多诺万的脑袋》（Donovan's Brain，1953）中饰演角色，前者还为他赢得奥斯卡最佳男主角的提名。之后艾尔斯主要在电视中饰演有威严的老政治家，他在《天魔续集》（Damien: Omen II，1978）中死于冰下的那一幕令人印象深刻。艾尔斯结过三次婚，第二任妻子是演员金格尔·罗杰斯，他们1934年结婚，1940年离婚。**KN**

代表作：

Damien: Omen II 1978
End of the World 1977
The Last Generation 1971
Donovan's Brain 1953
Johnny Belinda 1948 ☆
Dr. Kildare's Crisis 1940
Dr. Kildare Goes Home 1940
The Secret of Dr. Kildare 1939
Calling Dr. Kildare 1939
Young Dr. Kildare 1938
Holiday 1938
Silk Hat Kid 1935
State Fair 1933
The Doorway to Hell 1930
All Quiet on the Western Front 1930
The Kiss 1929

"你还以为为国捐躯有多美吗？"
——鲍曼，《西线无战事》

何塞·费勒 JOSÉ FERRER

生平：本名José Vicente Ferrer de Otero y Cintrón，1909年1月8日生于波多黎各圣图尔塞；1992年卒于美国佛罗里达州科勒尔盖布尔斯。

明星特质：莎士比亚剧演员、导演、制作人、作者、音乐家；多才多艺；有与众不同的嗓音；最终的"风流剑侠"。

何塞·费勒得过托尼奖和奥斯卡奖（在《风流剑侠》中饰演伯吉拉克的塞拉诺），获过艾美奖提名。虽然20世纪50年代电影版的《风流剑侠》（Cyrano de Bergerac）看起来像一部不朽的舞台剧，但费勒艰难的胜出和伟大演员的名声却因他出演的一些二流电影、如《德拉库拉魔犬》（Dracula's Dog，1977）而失色不少。

费勒毕业于普林斯顿大学，是著名的普林斯顿大学三角俱乐部的一员，他在1935年登上百老汇的舞台。1940年费勒在百老汇第一次做主演，饰演了《查理的阿姨》（Charley's Aunt）的同名角色。1943年他在《奥赛罗》（Othello）中饰演埃古，取得了更大的成功。这部剧至今仍是在美国上演时间最久的莎士比亚剧。接着费勒开始在百老汇做导演。

费勒的银幕处女作是《圣女贞德》（Joan of Arc，1948）中暴躁任性的法国皇太子，之后也曾有过几个获奖角色。他在《青楼情孽》（Moulin Rouge，1952）中饰演的亨利·德·图卢兹·洛特雷克把鞋子放在膝盖上，轻而易举就能作出画来；在《军中红》（Miss Sadie Thompson，1953）中柔弱而郁郁不乐地迷恋丽塔·海华丝（Rita Hayworth）；在《叛舰凯恩号》（The Caine Mutiny，1954）的证人席上把杰弗莱·鲍嘉逼疯，并在最后一幕中把酒泼在弗莱德·麦克莫瑞（Fred MacMurray）脸上。后来，他执导并主演了《大男人》（The Great Man，1956），在其中饰演调查一个被低估的明星的记者；在《我控诉》（I Accuse!，1958）里饰演受苦的阿尔弗雷德·德克雷斯船长。之后他在法国的《大鼻子情圣与达达尼昂》（Cyrano et d'Artagnan，1964）中再次饰演自己的经典角色，并在《万世流芳》（The Greatest Story Ever Told，1965）中出演配角希律安提帕。费勒结过五次婚，两次是与演员罗丝玛丽·克鲁尼（Rosemary Clooney），他们两人离婚三年后复婚，这对夫妇有五个孩子。费勒还是演员乔治·克鲁尼（George Clooney）的叔叔。**KN**

代表作：

Dune 1984
A Midsummer Night's Sex Comedy 1982
A Life of Sin 1979
Crash! 1977
The Greatest Story Ever Told 1965
Cyrano et d'Artagnan 1964
Lawrence of Arabia 1962
The High Cost of Loving 1958
I Accuse! 1958
The Great Man 1956
The Shrike 1955
The Caine Mutiny 1954
Miss Sadie Thompson 1953
Moulin Rouge 1952 ☆
Cyrano de Bergerac 1950 ★
Joan of Arc 1948 ☆

"真相就是，我在50年代拍过一些好片，之后的作品就直线下降了。"

卡门·米兰达 CARMEN MIRANDA

生平： 本名玛丽娅·杜·珈露梦·妲·库尼亚（Maria do Carmo Miranda Da Cunha），1909年2月9日生于葡萄牙；1955年卒于美国洛杉矶。

明星特质： "巴西炸弹"、桑巴舞歌手和舞者、性感撩人、有异域情调的艳丽美女；用新鲜水果做成的帽子是她的标志之一。

卡门·米兰达的演出是典型的20世纪40年代的新奇风格，而她的名字和对她的记忆能持续到今天却并不稀奇，她新奇的形象至今仍然留在人们的记忆中：她有着异乎寻常的长睫毛，帽子看起来像是堆积成山的水果，唱着诸如"I, Yi, Yi, Yi（我非常喜欢你）"之类的歌，跳踢腿舞时不穿内裤的可耻嗜好（有照片为证）；而米兰达夸张的外貌和表演风格更像是卡通角色而非真人——甚至连卡通角色都开始模仿她。虽然那时有很多新奇的表演，但米兰达总能让人大跌眼镜。

米兰达在葡萄牙出生，后来随家人一起搬去巴西。她最初在精品店工作，在那儿她学会了制作帽子。她喜欢一边工作一边唱歌，不久就被发掘，于是开始在里约热内卢当地的一家广播公司工作。20世纪20年代晚期，她成为巴西唱片巨星，之后拍了她的银幕处女作《A Voz do Carnaval》（1933）。后来，米兰达去了百老汇，先是在音乐剧中表演，然后开始演电影。她在《阿根廷游记》（Down Argentine Way，1941）中给人留下深刻印象，并在40年代初出演了一些类似讽刺时事的滑稽剧。与唱歌不同，安排米兰达演戏并非易事，但她通过演戏巩固了自己的地位，成为战时鼓舞士气的演员之一，她是《四个女人与吉普》（Four Jills in a Jeep，1944）中的一人，在《科帕卡巴纳》（Copacabana，1947）中泰然自若地与格劳乔·马克斯（Groucho Marx）演对手戏。米兰达的最后一部电影是《恐怖僵尸》（Scared Stiff，1953），两年后她因心脏病突发逝世，年仅46岁。她的遗体被运回巴西，在那儿为她举行了一段时间的全民哀悼活动。**MC**

代表作：

Scared Stiff 1953
Nancy Goes to Rio 1950
A Date with Judy 1948
Copacabana 1947
If I'm Lucky 1946
Doll Face 1945
Four Jills in a Jeep 1944
Greenwich Village 1944
The Gang's All Here 1943
Springtime in the Rockies 1942
Down Argentine Way 1941
That Night in Rio 1941
Alô Alô Carnaval 1936
Estudantes 1935
Alô, Alô, Brasil 1935
A Voz do Carnaval 1933

"看着我，如果我身体的哪段曲线没有透露出巴西风，那你就告诉我。"

詹姆斯·梅森 JAMES MASON

生平： 本名詹姆斯·内维尔·梅森（James Neville Mason），1909年5月15日生于英国约克郡哈德斯菲尔德；1984年卒于瑞士洛桑。

明星特质： 导演、作家、制片人；多才多艺、声音柔和；性格演员，以饰演坏人和反英雄的角色著称。

詹姆斯·梅森是个天资聪颖的年轻人，他在英国顶尖的学校之一马尔堡大学接受教育，之后进入剑桥大学。他本计划成为一名建筑师，不料却被舞台吸引，轮演了一段时间的保留剧目后加入伦敦老维克剧院。梅森表演细腻，极具说服力，是个多才多艺的演员。从20世纪30年代中期，梅森开始在英国电影，如《深夜有眼》（The Night Has Eyes，1942）和《雷霆岩石》（Thunder Rock，1943）中饰演有趣的、痛苦的当代反英雄角色。但他大受欢迎却是始于庚斯博罗电影公司的爱情片《穿灰衣的男人》（The Man in Grey，1943）和《地狱圣女》（The Wicked Lady，1945），他在里面饰演忧思性感的好坏参半的人。

梅森在二战中因人道原因拒绝服兵役，他的这一立场使他与家人长期不和，然而大众对他的喜爱却从没改变。战后，他开始在一些具有挑战的电影中饰演不同类型的主角：《虎胆忠魂》（Odd Man Out，1947）中逃跑的爱尔兰共和军战士、《鲁莽时刻》（The Reckless Moment，1949）里的敲诈者、《潘多拉和飞翔的荷兰人》（Pandora and the Flying Dutchman，1951）中飞翔的荷兰人、《沙漠之狐》（The Desert Fox: The Story of Rommel，1951）中的陆军元帅欧文·约翰尼斯·隆美尔。两年后他出演了罗伯特·怀斯（Robert Wise）的《沙漠之鼠》（The Desert Rats，1953），英国演员理查德·伯顿（Richard Burton）也出演了这部电影，饰演了隆美尔的敌人。作为一名老演员，梅森在《西北偏北》（North By Northwest，1959）中饰演了一个圆滑的双性恋恶棍，并在《洛丽塔》（Lolita，1962）中完美地诠释了有天鹅绒般柔软嗓音的亨伯特教授。之后梅森饰演了一些暴君，如在《春天和波特酒》（Spring and Port Wine，1970）中的角色，以及悲伤腐败的权威者，如《勾魂游戏》（The Last of Sheila，1973）中的电影导演。梅森最出色的银幕角色之一是《午夜谋杀》（Murder by Decree，1979）中坚定忠诚、天性和蔼却悲观的华生医生。**KN**

代表作：

The Verdict 1982 ☆
Murder by Decree 1979
The Last of Sheila 1973
Spring and Port Wine 1970
Georgy Girl 1966 ☆
Lolita 1962
North by Northwest 1959
20,000 Leagues Under the Sea 1954
A Star Is Born 1954 ☆
The Desert Rats 1953
The Prisoner of Zenda 1952
The Desert Fox: The Story of Rommel 1951
The Reckless Moment 1949
The Wicked Lady 1945
The Man in Grey 1943
The Night Has Eyes 1942

"我希望能作为一个令人满意的性格演员被观众记住。"

杰西卡·坦迪 JESSICA TANDY

生平： 本名杰西卡·爱丽丝·坦迪（Jessica Alice Tandy），1909年6月7日生于英国伦敦；1994年卒于美国康涅狄格州伊斯顿。

明星特质： 有着忽闪的蓝眼睛；舞台和银幕上严肃的戏剧女主角；晚期职业再焕青春。

代表作：

Nobody's Fool 1994

Camilla 1994

Fried Green Tomatoes 1991

Driving Miss Daisy 1989 ★

Cocoon: The Return 1988

The House on Carroll Street 1988

Cocoon 1985

The Bostonians 1984

Best Friends 1982

Still of the Night 1982

The Birds 1963

September Affair 1950

A Woman's Vengeance 1948

Dragonwyck 1946

The Green Years 1946

The Seventh Cross 1944

"我终于发现生活的秘密在于：朋友……最好的朋友。"

——斯雷德古德，《油炸绿番茄》

杰西卡·坦迪出生于伦敦，1954年成为美国公民。20世纪30年代末40年代初，坦迪只是好莱坞的一个二流演员，在《还我自由》（The Seventh Cross，1944）和《神秘庄园》（Dragonwyck，1946）中的镜头非常少，直到在百老汇出演了田纳西·威廉姆斯的早期剧作《欲望号街车》（A Streetcar Named Desire，1947）中的布兰奇·杜波伊斯一角她的演艺事业才取得突破。然而在拍电影版的《欲望号街车》时华纳兄弟的高管却舍弃了坦迪，他们想要一个更迷人、更出名的演员来饰演这个角色，坦迪或多或少对好莱坞有些失望（虽然她一直没有放弃百老汇的事业），后来阿尔弗雷德·希区柯克让她在《群鸟》（The Birds，1963）中出演被恋母情结的猜忌所驱使的母亲，因极度的恐惧几乎患上肌肉紧张症，坦迪的精彩表演使她从这群给人留下深刻印象的明星阵容中脱颖而出。

之后坦迪在一些优秀的电影中出演配角，如《碧玉惊魂夜》（Still of the Night，1982）中不安的精神病医生的母亲和《魔茧》（Cocoon，1985）中魅力依旧但却不讲信义的老妇人，后者是她与第二任丈夫休姆·克罗宁（Hume Cronyn）合作的众多作品中的一部。布鲁斯·贝尔斯福德（Bruce Beresford）的《为黛西小姐开车》（Driving Miss Daisy，1989）是坦迪主演的为数不多的电影之一，她在里面饰演一位上了年纪的南方犹太寡妇，脾气暴躁，对社会的改变充满愤恨，但她却有颗金子般的心，她的司机是位非裔美国人，忠诚而又吃苦耐劳，她虽然常常辱骂他，却也绝对信任他，坦迪凭借这部戏获得了奥斯卡最佳女主角。她在另一部小电影《油炸绿番茄》（Fried Green Tomatoes，1991）中饰演了南方腹地中的一个类似角色，也大获成功。坦迪在最棒的作品中白发斑斑的形象似乎在暗示好莱坞在她年轻时本该给她更多生动的角色。**BP**

伯尔·艾弗斯 BURL IVES

生平：本名伯尔·艾柯·艾凡赫·艾维斯（Burl Icle Ivanhoe Ives），1909年6月14日生于美国伊利诺伊州亨特；1995年卒于美国华盛顿阿纳科斯特。

明星特质：民谣和乡村音乐歌手、班卓琴演奏者；银幕形象给人留下深刻印象；常饰演老爸或执法官之类的角色。

尽管伯尔·艾弗斯是作为逍遥自在的美国民谣歌手而出名的，但他在电影中的角色总是在慈祥的角色（如治安官）和令人畏缩的阴暗角色之间转换。艾弗斯毕业于东伊利诺伊大学，经过一段边旅行边做杂工的日子后他到了纽约。在纽约，他通过哥伦比亚广播公司的广播剧《旅途陌生人》（The Wayfaring Stranger）走入大众的视野。

20世纪40年代晚期艾弗斯的唱片事业开始起飞。1949年他凭借《薰衣草之蓝》（Lavender Blue）登上唱片榜单。艾弗斯自西部片《烟》（Smoky，1946）起开始了自己的银幕生涯，之后在迪斯尼的田园片《灵台暑暖》（So Dear to My Heart，1948）中饰演和蔼的铁匠。伊利亚·卡赞（Elia Kazan）请艾弗斯出演《伊甸园之东》（East of Eden，1955）中的县治安官山姆，将他的演技提升到一个新的高度。艾弗斯在根据尤金·奥尼尔作品《榆树下的欲望》（Desire Under the Elms，1958）改编的电影和田纳西·威廉斯的《朱门巧妇》（Cat on a Hot Tin Roof，1958）中将残酷跋扈的家长刻画得入木三分，《朱门巧妇》中的老爹一角就是专门为艾弗斯而写的。

紧接着他又演了威廉·惠勒（William Wyler）的西部史诗《锦绣大地》（The Big Country，1958），并因此获得奥斯卡最佳男配角。导演凭直觉发现艾弗斯银幕角色的黑暗面，却赋予这个角色令人无限的同情。尼古拉斯·雷（Nicholas Ray）请艾弗斯在《风穿沼泽》（Wind Across the Everglades，1958）中饰演科顿茅斯。而在《无法无天的日子》（Day of the Outlaw，1959）里，导演安德烈·德·托特（André de Toth）让他饰演一个成熟残酷的恶棍。艾弗斯晚期一些广受赞誉的作品展现了他不同的才华。在塞姆·富勒（Sam Fuller）的短片《白狗》（White Dog，1982）中饰演脾气暴躁却胆量十足的驯兽师，并在情节剧《激情交叉点》（Two Moon Junction，1988）中最后一次饰演治安官。**DS**

代表作：

Two Moon Junction 1988
White Dog 1982
Just You and Me, Kid 1979
Baker's Hawk 1976
Rocket to the Moon 1967
Ensign Pulver 1964
Summer Magic 1963
The Spiral Road 1962
Let No Man Write My Epitaph 1960
Our Man in Havana 1959
The Big Country 1958 ★
Cat on a Hot Tin Roof 1958
East of Eden 1955
Sierra 1950
So Dear to My Heart 1948
Smoky 1946

"我的内心在欢呼雀跃。这条漫漫长路生机盎然，令人兴奋而又充满不同的体验。"

埃罗尔·弗林 ERROL FLYNN

生平：本名埃罗尔·莱斯利·弗林（Errol Leslie Flynn），1909年6月20日生于澳大利亚塔斯马尼亚霍巴特；1959年卒于加拿大不列颠哥伦比亚温哥华。

明星特质：高大、蛮勇的英雄；麻烦制造者；受女士喜爱的迷人男子，谣传他从女人那儿得到不菲的赠与；爱喝威士忌。

埃罗尔·弗林喜欢假装对一切都不在乎，至少对演戏是如此，早年丰富多彩的生活对他产生了一些不好的影响。他的银幕处女作是在晦涩的澳大利亚电影《本特号续事》（In the Wake of the Bounty，1933）中饰演主角，但他在好莱坞的第一个角色却是在迈克尔·柯蒂斯的《惊异婚礼》（The Case of the Curious Bride，1935）中饰演被谋杀的人。在罗伯特·多纳特退出《喋血船长》（Captain Blood，1935）后，华纳兄弟电影公司急需一个合适的替补者，柯蒂斯被说服给之前在他电影中饰演死人的小演员一次机会。在《喋血船长》中奥利维亚·德哈维兰饰弗林爱慕的对象，巴兹尔·雷斯伯恩饰演卑鄙小人，这为弗林之后的电影定下了模式。这些电影大多由柯蒂斯导演，直到他和弗林产生矛盾，拉乌尔·沃尔什成为弗林的导演。

弗林在《英烈传》（The Charge of the Light Brigade，1936）、《王子与贫儿》（The Prince and the Pauper，1937）、《罗宾汉历险记》（The Adventures of Robin Hood，1938）和《海鹰》（The Sea Hawk，1940）中或露齿而笑、或打斗、或浪漫，他饰演的英雄通过奇怪而正直的台词（"我恨的是不公，不是诺曼底！"）表明了拧坏人鼻子的这个动作并不全是玩笑。

不再演这些神气的角色后，弗林出现在西部片《道奇

代表作：

Cuban Rebel Girls 1959
Too Much, Too Soon 1958
The Sun Also Rises 1957
The Story of William Tell 1953
Against All Flags 1952
Kim 1950
That Forsyte Woman 1949
Adventures of Don Juan 1948
Silver River 1948
Never Say Goodbye 1946
San Antonio 1945
Objective, Burma! 1945
Uncertain Glory 1944
Edge of Darkness 1943
Deperate Journey 1942
They Died with Their Boots On 1941
The Sea Hawk 1940
The Private Lives of Elizabeth and Essex 1939
Dodge City 1939
The Adventures of Robin Hood 1938
The Prince and the Pauper 1937
The Charge of the Light Brigade 1936
Captain Blood 1935
The Case of the Curious Bride 1935
In the Wake of the Bounty 1933

右图：在《罗宾汉历险记》中弗林饰演的罗宾汉挑战巴兹尔·雷斯伯恩。

埃罗尔·弗林

上图：弗林和儿子肖恩一起钓鱼，肖恩后来成为一名战地记者。

城》（Dodge City，1939）中，并在《马革裹尸还》（They Died with Their Boots On，1941）里英勇地骑在马上迎接死亡，还出现在战争片《血路》（Desperate Journey，1942）和《反攻缅甸》（Objective, Burma!，1945）里。二战时，美国征兵局宣布他的等级是4F，即不适合服兵役，但他在《幸运之星》（Thank Your Lucky Stars，1943）中，饰演一个在公众面前虚构自己在战场上的英雄事迹的骗子。

弗林晚期只是平庸地模仿他早年的一些作品，如《海宫艳盗》（Against All Flags，1952）和《威廉·泰尔的故事》（The Story of William Tell，1953），但是对那些焦虑的、有缺陷的角色，弗林的演绎常常更出色，他在这些角色间建立起个人的联系，如《江山美人》（The Private Lives of Elizabeth and Essex，1939）中死于断头台的迷人伯爵，《太阳照样升起》（The Sun Also Rises，1957）中跟海明威一样的酒鬼，以及在《太多，太快》（Too Much, Too Soon，1958）中饰演的不开心的前辈约翰·巴里摩尔。**KN**

淘气的生活方式

埃罗尔·弗林的生活多姿多彩，他也常常麻烦不断。在很多方面，他自己的生活就是他角色的映射：

◆ 弗林因打架斗殴和与异性关系过于亲密被两所学校开除。

◆ 在演艺生涯早期，弗林假装自己是爱尔兰人，因为他认为很少有人听说过澳大利亚。

◆ 被禁止在拍摄现场喝酒后，弗林把伏特加注射到橙子里，在休息的时候大吃特吃。

◆ 弗林在聚会上死于十几岁的情人贝弗莉·阿德兰的怀里。

鲁比·基勒 RUBY KEELER

生平： 本名埃塞尔·希尔达·基勒（Ethel Hilda Keeler），1909年8月25日生于加拿大新斯科舍哈利法克斯；1993年卒于美国加利福尼亚州兰乔米拉奇。

明星特质： 踢踏舞者、歌手、歌舞女郎、漂亮的童星；娱乐业传奇艾尔·乔森（Al Jolson）的妻子；常饰演天真可爱的少女。

代表作：

Beverly Hills Brats 1989
Sweetheart of the Campus 1941
Mother Carey's Chickens 1938
Ready, Willing and Able 1937
Colleen 1936
Shipmates Forever 1935
Go Into Your Dance 1935
Flirtation Walk 1934
Dames 1934
Footlight Parade 1933
Gold Diggers of 1933 1933
42nd Street 1933

鲁比·基勒1934年在巴斯比·伯克利（Busby Berkeley）的《美女》（Dames）中演唱了《我的眼里只有你》（"I Only Have Eyes for You"），这段画面上有许多个基勒的脸在摇晃，从来没有哪个明星像她在这首歌中这样受到电影观众如此持久而热烈的喜爱。在伯克利音乐剧的后台中，基勒是个好女孩，她不像琼·布朗德尔（Joan Blondell）和金格尔·罗杰斯那样精于世故；她似乎不需排练太多次就能直接登台。她的第一部电影《第42街》（42nd Street，1933）中有句话堪称20世纪30年代音乐剧中最传奇的台词："你走出去是一个年轻人，但是你回来一定是个明星！"没有一个电影观众能残酷到拒绝给基勒一个这样的机会，不幸的是，生活中的变数太多，1941年基勒为了孩子明智地选择了息影。

虽然基勒常常成为演出中的明星，和迪克·鲍威尔（Dick Powell）一起回家，但她并不是一个优秀的舞蹈演员——不过伯克利的电影实际上也不是关于舞蹈的。基勒天真的个性让她从歌舞队中脱颖而出，她十几岁时就成为了踢踏舞者，当身兼歌手、艺人、演员多重身份的传奇人物艾尔·乔森注意到她时她还只是个16岁的歌舞队女孩，而乔森比她大24岁。两年后的1928年，基勒嫁给了乔森。因为无法怀上孩子，这对夫妻收养了一个儿子，但据说这段婚姻并不美满，他们于1939年离婚。基勒再婚后与第二任丈夫约翰·荷马·洛（John Homer Lowe）育有四个孩子。息影30年后，1971年基勒在百老汇复出，出演了经验丰富的巴斯比·伯克利执导的《不，不，娜妮特》（No No Nanette），她的复出非常成功。基勒84岁时死于癌症。**MC**

> "我认为艾尔了解我的感受，对我而言嫁给一个美国名人并非易事。"

罗伯特·瑞安 ROBERT RYAN

生平： 本名罗伯特·布什内尔·瑞安（Robert Bushnell Ryan），1909年11月11日生于美国伊利诺伊州芝加哥；1973年卒于美国纽约。

明星特质： 高大英俊、目光锐利、桀骜不驯；有着沧桑的外貌；常饰演严厉又温柔的硬汉。

罗伯特·瑞安是最被低估的美国演员之一，他一生饰演过很多典型的硬汉：强硬的警察、下流的恶棍、拳击手、战士、恃强凌弱者、种族主义者等等。瑞安看上去身材高大、仪表堂堂，充满男子气概，他威严的面容无疑给他在二战中担任航海操练教官提供了便利。如果说瑞安没有像他同辈中那些硬汉演员一样成为偶像明星，很可能是因为他表演的深度和复杂性让他的角色过于丰满——更具体地说，充满了悲伤和柔情——而这些很难被习惯简单的大众理解和接受。

瑞安在达特茅斯学院是个拳击手，20来岁时做过很多职业，包括在牧场做帮工。他曾试过写剧本，后来在40年代早期开始靠演戏养活自己。在演出几部电影后，关于对部队盲从现象的探索的影片《双雄斗志》（Crossfire，1947）把瑞安的演员地位提升到一个新的水平。

瑞安最出色的演出是在黑色电影如《狂国劫后花》（Beware, My Lovely，1952）中，他的另一个出色的表演是在尼古拉斯·雷（Nicholas Ray）的黑色片《危险边缘》（On Dangerous Ground，1952）里，瑞安在片中饰演了一个迷恋上盲眼的艾达·卢皮诺（Ida Lupino）的残忍、自我憎恶的警官。瑞安的电影事业在20世纪50年代末期和大半个60年代更加崎岖，在一些电视剧中的工作也不太顺利。即使如此，他在这一时期的三个重要的动作片中的演出还是十分出色的：《职业大贼》（The Professionals，1966）、《十二金刚》（The Dirty Dozen，1967）和最令人难忘的、生动地展现了西部暴力的《日落黄沙》（The Wild Bunch，1969）。在因肺癌早逝前，瑞安出演了一些评价颇高的作品。**TC**

代表作：

The Iceman Cometh 1973
The Wild Bunch 1969
The Dirty Dozen 1967
The Professionals 1966
The Dirty Game 1965
The Longest Day 1962
God's Little Acre 1958
House of Bamboo 1955
Beware, My Lovely 1952
Clash by Night 1952
On Dangerous Ground 1952
The Racket 1951
Born to Be Bad 1950
The Set-Up 1949
Caught 1949
Crossfire 1947 ☆

> "我喜欢的和我需要的是完全不同的。"
> ——德克·桑顿（Deke Thornton），《日落黄沙》

小道格拉斯·范朋克 DOUGLAS FAIRBANKS JR.

生平： 本名道格拉斯·埃尔顿·乌尔曼·范朋克（Douglas Elton Ulman Fairbanks），1909年12月9日生于美国纽约；2000年卒于美国纽约。

明星特质： 银幕传奇人物之子；制作人、作家；高大英俊、体格健壮、热情而有魅力的社会名流、战争英雄；被授予爵士爵位。

代表作：

Ghost Story 1981
Red and Blue 1967
The Last Moment 1954
Destination Milan 1954
Three's Company 1954
The Genie 1953
The Triangle 1953
Mister Drake's Duck 1951
State Secret 1950
Sinbad the Sailor 1947
The Corsican Brothers 1941
Angels Over Broadway 1940
Safari 1940
Gunga Din 1939
The Prisoner of Zenda 1937
Little Ceasar 1931

"我从未试图模仿我父亲……那样只能沦为二流的复制。"

　　小道格拉斯·范朋克的父亲是伟大的电影明星，母亲是来自罗德岛州的继承人安娜·贝丝·萨莉（Anna Beth Sully）。他周围都是些传奇人物，玛丽·碧克馥（Mary Pickford）是他的继母，玛琳·黛德丽（Marlene Dietrich）是他的情人，他与琼·克劳馥曾有段短暂的婚姻，甚至在克里斯汀·基勒（Christine Keeler）的性丑闻中也扮演着重要角色。二战时小范朋克是美国海军少校，参加过几次英美合作的军事行动，因此被大英帝国封为荣誉爵士——这一荣誉几乎从未授予过非英籍人士。他还收到法国荣誉军团勋章、意大利战争十字英勇军功章、美国海军功勋勋章和希腊的乔治一世颁发的骑士军官的称号。除了这些荣誉外，小范朋克从13岁就开始演戏，拍了100多部电影。然而除了英俊、热情、善于辞令、能准确把握时机外，他并没有在电影中建立起自己独特的形象。

　　小范朋克是迷人的客串演员，总是被邀请饰演向并不般配的女子求婚的人，但在这些不值一提的电影中也有一些高水平的作品。在《小凯撒》（Little Caesar，1931）中，他饰演爱德华·罗宾逊最好的朋友，一位模仿乔治·拉夫特（George Raft）的舞者，并成为暴徒极力争取的目标。在他最好的银幕作品《罗宫秘史》（The Prisoner of Zenda，1937）中，他饰演了父亲最青睐的角色类型——不是神气活现的英雄，而是敏捷邪恶的鲁伯特，既有胆量又残酷无情。此外，他与其他大明星合作时总是饰演青年（如《拂晓侦查》[The Dawn Patrol，1930]）和矫揉造作的男主角（如《绿色地狱》[Green Hell，1940]）。20世纪50年代后，小范朋克开始在电视剧中表演，他是《鬼故事》（Ghost Story，1981）中的第一个遇害者。**KN**

琼·贝内特 JOAN BENNETT

生平： 本名琼·杰拉尔丁·贝内特（Joan Geraldine Bennett），1910年2月27日生于美国新泽西州帕利塞兹；1990年卒于美国纽约州斯卡斯代尔。

明星特质： 美丽性感；常饰演天真少女的金发女郎，后来将头发染成深色；演艺世家的一员。

琼·贝内特是默片明星理查德·贝内特的三个演员女儿中的一个，起初比不上同为电影明星的姐姐康斯坦丝（Constance），但经过长期的磨练后，她比姐姐更加出名。贝内特初次登台表演时只有四岁，两年后拍了她的第一部电影《决心谷》（The Valley of Decision，1916），她父亲在里面也有演出。在父亲的电影中饰演更多小角色后，她成为早期有声电影的女主角，分别与罗纳德·考尔曼（Ronald Colman）、乔治·阿利斯（George Arliss）和斯宾塞·屈塞在《名媛双胞案》（Bulldog Drummond，1929）、《英宫外史》（Disraeli，1929）和《艺人丽影》（Me and My Gal，1932）中演对手戏。她在《白鲸记》（Moby Dick，1930）中饰演亚哈·希里船长爱慕的对象，在30年代一直饰演天真少女，如《小妇人》（Little Women，1933）中的艾米·马奇和《铁面人》（The Man in the Iron Mask，1939）中的公主。

贝内特在弗里茨·朗的《万里追踪》（Man Hunt，1941）中一改往日形象，出演了一个含蓄的妓女。贝内特最好的表演是在弗里茨·朗随后的黑色电影《绿窗艳影》（The Woman in the Window，1944）和《血红街道》（Scarlet Street，1945）中的长腿、冷酷、外表漂亮内心淫荡的坏女人，把爱德华·罗宾逊迷得神魂颠倒。1951年，与她结婚11年的丈夫、制作人沃尔特·华格纳（Walter Wanger）因听到她与新经纪人的绯闻恼羞成怒，对他的经纪人开枪，华格纳因此坐了两年牢，但他们的婚姻一直持续到1965年，接下来的丑闻几乎摧毁贝内特的演艺生涯。她晚年唯一著名的银幕角色是达里欧·阿基多（Dario Argento）的恐怖片《阴风阵阵》（Suspiria，1977）中时髦恶毒的巫婆。然而，贝内特在电视中的发展稳健而成功，她出演了播出五年的哥特式肥皂剧《黑暗阴影》（Dark Shadows），并因此获得艾美奖提名，这部电视剧后来有了电影副产品《议院阴影》（House of Dark Shadows，1970）。**KN**

代表作：

Suspiria 1977
House of Dark Shadows 1970
Desire in the Dust 1960
We're No Angels 1955
Father of the Bride 1950
Scarlet Street 1945
The Woman in the Window 1944
Man Hunt 1941
The Man in the Iron Mask 1939
The Pursuit of Happiness 1934
Little Women 1933
Me and My Gal 1932
Moby Dick 1930
Disraeli 1929
Bulldog Drummond 1929
The Valley of Decision 1916

1910年代

"做演员给了我难以置信的丰富多彩的生活……我对此没有任何遗憾。"

大卫·尼文 DAVID NIVEN

生平： 本名詹姆斯·大卫·格雷厄姆·尼文（James David Graham Niven），1910年3月1日生于英国伦敦；1983年卒于瑞士代堡。

明星特质： 潇洒时髦、衣着得体的英国绅士，机智诙谐的社会名流；导演、作家、制作人；战争英雄。

大卫·尼文出生于军人家庭，从斯多中学和桑德赫斯特军校毕业，在马耳他高地轻步兵团服役了两年。他20世纪30年代到了好莱坞，饰演一些典型的无足轻重的角色：《谢谢你，吉夫斯》（Thank You, Jeeves!，1936）中的伯帝·伍斯特、《英烈传》（The Charge of the Light Brigade，1936）里命中注定的人、《呼啸山庄》（Wuthering Heights，1939）中的埃德加·林顿和《拉弗尔斯》（Raffles，1939）里的绅士小偷。尼文二战时再次加入英国军队，表现突出，获得美国颁予外国人的最高奖励——美国退伍军人协会的功绩勋章。二战期间他只拍了几部精心挑选的宣传片：《少数人中的第一个》（The First of the Few，1942）和《最后突击》（The Way Ahead，1944）。

战争结束后，尼文重回大银幕，在《平步青云》（A Matter of Life and Death，1946）中饰演在天堂受审的诗人飞行员，但是他更倾向于在战后电影中饰演严厉的角色：《宏伟的玩偶》（Magnificent Doll，1946）里的亚伦·伯尔和《不可琢磨的海绿花》（The Elusive Pimpernel，1950）中平凡的珀西·布莱克尼爵士。

尼文在冗长的《环游世界80天》（Around the World in Eighty Days，1956）里饰演菲利斯·福格，在《纳瓦隆大炮》（The Guns of Navarone，1961）中再次饰演英雄，在《鸳鸯谱》（Separate Tables，1958）中大秀演技，饰演玩忽职守的官员，并因此赢得奥斯卡最佳男演员奖。在《粉红豹系列：偷香窃玉》（The Pink Panther，1963）中饰演上了年纪却依旧迷人的浪荡子，是一群时髦人中的"幽灵"，在《007别传之皇家夜总会》（Casino Royale，1967）里饰演詹姆斯·邦德。晚年尼文回忆年轻时光和表演生涯的作品《月亮是个气球》（The Moon's a Balloon，1971）和《Bring on the Empty Horses》（1975）大获好评。尼文结过两次婚，他的第一任妻子普里穆勒·罗洛在泰隆·鲍华家的一次悲惨事故中身亡。他的第二任妻子和四个孩子都比他活得长。**KN**

代表作：

1910年代

King, Queen, Knave 1972
Casino Royale 1967
The Pink Panther 1963
The Guns of Navarone 1961
Separate Tables 1958 ★
Around the World in Eighty Days 1956
The Elusive Pimpernel 1950
Magnificent Doll 1946
A Matter of Life and Death 1946
The Way Ahead 1944
The First of the Few 1942
Raffles 1939
Wuthering Heights 1939
The Charge of the Light Brigade 1936
Thank You, Jeeves! 1936

"别让你心中的马戏团停下，别让它停下……最后总会解决的。"

西蒙妮·西蒙 SIMONE SIMON

生平：本名西蒙妮·特雷斯·费尔南德·西蒙妮（Simone Thérèse Fernande Simone），1910年4月23生于法国普罗旺斯；2005年卒于法国巴黎。

明星特质：黑眼睛、弯眉毛的娇小的法国美女；有着小猫似诱惑的面孔和猫一般的技能。

西蒙妮·西蒙的电影处女作是《On opère sans douleur》（1931），之后不久她就成为法国电影的主角明星之一。导演兼制作人达瑞尔·扎纳克（Darryl F. Zanuck）看了她在《女人湖》（Lac aux dames，1934）中的表现后将她引进好莱坞，想让她主演《两面旗下》（Under Two Flags，1936），不料却被克劳黛·考尔白取代。西蒙在巴黎罗曼史《七重天》（Seventh Heaven，1937）里饰演的勾引男人的迪安妮给人留下了深刻印象。然而她无法掌握英语，于是回国在让·雷诺阿（Jean Renoir）执导的《衣冠禽兽》（La bête humaine，1938）中出演让·迦本（Jean Gabin）的性感妻子，这次演出十分精彩。

西蒙在《黑夜煞星》（The Devil and Daniel Webster，1941）中饰演的邪恶妓女给她带来了《豹族》（Cat People，1942）中的经典角色——悲伤冷淡的年轻妻子，她（有正当理由）相信一旦受到激发，她就会变成一只黑豹。在制作人维尔·鲁东（Val Lewton）的魔幻片《猫人的诅咒》（The Curse of the Cat People，1944）中西蒙再次饰演这一角色，但给人的感觉很不一样。她还在根据居伊·德·莫泊桑（Guy de Maupassant）作品改编的《菲菲小姐》（Mademoiselle Fifi，1944）中饰演洗衣工。这些电影是她出演的最成功的英语片，然而依旧不能让长着猫一般面孔的她成为好莱坞明星，在饰演了一些怪异的喜剧如《约翰尼不再住在这儿》（Johnny Doesn't Live Here Any More，1944）后，西蒙回到了欧洲。在欧洲她饰演了很多角色，包括法国影片《轮舞》（La Ronde，1950）中的女仆和英国电影《额外的一天》（The Extra Day，1956）里的电影明星。在这些电影之后，西蒙几乎没再接到什么电影，最终于1973年息影。西蒙一生未婚，但她与很多演员及音乐家过从甚密。据说她有把镀金的钥匙，她会把钥匙给特别的男性友人，让他们进入她的闺房。**KN**

代表作：

The Extra Day 1956
Das Zweite Leben 1954 (A Double Life)
La Ronde 1950 (Roundabout)
Temptation Harbor 1947
Johnny Doesn't Live Here Any More 1944
The Curse of the Cat People 1944
Mademoiselle Fifi 1944
Tahiti Honey 1943
Cat People 1942
The Devil and Daniel Webster 1941
La bête humaine 1938 (The Human Beast)
Josette 1938
Love and Hisses 1937
Seventh Heaven 1937
Lac aux dames 1934 (Ladies' Lake)
On opère sans douleur 1931

1910年代

"噢，没什么，只是猫似乎都不太喜欢我。"
——伊蕾娜·杜布洛维娜（Irena Dubrovna），《豹族》

宝莲·高黛 PAULETTE GODDARD

生平： 本名宝琳·利维（Pauline Levy），1910年6月3日生于美国纽约州长岛；1990年卒于瑞士龙科。

明星特质： 美丽的戈德温女郎、歌手、舞者、制作人；曾嫁给默片银幕的传奇人物查理·卓别林。

高黛还是孩子时就开始做模特，13岁时成为齐格飞歌舞团的一员；她因在做成弯月形的道具上表演而出名，才16岁就嫁给了一名剧作家。1931年，高黛离婚后去了好莱坞，成为电影《来自西班牙的年轻人》（The Kid from Spain，1932）和《罗马丑闻》（Roman Scandals，1933）中众多不知名的戈德温女郎中的一个，在劳莱和哈迪的短片中饰演小角色，在不同电影公司的电影中充当花瓶。

1932年高黛认识了演员、后来成为她第二任丈夫的查理·卓别林，卓别林从哈尔·罗奇电影公司买下她的合约，让她在《摩登时代》（Modern Times，1936）和《大独裁者》（The Great Dictator，1940）中饰演女主角。这些角色无需太多演技，只要她看起来漂亮，并在卓别林耍宝时给他让路即可，但这些电影却让高黛渐渐成为明星。

在全女性阵容的电影《女人们》（The Women，1939）中的精彩表演给高黛带来更多不错的演出机会。她在《猫和金丝雀》（The Cat and the Canary，1939）中可爱迷人，与鲍勃·霍普（Bob Hope）演对手戏，这次演出让派拉蒙电影公司与她签订了一份为期10年的合约。她在《破鬼者》（The Ghost Breakers，1940）里再度与霍普合作，是塞西尔·戴米尔（Cecil B. DeMille）的《骑军血战史》（North West Mounted Police，1940）和《野风》（Reap the Wild Wind，1942）中迷人而有冒险精神的女主角。高黛在《骄傲欢呼》（So Proudly We Hail!，1943）中饰演的战地护士为她赢得奥斯卡最佳女配角的提名。她也在《理想丈夫》（An Ideal Husband，1947）、《复仇新娘》（Bride of Vengeance，1949）和《安娜恨史》（Anna Lucasta，1949）中饰演角色，然而《四千零四夜》（Babes in Bagdad，1952）一类的佳作却暗示了她的方向。她息影后到了欧洲，嫁给德国小说家埃里希·马里亚·雷马克（Erich Maria Remarque），但后来也曾短暂地出现在电视荧屏，饰演了《The Snoop Sisters》（1972）中的谋杀遇害者。**KN**

1910年代

代表作：

Anna Lucasta 1949
Bride of Vengeance 1949
An Ideal Husband 1947
The Diary of a Chambermaid 1946
Kitty 1945
So Proudly We Hail! 1943 ☆
Reap the Wild Wind 1942
North West Mounted Police 1940
The Great Dictator 1940
The Ghost Breakers 1940
The Cat and the Canary 1939
The Women 1939
Modern Times 1936
Roman Scandals 1933
The Kid from Spain 1932

"……世上最迷人的人是你自己。"

格劳瑞亚·斯图尔特 GLORIA STUART

生平： 本名格劳瑞亚·弗朗西丝·斯图尔特（Gloria Frances Stewart），1910年7月4日生于美国加利福尼亚州圣塔莫妮卡；2010年卒于美国洛杉矶。

明星特质： 苗条迷人的金发女郎、演员、画家；年轻时饰演B级片主角，后来成为成熟的性格演员；80多岁时演艺生涯再获新生，获得奥斯卡提名。

格劳瑞亚·斯图尔特在帕萨迪纳剧院被发现，1932年与环球电影公司签约。接着被西部电影广告协会选为1932年13个新人明星之一。对这些初出茅庐的小明星而言，出名的最好方法就是拍电影。年轻的斯图尔特身材苗条、金发碧眼，在20世纪30年代那些几乎被遗忘的电影中光彩照人。她最经典的作品是都是詹姆斯·威尔执导的，如在《古屋失魂》（The Old Dark House，1932）中被粗笨的鲍里斯·卡洛夫追求，在《隐形人》（The Invisible Man，1933）中被克劳德·雷恩斯威胁。斯图尔特在这些电影中饰演有着良好教养、微微有点高傲的年轻女士，但导演和观众却对她饰演不这么正直的角色更感兴趣。她在《1935年淘金女郎》（Gold Diggers of 1935，1935）中活力四射，在《鲨岛逃生记》（The Prisoner of Shark Island，1936）中饰演因丈夫被不公地判刑而受苦的妻子，但在专为秀兰·邓波儿拍摄的电影《桑尼布鲁克农场的丽贝卡》（Rebecca of Sunnybrook Farm，1938）等片中只是短暂地露了一下脸。

斯图尔特在利兹兄弟的《三剑客》（The Three Musketeers，1939）中饰演奥地利的安妮皇后，在主演《可能发生在你身上》（It Could Happen to You，1939）后息影。后来，她成为一位技艺成熟的画家。她在40年代回归银幕，拍了一些B级片，如《吹哨的人》（The Whistler，1944），之后再次息影，直到拍《利兹·博登传奇》（The Legend of Lizzie Borden，1975）。后来她又息影一段时间，直到《七四七亡魂九霄》（Shootdown，1988）又再度回到大银幕。为了《泰坦尼克号》（Titanic，1997）斯图尔特再度回到大银幕，饰演老露丝，并获得奥斯卡最佳女配角提名，成为奥斯卡史上年纪最大的提名者。多亏了《泰坦尼克号》，她的演艺生涯再创辉煌，从那时一直工作到现在，拍了维姆·文德斯的《百万美元酒店》（The Million Dollar Hotel，2000）等片，并客串了一些电视剧。

KN

代表作：

The Million Dollar Hotel 2000
Titanic 1997 ☆
Shootdown 1988
My Favorite Year 1982
The Legend of Lizzie Borden 1975
The Whistler 1944
Here Comes Elmer 1943
It Could Happen to You 1939
Winner Take All 1939
The Three Musketeers 1939
Time Out for Murder 1938
Rebecca of Sunnybrook Farm 1938
The Prisoner of Shark Island 1936
Gold Diggers of 1935 1935
The Invisible Man 1933
The Old Dark House 1932

1910年代

"我看到了自己的一生，就像已经活过一辈子似的。"

——老露丝，《泰坦尼克号》

田中绢代 KINUYO TANAKA

生平：1910年11月28日生于日本山口县；1977年卒于日本。

明星特质：独立、有开拓性；日本电影的偶像、戏剧女主角、日本第一位女导演，曾是日本导演沟口健二的缪斯。

  田中绢代是日本一位重要的电影明星，演了约50年的戏，几乎涵盖了所有的电影类型。田中最初学习音乐，在大阪乐天地的琵琶少女歌剧团出演轻歌剧。她的第一部电影是14岁拍的默片《乡村牧场》（1924）。之后她加入东京松竹蒲田电影公司，并成为该公司的主演明星。田中最著名的是饰演天真的年轻女孩，如《我毕业了，但……》（1929）和《女儿》（1930），之后她主演了日本第一部有声电影——五所平之助的喜剧《夫人与老婆》（1931）。这部电影好评如潮，让田中成为票房成功的保证，也让她成为日本电影的女主角。在接下来的电影生涯中，她继续挑战各种不同的角色。

  田中最出名的作品都是与导演沟口健二合作的，在沟口执导的《西鹤一代女》（1952）中，田中饰演的17世纪武士的女儿爱上了比自己社会地位低的男人，她的表演十分出色。田中经常饰演沟口电影的女主角，包括《雨月物语》（1953）中期待新生活的农夫之妻宫木、《山椒大夫》（1954）中饱受苦难的女子，这次她饰演的是落难官员之妻。他们的合作持续到银幕下的私生活中，沟口向田中求婚，但田中拒绝了，因为沟口试图阻拦她成为日本第一位女导演。然而田中并未退缩，她执导了自己的处女作《情书》（1953），并担当主演，后来她又执导了另外五部电影。**CK**

代表作：

《望乡》1974
《始于阿尔卑斯》1966
《红胡子》1965
《香华》1964
《永恒的爱》1961
《山椒大夫》1954
《情书》1953
《雨月物语》1953
《西鹤一代女》1952
《夫人与老婆》1931
《女儿》1930
《我毕业了，但……》1929
《乡村牧场》1924

1910年代

"田中细腻的情感给宫木添色不少。"

——评《雨月物语》

凡·赫夫林 VAN HEFLIN

生平：本名埃米特·埃凡·赫夫林（Emmett Evan Heflin Jr.），1910年12月13日生于美国俄克拉荷马州沃尔特斯；1971年卒于美国好莱坞。

明星特质：体格健壮、热情的水手、游泳高手；有着深沉的声音和强有力的银幕表演；第二主角和性格演员。

凡·赫夫林是牙医的儿子，他20世纪30年代早期在百老汇开始了自己的演艺生涯，后来被雷电华电影公司发现。赫夫林的第一部电影是与凯瑟琳·赫本演对手戏的《女人造反》（A Woman Rebels，1936）。赫夫林长着一张土豆脸，脸上有雀斑，很热情，在多部电影中表现突出，常常饰演努力工作的二号主角，如《原野奇侠》（Shane，1953）或《决斗尤玛镇》（3:10 to Yuma，1957），在充满魅力的英雄如艾伦·拉德（Alan Ladd）或格伦·福特（Glenn Ford）失去知觉后幸存下来。他在情节剧《双雄喋血》（Johnny Eager，1942）中饰演的杰夫·哈特莱特是他演艺生涯的巅峰，这一角色为他赢得奥斯卡最佳男配角。

从30年代中期开始，赫夫林就证明了自己可以演西部片，如《圣菲小路》（Santa Fe Trail，1940）；枪战片，如《小羊皮手套杀手》（Kid Glove Killer，1942）；音乐剧，如《明星梦》（Presenting Lily Mars，1943）；黑色电影，如《玛莎·伊瓦丝的奇特的爱》（The Strange Love of Martha Ivers，1946）；喜剧，如《与父亲共度周末》（Week-End with Father，1951）；战争英雄，如《战争的呼喊》（Battle Cry，1955），他甚至还出演了《三剑客》（The Three Musketeers，1948）中的阿多斯和《包法利夫人》（Madame Bovary，1949）中的查尔斯·包法利。赫夫林最擅长饰演因可怕环境而内心饱受煎熬的人，如《海角之魂》（Act of Violence，1948）中因背信弃义被罗伯特·瑞安（Robert Ryan）饰演的老兵追除的白领；《袭击》（The Raid，1954）里对小镇实施恐怖袭击的联合军官；《典范》（Patterns，1956）中在一次残酷的会战中得到提升的年轻执行官。赫夫林除了演电影外还常常在戏剧舞台演出，他和凯瑟琳·赫本一起在百老汇出演了《费城故事》（The Philadelphia Story）。他的最后一个重要角色是《国际机场》（Airport，1970）中我行我素的格雷罗，片中他企图炸毁飞机，好让妻子得到保险公司的赔偿。**KN**

代表作：

Airport 1970
3:10 to Yuma 1957
Patterns 1956
Battle Cry 1955
The Raid 1954
Shane 1953
Week-End with Father 1951
Madame Bovary 1949
Act of Violence 1948
The Three Musketeers 1948
The Strange Love of Martha Ivers 1946
Presenting Lily Mars 1943
Kid Glove Killer 1942
Johnny Eager 1942 ★
Santa Fe Trail 1940
A Woman Rebels 1936

> "我本来长得就不帅，如果我表演还不好的话，那就糟糕透了。"

罗纳德·里根 RONALD REAGAN

生平： 罗纳德·威尔逊·里根（Ronald Wilson Reagan），1911年2月6日生于美国伊利诺伊州坦皮科镇；2004年卒于美国洛杉矶。

明星特质： 当他当上美国总统后便成为好莱坞最著名的演员；饰演过西部片和动作冒险片；躲开过一次暗杀行动。

代表作：

The Killers 1964
Hellcats of the Navy 1957
Tennessee's Partner 1955
Cattle Queen of Montana 1954
Prisoner of War 1954
Hong Kong 1952
Bedtime for Bonzo 1951
The Last Outpost 1951
Storm Warning 1951
This is the Army 1943
Desperate Journey 1942
Kings Row 1942
Knute Rockne All American 1940
The Angels Wash Their Faces 1939
Secret Service of the Air 1939
Love Is on the Air 1937

1910年代

"诚然，辛苦的工作不会累死人，但为什么要冒这个险呢？"

1981年，年届69岁的罗纳德·里根成为美国总统。在他的政治生涯中，他常因自认为是个演员而受到嘲讽。事实上，里根是个讨人喜欢的合格影星，即使算不上一流的演员，但也不是一无是处。里根从在大学念经济时就开始了他的演艺生涯，他在娱乐圈的第一份工作是在爱荷华州的广播站做体育节目的实况转播员。后来他去了好莱坞，与华纳兄弟电影公司签约，拍了第一部电影《爱在播送中》（Love Is on the Air，1937）。渐渐地，他从名不见经传的小角色升为早期动作片，如《空气的秘密服务》（Secret Service of the Air，1939）中的英雄，之后又演了一些更重要的情节剧，如《天使洗脸》（The Angels Wash Their Faces，1939）。

里根最著名的角色都是配角，如《克努特·罗克尼》（Knute Rockne All American，1940）中的基佩尔和《金石盟》（King's Row，1942）里毫无必要地被虐待狂外科医生截掉腿的年轻人。二战中里根在陆军航空队中负责非战斗性事物，制作了一些训练片。1947年里根回到好莱坞，做了五年美国演员工会的主席。他在反3K党的情节剧《风暴警报》（Storm Warning，1951）中的演出十分卖力，这部电影是50年代好莱坞很少见的自由主义电影，但令人吃惊的是经常被嘲笑的傻瓜喜剧《君子红颜》（Bedtime for Bonzo，1951）却更为成功，里根在里面饰演的大学教授对科学实验室中的黑猩猩非常友善。20世纪50年代里根主要活跃在电视荧幕中，在1964年因政治放弃表演前他在《财色惊魂》（The Killers，1964）中出色地饰演了一个坏人。从影片资料库中可以发现，里根还出演过《萨尔瓦多》（Salvador，1986）、《异形帝国》（Alien Nation，1988）和获得多项奥斯卡奖的《阿甘正传》（Forrest Gump，1994）。1991年，里根的自传《美国英雄》（An American Hero）受到评论界的一致好评。他2004年因老年痴呆症去世。**KN**

右图：里根和第二任妻子南希在《白鲸记》（Moby Dick）的首映式上。

珍·哈露 JEAN HARLOW

生平： 本名哈里安·哈露·卡朋特（Harlean Harlow Carpenter），1911年3月3日生于美国密苏里州堪萨斯城；1937年卒于美国洛杉矶。

明星特质： 最早的"淡金黄色"头发女郎；有着绿色的眼睛、弯弯的眉毛和白皙的皮肤。

一次偶然的机会珍·哈露开始演电影——当她坐在停车场等一个很有抱负的演员朋友时被福克斯电影公司的经理发现，被邀请参加试镜，之后的一切则成为了传奇。哈露成为早期有声电影中的金发女郎，常常被有关她失败婚姻和生命中不计其数的男人的丑闻包围。霍华德·休斯（Howard Hughes）让她在热门影片《地狱天使》（Hell's Angels，1930）中饰演与之性格不符的英国"小姐"，哈露很快成为性感的象征。

接着她在黑帮史诗《国民公敌》（The Public Enemy，1931）中与詹姆斯·卡格尼（James Cagney）演对手戏，饰演卡格尼爱慕的女子。哈露的事业真正进入全盛时期是与有男子气概的克拉克·盖博搭档出演了米高梅电影公司的《红尘》（Red Dust，1932）、《钓金龟》（Hold Your Man，1933）和《中国海》（China Seas，1935），她将过着懒散生活的荡妇刻画得入木三分，而她散发出的性感不仅吸引了合作的演员，也吸引了大批观众。在人物众多的《晚宴》（Dinner at Eight，1933）里引人发笑后，她开始饰演玩世不恭的娱乐圈人物，如《危机24小时》（Bombshell，1933）、《来自密西苏里州的女孩》（The Girl from Missouri，1934）和《放荡进行曲》（Reckless，1935）。她对新出现的神经喜剧很有鉴别力，出色地出演了《妻子和秘书》（Wife vs. Secretary，1936）和《假戏真做》（Libeled Lady，1936），在《假戏真做》中与竞争对手玛娜·洛伊（Myrna Loy）火光四射。《海斯法典》的颁布让她的形象变得缓和，她不再总穿着贴身浴袍出现在银幕上，参演的作品也删去了有伤风化的对话和场景。

哈露的最后一部电影是与盖博再度合作的《萨拉托加》（Saratoga，1937），在拍《萨拉托加》期间哈露因尿毒症和急性肾衰竭病倒入院，几天后去世，年仅26岁。为了完成这部电影，制作方不得不使用替身以长镜头拍摄。盖博说在电影结尾处他感觉自己在幽灵怀中。**KN**

代表作：

1910年代

Saratoga 1937
Personal Property 1937
Libeled Lady 1936
Suzy 1936
Wife vs. Secretary 1936
Riffraff 1936
China Seas 1935
Reckless 1935
The Girl from Missouri 1934
Bombshell 1933
Dinner at Eight 1933
Hold Your Man 1933
Red Dust 1932
Platinum Blonde 1931
The Public Enemy 1931
Hell's Angels 1930

"内衣让我很不舒服，再说了，我的身体也需要呼吸。"

莫琳·奥沙利文 MAUREEN O'SULLIVAN

生平： 本名莫琳·宝拉·奥沙利文（Maureen Paula O'Sullivan），1911年5月17日生于爱尔兰罗斯康芒；1998年卒于美国亚利桑那州斯科茨代尔。

明星特质： 清新美丽的泰山系列片的女主角；有一头松散的深褐色头发；常饰演年轻的天真少女和成熟的女家长。

完成学业后，莫琳·奥沙利文回到家乡都柏林，后来在马展场被导演弗兰克·鲍沙其（Frank Borzage）发现，她接受鲍沙其的邀请去了好莱坞，拍了第一部电影《所以这就是伦敦》（So This Is London, 1930）。之后草草拍了几部音乐剧，如《五十年后之世界》（Just Imagine, 1930）和《误闯亚瑟王宫》（A Connecticut Yankee, 1931）。奥沙利文的经典角色是《人猿泰山》（Tarzan the Ape Man, 1932）中的简·帕克。奥沙利文饰演的简清新美丽，不论是穿着巴黎时尚的丛林服装还是在《泰山得美》（Tarzan and His Mate, 1934）中穿着暴露的比基尼，她看起来都让人觉得很舒服。她与约翰尼·韦斯默勒（Johnny Weissmuller）饰演的泰山关系很复杂：简既性感又充满母性，勇敢地保护泰山免受无力抵御的情绪波动，就像泰山保护她，不让她受暴躁的野生动物和邪恶的猎手伤害一样。

严格的审查制度让泰山系列电影变得平淡，奥沙利文在后来的电影中变得愈发有母性，在拍完《泰山纽约冒险》（Tarzan's New York Adventure, 1942）后她不再接拍该系列电影。可悲的是，她很少能演自己渴望的角色。奥沙利文是《红楼春怨》（The Barretts of Wimpole Street, 1934）、《安娜·卡列尼娜》（Anna Karenina, 1935）和《傲慢与偏见》（Pride and Prejudice, 1940）的女二号，在《魔鬼玩偶》（The Devil-Doll, 1936）和《赌马风波》（A Day at the Races, 1937）中漂亮却多余。她1942年息影，把时间花在照顾丈夫导演约翰·法罗（John Farrow）——他刚刚因伤寒离开海军——和七个孩子上，她的两个女儿米娅·法罗（Mia Farrow）和蒂沙·法罗（Tisa Farrow）后来成为演员。1948年奥沙利文回到大银幕，饰演了由丈夫执导的《大钟》（The Big Clock, 1948）和其他如《邦左上大学》（Bonzo Goes to College, 1950）等片，之后又息影直至20世纪80年代，她在《汉娜姐妹》（Hannah and Her Sisters, 1986）中与女儿米娅饰演母女。**KN**

代表作：

Peggy Sue Got Married 1986
Hannah and Her Sisters 1986
Bonzo Goes to College 1952
The Big Clock 1948
Tarzan's New York Adventure 1942
Pride and Prejudice 1940
A Day at the Races 1937
The Devil-Doll 1936
Anna Karenina 1935
The Barretts of Wimpole Street 1934
The Thin Man 1934
Tarzan and His Mate 1934
Tarzan the Ape Man 1932
A Connecticut Yankee 1931
Just Imagine 1930
So This Is London 1930

"我是简·帕克，明白吗？简，简。"
——简·帕克，《人猿泰山》

文森特·普莱斯 VINCENT PRICE

生平：本名小文森特·伦纳德·普莱斯（Vincent Leonard Price Jr.），1911年5月27日生于美国密苏里州圣路易斯；1993年卒于美国洛杉矶。

明星特质：美国的鲍里斯·卡洛夫（Boris Karloff）；有着阴险的声音和富有表现力的脸，完美地诠释了恐怖经典片中滑稽的恶人形象。

　　厚重的鼻音、弯弯的眉毛和疯狂的特质让普莱斯稳坐美国恐怖明星的宝座，他总是想演喜剧——更确切地说是滑稽可笑的模仿——他最典型的怪异角色常常有种平和的黑色幽默。普莱斯的第一个角色是《江山美人》（The Private Lives of Elizabeth and Essex，1939）中穿紧身衣和轮状皱领的沃尔特·罗利爵士，接着他在《恐怖塔》（Tower of London，1939）中溺死于马姆齐甜酒里，后来还为《隐形人归来》（The Invisible Man Returns，1940）配音。

　　普莱斯与20世纪福克斯电影公司签约，在《布里格姆·杨》（Brigham Young，1940）中是约瑟夫、在《哈德逊海湾》（Hudson's Bay，1941）中是查理二世，在《威尔逊总统传》（Wilson，1944）中是财政部长。饰演了众多角色之后，普莱斯在奥托·普雷明格的《罗拉秘史》（Laura，1944）中饰演一个小白脸。他在《神秘庄园》（Dragonwyck，1946）里饰演的庄园主是个瘾君子，而在《网》（The Web，1947）和《贿赂》（The Bribe，1949）中饰演声名狼藉之人，在《奸雄末路》（The Baron of Arizona，1950）中耍了个惊天计谋。之后他参演了一些喧嚣的喜剧，如《给凯撒的香槟》（Champagne for Caesar，1950）和《热情如火》（His Kind of Woman，1951）。

　　普莱斯在《恐怖蜡像馆》（House of Wax，1953）和

代表作：

Edward Scissorhands 1990
Theatre of Blood 1973
Dr. Phibes Rises Again 1972
The Abominable Dr. Phibes 1971
Witchfinder General 1968
The Tomb of Ligeia 1964
The Masque of the Red Death 1964
The Raven 1963
Pit and the Pendulum 1961
House of Usher 1960
House on Haunted Hill 1959
The Fly 1958
House of Wax 1953
His Kind of Woman 1951
Champagne for Caesar 1950
The Baron of Arizona 1950
The Bribe 1949
The Web 1947
Dragonwyck 1946
Laura 1944
Wilson 1944
Hudson's Bay 1941
Brigham Young 1940
The Invisible Man Returns 1940
Tower of London 1939
The Private Lives of Elizabeth and Essex 1939

右图：普莱斯在《苍蝇》中饰演科学家的兄弟弗朗索瓦·德朗布尔（François Delambre）。

文森特·普莱斯

上图：普莱斯晚年在蒂姆·伯顿的电影《剪刀手爱德华》中饰演发明家。

《苍蝇》（The Fly，1958）中的角色既生动又恐怖，这两部影片都取得了巨大的成功。他独特的声音和恶毒的大笑很适合这类恐怖角色，恐怖片才是他留给我们的真正遗产：他与威廉·卡斯特合作了《猛鬼屋》（House on Haunted Hill，1959），与罗杰·科曼合作了《家族诅咒》（House of Usher，1960）和《陷坑与钟摆》（Pit and the Pendulum，1961）。普莱斯在《魔鸟》（The Raven，1963）中的表演逗得科曼哈哈大笑，但在《红死病的面具》（The Masque of the Red Death，1964）和《莱姬娅之墓》（The Tomb of Ligeia，1964）中却有恋尸癖。他在《驱魔降邪》（Witchfinder General，1968）中再次令人恐惧地出现。

20世纪70年代早期，普莱斯两次饰演了菲普斯博士，还在《血染莎剧场》（Theatre of Blood，1973）里饰演过疯狂的莎士比亚。之后他的演艺之路渐渐放缓，但他仍和年轻人一起参演了迈克尔·杰克逊的《颤栗》和蒂姆·伯顿的《剪刀手爱德华》（Edward Scissorhands，1990）。**KN**

丰富多彩的生活

实际上，令人毛骨悚然的文森特叔叔是个慈父，写过一些烹饪书，热衷于艺术收藏，还是个诙谐的故事家：

◆ 普莱斯在洛杉矶大学办了一家艺术画廊，挑选艺术作品向公众出售。

◆ 普莱斯给《Euro-Disney Phantom ride》配过音，还在迈克尔·杰克逊的《颤栗》中念过旁白。

◆ 普莱斯是电视脱口秀的常客，曾在广播中展示如何在洗碗机中煮鱼。

金格尔·罗杰斯 GINGER ROGERS

生平： 本名弗吉尼娅·凯瑟琳·麦克麦斯（Virginia Katherine McMath），1911年7月16日生于美国密苏里州独立城；1995年卒于美国加利福尼亚州兰乔米拉奇。

明星特质： 好莱坞舞场里的红发女主角、轻喜剧和浪漫剧女主角；弗雷德·阿斯泰尔的舞伴，舞姿让人眼花缭乱。

历史注定金格尔·罗杰斯与合作者兼舞伴弗雷德·阿斯泰尔（Fred Astaire）的舞蹈会流传后世，永载史册。他们在1933年到1939年间共合作了九部传奇音乐剧，其中《柳暗花明》（The Gay Divorcee，1934）和《礼帽》（Top Hat，1935）尤为出色。他们舞艺高超、对动作把握精准，装扮优雅，所有这些作品都让人眼花缭乱。他们的作品形式很纯粹：剧本空洞而无关紧要，背景丰富而模糊。

尽管阿斯泰尔与罗杰斯的搭档是最成功的，但罗杰斯并不只是这些歌舞片中动作精准而优雅的舞者。她在与阿斯泰尔合作前就已拍了19部电影，包括两部由巴斯比·伯克利（Busby Berkeley）执导的影片，这两部片子能更准确地展现出罗杰斯在20世纪30年代早期饰演的人物角色特征。与后期作品相比，她在《第42街》（42nd Street，1933）中饰演的大嘴合唱队女孩艾妮泰姆·安妮更加尖刻无礼；而在《1933年淘金女郎》（Gold Diggers of 1933，1933）里她靠跳舞养活自己；在《职业情人》（Professional Sweetheart，1933）中是个性感有趣、放纵不羁的广播明星，以结婚为手段获得提升。

结束与阿斯泰尔的合作后，罗杰斯专注于喜剧表演，偶尔也会演一些女性电影，她在《女人万岁》（Kitty Foyle: The Natural History of a Woman，1940）中饰演困惑的中产阶级女孩，并凭借该片赢得了奥斯卡最佳女主角。在《未婚妈妈》（Bachelor Mother，1939）和《洛克茜·哈特》（Roxie Hart，1942）中她的表现也很出色。1945年罗杰斯成为好莱坞收入最高的女演员，但是到40年代末，她的事业开始下滑。20世纪50年代罗杰斯继续出演电影，同时也在百老汇参演了《你好！漂亮妞儿》（Hello! Dolly，1965）。罗杰斯晚年常客串各类电视节目，1985年她执导了音乐喜剧《怀中的宝贝》（Babes in Arms）。**MC**

代表作：

1910年代

Oh, Men! Oh, Women! 1957
Monkey Business 1952
Dreamboat 1952
The Barkleys of Broadway 1949
Roxie Hart 1942
Kitty Foyle: The Natural History of a Woman 1940 ★
Bachelor Mother 1939
Shall We Dance 1937
Swing Time 1936
Top Hat 1935
The Gay Divorcee 1934
Flying Down to Rio 1933
Professional Sweetheart 1933
Gold Diggers of 1933 1933
42nd Street 1933

"……她足够精明，明白即使开始跳舞也不能忘记表演。"

——约翰·米勒（John Mueller）

休姆·克罗宁 HUME CRONYN

生平：本名休姆·布莱克·克罗宁（Hume Blake Cronyn），1911年7月18日生于加拿大安大略湖；2003年卒于美国康涅狄格州费尔菲尔德。

明星特质：导演、作家、制作人、多才多艺的男主角，因饰演黑色电影出名；他与妻子都是戏剧明星。

休姆·克罗宁的家谱可以追溯到加拿大最早的定居者，家族中不乏政客，还有拉巴特啤酒厂的创建人。他在加拿大的麦吉尔大学学习法律，但是他的梦想是成为演员，于是到了纽约的美国戏剧艺术学院学习表演。

克罗宁在百老汇的首次演出是饰演《希珀的假日》（Hipper's Holiday，1934）中的守卫，不久就为人们所熟知。他的电影处女作是阿尔弗雷德·希区柯克的《辣手摧花》（Shadow of a Doubt，1943），他在里面饰演一个比自己实际年龄大、爱挑剔、着迷于犯罪的八卦者。希区柯克很欣赏这位加拿大演员，在《救生艇》（Lifeboat，1944）中再次邀请他出演一个幸存者。希区柯克还雇佣他为《夺魂索》（Rope，1948）和《历劫佳人》（Under Capricorn，1949）改编剧本。克罗宁因在弗雷德·金尼曼（Fred Zinnemann）的战争片《还我自由》（The Seventh Cross，1944）中的出色表演而获得奥斯卡最佳男配角提名。

尽管出演了《歌剧魅影》（Phantom of the Opera，1943）、《邮差总按两次铃》（The Postman Always Rings Twice，1946）和《埃及艳后》（Cleopatra，1963）等重要电影，克罗宁在舞台上的表演却比电影中更精彩。他在《原子弹秘密》（The Beginning or the End，1947）中出色地演绎了罗伯特·奥本海默，但他最具影响的角色是《血溅虎头门》（Brute Force，1947）中狡猾堕落、惩罚人时像个虐待狂的监狱长。

从20世纪70年代开始，克罗宁开始更多地出现在电影银幕上，在电影《视差》（The Parallax View，1974）、《魔茧》（Cocoon，1985）及《鬼使神差》（*batteries not included，1987）中的表演鲜明生动。他在《情伴我心》（Camilla，1994）中饰演第二任妻子杰西卡·坦迪爱恋的对象；他是《塘鹅暗杀令》（The Pelican Brief，1993）里最高法院的法官；是电视版《十二怒汉》（12 Angry Men，1997）中的陪审员之一；还是《圣诞老人与彼得》（Santa and Pete，1999）中的圣尼古拉斯。**KN**

代表作：

Santa and Pete 1999
Marvin's Room 1996
Camilla 1994
The Pelican Brief 1993
*batteries not included 1987
Cocoon 1985
The World According to Garp 1982
The Parallax View 1974
Cleopatra 1963
Brute Force 1947
The Beginning or the End 1947
The Postman Always Rings Twice 1946
The Seventh Cross 1944 ☆
Lifeboat 1944
Phantom of the Opera 1943
Shadow of a Doubt 1943

"你必须有真实感和一定的献身精神才能表演。"

露西尔·鲍尔 LUCILLE BALL

生平： 本名露西尔·德西蕾·鲍尔（Lucille Desiree Ball），1911年8月6日生于美国纽约州詹姆斯敦；1989年卒于美国洛杉矶。

明星特质： 20世纪30年代的魅力红发女子、乖僻的喜剧演员、机敏的女商人；工作努力；四次获得艾美奖。

代表作：

Mame 1974
Yours, Mine and Ours 1968
A Guide for the Married Man 1967
The Facts of Life 1960
Forever, Darling 1956
I Love Lucy 1953
The Dark Corner 1946
Ziegfeld Follies 1946
Valley of the Sun 1942
Look Who's Laughing 1941
Too Many Girls 1940
Dance, Girl, Dance 1940
That's Right—You're Wrong 1939
Go Chase Yourself 1938
Stage Door 1937
Top Hat 1935

在戏剧学校时红头发的露西尔·鲍尔就比包括贝蒂·戴维斯在内的同龄人逊色，一个指导老师甚至断言她"做演员完全没前途"。尽管如此，鲍尔还是开始了自己的演艺事业，先在百老汇表演，接着去好莱坞找寻合适的电影角色。最终她与雷电华电影公司签约，开始在电影《礼帽》（Top Hat，1935）和《跳吧，女孩子》（Dance, Girl, Dance，1940）中有一些不错的角色，但大多还是B级片中的小角色。20世纪40年代鲍尔与米高梅电影公司签约，但也没有取得什么成功，她在好莱坞里以"B级片女王"著称。

1940年鲍尔在拍摄《太多女孩》（Too Many Girls，1940）时认识了古巴音乐家德西·阿纳兹（Desi Arnaz），旋风般的浪漫过后他们结婚了。几年后鲍尔主演了广播喜剧《我至爱的丈夫》（My Favorite Husband）。1950年哥伦比亚广播公司决定把这出广播剧改编成电视剧，鲍尔和阿纳兹想要饰演主角夫妇，但哥伦比亚广播公司认为美国观众不会接受一个美国妻子有个古巴老公，但他们最终说服制作人让他们出演这一角色，在这当中他们遭遇到了非同寻常的事业和经济上的危机。《我爱露西》（I Love Lucy）在1951年初次亮相，随即成为后来所有电视情景剧的标准，并播出了六年。在经历了选角风波、外景拍摄、残酷的竞争，并育有两个孩子后，这对夫妇在1960年离婚，但鲍尔继续在《露西秀》（The Lucy Show）和《露西在此》（Here's Lucy）中饰演同一个角色，偶尔也拍一些电影如《双乐满堂》（Yours, Mine and Ours，1968）和《欢乐今宵梅姑姑》（Mame，1974），但最为关键的是，《我爱露西》已成为传奇，即使现在来看，每一集都跟刚播出时一样新鲜有趣，电影没让鲍尔出名，这部电视剧却做到了。**GCQ**

> "曾经在他的生命中，每个男人都会疯狂地爱上一个美丽的红发女子。"

坎丁弗拉斯 CANTINFLAS

生平： 本名马里奥·莫莱诺·雷耶斯（Mario Moreno Reyes），1911年8月12日生于墨西哥墨西哥城；1993年卒于墨西哥墨西哥城。

明星特质： 舞者、歌手、作家、制作人、墨西哥电影的传奇喜剧演员；留有小胡子和蓬乱的头发；表演风格滑稽。

坎丁弗拉斯是名很受欢迎的喜剧演员，是墨西哥的查理·卓别林，他不止在一方面与卓别林相似。像卓别林一样，他也因独具特色的外貌而著名：穿着膨胀的布袋裤、嘴上留一撮小胡子、蓬乱的头发、招风耳、戴一顶小帽子。和卓别林一样，他也因与巴斯特·基顿（Buster Keaton）和哈罗德·劳埃德（Harold Lloyd）一样的喜剧表演风格而出名。还有一点也与卓别林相似：他出身贫寒，因饰演劳动阶级的普通民众和受压迫的人而成为民族英雄。而与卓别林不同的是，我们得以在有声电影中一睹坎丁弗拉斯的天赋，他的机智和快节奏的语速也非常著名。

坎丁弗拉斯最初在一个巡回表演的杂耍团唱歌跳舞，渐渐成为著名的杂技演员和小丑。他的电影处女作是《不要欺骗自己的内心》（No te engañes corazón，1937），这之后他又拍了50部电影，是西班牙语世界电影票房的保证。后来他尝试出演英语对白的电影，在《环游世界80天》（Around the World in Eighty Days，1956）里饰演大卫·尼文（David Niven）饰演的菲利斯·福格的贴身男仆。但是好莱坞似乎不知如何安排坎丁弗拉斯，他接下来的英语电影《小人物狂想曲》（Pepe，1960）票房惨淡。他继续出演西班牙语电影，直到20世纪80年代。坎丁弗拉斯最后20年大多时间都致力于慈善事业和人道主义组织的工作，尤其是为墨西哥城的穷人谋福利。他是墨西哥演员工会的创始人之一，曾任工会主席，也是墨西哥独立电影工人联盟的首任秘书长。**CK**

代表作：

El barrendero 1982
El ministro y yo 1976 (*The Minister and Me*)
Su excelencia 1967
El señor doctor 1965
El padrecito 1964 (*The Little Priest*)
Agente XU 777 1963 (*Special Delivery*)
El extra 1962 (*The Extra*)
El analfabeto 1961 (*The Illiterate One*)
Pepe 1960
Around the World in Eighty Days 1956
Un día con el diablo 1945
　(*One Day with the Devil*)
Gran Hotel 1944
Los tres mosqueteros 1942 (*The Three Musketeers*)
No te engañes corazón 1937
　(*Don't Fool Thyself, Heart*)

1910年代

"一个新的动词'坎丁弗里尔'（cantinflear）意为说的很多，能确定的很少，沉溺于乱七八糟的结论中。"

罗伊·罗杰斯 ROY ROGERS

生平：本名伦纳德·富兰克林·斯莱（Leonard Franklin Slye），1911年11月5日生于美国俄亥俄州辛辛那提；1998年卒于美国加利福尼亚州苹果谷。

明星特质：乡村歌手、作曲家、制作人、经验丰富的西部片演员；总和他的马"扳机"（Trigger）一起出现；"牛仔之王"。

罗杰斯最初当歌手时用的是真实名字伦纳德·斯莱，后来当他成为"先驱者之子"歌唱团的一员时把名字改为迪克·维森（Dick Wesson）。这个团体初次亮相大银幕是在西部片《有点静电》（Slightly Static, 1935）中。到20世纪30年代末，他终于以罗伊·罗杰斯的名字在B级西部片中闯出一番天地。二战期间当吉恩·奥特里（Gene Autry）参军后，罗杰斯继承了他的事业，成为顶级的西部片明星。

从30年代末开始，罗杰斯和他的马"扳机"、狗"子弹"（Bullet）和第四任妻子黛尔·埃文斯（Dale Evans）一起出演了近100部电影，直到50年代早期B级西部片不再流行。凭借这些影片，罗杰斯赢得"牛仔之王"的绰号，而黛尔则被称为"西部之后"。

罗杰斯的代表作包括《日落小夜曲》（Sunset Serenade, 1942）、《得克萨斯州月亮之上》（Roll On Texas Moon, 1946）和《晚上在内华达州计时》（Night Time in Nevada, 1948）。他的电影模式从未改变，都是格斗、枪战、在马背上追逐；其中喜剧部分由盖比·海斯（Gabby Hayes）负责，而乡村风格的歌唱则由罗杰斯完成，通常由"先驱者之子"伴唱。罗杰斯偶尔也会出演一些A级片，如鲍勃·霍普（Bob Hope）的喜剧《脂粉双枪侠之子》（Son of Paleface, 1952）和拉乌尔·沃尔什（Raoul Walsh）的经典剧《黑色命令》（Dark Command, 1940）。从1951年到1964年他还主演了自己的电视节目《罗伊·罗杰斯秀》（The Roy Rogers Show）。"扳机"去世时，这匹33岁的马被制成标本，放在罗伊·罗杰斯的博物馆展览。好莱坞演员方·基默（Val Kilmer）小时候住在罗杰斯隔壁，他长大后买下了罗杰斯的老农场。1999年，基默把"扳机"的孙子带到奥斯卡奖典礼的舞台，以此纪念罗杰斯和他的马伙伴。**EB**

代表作：

Son of Paleface 1952
Down Dakota Way 1949
Night Time in Nevada 1948
Under California Stars 1948
Home in Oklahoma 1946
Roll on Texas Moon 1946
Under Nevada Skies 1946
My Pal Trigger 1946
Don't Fence Me In 1945
Sunset in El Dorado 1945
The Man from Oklahoma 1945
Sunset Serenade 1942
Dark Command 1940
Gallant Defender 1935
The Old Homestead 1935
Slightly Static 1935

1910年代

"牛仔不允许在电影中亲吻女孩儿……所以我只好亲吻'扳机'来代替。"

豪尔赫·内格莱特 JORGE NEGRETE

生平： 本名豪尔赫·阿尔伯特·内格莱特·莫莱诺（Jorge Alberto Negrete Moreno），1911年11月30日生于墨西哥瓜纳华托，1953年卒于美国洛杉矶。

明星特质： 魅力超凡、温文尔雅的墨西哥电影黄金时代的时髦偶像；流行歌手；有着与众不同的男中音。

豪尔赫·内格莱特在他的祖国墨西哥既是著名歌手，也是黄金时代的电影偶像。他父亲是陆军上校副官，14岁时内格莱特被送去墨西哥很有名望的军事学院读书，一直升到中尉。内格莱特受古典主义音乐训练，以歌剧演员的身份开始了演艺生涯。1935年他前往美国，在电视台找到一份工作，与古巴和墨西哥的音乐家一起表演。后因其美妙的男中音被邀请到纽约大都市剧院表演。

后来，内格莱特回到墨西哥，拍了他的第一部电影《魔鬼的教母》（La madrina del diablo，1937）。他因主演了音乐喜剧《咳，哈里斯科，你别多嘴》（¡Ay Jalisco, no te rajes!，1941）而在拉美地区获得了第一次真正意义上的成功。这部剧的舞台布景很出名，而内格莱特也因此走上了明星之路，这部电影还让他认识了演员格洛丽亚·玛琳（Gloria Marín）。他们互相吸引，一起主演了另外九部电影。

玛琳并不是内格莱特爱上的第一个女演员，也不会是最后一个。他的第一任妻子就是与他合演《瓦伦蒂娜》（La valentina，1938）的演员艾丽莎·克里斯蒂（Elisa Christy），他们育有一个女儿。他的第二任妻子是与他合作《摇滚灵魂》（El Peñón de las Ánimas，1943）的玛利亚·菲利克斯（María Félix）。内格莱特作为演员和歌手一直深受大家的喜爱，他和乐队"洛三卡拉瓦拉斯"（Los Tres Calaveras）的演出尤受欢迎。内格莱特是墨西哥演员协会的创始人之一，因对协会的贡献和对演员权利的争取而获得人们的尊敬。1953年，内格莱特在纽约因肝炎逝世。

CK

代表作：

El rapto 1954 (*The Kidnapping*)
Dos tipos de cuidado 1953
　(*Two Careful Fellows*)
Un gallo en corral ajeno 1952
　(*The Straying Rooster*)
Gran Casino 1947
Una carta de amor 1943 (*A Love Letter*)
El rebelde 1943 (*The Rebel*)
El Peñón de las Ánimas 1943 (*The Rock of Souls*)
Seda, sangre y sol 1942 (*Silk, Blood, and Sun*)
¡Ay Jalisco, no te rajes! 1941
　(*Jalisco, Don't Backslide*)
El cementerio de las águilas 1939
　(*The Eagles' Cemetery*)
La valentina 1938
La madrina del diablo 1937
　(*The Devil's Godmother*)

1910年代

"我常常醉得一塌糊涂，我肯定会孤独终老。"

李·科布 LEE J. COBB

生平：本名李欧·雅克布（Leo Jacoby），1911年12月8日生于美国纽约；1976年卒于美国洛杉矶。

明星特质：口琴演奏者、性格演员；因饰演险恶的黑帮恶棍和沧桑的权威人物出名。

李·科布1949年因在百老汇首演阿瑟·米勒（Arthur Miller）的作品《推销员之死》（Death of a Salesman on Broadway）中的威利·罗曼一角获得极高的评价，但在1951年电影版中这一角色由弗雷德里克·马奇（Fredric March）出演，直到1966年《推销员之死》的电视剧版他才再次出演这一角色。由于这次换角，科布的电影事业从来没有飙升过，他总是懒散地、没完没了地饰演一些黑帮恶棍和厌世的警察。

科布的父亲是犹太人，职业是报纸编辑。科布最初的爱好是音乐，会演奏小提琴和口琴。在弄伤手腕后他将注意力转向表演，1931年在帕萨迪纳剧院初次登台。之后演了很多百老汇作品，他的第一部电影是西部片《消失的影子》（The Vanishing Shadow，1934）。

科布演了很多外表和蔼、内心残忍的坏人：《贼之高速公路》（Thieves' Highway，1949）中过分热情的水果商；《码头风云》（On the Waterfront，1954）里把马龙·白兰度（Marlon Brando）打得倒地一动不动的敲诈者——这个角色为他赢得奥斯卡最佳男配角提名；《派对女郎》（Party Girl，1958）中像阿尔·卡彭（译注：美国黑手党老大）一样的犯罪首领，把硫酸滴在纸花上，说他也能对赛德·查理斯（Cyd Charisse）的脸这么做；《西部人》（Man of the West，1958）里加里·库柏逍遥法外的养父。他是《12怒汉》（12 Angry Men，1957）中最愤怒的人，直至最后一刻才揭示其真实身份。晚年科布沉静下来，接演了一些更加亲切的角色，如在德里克·弗林特（Derek Flint）的两部电影中饰演像詹姆斯·科本（James Coburn）一样古板的间谍老大，在《独行铁金刚》（Coogan's Bluff，1968）里饰演嘲笑牛仔克林特·伊斯特伍德（Clint Eastwood）的纽约警察。他还在赢得奥斯卡奖的恐怖片《驱魔人》（The Exorcist，1973）中饰演了一位像神探科伦坡一样调查杀人案的侦探。**KN**

代表作：

The Exorcist 1973
Coogan's Bluff 1968
In Like Flint 1967
Our Man Flint 1966
How the West Was Won 1962
The Four Horsemen of the Apocalypse 1962
Party Girl 1958
Man of the West 1958
The Brothers Karamazov 1958
The Three Faces of Eve 1957
12 Angry Men 1957
On the Waterfront 1954 ☆
Thieves' Highway 1949
The Song of Bernadette 1943
North of the Rio Grande 1937
The Vanishing Shadow 1934

"……因为我秃顶了，不得不一直演屠夫和恶棍。"

布罗德里克·克劳福 BRODERICK CRAWFORD

生平：本名威廉·布罗德里克·克劳福（William Broderick Crawford），1911年12月9日生于美国宾夕法尼亚州费城；1986年卒于美国加利福尼亚州兰乔米拉奇。

明星特质：有着嘶哑而刺耳的嗓音、饱经风霜的脸和结实的体格；常饰演外表冷酷、内心却不堪一击的硬汉。

布罗德里克·克劳福的父母和祖父母都是杂耍艺人，后来他也加入父母的表演，为制作人马克斯·戈登（Max Gordon）工作。克劳福在杂耍表演渐渐没落时去了哈佛大学，但仅过了三个月就辍学去纽约码头做搬运工。他重新开始表演，并和马克斯兄弟一起演出，终因1937年在百老汇的《人鼠之间》（Of Mice and Men）里饰演笨蛋雷尼而引起人们的注意。

克劳福最初演电影时都是饰演一群人，如逍遥法外的团伙、外籍军团或一群在酒吧游手好闲的人中最粗壮的一个。因为不够恶毒，他很少饰演能与其体格相配的暴徒。克劳福被滑稽的彪形大汉的角色吸引，在《Butch Minds the Baby》（1942）里出演强盗达蒙·鲁尼恩。他因在《当代奸雄》（All the King's Men，1949）中饰演一位休伊·朗（Huey Long）式的很有煽动性的政客而赢得奥斯卡最佳男主角奖，但是他像熊一样的怒吼更适合在《绛帐海棠香》（Born Yesterday，1950）里的表演，他在其中饰演了一个蠢笨却惹人怜爱的暴徒。

虽然出演了这些杰作，但克劳福一再饰演同一类型的角色，很少饰演相反、有挑战的角色。他在弗里茨·朗（Fritz Lang）的《人之欲》（Human Desire，1954）中饰演妻子不贞的火车司机。后来去意大利，在费德里科·费里尼（Federico Fellini）的《骗子》（Il bidone，1955）里饰演一个上了年纪死去的骗子。他在轰动一时的电视剧《公路巡警》（Highway Patrol，1955—1959）中饰演的警察局长对着汽车广播大叫："把黑人和白人都给我送过来"。克劳福演过西部片，如《红色战斧》（Red Tomahawk，1967），客串过电视，如《冒牌货》（Hell's Bloody Devils，1970）。他在拉里·柯汉（Larry Cohen）的《胡佛私人档案》（The Private Files of J. Edgar Hoover，1977）中再放光彩，出演了悲哀却令人恐惧的检察官，他的演绎很让人敬畏。**KN**

代表作：

The Private Files of J. Edgar Hoover 1977
Hell's Bloody Devils 1970
Red Tomahawk 1967
Square of Violence 1963
Between Heaven and Hell 1956
The Fastest Gun Alive 1956
Il bidone 1955 (The Swindle)
New York Confidential 1955
Human Desire 1954
Night People 1954
The Mob 1951
Born Yesterday 1950
All the King's Men 1949 ★
Butch Minds the Baby 1942
I Can't Give You Anything but Love, Baby 1940
Woman Chases Man 1937

"我靠演警察和强盗题材的电影赚了100多万美元。"

卡尔·莫尔登 KARL MALDEN

生平：本名莫尔登·乔治·赛库洛维奇（Malden George Sekulovich），1912年3月22日生于美国伊利诺伊州芝加哥；2009年卒于美国洛杉矶。

明星特质：作家、导演；聪明、庄重、多才多艺的男主角和性格演员；禁欲主义者；有着巨大的花椰菜般的鼻子，沧桑的脸给人留下深刻印象。

卡尔·莫尔登在芝加哥出生，在印第安纳长大，父母分别是捷克人和塞尔维亚人。即使不靠长相，他也是个很有魅力的性格演员，是电影的男主角，他所表现出的严肃的中西部派头在如今平淡乏味、创新不足的电影中已很难见到了。然而他冷漠的行为背后似乎总隐藏着不安的爆发，即使在他最擅长饰演的坦率正直的人物身上也可窥见一斑，但实际上这种爆发并不常见。

莫尔登标志性的角色是在讲述白宫生活的电视剧《西翼》（The West Wing，2000）中客串的神父托马斯·卡瓦诺夫，在此之前他一直勇敢地尝试各种角色。他的电影生涯中最经典的角色是在伊利亚·卡赞（Elia Kazan）的《欲望号街车》（A Streetcar Named Desire，1951）中饰演哈罗德·"米契"·米契尔，他也凭借该角色获得奥斯卡最佳男配角。之后他又在《独眼龙》（One-Eyed Jacks，1961，该片由马龙·白兰度执导）中饰演虐待成性的司法官，在肯·罗素（Ken Russell）的《亿万头脑》（Billion Dollar Brain，1967）中饰演道德败坏的人，在并不成功的电视剧《海洛因》（Skag，1980）中饰演叫声刺耳的工会会员。

莫尔登在他职业生涯中期最成功的警察剧《旧金山街区》（The Streets of San Francisco，1972—1976）里饰演的慈祥警探不比任何人差，这多少要得益于他与合作者、年轻的迈克尔·道格拉斯（Michael Douglas）的密切关系。他角色的经常改变无疑源于他是个体验派演员；莫尔登曾在纽约的集团剧院表演，在那儿第一次和伊利亚·卡赞一起工作，后来在二战中去军队服役。但是莫尔登常常有些怪念头和警觉的洞察力，体验派的表演方法让他饰演的每个角色都不可磨灭。银幕下，他在1988年被选为美国电影艺术和科学学院的主席，一做就是五年。他与莫娜·格林伯格（Mona Greenberg）的婚姻从1938年持续到他2009年去世。**MH**

代表作：

1910年代

They've Taken Our Children: The Chowchilla Kidnapping 1993
The Sting II 1983
Patton 1970
Hot Millions 1968
Blue 1968
Billion Dollar Brain 1967
The Cincinnati Kid 1965
How the West Was Won 1962
Birdman of Alcatraz 1962
All Fall Down 1962
One-Eyed Jacks 1961
On the Waterfront 1954
A Streetcar Named Desire 1951 ★
The Gunfighter 1950
They Knew What They Wanted 1940

> "我爱我演的每一部电影，即使是那些糟糕的……因为我热爱工作。"

玛丽亚·蒙特兹 MARIA MONTEZ

生平： 本名玛利亚·艾弗里克·安东尼娅·格雷西亚·维代尔·德·桑托·塞拉斯（Maria Africa Antonia Gracia Vidal de Santo Silas），1912年6月6日生于多明尼加共和国巴拉宏郡；1951年卒于法国巴黎。

明星特质： "华彩女皇"、社会名流、作家；有异域风情的长相；红头发的拉蒂纳女主角；因穿戴令人吃惊的异域服装和首饰著名。

玛利亚·蒙特兹是西班牙外交官的女儿，她是20世纪40年代低级庸俗的电影明星之一，她出演的粗劣却有异域风情的电影拥有大量观众，在这些电影中她常饰演女祭司、皇后和岛上的女孩。这些角色穿着用珠宝装饰的美丽服装，为她赢得"华彩女皇"的绰号。

蒙特兹自学英语，旅行到了纽约，在那儿成为一名模特。但她的梦想是当演员，于是她努力参加各种选拔比赛，终于与环球电影公司签约。蒙特兹开始只是在《隐身女人》（The Invisible Woman，1940）和《夏威夷的月光》（Moonlight in Hawaii，1941）中饰演小角色，后来在《塔希提之南》（South of Tahiti，1941）和《孟买帆船》（Bombay Clipper，1942）中的角色有所提升。她的第一个主要角色是《玛丽·罗杰特疑案》（Mystery of Marie Roget，1942）中被杀害的巴黎人。环球电影公司有很多草率赶工的作品，这些电影从背面打光、人物穿着简陋的服装，蒙特兹就饰演过一系列这样的电影，如《天方夜谭》（Arabian Nights，1942）中的舍赫拉查德和《亚特兰蒂斯的塞壬》（Siren of Atlantis，1949）里的安提娜皇后。

专为蒙特兹拍摄的电影包括《白色野人》（White Savage，1943）、《阿里巴巴和四十大盗》（Ali Baba and the Forty Thieves，1944）、《眼镜蛇女子》（Cobra Woman，1944）、《吉普赛野猫》（Gypsy Wildcat，1944）、《从鲍威利到百老汇》（Bowery to Broadway，1944）和《丹吉尔》（Tangier，1946）。40年代后蒙特兹已然过时——二战后不再提倡逃避现实——于是她搬去巴黎。在欧洲，蒙特兹演了一些法国、意大利和德国的电影，后因心脏病发作淹死在浴缸中，年仅39岁。1996年她的祖国终于认可她的成就，把巴拉宏那机场命名为玛丽亚·蒙特兹国际机场。**KN**

代表作：

Amore e sangue 1951 (City of Violence)
Hans le marin 1949 (Wicked City)
Siren of Atlantis 1949
The Exile 1947
Tangier 1946
Bowery to Broadway 1944
Gypsy Wildcat 1944
Cobra Woman 1944
Ali Baba and the Forty Thieves 1944
White Savage 1943
Arabian Nights 1942
Mystery of Marie Roget 1942
Bombay Clipper 1942
South of Tahiti 1941
Moonlight in Hawaii 1941
The Invisible Woman 1940

> "当我看着自己，我是那么的美丽，以至于我满怀欣喜地尖叫起来。"

吉恩·凯利 GENE KELLY

生平：本名尤金·柯伦·凯利（Eugene Curran Kelly），1912年8月23日生于美国宾夕法尼亚州匹兹堡；1996年卒于美国洛杉矶。

明星特质：导演、作家、作曲家、歌手、舞者；有着英俊的外貌、悦耳的嗓音和令人炫目的舞步。

吉恩·凯利是好莱坞最伟大的男性舞者，虽然他与弗雷德·阿斯泰尔（Fred Astaire）的舞蹈类型和形象大相径庭，但却是阿斯泰尔唯一的竞争对手。阿斯泰尔戴礼帽、穿燕尾服，而凯利更为人知的是他的休闲服。凯利有着更发达的肌肉，比阿斯泰尔更有男子气概。他的歌声沙哑悦耳，更具表现力。

童年时凯利就和他的四个兄弟姐妹一起在杂耍团表演。他一边在家中的舞蹈教室当老师一边学习法律，最后决定做个全职艺人，凯利1938年从法律学校辍学，搬去了纽约。他在百老汇罗杰斯和哈特的《好友乔伊》（Pal Joey）中赢得声誉，被带去好莱坞与朱迪·加兰（Judy Garland）一起出演《只为你我》（For Me and My Gal，1942）。在《封面女郎》（Cover Girl，1944）中他与丽塔·海华斯（Rita Hayworth）合作，接着出演了《起锚》（Anchors Aweigh，1945），在影片中与杰瑞·茅斯（Jerry Mouse）翩翩起舞，并凭借该片获奥斯卡最佳男主角提名。

和导演斯坦利·多南（Stanley Donen）一起，凯利让音乐电影重获新生，拍了一些新颖的作品，如《锦城春色》（On the Town，1949）、《雨中曲》（Singin' in the Rain，1952）和《好天气》（It's Always Fair Weather，1955），这些电影不是在剧院或电影工作室拍摄，而是在街上取景。凯利与文森特·明奈利（Vincente Minnelli）合作的《风流海盗》（The Pirate，1948）和《一个美国人在巴黎》（An American in Paris，1951）即使过于程式化，也几近完美。《心声幻影》（Invitation to the Dance，1956）是凯利自导自演的作品，这是他的一次实验，仅仅通过舞蹈讲述了三个独立的故事。他晚年导演的作品更合习俗，包括为芭芭拉·史翠珊（Barbra Streisand）拍摄的《我爱红娘》（Hello, Dolly!，1969）。1951年凯利因在舞蹈艺术上的成就被授予奥斯卡金像奖荣誉奖。他还是米高梅电影公司最伟大音乐剧《娱乐世界》（That's Entertainment，1974）及其续集中完美的主持人。**EB**

代表作：

1910年代

What a Way to Go! 1964
Let's Make Love 1960
The Happy Road 1957
Invitation to the Dance 1956
It's Always Fair Weather 1955
Brigadoon 1954
Singin' in the Rain 1952
It's a Big Country 1951
An American in Paris 1951
On the Town 1949
Take Me Out to the Ball Game 1949
The Pirate 1948
Living in a Big Way 1947
Anchors Aweigh 1945 ☆
Cover Girl 1944
For Me and My Gal 1942

"弗雷德·阿斯泰尔代表贵族阶级，而我则代表无产阶级。"

右图：吉恩·凯利在他最著名的影片《雨中曲》里在雨中唱歌。

黛尔·伊万斯 DALE EVANS

生平： 本名弗朗西丝·奥克塔维亚·史密斯（Frances Octavia Smith），1912年10月31日生于美国得克萨斯州尤瓦尔迪；2001年卒于美国加利福尼亚州苹果谷。

明星特质： "牛仔女工皇后"、乡村歌手、西部音乐剧的女主角、钢琴家、作曲家、作家；有漂亮、清新的脸蛋和一头黑色的秀发；马术精湛。

"牛仔女工皇后"黛尔·伊万斯14岁时为了与高中的恋人结婚而私奔，17岁离婚时她已是一位母亲了。她以歌手的身份进入娱乐界，和Anson Weeks管弦乐队这样的大乐队一起唱歌，之后成为广播站的独唱歌手。结束第二段婚姻后，伊万斯到了好莱坞，开始她只是饰演一些小角色，如和约翰·韦恩（John Wayne）一起出演的《在老俄克拉荷马》（In Old Oklahoma，1943），与西部片歌手明星罗伊·罗杰斯（Roy Rogers）一起演出的《牛仔和女士》（Cowboy and the Senorita，1944），后者成为一段长久而成功的合作的开端。他们一个是有一头深褐色秀发的迷人女郎，一个是有着悦耳嗓音的男子，1947年伊万斯嫁给了罗杰斯。他们一起表演、演唱，合拍了20多部电影，之后还一起出现在电视节目《罗伊·罗杰斯秀》（The Roy Rogers Show，1951—1957）中。伊万斯还为他们夫妇俩的主题歌《快乐之径》（"Happy Trails"）作曲，他们每周的节目就是以这首歌结束的。

在他们更成功的电影《得州黄玫瑰》（The Yellow Rose of Texas，1944）、《不要困住我》（Don't Fence Me In，1945）和《锯齿山脊的暮光》（Twilight in the Sierras，1950）中，伊万斯经常骑她的鹿皮马"巴特米尔克"，他们最后一次一起出现是在电影《金色西部的伙伴》（Pals of the Golden West，1951）中。对很多人而言，这对夫妇是美国梦的化身，但是他们的生活充满了悲剧，有三个孩子早夭。他们后来皈依基督教，开了一个专门展示他们成果的博物馆，这个博物馆最初设在加利福尼亚州，后来迁到密苏里州。20世纪70年代，伊万斯录制了一些传播福音的宗教专辑，90年代她主持了一档名为《黛儿有约》（A Date with Dale）的宗教电视节目。她还写了很多关于自己生活和在逆境中成长的书，其中包括畅销的《天使未察觉》（Angel Unaware，1953）。**EB**

代表作：

Pals of the Golden West 1951
Trigger, Jr. 1950
Twilight in the Sierras 1950
Bells of Coronado 1950
The Golden Stallion 1949
Apache Rose 1947
Out California Way 1946
My Pal Trigger 1946
Rainbow Over Texas 1946
Song of Arizona 1946
Don't Fence Me In 1945
Hitchhike to Happiness 1945
The Man from Oklahoma 1945
The Yellow Rose of Texas 1944
Cowboy and the Senorita 1944
In Old Oklahoma 1943

1910年代

"有些道路是快乐的，有些则是悲伤的，关键在于你走路的方式。"

洛丽泰·扬 LORETTA YOUNG

生平： 本名格雷琴·扬（Gretchen Young），1913年1月6日生于美国犹他州盐湖城；2000年卒于美国洛杉矶。

明星特质： 优雅迷人、多才多艺、脸庞精致的蓝眼睛美女；时代剧和戏剧女主角、作家、人道主义者。

洛丽泰·扬的事业起于默片，终于电视剧。扬的演艺事业从她1927年答应一个原本打算找她姐姐演出的电话开始，其演艺生涯长达30年，但令人吃惊的她是鲜有令人印象深刻的电影。她被称为美女中的美女，这也保证了她的票房吸引力。她曾在古装剧《电话之父贝尔的故事》（The Story of Alexander Graham Bell，1939）中饰演"亚历山大·格雷厄姆·贝尔夫人"，她已厌倦了这个形象，在20世纪30年代末为了得到更好的角色她继续罢演。扬是虔诚的宗教信仰者，她抵制饰演《海斯法典》前电影中允许出现的那类坏女孩，事实上她只演过一次这类角色，即《天生就坏》（Born to Be Bad，1934）中生活放荡的单身母亲。

扬最好的角色也许是在弗兰克·卡普拉（Frank Capra）的作品《银发女郎》（Platinum Blonde，1931）中饰演的众多男孩记者中的一个——加拉格尔，剧中她毫不矫揉造作地与珍·哈露（Jean Harlow）饰演的富家女争夺罗伯特·威廉斯（Robert Williams）。她晚期给人留下深刻印象的当属在奥森·威尔斯（Orson Welles）的《陌生人》（The Stranger，1946）中的表演，片中她饰演的角色慢慢意识到自己崇拜的丈夫原来是个变节的纳粹。第二年她在喜剧《农家女》（The Farmer's Daughter，1947）中饰演瑞典女仆，并凭借该片获得了奥斯卡最佳女主角，她还因在《圣女歌声》（Come to the Stable，1949）中的表演获得奥斯卡提名。20世纪50年代扬的电影生涯渐渐褪色，于是她转向小荧屏，主持了《给洛丽泰的信》（Letter to Loretta，1953—1961），之后主持了《新洛丽泰·扬秀》（The New Loretta Young Show，1962—1963）。晚年她为罗马天主教报纸写了一个孤独心灵的专栏，把很多时间奉献给了天主教慈善事业。**MC**

代表作：

It Happens Every Thursday 1953
Come to the Stable 1949 ☆
The Bishop's Wife 1947
The Farmer's Daughter 1947 ★
The Stranger 1946
A Night to Remember 1943
Eternally Yours 1939
The Story of Alexander Graham Bell 1939
Second Honeymoon 1937
Bulldog Drummond Strikes Back 1934
Born to Be Bad 1934
The Life of Jimmy Dolan 1933
Taxi! 1932
Platinum Blonde 1931
The Magnificent Flirt 1928
Sirens of the Sea 1917

1910年代

"我有一个能照全身的三面镜……我在它前面花了大量的时间。"

劳埃德·布里奇斯 LLOYD BRIDGES

生平：本名小劳埃德·维恩特·布里奇斯（Lloyd Vernet Bridges Jr.），1913年1月15日生于美国加利福尼亚州圣莱安德罗；1998年卒于美国洛杉矶。

明星特质：制作人、导演；年轻时是性格演员，年长后常饰演成熟且面无表情的喜剧角色。

布里奇斯20世纪30年代中期在开始他的表演生涯，之后去了百老汇，1939年初次登台出演了《奥赛罗》。1941年与哥伦比亚电影公司签约，在电影如《佐丹先生出马》（Here Comes Mr. Jordan，1941）中饰演小角色，接着在《密使X-9》（Secret Agent X-9，1945）中显示他的英雄气概。接下来的五年中他一直出演配角，如《峡谷航道》（Canyon Passage，1946）和《科尔特45》（Colt .45，1950），偶尔也在B级片中担当主角，如《火箭飞船X-M》（Rocketship X-M，1950）。后来，他因在《正午》（High Noon，1952）中出演软弱的代理人引起人们的注意，之后开始出演西部片，在《黑暗都市》（City of Bad Men，1953）里饰演一个叫"加"的角色，在《危奇托》（Wichita，1955）里饰演吉普。

20世纪50年代，布里奇斯因向众议院非美活动调查委员听取会承认对共产主义的玩弄态度被列入灰名单。制作人伊凡·托斯（Ivan Tors）请他在电视剧《海底追捕》（Sea Hunt，1958—1961）中出演被雇潜水的探险家迈克·尼尔森，让他的演艺事业再现生机。

六七十年代布里奇斯在电视电影中表现出色，在尖锐深刻的《寂静夜，孤独夜》（Silent Night, Lonely Night，1969）中出演了他最棒的银幕角色，还参与演出了特别让人难忘的《富人聚集地》（Haunts of the Very Rich，1972），并在《第五个火枪手》（The Fifth Musketeer，1979）里饰演阿拉米斯。在参演了喜剧《空前绝后满天飞》（Airplane!，1980）后，布里奇斯改变了职业方向，在这部电影中滑稽地模仿了自己过去几十年的表演。继这部取得巨大成功的电影之后，布里奇斯晚年最受好评的作品都是一些类似的喜剧，如《反斗神鹰》（Hot Shots!，1991）和《黑帮掌门人》（Jane Austen's Mafia!，1999）。他的儿子博·布里奇斯（Beau Bridges）、杰夫·布里奇斯（Jeff Bridges）和孙子乔丹·布里奇斯（Jordan Bridges）都是演员。**KN**

代表作：

1910年代

Meeting Daddy 2000
Jane Austen's Mafia! 1998
Hot Shots! Part Deux 1993
Honey I Blew Up the Kid 1992
Hot Shots! 1991
Airplane II: The Sequel 1982
Airplane! 1980
Wichita 1955
City of Bad Men 1953
High Noon 1952
Little Big Horn 1951
Rocketship X-M 1950
Colt .45 1950
Canyon Passage 1946
Secret Agent X-9 1945
Here Comes Mr. Jordan 1941

"看来我选了一个错误的星期来戒酒。"
——史蒂夫·麦克科洛斯基，《空前绝后满天飞》

维克多·迈彻 VICTOR MATURE

生平： 本名维克多·约翰·迈彻（Victor John Mature），1913年1月29日生于美国肯塔基州路易斯维尔；1999年卒于美国加利福尼亚州兰乔圣菲。

明星特质： "大块头"；有卷曲的头发和健美的外貌；穿着缠腰布和拖鞋的样子看起来也不错；常出演圣经史诗剧。

维克多·迈彻常常因为呆板的英俊和在有趣而可怕的电影如塞西尔·塞米尔的《参孙和达莉拉》（Samson and Delilah，1949）和平淡的恐怖片如《山大王》（The Bandit of Zhobe，1959）中收缩胸部遭到嘲笑。然而，这个"大块头"也拍了很多优秀的电影。

迈彻的第一部电影是哈尔·罗奇（Hal Roach）的《管家的女儿》（The Housekeeper's Daughter，1939），他接着在《公元前一百万年》（One Million B.C.，1940）中饰演穴居人，像猪一样发出咕噜咕噜的声音，但在20世纪40年代他的表演呈现多元化，在《醒时尖叫》（I Wake Up Screaming，1941）中饰演汗流浃背、极度痛苦的替罪羔羊；在《上海风光》（The Shanghai Gesture，1941）中饰演披着披肩、戴着土耳其帽，十分神秘的角色；在音乐传记片《不是冤家不聚头》（My Gal Sal，1942）中饰演一个讨人喜欢的角色；在约翰·福特的《侠骨柔情》（My Darling Clementine，1946）中的角色最为出色，他在其中饰演了常常酗酒、自我厌恶、患肺结核却如外科医生和枪手般勇敢的霍丽迪医生。迈彻还出演了一些优秀的黑色电影，如《死吻》（Kiss of Death，1947），但是继《参孙和达莉拉》后他一直饰演古装剧，如《圣袍千秋》（The Robe，1953）。他在50年代的西部片如《最后的前线》（The Last Frontier，1955）中的表演也十分出色。

20世纪60年代迈彻的电影事业开始走下坡路，于是他将兴趣转到高尔夫上。他从没把自己太当回事，在电影如《毛发》（Head，1968）中滑稽地模仿自己的银幕形象，类似情况还出现在《怪贼飞天狐》（Vittorio De Sica's Caccia alla volpe，1966）和《妙狗拯救好莱坞》（Won Ton Ton, the Dog Who Saved Hollywood，1976）里。迈彻在70年代末期处于半退休状态，他在好莱坞经营了一个电视商店，把主要精力放在他的大爱高尔夫上。1984年他在重拍的电视版本的《参孙和达莉拉》里饰演了参孙的父亲，之后就完全退休了。**KN**

代表作：

Won Ton Ton, the Dog Who Saved Hollywood 1976
Head 1968
Caccia alla volpe 1966 (After the Fox)
The Last Frontier 1955
Violent Saturday 1955
The Robe 1953
Samson and Delilah 1949
Cry of the City 1948
Kiss of Death 1947
My Darling Clementine 1946
My Gal Sal 1942
The Shanghai Gesture 1941
I Wake Up Screaming 1941
One Million B.C. 1940
The Housekeeper's Daughter 1939

"我不是个演员，附上我的剪报可以证明这一点。"

杰特·弗罗比 GERT FRÖBE

生平：本名卡尔-格哈特·弗罗比（Karl-Gerhart Fröeber），1913年2月25日生于德国萨克森州茨维考；1988年卒于德国巴伐利亚州慕尼黑。

明星特质：高大、面色红润、体格强壮；戏剧和快乐喜剧中的性格演员；邦德电影中令人难忘的恶棍；音乐家。

代表作：

The Serpent's Egg 1977
And Then There Were None 1974
Monte Carlo or Bust 1969
Chitty Chitty Bang Bang 1968
Those Fantastic Flying Fools 1967
J'ai tué Raspoutine 1967 (*Rasputin*)
A High Wind in Jamaica 1965
Those Magnificent Men in Their Flying Machines 1965
Goldfinger 1964
The Longest Day 1962
Im Stahlnetz des Dr. Mabuse 1961
(*The Return of Dr. Mabuse*)
Die Tausend Augen des Dr. Mabuse 1960
(*The Thousand Eyes of Dr. Mabuse*)
Mr. Arkadin 1955

1910年代

"我是个大块头，所以我必须大笑才配得上我的大个儿。"

詹姆斯·邦德被捆在桌子边，一束激光射向他的腹股沟，他怒吼道："你想要我说吗？""不，邦德先生，"策划这一幕的奥瑞克·金手指答道："我想要你死。"杰特·弗罗比因饰演邦德电影中最和善的恶棍而在电影史上占有一席之地。在《007之金手指》（Goldfinger, 1964）中，在德国出生的弗罗比的英语不符合要求，所以英国演员迈克尔·柯林斯（Michael Collins）为他配音，模仿这位德国演员的声音。后来弗罗比用自己的声音演出，听起来跟柯林斯一模一样。虽然在二战前和二战中弗罗比一直是纳粹党的一员，他却帮助德国的犹太人躲过盖世太保的搜查。由于弗罗比过去与纳粹党的联系，《007之金手指》被禁止在以色列上映，直到他帮助的犹太家庭公开感谢他这一禁令才得以解除。

弗罗比20来岁时是个小提琴手，兼做舞台设计，他在20世纪30年代转行开始表演。他长得很像30年代的演员奥特·韦尼克（Otto Wernicke），虽然在《马布斯博士归来》（Im Stahlnetz des Dr. Mabuse, 1961）前他并没有接替韦尼克饰演检查员洛曼，但相似的长相让他有机会在弗里茨·朗的《马布斯博士的一千只眼》（Die Tausend Augen des Dr. Mabuse, 1960）中出演角色。弗罗比演过很多欧洲电影，常饰演穿着双排扣雨衣的警察，如奥森·威尔斯的《阿卡丁先生》（Mr. Arkadin, 1955）和英格玛·伯格曼的《蛇蛋》（The Serpent's Egg, 1977）。在饰演了《007之金手指》后，他常在国际电影中饰演滑稽的坏人。他参演了英国喜剧《飞行器上的好小伙》（Those Magnificent Men in Their Flying Machines, 1965）和由此派生的电影《疾速龙虎斗》（Monte Carlo or Bust, 1969）。他在《飞天万能车》（Chitty Chitty Bang Bang, 1968）中饰演邦姆博斯特男爵，该片是根据邦德系列作品的作者伊恩·弗莱明的作品改编而成的。在《拉斯普廷》（J'ai tué Raspoutine, 1967）中，他饰演的拉斯普廷是银幕上较丰满的一个形象。**KN**

约翰·加菲尔德 JOHN GARFIELD

生平：本名雅各布·朱利叶斯·加芬克（Jacob Julius Garfinkle），1913年3月4日生于美国纽约；1952年卒于美国纽约。

明星特质：性格演员、制作人；有着卷曲的深色头发和粗犷英俊的外貌；轮廓清晰；常饰演沉思的硬汉。

约翰·加菲尔德七岁时母亲就去世了，他参加了一个专为问题儿童开办的特殊学校，在那儿第一次接触表演。后来他去了戏剧学校，在剧院工作了一些年，直到在他的第一部电影《四千金》（Four Daughters，1938）里饰演众多求婚者中愤世嫉俗的那一个时才开始接触银幕。他在该片的续集《四个妻子》（Four Wives，1939）中再次出演这一角色，并在华纳兄弟的电影如《海狼突击队》（The Sea Wolf，1941）中饰演年轻的硬汉。但是他短暂的辉煌是在二战结束后，他很适合演出情节剧如《银海香魂》（Humoresque，1946）、黑色电影如《邮差总按两次铃》（Postman Always Rings Twice，1946）和评论社会的电影如《君子协定》（Gentleman's Agreement，1947）。

加菲尔德最棒的角色是在《海军的骄傲》（Pride of the Marines，1945）中饰演瞎眼的老兵，在《出卖灵肉的人》（Body and Soul，1947）中饰演的拳击手，通过不正当手段与人搏斗，过着纸醉金迷的生活和在《痛苦的报酬》（Force of Evil，1948）中饰演的暴民律师。加菲尔德在政治上是自由主义者，曾受到反共产主义者不公平的对待。他1951年4月接受众议院非美活动调查委员会的询问时拒绝举报其他人，因此上了黑名单——这让电影公司老板不敢找他演戏。加菲尔德在余下的演艺生涯中一直努力想要饰演正派体面的角色。他在根据《逃亡》（To Have and Have Not，1944）重拍的《孤帆灭枭》（The Breaking Point，1950）中饰演了原来由亨弗莱·鲍嘉（Humphrey Bogart）饰演的角色，霍华德·霍克斯（Howard Hawks）拍《逃亡》时改编颇多，《孤帆灭枭》则更忠于海明威的小说。加菲尔德曾两次获奥斯卡提名，一次是最佳男配角，一次是最佳男主角。他于1952年因心脏疾病英年早逝，年仅39岁。约有一万名粉丝参加了他在纽约的葬礼，这是自默片偶像鲁道夫·瓦伦蒂诺（Rudolph Valentino）1926年去世后参加人数最多的明星葬礼。**KN**

代表作：

He Ran All the Way 1951
The Breaking Point 1950
Force of Evil 1948
Gentleman's Agreement 1947
Body and Soul 1947 ☆
Humoresque 1946
The Postman Always Rings Twice 1946
Pride of the Marines 1945
Hollywood Canteen 1944
Destination Tokyo 1943
Air Force 1943
Tortilla Flat 1942
The Sea Wolf 1941
Castle on the Hudson 1940
Four Wives 1939
Four Daughters 1938 ☆

"电影表演是我的事业，但是我从百老汇的戏剧舞台上获得极大的快乐。"

斯图尔特·格兰杰 STEWART GRANGER

生平： 本名詹姆斯·拉布朗奇·斯图尔特（James Lablache Stewart），1913年5月6日生于英国伦敦；1993年卒于美国加利福尼亚州圣塔莫妮卡。

明星特质： 高大英俊；古装剧和蛮勇动作片中年轻浪漫的男主角；成熟的性格演员。

代表作：

1910年代

The Wild Geese 1978
The Hound of the Baskervilles 1972
The Trygon Factor 1966
Unter Geiern 1964 (Frontier Hellcat)
The Secret Partner 1961
Bhowani Junction 1956
Footsteps in the Fog 1955
Moonfleet 1955
Beau Brummell 1954
The Prisoner of Zenda 1952
Scaramouche 1952
King Solomon's Mines 1950
Waterloo Road 1945
Fanny by Gaslight 1944
The Man in Grey 1943
So This Is London 1940

"我是一个优秀的古装剧演员，但是错误的选择缩短了我的职业生涯。"

　　斯图尔特·"吉米"·格兰杰从戏剧学校毕业，1935年以职业演员的身份出演了第一部作品。他1938年在伦敦西区出演的《太阳永不落》（The Sun Never Sets）造成了轰动。这时他为了区别于美国电影明星詹姆斯·斯图尔特采用了艺名。二战爆发后他加入英国军队，但1942年在一次行动中负伤，因此当大多数与他同龄的男演员都还在军队服役时他成为电影中帅气的男主角。格兰杰一头卷发，总是穿着紧身裤，在时代浪漫剧，如盖恩斯伯勒电影公司的《穿灰衣的男人》（The Man in Grey，1943）——这是他主演的第一部电影——和《苏娘》（Fanny by Gaslight，1944）中给人留下深刻印象。他在《滑铁卢之路》（Waterloo Road，1945）中饰演的受到正义打击的逃避兵役的角色也同样让人记忆犹新。

　　20世纪40年代末格兰杰成为英国顶级明星之一，他去了好莱坞，与米高梅电影公司签约。之后他变得国际化，拍了很多振奋人心的著名冒险片：《所罗门王宝藏》（King Solomon's Mines，1950）中的艾伦·夸特梅、《古堡藏龙》（The Prisoner of Zenda，1952）中的骗子和国王、《美人如玉剑如虹》（Scaramouche，1952）中亡命的喜剧演员。格兰杰在弗里茨·朗的《慕理小镇》（Moonfleet，1955）中的表演非常出色，在《宝云尼车站》（Bhowani Junction，1956）中饰演的殖民地官员也很成功，接着演了一些德裔南斯拉夫作家卡尔·梅（Karl May）的西部片如《鹰群中》（Unter Geiern，1964）和埃德加·华莱士（Edgar Wallace）的犯罪片如《神探血战女魔星》（The Trygon Factor，1966）。在电视电影《巴斯克维尔猎犬》（The Hound of the Baskervilles，1972）中饰演了贫穷的福尔摩斯后，格兰杰在一些电影如《野鹅敢死队》（The Wild Geese，1978）中饰演怯懦的配角。格兰杰有过三段婚姻，其中包括1950年到1960年与曾经合作的女演员简·西蒙斯（Jean Simmons）的一段婚姻。**KN**

彼得·库欣 PETER CUSHING

生平：本名彼得·威尔顿·库欣（Peter Wilton Cushing），1913年5月26日生于英国萨里郡肯甫；1994年卒于英国肯特郡坎特伯雷。

明星特质：莎士比亚戏剧演员；有憔悴枯槁的脸、令人难以忘怀的眼睛以及浓密灰白的头发；英国恐怖片大师。

彼得·库欣在伦敦市政厅音乐戏剧学校学习戏剧，毕业后在测量室工作，1935年初次登上专业舞台。四年后他到了美国，拍了一些零散的好莱坞电影，如劳莱（Laurel）和哈迪（Hardy）的《劳莱和哈迪之漫游牛津》（A Chump at Oxford, 1940）。之后库欣回到英国和戏剧舞台饰演小角色，如在劳伦斯·奥利弗（Laurence Olivier）的《哈姆莱特》（Hamlet, 1948）中饰演奥斯里克。他开始在英剧中饰演一些主要角色，如达西先生、温斯顿·史密斯和美男子布鲁梅尔。他在哈默电影制片公司的《科学怪人的诅咒》（The Curse of Frankenstein, 1957）中饰演外表冰冷内心狂野的弗兰肯斯坦男爵，确立了他英国恐怖片明星的地位。库欣在《德拉库拉》（Dracula, 1958）中饰演亚伯拉罕·凡·赫尔辛，再次重复了弗兰肯斯坦这一类型的角色，并在电影《巴斯克维尔的猎犬》（The Hound of the Baskervilles, 1959）和电视中出色地饰演了歇洛克·福尔摩斯一角。他还出演了诸多哈默电影公司拍摄的恐怖片，包括《永眠的诅咒》（The Mummy, 1959）和其他一些电影，并在两部生动的《神秘博士》（Dr. Who, 1965, 1966）电影中尝试出演古怪的科学家。

库欣最出色的演出包括《现钱交易》（Cash on Demand, 1961）中吝啬的银行经理；《致命科学怪人》（Frankenstein Must Be Destroyed, 1969）里极其邪恶的弗兰肯斯坦；《慑魄惊魂》（Tales from the Crypt, 1972）里变成撕心的僵尸回来复仇的孤独老人；他与经常合作的明星兼密友克里斯托弗·李搭档，出演了《恐怖列车》（Horror Express, 1973）中怪异的科学家。在引人注目地出演了《星球大战》（Star Wars, 1977）后，库欣一直在各个电影中饰演配角。库欣1986年从银幕退休，之后一直住在英国南部沿海地区，过着自己喜欢的生活，观察鸟类、画画和写回忆录《彼得·库欣自传》（An Autobiography, 1986）和《遗忘的过往》（Past Forgetting, 1988）。**KN**

代表作：

Biggles 1986
Top Secret! 1984
Star Wars 1977
Horror Express 1973
Tales from the Crypt 1972
The House That Dripped Blood 1971
Frankenstein Must Be Destroyed 1969
Daleks' Invasion Earth: 2150 A.D. 1966
Dr. Who and the Daleks 1965
Cash on Demand 1961
The Mummy 1959
The Hound of the Baskervilles 1959
Dracula 1958
The Curse of Frankenstein 1957
Hamlet 1948
A Chump at Oxford 1940

1910年代

"实际上我是个温和的人……当我在乡村时我喜欢观察鸟类。"

雷德·斯克尔顿 RED SKELTON

生平：本名理查德·伯纳德·斯克尔顿（Richard Bernard Skelton），1913年7月18日生于美国印第安纳州温森斯；1997年卒于美国加利福尼亚州兰乔米拉奇。

明星特质：红发小丑、即兴表演大师、漫画素描艺术家、作家、制作人、作曲家；创造了很多经典的喜剧角色。

代表作：

1910年代

Those Magnificent Men in Their Flying Machines 1965
Ocean's Eleven 1960
Around the World in Eighty Days 1956
The Clown 1953
Ziegfeld Follies 1946
Whistling in Brooklyn 1943
Du Barry Was a Lady 1943
Whistling in Dixie 1942
Panama Hattie 1942
Ship Ahoy 1942
Lady Be Good 1941
Dr. Kildare's Wedding Day 1941
Whistling in the Dark 1941
Flight Command 1940
Having Wonderful Time 1938

"我只想以小丑的形象留在人们的记忆中，因为对我而言，那是我职业的最高成就。"

　　雷德·斯克尔顿在舞台、广播、电影和电视上都取得了成功，他的父亲是马戏团的小丑，在他出世前两个月去世。他在贫困中长大，靠在街角卖报纸谋生。因为他有一头红发，人们都昵称他"雷德"（译注：Red，红色的意思）。15岁那年斯克尔顿离开家，开始了自己的职业生涯，在很多不同地方工作，做过巫术表演，演过滑稽戏，在黑人剧团、杂耍团、演出船和马戏团表演过。

　　斯克尔顿1937年首次出现在《鲁迪·瓦利秀》（The Rudy Vallee Show）中，到1939年他已成为美国全国广播公司的节目《阿瓦隆时刻》（Avalon Time）的常客。1941年斯克尔顿拥有了自己的广播节目，他在全国广播公司一直待到1949年，之后去了哥伦比亚广播公司。

　　1940年他与米高梅电影公司签约，参演了风格各异的喜剧和音乐剧。他主演了一系列滑稽推理剧：《黑暗中的哨声》（Whistling in the Dark，1941）、《美国南部的哨声》（Whistling in Dixie，1942）和《布鲁克林的哨声》（Whistling in Brooklyn，1943），还出演了音乐剧《端庄淑女》（Lady Be Good，1941）、《巴拿马哈蒂》（Panama Hattie，1942）、《璇宫绮梦》（Du Barry Was a Lady，1943）和《齐格飞歌舞团》（Ziegfeld Follies，1946）。

　　20世纪50年代中期，斯克尔顿将主要精力放在电视上，哥伦比亚广播公司在1951年将他转给一家新媒体，接下来的20年斯克尔顿一直保留着广播方面的工作。他饰演了一些反复出现的角色，如流浪汉"不劳而获的弗雷迪"、自作聪明的孩子朱尼尔、骗子艺术家圣·费尔南多·雷德和乡巴佬克莱姆。斯克尔顿擅长哑剧表演，经常出演哑剧。70年代他不再表演，发展出成功的第二职业——画画，尤其擅长画小丑。他的画作售价曾超过80,000美元。80年代斯克尔顿重返戏剧舞台，在纽约的卡内基剧院演出。**DS**

艾伦·拉德 ALAN LADD

生平： 艾伦·沃尔布里奇·拉德（Alan Walbridge Ladd），1913年9月3日生于美国阿肯色州温泉城；1964年卒于美国加利福尼亚州棕榈泉。

明星特质： 金黄的头发、蓝眼睛、魅力超群、身材矮小；有冰冷英俊的外貌和深沉的嗓音；因饰演硬汉和西部片中的枪手而著名。

艾伦·拉德的一生起于艰难，终于悲剧，期间他曾是好莱坞最受欢迎的硬汉之一。艾伦在阿肯色州出生，母亲是英国人，四岁那年父亲去世。后来拉德与母亲搬到加利福尼亚州，外表虚弱的他在学校的游泳和田径运动中成绩令人吃惊地出色。1931年他决定参加1932年的奥林匹克运动会，不料却因受伤不得不退出，希望落空。拉德曾演过一些卑微的角色，后来他一边在广播台演出一边在华纳兄弟电影公司的后台工作。他矮小的身材并不适合演电影，但好莱坞代理人苏·卡萝（Sue Carol）发现了他，开始提拔他成为明星，1942年他们两人结婚。

拉德在根据格雷厄姆·格林（Graham Greene）的小说改编的电影《合约杀手》（This Gun for Hire，1941）中饰演一个无情的杀手，获得重大突破。维罗妮卡·莱克（Veronica Lake）也主演了这部电影，她被认为是拉德理想的合作者，最重要的原因是她身高不足五英尺，比拉德还矮。他们还合作拍了《玻璃钥匙》（The Glass Key，1942）和另一部黑色电影——根据雷德蒙·钱德勒（Raymond Chandler）小说改编的《蓝色大丽花》（Blue Dahlia，1946）。拉德面无表情、一双冷酷的蓝眼睛和金黄的头发使他看起来性感却难以亲近。他一度是票房成功的保证，主要出演西部片和其他一些动作片，其中两部由德尔默·戴夫斯（Delmer Daves）导演的西部片《战鼓茄声》（Drum Beat，1954）和《碧血黄金》（Badlanders，1958）十分出色。但是那之前拉德饰演的角色更被认同，他在1953年的电影《原野奇侠》（Shane）中饰演穿鹿皮的谢恩，惩罚了杰克·帕兰斯（Jack Palance）饰演的职业枪手威尔逊。拉德在1964年因酗酒引发的疾病英年早逝。**EB**

代表作：

The Carpetbaggers 1964
The Badlanders 1958
Drum Beat 1954
Saskatchewan 1954
Hell Below Zero 1954
Shane 1953
Desert Legion 1953
Thunder in the East 1952
The Iron Mistress 1952
Red Mountain 1951
Appointment with Danger 1951
The Great Gatsby 1949
Saigon 1948
The Blue Dahlia 1946
The Glass Key 1942
This Gun For Hire 1941

"如果你能弄明白我在银幕上的成功，你就是个比我还优秀的人。"

特瑞沃·霍华德 TREVOR HOWARD

生平：本名特瑞沃·华莱士·霍华德·史密斯（Trevor Wallace Howard-Smith），1913年9月29日生于英国肯特郡克里夫顿维尔；1988年卒于英国哈福德郡。

明星特质：高大的男主角，后来成为性格演员；常在战争片和时代剧中饰演克制拘谨的英国绅士。

代表作：

Gandhi 1982
Sir Henry at Rawlinson End 1980
Ludwig 1972
Ryan's Daughter 1970
The Charge of the Light Brigade 1968
Mutiny on the Bounty 1962
Sons and Lovers 1960 ☆
The Heart of the Matter 1953
Outcast of the Islands 1952
The Third Man 1949
They Made Me a Fugitive 1947
Green for Danger 1946
Brief Encounter 1945
The Way to the Stars 1945
The Way Ahead 1944

霍华德从英国顶尖学校克里夫顿学院毕业后去了皇家戏剧艺术学院，他在伦敦的剧院工作几年后，于二战时加入皇家炮兵团。他在英国电影《最后突击》（The Way Ahead，1944）里饰演一名海军，在《战火云天》（The Way to the Stars，1945）中饰演英国皇家空军飞行员，他的银幕角色都穿着制服。霍华德在大卫·里恩（David Lean）执导的《相见恨晚》（Brief Encounter，1945）中饰演的医生对于与拘谨的西莉亚·约翰逊（Celia Johnson）的爱情犹豫不决，他饰演的角色真诚感人，成为常被模仿的英式压抑的象征，也为他的演艺事业带来突破。

霍华德在《绿色惨案》（Green for Danger，1946）和《第三人》（The Third Man，1949）中出演的配角十分出色，战后他尝试了一些不同角色，在《他们让我变成亡命之徒》（They Made Me a Fugitive，1947）中饰演一位摇身一变成了银行大盗的老兵；在《海隅逐客》（Outcast of the Islands，1952）中饰演叛徒；在《事情的核心》（The Heart of the Matter，1953）里饰演殖民地官员。霍华德因在电影《儿子与情人》（Sons and Lovers，1960）中饰演沃尔特·莫雷尔从同辈人中脱颖而出，并由此获得奥斯卡最佳男主角提名。霍华德变得越来越沧桑，地位也不断提升，常饰演疯狂或恶意的军官，如《叛舰喋血记》（Mutiny on the Bounty，1962）中的布莱船长和《英烈传》（The Charge of the Light Brigade，1968）中的红衣主教。虽然霍华德晚年一直稳定地工作，但他很少再饰演像《路德维希》（Ludwig，1972）中的理查德·瓦格纳和《雷恩的女儿》（Ryan's Daughter，1970）中的神父柯林斯这样优秀的角色了。他在《亨利先生在罗林森路口》（Sir Henry at Rawlinson End，1980）里饰演的古怪贵族给人留下深刻印象。霍华德是个十足的英国人，他坚持在所有电影合约中加上一条——允许他参加板球测试赛。**KN**

> "假装什么都没发生过一点儿用也没有，因为事情已经发生了。"
> ——亚力克·哈维医生，《相见恨晚》

伯特·兰卡斯特 BURT LANCASTER

生平：本名伯顿·斯蒂芬·兰卡斯特（Burton Stephen Lancaster），1913年11月2日生于美国纽约；1994年卒于美国加利福尼亚州世纪城。

明星特质：高大英俊、体格健壮的戏剧和动作片重量级男主角；制作人、导演、作家。

年轻的伯特·兰卡斯特对体操产生了浓厚的兴趣，后来成为马戏团的杂技演员。直到1946年出演《绣巾蒙面盗》（The Killers）才第一次接触到电影。兰卡斯特的演艺事业在20世纪50年代起飞，英俊的外貌和健壮的体格让他在一系列动作片如《宝殿神弓》（The Flame and the Arrow，1950）和《红海盗》（The Crimson Pirate，1952），西部片如《草莽雄风》（Apache，1954）和《龙虎双侠》（Gunfight at the O.K. Corral，1957）中崭露头角。但是他对演艺的敏感让他的戏剧角色越来越富有挑战，如《乱世忠魂》（From Here to Eternity，1953）里的沃登军士。

兰卡斯特是第一个创建自己电影制作公司的好莱坞明星，他在1948年与哈罗德·赫克特（Harold Hecht）和詹姆斯·希尔（James Hill）一起开公司，以掌控自己的职业。他给人留下深刻印象的角色有《成功的滋味》（Sweet Smell of Success，1957）中愤世嫉俗的记者、《孽海痴魂》（Elmer Gantry，1960）里的骗子牧师（这个自学成才的演员因这一角色获得奥斯卡最佳男主角）和《阿尔卡特兹的养鸟人》（Birdman of Alcatraz，1962）中的囚犯。1962年兰卡斯特做了更多的尝试，在意大利主演了由卢奇诺·维斯康蒂（Luchino Visconti）执导的《豹》（Il Gattopardo，1963）。随着年龄的增长，兰卡斯特的健康越来越差，这让他不能像过去一样随心所欲地接很多电影。兰卡斯特的最后一个伟大的角色是在路易·马勒（Louis Malle）的《大西洋城》（Atlantic City，1980）中饰演上了年纪的平庸骗子。

兰卡斯特一生都是自由民主党，也是美国公民自由联盟的成员，他设法让自己不被列入黑名单，但他还是出现在美国总统理查德·尼克松（Richard Nixon）的"敌人名单"中，因为在1972年总统大选中他支持参议员乔治·麦戈文（George McGovern）。兰卡斯特因易怒的个性出名，他非常注意保护自己的私生活。**EB**

代表作：

Field of Dreams 1989
Atlantic City 1980 ☆
The Swimmer 1968
Seven Days in May 1964
Il Gattopardo 1963 (The Leopard)
Birdman of Alcatraz 1962 ☆
Judgment at Nuremberg 1961
Elmer Gantry 1960 ★
Separate Tables 1958
Sweet Smell of Success 1957
Gunfight at the O.K. Corral 1957
Apache 1954
From Here to Eternity 1953 ☆
The Crimson Pirate 1952
The Flame and the Arrow 1950
The Killers 1946

> "小鸟和沙——这是我们在好莱坞对性和暴力的叫法。"

费雯·丽 VIVIEN LEIGH

生平：本名维维安·玛丽·哈特莉（Vivian Mary Hartley），1913年11月5日生于印度西孟加拉大吉岭；1967年卒于英国伦敦。

明星特质：光芒四射的娇小美女；有蓝绿色的眼睛和棕色的头发；常饰演有着强烈感情的强大和易受伤害的女子。

代表作：

1910年代

Ship of Fools 1965
The Roman Spring of Mrs. Stone 1961
The Deep Blue Sea 1955
A Streetcar Named Desire 1951 ★
Anna Karenina 1948
Caesar and Cleopatra 1945
That Hamilton Woman 1941
Waterloo Bridge 1940
21 Days 1940
Gone with the Wind 1939 ★
Sidewalks of London 1938
A Yank at Oxford 1938
Storm in a Teacup 1937
Dark Journey 1937
Fire Over England 1937
The Village Squire 1935

和奥逊·威尔斯（Orson Welles）一样，费雯·丽在好莱坞的初次亮相如此传奇，以致于之后的些许失落几乎无可避免。她被选为斯嘉丽·奥哈拉（译注：《乱世佳人》的女主角）的饰演者的过程简直是个童话。制作人大卫·塞尔兹尼克（David O. Selznick）为了找出最完美的女演员花了两年半的时间选角，投入50,000美元，而费雯·丽几乎在最后一刻才出现。费雯·丽到纽约看望她的情人、后来成为她第二任丈夫的演员劳伦斯·奥利弗（Laurence Olivier），他们遇到了塞尔兹尼克，后者邀请她试镜。好莱坞并非完全不知道费雯·丽——她在20世纪30年代拍的一些英国电影在此也受到好评——但她绝不是明星，塞尔兹尼克启用她担当女主角确实是个不小的冒险。但是她的外貌和角色十分贴切，这对她获得这个角色很有帮助，而她的口音和风格问题在表演中也被一一克服，她的表演至今看来依旧经典而耀眼。

一拍完《乱世佳人》（Gone with the Wind, 1939），好莱坞就极力巩固费雯·丽在奥斯卡奖上取得的成功，让她出演了《魂断蓝桥》（Waterloo Bridge, 1940），在这部电影中她依旧光彩耀人，然而之后她只拍了九部电影。费雯·丽在这些电影中大多饰演历史人物或经典角色，如汉密尔顿夫人、克娄巴特拉和安娜·卡列尼娜等。费雯·丽因在《欲望号街车》（A Streetcar Named Desire, 1951）中饰演另一个南方美女再获奥斯卡最佳女主角，但是她的后半生因精神和身体的疾病一直充满阴霾。她忍受着肺结核的折磨，并被诊断出有狂躁和抑郁交替的精神混乱症状，还被认为是个难以相处的人。她的精神疾病和伴随着的情绪起伏及不稳定的行为也给她与奥利弗的婚姻带来阴影，这对夫妇最终在1960年离婚。**MC**

> "上帝给我作证，我是不会被他们打倒的！"
> ——斯嘉丽·奥哈拉，《乱世佳人》

右图：费雯·丽和大块头的马龙·白兰度（Marlon Brando）在《欲望号街车》中扭打。

海迪·拉玛 HEDY LAMARR

生平： 本名海德薇格·伊娃·玛利亚·基斯勒（Hedwig Eva Maria Kiesler），1913年11月9日生于奥地利维也纳；2000年卒于美国佛罗里达州奥兰多。

明星特质： 高挑迷人、光彩四射的美女；因在电影中第一个全裸镜头中假装性高潮而出名；常饰演天生尤物一类的角色。

纵观整个20世纪40年代，海迪·拉玛都是这个星球上美女竞争最激烈的领域里最美的女人。她也是极具威胁的有异国情调的女子。背叛、试图自杀和精神不稳定是她所饰演的多个角色的特点——这是好莱坞确保英雄会选择一个完完全全的美国姑娘而不是一个有无穷魅力的外国人的把戏。

拉玛的一生都努力争取作为演员该得到的尊重，而不仅仅只被当作一个尤物。她在捷克斯洛伐克电影《神魂颠倒》（Ekstase, 1933）中一段十分钟的裸泳场景吸引了世人的关注，至少是对她身体的关注。后来她与米高梅电影公司签约并改名，主演了一系列冒险电影，其中最令人难忘的是《海角游魂》（Algiers, 1938）、《热带女郎》（Lady of the Tropics, 1939）和《白色货物》（White Cargo, 1942）。她在《白色货物》中饰演的托黛勒悠（Tondaleyo）光芒四射，令人难忘。

同时，拉玛也显示出她是个多么有才华的演员，尤其是在和好莱坞伟大的演员斯宾塞·屈塞一起出演的《心有所属》（I Take This Woman, 1940）和《煎饼果子》（Tortilla Flat, 1942）中，她的表演令人吃惊。拉玛最具史诗性的角色是在《参孙和达莉拉》（Samson and Delilah, 1949）中饰演的性感的达莉拉，这也是她迅速衰败前的最后一个角色。拉玛44岁时息影，留下给战时的好莱坞注入活色生香印象的传奇。银幕下的拉玛有过六段婚姻，生有两个孩子，收养了一个男孩。她的第一段婚姻是在1933年，她嫁给了奥地利军火商弗里德里克·曼德（Friedrich Mandl），曼德是个纳粹支持者。为了逃离他，拉玛给曼德雇来监视她的使女下药，之后逃亡巴黎。**EM**

代表作：

The Female Animal 1958
My Favorite Spy 1951
A Lady Without Passport 1950
Samson and Delilah 1949
Let's Live a Little 1948
Dishonored Lady 1947
The Strange Woman 1946
The Heavenly Body 1944
White Cargo 1942
Tortilla Flat 1942
Come Live with Me 1941
Boom Town 1940
I Take This Woman 1940
Lady of the Tropics 1939
Algiers 1938
Ekstase 1933 (*Ecstasy*)

1910年代

"任何女孩都能够变得迷人，你所需要做的就是站在那儿并且看起来很蠢。"

简·怀曼 JANE WYMAN

生平： 本名莎拉·简·梅菲尔德（Sarah Jane Mayfield），1914年1月4日生于美国密苏里州圣约瑟夫；2007年卒于美国加利福尼亚州棕榈泉。

明星特质： 娇小的金发女郎；广播歌手、电影和电视中多才多艺的演员；无论出演严肃的戏剧还是幽默的喜剧都光彩照人；她和里吉斯·图米（Regis Toomey）的银幕之吻是被记录下的时间最长的吻。

简·怀曼1914年出生，父亲是密苏里州圣约瑟夫市的市长曼宁·梅菲尔德（Manning J. Mayfield），母亲是努力奋斗的演员勒杰妮·皮彻勒（Le Jerne Pichelle），她生来就注定要受到众人的瞩目。后来，怀曼成为一名多才多艺的演员。

父亲去世后，怀曼在1930年以简·德雷尔（Jane Durrell）的名字进入娱乐界当广播歌手，15岁时到了好莱坞，给自己取了艺名简·怀曼，与她1936年与华纳兄弟公司签的合约上的名字一致。而之前她叫莎拉·简·富尔克斯（Sarah Jane Fulks），富尔克斯是密苏里州非正式收养她的家庭的姓。在华纳兄弟公司怀曼遇到了未来的丈夫罗纳德·里根（Ronald Reagan），他们合演了喜剧《鼠弟》（Brother Rat，1938）及其续集《鼠弟和婴儿》（Brother Rat and a Baby，1940）。怀曼和里根于1940年结婚，但在1948年离婚。

怀曼因在《心声泪影》（Johnny Belinda，1948）中饰演一个被强奸的聋哑女孩获得奥斯卡最佳女主角。她机智的获奖感言和她饰演的这一角色一样著名，她说："我闭上嘴赢得这个奖，这也是我现在将要做的。"接着，她出演一些赚人热泪的电影，因在道格拉斯·希尔克（Douglas Sirk）的情节剧《天老地荒不了情》（Magnificent Obsession，1954）中与罗克·赫德森（Rock Hudson）的对手戏再获奥斯卡提名。这部电影的成功让她和哈德森再度合作主演希尔克的《深锁春光一院愁》（All That Heaven Allows，1955），这次她饰演一个上了年纪的妇人，陷入了一段浪漫感情中。在她的最后一部电影《如何缔结婚姻》（How to Commit Marriage，1969）后，怀曼基本进入半退休的状态，但是多年后成功地在电视荧屏复出，饰演了黄金时段的肥皂剧《鹰冠庄园》（Falcon Crest，1981—1990）中的安吉拉·钱宁。**SU**

代表作：

How to Commit Marriage 1969
Pollyanna 1960
Holiday for Lovers 1959
Miracle in the Rain 1956
All That Heaven Allows 1955
Magnificent Obsession 1954 ☆
Just for You 1952
The Story of Will Rogers 1952
The Blue Veil 1951 ☆
The Glass Menagerie 1950
Stage Fright 1950
Johnny Belinda 1948 ★
The Yearling 1946 ☆
The Lost Weekend 1945
Brother Rat and a Baby 1940
Brother Rat 1938

"有些女人不适合长久的婚姻，我就是其中的一员。"

1910年代

阿瑟·肯尼迪 ARTHUR KENNEDY

生平：本名约翰·阿瑟·肯尼迪（John Arthur Kennedy），1914年2月17日生于美国马萨诸塞州伍斯特；1990年卒于美国康涅狄格州布兰福德。

明星特质：高大；多才多艺；常出演西部片。

虽然很少在电影中担任主角，阿瑟·肯尼迪却是在好莱坞屹立数十年的最有才华、最值得信赖的演员之一。肯尼迪的父亲是牙医，他对表演有着浓厚的兴趣，加入了当地的戏剧社团，20出头就登台演出，后来在百老汇演了一些阿瑟·米勒（Arthur Miller）的戏剧。肯尼迪在剧院演出时被詹姆斯·卡格尼（James Cagney）发现，于是出演了他的第一部电影《光荣之都》（City for Conquest，1940），在里面饰演卡格尼的弟弟。他在恐怖片《夜困摩天岭》（High Sierra，1941）、西部片《马革裹尸还》（They Died with Their Boots On，1941）和战争片《空军》（Air Force，1943）中出演重要角色。结束在二战的服役后，肯尼迪回到百老汇舞台，在米勒的戏剧《凡我子孙》（All My Sons，1947）中饰演克里斯·凯勒，并因在《推销员之死》（Death of a Salesman，1948）中饰演比夫一角赢得名望。

肯尼迪多才多艺，既能饰演主角最坚定的好友，也能像在《夺得锦标归》（Champion，1949）中那样，饰演由柯克·道格拉斯（Kirk Douglas）饰演的冷酷拳击手的体面兄弟。但他也同样擅长饰演魅力十足却不走正路的坏人，如与詹姆斯·斯图尔特（James Stewart）合演的两部西部片《怒河》（Bend of the River，1952）和《从拉莱米来的人》（The Man from Laramie，1955）。在《光荣的胜利》（Bright Victory，1951）中肯尼迪担当主角，饰演瞎眼的士兵，并凭借该角色获奥斯卡最佳男主角提名。他一生获得过五次奥斯卡奖提名，被认为是好莱坞最优秀的男演员之一。他在20世纪50年代的另一部西部片《恶人牧场》（Rancho Notorious，1952）中身材结实，与玛琳·黛德丽（Marlene Dietrich）演对手戏。这之后出名的表演包括《危急时刻》（The Desperate Hours，1955）、《冷暖人间》（Peyton Place，1957）和《魂断情天》（Some Came Running，1958）。70年代肯尼迪出演了许多欧洲情节剧和犯罪片，如《肮脏的暴徒》（Ricco，1973）。**EB**

代表作：

1910年代

Ricco 1973
Lawrence of Arabia 1962
Elmer Gantry 1960
***Some Came Running* 1958** ☆
***Peyton Place* 1957** ☆
The Desperate Hours 1955
***Trial* 1955** ☆
The Man from Laramie 1955
Rancho Notorious 1952
Bend of the River 1952
***Bright Victory* 1951** ☆
***Champion* 1949** ☆
Boomerang! 1947
They Died with Their Boots On 1941
High Sierra 1941
City for Conquest 1940

"是什么吸引你去到沙漠的？"
——杰克逊·本特利，《阿拉伯的劳伦斯》

亚利克·基尼斯 ALEC GUINNESS

生平： 本名亚利克·基尼斯·德·古费（Alec Guinness de Cuffe），1914年4月2日生于英国伦敦；2000年卒于英国苏塞克斯郡米德赫斯特。

明星特质： 莎士比亚剧舞台演员、作家；擅长饰演严肃的角色、喜剧角色、常出演战争剧；电视剧终极王牌间谍；被授予爵位。

亚利克·基尼斯爵士的职业生涯持续了60多年，他的涉猎范围很广，从莎士比亚剧到伊令电影公司的喜剧都能演。他的电影角色包括《桂河大桥》（The Bridge on the River Kwai，1957）中的尼克尔森上校，该角为他赢得奥斯卡奖，他标志性的英式风格的癫狂正是大卫·里恩（David Lean）这部电影的核心。

在赢得费·康普顿戏剧艺术社的奖学金前基尼斯是名广告撰稿人。他20岁出头就加入了伦敦老维克剧院，1934年因在剧院制作的《哈姆莱特》中饰演奥斯里克一角取得重大突破。接着基尼斯进入电影界，出演了里恩导演根据查理斯·狄更斯小说改编的电影，如《远大前程》（Great Expectations，1946）里的赫伯特·普凯特和《雾都孤儿》（Oliver Twist，1948）里的费京。之后他出演了很多伊令电影公司文雅而有讽刺意味的喜剧：在《仁心与冠冕》（Kind Hearts and Coronets，1949）中基尼斯是被谋杀的一整家人，一人分饰八角；他还是《拉凡德山的暴徒》（The Lavender Hill Mob，1951）和《贼博士》（The Ladykillers，1955）里或温和或疯狂的抢劫谋划者；是《白衣男子》（The Man in the White Suit，1951）里不谙世故的发明家。

基尼斯还亲自改编了《财星高照》（The Horse's Mouth，1958）的剧本，并饰演了非常规意义上的艺术家加利·吉普森。之后他专门饰演处于不利地位的军事指挥官，在《鼓笛震军魂》（Tunes of Glory，1960）中升迁时被忽略，在《希特勒最后的日子》（Hitler: The Last Ten Days，1973）中自杀。基尼斯在《星球大战》（Star Wars，1977）里饰演欧比旺·肯诺比，从影片利润中获得抽成，赚到了足够的退休金。但是他职业生涯中的最后一个伟大角色是在电视《锅匠，裁缝，士兵，间谍》（Tinker, Tailor, Soldier, Spy，1979）和《史迈利的人马》（Smiley's People，1982）中饰演约翰·勒·卡雷（John Le Carré）笔下的王牌间谍。1979年，因其在银幕表演方面的贡献，基尼斯被授予奥斯卡荣誉奖。**KN**

代表作：

***Little Dorrit* 1988** ☆
A Passage to India 1984
***Star Wars* 1977** ☆
Hitler: The Last Ten Days 1973
Doctor Zhivago 1965
Lawrence of Arabia 1962
Tunes of Glory 1960
Our Man in Havana 1959
The Horse's Mouth 1958
***The Bridge on the River Kwai* 1957** ★
The Ladykillers 1955
The Man in the White Suit 1951
***The Lavender Hill Mob* 1951** ☆
Kind Hearts and Coronets 1949
Oliver Twist 1948
Great Expectations 1946

"一个演员……能上天入地，把一群无辜的人迷得团团转。"

1910年代

玛丽亚·费力克斯 MARÍA FÉLIX

生平：本名玛丽亚·德·洛斯·安吉利斯·费力克斯（María de los Ángeles Félix Güereña），1914年4月8日生于墨西哥索诺拉省阿拉莫斯；2002年卒于墨西哥墨西哥城。

明星特质：墨西哥银幕传奇、性感撩人的美女和蛇蝎女郎、戏剧女主角，常饰演强大的女人。

白皙的皮肤，深色的头发，性感女妖玛丽亚·费力克斯在西班牙语电影观众中的地位可媲美金发美女玛丽莲·梦露在英语电影发烧友中的地位。尽管玛丽亚一生拍了40多部电影，在西班牙以外的世界她却鲜为人知。但是像玛丽莲·梦露一样，她银幕下骄奢淫逸的生活和她银幕上感情积的表演一样著名。玛丽亚结过四次婚——包括和歌手兼作词家奥古斯汀·拉腊（Agustín Lara）及演员兼歌手豪尔赫·内格莱特（Jorge Negrete）的两段婚姻——做过两次寡妇，离过两次婚。纵观她的一生，她的名字和各种不同的男人联系在一起，其中还包括墨西哥画家兼壁画家迭戈·里韦拉（Diego Rivera）。

费力克斯出生于一个富有的家庭，家中有16个孩子。她在瓜达拉哈拉大学（University of Guadalajara）学习，之后搬去墨西哥城，拍了她的第一部电影《灵魂的摇滚》（El Peñón de las Ánimas, 1943）。但是直到拍摄完第三部电影《芭芭拉夫人》（Doña Bárbara, 1943），她才成为明星，并赢得"La Doña"（夫人）的绰号。费力克斯为自己打造的角色是坚强、聪明且性感的女人，她在演艺生涯中也常常饰演这类角色。接着她拍了一连串热门电影，偶尔也冒险拍一些欧洲电影，如让·雷诺阿（Jean Renoir）的喜剧《法国康康舞》（French Cancan, 1954）和路易斯·布努埃尔（Luis Buñuel）的政治剧《帕欧的火山》（La fièvre monte à El Pao, 1959）。费力克斯在20世纪70年代早期就息影了。她晚年在巴黎的家中有个赛马马厩，和她在墨西哥的家中一样。费力克斯88岁生日那天因心脏病发作去世。即使死后她还能登上报纸头条，因为有人宣称她是中毒身亡，她的尸体被掘出接受检验，成为轰动一时的新闻。**CK**

代表作：

La Generala 1971
La Bandida 1963 (*The Bandit*)
La estrella vacía 1960 (*The Empty Star*)
La fièvre monte à El Pao 1959
　(*Fever Rises in El Pao*)
La Escondida 1956 (*The Hidden One*)
French Cancan 1954
Camelia 1954
Doña Diabla 1950
Río Escondido 1948 (*Hidden River*)
Enamorada 1946
La Monja alférez 1944 (*The Lieutenant Nun*)
La Mujer sin alma 1944
　(*Woman Without a Soul*)
Doña Bárbara 1943
El Peñón de las Ánimas 1943 (*The Rock of Souls*)

> "我无法抱怨男人什么不好，我有数不清的男人，而且他们对我都相当好。"

泰隆·鲍华 TYRONE POWER

生平：本名小泰隆·埃德蒙·鲍华（Tyrone Edmund Power Jr.），1914年5月5日生于美国俄亥俄州辛辛那提；1958年卒于西班牙马德里。

明星特质：英俊、轮廓清晰；常饰演神气活现的时代剧角色；当代戏剧中浪漫的男主角；演艺世家的一员；制作人。

泰隆·鲍华出生于一个著名的演艺之家，父亲是舞台明星老泰隆·鲍华，祖父是第一代的泰隆·鲍华。鲍华很小时父母就离婚，虽然相距甚远，老鲍华还是一直鼓励儿子对表演的兴趣。1931年，鲍华和父亲在纽约的舞台上再度相聚。可惜的是，这对父子组合持续的时间相当短，同年老鲍华因心脏病发作突然离世。

年轻的鲍华继续追逐他的演员梦，最终在1936年与20世纪福克斯电影公司签约。公司先安排他主演了《芝加哥大火记》（In Old Chicago，1937），之后一直保持着他顶尖明星的地位，让他出演了华丽的音乐剧，如《亚历山大的爵士乐队》（Alexander's Ragtime Band，1938），西部片如《荡寇志》（Jesse James，1939），古装剧如《碧血黄沙》（Blood and Sand，1941）。虽然他比埃罗尔·弗林（Errol Flynn）更拘谨，却在给人带来欢乐的电影中饰演时髦的剑客——如《佐罗的面具》（The Mark of Zorro，1940）、《怒火情焰：本杰明·布莱克的故事》（Son of Fury: The Story of Benjamin Blake，1942）和《黑天鹅》（The Black Swan，1942）。但是不久鲍华就受到了挫折，英俊的长相成为他饰演更古怪、要求更高的角色的阻碍。

鲍华二战中曾在海军陆战队当过一段时间的飞行员，重返好莱坞后20世纪福克斯公司终于在《刀锋》（The Razor's Edge，1946）和《玉面情魔》（Nightmare Alley，1947）中满足了他的愿望。《玉面情魔》是鲍华最好的一部银幕作品，他在里面饰演一个伪装的神秘主义者，展现出精湛的演技。20世纪50年代鲍华出演了一些不错的牛仔电影，如《牛皮鞭》（Rawhide，1951），但那时他的事业已过了巅峰期。即便如此，鲍华在《太阳照常升起》（The Sun Also Rises，1957）和《控方证人》（Witness for the Prosecution，1957）中的出色表现还是暗示出如果他1958年没有在《所罗门与士巴》（Solomon and Sheba）的片场因心脏病发作倒下的话，他可以成功地转型为性格演员。**KN**

代表作：

Witness for the Prosecution 1957
The Sun Also Rises 1957
Pony Soldier 1952
Rawhide 1951
Nightmare Alley 1947
The Razor's Edge 1946
The Black Swan 1942
Son of Fury: The Story of Benjamin Blake 1942
A Yank in the R.A.F. 1941
Blood and Sand 1941
The Mark of Zorro 1940
Brigham Young 1940
The Rains Came 1939
Jesse James 1939
Alexander's Ragtime Band 1938
In Old Chicago 1937

1910年代

"我已经厌倦这些穿着光亮盔甲的骑士角色了，我想演些更值得演的角色。"

路易斯·德·菲耐斯 LOUIS DE FUNÈS

生平：路易斯·杰曼·德·菲耐斯·德·葛拉雷兹（Louis Germain de Funès de Galarza），1914年7月31日生于法国上塞纳库尔贝瓦；1983年卒于法国大西洋卢瓦尔省南特。

明星特质：秃顶、消瘦、身材矮小；作家、导演、爵士钢琴家、受欢迎的法国滑稽喜剧演员；因变化多端的面部表情著名。

虽然人们花了一段时间才接受路易斯·德·菲耐斯，但他对喜剧电影的重要性最终还是得到了大家的认可——而且他也证明了秃顶、骨瘦如柴、身材矮小的人也能成为电影明星。父母是从西班牙到法国的移民，德·菲耐斯辍学后成为一名爵士钢琴演奏者，在巴黎皮嘉尔区的俱乐部表演。二战后他才开始演戏，第一部电影是《巴比松的诱惑》（La Tentation de Barbizon，1946），随后演了100多个角色。最终，他因出演《圣特鲁佩斯的警察》（Le gendarme de St. Tropez，1964—1979）系列电影开始受到大众的欢迎，这五部电影的主角是位易怒的警官，其保守的观点常与在圣特鲁佩斯度假的旅客的习俗发生冲突。

对显要者的挖苦成为德·菲耐斯电影中不变的主题，如《雅各布教士历险记》（Les aventures de Rabbi Jacob，1973）里的警察机关和《美食家》（L'aile ou la cuisse，1976）中的烹饪艺术都成为他用犀利幽默的语言来抨击的对象。他的思想也很先进：在《虎口脱险》（La grande vadrouille，1966）中对二战极尽嘲弄之能事，那之前从来没人敢这么做。与彼得·塞勒斯（Peter Sellers）一样，德·菲耐斯的表演妙语连珠，并且穿插着插科打诨。他在《方托马斯》（Fantômas，1964）中饰演的粗笨专员古弗和塞勒斯（Sellers）饰演的糊涂大侦探克劳西欧尤为相似。他饰演的一些角色外表粗鲁笨拙，但滑稽的动作和内心的挣扎却也显示出对人心的洞察。可悲的是，尽管德·菲耐斯在欧洲大多数国家和前苏联都取得巨大成功，但在英语国家他从未成为明星。**EM**

代表作：

Le gendarme et les gendarmettes 1982
  (Never Play Clever Again)
L'aile ou la cuisse 1976
  (The Wing and the Thigh)
Les aventures de Rabbi Jacob 1973
  (The Adventures of Rabbi Jacob)
Les grandes vacances 1967 (The Big Vacation)
La grande vadrouille 1966
  (Don't Look Now—We're Being Shot At)
Le Grand restaurant 1966
  (What's Cooking in Paris)
Fantômas 1964
Le gendarme de St. Tropez 1964
  (The Gendarme of St. Tropez)
Un certain monsieur 1949 (A Certain Mister)
La Tentation de Barbizon 1946
  (The Temptation of Barbizon)

"有些人是喜剧演员，至于我们，我们只是演员。"

多萝西·拉莫尔 DOROTHY LAMOUR

生平： 本名玛丽·丽塔·多萝西·斯拉顿（Mary Leta Dorothy Slaton），1914年12月10日生于美国路易斯安那州新奥尔良；1996年卒于美国洛杉矶。

明星特质： 有异域风情；战时有魅力的海报女郎；"穿着莎笼的女孩"；擅长喜剧表演风格，常饰演一些花瓶角色。

1913年，多萝西·拉莫尔在选美比赛中赢得"新奥尔良小姐"的称号，接着搬去了芝加哥，希望成为一名职业歌手。后来她成为赫比·凯（Herbie Kay）乐队中的歌手，并嫁给了凯。1935年，拉莫尔在美国全国广播公司中有了自己每周一次的音乐节目，并在受欢迎的鲁迪·瓦利（Rudy Vallee）的广播节目中唱歌。她的第一部电影是《华清春暖》（Footlight Parade，1933），但直到在《森林公主》（The Jungle Princess，1936）中饰演穿着莎笼的同名角色她的演艺事业才取得重大突破。接着她饰演了一连串有异域风情的土著女孩，这些故事的背景通常都设定在南海岛：如《飓风》（The Hurricane，1937）、《缅甸的月亮》（Moon Over Burma，1940）、《南海美人鱼》（Aloma of the South Seas，1941）和《兽林风暴》（Beyond the Blue Horizon，1942），她也因此成为受欢迎的海报女郎。

尽管拉莫尔在与平·克劳斯贝（Bing Crosby）和鲍勃·霍普（Bob Hope）合演的《新加坡之路》（Road to Singapore，1940）中依旧饰演穿着莎笼的角色，但是派拉蒙电影公司开始为她打造一系列获得巨大成功的作品。尽管拉莫尔总共演了59部电影，而她只在其中的六部中穿过莎笼，但这却成为她最著名的银幕形象。尽管那时拉莫尔只被看作是有吸引力的花瓶，但当她在由琼·考琳斯（Joan Collins）主演的《香港之路》（Road to Hong Kong，1962）中沦为配角后，这种成功的模式被打破了。除了《……之路》系列电影外，拉莫尔还演了一些犯罪片如《强尼·阿波罗》（Johnny Apollo，1940），音乐剧如《丁香山》（Dixie，1943）。20世纪50年代，拉莫尔的演出渐渐减少，但她为了拍约翰·福特（John Ford）的《珊岛乐园》（Donovan's Reef，1963）回到太平洋岛屿。直至去世前，拉莫尔都是成功的夜总会表演者，是舞台和电视剧演员。她的自传《我的路边》（My Side of the Road）于1980年出版。**KN**

代表作：

Creepshow 2 1987
Won Ton Ton, the Dog Who Saved Hollywood 1976
Donovan's Reef 1963
The Greatest Show on Earth 1952
The Girl from Manhattan 1948
Dixie 1943
Road to Morocco 1942
Aloma of the South Seas 1941
Chad Hanna 1940
Moon Over Burma 1940
Johnny Apollo 1940
Road to Singapore 1940
The Hurricane 1937
The Jungle Princess 1936
Footlight Parade 1933

"我是这个行业中最快乐、报酬最高的女配角。"

理查德·威德马克 RICHARD WIDMARK

生平：本名理查德·威德马克，1914年12月26日生于美国明尼苏达州森赖斯；2008年卒于美国康涅狄格州罗克斯布à。

明星特质：导演、制作人、性格演员；常在黑色电影中饰演患精神病的坏人，或在西部片中饰演硬汉角色；有精湛的舞台技艺。

理查德·威德马克1938年第一次在广播《詹尼阿姨的真实故事》（Aunt Jenny's Real Life Stories）中出现，之前他一直学习表演，1943年在百老汇出演《亲吻和诉说》（Kiss and Tell）引起轰动。他在银幕初次亮相是在《死吻》（Kiss of Death，1947）中饰演傻笑的坏蛋汤米·乌多，并因此获奥斯卡最佳男配角提名。他还是获得好莱坞海外记者协会金球奖最具潜质新人奖的第一人。

仅用了两年时间，威德马克就在格劳曼中国剧院外面的水泥地上留下自己的手印和脚印。他早期一直在电影中饰演类似的角色，如在恐怖片《无名街道》（The Street with No Name，1948）和《无路可走》（No Way Out，1950）中饰演反派，还出演了西部片如《金沙镇》（Yellow Sky，1948）和《法律与杰克·韦德》（The Law and Jake Wade，1958），这些电影都取得了成功。金发英俊的威德马克也能饰演西部以外的硬汉和足智多谋的英雄，如《反冲》（Backlash，1956）和《蓬车浴血战》（The Last Wagon，1956）。他在《阴谋》（The Cobweb，1955）中饰演的精神病诊所的头儿是个要求更高的角色。

威德马克出演了约翰·福特晚期的一些西部片，如与詹姆斯·斯图尔特合演的《麦凯警长》（Two Rode Together，1961）和《安邦定国志》（Cheyenne Autumn，1964）。威德马克在《纽伦堡的审判》（Judgment at Nuremberg，1961）中饰演了重要角色检察官，而在唐·希格尔（Don Siegel）的恐怖片《麦迪根之战》（Madigan，1968）中饰演了警探。威德马克晚期在《美国最后之日》（Twilight's Last Gleaming，1977）和《东方快车谋杀案》（Murder on the Orient Express，1974）中的角色更接近于性格角色。他在1990年以76岁高龄退休前一直在工作。他娶了作家珍·赫泽尔伍德（Jean Hazlewood），这段婚姻长达55年，直到珍1997年去世。威德马克84岁时再婚，娶了亨利·方达的前妻苏珊·布兰查德。**EB**

代表作：

Twilight's Last Gleaming 1977
Madigan 1968
Cheyenne Autumn 1964
How the West Was Won 1962
Judgment at Nuremberg 1961
Two Rode Together 1961
The Alamo 1960
The Law and Jake Wade 1958
The Last Wagon 1956
Backlash 1956
The Cobweb 1955
No Way Out 1950
Night and the City 1950
Yellow Sky 1948
The Street with No Name 1948
Kiss of Death 1947 ☆

"你以为尖叫就能从我身边逃走了吗？啊？"

——汤米·乌多，《死吻》

1910年代

安·谢里登 ANN SHERIDAN

生平： 本名克拉拉·卢·谢里登（Clara Lou Sheridan），1915年2月21日生于美国得克萨斯州登顿；1967年卒于美国洛杉矶。

明星特质： 性感惹火、极具吸引力的女孩；喜剧中多才多艺的女主角；有魅力的海报女郎；银幕形象充满诱惑。

安·谢里登在得克萨斯州出生，当她赢得当地的选美比赛时正在做教师培训——这是她要在好莱坞电影中饰演的一个小角色。1934年到1936年她继续在派拉蒙电影公司的电影中饰演小角色，但是派拉蒙公司对她的职业发展几乎没有任何作为，于是她选择了离开。1936年到1948年她在华纳兄弟电影公司终于迎来了自己的全盛期。谢里登被定位为"极具吸引力的女孩"，散发着无穷魅力，但也预示着她从来没有太把这个绰号当一回事。谢里登尤其擅长表演喜剧，给人的印象好像是个聪明时髦、爱寻欢作乐却又很有头脑的女孩。

华纳兄弟公司让谢里登在一些著名的犯罪片中饰演被人爱慕的对象，如和詹姆斯·卡格尼合演的《一世之雄》（Angels With Dirty Faces，1938）；与亨弗莱·鲍嘉和乔治·拉夫特合演的《卡车斗士》（Drive By Night，1940）；再次与卡格尼合作的《光荣之都》（City for Conquest，1940）。她还和埃罗尔·弗林一起出演过两部西部片，《道奇城》（Dodge City，1939）和《银河》（Silver River，1948），后者是她在华纳电影公司的最后一部电影。

谢里登还出演过《金石盟》（King's Row，1942）和另外两部被低估的女性电影：《风流如梦》（Nora Prentiss，1947）和《春闺怨》（The Unfaithful，1947）。她的表演嬉闹中带着巧妙，让她在搞笑的同时也不会失去吸引力。在《热带酒吧》（Torrid Zone，1940）里，她面对卡格尼和帕特·奥布赖恩（Pat O'Brien）快语速的戏谑依旧泰然自若；在《晚餐的约定》（The Man Who Came to Dinner，1942）中表现出色；和加里·格兰特一起在《战地新娘》（I Was a Male War Bride，1949）中穿着异性的衣服胡闹。谢里登结束职业生涯前是电视肥皂剧《另一个世界》（Another World，1964）和西部喜剧系列片《Pistols 'n' Petticoats》（1966）中的常客。1967年，职业生涯正处于恢复期的谢里登却因癌症去世。**DS**

代表作：

The Opposite Sex 1956
Woman on the Run 1950
Stella 1950
I Was a Male War Bride 1949
Silver River 1948
The Unfaithful 1947
Nora Prentiss 1947
Shine on Harvest Moon 1944
Edge of Darkness 1943
King's Row 1942
The Man Who Came to Dinner 1942
City for Conquest 1940
They Drive by Night 1940
Torrid Zone 1940
Dodge City 1939
Angels with Dirty Faces 1938

1910年代

"因为绰号而被世人熟知意味着他们不会把你当成一个真正的演员来看待。"

安东尼·奎恩 ANTHONY QUINN

生平：本名安东尼奥·鲁道夫·瓦哈卡·奎恩（Antonio Rudolfo Oaxaca Quinn），1915年4月21日生于墨西哥；2001年卒于美国波士顿。

明星特质：制作人、性格演员；高大、皮肤黝黑；有爱尔兰和墨西哥血统，因此总在英语片中饰演其他种族的人。

代表作：

The Shoes of the Fisherman 1968
A High Wind in Jamaica 1965
Alexis Zorbas 1964 ☆
　　(Zorba the Greek)
Lawrence of Arabia 1962
The Guns of Navarone 1961
The Savage Innocents 1960
Warlock 1959
Wild Is the Wind 1957 ☆
Notre Dame de Paris 1956
　　(The Hunchback of Notre Dame)
Lust for Life 1956 ★
Attila 1954
La Strada 1954 (The Road)
Viva Zapata! 1952 ★
They Died with Their Boots On 1941

"我生活在一幅幅影像中，但我将会从定格中走出来。"

虽然安东尼·奎恩只有爱尔兰和墨西哥血统，但他饰演的大多数其他种族的角色都很令人信服。他参演了150多部电影，最著名的是《希腊人佐巴》（Alexis Zorbas，1964）中的角色，20年后他在百老汇再次出演了这一角色。奎恩凭借在《萨巴达传》（Viva Zapata!，1952）中饰演的马龙·白兰度的助手和传记片《梵·高传》（Lust for Life，1956）中的画家保罗·高更（Paul Gauguin）两获奥斯卡最佳男配角。

奎恩的演艺生涯始于20世纪30年代，他在电影中饰演的暴徒、仆从和美洲原住民常常遭到白眼，如在《马革裹尸还》（They Died With Their Boots On，1941）中饰演的"疯马"。到50年代时奎恩的表演已经十分出色，可以与重量级演员一较高低，他和亨利·方达一起主演了《瓦劳克》（Warlock，1959），在里面饰演崇拜方达的疯疯癫癫的枪手。奎恩还来到国外，在费德里科·费里尼的《大路》（La Strada，1954）中饰演一个铁腕之人，在《侵略者》（Attila，1954）中饰演的匈奴王阿提拉侵占了欧洲，在《巴黎圣母院》（Notre Dame de Paris，1956）中饰演了丑陋的敲钟人卡西莫多。

之后，奎恩在英语电影中饰演各个国家的"外国人"，最著名的是在大卫·里恩（David Lean）的《阿拉伯的劳伦斯》（Lawrence of Arabia，1962）中饰演的部落首领。奎恩的个人生活也并不顺遂，他结过三次婚，第一任妻子演员凯瑟琳·戴米尔（Katherine DeMille）是导演塞西尔·戴米尔的养女，悲剧的是，他们的第一个孩子三岁时在演员 W. C. 菲尔兹（W. C. Fields）家的游泳池中溺水身亡。奎因和三任妻子共有12个孩子，但只有九个活了下来。在银幕下，奎因的兴趣是艺术，他是个成功的画家和雕刻家。20世纪80年代，他的艺术作品开始在各国展览。他还写了两本回忆录：《原罪》（The Original Sin，1972）和《一个人的探戈》（One Man Tango，1997）。**KN**

右图：奎恩在史诗《阿拉伯的劳伦斯》中戴着假鼻子饰演奥达·阿布·塔易（Auda abu Tayi）。

奥逊·威尔斯 ORSON WELLES

生平： 本名乔治·奥逊·威尔斯（George Orson Welles），1915年5月6日生于美国威斯康星洲肯诺沙；1985年卒于美国好莱坞。

明星特质： 天才演员、导演、作家、神童；有与众不同的深沉嗓音；晚年生活丰富多彩。

虽然《公民凯恩》（Citizen Kane，1941）通常被认为是迄今为止最伟大的电影之一，虽然奥逊·威尔斯不仅是该片的真正导演，还是主演和剧作者之一，并兼任制片人，但威尔斯被人们记住更多还是因为他给《变形金刚大电影》（The Transformers: The Movie，1986）中的宇宙大帝尤尼克隆（Unicron）和《夏威夷神探》（Magnum P. I.，1981）中的罗宾·马斯特斯配过音。一方面是他对电影史的价值，另一方面是他常饰演能获利却次要的角色，正是这两者间的差异将他排除在电影学者的纯净领域之外。

威尔斯曾沿街叫卖过咖啡，也在诸多电影如《万王之王》（King of Kings，1961）、《刺杀大将军》（Shogun，1980）中担当过叙述者的角色，说他是过度演绎的典型并不是玩笑，如《麦克白》（1948）和《007别传之皇家夜总会》（Casino Royale，1967）。他的职业是在完整艺术与残酷商业的各种要间做出平衡，是传奇中的警示寓言。

威尔斯在威斯康星州出生，父亲是发明家，母亲是钢琴家，他小时候是个有创意的神童，十几岁时成了孤儿。也许他就是为舞台而生，终于于1934年在纽约获得成功。之后不久他与约翰·豪斯曼（John Houseman）一起成立了水星剧团，开始制作一系列有革命性的舞台剧和广播，如"伏都麦克白"（The Voodoo Macbeth）和"世界大战"

代表作：

1910年代

The Transformers: The Movie 1986
Hot Money 1983
Butterfly 1982
The Muppet Movie 1979
Rikki-Tikki-Tavi 1975
Treasure Island 1972
Catch-22 1970
The Kremlin Letter 1970
The Deep 1970
Casino Royale 1967
A Man for All Seasons 1966
Campanadas a medianoche 1965
　　（Chimes at Midnight）
Austerlitz 1960
The Vikings 1958
Touch of Evil 1958
Moby Dick 1956
Mr. Arkadin 1955
The Third Man 1949
Macbeth 1948
The Lady from Shanghai 1947
Jane Eyre 1944
The Magnificent Ambersons 1942
Citizen Kane 1941 ☆

右图：威尔斯在自导自演的《公民凯恩》中饰演出版业大亨。

奥逊·威尔斯

上图：威尔斯在根据格雷厄姆·格林（Graham Greene）的小说《第三人》改编的电影中光彩照人。

（The War of the Worlds）。

受好莱坞雷电华电影公司的召唤，威尔斯在1941年拍了《公民凯恩》，这部电影在评论界大受好评，在商业上却并不成功。第二年他拍了《伟大的安巴逊》（The Magnificent Ambersons），这部电影票房收入都不够支付成本，这也是威尔斯第一部被人拿走重新剪辑以适应电影公司需要的作品。1943年，威尔斯与第二任妻子丽塔·海华丝（Rita Hayworth）结婚，但是这段关系非常混乱，只持续了五年。

褪去神童的光环后，威尔斯剩下的日子在电影公司拍戏以资助自己的电影如《阿卡丁先生》（Mr. Arkadin, 1955），他偶尔也出演一些主流佳作如《第三人》（The Third Man, 1949）、《第二十二条军规》（Catch-22, 1970）等。20世纪70年代人们对他的作品重新进行了评估，一部分是因为他与彼得·博格达诺维奇（Peter Bogdanovich）的友谊所致。**GCQ**

世界大战

"2X2L呼叫CQ……有人在听广播吗？有……人吗？"1938年10月30日，奥逊·威尔斯和约翰·豪斯曼根据H.G.威尔斯（H.G.Wells）的小说《世界大战》制作的广播在全国引发了恐慌。这原本只是个万圣节的恶作剧，模仿实况新闻，揭露"时事"。但在当时，二战随时会爆发的紧张情绪在全国弥漫，美国公众立刻相信这则火星人入侵的新闻，随之集体发疯。这个广播让威尔斯臭名昭著，他被迫在第二天向公众道歉。

尤·伯连纳 YUL BRYNNER

生平：尤里·鲍里索维奇·伯连纳（Yuli Borisovich Bryner），1915年7月11日生于俄罗斯符拉迪沃斯托克；1985年卒于美国纽约。

明星特质：歌手、音乐家、特技演员、导演、制作人；有运动员般的体格；常饰演有异国情调的男主角；标志性的"暹罗之王"。

尤·伯连纳在俄罗斯出生，有时会宣称自己是拥有一半瑞士血统一半日本血统的外国人。他的真实生活总是充满乐趣，他做过很多工作，演奏过音乐，做过特技演员，当过电视脱口秀主持人，做过电视导演，后来于1951年在百老汇罗杰斯（Rodgers）和汉默斯坦（Hammerstein）的音乐剧《国王与我》（The King and I）中饰演暹罗国王蒙克库特。他在1956年的电影版中再次饰演这一角色，并因此赢得奥斯卡最佳男主角，从此他再也没有离开过舞台。

伯连纳的父亲抛弃妻子后，母亲带着他和妹妹搬到了中国东北，他们后来上了年轻人的基督社团学校。这家人后来搬去法国巴黎，伯连纳从巴黎的学校辍学后成了一名音乐家。1941年，他移民去了美国学习表演，同年首次登台，在纽约版的《第12夜》（Twelfth Night）中饰演费边。

秃顶、通晓数国语言、庄严，这使得给伯连纳安排一个合适的角色并非易事。他在《十诫》（The Ten Commandments，1956）和《新所罗门王》（Solomon and Sheba，1959）里饰演古代君主，在《真假公主》（Anastasia，1956）和《卡拉马佐夫兄弟》（The Brothers Karamazov，1958）中饰演俄国人。他在《光头冤家》（Once More, With Feeling!，1960）中饰演的自大的乐团指挥搞笑逗趣，在《奥菲斯的遗嘱》（Le Testament d'Orphée ou Ne Me Demandez Pas Pourquoi!，1960）中为老友让·科克托（Jean Cocteau）担当配角。然而，伯连纳也因在《豪勇七蛟龙》（The Magnificent Seven，1960）中饰演最高尚的勇士克里斯·亚当斯而在流行文化圈中获得不灭的声望，接着他又演了两部续集。从那之后，他在《烽火霸王》（Taras Bulba，1962）演过外国蛮夷，在《大搜索》（Fuzz，1972）中扮出超级大恶棍，在《太阳王》（Kings of the Sun，1963）中阿帕切人，在西部科幻片《西部世界》（Westworld，1973）中演过机器人。

KN

代表作：

1910年代

Futureworld 1976
Westworld 1973
Fuzz 1972
Romance of a Horsethief 1971
The Long Duel 1967
Triple Cross 1966
Return of the Seven 1966
Invitation to a Gunfighter 1964
Kings of the Sun 1963
Taras Bulba 1962
The Magnificent Seven 1960
Once More, with Feeling! 1960
Solomon and Sheba 1959
The Brothers Karamazov 1958
The Ten Commandments 1956
The King and I 1956 ★

"现在我要离开了，我要告诉你们：不要抽烟，无论你做什么，千万不要抽烟。"

英格丽·褒曼 INGRID BERGMAN

生平： 1915年8月29日生于瑞典斯德哥尔摩，1982年卒于英国伦敦。

明星特质： "瑞典给好莱坞的杰出礼物"；优雅浪漫的女主角；多才多艺的演员；银幕上下的魅力都令人无法抵挡。

英格丽·褒曼是瑞典导演古斯塔夫·莫兰德（Gustaf Molander）的宠儿。在莫兰德的电影《寒夜琴挑》（Intermezzo，1936）中，褒曼饰演的年轻钢琴家与一位有妇之夫有染；她的银幕角色的些许丑闻之后在她真实的生活中上演。褒曼在瑞典拍了12部左右的电影，但是《寒夜琴挑》让褒曼第一次意识到自己作为演员的魅力、激情和巨大的潜质，同时也引起了好莱坞制作人大卫·塞尔兹尼克（David O. Selznick）的注意。褒曼在好莱坞的演艺生涯开始于1939年重拍的《寒夜琴挑》。塞尔兹尼克把褒曼借给华纳兄弟电影公司拍摄《卡萨布兰卡》（Casablanca，1942），她在里面饰演的也是一个有婚外情的已婚女人，这次的对象是亨弗莱·鲍嘉（Humphrey Bogart），这个角色确立了褒曼作为好莱坞最重要的浪漫电影女星的地位。

褒曼凭借《煤气灯下》（Gaslight，1944）赢得她的第一个奥斯卡最佳女主角奖，她在片中饰演的妻子被丈夫查尔斯·鲍育（Charles Boyer）迫害。褒曼电影生涯的下一个里程碑是在阿尔弗雷德·希区柯克的电影中的演出，先是《爱德华大夫》（Spellbound，1945），接着是《美人计》（Notorious，1946）。在《美人计》中，她与加里·格兰特合作，再次饰演不贞的妻子，但是这次却是因为爱国的冲动：受美国联邦特情处的唆使，为了渗透到纳粹间谍的

代表作：

Höstsonaten 1978 ☆
  (**Autumn Sonata**)
A Matter of Time 1976
Murder on the Orient Express 1974 ★
The Yellow Rolls-Royce 1964
The Inn of the Sixth Happiness 1958
Indiscreet 1958
Anastasia 1956 ★
Elena et les hommes 1956 (Elena and her Men)
Viaggio in Italia 1954 (Journey to Italy)
Europa '51 1952 (The Greatest Love)
Stromboli 1950
Under Capricorn 1949
Joan of Arc 1948 ☆
Arch of Triumph 1948
Notorious 1946
Saratoga Trunk 1945
The Bells of St. Mary's 1945 ☆
Spellbound 1945
Gaslight 1944 ★
For Whom the Bell Tolls 1943 ☆
Casablanca 1942
Dr. Jekyll and Mr. Hyde 1941
Intermezzo: A Love Story 1939
Intermezzo 1936

左图：褒曼在《煤气灯下》饰演饱受折磨的妻子，并因此获得奥斯卡最佳女主角。

1910年代

英格丽·褒曼

严肃的职业

虽然褒曼的私生活有时会有丑闻，其中包括三段婚姻和与战地摄影师罗伯特·卡帕（Robert Capa）的一段韵事，但她对自己的演艺生涯却十分严肃。"天赋和激情在成功中不可或缺，"她说，她充满激情地磨练自己的天赋。

◆ 为了在电视电影《一个叫戈尔达的女人》（A Woman Called Golda）中饰演以色列总理戈尔达·迈尔（Golda Meir），褒曼周游了以色列，与那些知道迈尔的人交谈，并研究旧的新闻片来揣摩迈尔的言行举止。

◆ 褒曼能流利地说瑞典语、德语、英语、意大利语和法语。和褒曼一起演了《东方快车谋杀案》（褒曼凭借此片赢得奥斯卡奖）的演员约翰·吉尔古德（John Gielgud）评论道："她能说五种语言，但她不能用其中任何一种来表演。"确定这不是嫉妒？

◆ 在褒曼的演艺生涯中，她共饰演过三次圣女贞德；一次在舞台上，两次在电影中。

◆ 20世纪40年代，褒曼从著名的俄国教练迈克尔·契科夫（Michael Chekhov）那儿学习表演，讽刺的是，契科夫唯一一次获奥斯卡奖提名是凭借在电影《爱德华大夫》中饰演的角色，而那部戏也是由褒曼主演的。

◆ 褒曼是瑞典最成功的女演员，美国电影协会把她排在迄今最伟大的银幕传奇人物第四位。

1910年代

组织中，她嫁给了克劳德·瑞恩斯（Claude Rains）。她与格兰特之间的爱情苦乐参半，格兰特不愿表露对她的感情，误会她是个荡妇，而她又是如此骄傲，并不告诉格兰特他是错的。他们相拥时，格兰特打了个致命的电话，而他们的吻是银幕史上最长的吻之一，当然也是最有情欲的吻之一。褒曼与希区柯克合作的第三部电影《历劫佳人》（Under Capricorn, 1949）讲述了一段发生在19世纪澳大利亚的爱情，可惜的是，这部电影并不成功。

丑闻给她的辉煌蒙上阴影

即使褒曼没有同时代其他好莱坞女星那样古典的美貌，她在银幕上展现的光辉和对感情的诚实也让观众无法抗拒。她比其他很多女演员都自然：她没有因为好莱坞而改名换姓，几乎不施脂粉。褒曼也饰演过一些更超越世俗的角色：在非常成功的《圣玛丽的钟声》（The Bells of St. Mary's, 1945）中饰演修女；在《圣女贞德》（Joan of Arc, 1948）中饰演圣女贞德；之后在《六福客栈》（The Inn of the Sixth Happiness, 1958）中饰演传教士。但是现实生活中的丑闻在1949年吞没了她，那时她到意大利和导演罗伯托·罗西里尼（Roberto Rossellini）一起拍电影，他们相爱了，褒曼发现自己怀孕了。但是他们两人都已结婚，褒曼的丈夫是瑞典的牙科医生，他们育有一个女儿。这段关系在美国产生了巨大的影响，致使褒曼在美国不再受欢迎。她搬去意大利与罗西里尼结婚，演员伊莎贝拉·罗西里尼（Isabella Rossellini）就是他们的孩子之一。这对夫妇一起合作了三部电影：《火山边缘之恋》（Stromboli, 1950）、《一九五一年的欧洲》（Europa '51, 1952）和《游览意大利》（Viaggio in Italia, 1954）。这些电影在美国不被接受，那些自以为是的美国人还没有原谅她与导演的不正当关系。

最终褒曼和罗西里尼的婚姻还是破裂了。她回到美国拍了《真假公主》（Anastasia, 1956），并凭借该片第二次获得奥斯卡最佳女主角，公众终于再次接受了她。在《钓金龟》（Indiscreet, 1958）中她再度与加里·格兰特合作，演绎出与上次不同的关系。尽管生命的最后八年里褒曼一直忍受着癌症病痛的折磨，她依然坚持拍了一系

英格丽·褒曼

上图：褒曼和加里·格兰特在阿尔弗雷德·希区柯克的电影《美人计》中亲密无间。

列优秀电影，无论是在快乐的《黄色香车》（The Yellow Rolls-Royce, 1964）还是更严肃一些的《东方快车谋杀案》（Murder on the Orient Express, 1974）中，她的表演都十分出色。无可置疑，褒曼晚年最伟大的角色是《秋日奏鸣曲》（Höstsonaten, 1978）中的夏洛特一角——因该片她令人难以置信地第七次获奥斯卡奖提名——这部电影的导演是瑞典人、与褒曼同名的英格玛·褒曼（Ingmar Bergman）。在该片中褒曼饰演一名音乐会钢琴演奏家，把自己的一生都奉献给了艺术，却忽略了两个女儿。如今她被迫面对她们，并与其中的一个感情不和。英格丽·褒曼在67岁生日当天去世。**EB**

> "我从圣女演到荡妇，又再次演回圣女，都在这一生。"

埃里·瓦拉赫 ELI WALLACH

生平： 1915年12月7日生于美国纽约州布鲁克林。

明星特质： 有黝黑的皮肤和饱经风霜的脸；多才多艺的性格演员、制作人、作家；因在意大利西部片中饰演硬汉和强盗出名；常饰演有魅力、花言巧语的恶棍。

代表作：

1910年代

Mystic River 2003
The Godfather: Part III 1990
Tough Guys 1986
Il bianco, il giallo, il nero 1975
　　(Shoot First … Ask Questions Later)
I Quattro dell'Ave Maria 1968 (Ace High)
The Tiger Makes Out 1967
Il buono, il brutto, il cattivo 1966
　　(The Good, the Bad and the Ugly)
The Moon-Spinners 1964
The Victors 1963
The Misfits 1961
The Magnificent Seven 1960
The Lineup 1958
Baby Doll 1956

"评论家表扬你就好像刽子手称赞你的脖子漂亮一样。"

　　埃里·瓦拉赫一向认为自己首先是个戏剧演员——他为了出演田纳西·威廉斯的戏剧拒绝了《乱世忠魂》（From Here to Eternity, 1953）的演出，最终弗兰克·辛纳屈（Frank Sinatra）取代他出演了该片，并因此获奥斯卡奖，但瓦拉赫因饰演性格角色也有着卓越的电影生涯。

　　瓦拉赫是犹太人，在布鲁克林一个意大利人聚集地长大，15岁在学校的一出戏中表演后，他第一次有了想当演员的梦想。他先在得克萨斯大学学习，后来在纽约演员工作室接受体验派表演的训练。二战时瓦拉赫在美军医疗管理军团服役了五年，结束兵役后重回舞台。他在百老汇的初次亮相并不成功，但是他继续出演了一些其他成功的戏剧，如《玫瑰纹身》（The Rose Tattoo, 1951），并因此获得托尼奖。

　　瓦拉赫在他的首部电影《宝贝儿》（Baby Doll, 1956）中给人留下深刻印象，这部电影也是根据田纳西·威廉斯的剧作改编而成，瓦拉赫在里面饰演狡猾的骗子。在唐·西格尔（Don Siegel）的《阵容》（The Lineup, 1958）中他是饶舌古怪的职业杀手；在《豪勇七蛟龙》（The Magnificent Seven, 1960）中他是诡计多端的强盗卡尔维拉；在《乱点鸳鸯谱》（The Misfits, 1961）中瓦拉赫与玛丽莲·梦露和克拉克·盖博演对手戏；在赛尔乔·莱翁内（Sergio Leone）的《黄金三镖客》（Il buono, il brutto, il cattivo, 1966）中与克林特·伊斯特伍德演对手戏，饰演恶棍。接着他拍了一些意大利西部片，包括《要命不要钱》（I Quattro dell'Ave Maria, 1968）和《先开枪，再提问》（Il bianco, il giallo, il nero, 1975）。此外，瓦拉赫还经常出演电视剧。近年，他在《教父3》（The Godfather: Part III, 1990）中饰演了重要角色安泰贝罗阁下，在《神秘河》（Mystic River, 2003）里出演不被认可的配角。如今瓦拉赫已90岁高龄了，他依然工作不止。**EB**

弗兰克·辛纳屈 FRANK SINATRA

生平： 本名弗朗西斯·艾伯特·辛纳屈（Francis Albert Sinatra），1915年12月12日生于美国新泽西州霍博肯；1998年卒于美国洛杉矶。

明星特质： 传奇的摇摆乐之王、歌曲作家、音乐剧大师、性格演员；拥有与生俱来的才能；"鼠帮"的领导人。

辛纳屈在几乎20世纪所有媒体中都占据着重要地位，他是现场歌手、唱片艺术家，广播、电影和电视都有涉猎。辛纳屈开始是名歌手，成立了"霍博肯四杰"（Hoboken Four）组合，后来加入哈利·詹姆斯（Harry James）的乐团，接着又进了汤米·多尔西管弦乐队。在夜总会和广播中做了不计其数的表演后，在1942年确立了自己作为美国偶像和受尊敬的独唱艺人的地位。

辛纳屈歌手的名声让他很容易进入表演界，他最初的电影当然都是音乐剧，如《起锚》（Anchors Aweigh，1945）。但他努力游说，终于得到《乱世忠魂》（From Here to Eternity，1953）中二等兵安杰罗·马吉奥一角，他凭借该角色获得奥斯卡最佳男配角，由此成为一名重要的性格演员。辛纳屈是天生的演员，因在电影中的表演方法常被冠以"一镜查理"（One-Take Charlie）的称号。辛纳屈出演了一些有着高知名度的音乐剧，如《红男绿女》（Guys and Dolls，1955）和《上流社会》（High Society，1956）。他也饰演过一些更具戏剧挑战的角色，如《突然》（Suddenly，1954）中潜在的杀手和《满洲候选人》（The Manchurian Candidate，1962）中的角色。

从《十一罗汉》（Ocean's Eleven，1960）开始，辛纳屈和他的"鼠帮"最初的创建成员迪恩·马丁（Dean Martin）、小萨米·戴维斯（Sammy Davis Jr.）、彼特·劳福德（Peter Lawford）以及乔伊·毕晓普（Joey Bishop）一起出演了一系列嬉耍喧闹的电影，辛纳屈被昵称为"董事长"，从1958年到1963年，这群人在银幕下的滑稽行径几乎占领了娱乐圈的新闻版面。

辛纳屈的个人生活也和他取得惊人成就的职业生涯一样精彩，和他的歌一样复杂。他结过四次婚，其中两任妻子艾娃·加德纳（Ava Gardner）和米娅·法罗（Mia Farrow）本身也是传奇演员。辛纳屈在1970年获吉恩·赫肖尔特人道主义奖。**KN**

代表作：

Cannonball Run II 1984
The First Deadly Sin 1980
The Detective 1968
Von Ryan's Express 1965
The Manchurian Candidate 1962
Sergeants 3 1962
Ocean's Eleven 1960
Some Came Running 1958
Pal Joey 1957
High Society 1956
The Man with the Golden Arm 1955 ☆
Guys and Dolls 1955
Suddenly 1954
From Here to Eternity 1953 ★
On the Town 1949
Anchors Aweigh 1945

1910年代

"我可不是那些复杂混乱的猫……我只是一天一天地过日子。"

库尔特·尤尔根斯 CURD JÜRGENS

生平： 本名库尔特·古斯塔夫·安德里亚斯·戈特利布·弗朗茨·尤尔根斯（Curd Gustav Andreas Gottlieb Franz Jürgens），1915年12月13日生于德国巴伐利亚州慕尼黑；1982年卒于奥地利维也纳。

明星特质： 导演、作家、严肃戏剧的主角；因为有着日耳曼人的血统，使得他常在英语电影中饰演罪恶的外国人。

代表作：

The Spy Who Loved Me 1977
The Mephisto Waltz 1971
Battle of Britain 1969
The Longest Day 1962
Die Dreigroschenoper 1962
　（Three Penny Opera）
Katia 1959 (Adorable Sinner)
The Blue Angel 1959
The Inn of the Sixth Happiness 1958
The Enemy Below 1957
Et Dieu... créa la femme 1956
　（...And God Created Woman）
Des Teufels General 1955 (The Devil's General)
The Mozart Story 1948
Wen die Götter lieben 1942
　（Whom the Gods Love）
Königswalzer 1935 (The Royal Waltz)

1910年代

　　库尔特·尤尔根斯在第一任妻子、演员路易斯·巴斯勒（Louise Basler）的说服下开始尝试表演前是名新闻记者。他在维也纳的剧院演出，在银幕处女作《皇家华尔兹》（Königswalzer，1935）中饰演奥地利国王凯撒·弗朗茨·约瑟夫（Kaiser Franz Joseph）。二战中他直言不讳地对纳粹表示不满，导致约瑟夫·戈培尔（Joseph Goebbels）在1944年命人将他送去集中营。尤尔根斯幸存下来，二战结束后成为奥地利公民。

　　尤尔根斯演过很长一段时间的德国电影，通常是饰演皇室，如《上帝的眷顾》（Wen die Götter lieben，1942）和《莫扎特的故事》（The Mozart Story，1948）中的皇帝约瑟夫二世（Emperor Joseph II），还有《卡贾》（Katia，1959）里的沙皇亚历山大二世（Czar Alexander II）。他在由法国导演罗杰·瓦迪姆（Roger Vadim）执导的《上帝创造女人》（Et Dieu... créa la femme，1956）中饰演碧姬·芭杜（Brigitte Bardot）的德国情人，获得国际关注。不久他就开始在英语片中饰演纳粹：《海底喋血战》（The Enemy Below，1957）中的潜艇指挥官、《最长的一天》（The Longest Day，1962）里的少将和《不列颠之战》（Battle of Britain，1969）中的冯·里克特男爵。

　　尤尔根斯还在一些被遗忘的重拍的经典德国电影中担当过主演，如《蓝色天使》（The Blue Angel，1959）中的教授和《三分钱歌剧》（Die Dreigroschenoper，1962）中的

> "邦德先生，仔细看看大决战的武器。"
> ——卡尔·史登堡，《007之海底城》

飞刀手麦克。他在几部不错的恐怖片中脖子僵硬，伸得直直的，如阿伦·阿尔达（Alan Alda）主演的《梅菲斯特圆舞曲》（The Mephisto Waltz，1971），他还在詹姆斯·邦德的电影《007之海底城》（The Spy Who Loved Me，1977）中饰演了一个较奢侈的坏人——疯狂的船舶巨头卡尔·史登堡。尤尔根斯是位国际巨星，出演过100多部电影，同时他也是名多产的戏剧演员，偶尔做做电影导演或写写戏剧剧本。**KN**

杰基·格里森 JACKIE GLEASON

生平： 本名赫伯特·约翰·格里森（Herbert John Gleason），1916年2月26日生于美国纽约州布鲁克林；1987年卒于美国佛罗里达州劳德代尔堡。

明星特质： 夜总会喜剧演员、作曲家、音乐家、作家、导演、乐队指挥、不同种类电视节目中经验丰富的表演者；性格演员。

杰基·格里森在电视中标志性的角色拉夫尔·克拉姆登和在《小司机们的幸福生活》（The Honeymooners，1955—1956）中的滑稽表演得到了大家的认同，以至于人们很容易忘记他在电影上的成就。他1941年到1942年上映的九部电影实际上并不成功，其中包括两部华纳兄弟电影公司的作品：和亨弗莱·鲍嘉合演的《度过黑暗》（All Through the Night，1942）以及与爱德华·罗宾逊合演的《盗窃公司》（Larceny, Inc.，1942）。他以两部讲述格林·米勒管弦乐队的作品《贤妻乐坊》（Orchestra Wives，1942）和《落基山脉的春天》（Springtime in the Rockies，1942）结束了这一时期，他在其中的一部里弹奏贝斯。

之后，格里森升为电视明星，最初是在《无忧无虑的生活》（The Life of Riley，1949）中做威廉·本迪克斯的候补，接着成为杜蒙特广播网《群星》的主持人。1952年哥伦比亚广播公司邀请他加入。克拉姆登首先出现在《群星》中，但是格里森将这个角色带到了哥伦比亚广播公司的《杰基·格里森秀》中，阿特·卡尼饰演他的朋友埃德·诺顿，每集都有不同的女子饰演他的妻子爱丽丝，最后奥黛丽·米德思成为他妻子的最终饰演者。

这次成功给格里森带来在其他演出的机会，并都取得不错的成绩。1960年格里森因在音乐剧《带上我》（Take Me Along）中的表演获托尼奖最佳男演员。好莱坞再次向他发出召唤，罗伯特·罗森安排他在《江湖浪子》（The Hustler，1961）中饰演撞球冠军，格里森因这一角色获奥斯卡提名。继这之后他在《拳台血泪》（Requiem for a Heavyweight，1962）中的表演也可圈可点，赢得评论界的一致称赞。格里森最后出演了伯特·雷诺兹的《警察与卡车强盗》（Smokey and the Bandit movies，1977，1980，1983）三部曲，这三部电影在商业上都获得了巨大成功。格里森的最后一部电影是《对头冤家》（Nothing in Common，1986），饰演汤姆·汉克斯游手好闲的老爸。**DS**

"……不要把生活弄得太复杂，尽量用最简单的方法。"

代表作：

Nothing in Common 1986
Smokey and the Bandit Part 3 1983
The Sting II 1983
The Toy 1982
Smokey and the Bandit II 1980
Smokey and the Bandit 1977
Don't Drink the Water 1969
How to Commit Marriage 1969
Skidoo 1968
Soldier in the Rain 1963
Requiem for a Heavyweight 1962
Gigot 1962
The Hustler 1961 ☆
Orchestra Wives 1942
Larceny, Inc. 1942
All Through the Night 1942

1910年代

斯特林·海登 STERLING HAYDEN

生平：本名斯特林·雷尔耶·沃尔特（Sterling Relyea Walter），1916年3月26日生于美国新泽西州蒙特克莱尔；1986年卒于美国加利福尼亚州索萨利托。

明星特质："电影中最英俊的男人"；外表沧桑英俊；西部片和黑色电影中的动作演员；作家。

非美活动调查委员会给很多好莱坞演员的职业带来伤害，斯特林·海登就是其中一个非常令人惋惜的受害者，他被列入黑名单，不断受到传唤，被迫举报其他人，根本无法以他本该有的激情去追求演艺事业。

海登本来是个水手，1940年与后来成为他第一任妻子的玛德琳·卡罗（Madeleine Carroll）一起来到好莱坞。1941年，派拉蒙电影故事开始宣传他是"电影中最英俊的男人！""北欧英俊的金发之神"。但在二战中海登成为战略情报处（美国中央情报局的前身）的秘密间谍，在《正午火焰》（Blaze of Noon，1947）前几乎没演什么电影。他在战争中曾通过德军战线将枪支运给南斯拉夫游击队，并空降到法西斯主义盛行的克罗地亚独立国。海登因战争中的经历获得了银星勋章，并受到南斯拉夫铁托元帅的赞扬。海登对共产主义游击队的崇拜是后来他对共产党产生兴趣的原因之一。

后来海登因沧桑的男子气概主要出演西部片和犯罪片，较著名的有《夜阑人未静》（The Asphalt Jungle，1950）、《荒漠怪客》（Johnny Guitar，1954）、《警网重重》（Crime Wave，1954）、《突然》（Suddenly，1954）、《杀手》（The Killing，1956）和《得州小镇恐怖事件》（Terror in a Texas Town，1958）。之后他出演的电影虽然不多，但都是精心挑选的：如《奇爱博士》（Dr. Strangelove or: How I Learned to Stop Worrying and Love the Bomb，1964）中引发世界末日的精神错乱的陆军上校和《教父》（The Godfather，1972）中腐败的警察局长。然而这两个角色都没有《漫长的告别》（The Long Goodbye，1973）中自我憎恶、爱酗酒的海明威式的小说家给力，海登在这部电影中的出色表演清楚地描绘出他自己生活的某些方面。**GA**

代表作：

1910年代

The Outsider 1980
Winter Kills 1979
King of the Gypsies 1978
Novecento 1976 (1900)
The Long Goodbye 1973
The Godfather 1972
Ternos Caçadores 1969 (Sweet Hunters)
Dr. Strangelove or: How I Learned to Stop Worrying and Love the Bomb 1964
Terror in a Texas Town 1958
The Killing 1956
Suddenly 1954
Johnny Guitar 1954
Crime Wave 1954
The Asphalt Jungle 1950
Blaze of Noon 1947

"演员不过是个小兵卒——虽然偶有辉煌之时……但终究只是个小兵卒。"

格利高里·派克 GREGORY PECK

生平：本名埃尔德雷德·格里高利·派克（Eldred Gregory Peck），1916年4月5日生于美国加利福尼亚州拉荷亚；2003年卒于美国洛杉矶。

明星特质：高大、温文尔雅、富有魅力、体格健壮的传奇英雄和浪漫剧男主角；著名的慈善家；在政治上信奉自由主义。

格里高利·派克在电影中总是饰演沉思、英俊、不安的角色，他是美国最珍爱的电影明星之一，代表着信念、体面、智慧、崇高和坚毅。派克强健的体格和文质彬彬的长相让观众为之疯狂，他获得过四次奥斯卡奖提名，赢得过一次奥斯卡奖，评论界也不得不承认他作为演员的天赋。

派克初次亮相大银幕是1944年在《光荣岁月》（Days of Glory）中饰演反抗者，同年他在第二部电影《天路历程》（The Keys of the Kingdom）中饰演牧师并第一次获奥斯卡奖提名。派克在通往明星的路上继续前进，他一生出演过60多部电影，大多是好好先生。继在《恐怖角》（Cape Fear，1962）、《爱德华大夫》（Spellbound，1945）、《罗马假日》（Roman Holiday，1953）和《白鲸记》（Moby Dick，1956）这些电影中杰出的表演后，派克在《海滨》（On the Beach，1959）中坚韧地面对世界末日，在《纳瓦隆大炮》（The Guns of Navarone，1961）中赢得战争的胜利。但是最终让他赢得奥斯卡最佳男主角的是《杀死一只知更鸟》（To Kill a Mockingbird，1962）中的小镇辩护律师阿提克斯·芬奇这一角色。

派克年老后依旧是个明星，在重拍他早年的经典影片《恐怖角》和《白鲸记》中担任配角。他总是小心谨慎地选择自己的角色。派克还因热心于公益事业闻名，他信奉罗马天主教，在政治上是自由派，他曾任奥斯卡奖协会的主席，是电影电视救济金协会、美国癌症组织、全国艺术基金会和其他多个组织的活跃分子。他赢得过多个奖项，包括1967年获得的吉恩·赫肖尔特人道主义奖、1989年美国电影协会的终生成就奖，并因他在人道主义方面的工作获得总统自由勋章。**KN**

代表作：

Old Gringo 1989

The Boys from Brazil 1978

MacArthur 1977

The Omen 1976

To Kill a Mockingbird 1962 ★

Cape Fear 1962

The Guns of Navarone 1961

Roman Holiday 1953

The Million Pound Note 1953

Captain Horatio Hornblower R.N. 1951

Twelve O'Clock High 1949 ☆

Gentleman's Agreement 1947 ☆

The Yearling 1946 ☆

Spellbound 1945

The Keys of the Kingdom 1944 ☆

Days of Glory 1944

"饰演好好先生更具挑战，因为很难让这些角色有趣。"

格伦·福特 GLENN FORD

生平： 本名格威尔恩·塞缪尔·牛顿·福特（Gwyllyn Samuel Newton Ford），1916年5月1日生于加拿大魁北克；2006年卒于美国洛杉矶。

明星特质： 外表沧桑；西部片中的快枪手、喜剧中复杂的家伙、黑色电影中的硬汉英雄；制作人。

代表作：

Superman 1978
Advance to the Rear 1964
The Courtship of Eddie's Father 1963
Pocketful of Miracles 1961
It Started with a Kiss 1959
The Sheepman 1958 (Stranger with a Gun)
Cowboy 1958
3:10 to Yuma 1957
The Teahouse of the August Moon 1956
The Fastest Gun Alive 1956
Jubal 1956
Blackboard Jungle 1955
The Violent Men 1955 (The Bandits)
Human Desire 1954
The Big Heat 1953
Gilda 1946

1910年代

"我觉得对我而言的最荒谬的事就是尝试饰演莎士比亚。"

格林·福特1939年与哥伦比亚电影公司签约前在加利福尼亚的剧院工作，但他早年的生涯被战争打断。1946年，他和丽塔·海华斯（Rita Hayworth）合演的黑色电影《吉尔达》（Gilda）让他真正走进公众的视野。海华斯在该片中饰演一位典型的荡妇，她嫁给一个富有的开赌场的人，并计划找过去的爱人福特算帐，福特以为自己恨她，而事实上他仍然爱着她。虽然这部电影获得成功，但直到20世纪50年代福特才真正对表演充满信心，在不同类型的电影中饰演了一些强硬、偶尔愤愤不平的角色。西部片是福特的专长，他为导演德尔默·戴夫斯（Delmer Daves）拍了一系列此类电影，其中包括《决斗尤玛镇》（3.10 to Yuma，1957），他在里面饰演一个少有的坏人。在这些和其他西部片如《强盗》（The Violent Men，1955）中，福特偶尔闪现的幽默减轻了他有力而紧张的表演。

福特在恐怖片中的表演也得心应手，饰演过一些弗里茨·朗（Fritz Lang）的电影，包括《大内幕》（The Big Heat，1953）。福特最受赞誉的表演是在自由主义电影《黑板森林》（Blackboard Jungle，1955）中饰演的教师，在市中心一个纪律严格的学校任教，必须面对不守规矩的学生，还要负责管理学校里的种族歧视，而他几乎不能从同事那儿得到任何帮助。福特饰演的角色都很有激情，他也有饰演喜剧的天赋。《埃迪父亲的求爱》（The Courtship of Eddie's Father，1963）就是个巧妙而有趣的电影，福特在该片中饰演童星朗·霍华德（Ron Howard）的父亲。他在弗兰克·卡普拉（Frank Capra）的《锦囊妙计》（Pocketful of Miracles，1961）中的表演也很著名。他晚期给人留下深刻印象的表演是在《超人》（Superman，1978）中饰演的堪萨斯州的农民，后来成为超人的养父。福特的四段婚姻都以失败而告终，他的第一任妻子是演员埃莉诺·鲍威尔（Eleanor Powell），他们有一个儿子彼得（Peter）。**EB**

右图：福特在1955年的《黑板森林》中显示出自己在教室中也能采取强硬手段。

written (any, no) a... ...y letter. 11.
...he), I wouldn't sa... 12.
...hrew) the ball... 13.
...borrow... 14.
...ch...e, ch... 15.
... 16.
...eat.
...hot...
...w and...
...the (nea...

奥利维娅·德哈维兰 OLIVIA DE HAVILLAND

生平：本名奥利维娅·玛丽·德哈维兰（Olivia Mary de Havilland），1916年7月1日生于日本东京。

明星特质：美丽优雅、精力旺盛；挑战了电影制片厂的体系并获胜；起初饰演天真无邪的少女，后来饰演更严肃的戏剧主角；获得过五次奥斯卡提名。

　　奥利维娅·德哈维兰的父亲是名律师，母亲是位演员，她的童年是在日本东京度过的，父母离婚时全家搬到了洛杉矶。德哈维兰十几岁就很漂亮了，她开始在电影中表演，在黑白片《仲夏夜之梦》（A Midsummer Night's Dream，1935）中饰演的赫米娅光彩照人，在《喋血船长》（Captain Blood，1935）中饰演埃罗尔·弗林的情人，在彩色电影《罗宾汉历险记》（The Adventures of Robin Hood，1938）中饰演可爱的梅德·玛丽安，与弗林演对手戏，并出演了西部片《道奇城》（Dodge City，1939）。

　　华纳兄弟电影公司把德哈维兰借给米高梅电影公司，她在《乱世佳人》（Gone with the Wind，1939）中饰演梅兰妮，并因这一角色获奥斯卡奖提名。她还在《草莓金发》（The Strawberry Blonde，1941）中饰演19世纪90年代甜美有趣的现代女孩，试图靠吸烟给詹姆斯·卡格尼（James Cagney）留下深刻印象。她支持贝蒂·戴维斯出演《姐妹情仇》（In This Our Life，1942），自己却因华纳兄弟电影公司总让她饰演悲惨的少女而沮丧不已，并开始拒演这类电影。那时如果演员拒演，法律允许电影制片厂延长他们的合同并在合同期限里再增加一段雪藏期。被雪藏六个月后德哈维兰起诉华纳兄弟电影公司并获胜，为后来人提供了合法的先例。法院判决所有的演员和电影公司签订的合同不能超过七年，因没有电影而休息的时间也必须包括在这七年之内，这就是著名的"德哈维兰之法"。

　　1945年后德哈维兰的角色得到改进，她因《风流种子》（To Each His Own，1946）和《女继承人》（The Heiress，1949）两度获得奥斯卡最佳女主角，并因在《蛇穴》（The Snake Pit，1948）中塑造的精神失常的女子获得广泛的赞誉。她晚年的演出比较少，德哈维兰现在已经息影，住在法国巴黎。演员琼·芳登（Joan Fontaine）是她妹妹，但两人关系疏离。**KN**

代表作：

The Swarm 1978
Airport '77 1977
Hush…Hush, Sweet Charlotte 1964
Lady in a Cage 1964
The Heiress 1949 ★
The Snake Pit 1948 ☆
The Dark Mirror 1946
To Each His Own 1946 ★
In This Our Life 1942
Hold Back the Dawn 1941 ☆
The Strawberry Blonde 1941
Gone with the Wind 1939 ☆
Dodge City 1939
The Adventures of Robin Hood 1938
Captain Blood 1935
A Midsummer Night's Dream 1935

"名人认为他们必须永远呆在浪尖。"

玛莎·雷伊 MARTHA RAYE

生平： 本名玛格丽特·特蕾莎·伊冯·里德（Margaret Teresa Yvonne Reed），1916年8月27日生于美国蒙大拿州比尤特；1994年卒于美国洛杉矶。

明星特质： "大嘴"；鲁莽且精力充沛的喜剧女演员；有影响力的歌手；战时曾在军队中表演；人道主义者。

"鲁莽"也许是对玛莎·雷伊最好的描述：她经常在喜剧中饰演生气勃勃、精力充沛的角色，电影中穿插着乐队的演奏，这是二战中美国典型的娱乐片模式。

雷伊的父母是歌舞片演员，她真的出生在歌舞剧中——她母亲在后台生下了她。雷伊吵闹而有趣，她很有节奏感，唱歌很有天赋。雷伊最著名的就是她用来增加喜剧效果的大嘴（当她在20世纪七八十年代为保丽净牙齿清洁剂做代言人时她的大嘴也给她带来了可观的收入）。

雷伊在电影中出演主角，使20世纪30年代晚期派拉蒙电影公司大多数喜剧演员都相形见绌，当时派拉蒙电影公司的演员有鲍勃·霍普（Bob Hope）、平·克劳斯贝（Bing Crosby）、杰克·本尼（Jack Benny）、W.C.菲尔兹（W. C. Fields）、乔治·伯恩斯（George Burns）和格雷西·艾伦（Gracie Allen）。雷伊在40年代早期去了环球电影公司，出演了《Hellzapoppin'》（1941），还在《保持飞行状态》（Keep 'Em Flying, 1941）中饰演可爱的双胞胎，一模一样的长相把巴德·阿伯特（Bud Abbott）和卢·科斯特洛（Lou Costello）都弄迷糊了。作为《四个女人与吉普》（Four Jills in a Jeep, 1944）中著名的一员，为了能四处旅行，她随着美国劳军联合组织一起在战时给军队中的官兵表演。她也因本片被查理·卓别林发现，于是她得到了自己最好的角色，在卓别林执导的《凡尔杜先生》（Monsieur Verdoux, 1947）中饰演古怪且坚不可摧的安娜贝拉·博纳尔。

战争结束后雷伊的电影渐渐减少，但她一直在广播和电视中表演。《玛莎·雷伊秀》（The Martha Raye Show）从1954年播到1956年，她也在很多其他电视节目中担任客串明星。朝鲜和越南战争中雷伊继续和劳军联合组织一起工作。她去世后以全军礼的形式被葬在北加利福尼亚布拉格堡。**MC**

代表作：

The Concorde: Airport '79 1979
Pufnstuf 1970
Billy Rose's Jumbo 1962
Monsieur Verdoux 1947
Pin Up Girl 1944
Hellzapoppin' 1941
Keep 'Em Flying 1941
Navy Blues 1941
The Boys from Syracuse 1940
The Farmer's Daughter 1940
Never Say Die 1939
The Big Broadcast of 1938 1938
Double or Nothing 1937
Waikiki Wedding 1937
The Big Broadcast of 1937 1936
Rhythm on the Range 1936

> "我三岁前都不用工作，但是三岁之后我就再也没有休息过了。"

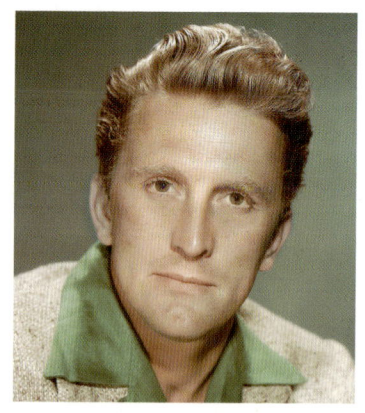

柯克·道格拉斯 KIRK DOUGLAS

生平：本名伊苏·丹尼洛维奇·德姆斯凯（Issur Danielovitch Demsky），1916年12月9日生于美国纽约州阿姆斯特丹。

明星特质：与众不同的裂下巴；饰演的牛仔很令人信服；常饰演动作片坏人和易怒的角色；人道主义者；演艺世家的首领。

柯克·道格拉斯出生在纽约一个贫困家庭，父母是俄裔犹太人。道格拉斯是好莱坞动作片和戏剧中的男主角之一，他在剧院演出过，参加过战争，之后因黑色电影《奇特的爱》（The Strange Love of Martha Ivers，1946）一炮而红。接着又拍了另一部黑色电影《漩涡之外》（Out of the Past，1947），他最引人注目的演出之一是在《夺得锦标归》（Champion，1949）中饰演冷酷无情、不惜一切代价地赢取胜利的拳击手。

道格拉斯的下巴上有个小坑，笑起来带有威胁性，这让他很适合饰演愤世嫉俗者或烦躁不安的角色，偶尔也饰演彻底的坏蛋，如比利·怀尔德的《倒扣的王牌》（Ace in the Hole，1951）中剥削他人的新闻工作者和威廉·惠勒执导的《大侦探故事》（Detective Story，1951）中不受控制的警察。他在《玉女奇遇》（The Bad and the Beautiful，1952）中饰演的妄自尊大的电影制作人也很引人注目，在《梵·高传》（Lust for Life，1956）里饰演的徘徊在疯狂边缘的文森特·梵·高也非常令人信服。西部片是道格拉斯的专长：他在《龙虎双侠》（Gunfight at the O.K. Corral，1957）中饰演多克·霍利迪，与饰演怀业特·厄普的伯特·兰卡斯特演对手戏；与罗克·赫德森）合作了《最后的日落》（The Last Sunset，1961）；在《自古英雄多寂

代表作：

1910年代

Oscar 1991
Tough Guys 1986
Saturn 3 1980
The Villain 1979
The Fury 1978
There Was a Crooked Man 1970
The Way West 1967
Cast a Giant Shadow 1966
In Harm's Way 1965
Seven Days in May 1964
For Love or Money 1963
Lonely Are the Brave 1962
The Last Sunset 1961
Spartacus 1960
The Vikings 1958
Paths of Glory 1957
Gunfight at the O.K. Corral 1957
Lust for Life 1956 ☆
The Bad and the Beautiful 1952 ☆
Detective Story 1951
Ace in the Hole 1951
Champion 1949 ☆
Out of the Past 1947
The Strange Love of Martha Ivers 1946

右图：道格拉斯在《斯巴达克斯》中饰演反抗的同名角色，他的表演非常出色。

柯克·道格拉斯

上图：道格拉斯在《海盗》（The Vikings）中饰演令人毛骨悚然的坏人——独眼的海盗武士。

寞》（Lonely Are the Brave，1962）中饰演现代牛仔。

在斯坦利·库布里克执导的两部电影中道格拉斯的表现很出色。在《光荣之路》（Paths of Glory，1957）里他饰演法国军队上校达克斯，在一战中保护他的士兵，不让他们被指控为临阵脱逃的懦夫。在史诗《斯巴达克斯》（Spartacus，1960）中他饰演强壮有力的奴隶，领导了反抗罗马帝国的战争。20世纪50年代的好莱坞实行黑名单政策，毁灭了无数有前途的演员的职业生涯，道格拉斯在推翻这个困扰好莱坞的政策中起了一定的作用。当库布里克想要自己完成《斯巴达克斯》的剧本时，道格拉斯坚决反对，他坚持启用上了黑名单的剧作家道尔顿·特朗伯来写剧本，这个剧本最终在银幕上得到了大家的承认。

道格拉斯在西部片《大逃狱》（There Was a Crooked Man...，1970）中阴险狡猾，在《再上梁山》（Tough Guys，1986）中与伯特·兰卡斯特再度相聚。他的儿子迈克尔·道格拉斯也是个成功的演员和制作人。**EB**

最好的朋友？

柯克·道格拉斯和伯特·兰卡斯特合作了七部电影，人们理所当然地认为他们是好友。但是"友谊"并不总是美好的，也可能是为了宣传而假装的。

◆ 道格拉斯在两人中个子较矮，只有五英尺九英寸，所以他在很多电影中都穿有插跟的鞋子，好使自己在银幕中看起来高一些。有一次兰卡斯特恶作剧，在拍电影时把道格拉斯的插跟藏了起来，道格拉斯为此大发雷霆。

◆ 道格拉斯评价兰卡斯特："我终于摆脱伯特·兰卡斯特了。我的运气也随之好转了，现在我的电影中也有漂亮姑娘了。"

贝蒂·格拉布尔 BETTY GRABLE

生平：本名伊丽莎白·鲁斯·格拉布尔（Elizabeth Ruth Grable），1916年12月18日生于美国密苏里州圣路易斯；1973年卒于美国加利福尼亚州圣塔莫妮卡。

明星特质：歌手、舞者、标志性的海报美女、战时部队中的甜心；"双腿值百万美元的女孩"；有一种有益于身心健康的性感。

自从1934年严格地执行《海斯法典》之后，以葛丽泰·嘉宝为代表的女神式角色取代了早年更坦率性感的女性形象。二战带来了一定的自由，但是《海斯法典》依然规定了色情的尺度。好莱坞的解决之道就是启用更甜美的女孩：健康、清新纯净的邻家女孩，偶尔运动时穿着紧身毛衫和短裤。贝蒂·格拉布尔因更贴近这类新型角色而开始交上好运。

格拉布尔从13岁就开始表演了，她能歌善舞，性格很乐观，这在战时低迷的氛围里这是个有利条件。格拉布尔还会玩些小花招，如在伦敦的劳埃德公司给自己的双腿投保100万美元，还称她是海外军队中最受欢迎的海报女郎，所有这些让她很快成为被崇拜的对象，而她的电影就变得次要了。格拉布尔在1943年是好莱坞顶级明星，据说她是美国收入最高的女人，每年能赚30万美元。讽刺的是，她在著名的穿着泳衣的海报中的造型与其是说轻佻，不如说是不得不为之，因为拍这张照片时她已有几个月的身孕了——在这张海报中她背对着镜头，回眸一笑。格拉布尔的作品包括20世纪40年代一系列热门电影，如《情定迈阿密》（Moon Over Miami，1941）、《落基山脉的春天》（Springtime in the Rockies，1942）和《康尼岛》（Coney Island，1943）。战后她渐渐变得不再重要，但是20世纪福克斯电影公司还是不停地给她安排工作，让她精疲力竭。格拉布尔的最后一个重要电影是与劳伦·白考尔和玛丽莲·梦露合演的《愿嫁金龟婿》（How to Marry a Millionaire，1953）。**MC**

代表作：

1910年代

How to Marry a Millionaire 1953
Meet Me After the Show 1951
My Blue Heaven 1950
Wabash Avenue 1950
When My Baby Smiles at Me 1948
That Lady in Ermine 1948
Mother Wore Tights 1947
The Dolly Sisters 1945
Diamond Horseshoe 1945
Pin Up Girl 1944
Sweet Rosie O'Grady 1943
Coney Island 1943
Springtime in the Rockies 1942
Moon Over Miami 1941
Down Argentine Way 1940
Million Dollar Legs 1939

"我进入娱乐界有两个原因，现在我就站在这两个原因上。"

欧内斯特·博格宁 ERNEST BORGNINE

生平： 本名埃曼斯·埃夫隆·博格宁（Ermes Effron Borgnine），1917年1月24日生于美国康涅狄格州哈姆登。

明星特质： 体格健壮、头发灰白；结实的性格演员和重要的配角明星；常在戏剧和西部片中饰演中年严肃的角色；卡通中的配音艺术家；制作人。

欧内斯特·博格宁的父母是意大利移民，在去戏剧学校学习前他在海军中呆了十年。1949年他取得重大突破，在百老汇初次登台，饰演了《哈维》（Harvey）中的男护士。几年后他拍了自己的第一部电影，在《伊顿瀑布的哨声》（The Whistle at Eaton Falls，1951）中饰演比尔·斯崔特。他在这部电影及随后一系列电影中的精彩表现证明了他是个有演技且多才多艺的性格演员。

博格宁在电影版的《君子好逑》（Marty，1955）中饰演帕迪·查耶夫斯基（Paddy Chayefsky）笔下口齿不清的意大利屠夫，并因此片从激烈的竞争中脱颖而出，打败了斯宾塞·屈塞、詹姆斯·迪恩等人，获得奥斯卡最佳男主角。博格宁比罗德·斯泰格尔（Rod Steiger）在电视中饰演的原型更宽容更多愁善感，这次表演没有博格宁在其他电影中饰演的配角坏人出色，尤其比不上他取得重大突破的电影《乱世忠魂》（From Here to Eternity，1953）中虐待成性的中士詹姆斯·"胖子"·贾德森、《荒漠怪客》（Johnny Guitar，1954）里的法外之徒、《黑岩喋血记》（Bad Day at Black Rock，1955）里被斯宾塞·屈塞以柔道甩出的牛仔和《海盗》（The Vikings，1958）中精力充沛、跳进狼穴的酋长。

此外，博格宁还主演了电视情景喜剧《麦克黑尔的海军》（McHale's Navy，1962—1966）和该剧的电影版，并在1997年的翻拍中出演其中一个配角。博格宁也继续在具男子气概的导演的戏中出演强壮的角色——如罗伯特·奥德里奇的《12金刚》（The Dirty Dozen，1967）中的官员，《北帝王》（Emperor of the North Pole，1973）中野蛮的铁路霸王。他还是《威拉德》（Willard，1971）里被耗子吃掉的恃强凌弱的老板和《撒旦蜡人镇》（The Devil's Rain，1975）中红脖子的恶魔。博格宁一直不断地拍电影，至今已拍了100多部。他也做配音工作，最著名的是为《海绵宝宝》（SpongeBob SquarePants，1999—2005）中的海超人配音。**KN**

代表作：

Escape from New York 1981
The Black Hole 1979
The Devil's Rain 1975
Emperor of the North Pole 1973
The Poseidon Adventure 1972
Willard 1971
The Wild Bunch 1969
Ice Station Zebra 1968
The Dirty Dozen 1967
The Badlanders 1958
The Vikings 1958
Marty 1955 ★
Bad Day at Black Rock 1955
Johnny Guitar 1954
From Here to Eternity 1953
The Whistle at Eaton Falls 1951

"我做的每件事都有道德上的寓意……其寓意就是，天呐，坏人了解。"

迪恩·马丁 DEAN MARTIN

生平：本名迪诺·保罗·克罗切帝（Dino Paul Crocetti），1917年6月7日生于美国俄亥俄州斯托本维尔；1995年卒于美国加利福尼亚州比佛利山庄。

明星特质：低声吟唱歌手、喜剧演员；其悠闲的风格具有标志性；"鼠帮"成员；香烟和美酒是他作为夜总会歌手的特征。

在战后所有悠闲自在的民谣歌手中，迪恩·"迪诺"·马丁是最懒散的一位。尽管他技巧熟练，但无论是在台上还是台下，他都从未太把自己当一回事。他的电影生涯有些独特的模式。最初他的音乐/喜剧搭档是杰瑞·刘易斯（Jerry Lewis），这对组合以"猴子和街头风琴师"的名称为人们所熟知，他们在夜总会的表演给他们带来在《艺术家与模特》（Artists and Models，1955）、《两傻捉尸记》（Pardners，1956）和《好莱坞或胸》（Hollywood or Bust，1956）中演出的机会。

他们在一起合作了十年，两人之间的差异变得越来越大，终于在1956年分道扬镳。马丁不失时机地证明了自己是个有天赋的严肃演员，出演了《百战雄狮》（The Young Lions，1958）、《魂断情天》（Some Came Running，1958）和《赤胆屠龙》（Rio Bravo，1959），他在这些电影中饰演约翰·韦恩（John Wayne）的代理人，试图不再酗酒，并摆脱一段不愉快的爱情。其中有个场景是他受到韦恩的鄙视，把一杯威士忌一滴不洒地倒回酒瓶中，这也成为电影中经典的一幕。

马丁和"鼠帮"其他成员一起出演了盗贼电影《十一罗汉》（Ocean's Eleven，1960）。这之后他主要在一些没有野心的电影，如西部片《河那边就是得克萨斯州》（Texas Across the River，1966）中出演一些要求不高的角色。然而他在比利·怀尔德（Billy Wilder）的《红唇相吻》（Kiss Me, Stupid，1964）中自我嘲弄，饰演专门追逐女人的迪诺，表演格外出色。他在电视《迪恩·马丁秀》（The Dean Martin Show，1965—1974）中的突出表现为他赢得1965年的金球奖，这个节目模式在各种其他节目中继续延续。马丁因在舞台上酒不离手而著名，但他儿子声称其实杯子里装的是苹果汁。尽管马丁有沉溺于女色的名声，但实际上他对家庭十分忠诚。**EB**

代表作：

1910年代

Cannonball Run II 1984
The Cannonball Run 1981
Mr. Ricco 1975
Showdown 1973
Airport 1970
Texas Across the River 1966
Kiss Me, Stupid 1964
Ocean's Eleven 1960
Bells Are Ringing 1960
Rio Bravo 1959
Some Came Running 1958
The Young Lions 1958
Ten Thousand Bedrooms 1957
Hollywood or Bust 1956
Pardners 1956
Artists and Models 1955

"如果你没有天赋，你就需要努力工作、坚持不懈、严格自律。"

苏珊·海沃德 SUSAN HAYWARD

生平： 本名艾迪丝·马伦娜（Edythe Marrener），1917年6月30日生于美国纽约州布鲁克林；1975年卒于美国好莱坞。

明星特质： 有抱负、魅力无穷的红发美女；有瓷娃娃般的肤色；说话慢慢吞吞；常饰演严肃的戏剧女主角。

苏珊·海沃德最初是模特，1937年引起了导演乔治·库克（George Cukor）的注意。库克在《星期六晚邮报》中看到这个红发模特的照片，于是邀请她参加《乱世佳人》（Gone with the Wind，1939）中斯嘉丽·奥哈拉一角的试镜，但是像其他数百个女演员一样，海沃德最终被费雯·丽打败。

海沃德决定留在好莱坞，她饰演了很多小角色，直到在《火爆三兄弟》（Beau Geste，1939）中与加里·库柏演对手戏。这次演出让她有资格在其他电影中饰演女主角：在《野风》（Reap the Wild Wind，1942）和《海蜂》（The Fighting Seabees，1944）中两度与约翰·韦恩合作。最终她凭借《毁灭》（Smash-Up: The Story of a Woman，1947）中酗酒的夜总会歌手一角获得奥斯卡提名，这也是她五次奥斯卡奖提名中的第一次。1949年和1953年，海沃德分别因《一厢情愿》（My Foolish Heart，1949）和《情泪心声》（With a Song in My Heart，1952）再度获得奥斯卡提名。

海沃德最擅长饰演受苦的女人，她因在《伤心泪尽话当年》（I'll Cry Tomorrow，1955）中饰演的另一个酗酒女第四次获奥斯卡奖提名，最终于1958年凭借在《我要活下去》（I Want to Live!，1958）中出色地诠释了现实生活中的杀手芭芭拉·格雷厄姆一角而斩获她渴望已久的奥斯卡最佳女主角，这次演出也被众人认为是迄今为止最出色的银幕表演之一。海沃德的最后一部电影是《复仇者》（The Revengers，1972），1975年她因与癌症相关的肺炎去世，年仅56岁。据称三年前她被诊断出的脑癌是因为拍《成吉思汗传》（The Conqueror，1956）时从犹他州的核试验中接触到放射性毒素而造成的，这部电影的所有主角——约翰·韦恩、阿格妮丝·摩尔海德（Agnes Moorehead）、约翰·霍伊特（John Hoyt）、海沃德和导演迪克·鲍威尔（Dick Powell）——全部死于癌症。这则消息的正确性至今仍被人们议论不已。**DW**

代表作：

The Revengers 1972
Valley of the Dolls 1967
Where Love Has Gone 1964
Ada 1961
I Want to Live! 1958 ★
I'll Cry Tomorrow 1955 ☆
With a Song in My Heart 1952 ☆
My Foolish Heart 1949 ☆
The Lost Moment 1947
They Won't Believe Me 1947
Smash-Up: The Story of a Woman 1947 ☆
The Fighting Seabees 1944
Jack London 1943
The Forest Rangers 1942
Reap the Wild Wind 1942
Beau Geste 1939

"我从来没有觉得自己是个电影明星，我只是个职业女性。"

罗伯特·米彻姆 ROBERT MITCHUM

生平： 本名罗伯特·查尔斯·德尔曼·米彻姆（Robert Charles Durman Mitchum），1917年8月6日生于美国康涅狄格州布里奇波特；1997年卒于美国加利福尼亚州圣塔芭芭拉。

明星特质： 最酷的电影明星；具有超凡魅力的男主角；经常在西部片和浪漫剧中饰演反英雄式角色；黑色电影中的偶像。

代表作：

Dead Man 1995
Cape Fear 1991
The Last Tycoon 1976
Ryan's Daughter 1970
The Longest Day 1962
Cape Fear 1962
The Night of the Hunter 1955
Second Chance 1953
Angel Face 1952
Where Danger Lives 1950
The Big Steal 1949
Blood on the Moon 1948
Rachel and the Stranger 1948
Out of the Past 1947
Crossfire 1947
Story of G.I. Joe 1945 ☆

"听着，我有三种表达方式：向左看，向右看和向前看。"

罗伯特·米彻姆是20世纪美国电影精髓的代表者之一，他很有男子气概，从未饰演过小角色，他身上有一系列错综复杂且矛盾明显的特质：简洁、懒散、邋遢、粗野，但他同时也渊博、聪明、久经世故、富有激情，这些特质常常体现在他饰演的同一个角色身上。他标志性的角色有《猎人之夜》（The Night of the Hunter, 1955）中有魔力的牧师和《恐怖角》（Cape Fear, 1962）中出狱后精神变态的人，像这类优秀的影片在他的电影作品年表中并不多见，因为他参演的大多是很平庸的西部片、恐怖片和战争片，而这些片子几乎没有充分挖掘到米彻姆独特的气质。

米彻姆二战时从军队离开后就开始了表演生涯，20世纪40年代中期他饰演了一些小角色，终于因《美国大兵乔的故事》（Story of G.I. Joe, 1945）获得较大的知名度，他也因为在该片中的演出唯一一次获得奥斯卡奖提名。更多重要的电影随之而来，如广受好评的《双雄斗智》（Crossfire, 1947）和黑色经典片《漩涡之外》（Out of the Past, 1947）。但是米彻姆的巅峰时期是20世纪50年代，他饰演了一个沧桑的反社会、反英雄的人物形象，这个角色在一场压上全部身家的赌局中破产。然而，即使在这段成功的时期里，米彻姆的电影也很少像他本人一样富有吸引力，他在六七十年代虽然依旧稳定地演出，但是作品却更少了，这段时期他演了很多被遗忘的国际合作的电影和电视剧。虽然米彻姆常常说要息影，但直到去世他都一直在表演，他还出演了马丁·斯科塞斯（Martin Scorsese）重拍的《恐怖角》（Cape Fear, 1991）一片。**TC**

琼·阿利森 JUNE ALLYSON

生平： 本名埃莉诺·盖思曼（Eleanor Geisman），1917年10月7日生于美国纽约州布朗克斯；2006年卒于美国加利福尼亚州奥哈伊。

明星特质： 娇小的金发美女；舞者；嗓音沙哑；常饰演邻家女孩。

琼·阿利森的母亲离婚后独自将她抚养长大，她家的条件近乎贫困。阿利森八岁时在一次自行车事故中受伤，医生告诉她她失去了走路的能力。接下来的四年她一直带着钢制的支撑物，靠着游泳和跳舞恢复健康。她十几岁时就开始参加舞蹈比赛，1938年在百老汇初次登台表演音乐剧《Sing Out the News》，并在音乐短剧如《一角硬币一支舞》（Dime a Dance，1937）中表演。阿利森的银幕初亮相是在专为露西尔·鲍尔（Lucille Ball）摄制的电影《众星拱月》（Best Foot Forward，1943）中。

在《一个裁缝和两个女儿》（Two Girls and a Sailor，1944）和《好消息》（Good News，1947）这类电影中出演活泼快乐的花瓶后，阿利森开始饰演主要角色，最知名的是《小妇人》（Little Women，1949）中的乔·马奇。阿利森在传记片《淑女痴恋》（The Stratton Story，1949）中是詹姆斯·斯图尔特饰演的棒球选手的妻子，这之后，她在20世纪50年代的电影中一成不变地饰演贤惠的妻子——军人或运动员的遗孀，在另外两部传记片中与她丈夫合作，之后再次与斯图尔特合演了《格伦·米勒传》（The Glenn Miller Story，1953），与艾伦·拉德（Alan Ladd）合演了《麦康诺情史》（The McConnell Story，1955）。

阿利森沙哑性感的嗓音与她拘泥、金发的外表有些不搭，她的外貌非常适合情节剧《女性的世界》（Woman's World，1954）和喜剧《彩凤伴金龙》（My Man Godfrey，1957）中的形象。她是20世纪50年代的巨星，1955年阿利森被选为最受欢迎的女明星第二名，仅次于格蕾丝·凯利（Grace Kelly）。晚年阿利森和第一任丈夫、演员兼导演的迪克·鲍威尔（Dick Powell）一起做电视方面的工作，她出现在《迪克·鲍威尔秀》（The Dick Powell Show，1961—1963）中，并客串了《绿巨人》（The Incredible Hulk，1979）等电视剧。阿利森晚年最有特色的演出是在《狗凶手》（They Only Kill Their Masters，1972）中饰演一个精神病患者。**KN**

代表作：

Blackout 1978
They Only Kill Their Masters 1972
My Man Godfrey 1957
The Opposite Sex 1956
The McConnell Story 1955
Strategic Air Command 1955
Woman's World 1954
Executive Suite 1954
The Glenn Miller Story 1953
Battle Circus 1953
The Stratton Story 1949
Little Women 1949
The Three Musketeers 1948
Good News 1947
Two Girls and a Sailor 1944
Best Foot Forward 1943

"我不是职业女性……我情愿呆在家里带孩子。"

琼·芳登 JOAN FONTAINE

生平：本名琼·德哈维兰（Joan de Havilland），1917年10月22日生于日本东京。

明星特质：美丽优雅；演艺世家的一员；常在情节剧中饰演严肃的主角，尤其擅长饰演遭其他人折磨的无辜年轻女子。

为了避免被拿来与做演员的姐姐奥利维娅·德哈维兰比较，琼把名字改成了琼·芳登。她的父亲是律师，母亲是演员，儿时在日本度过，后来全家搬去了洛杉矶。她因在阿尔弗雷德·希区柯克的浪漫剧《蝴蝶梦》（Rebecca, 1940）中饰演第二任德温特夫人而一举成名，并因该角色获得奥斯卡提名。芳登之前已经在《古庙战茄声》（Gunga Din, 1939）和《女人们》（The Women, 1939）中饰演过未婚夫在前线打仗的少女和著名女歌唱家的影子。希区柯克安排她在《深闺疑云》（Suspicion, 1941）中饰演另一个忧虑的妻子，该片为芳登赢得了奥斯卡最佳女主角，虽然这么说有些不公平，但这个奖被广泛地认为是对她失去《蝴蝶梦》中得奖机会的补偿。

讽刺的是，就在芳登赢得奥斯卡奖的这一年，她的姐姐德哈维兰也因在《良宵苦短》（Hold Back the Dawn, 1941）中饰演艾米·布朗获得奥斯卡奖提名。两姐妹间的竞争总是被媒体渲染得很激烈，但是据说芳登的获胜使她们之间紧张的关系进一步恶化。多年后德哈维兰赢得了奥斯卡奖，在颁奖典礼上对妹妹的冷落尽人皆知。20世纪70年代后，这对姐妹就互不搭理对方了。

整个20世纪40年代，芳登都是一线女主角的人选，常常饰演由畅销小说改编的电影：《永恒的少女》（The Constant Nymph, 1943）、《简爱》（Jane Eyre, 1944）和《贵妇与海盗》（Frenchman's Creek, 1944）。轻微的鼻音是她的标志，但她也出演喜剧，如《苏珊艳史》（The Affairs of Susan, 1945）。芳登有段时期在电影如《艾薇》（Ivy, 1947）中饰演浪荡女子，引起人们的兴趣。之后她在马克斯·奥菲尔斯（Max Ophüls）广受赞誉的《一封陌生女人的来信》（Letter from an Unknown Woman, 1948）中饰演被牺牲的女性的典范。20世纪50年代芳登出演的电影很少。现在她已退休，在加利福尼亚州的卡梅尔过着与世隔绝的生活。

KN

代表作：

The Witches 1966 (The Devil's Own)
Tender Is the Night 1962
Voyage to the Bottom of the Sea 1961
Beyond a Reasonable Doubt 1956
Ivanhoe 1952
Kiss the Blood Off My Hands 1948
Letter from an Unknown Woman 1948
Ivy 1947
The Affairs of Susan 1945
Frenchman's Creek 1944
Jane Eyre 1944
The Constant Nymph 1943 ☆
Suspicion 1941 ★
Rebecca 1940 ☆
The Women 1939
Gunga Din 1939

"我先结婚……如果我先死，（奥利维娅）一定要气死，因为我又打败她了！"

佩德罗·因方特 PEDRO INFANTE

生平：本名何塞·佩德罗·因方特·克鲁兹（José Pedro Infante Cruz），1917年11月18日生于墨西哥锡那罗亚马萨兰特；1957年卒于墨西哥尤卡坦半岛梅里达。

明星特质：墨西哥影坛的偶像、歌手；富有魅力；不同类型电影中的男主角；常饰演墨西哥普通男子。

佩德罗·因方特不仅在他的祖国墨西哥出名，在整个拉丁美洲都是个超级巨星。他出演过60多部电影，其中大多数至今仍在墨西哥播放。他饰演的角色各不相同，从未重复过。他出演喜剧和浪漫剧之类的电影，这一分钟还是有男子气概的大丈夫，下一分钟就成了浪漫多情的英雄，再下一分钟又成了小丑。

因方特的名声也来自他歌唱的天赋，他录过上百首流行歌曲，无论是从恰恰舞到华尔兹再到波列罗舞，还是民歌如《这就是生活》（Así es la vida，1943），都见证了他与流行作曲家和一些区域最重要的墨西哥流浪乐队以及墨西哥乡土音乐乐队的合作。音乐流淌在因方特的基因中，他父亲就是个音乐家。因方特最初靠做木匠活为生，但是父亲鼓励他追求音乐。他渴望成为一名音乐家，靠着木匠技艺给自己做了把吉他。因方特1937年在当地一个节日中初次献唱，接着去了墨西哥城，在当地一家广播电台找到一份工作。不久他就进入音乐厅演奏，并获得一份录制唱片的合同。

因方特的银幕处女作是《器官》（El Organillero，1939），也由此开始了此后20年拍摄一连串热门电影之路。他最著名的电影也许是三部曲《我们穷人》（Nosotros, los pobres，1948）、《你们富人》（Ustedes, los ricos，1948）和《佩佩·厄尔·托罗》（Pepe El Toro，），这些影片描述了墨西哥工人阶级的生活。因方特创造的角色佩佩·厄尔·托罗自此成为墨西哥文化的一个象征。

银幕下的因方特着迷于飞行，但这也导致了他早逝的悲剧，他在尤卡坦半岛梅里达的一次飞机失事中去世。墨西哥宣布他去世的日子为国家哀悼日，他的棺材到达墨西哥城时，成百上千的影迷包围了机场。**CK**

代表作：

Escuela de rateros 1958
Tizoc 1957
Pablo y Carolina 1957
Escuela de música 1955 (Music School)
Escuela de vagabundos 1955
 (School for Tramps)
Cuidado con el amor 1954 (Watch Out for Love)
Dos tipos de cuidado 1953
Pepe El Toro 1953
¿¡Qué te ha dado esa mujer?! 1951
A.T.M.: ¡¡A toda máquina!! 1951 (A.T.M.)
Ustedes, los ricos 1948 (You the Rich)
Nosotros, los pobres 1948 (We the Poor)
Los Tres García 1947
Vuelven los García 1947
El Organillero 1939

"我就是我，跟其他任何人都不一样！"

奥西·戴维斯 OSSIE DAVIS

生平：本名雷福特·查特曼·戴维斯（Raiford Chatman Davis），1917年12月18日生于美国佐治亚州科格德尔；2005年卒于美国迈阿密。

明星特质：作家、制片、导演；坦率的民权积极分子；与有限的美国黑人角色做斗争。

奥西·戴维斯是作家、剧作家、政治活动积极分子、导演和演员，他有配得上自己野心的天赋，一生丰富多彩，作品多产，是舞台和银幕上（以及银幕下）重要的一员。戴维斯在佐治亚州的科格德尔出生，在华盛顿特区读了霍华德大学，之后到了纽约，想在剧院一展身手。二战中他在军队中当外科医师，并为部队创作戏剧。战争结束后戴维斯初次登上百老汇的舞台，出演了《杰布》（Jeb，1946）。他的女主角是演员露比·迪（Ruby Dee），两人在1948年结婚，直到2005年戴维斯去世才将他们分开。戴维斯的第一部电影是和西德尼·波蒂埃（Sidney Poitier）合演的《无路可走》（No Way Out，1950），接着他出演了不计其数的电影、舞台剧和电视节目，后来导演了自己的第一部电影《棉花闯哈林》（Cotton Comes to Harlem，1970），他还参与了这部电影的剧本创作和配乐。

在不断出现在舞台和银幕（包括电影和电视）的同时，戴维斯还证明了自己是美国民权运动中辩术超凡的关键力量。他在马丁·路德·金（Martin Luther King）和马尔科姆·埃克斯（Malcolm X）的葬礼上发表演讲，一直是政治上的活跃分子，在整个职业生涯中都直言不讳。20世纪80年代中期，戴维斯发现导演兼运动积极分子的同伴斯派克·李（Spike Lee）与他志趣相投，他在李执导的七部电影中饰演美国黑人的象征，其中包括在《为所应为》（Do the Right Thing，1989）中饰演的达·梅耶（他和妻子迪一起出演了这部电影），这是一次令人难忘的转型。戴维斯去世后很多著名人物都参加了他的葬礼，其中包括美国前总统比尔·克林顿（Bill Clinton），他这样评价戴维斯："他本该是个非常出色的美国总统。像在场的大多数人一样，他给予我的比我给予他的要多得多。" **JK**

代表作：

She Hate Me 2004
Doctor Dolittle 1998
I'm Not Rappaport 1996
Get on the Bus 1996
The Client 1994
Grumpy Old Men 1993
Malcolm X 1992
Jungle Fever 1991
Joe Versus the Volcano 1990
Do the Right Thing 1989
School Daze 1988
The House of God 1984
Let's Do It Again 1975
The Hill 1965
Shock Treatment 1964
No Way Out 1950

"任何艺术形式都是一种力量……它不仅能感动我们，也能鞭策我们前进。"

艾达·卢皮诺 IDA LUPINO

生平： 1918年2月4日生于英国伦敦坎伯威尔；1995年卒于美国洛杉矶。

明星特质： "穷人的贝蒂·戴维斯"；常饰演庄重的戏剧女主角；导演、作家、制作人、女性电影摄制的先锋人物。

尽管20世纪四五十年代观看电影和电视的观众对艾达·卢皮诺并不陌生，但如今年轻的一代几乎都不认识她了，这个现象既悲哀又让人费解。卢皮诺不仅是那个时代电影中最出色的女主角之———无论是韧性还是力度，她都配得上与她合作的男明星，如亨弗莱·鲍嘉、爱德华·G.罗宾逊、理查德·威德马克（Richard Widmark）和罗伯特·瑞安（Robert Ryan）——她还是位先锋女导演，拍过一些B级恐怖片和有社会意识的戏剧，这些作品和她的表演一样尖锐。

卢皮诺二十岁左右来到好莱坞，几乎整个30年代都在饰演小角色。有趣的是，她演艺事业的上升与另一位20世纪30年代多产的演员如出一辙，那个演员在40年代初期和黑色电影开始出现时成为明星：亨弗莱·鲍嘉。卢皮诺和鲍嘉在《卡车斗士》（They Drive by Night，1940）和《夜困摩天岭》（High Sierra，1941）中两度合作，而这两部作品在他们二人事业的发展上也占据着重要地位。

在20世纪40年代的恐怖片和戏剧中，卢皮诺依然是个重要人物，但那段时间末期，她因为不满意自己的角色而变得很不开心，于是决定专注于导戏——尤其她那时她被另一位女性鼓励。她执导的最出色的电影是有关于强奸的戏剧《暴行》（Outrage，1950）和杰出的吸引人的黑色恐怖片《搭便车的人》（The Hitch-Hiker，1953）。

50年代，卢皮诺渐渐将她表演和导演的注意力都转向电视方面，从这之后到她70年代退休，卢皮诺的大多时间都放在电视这一块。传言说尼古拉斯·雷（Nicholas Ray）拍摄他出色的作品之一《危险边缘》（On Dangerous Ground，1952）时生病，是卢皮诺帮助导演了这部戏。卢皮诺的最后一部电影是《我的男孩儿是好男孩》（My Boys Are Good Boys，1978）。**TC**

代表作：

My Boys Are Good Boys 1978
Junior Bonner 1972
While the City Sleeps 1956
Women's Prison 1955
Jennifer 1953
Beware, My Lovely 1952
On Dangerous Ground 1952
Woman in Hiding 1950
Road House 1948
The Hard Way 1943
Life Begins at Eight-Thirty 1942
Ladies in Retirement 1941
The Sea Wolf 1941
High Sierra 1941
They Drive by Night 1940
The Light That Failed 1939

> "……我13岁时就决定了除了妓女外我什么都不演。"

威廉·霍尔登 WILLIAM HOLDEN

生平： 本名小威廉·富兰克林·皮陀（William Franklin Beedle Jr.），1918年4月17日生于美国伊利诺伊州；1981年卒于美国加利福尼亚州圣塔莫妮卡。

明星特质： 迷人英俊、机智性感的"金色男孩"；性格演员；动作片中浪漫的男主角。

代表作：

The Earthling 1980
Network 1976 ☆
The Towering Inferno 1974
The Wild Bunch 1969
The World of Suzie Wong 1960
The Bridge on the River Kwai 1957
Picnic 1955
Love Is a Many-Splendored Thing 1955
The Country Girl 1954
Sabrina 1954
Executive Suite 1954
The Moon Is Blue 1953
Stalag 17 1953 ★
Born Yesterday 1950
Sunset Blvd. 1950 ☆
Golden Boy 1939

　　21岁时，威廉·霍尔登就在以拳击为题材的《金童》（Golden Boy，1939）中出演了他的第一个重要角色，此后"金色男孩"这个昵称就一直伴随着他；霍尔登的大多角色都是迷人浪漫的男主角和老套冒险片中勇敢的英雄。他出演的电影有些经住了时间的考验，如《龙凤配》（Sabrina，1954）、《爱情多么美好》（Love is a Many-Splendored Thing，1955）和《桂河大桥》（The Bridge on the River Kwai，1957），很多却随着时间的流逝被人们遗忘。但霍尔登在银幕上迷人、英俊而机智，天生就是做明星的料。

　　真正喜欢霍尔登的人可能更喜欢另一个霍尔登。在霍尔登最令人难忘的表演中，隐藏在他男性魅力下的是深切的悲哀、不安和自我憎恶。回想起来，这些角色背后的错综复杂也许与霍尔登经历个人生活中种种事情后内心的悲痛有关：他因酗酒而变得十分衰弱，对婚姻不忠实——谣传他与那一时期一些好莱坞女明星有染，并怀疑自己的能力。他的表演中逐渐显现出美国男性的黑暗面，这在他晚期的一些电影中表现得尤为明显。然而他最出色的表演并不是温文尔雅的浪漫男主角，而是更有个性的角色，如《战地军魂》（Stalag 17，1953）中愤世嫉俗的军士、《日落大道》（Sunset Blvd.，1950）中受雇的作家、山姆·佩金法（Sam Peckinpah）执导的《日落黄沙》（The Wild Bunch，1969）中疲倦的强盗和《电视台风云》（Network，1976）中被人击败的新闻制作人。可悲的是，1981年霍尔登因烂醉导致头部受伤而去世。有种评论认为若他仍在世，他本该在晚年迎来自己最出色的表演。**TC**

> "电影表演也许不能像纯正的艺术那样给你来带荣光，但是该死的，它真的很难。"

罗伯特·普雷斯顿 ROBERT PRESTON

生平：本名罗伯特·普雷斯顿·梅泽维（Robert Preston Meservey），1918年6月8日生于美国马萨诸塞州牛顿高地；1987年卒于美国加利福尼亚州蒙特西托。

明星特质：魅力超群、嗓音独特、多才多艺；擅长喜剧表演风格；音乐家、成熟的性格演员、受欢迎的歌手。

有些演员的演艺生涯漫长而卓越，但若没有遇到一个特别的角色，就会渐渐被人们遗忘，罗伯特·普雷斯顿就是这样一个演员。普雷斯顿在热门影片《欢乐音乐妙无穷》（The Music Man，1962）中饰演反面人物哈罗德·希尔教授，他的表现非常让人惊讶。为了这部电影，他再创几年前在百老汇梅雷迪斯·威尔逊（Meredith Willson）音乐剧中的辉煌，他曾因这部音乐剧在1958年获得托尼奖。有意思的是，这次演出不仅是普雷斯顿第一次在音乐剧中表演，还是他第一次在公众面前演唱。正是这个角色让他崭露头角，从此之后他不断穿梭于电影和戏剧之间。

普雷斯顿的父母是服装工人和唱片店店员，他在洛杉矶长大。虽然从未做过歌手，但在普雷斯顿对表演产生兴趣前曾学习过音乐。他在帕萨迪纳社区剧院学习戏剧，并从那儿开始表演。正是在剧场的一次表演让派拉蒙电影公司的天才星探发现了普雷斯顿，并与之签订了合约。

从他的银幕处女作《阿尔卡特拉兹之王》（King of Alcatraz，1938）开始，普雷斯顿一直在电影中饰演健壮、受欢迎的男二号：在《火爆三兄弟》（Beau Geste，1939）中他饰演加里·库柏身边的迪格比·格斯特，在《合约杀手》（This Gun for Hire，1942）中是被艾伦·拉德（Alan Ladd）饰演的坏蛋抢尽风头的巡警。继他在《欢乐音乐妙无穷》中广受赞誉的表演之后，普雷斯顿饰演过一些与往常不同的更年长一些的角色，他粗哑的声音总是很适合这类角色，如《约尼尔·波恩纳》（Junior Bonner，1972）中的竞技者老爸。但是普雷斯顿最精妙的演出是在布莱克·爱德华（Blake Edwards）导演的《雌雄莫辩》（Victor/Victoria，1982）中饰演的耀眼的同性恋卡巴莱歌舞艺术家，与朱莉·安德鲁斯（Julie Andrews）演对手戏，他因这个角色获得奥斯卡最佳男配角的提名。**KN**

代表作：

The Last Starfighter 1984
Victor/Victoria 1982 ☆
Mame 1974
Junior Bonner 1972
How the West Was Won 1962
The Music Man 1962
The Dark at the Top of the Stairs 1960
The Last Frontier 1955
Wake Island 1942
This Gun for Hire 1942
Reap the Wild Wind 1942
Parachute Battalion 1941
Typhoon 1940
Beau Geste 1939
Union Pacific 1939
King of Alcatraz 1938

"我演过二类电影中最好的角色和一类电影中第二好的角色。"

丽塔·海华斯

生平： 本名玛格丽塔·卡门·坎西诺（Margarita Carmen Cansino），1918年10月17日生于美国纽约州布鲁克林；1987年卒于美国纽约。

明星特质： "爱之女神"、舞者、二战中军队里的海报女郎；有强烈的性吸引力何与生俱来的美貌；擅长喜剧表演风格；天生羞怯。

受家族传统影响，海华斯从小就接受舞蹈训练，八岁就登台演出了。她曾以"丽塔·坎西诺"（Rita Cansino）的名字饰演过一段时间的异域女子，如《陈查理古国探险》（Charlie Chan in Egypt，1935）里的埃及人和《潘帕斯月亮之下》（Under the Pampas Moon，1935）里的阿根廷人，她常用出色的舞蹈令平庸的小电影熠熠生辉。她将自己的西班牙名字英语化，渐渐开始在电影如《阴影》（The Shadow，1937）和《谁杀了盖尔·普雷斯顿？》（Who Killed Gail Preston?，1938）中演女二号。之后哥伦比亚电影公司老板哈里·科恩将她打造成有迷人魅力的女星。为了提高发迹线，她忍受电蚀除发的痛苦，并将黑发染成红色，成为20世纪40年代最初的经过粉饰的美女。

海华斯早期的重要角色都是漂亮女孩，男主角最初对她有兴趣，最终却与他人在一起：在《天使之翼》（Only Angels Have Wings，1939）中，加里·格兰特最终被琪恩·亚瑟夺走，在《草莓金发》（The Strawberry Blonde，1941）中，詹姆斯·卡格尼最终与奥利维娅·德哈维兰在一起。科恩将她打造成欢乐愉快的音乐剧中的女主角，如和弗雷德·阿斯泰尔合演的《黄金梦》（You'll Never Get Rich，1941）。《不是冤家不聚头》（My Gal Sal，1942）是她出演的几部关于"欢乐的90年代"（译注：指1890年到

代表作：

The Wrath of God 1972
Separate Tables 1958
Pal Joey 1957
Miss Sadie Thompson 1953
Salome 1953
Affair in Trinidad 1952
The Loves of Carmen 1948
The Lady from Shanghai 1947
Down to Earth 1947
Gilda 1946
Tonight and Every Night 1945
Cover Girl 1944
You Were Never Lovelier 1942
Tales of Manhattan 1942
My Gal Sal 1942
You'll Never Get Rich 1941
Blood and Sand 1941
The Strawberry Blonde 1941
Susan and God 1940
Only Angels Have Wings 1939
Who Killed Gail Preston? 1938
The Shadow 1937
Charlie Chan in Egypt 1935
Under the Pampas Moon 1935

右图：海华斯在《吉尔达》的电影海报中很有诱惑性地斜躺着，这是她最具盛名的角色。

丽塔·海华斯

上图：在《上海小姐》中海华斯剪去长发，将头发染成金黄色，不再是过去的吉尔达了。

1900年，这段时间被称为欢乐的时光）的电影之一，她在里面饰演的角色性感撩人。在《封面女郎》（Cover Girl，1944）中，她与吉恩·凯利十分相配。但她最伟大的银幕表演却来自《吉尔达》（Gilda，1946）。

自《吉尔达》之后，海华斯的职业生涯就大不相同了。她剪去标志性的长发并把它染成金色，在奥逊·威尔斯的《上海小姐》（The Lady from Shanghai，1947）中饰演一个危险的女性，那时她与威尔斯的婚姻已经结束了。紧接着海华斯为了爱情短暂地离开了好莱坞一阵子，到欧洲做了王妃。她与阿里汗王子的婚姻持续了不到四年，不久她就重返大银幕，饰演了一些极度妖艳的角色。海华斯在《酒绿花红》（Pal Joey，1957）中饰演一位迷人、成熟的女子，她的继任者——哥伦比亚电影公司的女主角金·诺瓦克正是靠这类角色称霸银幕的。20世纪60年代，海华斯渐渐患上老年痴呆症，此后她只出演过为数不多的几部小电影。老年痴呆症最终于1987年夺去了她的生命。**KN**

成为吉尔达

"我认识的每个男人都爱吉尔达，清醒来发现是我后就离我而去。"丽塔·海华斯的经典银幕形象来自查尔斯·维多（Charles Vidor）执导的《吉尔达》，在这部讲述三角感情的黑色电影中，海华斯饰演了电影史上最令人难忘的女性之一。吉尔达唱着《把责任归咎于梅恩》（"Put the Blame on Mame"），将长至手肘的手套慢慢脱下，赢得了满堂喝彩。这一诱惑十足的场景引起一些电影审查员的抗议，也使吉尔达成为一个文化标志。但饰演这一角色十分不易，正如海华斯感叹的那样，"没有人能一天24小时都做吉尔达"。

杰克·帕兰斯 JACK PALANCE

生平：本名弗拉基米尔·帕兰尤克（Volodymyr Palanyuk），1919年2月18日生于美国宾夕法尼亚州拉蒂米尔迈恩斯；2006年卒于美国加利福尼亚州蒙特西托。

明星特质：作家、导演；有如运动员般高大健壮的体格和野蛮的长相；嗓音粗哑；常在西部片中饰演持枪的坏人。

杰克·帕拉斯如野蛮人般的长相和对艺术的无限激情轻易为他赢得许多坏人的角色。他独特的长相某种程度上是由他早年从事的拳击事业和二战中作为轰炸机飞行员的经历所致，那时他的B-24飞机失事，他在事故中失去了意识，脸部被烧伤。战争结束后，帕拉斯去了斯坦福大学学习新闻，但为了追求舞台梦想中途退学。1947年百老汇上演《欲望号街车》（A Streetcar Named Desire），帕拉斯被选作马龙·白兰度的替补演员，终于迎来演艺事业的突破。据说帕拉斯最终取代白兰度登上舞台是因为在剧院锅炉房的演练中他意外击伤白兰度的鼻子。

在演艺生涯的早期，帕拉斯曾因《惊惧骤起》（Sudden Fear，1952）和《原野奇侠》（Shane，1953）中的枪手获得过奥斯卡奖提名——前者也是取代马龙·白兰度而得到的角色，并因《重要人物安魂曲》（Requiem for a Heavyweight，1956）获艾美奖最佳男演员奖。然而这些角色的成功并未给他带来光明的前途，因为比起获得评论界的赞誉，帕拉斯把更多的精力放在表演上，接受并利用自己吓人的长相，对其他事物则漠不关心。接着他在欧洲稳定地出演历史冒险片、西部片和犯罪片。然而，帕拉斯不时仍设法靠演技给评论界留下深刻印象，如《大骑士》（The Horsemen，1971）和《巴格达咖啡馆》（Out of Rosenheim，1987）。帕拉斯73岁高龄时凭借喜剧《城市乡巴佬》（City Slickers，1991）获得奥斯卡最佳男配角，再次引起评论界的关注。他在发表获奖感言时表演了单臂俯卧撑，这至今仍是奥斯卡颁奖典礼史上被人津津乐道的话题。帕拉斯发表过诗作和绘画作品，还在1969年录制过乡村音乐和西部音乐的唱片。**ML**

代表作：

Treasure Island 1999
City Slickers 1991 ★
Batman 1989
Out of Rosenheim 1987
The Horsemen 1971
Che! 1969
The Professionals 1966
Le Mépris 1963 (Contempt)
Barabbas 1962
Austerlitz 1960
The Big Knife 1955
The Silver Chalice 1954
Man in the Attic 1953
Second Chance 1953
Shane 1953 ☆
Sudden Fear 1952 ☆

1910年代

"你真正能依赖的两件事物只有地心引力和贪欲。"

霍华德·基尔 HOWARD KEEL

生平： 本名哈里·克利福德·基尔（Harry Clifford Keel），1919年4月13日生于美国伊利诺伊州吉莱斯皮；2004年卒于美国加利福尼亚州棕榈沙漠。

明星特质： 高大英俊、声音低沉、体格健壮；歌手、运动员、优秀的音乐剧演员。

霍华德·基尔20岁时还只是个机修工，他在好莱坞露天广场听过一场经典独唱会后决定要学习唱歌。二战中他为达格拉斯航空公司工作，因他嗓音低沉，公司让他在各个工厂穿梭表演，以提升工人的士气。之后基尔去了百老汇，参演了成功的电影音乐剧如《演出船》（Show Boat，1951）和《富贵荣华》（Kismet，1955）。

到了20世纪50年代，基尔终于在粗劣的彩色摄影技术、宽屏、立体声的音乐剧中大获成功，在剧中，这位高大、有着一头卷发，一笑就露出42颗牙齿的运动员和他强劲有力的声音让看惯如弗雷德·阿斯泰尔一类戴着礼帽、穿着燕尾服的演员的观众耳目一新。基尔尤其擅长饰演穿着鹿皮装的男主角，和一群精力充沛的边境女孩竞争：在《飞燕金枪》（Get Your Gun，1950）中饰演弗兰克·巴特勒，与贝蒂·赫顿饰演的安妮·欧克丽唱着《你能做任何事》（Anything You Can Do），在《野姑娘杰恩》（Calamity Jane，1953）中饰演怀尔德·比尔·希科克，对着多丽丝·黛大唱《没有你我也行》（I Can Do Without You）。基尔最有趣的角色是《刁蛮公主》（Kiss Me Kate，1953）中大言不惭的莎士比亚剧演员，使科尔·波特的《我的生活走向何方？》（Where Is the Life that Late I Led？）变得更加复杂有韵，而他最有激情的高歌则是《七对佳偶》（Seven Brides for SevenBrothers，1954）中的《赞美昔日美丽的生活》（Bless Yore Beautiful Hide）。他在非歌唱剧的西部片如《三雄喋血》（Ride, Vaquero!，1953）和动作片如《畏惧之洪》（Floods of Fear，1959）中担当配角。但是20世纪70年代基尔的电影事业就结束了，他重新回到戏剧舞台。有些年他努力工作以谋生存，在卡巴莱歌舞团和夜总会表演，也曾短暂地在百老汇演出过。他晚年在热门电视剧《朱门恩怨》（Dallas，1981—1991）中饰演艾莉小姐的丈夫、石油大王克莱顿·法洛，演艺生涯再焕光彩。**KN**

代表作：

My Father's House 2002
The War Wagon 1967
Red Tomahawk 1967
Waco 1966
The Day of the Triffids 1962
The Big Fisherman 1959
Floods of Fear 1959
Kismet 1955
Jupiter's Darling 1955
Seven Brides for Seven Brothers 1954
Rose Marie 1954
Kiss Me Kate 1953
Calamity Jane 1953
Ride, Vaquero! 1953
Show Boat 1951
Annie Get Your Gun 1950

"你会起起落落，但不会一蹶不振，你总会有另一个机会的。"

路易斯·乔丹 LOUIS JOURDAN

生平：本名路易斯·杰德（Louis Gendre），1919年6月19日出生于法国罗讷河口省马赛。

明星特质：高大英俊、温文尔雅、彬彬有礼；在英语对白的电影中饰演浪漫的法国人；古装剧中的性格演员、歌手。

代表作：

Year of the Comet 1992
Octopussy 1983
Cervantes 1967
Le Comte de Monte Cristo 1961
　　(The Story of the Count of Monte Cristo)
The Best of Everything 1959
Gigi 1958
Escapade 1957
Julie 1956
Three Coins in the Fountain 1954
Bird of Paradise 1951
Madame Bovary 1949
Letter from an Unknown Woman 1948
The Paradine Case 1947
La vie de bohème 1945
Le corsaire 1939

1910年代

乔丹在法国、土耳其和英国都接受过教育，但表演是在法国学习的。他的第一部电影是与查尔斯·鲍育合作的《海盗船》（Le corsaire，1939），接着在被占领的法国演电影，同时为反法西斯的抵抗组织工作。战争结束后乔丹迎来了演艺事业的巨大突破，在《波西米亚生活》（La vie de bohème，1945）中的表现引起了好莱坞制作人大卫·O.塞尔兹尼克的注意，后者邀请他到美国演戏。到美国后，乔丹和格里高利·派克合演了《凄艳断肠花》（The Paradine Case，1947），不过导演阿尔弗雷德·希区柯克认为他并不适合这一角色。后来乔丹得到了更适合他的角色，如在背景设置在欧洲的浪漫剧中饰演女人们爱慕的对象，这些角色有点懦弱，但并非无情，常穿着有笔挺领子的服装：如《一封陌生女人的来信》（Letter from an Unknown Woman，1948）中的收信者，《包法利夫人》（Madame Bovary，1949）里的情人，《泉水中的三枚硬币》（Three Coins in the Fountain，1954）中的意大利王子。他给人留下印象最深的角色是《金粉世界》（Gigi，1958）里疲惫不堪而精于世故的巴黎人。这些电影给乔丹的定了型，他一再饰演欧洲情人，从来没有饰演过其他有挑战性的角色，而那些角色本该让他的演艺之路走得更好。

乔丹曾在不同版本的《基督山恩仇记》（The Count of Monte Cristo，1961和1975）中分别饰演过英雄和恶棍，在《铁面王子》（The Man in the Iron Mask，1977）中饰演达达尼昂，在英国广播公司（BBC）的迷你剧《德拉库拉伯爵》（Count Dracula，1977）中饰演吸血鬼。乔丹晚年饰演了一些机智、爱炫耀的欧洲坏人：电视剧《神探科伦坡》（Columbo，1978）中著名的大厨杀手、《沼泽怪物》（Swamp Thing，1982）中疯狂的科学家、邦德系列电影《007之八爪女》（Octopussy，1983）中最易被人们遗忘的恶棍卡马尔·汗。乔丹的最后一个角色是《慧星来的那一年》（Year of the Comet，1992）中寻找不老泉的坏人。现在乔丹已经退休，在法国南部居住。**KN**

> "我不想一直在女士耳边柔情密语，这么做可没什么满足感。"

斯利姆·佩金斯 SLIM PICKENS

生平： 本名小路易斯·伯特·林德莱（Louis Bert Lindley Jr.），1919年6月29日生于美国加利福尼亚州金斯伯格；1983年卒于美国加利福尼亚州莫德斯托。

明星特质： 高大肥胖、声音嘶哑，说话慢慢吞吞；作曲家、牛仔竞技者，后来成为西部片中的牛仔；常饰演滑稽的朋友和坏人。

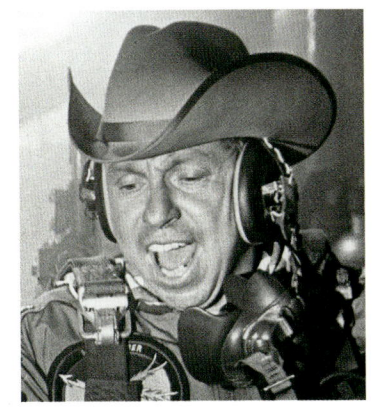

佩金斯是个马术高手，12岁就开始竞技表演了，接下来的20年里他作为公牛牧人和竞技小丑在美国巡回表演。他的艺名正是来自这种竞技表演的职业，因为他被告知靠这种工作只能赚取"微薄的钱财"（slim pickings，译注：指微薄的收入，斯利姆·佩金斯的名字是slim pickings的音译）。佩金斯的第一部电影是《八虎将》（Rocky Mountain，1950），他肥胖的身躯、嘶哑的声音和和气的态度使他很适合出演喜剧角色。但在马龙·白兰度的西部片《独眼龙》（One-Eyed Jacks，1961）中，佩金斯打破这一传统，成功地出演了嗜虐的副治安官。这次演出给他带来更多恶棍的角色，在西部片《以眼还眼》（An Eye for an Eye，1966）的开场里，他甚至朝着摇篮中的婴儿开枪。

也许佩金斯最令人难忘的角色是在斯坦利·库布里克的电影《奇爱博士》（Dr. Strangelove or: How I learned to Stop Worrying and Love the Bomb，1964）中饰演的夸张讽刺的西方人。在约翰·福特的《关山飞渡》（Stagecoach，1966）中，佩金斯饰演了驾驶员巴克，这个角色在原版中是由同样肥胖的安迪·德怀恩饰演的。作为西部片导演萨姆·佩金法的爱将，佩金斯出演了《邓迪少校》（Major Dundee，1965）、《牛郎血泪美人恩》（The Ballad of Cable Hogue，1970）和《比利小子》（Pat Garrett & Billy the Kid，1973）中最令人感动的治安官科林·贝克，他死去的那一幕的配乐是鲍勃·迪伦演唱的挽歌《敲响天堂之门》（Knockin' on Heaven's Door）。佩金斯还经常在电视中出现，如电视剧《独行侠》（The Lone Ranger，1956）、《独行侠》（Maverick，1958）和《史密斯与琼斯》（Alias Smith and Jones，1971—1972）。佩金斯晚年最著名的角色之一是在梅尔·布鲁克斯的西部讽刺片《灼热的马鞍》（Blazing Saddles，1974）中饰演的的追随者塔加特。**EB**

代表作：

Spirit of the Wind 1979
The Apple Dumpling Gang 1975
Poor Pretty Eddy 1975
Ginger in the Morning 1974
Blazing Saddles 1974
Pat Garrett & Billy the Kid 1973
The Getaway 1972
The Cowboys 1972
The Ballad of Cable Hogue 1970
An Eye for an Eye 1966
Stagecoach 1966
Major Dundee 1965
Dr. Strangelove or: How I Learned to Stop Worrying and Love the Bomb 1964
One-Eyed Jacks 1961
Rocky Mountain 1950

"自《奇爱博士》之后，我接到的角色、我的更衣室和支票的面额都开始变大了。"

利诺·文图拉 LINO VENTURA

生平：本名安乔利诺·朱塞佩·帕斯卡·文图拉·利诺·博瑞尼（Angiolino Giuseppe Pascal Ventura LinoBorrini），1919年7月14日生于意大利帕尔马；1987年卒于法国上塞纳省圣克鲁。

明星特质：有运动员般结实健壮的体格；法国电影的传奇人物、恐怖片和黑色电影中的硬汉。

代表作：

Le Ruffian 1983 (The Ruffian)
The Medusa Touch 1978
Cadaveri eccellenti 1976 (Illustrious Corpses)
L'emmerdeur 1973 (A Pain in the A…)
The Valachi Papers 1972
Boulevard du rhum 1971 (Rum Runners)
Le clan des Siciliens 1969 (The Sicilian Clan)
L'armée des ombres 1969 (Army in the Shadows)
Les aventuriers 1967 (The Last Adventure)
Le deuxième souffle 1966 (Second Breath)
Cent mille dollars au soleil 1964 (Greed in the Sun)
Un taxi pour Tobrouk 1960 (Taxi for Tobruk)
Ascenseur pour l'échafaud 1958 (Elevator to the Scaffold)
Touchez pas au grisbi 1954 (Grisbi)

1910年代

利诺·文图拉是位很有天赋的演员，可惜的是，他在法国以外的地方却少有人知。文图拉本来是希腊罗马式的摔跤选手，1950年赢了欧洲锦标赛冠军，后来因受伤不得不另谋出路。文图拉身形健壮，既没有很高也没有很英俊，导演雅克·贝克（Jacques Becker）那时正要拍一部电影，他发现了文图拉。之后文图拉拍了自己的第一部电影，在由让·迦本（Jean Gabin）主演的经典犯罪片《金钱不要碰》（Touchez pas au grisbi，1954）中担当配角，饰演一个暴徒，这让文图拉开始在讲述黑社会的黑色恐怖电影中饰演普通却光荣的工人阶级罪犯，与迦本的角色形成对比，他也和迦本成为好朋友。

文图拉在路易·马勒（Louis Malle）的电影《通往绞刑架的电梯》（Ascenseur pour l'échafaud，1958）中表现十分出色，但他最令人难忘的演出是在让-皮埃尔·梅尔维尔（Jean-Pierre Melville）的《第二口气》（Le deuxième souffle，1966）中出演的清算旧账的前犯罪分子和《影子部队》（L'armée des ombres，1969）中激烈的法国反抗军斗士。片中文图拉微妙保守的陈述超越了硬汉的豪言壮语：他饱含情感的表现力、警惕的目光和收放自如的手势赋予角色精神和道德的双重深度，他还将角色的勇敢和懦弱、责任和义务、信任和荣誉拿捏得恰到好处。他在这些电影中的表现是如此出彩，以至于后来他不断重复这类角色：《神机妙算》（Le clan des Siciliens，1969）和《大时代》（The ValachiPapers，1972）就是这类电影的典型。在讲述打手的闹剧《麻烦制造者》（L'emmerdeur，1973）中，文图拉展示了惊人的天赋，出演了一个面无表情的喜剧角色，他晚年出色的演出有《死因可疑》（Cadaverieccellenti，1976）。**GA**

> "虽然我不是共产主义者，但我也有同志。"
> ——菲利普·格比尔，《影子部队》

维罗妮卡·莱克 VERONICA LAKE

生平： 本名康斯坦丝·弗朗西丝·玛丽·奥科尔曼（Constance Frances Marie Ockelman），1919年11月14日生于美国纽约州布鲁克林；1973年卒于美国佛蒙特州伯灵顿。

明星特质： 身材娇小，有一头淡淡的金黄色头发和一双湖蓝色的眼睛；"半遮面女郎"（The Peek-a-boo Girl）；海报上性感的女郎；常饰演放荡的女子。

如果有谁要找只凭一两部伟大的电影就能成为银幕不朽传奇的例证的话，维罗妮卡·莱克就是这样一个人选。她只在20世纪40年代早期的银幕中稳定地表演了五年左右，但却成为好莱坞历史上的标志性人物。莱克在她最出色的电影中展现出的无可抵挡的魅力和不可否认的美貌证明了她不朽的名声是绝对名符其实的。

在出演了一些小电影角色后，莱克凭借《金粉银翼》（I Wanted Wings，1941）中的配角成为真正的明星，并在普莱斯顿·斯特奇斯（Preston Sturges）的经典喜剧《苏利文的旅行》（Sullivan's Travels，1941）中出演主角。莱克迅速跻身于一线明星之列，成为二战中最典型的有着淡金色头发的美女。人们争相模仿她著名的"半遮面"发型，以至于美国政府后来要求她把头发别到脑后，因为他们担心工厂女工模仿她的发型会把头发卷入机器中。悲哀的是，莱克似乎如彗星般一闪而逝，来得快去得也快。只有《我娶了一个女巫》（I Married a Witch，1942）像斯特奇斯的电影那样成功地利用了莱克自然搞笑的天赋，她其他出彩的电影都是一些黑色恐怖片，和与她身材一样矮小的明星艾伦·拉德（Alan Ladd）合作演出，其中最著名的是《蓝色大丽花》（The Blue Dahlia，1946），这也是她最后一部成功的电影。

据说莱克在工作中很难与人相处，经历了一连串失败后，1948年派拉蒙电影公司终于放弃了她。她演了一些平庸的电影后就退到电视和戏剧舞台上，但也都以失败而告终。莱克有过三段婚姻，当她从公众面前消失后就开始酗酒。20世纪60年代，人们发现她在一家破陋不堪的酒店做鸡尾酒服务员。之后她出演了两部早已被遗忘的低成本电影，1973年因肝炎去世。**TC**

代表作：

Flesh Feast 1970
Footsteps in the Snow 1966
The Blue Dahlia 1946
Miss Susie Slagle's 1946
Hold That Blonde 1945
Out of This World 1945
The Hour Before the Dawn 1944
So Proudly We Hail! 1943
I Married a Witch 1942
The Glass Key 1942
This Gun for Hire 1942
Sullivan's Travels 1941
I Wanted Wings 1941
Young as You Feel 1940
All Women Have Secrets 1939
The Wrong Room 1939

"无须忍受视力受损的折磨，你光用左眼就能看到我所有的天赋了。"

三船敏郎 TOSHIRÔ MIFUNE

生平： 1920年4月1日生于中国青岛；1997年卒于日本东京。

明星特质： "狼"；银幕形象充满活力和激情；强有力的动作演员，速度之快令人惊讶；和导演黑泽明关系亲密，合作了多部电影。

尽管三船敏郎在21岁前从没到过日本，他却被认为是日本除了哥斯拉（为日本人创造的怪兽电影系列）以外最伟大的电影明星。结束在二战军队的服役后，三船敏郎开始转向表演。他的银幕初亮相是在《银铃的尽头》（1947）里饰演一个银行抢劫犯，但在接下来的一段时间里，他一再重复饰演阿瑟·肯尼迪（Arthur Kennedy）和维克·莫罗（Vic Morrow）在好莱坞电影中饰演的角色——新进入黑帮的成员，梳着油光可鉴的大背头，总是一副愤愤不平的样子。

导演黑泽明让三船敏郎在《泥醉天使》（1948）中出演一个黑帮成员，在破落医生（志村乔饰）的影响下逐渐修正自己的行为。这部电影是日本最有声誉最多产的演员——导演组合合作的第一部作品。三船敏郎和黑泽明一起拍了16部电影（通常和志村乔合演），这些电影在日本以外都受到热烈欢迎，获得评论界的一致好评。对黑泽明而言，三船敏郎是《罗生门》（1950）中大摇大摆的强盗，是《七武士》（1954）中的剑客，是《用心棒》（1961）及其续集《椿三十郎》（1962）里沧桑落魄却渴望摆脱默默无闻状态的浪人。人们倾向于认为《荒野大镖客》（1964）就是根据《用心棒》制作而成的；三船敏郎情绪化、肮脏凌乱的角色之于庄严的日本武士的典范正如克林特·伊斯特伍德（Clint Eastwood）胡子拉碴、眼神卑

代表作：

《一九四一》1979
《中途岛之战》1976
《龙虎群英》1971
《红胡子》1965
《天国与地狱》1963
《重要的人》1962
《椿三十郎》1962
《用心棒》1961
《懒汉睡夫》1960
《战国英豪》1958
《低下层》1957
《蜘蛛巢城》1957
《活人的记录》1955
《七武士》1954
《西鹤一代女》1952
《罗生门》1950
《泥醉天使》1948
《银铃的尽头》1947

1920年代

右图：三船敏郎在黑泽明的电影《蜘蛛巢城》中饰演一位冷酷无情、野心勃勃的麦克白式的人物。

三船敏郎

上图：在《七武士》中，三船敏郎站在其他六个武士身边，显得很凶猛。

劣的赏金猎人之于之前银幕上更有特色更干净整洁的西部片英雄。

　　虽然三船敏郎也和其他重要导演合作过——与沟口健二合作了《西鹤一代女》（1952）；与其他电影人如稻垣浩和本多猪四郎也有合作，但他的职业与黑泽明紧密地联系在一起，所以1965年这二人分道扬镳时人们都大呼意外。之后，他们两人再也没有合作过。三船敏郎后来走向世界，演了一部墨西哥电影《重要的人》（ÁnimasTrujano，1962），在西部片《龙虎群英》（Soleil rouge，1971）中饰演武士，使用英语对白，并在《中途岛之战》（Midway，1976）中饰演敌方的海军军官，在迷你剧《大将军》（1980）中饰演象征着封建日本帝国的贵族。**KN**

黑泽明对三船敏郎的评价

　　"三船敏郎有种我之前在日本电影界中从来没有遇到过的天赋，那就是他令人震惊表演的速度。一般的日本演员拍一个场景可能需要十尺胶卷，而三船敏郎只需要三尺就够了。他的动作十分快，他的一个动作一般人可能要分三个不同的动作去表达。他直接而坦率地发表一切意见，他对时间的把握在我所见过的日本演员中是最敏锐的。虽然三船敏郎做任何事都很快，但在表演中却体现出让人吃惊的细腻情感。"

阿尔伯托·索迪 ALBERTO SORDI

生平：1920年6月15日生于意大利罗马；2003年卒于意大利罗马。

明星特质：作家、导演；意大利电影中天性快活的标志；擅长喜剧表演风格；作品讽刺了普通的意大利人——愁眉苦脸、碌碌无为且对一切事物都无动于衷作家。

意大利演员兼导演阿尔伯特·"阿尔伯通"·索迪（Alberto "Albertone" Sordi）一生主演过150多部电影。尽管他的演艺生涯起始于20世纪30年代，但人们常把他和20世纪五六十年代的意大利式喜剧联系在一起。他出名的另一个原因是他是奥列佛·哈台（Oliver Hardy）的意大利配音。

索迪的银幕角色通常被塑造成无产阶级的普通意大利人——无望、平凡而冷漠——这让他成为那时最受欢迎的电影演员之一，在电影如《一个美国人在罗马》（Un Americano a Roma, 1954）和《艰辛的生活》（Una vita difficile, 1961）中成为经济腾飞时意大利男性的代表。相较于同为意大利演员的同伴马塞洛·马斯楚安尼（Marcello Mastroianni），索迪更有亲和力，他饰演的角色常常带有盛行的嘲讽和意大利喜剧的犬儒主义色彩，而且索迪总是饰演陈规老套的意大利人，其明星特质就是通过电影诠释因经历快速的社会和文化变革而苦苦挣扎的意大利普通人。

索迪也涉猎流行电影和艺术电影，在费德里科·费里尼的《白酋长》（Lo sceiccobianco, 1952）和《浪荡儿》（I vitelloni, 1953）中有着精彩的表现。银幕下的索迪工作也十分努力，他从1966年开始共执导了18部电影，其中插话式的电影《夫妇》（Le copie, 1970）尤其值得注意，因为这部电影试图延续索迪为人们熟知的讽刺性的意大利喜剧传统。意大利人真诚地敬爱索迪，当他去世时，大约有250000人出席了索迪的葬礼，一些人说"好像失去了一位家人"，人们聚集到罗马的圣乔瓦尼广场，向这位演员表达他们的敬意。**GN**

代表作：

Detenuto in attesa di giudizio 1971 (*Why*)
Un Italiano in America 1967
 (*An Italian in America*)
I Nostri mariti 1966
Il Diavolo 1963 (*The Devil*)
Una vita difficile 1961 (*A Difficult Life*)
Un Americano a Roma 1954
 (*An American in Rome*)
Il seduttore 1954
I vitelloni 1953 (*The Young and the Passionate*)
Lo sceicco bianco 1952 (*The White Sheik*)
I tre aquilotti 1942 (*The Three Pilots*)

1920年代

"我观察并反映真实的生活和普通的民众，这总会引发观众的大笑。"

原节子 SETSUKO HARA

生平： 本名会田昌江，1920年6月17日生于日本横滨。

明星特质： "永远的圣母"；优雅迷人；日本传统价值和美的化身；常在情节剧中饰演女主角。

对日本人而言，原节子是"永远的圣母"，是传统价值和美的完美化身。尽管她也拍过黑泽明的《我对青春无悔》（1946）和成濑巳喜男的《饭》（1951），但在西方她永远与导演小津安二郎联系在一起。她演过六部小津安二郎的电影——从最初的女儿逐渐变为妻子、母亲——她的表演专注而大方。作为禁欲而纯洁的导演作品中不可或缺的一部分，原节子反映了日本社会固守仪式的天性，导演正是通过对她行为和精心选择的表达的特写来体现这些电影的情感深度。

原节子演戏并不夸张，最好的证据就是纪子三部曲：《晚春》（1949）、《麦秋》（1951）和《东京物语》（1953）。原节子的成功一部分来源于小津对她努力的深刻同情，更主要的是源自她出色的表演。原节子饰演的人物即使在最艰难的情况下也总保持着自己的尊严和光辉。《晚春》里父女俩最后一次一起旅行，他们从京都回来后，弥漫在原节子和笠智众间的悲伤、柔情和即将分离的心碎完美地展现在观众面前，尤其是她脸部的阴影和微笑，让她在默默的忍耐中显得特别高贵。

1963年，小津去世后，原节子退出电影圈，过起了深居简出的生活。她的沉默和隐居为她的神秘和超凡魅力增添了神秘的色彩。有种说法认为她实际采取了某些措施——逻辑的外延和银幕形象的终结——来否认她小津安二郎女主角的身份。**AB**

代表作：

《小早川家之秋》1961
《兜裆布医生》1960
《东京物语》1953
《东京恋人》1952
《饭》1951
《麦秋》1951
《白痴》1951
《晚春》1949
《我对青春无悔》1946

"她从最初的女儿逐渐变为妻子、母亲——（但）这只在她的电影中。"

——D. 里奇（D. Richie）

玛琳·奥哈拉 MAUREEN O'HARA

生平：本名马琳·菲茨席梦思（Maureen FitzSimons），1920年8月17日生于爱尔兰都柏林拉内拉赫。

明星特质：有运动员般健美的身躯、乳脂色的肌肤和让人难以忘怀的眼睛的红发美女；银幕角色精力充沛、感情炽热；常在浪漫片和西部片中出演女主角；作家。

代表作：

Only the Lonely 1991
Big Jake 1971
Spencer's Mountain 1963
McLintock! 1963
The Wings of Eagles 1957
The Quiet Man 1952
Rio Grande 1950
Sitting Pretty 1948
Miracle on 34th Street 1947
Sinbad the Sailor 1947
Sentimental Journey 1946
The Spanish Main 1945
The Black Swan 1942
How Green Was My Valley 1941
The Hunchback of Notre Dame 1939
Jamaica Inn 1939

1920年代

马琳·奥哈拉在爱尔兰长大，从小就喜欢唱歌和表演，14岁时就进入阿比剧院（爱尔兰国家剧院）接受训练。三年后奥哈拉给自己找了个经纪人，在伦敦埃尔斯特里电影制片厂试镜时，经纪人打电话告诉她演员查尔斯·劳顿（Charles Laughton）想见她。劳顿和埃里克·庞默（Eric Pommer）一起开了家电影公司——五月花电影公司，他们正在找一个年轻的女孩饰演阿尔弗雷德·希区柯克的时代冒险剧《牙买加旅店》（Jamaica Inn, 1939）。劳顿很喜欢奥哈拉，与她签订了合约。

之后奥哈拉在《巴黎圣母院》（The Hunchback of Notre Dame，1939）中饰演吉普赛舞女埃斯梅拉达，从此进入美国观众的视线。接着约翰·福特（John Ford）找她出演了《青山翠谷》（How Green Was My Valley，1941），于是她成为了福特最钟爱的女主角，与约翰·韦恩成为一对爱争吵的搭档，在《一将功成万骨枯》（Rio Grande，1950）中饰演南方泼妇，在《蓬门今始为君开》（The Quiet Man，1952）中饰演一位爱尔兰姑娘，在《碧血溅长空》（The Wings of Eagles，1957）中饰演军人的妻子。

奥哈拉有一头厚密的红发，一双忽闪忽闪的大眼睛和高高的颧骨，是银幕最伟大的女战士之一，在彩色电影如《黑天鹅》（BlackSwan，1942）中给人留下深刻印象。韦恩和奥哈拉继续在《驯妻记》（McLintock!，1963）和《乡下佬》（Big Jake，1971）中合作，不过导演已不再是福特了。奥哈拉和亨利·方达在《斯宾塞的山》（Spencer's Mountain，1963）中十分相配。1968年奥哈拉嫁给飞行员查尔斯·布莱尔（Charles Blair），之后便离开了银幕。夫妻两人在加勒比海提供水上飞机的服务，并一起出版杂志，奥哈拉每月为该杂志撰写专栏。布莱尔去世后奥哈拉再度开始表演，出演了电视电影，还在《男大当婚》（Only the Lonely，1991）中饰演约翰·坎迪（John Candy）令人窒息的母亲。**KN**

"我坚强，我高大，我强壮。我不采用任何人说的废话。"

谢利·温特斯 SHELLEY WINTERS

生平：谢利·施里福特（Shirley Schrift），1920年8月18日生于美国伊利诺伊州东圣路易斯；2006年卒于美国纽约。

明星特质：傲慢机智、艳丽的金发炸弹；饰演早期的魅力角色和成熟的女家长式的性格角色；制作人。

谢利·温特斯的父亲是个裁缝，为了更接近这个城市的制衣业，他们全家搬到了纽约，温斯特在纽约长大。为了支付表演课程的学费，她做起了模特和歌舞演员，在百老汇初次登台，出演了喜剧《平安夜》（The Night Before Christmas，1941）。接着在一些电影中出演小角色，直到在黑色电影《双重生活》（A Double Life，1947）中饰演女服务员引起更广泛的关注，她饰演的角色聪明、沉默，却很害怕罗纳德·考尔曼（Ronald Colman）饰演的角色。尽管《了不起的盖茨比》（The Great Gatsby，1949）未取得成功，但她在里面饰演的莫提·威尔逊却很出色。温斯特在黑色电影如《大破贩毒党》（Johnny Stool Pigeon，1949）和西部片《百战宝枪》（Winchester '73，1950）中出演了一系列类似的角色。

温斯特表演的标志是当她产生怀疑时会有些许地斜眼，但常常为时已晚，她已经处于极度的危险中了：在《郎心似铁》（Place in the Sun，1951）中她饰演的工厂女孩被蒙哥马利·克利夫特丢弃在湖里，她因这次表演获奥斯卡提名。她下一个获奥斯卡最佳女配角的表演是在《安妮日记》（The Diary of Anne Frank，1959）中饰演凡·戴安夫人。温斯特是犹太人，她把这座奥斯卡奖杯捐赠给位于阿姆斯特丹的安妮·弗兰克博物馆。六年后，她凭借在《再生缘》（A Patch of Blue，1965年）中饰演一位好指使人的女家长得到了第二座奥斯卡奖杯。

20世纪60年代，温斯特的相貌变得有些粗俗，很适合饰演《洛丽塔》（Lolita，1962）中的夏洛特·赫兹和《阿尔菲》（Alfie，1966）里风韵犹存的女子。接着她转型演了怪物的妈妈和丑陋的女人：在罗曼·波兰斯基（Roman Polanski）的《怪房客》（Le Locataire，1976）中饰演吓人的看门人，在《淑女本色》（The Portrait of a Lady，1996）中饰演杜歇夫人。温斯特结过四次婚，与很多男演员过从甚密，她在两本自传中记录了自己的爱情生活。**KN**

代表作：

The Portrait of a Lady 1996
Pete's Dragon 1977
Le Locataire 1976 (The Tenant)
The Poseidon Adventure 1972 ☆
What's the Matter with Helen? 1971
Whoever Slew Auntie Roo? 1971
Bloody Mama 1970
Wild in the Streets 1968
Alfie 1966
A Patch of Blue 1965 ★
Lolita 1962
The Diary of Anne Frank 1959 ★
The Night of the Hunter 1955
A Place in the Sun 1951 ☆
Winchester '73 1950
A Double Life 1947

"我脸上总是浓妆艳抹，看起来好像月经来潮。"

米基·鲁尼 MICKEY ROONEY

生平： 本名小乔·尤尔（Joe Yule Jr.），1920年9月23日生于美国纽约州布鲁克林。

明星特质： 有传奇色彩的小个子表演者、歌手、舞者、重要的青少年性格演员；擅长喜剧表演风格；有献身精神；在电影业工作了80年。

代表作：

Night at the Musuem 2006
The Black Stallion 1979 ☆
Pulp 1972
It's a Mad Mad Mad Mad World 1963
Requiem for a Heavyweight 1962
Breakfast at Tiffany's 1961
Baby Face Nelson 1957
The Bold and the Brave 1956 ☆
Quicksand 1950
National Velvet 1944
The Human Comedy 1943 ☆
Babes on Broadway 1941
Young Tom Edison 1940
Babes in Arms 1939 ☆
The Adventures of Huckleberry Finn 1939
A Family Affair 1937
A Midsummer Night's Dream 1935

"公众造就了我，他们也能毁了我。我欠他们太多。"

　　米基·鲁尼的父亲是喜剧演员，母亲是杂耍团的歌舞演员，他才17个月大时就随父母一起登台演出了。鲁尼在默片时代米基·麦克奎尔的短片（1927—1933）中是个爱打架的小孩，接着在如《世界变了》（The World Changes，1933）和《男人世界》（Manhattan Melodrama，1934）里饰演少年主角，在《仲夏夜之梦》（A Midsummer Night's Dream，1935）里饰演小精灵迫克。他在《家庭情话》（A Family Affair，1937）中是个天性善良却麻烦不断的少年，接着演了一连串以安迪·哈迪为主角的有民间风味的电影，这些电影代表了米高梅电影公司老板路易斯·梅耶（Louis B. Mayer）理想中的美国。接着鲁尼和米高梅的同事朱迪·加兰（Judy Garland）合演了一些活泼的音乐片，如《娃娃从军记》（Babes in Arms，1939）和《百老汇的小鬼》（Babes on Broadway，1941）。他因在《娃娃从军记》中的角色获得奥斯卡最佳男主角提名，这年他只有十九岁，是第一个获得奥斯卡奖提名的青少年。他在《哈克贝利芬历险记》（The Adventures of Huckleberry Finn，1939）和《少年爱迪生》（Young Tom Edison，1940）中饰演了其他青涩的青少年角色。

　　像很多童星一样，鲁尼的个子没有长得很高，在人们的印象中他一直是个孩子，但他还是十分努力地试着演黑色电影，如《流沙》（Quicksand，1950）和传记片《娃娃脸内尔森》（Baby Face Nelson，1957）里恶毒的歹徒。20世纪60年代他除了偶尔演出电影外还开始在夜总会和剧院巡回演出。他在《银海追缉令》（Pulp，1972）中自得其乐地嘲讽自己是个有黑社会关系的电影明星，在《黑神驹》（The Black Stallion，1979）里饰演一个易怒的老前辈。1983年，鲁尼已经演了60年电影，他收到了奥斯卡终生成就奖。九十多岁的鲁尼依然在工作。他与现任妻子简·张伯伦（Jan Chamberlin）1978年结婚至今，比与七位前任妻子的婚姻加起来的时间都长。**KN**

蒙哥马利·克利夫特 MONTGOMERY CLIFT

生平： 本名爱德华·蒙哥马利·克利夫特（Edward Montgomery Clift），1920年10月17日生于美国内布拉斯加州奥马哈市；1966年卒于美国纽约。

明星特质： 脆弱敏感、性感迷人；在严肃戏剧中饰演神经过敏的年轻人；银幕形象热情。

蒙哥马利·"蒙迪"·克利夫特是马龙·白兰度和詹姆斯·迪恩这类英俊、受伤、神经过敏的男影星的先驱。他的表演风格就是通过脸部肌肉的抽搐来暗示冷酷、完美的面部表情下暗藏的汹涌激情。

克利夫特首次登上百老汇舞台时只有13岁，他在剧院工作了十年，之后转向大银幕。他的第一部电影是在《乱世孤雏》（The Search, 1948），他在其中饰演一位敏感的美军，他也因这次表演获得了四次奥斯卡提名中的首次提名。克里夫特之后的角色都是为他量身打造的：《红河》（Red River, 1948）中公然反抗约翰·韦恩（John Wayne）的养子；《女继承人》（The Heiress, 1949）里苦苦敲门的卑贱的求婚者；《郎心似铁》（A Place in the Sun, 1951）中在社交上野心勃勃的谋杀犯，为了追求伊丽莎白·泰勒（Elizabeth Taylor）不惜溺死谢利·温斯特（Shelley Winters）；《忏情记》（I Confess, 1953）中因为拒绝透露他人的忏悔内容而被怀疑成谋杀犯的神父；《乱世忠魂》（From Here to Eternity, 1953）里宁愿擅离职守也不愿意再次打拳击的吹角兵。

克利夫特在拍摄《雨树县》（Raintree County, 1957）时发生车祸，这次事故常被认为是导致他事业停顿的罪魁祸首，但在此后四年中他并没有中断自己的演艺生涯。克利夫特拒演了很多重要角色，包括《日落大道》（Sunset Blvd., 1950）和《伊甸之东》（East of Eden, 1955）。相反，在晚年克利夫特主动申请在一些文学、诗或严肃电影中饰演严肃认真的角色，其中包括《纽伦堡的审判》（Judgment at Nuremberg, 1961）。

银幕下的克利夫特在个人问题上麻烦重重，他是个未出柜的同性恋，沉溺于酒精和药物。他因职业关系忍受着痢疾和结肠炎的折磨，被健康问题深深困扰。当他45岁去世时，演员工作室的老师罗伯特·刘易斯（Robert Lewis）说他的死是"史上最漫长的一次自杀"。**KN**

代表作：

Freud 1962
Judgment at Nuremberg 1961 ☆
The Misfits 1961
Wild River 1960
Suddenly, Last Summer 1959
The Young Lions 1958
Lonelyhearts 1958
Raintree County 1957
From Here to Eternity 1953 ☆
Stazione Termini 1953
 (Indiscretion of an American Wife)
I Confess 1953
A Place in the Sun 1951 ☆
The Heiress 1949
Red River 1948
The Search 1948 ☆

"对艺术家而言，失败和随之而来的悲痛是创作最重要的源泉。"

吉恩·蒂尔尼 GENE TIERNEY

生平：本名吉恩·伊莉莎·蒂尔尼（Gene Eliza Tierney），1920年11月19日生于美国纽约州布鲁克林；1991年卒于美国得克萨斯州休斯敦。

明星特质：聪明迷人、优雅高挑、多才多艺的魅力美女；有高高的颧骨和泰然自若的表情；黑色电影中有异域风情的女主角。

吉恩·蒂尔尼的父亲是个成功的保险经纪人，母亲是名教师，她在优越的环境中长大，受过良好的教育，在欧洲旅行了两年，在瑞士读过书。1938年，蒂尔尼厌倦了社交生活，决定做演员。她在百老汇初次登台，出演了《生活啊》（What a Life, 1939）。

接着蒂尔尼成为20世纪福克斯公司有着非凡魅力的女主角，公司从一开始就让她主演历史剧，如她的银幕处女作《弗兰克·詹姆斯归来》（The Return of Frank James, 1940）。蒂尔尼在电影中听到自己像卡通片老鼠"米妮"一样的声音后很震惊，开始大量吸烟，想降低自己的声音（这个决定对她产生了一定影响，后来她死于肺气肿）。蒂尔尼因《狂恋》（Leave Her to Heaven, 1945）获得奥斯卡最佳女主角提名，这是福克斯很成功的一部电影。但是她最为人知的表演还是在《罗拉秘史》（Laura, 1944）中，尽管在该片的前半部分她只在零碎的倒叙中作为肖像画出现，但在后半部她却令人震惊地起死回生了。

蒂尔尼在《烟草路》（Tobacco Road, 1941）中饰演的赤脚的埃莉·梅·莱斯特很性感。《罗拉秘史》的导演奥托·普雷明格（Otto Preminger）很忠心，让蒂尔尼在如《旋涡》（Whirlpool, 1949）等黑色电影中出演了不少优秀角色。但在20世纪四五十年代蒂尔尼的私生活十分混乱，在患了一场德国麻疹后她生下一个有严重缺陷的孩子，这让她非常抑郁。之后她与后来成为美国总统的约翰·肯尼迪和花花公子阿里汗王子展开了命中注定的爱恋。1957年她试图自杀，之后就因精神问题被送进医院。普雷明格给她提供了最后一个出色的配角，即在《华府千秋》（Advise & Consent, 1962）中饰演华盛顿的贵妇人。**KN**

代表作：

Advise & Consent 1962
The Egyptian 1954
Plymouth Adventure 1952
Way of a Gaucho 1952
Where the Sidewalk Ends 1950
Night and the City 1950
Whirlpool 1949
The Ghost and Mrs. Muir 1947
Dragonwyck 1946
Leave Her to Heaven 1945 ☆
Laura 1944
Heaven Can Wait 1943
The Shanghai Gesture 1941
Tobacco Road 1941
Hudson's Bay 1941
The Return of Frank James 1940

"我在哥伦比亚电影公司很快就学到唯一重要的眼睛就是看着摄像机的那一只。"

里卡多·蒙特尔班 RICARDO MONTALBÁN

生平：本名里卡多·冈萨罗·佩德罗·蒙特尔班·梅里诺（Ricardo Gonzalo Pedro Montalbán Merino），1920年11月25日生于墨西哥；2009年卒于洛杉矶。

明星特质：高大黝黑、长相英俊、有运动员般的体格的拉丁男主角、性格演员、舞者。

在到好莱坞之前，里卡多·蒙特尔班在他的祖国墨西哥已经主演过一些电影了，如在《真实时刻》（La hora de la verdad，1945）里饰演斗牛士。他第一次引起好莱坞的注意是在埃斯特·威廉斯（Esther Williams）的《红粉倾城》（Fiesta，1947）、《出水红莲》（On an Island With You，1948）和尼普顿（Neptune）的《女儿》（Daughter，1949）中出演舞者。在美国，他坚决不同意电影公司把他名字改成瑞奇·马丁（Ricky Martin），但他依旧是电影中的拉丁男主角。他是《边城喋血记》（Border Incident，1949）里假扮成非法移民的秘密特工，是《战场》（Battleground，1949）里的战士，是《神探警车》（Mystery Street，1950）里的警官，还是《铁臂金刚》（Right Cross，1950）里的拳击手。作为好莱坞少数的西班牙演员之一，蒙特尔班演了一些很老套的角色：《我男人和我》（My Man and I，1952）中的楚楚·拉米尔兹，《墨西哥村庄》（Sombrero，1953）中的佩佩·冈萨雷斯和《拉丁情人》（Latin Lovers，1953）中的罗伯特·桑托斯。

除了常饰演拉丁人外，蒙特尔班还是个有天赋的性格演员。他演过《仙乐飘飘处处闻》（The Singing Nun，1966）中的牧师，《白头神探》（The Naked Gun: From the Files of Police Squad!，1988）中的坏人和《非常小特务》系列片（Spy Kids，2002，2003）中轮椅上的祖父。蒙特尔班将电影工作和电视表演结合起来，在《星际迷航》（Star Trek）的《太空种子》（"Space Seed"，1967）这集中饰演爱逞威风的坏人，他在电影《星际旅行2：可汗怒吼》（Star Trek II: The Wrath of Khan，1982）中再次出演了这一角色。他还是《神秘岛》（Fantasy Island，1977—1984）里神秘的主人洛克先生。1970年，蒙特尔班成立了非营利性机构，旨在改善拉丁美洲人和西班牙人在娱乐业的形象，扩大他们的就业机会。蒙特尔班的晚年是在轮椅上度过的，这是因为他在拍摄《蛮山血战》（Across the Wide Missouri，1951）时脊髓损伤。**KN**

代表作：

Spy Kids 3-D: Game Over 2003
Spy Kids 2: Island of Lost Dreams 2002
The Naked Gun: From the Files of Police Squad! 1988
Star Trek: The Wrath of Khan 1982
Conquest of the Planet of the Apes 1972
Escape from the Planet of the Apes 1971
The Singing Nun 1966
Sayonara 1957
Latin Lovers 1953
Sombrero 1953
My Man and I 1952
Right Cross 1950
Mystery Street 1950
Battleground 1949
Border Incident 1949

> "在电视中我终于摆脱了拉丁情人角色的束缚。"

唐娜·里德 DONNA REED

生平： 本名唐娜·贝拉·马伦格（Donna Belle Mullenger），1921年1月27日生于美国爱荷华州丹尼森；1986年卒于美国洛杉矶。

明星特质： 高挑纤瘦、精力充沛、笑容迷人的选美皇后；擅长喜剧表演风格；常饰演健全的邻家女孩和成熟的女家长。

对那些上了年纪的人而言，唐娜·里德就是古板母亲的同义词，1958年到1966年她在电视《唐娜·里德秀》中当家作主，之后从1984年到1985年，她曾在《朱门恩怨》（Dallas）中短暂地饰演过埃莉·尤茵小姐，这是戏剧中最著名的女家长之一。还有她在弗兰克·卡普拉的《生活多美好》（It's a Wonderful Life，1946）中饰演的詹姆斯·斯图尔特更优秀的另一半，这个角色同样沉迷于喜悦的家庭生活，而这部电影也因经常在电视中播放而广为人知。

里德的电影生涯非常丰富多彩。她因选美比赛获得一纸电影合同，1941年加入米高梅电影公司。她在《铁皮人安迪·哈迪》（Tin Man, Andy Hardy）和《基尔代尔博士》（Dr. Kildare）系列中崭露头角，获得经验。更有趣和更高要求的作品接踵而来，其中最著名的是改编自奥斯卡·王尔德作品的大片《道林·格雷的画像》（The Picture of Dorian Gray，1945）、激动人心的战争片《菲律宾浴血战》（They Were Expendable，1945）和神秘戏剧《芝加哥死亡线》（Chicago Deadline，1949）。

20世纪50年代里德离开了米高梅电影公司，出演了一些B级片，这些电影比她之前十年拍的那些作品有着更持久的魅力。她在恐怖片如《丑闻街》（Scandal Sheet，1952）、西部片如《遥远的天际》（The Far Horizons，1955）和《强烈反应》（Backlash，1956）中展现出作为演员充沛的精力和活力。里德最著名的角色是在《乱世忠魂》（From Here to Eternity，1953）中饰演一个寻欢作乐的女子，在片中对蒙哥马利·克利夫特展开追求，这个角色为她赢得了奥斯卡最佳女配角奖。她晚年曾出演过《朱门恩怨》（Dallas），但在1985年却被无情地替换掉了，因为原来饰演埃莉小姐的演员芭芭拉·格迪斯（Barbara BelGeddes）身体康复，可以继续演出了，里德就被炒了。她控告这部戏的制片公司，最终赢得100万美元的赔偿，但不幸的是她在拿到这笔赔偿金后不久就因癌症于1986年去世了。**DS**

代表作：

The Whole Truth 1958
Backlash 1956
The Benny Goodman Story 1955
The Far Horizons 1955
Three Hours to Kill 1954
The Caddy 1953
From Here to Eternity 1953 ★
Scandal Sheet 1952
Chicago Deadline 1949
Beyond Glory 1948
Green Dolphin Street 1947
It's a Wonderful Life 1946
They Were Expendable 1945
The Picture of Dorian Gray 1945
See Here, Private Hargrove 1944
The Courtship of Andy Hardy 1942

1920年代

"虽然我演过40部电影，但我只记得'你今天穿着什么样的内衣……？'"

拉娜·特纳 LANA TURNER

生平： 本名茱莉亚·珍·米尔德里德·弗朗西丝·特纳（Julia Jean Mildred Frances Turner），1921年2月8日生于美国爱达荷州华莱士；1995年6月29日卒于美国加利福尼亚州世纪城。

明星特质： "运动衫女孩"；活泼美丽；努力争取有挑战的角色。

拉娜·特纳是位重要的电影明星，但银幕上的她除了光彩夺目的美貌外几乎没有什么个性可言，她偶尔会被找去拍电影（而且她拍的电影都相当不错），但若要随便请一个人说出她在《邮差总按两次铃》（The Postman Always Rings Twice，1946）后拍的两部电影，他们都会有些为难。特纳在喜剧中的表现也很僵硬，但是她有着惊人的美貌，在由斯宾塞·屈塞主演的电影《化身博士》（Dr. Jekyll and Mr. Hyde，1941）中，英格丽·褒曼坚持要与特纳交换角色，结果特纳的表现出人意料地好。褒曼在该片中饰演了海德受尽虐待的情妇，而特纳则出演了哲基尔拘谨世俗、穿着华美的未婚妻，她们两人的表演同样精彩。作为官方认定的大明星，特纳和米高梅最出色的男主角合作过不少作品，并与好莱坞皇帝克拉克·盖博合演了四部电影。在《邮差总按两次铃》中，她饰演了放荡性感的科拉——这个角色依旧散发着好莱坞的魅力——但是黑色电影并不是特纳的强项，她更适合出演精妙现代的浪漫剧或喜剧。

她在《三个火枪手》（The Three Musketeers，1948）中出演的坏女人德温特和《玉女奇遇》中以戴安娜·巴里摩尔（Diana Barrymore）为原型酗酒的女演员都显得略有不足，尽管特纳在20世纪50年代魅力依旧，但她的演艺事业却停滞不前，只能穿着不可信的戏服出演一些音乐剧如《风流寡妇》（The Merry Widow，1952）和史诗剧如《大肆挥霍》（The Prodigal，1955）。她银幕下的丑闻——包括七任丈夫和数不清的情人——也让她困扰不已。但她的演艺生涯也曾在虚有其表且令人呼吸沉重的肥皂剧《春风秋雨》（Imitation of Life，1959）中迎来小复苏。虽然后来特纳渐渐淡出人们的视野，但她晚年也给观众留下一些佳作，其中最著名的是《夺命脂粉客》（The Big Cube，1969）和《欲象浮生》（Persecution，1974）。**KN**

代表作：

Persecution 1974
The Big Cube 1969
Madame X 1966
Bachelor in Paradise 1961
Portrait in Black 1960
Imitation of Life 1959
Peyton Place 1957 ☆
The Sea Chase 1955
The Prodigal 1955
The Bad and the Beautiful 1952
Green Dolphin Street 1947
The Postman Always Rings Twice 1946
Johnny Eager 1942
Honky Tonk 1941
Dr. Jekyll and Mr. Hyde 1941
Calling Dr. Kildare 1939

1920年代

"男人太让人兴奋了，任何不这样认为的女人一定是患了贫血症的老女仆……"

茱莉艾塔·玛西娜 GIULIETTA MASINA

生平： 本名茱莉亚·安娜·玛西娜（Giulia Anna Masina），1921年2月22日生于意大利博洛尼亚圣乔治-迪皮亚诺；1994年卒于意大利罗马。

明星特质： 费德里科·费里尼的缪斯；有易受伤害的眼神；面部表情丰富；饰演的虚幻和喜剧角色都有一种悲怅感。

代表作：

Aujourd'hui peut-être... 1991
  (A Day to Remember)
Ginger e Fred 1986 (Ginger and Fred)
Giulietta degli spiriti 1965 (Juliet of the Spirits)
Le notti di cabiria 1957 (Nights of Cabiria)
Il bidone 1955 (The Swindle)
Buonanotte... avvocato! 1955
La strada 1954 (The Road)
Lo sceicco bianco 1952 (The White Sheik)
Luci del varietà 1950 (Variety Lights)

纵观历史的长河，很少有艺术家有如意大利导演费德里科·费里尼这样的运气，能在生活中找到完美的缪斯——他的妻子茱莉艾塔·玛西娜。经过几次合作后，玛西娜形成了独特的银幕形象：无拘无束，常常莽撞而招摇，极度地不切实际，但其脆弱和真诚又十分令人感动。尽管人们常将她与伟大的默片表演家如查理·卓别林、马塞尔·马索（Marcel Marceau）和哈珀·马克斯（Harpo Marx）比较，而她的长相与马克斯也有些许地相像，但人们绝不会把她和任何一个其他女演员弄混淆。

玛西娜和费里尼几乎一起共度了一生。她在罗马的大学学习戏剧，1943年开始出演广播剧，并主演了《奇科和帕里娜》（Cico e Pallina），而这部剧的编剧正是年轻的费里尼。同年，他们步入了婚姻的殿堂。

如果必要，玛西娜的表演可以十分自然，她在《骗子》（Il bidone，1955）中的表现就说明了这一点。但她最擅长的是饰演马戏团的女孩，不知何故在战后罗马的公寓中终其一生；或是因不幸而扮作万人迷的不合时宜之人。正因为如此，她成为费里尼电影中一半虚幻一半新现实主义的完美诠释者。在《卡比利亚之夜》（Le notti di cabiria，1957）中，玛西娜饰演的角色虽然沦为妓女，受尽虐待，但她无论是从身体还是表情，抑或是声音和感情上都表现出不朽的乐观主义精神，而在《大路》（La strada，1954）中，她是被母亲卖给旅人的如孩子般古怪的人。在每部电影中她都给观众留下不可磨灭的印象，她无穷无尽的表情和小丑般的脸是20世纪50年代世界电影中关键的标志之一。

玛西娜于1994年去世，只比丈夫的离世晚了几个月，他们被合葬在里米尼公墓。**MC**

> "多么有趣的脸啊！你究竟是女人还是朝鲜蓟？"
>
> ——《大路》中傻瓜问格尔索米娜

1920年代

西蒙・西涅莱 SIMONE SIGNORET

生平：本名海丽特・夏洛特・西蒙・卡明科（Henriette Charlotte Simone Kaminker），1921年3月25日生于德国威斯巴登；1985年卒于法国上诺曼地厄尔。

明星特质：光彩照人的性感炸弹；有诱人的微笑；常饰演年轻的银幕妖女和成熟的女家长式角色；作家、自由派政治活动家。

西蒙・西涅莱在德国出生，巴黎长大。她父亲是犹太人，二战一开始就逃往英国，加入了查尔斯・戴高乐将军的军队，她不得不靠在电影中担当临时演员来养家糊口。她取艺名时用了母亲的姓，以便隐藏自己的犹太身份。

年轻时西涅莱就在银幕中散发出成熟性感的魅力。她的一举一动都很慵懒，显示了她对自己魅力的极度自信。迟缓而困倦的微笑和因瞌睡而下搭的眼皮让人难以抗拒地联想到温暖的卧室和凌乱的床单。她之后经常饰演妓女之类的角色一点都不令人吃惊：如马克斯・奥菲尔斯（Max Ophüls）的爱情片《轮舞》（La Ronde，1950）中的角色和雅克・贝克（Jacques Becker）讲述穷困潦倒生活的时代剧《金盔》（Casque d'or，1952）中瑟吉・雷吉亚尼的情妇。她在杰克・克莱顿（Jack Clayton）的《金屋泪》（Room at the Top，1959）中饰演一位风韵犹存的老女人，这次表演为她赢得奥斯卡最佳女主角。

西涅莱有种不屈不挠的韧性，这让她很适合出演一些危险角色。她在马塞尔・卡尔内（Marcel Carné）的《悲哀的桃乐丝》（Thérèse Raquin，1953）中出演了一位令人信服的女杀手，在亨利-乔治・克鲁佐（Henri-Georges Clouzot）讲述杀人谜案的恐怖片《恶魔》（Les diaboliques，1955）中出演一个阴险狡诈的帮凶。在让-皮埃尔・梅尔维尔（Jean-Pierre Melville）的《影子部队》（L'armée des ombres，1969）里饰演一个有献身精神的法国反抗军斗士。银幕下的她也坚定地坚持着自己的信念，她与第二任丈夫伊夫・蒙当（Yves Montand）公开分享左翼观点，这一行为严重地阻碍了她的事业发展。西涅莱晚年不顾世俗美的观点，脸和身材都日益发福，并开始出演脾气暴躁的老祖母式的角色，但她温暖亲切的笑容让她看起来依旧光彩照人。**PK**

代表作：

L'Étoile du Nord 1982 (The North Star)
La chair de l'orchidée 1975 (Flesh of the Orchid)
L'aveu 1970 (The Confession)
L'armée des ombres 1969
　(Army in the Shadows)
Ship of Fools 1965 ☆
Room at the Top 1959 ★
Les Sorcières de Salem 1957 (The Crucible)
Die Windrose 1957 (Rose of the Winds)
Les diaboliques 1955 (Diabolique)
Thérèse Raquin 1953 (The Adultress)
Casque d'or 1952 (Golden Marie)
La Ronde 1950 (Roundabout)
Boléro 1942

1920年代

> "我收集所有我拒演的电影的影评，当我发现它们很糟时，我笑了。"

德克·博加德 DIRK BOGARDE

生平：本名德里克·朱尔斯·加斯帕德·乌瑞克·尼文·凡·登·博加德（Derek Jules Gaspard Ulric Niven van den Bogaerde），1921年3月28日生于英国伦敦；1999年卒于英国伦敦。

明星特质：英俊性感、温文尔雅、经验丰富的英国银幕金童；拥有超凡魅力且多才多艺的男主角；作家、艺术家。

德克·博加德英俊非凡的外貌、温文尔雅的气质和丰富的经验让他成为战后英国银幕中的加里·格兰特，但他也出演了很多更有趣且多样的角色。博加德首次引起人们的注意是在《寒夜青灯》（The Blue Lamp，1950）中饰演不知廉耻、杀气腾腾的"阿飞"。这次表演非常成功，他很快获得出演一系列特定角色的机会。博加德在战争片如《海上救援纪实》（The Sea Shall Not Have Them，1954）中出演沉着冷静的人，从《屋子里的医生》（Doctor in the House，1954）开始，他在20世纪50年代最受欢迎的医生系列喜剧片中出演西蒙·斯帕罗医生。

博加德在一些二流情节剧中显现出较黑暗的一面，但是由于他在银幕中魅力无穷，这些角色总是很有意思。如他在《无毒不丈夫》（Cast a Dark Shadow，1955）中饰演魅力非凡的杀人犯，最终毁于自己的阴谋诡计。在约瑟夫·罗西（Joseph Losey）的《沉眠之虎》（The Sleeping Tiger，1954）中，他饰演的罪犯并没有因为精神病医生的努力治疗而改新革面，他对恩人的回报居然是勾引他的妻子——这部糟糕的电影因为博加德英俊性感的吸引力而变得可信。博加德最出色的两部作品是罗西的《仆人》（The Servant，1963）和《车祸》（Accident，1967），他在《仆人》中饰演一位绅士的男仆，在精神上击败他那软弱的上层阶级雇主；在《车祸》中，他是一位牛津大学的导师，卷入了一场浪漫的三角关系中。卢奇诺·维斯康蒂（Luchino Visconti）在《魂断威尼斯》（Morte a Venezia，1971）中深刻地展现了博加德人物角色的性心理矛盾，这部电影和著名的《午夜守门人》（Il Portiere di notte，1974）一道稳固了博加德国际艺术电影明星的地位。中年的博加德回归到战争片中，在《遥远的桥》（A Bridge Too Far，1977）和《绝望》（Despair，1978）中饰演传统的角色。1992年博加德被授予爵位。**BP**

代表作：

Despair 1978
A Bridge Too Far 1977
Il Portiere di notte 1974 (The Night Porter)
Le Serpent 1973 (The Serpent)
Morte a Venezia 1971 (Death in Venice)
La Caduta degli dei 1969 (The Damned)
Accident 1967
Modesty Blaise 1966
The Servant 1963
Victim 1961
Cast a Dark Shadow 1955
The Sea Shall Not Have Them 1954
The Sleeping Tiger 1954
Doctor in the House 1954
Appointment in London 1952
The Blue Lamp 1950

"电影不过是一种自慰的形式，是失望之人的性安慰。"

彼得·乌斯蒂诺夫 PETER USTINOV

生平：本名彼得·亚历山大·乌斯蒂诺夫（Peter Alexander Ustinov），1921年4月16日生于英国伦敦；2004年卒于瑞士沃州洛斯吉尼列尔。

明星特质：多产的作家、机智的脱口秀讲述者、即兴表演艺术家、导演、制作人、人道主义者；常在舞台和银幕上饰演专横傲慢的人；擅长喜剧表演风格。

彼得·乌斯蒂诺夫爵士两次获得奥斯卡最佳男配角，但他最好的表演却源自电视脱口秀中受欢迎的讲述者。他的声明——"我和欢声笑语不可分离，在我看来，这是世上最文明的音乐"——完美地总结了他的表演和生活。

乌斯蒂诺夫的母亲是名艺术家，父亲是名记者，为了与丈夫团聚，他母亲从俄国移民，不久后乌斯蒂诺夫就在伦敦出生了。他16岁离开学校，在伦敦电影制片厂学习戏剧，19岁时成为专业演员，演戏给他带来额外的收入。之后，他创作了自己的第一部戏剧《悔恨之屋》（House of Regrets），一年后，二战刚刚开始之时，这部戏剧就被搬上伦敦西区的舞台。接着像所有人一样，乌斯蒂诺夫进入军队服役。他之后曾说他的军旅生涯中最精彩的时光是为同样成为演员的大卫·尼文（David Niven）做勤务兵。乌斯蒂诺夫战时有一部分时间是在部队电影组度过的，他在那儿拍摄了招募新兵的宣传片。

乌斯蒂诺夫是剧作家、小说家，偶尔也执导拍摄一些电影，如《比利·巴德》（Billy Budd，1962），他参与了很多五花八门的事，以至于人们认为他对表演只是有所涉猎而已。他开始只是在战争片中饰演小角色，如《失去的战机》（One of Our Aircraft Is Missing，1942），接着罕见地主演了《战士安吉洛》（Private Angelo，1949）中的同名角色，同时他也是这部电影的编剧和合拍导演。他在《暴君焚城录》（Quo Vadis，1951）中饰演暴君尼禄（Nero），这个角色给他带来一连串生动鲜明的配角角色：在《浪子回头》（Beau Brummell，1954）中饰演悲伤而傲慢的摄政王，而在《斯巴达克斯》（Spartacus，1960）中饰演的罗马谄媚者兰图拉斯·巴蒂塔斯则为他赢得第一座奥斯卡最佳男配角的奖杯。乌斯蒂诺夫接着饰演了年长且非常迷人的赫尔利克·波洛（Hercule Poirot，译注：阿加莎·克里斯蒂笔下的侦探）。**KN**

代表作：

Luther 2003
Charlie Chan and the Curse of the Dragon Queen 1981
Death on the Nile 1978
Logan's Run 1976
Viva Max! 1969
**Topkapi* 1964* ★
Billy Budd 1962
**Spartacus* 1960* ★
Lola Montès 1955 (*The Sins of Lola Montes*)
We're No Angels 1955
Beau Brummell 1954
**Quo Vadis* 1951* ☆
Private Angelo 1949
The Goose Steps Out 1942
One of Our Aircraft Is Missing 1942

1920年代

"在我的想象中地狱是这样一幅情景：意大利人的守时、德国人的幽默和英国人的酒。"

简·拉塞尔 JANE RUSSELL

生平：本名欧内斯廷·简·杰拉尔丁·拉塞尔（Ernestine Jane Geraldine Russell），1921年6月21日生于美国明尼苏达州伯米吉；2011年卒于美国加利福尼亚州圣塔莫妮卡。

明星特质：高挑艳丽、有着选美皇后的美貌；擅长喜剧表演风格；战时军队中的海报女郎；制作人、歌手。

简·拉塞尔的父亲是名美军中尉，母亲是巡回剧团的演员。拉塞尔从小就对音乐和戏剧感兴趣，在念戏剧学校之前曾做过模特。后来得克萨斯州的百万富翁霍华德·休斯（Howard Hughes）发现了她，拉塞尔因此迎来职业上的重大突破。休斯狂热的西部片《歹徒》（The Outlaw，1943）所有的宣传资料都把注意力集中在拉塞尔高耸的胸脯上，休斯还专门为她设计了一款悬挂式的胸衣。拉塞尔在该片中饰演为比利小子掩护性取向的女友，《歹徒》是部对同性恋话题涉猎较多的好莱坞电影，其实真正与比利小子有关系的是那些男性教练。尽管如此，拉塞尔被压抑的感情和艳丽的外貌还是让她成为二战美军部队中的海报女郎。

拉塞尔做为演员最主要的优点是她讽刺的幽默感，这种幽默感在喜剧中尤为合适：在《苍白的面孔》（The Paleface，1948）和《脂粉双枪侠之子》（Son of Paleface，1952）中，她饰演的牛仔女郎苦心经营着懦夫鲍勃·霍普（Bob Hope）的传奇，在《绅士爱美人》（Gentlemen Prefer Blondes，1953）中，她饰演一个深肤色的美女。另外，她在西部片《蒙大拿美女》（Montana Belle，1952）中精力充沛，在黑色电影如《热情如火》（His Kind of Woman，1951）中展现她的歌唱天赋，在《热血》（Hot Blood，1956）中穿着暴露的衣服。在演完《玛咪·斯托弗的反抗》（The Revolt of Mamie Stover，1956）和《粉红色女睡袍》（The Fuzzy Pink Nightgown，1957）后，拉塞尔基本退出演艺圈，只是偶尔回来在一些电影中出演小配角，如《比琥珀还要暗淡》（Darker Than Amber，1970）。因为无法生育，拉塞尔和第一任丈夫、高中时的爱人鲍勃·沃特菲尔德（Bob Waterfield）领养了三个孩子。拉塞尔是个积极的活动家，1955年她成立了世界收养国际基金会，帮助超过38000个家庭收养孩子。**KN**

代表作：

Darker Than Amber 1970
The Born Losers 1967
Waco 1966
The Fuzzy Pink Nightgown 1957
The Revolt of Mamie Stover 1956
Hot Blood 1956
Underwater! 1955
The French Line 1954
Gentlemen Prefer Blondes 1953
Montana Belle 1952
Son of Paleface 1952
Macao 1952
The Las Vegas Story 1952
His Kind of Woman 1951
The Paleface 1948
The Outlaw 1943

"有着夏天般火热嘴唇……和冬天般冷酷内心的女孩。"

费尔南多·费尔兰·戈麦斯
FERNANDO FERNÁN GÓMEZ

生平：本名费尔南多·费尔南德斯·戈麦斯（Fernando Fernández Gómez），1921年8月28日生于秘鲁利马；2007年卒于西班牙马德里。

明星特质：西班牙电影巨人、杰出的喜剧编导、诗人、小说家；有着布满皱纹的脸和大蒜鼻；擅长喜剧表演风格；能饰演各种不同的角色。

虽然费尔南多·费南多·戈麦斯的母亲——戏剧演员卡罗拉·费尔南·戈麦斯于1921年在秘鲁利马巡回演出的途中生下了他，但戈麦斯却是阿根廷人，他也一直把自己看作是阿根廷公民。戈麦斯是西班牙电影和戏剧巨人之一。年轻时他那布满皱纹的脸和大蒜鼻就让他与众不同，他的表演有种成熟与自信。1924年戈麦斯去了西班牙，最初学习法律，之后决定要当演员，于是用他母亲的姓做了自己的艺名，之后出演了《克里斯蒂娜·古斯曼》（Cristina Guzmán，1943）。戈麦斯主演过200多部电影，包括喜剧片和戏剧，如卡洛斯·绍拉（Carlos Saura）的《安娜和狼》（Ana y los lobos，1973）和维克多·艾里斯（Víctor Erice）的《蜂巢精灵》（El espíritu de la colmena，1973）。

戈麦斯执导的第一部电影是《庇护》（Manicomio，1954），之后又导演了29部电影，而且这些电影的剧本往往都是他自己创作的。1987年戈麦斯收获了前所未有的荣誉，他因《无目的的旅行》（El viaje a ninguna parte，1986）一片获得西班牙的"奥斯卡"——戈雅奖最佳导演和最佳编剧，这部电影同时还获得最佳影片奖，另外他还因《玛姆布鲁去参战》（Mambrú se fue a la guerra，1986）获得戈雅奖最佳男主角。除了电影方面的成就，戈麦斯还是名剧作家和戏剧导演，他还写作诗歌、小说和回忆录，这些也像他的电影一样取得巨大成功。他的妻子是歌手玛利亚·德洛丽丝·普拉德拉（María Dolores Pradera），两人育有一个女儿，他们在1959年离婚，信奉罗马天主教的西班牙人为之震惊。2000年后演员兼作家艾玛·科恩（Emma Cohen）成为他的恋人，直至他2007年去世。科恩因出演20世纪70年代的西班牙恐怖片而闻名。**ML**

代表作：

Mia Sarah 2006

Para que no me olvides 2005

La Lengua de las mariposas 1999
(Butterfly Tongues)

Todo sobre mi madre 1999
(All About My Mother)

Así en el cielo como en la tierra 1995
(On Earth as It Is in Heaven)

Belle epoque 1992 (The Age of Beauty)

Mambrú se fue a la guerra 1986
(Mambru Went to War)

El amor del capitán Brando 1974
(The Love of Captain Brando)

Ana y los lobos 1973 (Anna and the Wolves)

El espíritu de la colmena 1973
(The Spirit of the Beehive)

Cristina Guzmán 1943

1920年代

"如果有人谈论我，说我举止粗鲁，行为不当，好吧……这都是真的。"

黛博拉·寇儿 DEBORAH KERR

生平： 本名黛博拉·寇儿-特里默（Deborah Kerr-Trimmer），1921年9月30日生于苏格兰海伦斯堡；2007年卒于英格兰萨福克郡博茨代尔。

明星特质： 高挑、举止优雅、仪态万方的美女；受过良好的训练；起初饰演正经八百的女孩，后来饰演严肃的戏剧主角。

代表作：

The Assam Garden 1985
Casino Royale 1967
The Night of the Iguana 1964
The Innocents 1961
The Sundowners 1960 ☆
Separate Tables 1958 ☆
Heaven Knows, Mr. Allison 1957 ☆
Tea and Sympathy 1956
The King and I 1956 ☆
From Here to Eternity 1953 ☆
Julius Caesar 1953
King Solomon's Mines 1950
Edward, My Son 1949 ☆
Black Narcissus 1947
I See a Dark Stranger 1946
The Life and Death of Colonel Blimp 1943

1920年代

寇儿从小就喜欢表演，但最初学习的却是芭蕾。不久她就意识到自己的个子太高，不可能成为专业芭蕾舞演员。寇儿第一次亮相伦敦西区的舞台是在1943年，在《伤心之家》（Heartbreak House）中饰演埃莉·邓恩。二战期间寇儿随着英国军队娱乐组织——国家娱乐服务协会在法国、比利时和荷兰表演，给战士们助兴。

寇儿的第一部电影是迈克尔·鲍威尔（Michael Powell）的《违禁品》（Contraband, 1940）。继在《芭芭拉上校》（Major Barbara, 1941）和《救济之爱》（Love on the Dole, 1941）中担当配角后，寇儿再次与鲍威尔合作，在《百战将军》（The Life and Death of Colonel Blimp, 1943）中饰演三个不同的被爱恋之人。寇儿在彩色电影中极其迷人，但在接下来的几年中作品却少得惊人：只在《我看见了一个黑色陌生人》（I See a Dark Stranger, 1946）中饰演英勇的爱尔兰姑娘，在鲍威尔的《黑水仙》（Black Narcissus, 1947）中饰演领头修女。

在好莱坞，寇儿成为《所罗门王宝藏》（King Solomon's Mines, 1950）和《凯撒大帝》（Julius Caesar, 1953）中的端庄女子。厌倦了举止得体的角色后，她在《乱世忠魂》（Here to Eternity, 1953）中摇身一变成为放荡的金发美女。接着寇儿在《国王与我》（The King and I, 1956）、《茶与同情》（Tea and Sympathy, 1956）和《巫山风雨夜》（The Night of the Iguana, 1964）等一连串电影中出演主要角色。她在《铁金刚勇破皇家夜总会》（Casino Royale, 1967）中出演了一个有趣的苏格兰配角，在60年代晚期出演了如《恶魔之眼》（Eye of the Devil, 1967）之类的怪片，之后就息影了，只短暂回来出演了几部电影，其中包括《阿萨姆花园》（The Assam Garden, 1985）。寇儿1993年获得了奥斯卡终生成就奖，她也是唯一一个六度获得奥斯卡最佳女主角提名、却一次都没获奖的演员。**KN**

"我……就像是头漂亮的娟珊牛，眼角和它一样下垂，显得十分可悲。"

伊夫·蒙当 YVES MONTAND

生平：本名伊沃·利维（Ivo Livi），1921年10月13日生于意大利托斯卡纳皮斯托亚；1991年卒于法国皮卡第瓦兹。

明星特质：高大、肤色黝黑、长相英俊；歌手、夜总会表演者、女士们的白马王子；有很多著名情人，包括伊迪丝·琵雅芙和玛丽莲·梦露。

"管理层派出的英俊电工，以弥补没有明星的缺憾"这是英国剧评家肯尼斯·泰南（Kenneth Tynan）对伊夫·蒙当的评价。蒙当的突破性角色是在法国恐怖片《恐惧的代价》（Le Salaire de la peur，1953）中饰演一个硝化甘油运输车司机，考虑到这一点，泰南对他的评价可谓相当恰当。之后蒙当开始饰演各种不同的角色，但他更倾向于饰演普通人，这些人常常有着自己的政治立场。他出演的《焦点新闻》（Z，1969）和《如伊卡洛斯般的我》（I... comme Icare，1979）就可表明这一点，他在两剧中分别饰演被暗杀的政治家和一个为类似于华伦委员会（Warren Commission）工作的调查员。

蒙当出生于意大利，父母都是农民，他出生后不久全家移民去了法国，他在马赛长大。蒙当最初在音乐厅唱歌，1944年伊迪丝·琵雅芙在巴黎发现了他。这个女歌手让蒙当参与自己的演出，不久他们就成了恋人。

蒙当早年出演了根据阿瑟·米勒（Arthur Miller）获普利策奖的作品改编的《萨勒姆女巫事件》（Les Sorcières de Salem，1957），把麦卡锡主义比作萨勒姆女巫的审判，这给他带来在《让我们相爱吧》（Let's Make Love，1960）中与玛丽莲·梦露演对手戏的机会。然而，蒙当与梦露和好莱坞的关系都不持久。回到法国后，蒙当出演了让-皮埃尔·梅尔维（Jean-Pierre Melville）的《红圈》（Le cercle rouge，1970），之后演艺事业就逐渐走上了下坡路，一直出演普通的犯罪恐怖片，直到后来凭借在《男人的野心》（Jean de Florette，1986）和《甘泉玛侬》（Manon des sources，1986）中的表演再度引起国际的关注。蒙当有过两段婚姻，第一任妻子是法国演员西蒙·西涅莱（Simone Signoret），这段婚姻直到1985年西涅莱去世才结束。他的第二任妻子是当时担任他助理的卡罗尔·埃米尔（Carole Amiel）。**LL**

代表作：

IP5: L'île aux pachydermes 1992
  (*IP5: The Island of Pachyderms*)
Manon des sources 1986 (*Manon of the Spring*)
Jean de Florette 1986
I... comme Icare 1979 (*I as in Icarus*)
Tout va bien 1972 (*All's Well*)
Le cercle rouge 1970 (*The Red Circle*)
L'aveu 1970 (*The Confession*)
Z 1969
Grand Prix 1966
La guerre est finie 1966 (*The War Is Over*)
My Geisha 1962
Goodbye Again 1961
Let's Make Love 1960
Les Sorcières de Salem 1957 (*The Crucible*)
Le Salaire de la peur 1953 (*The Wages of Fear*)

1920年代

"我认为一个男人可以有两段，或者三段情……但是绝对不能超过三段。"

查尔斯·布朗森 CHARLES BRONSON

生平： 本名查尔斯·丹尼斯·布基斯凯（Charles Dennis Buchinsky），1921年11月3日生于美国宾夕法尼亚州艾尔菲尔德；2003年卒于美国洛杉矶。

明星特质： 有沧桑的男子汉外貌、饱经风霜的脸和结实的体格；在西部片、动作片和犯罪片中饰演硬汉英雄和恶棍。

查尔斯·布朗森的父母是波兰移民，他有13个兄弟姐妹。在成为演员前，他做过煤矿工人，参加过二战。布朗森身材矮小，肌肉发达，面孔沧桑，他形容自己的长相："就像是炸过的采石场"。布朗森注定只能出演二流电影和在美国电视节目中当客座嘉宾。尽管他出演了两部约翰·斯特奇斯（John Sturges）受欢迎的电影《豪勇七蛟龙》(The Magnificent Seven, 1960) 和《大逃亡》(The Great Escape, 1963)，引起了一些关注，还出演了《12金刚》(The Dirty Dozen, 1967) 中的一个，他依然没有成为大明星，直到他接受赛尔乔·莱翁内（Sergio Leone）的邀请在《西部往事》(C'era una volta il West, 1968) 中饰演主角，这一情况才得以改善。他先前拒绝了莱翁内导演的《荒野大镖客》(Per un pugno di dollari, 1964) 中的角色，后来克林特·伊斯特伍德（Clint Eastwood）取代他出演了这个角色。

在莱翁内电影中的成功意味着布朗森成为欧洲著名演员，他接着在欧洲演了一系列电影，如动作片《雨中的乘客》(Le passager de la pluie, 1969) 和《狼之挽歌》(Città violenta, 1970)，逐步建立起自己的声望。不久美国电影公司也打算让他在B级犯罪片中出演硬汉主角。暴力电影《猛龙怪客》(Death Wish, 1974) 震惊了美国人，唤醒了他们的自由意识，布朗森也因此成为家喻户晓的人物，并开创了暴力片的亚类型。从1982年到1994年，布朗森接着出演了四部《猛龙怪客》的续集，他一再重复第一部中的角色——以暴制暴的保罗·柯西。银幕下的布朗森有过三段婚姻，他的第二任妻子演员吉尔·爱兰德（Jill Ireland）主演过很多布朗森晚年的电影，包括西部片《夺命列车》(Breakheart Pass, 1975)。这个有着"被炸过的采石场"面孔的人在2003年因老年痴呆症去世。**ML**

代表作：

Death Wish V: The Face of Death 1994
Death Wish 4: The Crackdown 1987
Death Wish 3 1985
Death Wish II 1982
Breakheart Pass 1975
Death Wish 1974
Città violenta 1970 (The Family)
Le passager de la pluie 1969 (Rider on the Rain)
C'era una volta il West 1968
　(Once Upon a Time in the West)
The Dirty Dozen 1967
The Great Escape 1963
The Magnificent Seven 1960
Machine-Gun Kelly 1958
House of Wax 1953
You're in the Navy Now 1951

> "演戏是我做过的最简单的事，我猜这也是我一生都在演戏的原因。"

克里斯托弗·李 CHRISTOPHER LEE

生平： 本名克里斯托弗·弗兰克·卡兰蒂尼·李（Christopher Frank Carandini Lee），1922年5月22日生于英国伦敦贝尔格莱维亚。

明星特质： 制作人、受古典主义训练的歌手、多才多艺的性格演员、有史以来最高的男主角；擅长饰演恶棍，他饰演的德拉库拉伯爵和恐怖片中的怪物很具标志性。

英国演员克里斯托弗·李身高六英尺五英寸，在他演艺生涯早期就被告知因为个子太高，他不可能取得什么成就。似乎他的命运就注定如此了，直到咸马电影制作公司选他在《科学怪人的诅咒》（The Curse of Frankenstein，1957）中饰演科学怪人的怪物。接着李在咸马电影制作公司制作的《德拉库拉》（Dracula, 1958）中饰演了这个著名的虚构角色，由此获得了国际声誉。接着他在咸马电影公司的六部续集中再次饰演这位黑暗王子，并出演了哈里·阿兰·陶尔斯（Harry Alan Towers）制作的《德拉库拉之夜》（Nachts, wenn Dracula erwacht, 1970）。他沿着这条路线出演了很多角色，成为恐怖片和阴森可怖的神秘片中的常客，他出演的这些电影大多在欧洲拍摄。

20世纪70年代，李决定不再一成不变地出演他赖以成名的嗜血角色，出演了西部片《复仇的女枪手》（Hannie Caulder，1971）、詹姆斯·邦德系列片《007之金枪人》（The Man with the Golden Gun，1974）和理查德·莱斯特（Richard Lester）的《三个火枪手》（The Three Musketeers，1973）及其续集《四个火枪手》（The Four Musketeers，1974），依靠这些作品，李稳固了自己多才多艺的性格演员的名声。正是这一时期，李在轰动一时的邪典片《异教徒》（The Wicker Man，1973）中饰演了诗意的异教徒——夏岛岛主。李是个多产且勤奋的演员，出演过200多部电影；他迄今为止最精彩的演出无疑是在传记片《Jinnah》（1998）中饰演的巴基斯坦的创建者，这部电影力图进入全世界的主流市场。近年来，李出演了《星球大战》（Star Wars）系列片和《指环王》（Lord of the Rings）三部曲，一直走在主流电影的最前沿。此外，李还是个托尔金（J. R. R. Tolkien）专家，是剧组中唯一见过作家本人的演员。**ML**

代表作：

Charlie and the Chocolate Factory 2005
Star Wars: Episode III—Revenge of the Sith 2005
The Lord of the Rings: The Return of the King 2003
The Lord of the Rings: The Two Towers 2002
Star Wars: Episode II—Attack of the Clones 2002
The Lord of the Rings: The Fellowship of the Ring 2001
Jinnah 1998
The Man with the Golden Gun 1974
The Wicker Man 1973
The Three Musketeers 1973
Nachts, wenn Dracula erwacht 1970
　(Count Dracula)
The Hound of the Baskervilles 1959
Dracula 1958
The Curse of Frankenstein 1957

> "在英国，任何程度的成功都混合着嫉妒和怨恨。"

1920年代

朱迪·加兰 JUDY GARLAND

生平： 本名弗朗西丝·埃塞尔·古姆（Frances Ethel Gumm），1922年6月10日生于美国明尼苏达州大急流城。1969年卒于英国伦敦切尔西。

明星特质： 好女孩的形象；迷人的演员，饱含感情的嗓音在全世界引起共鸣；被昵称为"秀场小姐"（Miss Showbusiness）。

朱迪·加兰为好莱坞而生，但好莱坞却害死了她。她17岁那年一夜成名，47岁时却为声名所累，因服用过量药物离世，而好莱坞对她的逝世或多或少都脱不了干系。

朱迪·加17岁就与米高梅电影公司签约，第一次演出是在《百老汇旋律1938》（Broadway Melody of 1938，1937）中，接着在《绿野仙踪》（The Wizard of Oz，1939）中饰演天真的桃乐丝，并演唱了经典歌曲《彩虹彼端》（Over the Rainbow）。那之后她就成了明星，尤其擅长出演音乐片，而那时世人比任何时候都更需要音乐片。米高梅电影公司在制作精良的《只为你我》（For Me and My Gal，1942）和《疯狂的女孩》（Girl Crazy，1943）中展现了加兰的娇小玲珑、温柔的举止和空灵的嗓音。而她在《火树银花》（Meet Me in St. Louis，1944）中的表演和歌唱都是迄今为止世上最出色的演出之一；她演唱的《货车之歌》（The Trolley Song）和《过个快乐的小圣诞》（Have Yourself a Merry Little Christmas）充满活力、感情真挚，直击百万厌战听众的心扉。

米高梅对加兰严格的工作安排和强大的控制让她身心俱疲，开始逐步依赖药物。加兰嫁给导演文森特·明奈利（Vincente Minnelli）后，他们一起合作了更多的电影——《时钟》（The Clock，1945）、《齐格飞歌舞团》（Zieg-

代表作：

I Could Go on Singing 1963
Judgment at Nuremberg 1961 ☆
A Star Is Born 1954 ☆
Summer Stock 1950
In the Good Old Summertime 1949
Easter Parade 1948
The Pirate 1948
Ziegfeld Follies 1946
The Clock 1945
Meet Me in St. Louis 1944
Girl Crazy 1943
Presenting Lily Mars 1943
For Me and My Gal 1942
Babes on Broadway 1941
Life Begins for Andy Hardy 1941
Ziegfeld Girl 1941
Little Nellie Kelly 1940
Andy Hardy Meets Debutante 1940
Babes in Arms 1939
The Wizard of Oz 1939
Listen, Darling 1938
Love Finds Andy Hardy 1938
Thoroughbreds Don't Cry 1937
Broadway Melody of 1938 1937
Pigskin Parade 1936

1920年代

右图：加兰因《一个明星的诞生》被提名为奥斯卡最佳女主角。

朱迪·加兰

上图：加兰在《绿野仙踪》中饰演桃乐丝·盖尔。

feld Follies，1946）。而在他们离婚后，米高梅也终止了与加兰的合约，她开始饰演一些"更丰满"的角色，《一个明星的诞生》（A Star Is Born，1954）是在四年没有作品问世后她的回归尝试。

《一个明星的诞生》与加兰自己的生活惊人地相似，也涉及了沉溺于酒精和电影工作室的操控这类话题。这部电影当年反响平平，加兰从此一蹶不振，然而今日看来，这部电影却是一部成功之作。虽然她一直不间断地演出，但只有最后一部电影《我仍能唱歌》（I Could Go on Singing，1963）给人们留下了深刻印象。在该片中加兰再一次展示了她充满了真切生命力的嗓音，但可悲的是她自己已不再拥有如此的生命力。**EM**

形象就是一切

邻家女孩般的加兰在好莱坞的电影中既不性感也不优雅，她一直为自己的外貌苦恼，后来经历的一些转变让她变得更加迷人。和其他童星一样，电影工作室给他们吃药，让他们能够保持高强度的工作。她的体重起伏不定，健康也受到严重摧残。19岁时，为了保持她健康的形象，她被迫流产。用她自己的话说，"当你惹上麻烦时，好莱坞是个奇怪的地方，每个人都认为不幸会传染。"

多萝西·丹德里奇 DOROTHY DANDRIDGE

生平：本名多萝西·珍·丹德里奇（Dorothy Jean Dandridge），1922年11月9日生于美国俄亥俄州克利夫兰；1965年卒于美国加利福尼亚州西好莱坞。

明星特质："多蒂"；银幕中第一个非裔美国人女神；有魔力的夜总会红伶；开拓性的戏剧和音乐剧性格女演员。

代表作：

The Murder Men 1961
Moment of Danger 1960
Porgy and Bess 1959
The Decks Ran Red 1958
Tamango 1958
The Happy Road 1957
Island in the Sun 1957
Carmen Jones 1954 ☆
Bright Road 1953
The Harlem Globetrotters 1951
Tarzan's Peril 1951
Ebony Parade 1947
Atlantic City 1944
Drums of the Congo 1942
Lady from Louisiana 1941
The Big Broadcast of 1936 1935

1920年代

　　多萝西·丹德里奇四岁就开始表演，在那个种族隔离的年代，她的欲望和野心让她推开身边人造成的阻碍，成为一名歌手和舞者。她和妹妹维维安（Vivian）、朋友艾塔·琼斯（Etta Jones）成立了丹德里奇三重唱姐妹团，出现在马克斯兄弟（Marx Brothers）的《赌马风波》（A Day at the Races, 1937）中。这个团后来在纽约著名的棉花俱乐部（Cotton Club）表演，常常和凯比·卡洛威（Cab Calloway）以及比尔·"柏贞格"·罗宾逊（Bill "Bojangles" Robinson）同台演出。但是丹德里奇接下来的电影都是些二流作品，大多都顶着以美国黑人为受众的"种族电影"的保护伞。然而这些电影给丹德里奇带来在奥托·普雷明格（Otto Preminger）重拍的讲述卡门的歌剧《胭脂虎新传》（Carmen Jones, 1954, 又名《卡门·琼斯》）中饰演同名角色卡门·琼斯的机会，她和一群美国黑人演员一起出演了这部影片。这次具有历史意义的表演为丹德里奇赢得了奥斯卡最佳女主角的提名，这也是美国黑人女演员第一次获得此项殊荣，她也是第一个登上《生活》（Life）杂志封面的美国黑人。

　　尽管丹德里奇取得了如此重要的突破，并在《太阳下的岛屿》（Island in the Sun, 1957）和《乞丐与荡妇》（Porgy and Bess, 1959）中表现突出，但她并没有因此迎来重要的角色。她忍受着第二任丈夫的虐待，以及和各种追求者间不愉快的关系，终于在42岁那年因服用过量抗抑郁药物去世，服药过量究竟是个事故还是她故意为之至今仍是个迷。丹德里奇的经历激励了不计其数的美国演员，哈莉·贝瑞（Halle Berry）在电视传记片《多萝西·丹德里奇生平》（Introducing Dorothy Dandridge, 1999）中饰演丹德里奇后不久，就因在《死囚之舞》（Monster's Ball, 2001）中的表演获得奥斯卡最佳女主角，成为第一个获得该奖的美国黑人女演员。在颁奖典礼上，贝瑞感谢的第一个人就是丹德里奇。**JK**

> "多蒂通过了后门，所以我才能通过前门。"
>
> ——哈莉·贝瑞

金·亨特 KIM HUNTER

生平： 本名珍妮特·科尔（Janet Cole），1922年11月12日生于美国密歇根底特律；2002年卒于美国纽约。

明星特质： 机智迷人、令人难忘、同情猩猩的女人；多才多艺的女主角；政治上的自由主义者、制作人、作家。

金·亨特在著名的演员工作室接受训练后不久就在迈阿密的一个小剧院公司登台演出了，那时她只有17岁。四年后她出演了自己的第一部电影，在由维尔·鲁东（Val Lewton）制作、马克·罗布森（Mark Robson）导演的难忘的恐怖片《第七个被害者》（The Seventh Victim，1943）中饰演女主角。她饰演过很多不同的好角色，如不同寻常的B级恐怖片《陌生人的婚礼》（When Strangers Marry，1944）中的角色和彩色电影《平步青云》（A Matter of Life and Death，1946）中的邻家女孩。

亨特还出演了《温柔的同志》（Tender Comrade，1943），该片讲述的是二战期间生活在一起的一群女人的故事，合作的明星是坚定的共和党人金格尔·罗杰斯。该片的作家达尔顿·特朗伯（Dalton Trumbo）和导演爱德华·迪麦特雷克（Edward Dmytryk）都被列入"好莱坞十大人物黑名单"。受此牵连，亨特也被列入黑名单，只能出演戏剧和电视剧。但在1956年，她勇敢地在《暴风眼》（Storm Center）中出演了一个角色，这部美国电影是20世纪50年代唯一一部公开批评反共政治迫害的电影。

尽管受到官方的冷落，亨特在《欲望号街车》（A Streetcar Named Desire，1951）中出演马龙·白兰度（Marlon Brando）的妻子斯特拉·科瓦尔斯基，这次演出让她获得奥斯卡最佳女配角。她在《人猿星球》（Planet of the Apes，1968）及其第一部续集中是黑猩猩科学家兹拉博士，在《逃离猩球》（Escape from the Planet of the Apes，1971）中的表演也尤为动人。比起电影，亨特在电视圈更为忙碌，在《浮生录》（The Swimmer，1968）以及达里奥·阿基多（Dario Argento）执导的《黑猫》（The Black Cat）和《双凶眼》（Due occhi diabolici，1990）中均有不俗的表现。她为演员平等联盟协会工作了六年，是演员工会的积极分子。**KN**

代表作：

The Hiding Place 2000
A Price Above Rubies 1998
Midnight in the Garden of Good and Evil 1997
Due occhi diabolici 1990 (Two Evil Eyes)
Escape from the Planet of the Apes 1971
Beneath the Planet of the Apes 1970
The Swimmer 1968
Planet of the Apes 1968
The Young Stranger 1957
Anything Can Happen 1952
A Streetcar Named Desire 1951 ★
A Matter of Life and Death 1946
When Strangers Marry 1944
A Canterbury Tale 1944
Tender Comrade 1943
The Seventh Victim 1943

1920年代

"难道你不觉得你高傲的态度有些不合时宜吗？"
——斯特拉·科尔瓦斯基，《欲望号街车》

杰拉·菲利浦 GÉRARD PHILIPE

生平：1922年12月4日生于法国滨海阿尔卑斯省戛纳；1959年卒于法国巴黎。

明星特质：英俊性感、温文尔雅的传奇法国电影和戏剧男演员、各种不同类型片中的男主角、导演。

代表作：

La fièvre monte à El Pao 1959
　　(Fever Rises in El Pao)
Le joueur 1958 (The Gambler)
La vie à deux 1958 (Life as a Couple)
Montparnasse 19 1958
　　(Modigliani of Montparnasse)
Pot-Bouille 1957 (Lovers of Paris)
Le rouge et le noir 1954 (Rouge et noir)
Si Versailles m'était conté 1954
　　(Royal Affairs in Versailles)
Fanfan la tulipe 1952 (Fan-Fan the Tulip)
La ronde 1950 (Roundabout)
La beauté du diable 1950 (Beauty and the Devil)
Le diable au corps 1947 (Devil in the Flesh)
L'idiot 1946 (The Idiot)
Le pays sans étoiles 1946 (Land Without Stars)
Les petites du quai aux fleurs 1944

　　杰拉·菲利浦在法国国立巴黎高等戏剧艺术学院学习表演，毕业后去剧院演出，不久就成为法国国立人民剧院的一员。他的银幕处女秀是在《Les petites du quai aux fleurs》（1944）中饰演一个小角色，之后出演了不少电影和戏剧。对年轻演员而言，战后的法国充满了各种更好的机遇，而菲利浦正是凭借《肉体的恶魔》（Le diable au corps, 1947）中青少年弗兰索瓦·乔伯特一角一举成名，他的成功一部分出于他英俊的长相和不俗的演技，但也有一部分是由于该片因对通奸的刻画而臭名昭著。

　　菲利浦引起了观众和导演的注意，接着在雷内·克莱尔（René Clair）的《魔鬼的美》（La beauté du diable, 1950）中出演魔鬼靡菲斯特和年轻的亨利·浮士德，在马克斯·奥菲尔斯（Max Ophüls）的《轮舞》（La ronde, 1950）中出演伯爵。

　　1951年，菲利浦与集演员与作家身份于一身的妮科尔·福卡德（Nicole Fourcade）结婚，他自身的天赋获得了众人的承认，银幕偶像的魅力也与日俱增，他的未来看起来一片光明。他乐于饰演一些不那么严肃的角色，如在虚张声势的浪漫喜剧《花开骑士》（Fanfan la tulipe, 1952）中，他饰演一个努力追女孩儿的农民士兵。他主演的路易斯·布鲁艾尔（Luis Buñuel）的《帕欧的火山》（La fièvre monte à El Pao, 1959）也十分著名。菲利浦继续在国立人民剧院演出，从1950年到1959年在该剧院参与了605场令人印象深刻的演出，其中包括在皮埃尔·高乃依（Pierre Corneille）的《熙德》（Le cid, 1951）中饰演重要角色唐·罗德里格（Don Rodrigue）。不幸的是，菲利浦的星路历程在他36岁那年就被无情地斩断了，他被诊断出患了肝癌，不久就去世了。**CK**

> "菲利浦不仅是位天才演员，他还有张让人久久难以忘怀的悲剧的面孔。"
> ——《纽约时报》（New York Times）

右图：菲利浦在1946年拍的这张宣传照中沉思的样子很时髦。

艾娃·加德纳 AVA GARDNER

生平：本名艾娃·拉维尼娅·加德纳（Ava Lavinia Gardner），1922年12月24日生于美国北卡罗来纳州布罗格登；1990年卒于英国伦敦威斯敏斯特。

明星特质：魅力无穷的传奇性感美女、银幕女神；有着天使的面庞和魔鬼的身材；历任丈夫都很出名；经常饰演淫荡的女子。

艾娃·加德纳是好莱坞最美丽的女星之一，她有过三段婚姻，丈夫都是好莱坞的顶级明星：米基·鲁尼（Mickey Rooney）、阿蒂·肖（Artie Shaw）和法兰克·辛纳屈（Frank Sinatra）。加德纳的父母是种植烟草的农民，家境贫寒，她是家中七个孩子里最小的一个。由于她面容姣好，加德纳被邀请去米高梅电影公司试镜，并于1941年去了好莱坞。在好莱坞饰演了五年的二流角色后，加德纳终于从默默无闻的小角色变成贫民区少年电影里的浪漫女主角，她在黑色电影《绣巾蒙面盗》（The Killers，1946）中完美地诠释了妖妇凯蒂·柯林斯一角。可惜的是，加德纳并没有立马出演一些有趣的电影。她因美丽的外貌在《维纳斯的一触》（One Touch of Venus，1948）中饰演一位女神，并在风景如画的《演出船》（Show Boat，1951）中演出。加德纳最丰满的角色是《潘多拉与飞翔的荷兰人》（Pandora and the Flying Dutchman，1951）中矛盾美艳的歌手，片中她的美貌足以毁灭所有男人，但也渴望来世能与詹姆斯·梅森（James Mason）永远在一起。

加德纳在《赤足天使》（The Barefoot Contessa，1954）中饰演一位丽塔·海华丝（Rita Hayworth）式的明星，但是有她自己的个性和事业。1955年加德纳和辛纳屈离婚后去了西班牙，接下来的很多电影都是在国外拍的。她流汗紧张的样子在全明星阵容的《太阳照样升起》（The Sun Also Rises，1957）、《海滩》（On the Beach，1959）、《巫山风雨夜》（The Night of the Iguana，1964）中显得十分合适。加德纳在《迟暮美人心》（Tam Lin，1970）中饰演的迷人女子也很精彩，她还勇敢地出演了《大地震》（Earthquake，1974）和《卡桑德拉大桥》（The Cassandra Crossing，1976）。1968年加德纳搬去伦敦，之后几乎过着隐士般的生活。她1989年中风，从此便卧床不起，她的第三任丈夫辛纳屈为她支付了全部医疗费。**KN**

代表作：

Regina Roma 1982
The Sentinel 1977
The Cassandra Crossing 1976
Earthquake 1974
Tam Lin 1970 (The Devil's Widow)
The Night of the Iguana 1964
Seven Days in May 1964
55 Days at Peking 1963
On the Beach 1959
The Sun Also Rises 1957
The Barefoot Contessa 1954
Mogambo 1953 ☆
Show Boat 1951
Pandora and the Flying Dutchman 1951
One Touch of Venus 1948
The Killers 1946

1920年代

"关于成为大明星我真正想说的是它给了我我从未想过的一切。"

格洛丽亚·格雷厄姆 GLORIA GRAHAME

生平：本名格洛丽亚·霍华德，1923年11月28日生于美国洛杉矶；1981年卒于美国纽约。

明星特质：金发的性感尤物；嗓音沙哑、撩人而有魅力的女子；常饰演坏女孩之类的角色；成熟、严肃的性格演员。

格洛丽亚·格雷厄姆的父亲是个建筑师，母亲是演员兼戏剧教师。她很小就决定追随母亲的脚步去演戏，高中时辍学去了百老汇。格雷厄姆1944年在百老汇演出时被路易斯·梅耶（Louis B. Mayer）发现，后者为她提供了与米高梅电影公司的合同。然而这纸合同期限很短——格雷厄姆并不符合米高梅对演员外貌的严格要求——她于1947年去了雷电华电影公司，做了很短一段时间的性感明星，出演了一系列黑色电影和情节剧。格雷厄姆因在《兰闺艳血》（In a Lonely Place，1950）中与亨弗莱·鲍嘉演对手戏而成名，而两年前她已嫁给该片的导演尼古拉斯·雷（Nicholas Ray）。她在《玉女奇遇》（The Bad and the Beautiful，1952）中饰演作家迪克·鲍威尔（Dick Powell）举止轻浮的妻子，并凭借这一角色获得奥斯卡最佳女配角。在弗里茨·朗的《大内幕》（The Big Heat，1953）中，她以沙哑的嗓音和撅起的嘴唇完美地诠释了一个匪徒的情妇，在朗的另一部作品《人之欲》（Human Desire，1954）中，她再次饰演一个偏离正道的妻子，被卷入一场谋杀之中。

格雷厄姆很少饰演好女人。在《阴谋》（The Cobweb，1955）中她好指使人，对辛勤工作的丈夫理查德·威德马克（Richard Widmark）不忠；在《明月冰心照杏林》（Not as a Stranger，1955）中破坏罗伯特·米彻姆（Robert Mitchum）的婚姻。然而在音乐剧《俄克拉荷马！》（Oklahoma!，1955）中，格雷厄姆饰演一个"不会说不"的女孩儿，快乐而任性。此外，格雷厄姆还是个音痴，她在录制音乐剧中的歌曲时不得不一个音一个音地去合成。那之后她似乎没再演过什么优秀电影了，于是演了几年电视。20世纪70年代，格雷厄姆出演了一些低成本的恐怖片，如《鲜血与蕾丝》（Blood and Lace，1971）。格雷厄姆有过四段婚姻，1960年她嫁给了第四任丈夫安东尼·雷（Anthony Ray），他是她第二任丈夫尼古拉斯·雷的儿子。**EB**

"这不是我看男人的方式，而是背后的想法。"

代表作：

The Nesting 1981
Melvin and Howard 1980
The Todd Killings 1971
Blood and Lace 1971
Ride Beyond Vengeance 1966
Odds Against Tomorrow 1959
Oklahoma! 1955
Not as a Stranger 1955
The Cobweb 1955
Human Desire 1954
The Big Heat 1953
The Bad and the Beautiful 1952 ★
The Greatest Show on Earth 1952
In a Lonely Place 1950
Crossfire 1947 ☆
It's a Wonderful Life 1946

1920年代

萨布 SABU

生平：本名西拉尔·谢克·萨布（Selar Shaik Sabu），1924年1月27日生于印度迈索尔；1963年卒于美国加利福尼亚州查特斯沃斯。

明星特质：体格健壮、富有魅力；好莱坞第一个成功的印度演员，常饰演老套的印度角色。

当纪录片导演罗伯特·佛拉哈迪（Robert Flaherty）找萨布主演根据鲁德亚德·吉普林（Rudyard Kipling）的小说《大象的涂迈》（Toomai of the Elephants）改编的电影《伏象神童》（Elephant Boy，1937）时，萨布只有11岁，正在为迈索尔大君做马夫。这部电影让这个印度年轻人成为英语片中的明星。在英国，制作人祖尔丹·科达（Zoltan Korda）让萨布出演了《金鼓雷鸣》（The Drum，1938）中的阿奇姆王子，之后又让他主演《巴格达大盗》（The Thief of Bagdad，1940）。到了好莱坞后，萨布继续在科达的《森林王子》（Jungle Book，1942）中出演莫格里。萨布与环球电影公司签约，与玛利亚·蒙特兹（Maria Montez）联袂主演了《天方夜谭》（Arabian Nights，1942）、《白色野蛮人》（White Savage，1943）和《眼镜蛇女》（Cobra Woman，1944）。1944年1月，萨布成为美国公民。不久后，他加入美国陆军航空队，在二战中成为一名战斗机机尾炮手，在太平洋上执行了40多次任务，赢得了杰出飞行十字勋章和其他多种奖励。

在美国电影中，萨布不过是个异国面孔，但他在英国拍的电影中的角色则要比在美国草率赶工而成的电影角色有趣得多。之后他与《巴格达大盗》的导演之一迈克尔·鲍威尔（Michael Powell）再度合作，在《黑水仙》（Black Narcissus，1947）中饰演小将军，沉浸在黑水仙的香气里。悲哀的是，在这个富有魅力且充满灾难的角色之后，他的电影回归寻常，出演了《库蒙的食人族》（Man-Eater of Kumaon，1948）、《印度之歌》（Song of India，1949）、《巴格达》（Baghdad，1952）、《丛林地狱》（Jungle Hell，1956）、《黑豹党》（The Black Panther，1956）和《萨布和魔戒》（Sabu and the Magic Ring，1957）。除了在印度出生的英国演员梅尔·奥勃朗（Merle Oberon）和英印混血的鲍里斯·卡洛夫（Boris Karloff）外，萨布是第一个成为国际电影明星的印度人。他39岁那年因心脏病发作去世。**KN**

代表作：

A Tiger Walks 1964
Sabu and the Magic Ring 1957
The Black Panther 1956
Jungle Hell 1956
Baghdad 1952
Song of India 1949
Man-Eater of Kumaon 1948
The End of the River 1947
Black Narcissus 1947
Cobra Woman 1944
White Savage 1943
Arabian Nights 1942
Jungle Book 1942
The Thief of Bagdad 1940
The Drum 1938
Elephant Boy 1937

1920年代

"我是盗贼阿布，是盗贼阿布的儿子，盗贼阿布的孙子。"

——阿布，《巴格达大盗》

李·马文 LEE MARVIN

生平：1924年2月19日生于美国纽约；1987年卒于美国亚利桑那州图森。

明星特质：歌手、制作人、动作片主角、美国电影中充满男子气概的偶像。

这么说并不是暗示李·马文一生不受重视——毕竟他因在西部喜剧片《女贼金丝猫》（Cat Ballou，1965）中的角色获得了奥斯卡最佳男主角——但是自他去世后，人们对他的崇拜才与日俱增。

马文是少数只需一个简单的表情或动作就能传达出比其他演员洋洋洒洒长篇大论更多含义的演员。与美国其他充满男子气概的电影偶像如克林特·伊斯特伍德（Clint Eastwood）和罗伯特·米彻姆（Robert Mitchum）一样，马文是位有着深度和复杂性格的硬汉。二战中受到紫心勋章（Purple Heart medal）的奖励后，马文开始了戏剧表演事业，最终在1950年去了好莱坞。接下来的十年里他在B级电影和黑色恐怖片中饰演险恶的重量级角色和笨拙的恶棍，其代表作有《大内幕》（The Big Heat，1953）和《黑岩喋血记》（Bad Day at Black Rock，1955）。这时导演们对他主演的角色都十分满意，他最好的作品即将出现。马文20世纪50年代和大半个60年代一直活跃在电视荧屏中。

唐·西格尔（Don Siegel）的《财色惊魂》（The Killers，1964）原本是计划拍成电视的，但由于该片在当时过于暴力，最终被制作成了电影。该片拉开了马文六年辉煌事业的序幕。在赢得奥斯卡奖后，马文继续呈现给观众一系列非同一般的作品：《职业大贼》（The Professionals，1966）、《12金刚》（The Dirty Dozen，1967）和他职业生涯中最出色的作品——翰·保曼（John Boorman）别出心裁的恐怖片《步步惊魂》（Point Blank，1967）。20世纪70年代马文的事业变得更加不平坦，他只拍了几部好电影，如《双龙大火拼》（Prime Cut，1972）。纵观他的一生，我们就可看出他错过了多少：在他同代的男演员中没有谁比得上他。**TC**

代表作：

The Delta Force 1986
The Big Red One 1980
Shout at the Devil 1976
The Iceman Cometh 1973
Prime Cut 1972
Point Blank 1967
The Dirty Dozen 1967
The Professionals 1966
Cat Ballou 1965 ★
The Killers 1964
The Man Who Shot Liberty Valance 1962
Bad Day at Black Rock 1955
The Caine Mutiny 1954
The Wild One 1953
The Big Heat 1953
You're in the Navy Now 1951

1920年代

"如果我有任何吸引力的话，那也是对那些出门倒垃圾的人而言的。"

马龙·白兰度 MARLON BRANDO

生平： 本名小马龙·白兰度（Marlon Brando Jr.），1924年4月3日生于美国内布拉斯加州奥马哈；2004年卒于美国洛杉矶。

明星特质： 判断所有美国男演员的标杆；充满了迷人魅力的文化偶像、有天赋且多才多艺的演员。

马龙·白兰度去世时不仅是这世上真正富有的人之一，还是个比其他人更卓越的怪人，他晚年的行为几乎遮盖了他早年作为战后明星的光环。他一直不愿承认自己是个明星，但他在1950年至1972年这段光辉岁月里，确实努力让自己成为有史以来最伟大的银幕演员。

白兰度生于内布拉斯加州的奥马哈市，有两个姐姐和一对酒鬼父母。他的父亲常常不在家，喜欢艺术的母亲又常常酩酊大醉。1943年，白兰度被高中开除，由于膝盖受伤又没被军队录取，于是他和两个姐姐一起去了纽约，一来是想自己闯出一番新天地，二来是要证明他父亲对他未来不寄予期望的想法是错误的。

白兰度在新学院加入了戏剧工作室，斯特拉·阿德勒（Stella Adler）是他的辅导老师，后者后来采用了斯坦尼斯拉夫斯基（Stanislavsky）的理论，并强调演员就是要通过重要的情感体验真实地将一切表演出来。也许这种表演方式并不是白兰度自己的风格，但也对其表演产生了一定的影响，通过这种方式，白兰度1944年首次登上百老汇的舞台，出演了《慈母泪》（I Remember Mama）。这次演出反响极好，好莱坞也向白兰度发出邀请，但受长期合约的限制，他拒绝了这次机会。

代表作：

The Island of Dr. Moreau 1996
Christopher Columbus: The Discovery 1992
The Freshman 1990
A Dry White Season 1989 ☆
Apocalypse Now 1979
Superman 1978
The Missouri Breaks 1976
Ultimo tango a Parigi 1972 ☆
　(Last Tango in Paris)
The Godfather 1972 ★
Reflections in a Golden Eye 1967
The Appaloosa 1966
The Chase 1966
The Ugly American 1963
Mutiny on the Bounty 1962
One-Eyed Jacks 1961
The Fugitive Kind 1959
Sayonara 1957 ☆
Guys and Dolls 1955
On the Waterfront 1954 ★
The Wild One 1953
Julius Caesar 1953 ☆
Viva Zapata! 1952 ☆
A Streetcar Named Desire 1951
The Men 1950

1920年代

右图：白兰度因在《码头风云》中的表演赢得第一个奥斯卡奖。

马龙·白兰度

上图：白兰度在《教父》中饰演的经典角色唐·柯里昂再次点燃他的职业之路。

然而六年后白兰度改变初衷，出演了自己的第一部电影《男儿本色》（The Men，1950），这是一个关于下身麻痹瘫痪的士兵的故事。之后他放弃了戏剧舞台，专心拍电影，给观众带来一些其他演员从未呈现过的最难忘刺激而又与众不同的表演。光在20世纪50年代早期拍摄的就有《欲望号街车》（A Streetcar Named Desire，1951）、他第一部获奥斯卡奖提名的电影《萨巴达传》（Viva Zapata!，1952）、《凯撒大帝》（Julius Caesar，1953）、《飞车党》（The Wild One，1953）和他第一部获得奥斯卡最佳男主角的电影《码头风云》（On the Waterfront，1954）。1955年到1962年，白兰度是票房冠军，也是电影界薪酬最高的男演员之一，1962年他出演《叛舰喋血记》（Mutiny on the Bounty）的薪酬高达到125万美元，刷新了单部影片薪酬的最高纪录。高度的商业评价产生的压力和人们公认他为有着"严肃演技"的先锋演

"演员就是那种如果你不谈论他，他就不听你说话的家伙。"

马龙·白兰度

白兰度的神话

马龙·白兰度被公认为有史以来最伟大的电影演员之一。30岁时他的风格就革新了美国的表演。他的很多经典角色——斯坦利·科瓦尔斯基和唐·柯里昂——因为白兰度现场的即兴创作达到了很高的高度。他是詹姆斯·迪恩（James Dean）、保罗·纽曼（Paul Newman）和罗伯特·雷德福（Robert Redford）等演员的榜样，人们以他为标准来衡量其他美国演员的好坏。以下是关于这位伟大演员的一些事：

◆ 他给我们带来自由。——杰克·尼克尔森评价白兰度、他的演戏方式和他表演风格产生的令人震惊的影响。

◆ 他喜欢光芒！看到那些照耀着他的光没？……我不该有所偏爱，但他就是我的最爱。——剧作家田纳西·威廉斯

◆ 我既不想要意大利裔的美国人，也不想要能饰演意大利裔美国人的伟大演员。所以当他们问我'你推荐谁？'时，我说'听着，我不知道，但是当今世上最伟大的两个男演员是谁？劳伦斯·奥利弗和马龙·白兰度……在我看来，白兰度是英雄中的英雄。为了见他一面我愿意做任何事。——弗朗西斯·福特·科波拉谈《教父》的选角

◆ 他和我有许多相似之处。他也树立了很多敌人，他也是个完美主义者。——贝蒂·戴维斯

1920年代

员的事实让白兰度的行为开始变得怪僻。这种行为几乎毁灭了他的作品如《独眼龙》（One-Eyed Jacks, 1961），并让他与合作者相处得很不愉快，他为了追求不同的尝试——尤其是美食和女人——而大肆挥霍，丝毫不顾自己事业的长远发展。

恢复白兰度的"品牌"

这种批评意见无可避免地导致白兰度在60年代电影中一系列的商业失败，如《丑陋的美国人》（The Ugly American, 1963）、《凯德警长》（The Chase, 1966）。之后白兰度凭借弗朗西丝·福特·科波拉（Francis Ford Coppola）根据马里奥·普佐（Mario Puzo）小说改编的《教父》（The Godfather, 1972）一片重获新生，他饰演的唐·柯里昂迅速成为众人的偶像，并为他赢得了另一座奥斯卡奖和金球奖。白兰度拒绝领奥斯卡奖的行为激怒了很多好莱坞的同辈人，即使如此，他依旧被人铭记。

白兰度晚年零星地出演了一些有趣而特别的角色，片酬都非常可观，如《超人》（Superman, 1978）、《魔头对捕头》（The Formula, 1980）、《征服四海》（Christopher Columbus: The Discovery, 1992）、《麻人岛》（The Island of Dr. Moreau, 1996））。他也和一些其他的优秀演员合作，如《大峡谷》（The Missouri Breaks, 1976）、《现代启示录》（Apocalypse Now, 1979）、《新生》（The Freshman, 1990），他甚至还主演了一部电视短剧《根》（Roots, 1979）。

看清白兰度这些令人沮丧的选择和天才的习惯后，我们也必须承认他给表演艺术带来了惊天动地的影响。作为一名倡导者，他不仅开拓了美国学院派表演的空间，也发展了美国电影中充满男子气概的角色，他塑造的形象结合了男性和女性的特质，成为很多人模仿的对象。**GCQ**

右图：白兰度在《飞车党》中饰演无理由反抗的强尼。

多丽丝·黛 DORIS DAY

生平：本名多丽丝·玛丽·安·冯卡普尔霍夫（Doris Mary Ann Von Kappelhoff），1924年4月3日生于美国俄亥俄州辛辛那提。

明星特质：金发的邻家女孩；因为强有力的歌声被称为"有副好嗓子的野姑娘"；轻快喜剧和浪漫剧的女主角。

多丽丝·黛的父母都是德国移民，因为她的母亲很喜欢电影演员多丽丝·凯尼恩（Doris Kenyon），于是给她取名多丽丝。她开始只是个舞者，但1937年她在一场车祸中受伤，于是转而唱歌。黛与巴尼·拉普（Barney Rapp）和鲍勃·克罗斯比（Bob Crosby）的大乐队一起演唱过，在20世纪40年代末单飞前和莱丝·布朗（Les Brown）一起入选音乐榜的12大流行金曲。拉普认为"卡普尔霍夫"这个名字不太合适，在她演唱完《日复一日》（Day After Day）后劝她改叫"黛"（Day），这首歌也是她的保留曲目之一。

1948年，黛与华纳兄弟电影公司签约，出演了音乐剧《鸳鸯茶》（Tea for Two，1950），以邻家女孩的清纯长相和有力的嗓音赢得了大批观众的青睐。她早年最出色的演出之一是在《野姑娘杰恩》（Calamity Jane，1953）中饰演恋爱中的野姑娘。她在阿尔弗雷德·希区柯克的《擒凶记》（The Man Who Knew Too Much，1956）中饰演一位一本正经的金发美女，唱着"凡事不可苛求，顺其自然"（Whatever Will Be，Will Be）去救她被绑架的儿子。这首歌获得奥斯卡最佳电影歌曲奖，也成为黛的经典曲目。

黛和好莱坞一些最出色的男星合作过，包括加里·格兰特和克拉克·盖博。她在浮华的浪漫剧《枕边细语》（Pillow Talk，1959）、《娇凤痴鸾》（Lover Come Back，1961）和《名花有主》（Send Me No Flowers，1964）中与罗克·赫德森合作愉快，但不久这一组合形式就变得单薄起来。非常讽刺的是她的私生活麻烦不断：她的第一任丈夫爱使用暴力，常常虐待她，而她的第三任丈夫兼经纪人总是逼她去演她不想演的电影。黛尝试更宽泛的角色，在《雌雄双谍》（Caprice，1967）中尝试喜剧表演，但之后便从大银幕消失，在电视节目《多丽丝·黛秀》（The Doris Day Show，1968—1973）中取得成功。黛现在已经退休，在加利福尼亚州的卡梅尔经营着多丽丝·黛动物联盟（Doris Day Animal League）。**KN**

代表作：

The Ballad of Josie 1967
Send Me No Flowers 1964
Move Over, Darling 1963
That Touch of Mink 1962
Lover Come Back 1961
Please Don't Eat the Daisies 1960
Pillow Talk 1959 ★
The Pajama Game 1957
The Man Who Knew Too Much 1956
Love Me or Leave Me 1955
Calamity Jane 1953
On Moonlight Bay 1951
Storm Warning 1951
Tea for Two 1950
Young Man with a Horn 1950
Romance on the High Seas 1948

> "中年最恐怖的事情就是你已认识到你很快就要老了。"

爱娃·玛丽·森特 EVA MARIE SAINT

生平： 1924年7月4日生于美国新泽西州纽瓦克。

明星特质： "电视界的海伦·海丝"；优雅迷人的金发美女；希区柯克电影中的蛇蝎女子；成熟严肃的性格演员。

爱娃·玛丽·森特高中毕业后去了西部，在俄亥俄州的博林格林州立大学学习表演。20世纪40年代森特开始在广播和电视中工作，后来因为在百老汇出演《丰盛之旅》（The Trip to Bountiful，1953）赢得戏剧评论奖。接下来的几年里森特因电视作品获得过两次艾美奖提名，并赢得"电视界的海伦·海丝"的称号。接着她又凭借银幕处女作《码头风云》（On the Waterfront，）赢得奥斯卡最佳女配角（她在该片中饰演一个主要角色）。森特是个少有的美丽的性格演员，与很多获得奥斯卡奖的女演员一样，获奖之后很难找到能带来突破的好角色，在《那种感觉》（That Certain Feeling，1956）中，她只是鲍勃·霍普身边的美女而已，而在《雨树县》（Raintree County，1957）和《出埃及记》（Exodus，1960）中她的表演都很僵硬。

对森特来说，《码头风云》的模式很成功，她接着出演了《浪子回头》（A Hatful of Rain，1957）中瘾君子的妻子，并在希区柯克的《西北偏北》（North By Northwest，1959）中饰演一个金发美女，在火车上诱惑加里·格兰特。为了角色需求，希区柯克坚持要森特剪短齐腰的长发。尽管森特在《情场浪子》（All Fall Down，1962）中饰演华伦·比蒂爱慕的迷人可爱的女子，但她在20世纪60年代的电影中大多饰演与爱情搭不上边儿的角色，如《霹雳神风》（Grand Prix，1966）中的角色和《春风无限恨》（The Sandpiper，1965）中默默支持丈夫的妻子。她在优秀的西部片《月落大地》（The Stalking Moon，1968）中饰演一位坚强的边境女人，在《爱》（Loving，1970）中出色地饰演了乔治·席格的妻子，在《鬼马夫妻》（Cancel My Reservation，1972）中又回到鲍勃·霍普身边。森特渐渐年老，在电影中能演的有趣角色也日益减少，于是她把大多时间花在戏剧和电视上。她在维姆·文德斯的《别来敲门》（Don't Come Knocking，2005）中演一位母亲，在《超人归来》（Superman Returns，2006）中饰演玛莎·肯特的养母。**KN**

代表作：

Superman Returns 2006
Don't Come Knocking 2005
I Dreamed of Africa 2000
Time to Say Goodbye? 1997
Nothing in Common 1986
Cancel My Reservation 1972
Loving 1970
The Stalking Moon 1968
Grand Prix 1966
The Sandpiper 1965
All Fall Down 1962
Exodus 1960
North by Northwest 1959
Raintree County 1957
That Certain Feeling 1956
On the Waterfront 1954 ★

"尽管我们都衣衫齐整，但我认为《西北偏北》非常性感。"

劳伦·白考尔 LAUREN BACALL

生平：本名贝蒂·琼·珀斯克（Betty Joan Perske），1924年9月16日生于美国纽约。

明星特质：嗓音低沉；亨弗莱·鲍嘉-劳伦·白考尔的组合是票房的保证；饰演任何类型的电影都很成功，但最著名的也许是黑色电影。

1943年，劳伦·白考尔在《时尚芭莎》封面的照片引起了霍华德·霍克斯的妻子南希的注意，霍克斯与白考尔签订了私人合约并部分参照南希的想法重塑她的形象。评论家以她的外貌来推销她，强调她丝滑的头发、大眼睛和丰满的嘴巴。霍克斯让她和亨弗莱·鲍嘉搭档出演了根据海明威小说改编的《逃亡》（To Have and Have Not，1944）。这是部如战时的冒险剧般无情的浪漫喜剧，白考尔的电影处女作立即成为经典。除了配合鲍嘉傲慢的银幕形象外，白考尔饰演的玛丽·"斯利姆"·布朗宁（"斯利姆"是南希的绰号）还用沙哑的嗓音演唱了几支豪吉·卡迈尔的歌，很多年里人们都误以为电影中的原声歌曲是由安迪·威廉斯配唱的。

白考尔的形象出现在华纳兄弟的卡通片《拥抱白考尔》（Bacall to Arms，1946）中，这是对她的最高嘉奖。霍克斯再次让鲍嘉和白考尔搭档出演了《夜长梦多》（The Big Sleep，1946），之后就解除了与她的合约——据称是因为他反对这两人旋风般的爱情和婚姻，抑或是因为觉得被排除在外而不满。白考尔与导演赫尔曼·舒姆林和查尔斯·博耶合作的《神秘代理人》（Confidential Agent，1945）就稍显逊色，于是在这十年里她只出演鲍嘉的电影，如《逃狱雪冤》（Dark Passage，1947）和《盖世枭

代表作：

These Foolish Things 2006
Manderlay 2005
Dogville 2003
Presence of Mind 1999
The Mirror Has Two Faces 1996 ☆
Misery 1990
Mr. North 1988
Appointment with Death 1988
The Fan 1981
The Shootist 1976
Murder on the Orient Express 1974
Harper 1966
North West Frontier 1959
The Gift of Love 1958
Written on the Wind 1956
Blood Alley 1955
The Cobweb 1955
How to Marry a Millionaire 1953
Young Man with a Horn 1950
Key Largo 1948
Dark Passage 1947
The Big Sleep 1946
Confidential Agent 1945
To Have and Have Not 1944

右图：白考尔和丈夫亨弗莱·鲍嘉及他们的宠物狗，拍于1945年。

326

劳伦·白考尔

上图：白考尔20岁时主演的第一部电影《逃亡》。

雄》（Key Largo1948，）。在《双凤夺鸾》（Young Man with a Horn，1950）中，她出色地饰演了一个掠夺成性的年长女子，但在随后的情节剧《苦雨恋春风》（Written on the Wind，1956）和浪漫喜剧《愿嫁金龟婿》（How to Marry a Millionaire，1953）中都被别人抢去了风头。

鲍嘉1957年去世后白考尔成了寡妇，她在百老汇演出，最出名的是主演了音乐剧版本的《彗星美人》（All About Eve，1950）——《掌声》（Applause）。在演完标志性的黑色电影《地狱先锋》（Harper，1966）后，白考尔再次在电影中演起了性格角色——在《东方快车谋杀案》（Murder on the Orient Express，1974）中古怪，在《英雄本色》（The Shootist，1976）中令人动容。她在恐怖片《夺命影迷》（The Fan，1981）中与詹姆斯·加纳配合默契，饰演一位被精神病患者设法接近的百老汇首席女主角。白考尔一直很受欢迎，她与几代著名导演如罗伯特·奥特曼和拉斯·冯·提尔都合作过。**KN**

白考尔对婚姻的评价

尽管劳伦·白考尔有过两段婚姻——她的第一任丈夫是亨弗莱·鲍嘉，这段婚姻一直持续到鲍嘉1957年去世——但她对婚姻制度却玩世不恭：

◆ 我从不认为婚姻能持久……我觉得结婚五年就是结婚一辈子了。

◆ 我现在（2005年）不想结婚。但我偶尔也会想，要是我摔倒了并碰到了头，就没人去打电话救我了。

◆ 在我的两段婚姻中我都把事业置于第二位，这让我深受其害，但我并不后悔。

马塞洛·马斯楚安尼 MARCELLO MASTROIANNI

生平：本名马塞洛·文森佐·多米尼克·马斯楚杰尼（Marcello Vincenzo Domenico Mastrojanni），1924年9月28日生于意大利拉丁姆丰塔纳利里；1996年卒于法国法兰西岛巴黎。

明星特质：英俊潇洒、多才多艺的意大利银幕传奇；因饰演"意大利情人"的角色而出名。

代表作：

Trois vies & une seule mort 1996
  (Three Lives and Only One Death)
Prêt-à-Porter 1994
Oci ciornie 1987 ☆
  (Dark Eyes)
Ginger e Fred 1986 (Ginger and Fred)
Una giornata particolare 1977 ☆
  (A Special Day)
8 ½ 1963
Divorzio all'italiana 1961 ☆
  (Divorce—Italian Style)
La notte 1961 (The Night)
La dolce vita 1960
I soliti ignoti 1958
  (Big Deal on Madonna Street)
Tempi nostri 1954 (The Anatomy of Love)
Vita da cani 1950 (A Dog's Life)

马塞洛·马斯楚安尼是意大利著名演员，因拍摄导演费德里科·费里尼的作品而出名。他是少数声望和天赋能跨越语言障碍的国际巨星。马斯楚安尼的父亲是个木匠，他第一次登台演出是在教区教堂中。二战期间，他曾被纳粹抓去德国的劳改营一阵子，后来逃出来，以难民的身份呆在威尼斯，直到1945年。战争结束后他去了罗马，在电影公司做小职员，晚上则和一群大学生一起表演。马斯楚安尼被传奇导演卢奇诺·维斯康蒂（Luchino Visconti）发掘后一直活跃在意大利电影界，之后费里尼找他主演了《甜蜜的生活》（La dolce vita，1960）中穿梭于罗马社会名流间疲倦不堪的小报记者。

马斯楚安尼和费里尼在费里尼的杰作《八部半》（8½，1963）中再度合作，但为了避免两人之间的联系过于紧密，马斯楚安尼也出演了不少其他意大利经典电影，如《圣母街上的大人物》（I soliti ignoti，1958）、意大利新现实主义电影导演米开朗基罗·安东尼奥尼（Michelangelo Antonioni）的《夜》（La notte，1961）和黑色喜剧《意大利式离婚》（Divorzio all'italiana，1961）。其中《意大利式离婚》为马斯楚安尼赢得奥斯卡最佳男主角的提名，他之后凭借《特殊的一天》（Una giornata particolare，1977）和《黑眼睛》（Oci ciornie，1987）再次获得该奖项的提名。马斯楚安尼晚年常和罗伯特·奥特曼（Robert Altman）合作，后者在《高级成衣》（Prêt-à-Porter，1994）中再次让他和银幕老搭档索菲亚·罗兰（Sophia Loren）合作。马斯楚安尼的最后一部电影是《三生一死》（Trois vies & une seule mort，1996），这部电影上映后不久他就去世，但他去世前就获得了职业生涯的最高评价。**JK**

> "在镜头前，我感到充实而满足。离开镜头，我会感到空虚和迷茫。"

右图：在《黑眼睛》中，马斯楚安尼饰演的罗马诺跋涉水中。

查尔登·海斯顿 CHARLTON HESTON

生平： 本名约翰·查尔斯·卡特（John Charles Carter），1924年10月4日生于美国伊利诺伊州埃文斯顿；2007年卒于美国加利福尼亚州洛杉矶。

明星特质： 肌肉发达、轮廓分明、嗓音低沉；右翼政治活动家、慈善家、导演；饰演过圣经史诗中的英雄角色。

代表作：

Planet of the Apes 2001
Armageddon 1998
Hercules 1997
The Awakening 1980
Midway 1976
Soylent Green 1973
Antony and Cleopatra 1972
The Omega Man 1971
Julius Caesar 1970
Beneath the Planet of the Apes 1970
Planet of the Apes 1968
Khartoum 1966
Major Dundee 1965
The Greatest Story Ever Told 1965
El Cid 1961
Ben-Hur 1959 ★
The Big Country 1958
Touch of Evil 1958
The Ten Commandments 1956
The Private War of Major Benson 1955
The Naked Jungle 1954
The Greatest Show on Earth 1952
Dark City 1950
Julius Caesar 1950
Peer Gynt 1941

查尔登·海斯顿外貌英俊，有着如雕像般的下颚，长长的前额和一头茂密的棕发，浓浓的眉毛、单薄的唇部线条，在明亮的阳光下斜着眼睛的样子显得十分高深莫测。海斯顿最初是名模特，后来却成为赢得奥斯卡奖的优秀演员。父母离婚后母亲改嫁切斯特·海斯顿（Chester Heston），小海斯顿和家人一起搬去芝加哥郊区。他参加了社区的剧团，高中时期学习了电影制作的相关知识，后来赢得西北大学戏剧奖学金。1944年，海斯顿离开学校，加入美国陆军航空队，在部队服役两年，并和西北大学的同学兼模特莉迪亚·克拉克（Lydia Clarke）结婚。

从军队退役后，海斯顿去了纽约，出演了百老汇戏剧《安东尼与克里奥佩特拉》（Antony and Cleopatra）和一些电视节目，其中《悬疑》（Suspense）和《第一工作室》（Studio One）获得了大众的好评。海斯顿早年的电影有1950年拍摄的《危机四伏》（Dark City）和《凯撒大帝》（Julius Caesar），但他的突破之年却是1952年，那年他在导演塞西尔·B. 戴米尔（Cecil B. DeMille）的《戏王之王》（The Greatest Show on Earth）中饰演马戏团经理，戴米尔也成为海斯顿最重要的合作者之一。

后来这位身高六英尺三英寸演员还出演了《蚂蚁雄兵》（The Naked Jungle, 1954）和《本森少校的私人战

右图：海斯顿在威廉·惠勒的史诗剧《宾虚》中饰演变成奴隶的犹太王子。

查尔登·海斯顿

上图：海斯顿在《十诫》中饰演劈开红海的摩西。

争》（The Private War of Major Benson，1955）等片，之后他在圣经史诗剧《十诫》（The Ten Commandments，1956）中饰演摩西。如今这已成为美国基督教徒在每年复活节庆典上的一项仪式，而这次表演也建立了海斯顿的好形象：嗓音富有艺术气息、道德伦理观正直、名誉无污点、性感强壮。两年后他在奥森·威尔斯（Orson Welles）的黑色电影的杰作《历劫佳人》（Touch of Evil，1958）中再次展现实力，但海斯顿最出色的表演无疑是在《宾虚》（Ben-Hur，1959）中。尽管他晚年出演了同样大规模的史诗剧如《万世英雄》（El Cid，1961）、《战国春秋》（Khartoum，1966）和《中途岛之战》（Midway，1976），但他饰演的犹大·宾虚让他成为一个纯粹、默默承受一切，忠于更高的权力——上帝之权或其他权力的人。似乎要为他的圣洁再镀层金般，海斯顿之后在1965年的《万世流芳》（The Greatest Story Ever Told）中出演了施

"当你觉得自己的表演完美无缺之时就是你要离开之时。"

1920年代

查尔登·海斯顿

有信念的人

"当你需要粉刷天花板、需要参加古战车比赛、需要包围一座城市或是劈开红海，你就会想起我。"查尔登·海斯顿选择的电影角色在很多方面反映了他自己强大的政治观和宗教观。他轮廓分明的长相很适合饰演道德正直的英雄——实际上，塞西尔·戴米尔让他在《十诫》中出演摩西也是因为他与米开朗基罗的摩西雕像惊人地相似。

◆ 海斯顿是20世纪60年代民权运动和1963年教士马丁·路德·金博士（Dr. Martin Luther King Jr.）在华盛顿的游行中的积极分子，他是未剪切的原版《电影皇帝》（King: A Filmed Record...Montgomery to Memphis, 1970）的解说者。

◆ 海斯顿是二战老兵、坚定的爱国者。他1966年在越南视察了军队，2003年伊拉克战争期间还公开对士兵表示支持："世上没有比跨越大半个地球去保卫自由更高尚的职责了，你们的这次任务给那些受压迫的人带去希望和人道关怀。"

◆ 海斯顿1944年娶了莉迪亚·克拉克后一直致力于宣传牢固的家庭观。这对夫妇的第二个孩子是收养的，这样他们就有一儿一女了。

洗者约翰。

对很多粉丝而言，海斯顿更令人难忘的演出都来自那些少了宗教教条主义而多了奇思妙想的作品，如《人猿猩球》（Planet of the Apes, 1968）、《最后一个人》（Omega Man, 1971）和《绿色食品》（Soylent Green, 1973）。也有些人喜欢他倾于实验而不那么流行的作品，如《邓迪少校》（Major Dundee, 1965），或是他广泛的电视作品，其中包括《豪门恩怨》（Dynasty）、《浮华世家》（The Colbys）和《金银岛》（Treasure Island）。

在公众眼中

海斯顿在所有这些演出中都有血有肉，而他本人更是个远超出这些角色的名人。他是个父亲、活动积极分子、政治冒险家，无惧公开表达自己的信念，这一切都远远超过一个电影演员的所作所为。海斯顿是演员工会和美国步枪协会的领导者，现在是名保守派人士，支持言论自由和种族一体化。

接受他或离开他，喜欢他或憎恨他，秉承着忠于事业忠于生活的观点，海斯顿勇敢地过着这种简单却非头脑简单的生活。这对他意味着近50年的工作，直到前列腺癌和老年痴呆症让他再也无法出现在公众面前。**GCQ**

右图：海斯顿在讲述未来的电影《绿色食品》中饰演侦探罗伯特·索恩。

杰拉丹·佩姬 GERALDINE PAGE

生平：本名杰拉丹·苏·佩姬（Geraldine Sue Page），1924年11月22日生于美国密苏里州科克斯维尔；1987年卒于美国纽约。

明星特质：多才多艺的女主角；经常饰演情感脆弱的女人；银幕表演很有张力；对角色精挑细选；标新立异的体验派演员。

年轻女演员杰拉丹·佩姬是百老汇轰动一时的人物，出演过很多著名作品，包括和詹姆斯·迪恩搭档出演安德烈·纪德（André Gide）的《背德者》（L'Immoraliste，1954）。虽然才30岁出头，佩姬却已是轰动一时的人物了，为了在田纳西·威廉斯的戏剧《春浓满楼情痴狂》（Sweet Bird of Youth，1962）中饰演一位上了年纪的电影皇后普林赛斯，她在李·斯特拉斯伯格（Lee Strasberg）的指导下接受体验派表演训练——她在理查德·布鲁克斯（Richard Brooks）的电影版中再次饰演这一角色，也获得同样的成功，并赢得奥斯卡最佳女演员奖的提名。

为了继续在百老汇演出，佩姬只接拍有限的电影，但自此之后，她的演艺事业越来越出色。她在百老汇戏剧《上帝的艾格尼丝》（Agnes of God，1982）中饰演的神经质修女令人难忘，她也因此获托尼奖提名。接着佩姬因饰演不同的主角和配角获得过七次奥斯卡提名，晚年终于凭借在电影《邦蒂富尔之行》（The Trip to Bountiful，1985）中饰演进行最后一次回家之行的老妇而赢得奥斯卡最佳女主角。她的一些获提名和得奖的表演是这个时代最吸引人的演出：在另一部根据威廉斯戏剧改编的电影《夏日烟云》（Summer and Smoke，1961）中饰演一位被劳伦斯·哈维（Laurence Harvey）引诱的受压抑的处女，在《蝗虫之日》（The Day of the Locust，1975）中饰演一个受上帝感召的福音传道者，在伍迪·艾伦（Woody Allen）的《我心深处》（Interiors，1978）中饰演惨遭丈夫抛弃的擅于操纵他人的妻子。她最有趣的表演也许是在《爱丽丝姨妈》（What Ever Happened to Aunt Alice?，1969）中饰演的令人毛骨悚然的精神错乱的老妇人杀手。这部电影是对罗伯特·奥尔德里奇（Robert Aldrich）的《兰闺惊变》（What Ever Happened to Baby Jane?，1962）的巧妙回应，凭借这部作品佩姬在恐怖剧方面超越了贝蒂·戴维斯。银幕下，佩姬结过两次婚，第二任丈夫是好莱坞男主角演员雷普·汤恩（Rip Torn），夫妇俩有三个孩子。**BP**

代表作：

My Little Girl 1987
Riders to the Sea 1987
Native Son 1986
The Trip to Bountiful 1985 ★
The Pope of Greenwich Village 1984 ☆
Interiors 1978 ☆
The Day of the Locust 1975
Pete 'n' Tillie 1972 ☆
The Beguiled 1971
What Ever Happened to Aunt Alice? 1969
You're a Big Boy Now 1966 ☆
The Three Sisters 1966
Dear Heart 1964
Sweet Bird of Youth 1962 ☆
Summer and Smoke 1961 ☆
Hondo 1953 ☆

1920年代

"我想做个偶尔拍拍电影的百老汇演员。"

保罗·纽曼 PAUL NEWMAN

生平： 本名保罗·伦纳德·纽曼（Paul Leonard Newman），1925年1月26日生于美国俄亥俄州榭柯高地；2008年卒于美国康涅狄格州韦斯特波特。

明星特质： 和善体贴、慷慨大方、有幽默感的传奇万人迷；有令人羡慕的英俊外貌和健壮身躯；几十年来纽曼以他著名的眼睛赢得世界各地女子的心。

"灰蓝色眼睛"保罗·纽曼在俄亥俄州的榭柯高地度过了自己的童年时光，他父亲在当地经营一家运动器材商店。早年纽曼加入学校的戏剧社，并爱上了表演。二战结束前他加入了海军，退役后去了俄亥俄州甘比尔凯尼恩学院学习，获得学位，并与杰基·威特（Jackie Witte）结婚。接着纽曼在耶鲁大学学习了一年，之后去了纽约，加入演员工作室。舞台表演和电视节目随之而来，在粗糙、稍显尴尬的银幕处女作《圣杯》（The Silver Chalice，1954）之后，他因在《回头是岸》（Somebody Up There Likes Me，1956）中饰演拳击手洛基·格拉齐亚诺而交上好运——这个角色原定由詹姆斯·迪恩（James Dean）出演，但他却在电影开拍前英年早逝——从此保罗给观众带来很多令人印象深刻的表演。

31岁时，蓝眼健美的纽曼以雕像般的身躯和性格魅力赢得无数粉丝，推动他20世纪50年代末事业的发展，那时他也干劲十足。那一时期纽曼还和第一任妻子离婚，娶了乔安娜·伍德沃德（Joanne Woodward），她从1958年就是纽曼艺术事业的同伴。之后这对夫妇成为好莱坞权贵，经常一起合演电影，不过晚年纽曼走到镜头后当起了导演，伍德沃德还一直从事表演事业，主演了《巧

代表作：

1920年代

Road to Perdition 2002 ☆
Message in a Bottle 1999
Nobody's Fool 1994 ☆
The Hudsucker Proxy 1994
The Color of Money 1986 ★
Harry & Son 1984
The Verdict 1982 ☆
Absence of Malice 1981 ☆
Slap Shot 1977
Buffalo Bill and the Indians, or Sitting Bull's History Lesson 1976
The Towering Inferno 1974
The Sting 1973
Butch Cassidy and the Sundance Kid 1969
Cool Hand Luke 1967 ☆
Torn Curtain 1966
Hud 1963 ☆
Sweet Bird of Youth 1962
The Hustler 1961 ☆
Exodus 1960
Cat on a Hot Tin Roof 1958 ☆
The Left Handed Gun 1958
The Long, Hot Summer 1958
Somebody Up There Likes Me 1956
The Silver Chalice 1954

右图：纽曼在《朱门巧妇》中展示他"灰蓝色眼睛"的魅力。

保罗·纽曼

上图：纽曼和罗伯特·雷福德在著名电影《虎豹小霸王》中。

妇怨》(Rachel, Rachel, 1968)、《父子情深》(Harry & Son, 1984)和《玻璃动物园》(The Glass Menagerie, 1987))。纽曼在50年代末期也单独出演了一些令人难忘的电影，如《夏日春情》(The Long, Hot Summer, 1958)、《左手持枪》(The Left Handed Gun, 1958)和理查德·布鲁克斯(Richard Brooks)根据田纳西·威廉斯戏剧改编的《朱门巧妇》(Cat on a Hot Tin Roof, 1958)。60年代，纽曼成为票房排名前几名的演员，每年年终的颁奖典礼上都有不错的成绩，如《江湖浪子》(The Hustler, 1961)、《春浓满楼情痴狂》(Sweet Bird of Youth, 1962)、《原野铁汉》(Hud, 1963)、《冲破铁幕》(Torn Curtain, 1966)、《铁窗喋血》(Cool Hand Luke, 1967)和《虎豹小霸王》(Butch Cassidy and the Sundance Kid, 1969)，其中《虎豹小霸王》是纽曼和罗伯特·雷福德(Robert Redford)的初次合作。

"让人感到尴尬的是我的沙拉酱比电影更赚钱。"

保罗·纽曼

自我嘲弄

保罗·纽曼拥有令人羡慕的品质：嘲笑自己的不幸。他以幽默感来应对自己的第一部电影——1954年的《圣杯》受到的严厉批评。事实上，纽曼为自己的表演感到屈辱，以致于在商业杂志《多样性》（Variety）上登了整整一页的广告，向看电影的观众道歉。他说："天啊，这真的太糟糕了。事实上，这是20世纪50年代最坏的电影。"以下是他的一些机智之语：

◆ 我的墓志铭应该写着："这里长眠着保罗·纽曼，他因眼睛变成棕色而死。"

◆ 当我意识到自己将会像荡妇一般，我的脸会出现在商标上，我觉得我能做的唯一有把所挣的钱全部捐出去。——纽曼对自己的商标如是说

◆ 我从来不同妻子我有什么缺点，相反，我总是试图让她忽略我的缺点，只注意我的幽默。你不会希望任何女人看到地毯下的事物，伙计，因为下面有很多瑕疵。

◆ 家有牛排为什么还要在外面和汉堡纠缠不清？——评外遇

◆ 罗伯特·雷德福给他在《虎豹小霸王》中合作的纽曼的评价："他说着最糟的笑话，如果他不是这样一次又一次地重复这些笑话也许还不会这么糟。"

岁月丝毫不影响纽曼的魅力，他的眼睛依然是深邃的蓝色，声音因多了激情而变得粗哑，但他的体型一直削瘦，人物形象因岁月的痕迹和新的角色而丰富起来，而镜头让人钟爱的和引起人们注意的基本特征却一直没变：狡黠的笑容、看似尴尬实则是考验观众耐心的演技，以及银幕上生动鲜明、有血有肉的角色。

优雅老去，依旧强大

中年的纽曼干劲更大，出演了《骗中骗》（The Sting, 1973）、《火烧摩天楼》（The Towering Inferno, 1974）和《大审判》（The Verdict, 1982），晚年纽曼重现青春活力，出演了一系列对年老产生深思的不同角色。他在《瓶中信》（Message in a Bottle, 1999）中饰演的道奇·布莱克试图给顽固任性的儿子建议，在《毁灭之路》（Road to Perdition, 2002）中饰演的约翰·鲁尼终于觉醒，对雇佣职业杀手一事产生悔恨之情。但对今日的年轻人而言，纽曼被永远地记住可能是因为他在皮克斯公司的冒险动画片《赛车总动员》（Cars, 2006）中给一度获得赛车比赛冠军的哈德森博士配音。纽曼本人是个汽车发烧友，在1979年勒芒24小时车赛中取得第二名的好成绩，由他来给这个角色配音显得十分合适。

对某些粉丝而言，纽曼留下的遗产包括一些他们狂热崇拜的不同寻常的角色，如《西塞英雄谱》（Buffalo Bill and the Indians, or Sitting Bull's History Lesson, 1976）中的水牛比尔、《火爆群龙》（Slap Shot, 1977）中曲棍球失败者雷吉·邓洛普和《影子大亨》（The Hudsucker Proxy, 1994）里寡廉少耻的西德尼·马斯伯格。

纽曼一生共获得过九次奥斯卡奖提名，最终凭借《金钱本色》（The Color of Money, 1986）将该奖收入囊中，并因他对演艺事业的特殊贡献获得了两次奥斯卡荣誉奖。值得记住的还有纽曼自己创建的基金会，这个基金自1982年起花了上千万美元做慈善。**GCQ**

右图：纽曼在1967年的《铁窗喋血》中饰演的囚犯卢卡斯·杰克逊正在与人对决。

杰克·莱蒙 JACK LEMMON

生平：本名杰克·尤勒·莱蒙三世（Jack Uhler Lemmon III），1925年2月8日生于美国马萨诸塞州纽顿；2001年卒于美国洛杉矶。

明星特质：终极性格演员；常饰演糊涂或神经过敏的人；导演、钢琴家、作曲家。

代表作：

Tuesdays with Morrie 1999
My Fellow Americans 1996
Grumpy Old Men 1993
Glengarry Glen Ross 1992
Missing 1982 ☆
Tribute 1980 ☆
The China Syndrome 1979 ☆
Save the Tiger 1973 ★
The Out of Towners 1970
The Odd Couple 1968
How to Murder Your Wife 1965
Days of Wine and Roses 1962 ☆
The Apartment 1960 ☆
Some Like It Hot 1959 ☆
Mister Roberts 1955 ★
It Should Happen to You 1954

1920年代

杰克·莱蒙的父亲是甜甜圈制造商，他是家中唯一的孩子，在哈佛接受教育，后来成为好莱坞最出色的性格演员。莱蒙四岁时就梦想成为演员，他曾和父亲一起做过业余表演，参演了《山中有黄金》（Gold in Them Thar Hills）。莱蒙作为海军少尉在军中服役，退役后在纽约非百老汇剧团巡回演出。莱蒙的百老汇处女秀是《客房服务》（Room Service，1953），好莱坞星探观看表演时发现了他，之后莱蒙与哥伦比亚电影公司签约。

莱蒙的第一部电影是乔治·库克（George Cukor）的《模特儿趣事》（It Should Happen to You，1954）。一年后，刚刚出演四部电影的莱蒙就凭借他的第四部作品《罗伯茨先生》（Mister Roberts，1955）获得奥斯卡最佳男配角，他在该片中与亨利·方达和詹姆斯·卡格尼演对手戏。准确地说，莱蒙的职业生涯在《救虎记》（Save the Tiger，1973）中达到顶峰，他也因此获得奥斯卡最佳男主角（他总共获过八次奥斯卡奖提名）。他在《热情如火》（Some Like It Hot，1959）、《桃色公寓》（The Apartment，1960）、《相见时难别亦难》（Days of Wine and Roses，1962）、《杀妻记》（How to Murder Your Wife，1965）中都十分出色，在《单身公寓》（The Odd Couple，1968）中饰演的挑剔苛求的菲利克斯·昂加尔很具代表性，这位多产且受欢迎的演员也许正是因为该片被很多人记住。

莱蒙尤其擅长别具一格、焦虑或是带有机敏喜剧感的厌世忧郁。在出演了很多这样的电影后，1988年美国电影学会授予他终生成就奖。莱蒙七十多岁时依旧在工作，因在《大亨游戏》（Glengarry Glen Ross，1992）、《斗气老顽童》（Grumpy Old Men，1993）、《总统拍挡》（My Fellow Americans，1996）和《相约星期二》（Tuesdays with Morrie，1999）中的表演获得新的好评，他在《相约星期二》中演技炉火纯青，将晚年的表演生涯发挥到极致。**RH**

"我不会放弃演戏，除非我被卡车碾过，被制作人遗弃，或是被批评家击垮。"

罗德·斯泰格尔 ROD STEIGER

生平：本名罗德尼·斯蒂芬·斯泰格尔（Rodney Stephen Steiger），1925年4月14日生于美国纽约州西安普顿；2002年卒于美国洛杉矶。

明星特质：体验派演员、性格演员；常饰演令人恐惧、性格复杂的残忍角色和历史人物；银幕表演很有活力。

罗德·斯泰格尔15岁时离家出走，在二战期间加入美国海军。战争结束后他回到纽约，和马龙·白兰度等人一起在纽约学习表演。之后斯泰格尔去了百老汇，在现场直播的电视节目——最初是《马蒂》（Marty，1953）中的同名角色——中建立起声誉。他在电影《码头风云》（On the Waterfront，1954）中取得重大突破，其中他与白兰度在出租车里的对手戏很有名，而他的这次演出也为他赢得奥斯卡最佳男配角的提名。

斯泰格尔在《俄克拉荷马》（Oklahoma!，1955）中饰演令人害怕的祖德·弗莱，这之后他专门饰演残酷之人：《大刀》（The Big Knife，1955）中以哈里·科恩（Harry Cohn）为原型的恃强凌弱的电影公司老板，在《无冕霸王》（The Harder They Fall，1956）中以不正当手段预先安排好拳击比赛的结果的人，《飞箭》（Run of the Arrow，1957）中为了对抗美国加入阿帕切族联盟的爱尔兰人，《隧道惊魂》（Cry Terror!，1958）中的罪魁祸首等。

斯泰格尔的一些更精妙的角色也给人留下深刻印象，如《典当商》（The Pawnbroker，1964）中大屠杀的幸存者，他因该片第二次获得奥斯卡奖提名，这次提名的是最佳男演员奖。斯泰格尔一直尝试各种题材的电影，如在《炎热的夜晚》（In the Heat of the Night，1967）中饰演南部的警察局长，凭借该片他终于赢得奥斯卡最佳男主角奖。斯泰格尔多年来一直受抑郁症的困扰，但他最后终于恢复健康。

斯泰格尔曾拒绝《巴顿将军》（Patton，1970）的演出机会，后来他对这一做法后悔不已，因为乔治·斯科特正是凭借这一角色获得奥斯卡最佳男主角。斯泰格尔饰演过本尼托·墨索里尼和W. C.菲尔茨，在《鬼哭神嚎》（The Amityville Horror，1979）中饰演的被苍蝇纠缠的牧师是他最夸张的演出。后来斯泰格尔倾向于只出演需要过分表演的电影，如《美式哥特》（American Gothic，1988）和《火星人玩转地球》（Mars Attacks!，1996）。**KN**

代表作：

End of Days 1999
Mars Attacks! 1996
American Gothic 1988
The Amityville Horror 1979
W. C. Fields and Me 1976
The Illustrated Man 1969
In the Heat of the Night 1967 ★
Doctor Zhivago 1965
The Loved One 1965
The Pawnbroker 1964 ☆
Cry Terror! 1958
Run of the Arrow 1957
The Harder They Fall 1956
The Big Knife 1955
Oklahoma! 1955
On the Waterfront 1954 ☆

1920年代

"体验派表演就是让你融入到角色当中去。"

托尼·柯蒂斯 TONY CURTIS

生平：本名伯纳德·施瓦兹（Bernard Schwartz），1925年6月3日生于美国纽约布朗克斯；2010年卒于美国加利福尼亚州拉斯维加斯。

明星特质：有黑而浓密的头发、英俊好看的长相和迷人的微笑；青少年的偶像；擅长喜剧表演风格；各种类型电影中的男主角；作家、制作人、画家、表演世家的领头人。

代表作：

1920年代

- The Immortals 1995
- Insignificance 1985
- The Last Tycoon 1976
- The Boston Strangler 1968
- Rosemary's Baby 1968
- The Great Race 1965
- Sex and the Single Girl 1964
- Goodbye Charlie 1964
- The Outsider 1961
- Spartacus 1960
- Some Like It Hot 1959
- **The Defiant Ones 1958** ☆
- The Vikings 1958
- Sweet Smell of Success 1957
- Trapeze 1956
- Son of Ali Baba 1952

"一个演员要谋生，最可靠的方法就是出演喜剧。"

托尼·柯蒂斯的父母是匈牙利移民，他们有三个儿子，柯蒂斯是其中最大的一个，他父亲是个裁缝，家境十分贫寒。他从美国海军退役后进入纽约城市大学和位于格林威治村的戏剧工厂学习，在戏剧工厂他第一次接触到表演。之后环球电影公司发现了他，并与他签订了合约。

柯蒂斯在20世纪50年代早期的电影中是个撅着嘴的漂亮男孩，额前挂着卷卷的头发，后来这种发型被称为"托尼·柯蒂斯头"。柯蒂斯在如《阿里巴巴的儿子》（Son of Ali Baba, 1952）中饰演好笑的暴徒，他的布朗克斯口音听起来滑稽而不合时宜。他在《成功的滋味》（Sweet Smell of Success, 1957）中饰演的拼命招揽生意的报社经纪人十分出色。他也因《逃狱惊魂》（The Defiant Ones, 1958）获得出演严肃戏剧的经验，在《热情如火》（Some Like It Hot, 1959）中男扮女装，有着如加里·格兰特般的滑稽表演，这些都确保了他在银幕中的不朽地位。他甚至花费大量时间再度出演史诗剧如《海盗》（The Vikings, 1958）和《斯巴达克斯》（Spartacus, 1960），并穿上时髦的服装，与柯克·道格拉斯演对手戏。

之后柯蒂斯倾向于演一些轻松的电影，如《疯狂大赛车》（The Great Race, 1965），1971年到1972年他和罗杰·摩尔一起出演了讲述两个富佬趣事的廉价电视剧《说服者》（The Persuaders!）。不过柯蒂斯还出演了《勾魂手》（The Boston Strangler, 1968）中的艾伯特·德·萨尔沃和《毫无意义》（Insignificance, 1985）中的麦卡锡议员，证实了自己有能力出演更具挑战性和更复杂的角色。

柯蒂斯一直很高产（50年里他出演了150多个角色），80年代到2010年去世，他放慢脚步，只出演一些小角色或电视剧。后来还把艺术家作为自己的第二个职业。柯蒂斯结过六次婚，第一任妻子是珍妮特·利。柯蒂斯有三个后来也成为演员的女儿：杰米·李·柯蒂斯、凯莉·柯蒂斯和爱兰歌娜·柯蒂斯。**KN**

彼得·塞勒斯 PETER SELLERS

生平：本名理查德·亨利·塞勒斯（Richard Henry Sellers），1925年9月8日生于英国汉普郡南海；1980年卒于英国伦敦。

明星特质：伟大的喜剧天才、印象派艺术家、天才模仿家、舞者、音乐家、作家、导演、制作人；能饰演多重角色。

彼得·塞勒斯演了太多不好笑的喜剧片，如《傅满洲的奸计》（The Fiendish Plot of Dr. Fu Manchu, 1980），尽管如此，他依旧是位伟大的喜剧天才，也是位被低估的电影演员。

塞勒斯的父母都在杂耍团工作，塞勒斯出生刚两天就在一次安可中被父亲抱上了台。二战中他加入了英国皇家空军，并成为军队剧团的一员，在空军营表演。这时他结识了斯派克·米利甘（Spike Milligan）、哈里·塞康比爵士（Sir Harry Secombe）和迈克尔·班汀尼（Michael Bentine），日后他和这些人合作出演了英国广播公司（BBC）大获成功的滑稽广播剧《傻瓜秀》（The Goon Show，1951—1960）。

塞勒斯在20世纪50年代开始出演各种各样电影：如喜剧《贼博士》（The Ladykillers，1955）中引起喧闹的年轻人；《鼠吼奇谈》（The Mouse That Roared，1959）中一人分饰英雄、恶人和老公爵夫人；在《百万富翁》（The Millionairess，1960）中和索菲亚·罗兰（Sophia Loren）演对手的印度医生戏。塞勒斯和罗兰为了宣传电影，录制了歌曲《天哪》（Goodness Gracious Me），这首歌成为1960年英国音乐排行榜前十名的热门歌曲。

在斯坦利·库布里克的指导下，塞勒斯出演了《洛丽塔》（Lolita，1962）中阴险善变的克莱尔·奎尔蒂和《奇爱博士》（Dr. Strangelove or: How I Learned to Stop Worrying and Love the Bomb，1964）里三个反差鲜明、令人难忘的角色，他因《奇爱博士》获得奥斯卡最佳男主角提名。然而，塞勒斯最出名、最受观众爱戴的角色也许是《粉红豹系列：偷香窃玉》（The Pink Panther，1963）及其四个续集中笨拙不堪的雅克·克鲁索探长。塞勒斯最后一次伟大的演出是《富贵逼人来》（Being There，1979）中几近孤僻的园丁，他因这次表演第二次获奥斯卡最佳男主角奖提名。**KN**

代表作：

The Fiendish Plot of Dr. Fu Manchu 1980
***Being There* 1979** ☆
Revenge of the Pink Panther 1978
The Pink Panther Strikes Again 1976
The Return of the Pink Panther 1975
What's New, Pussycat 1965
A Shot in the Dark 1964
***Dr. Strangelove or: How I Learned to Stop Worrying and Love the Bomb* 1964** ☆
The Pink Panther 1963
Lolita 1962
Two Way Stretch 1960
The Millionairess 1960
The Mouse That Roared 1959
I'm All Right Jack 1959
The Ladykillers 1955

"我曾经躲藏在面具之后，但现在我已经完全切除这张面具了。"

安吉拉·兰斯伯瑞 ANGELA LANSBURY

生平： 安吉拉·布里吉德·兰斯伯瑞（Angela Brigid Lansbury），1925年10月16日生于英国伦敦。

明星特质： 歌手、舞者、制作人、性格演员、舞台音乐剧的女主角；常饰演笑容满面的老妇人和侦探等成熟角色；美国戏剧和电视名人。

母亲是个演员，二战开始之初，十几岁的安吉拉·兰斯伯瑞就被疏散到美国，1951年她成为美国公民。兰斯伯瑞在电影处女作《煤气灯下》（Gaslight，1944）中饰演一个轻浮的女仆，她的第一个电影角色就让她获得了奥斯卡提名。之后她凭借《道林·格雷的画像》（The Picture of Dorian Gray，1945）中不幸的西比尔·苇恩一角再次获得提名。她饰演的西比尔以柔和的颤音唱歌，在后来获得成功的舞台音乐剧如《理发师陶德》（Sweeney Todd: The Demon Barber of Fleet Street，1979）中她也演唱了一支小曲，并因这部音乐剧获得四座托尼奖杯中的一座。兰斯伯瑞渐渐开始在电影如《哈维姑娘》（The Harvey Girls，1946）和《宫廷小丑》（The Court Jester，1955）中散发光彩。

之后兰斯伯瑞向着有利的方向做了转变，开始饰演令人窒息母亲，最初她只是抱着试一试的心态出演了《蓝色夏威夷》（Blue Hawaii，1961）中的埃维斯·普里斯利的母亲，没想到却大获成功。接着她在《情场浪子》（All Fall Down，1962）中饰演沃伦·比蒂的母亲，在《满洲候选人》（The Manchurian Candidate，1962）中饰演劳伦斯·哈维的母亲。她在《满洲候选人》中饰演参议员伊瑟琳夫人，摒弃了一贯的亲切，过分亲密地在儿子耳边轻声细语地给他洗脑。晚年，兰斯伯瑞渐渐在电影如《飞天万能床》（Bedknobs and Broomsticks，1971）、《迷离列车》（The Lady Vanishes，1979）和《破镜谋杀案》（The Mirror Crack'd，1980）中演起活泼、笑容满面的老妇人。后来她成功地在长期上演的流行电视剧《弗莱彻夫人谋杀案》（Murder, She Wrote，1984—1996）中饰演神秘作家杰西卡·弗莱彻，这也许是兰斯伯瑞最出名的角色了。她还出演了《狼之一族》（The Company of Wolves，1984）中的老祖母，并为《美女与野兽：贝儿的心愿》（Beauty and the Beast，1991）配音。**KN**

代表作：

Nanny McPhee 2005
Beauty and the Beast 1991
The Company of Wolves 1984
The Mirror Crack'd 1980
The Lady Vanishes 1979
Death on the Nile 1978
Bedknobs and Broomsticks 1971
The Greatest Story Ever Told 1965
The Manchurian Candidate 1962 ☆
All Fall Down 1962
Blue Hawaii 1961
The Court Jester 1955
The Harvey Girls 1946
The Picture of Dorian Gray 1945 ☆
National Velvet 1944
Gaslight 1944 ☆

1920年代

"我只是不再饰演轮椅上的贱妇和别人的母亲。"

理查德·伯顿 RICHARD BURTON

生平：本名小理查德·沃尔特·詹金斯（Richard Walter Jenkins Jr.），1925年11月10日生于威尔士下塔尔波特港；1984年卒于瑞士日内瓦塞利尼。

明星特质：传奇天才；拥有优美的声音和迷人的魅力；与好莱坞终极女主角伊丽莎白·泰勒有两次婚姻。

理查德·伯顿的私生活相当混乱，他有五段婚姻——其中两段是与伊丽莎白·泰勒（Elizabeth Taylor）——酗酒让他的演艺生涯黯然失色。他认为电影比不上舞台戏剧，这就解释了为何他似乎对自己的电影作品不加选择。当全身心投入时，他十分迷人；当无所拘束时，他常常很有趣。伯顿是英国迄今为止最伟大的演员之一，曾七次获奥斯卡最佳男主角提名。

伯顿的父亲是煤矿工人，他被当地教师菲利普·伯顿（Philip Burton）收养，并受到他的启发。二战期间伯顿是空军见习驾驶员，但有幸在牛津大学学习了半年。他在舞台、广播和电影中的演出获得评论界的一致好评，尽管他在《沙漠之鼠》（The Desert Rats，1953）中演了一名军人，但他并不适合20世纪50年代英国的战争电影。他之后在《断肠花》（My Cousin Rachel，1952）中饰演了一个主要角色，与奥利维娅·德哈维兰演对手戏，奠定了他好莱坞男星的地位。

到了好莱坞后，伯顿开始饰演穿着盔甲的勇士，如《埃及艳后》（Cleopatra，1963）中的马克·安东尼，在片中与伊丽莎白·泰勒演对手戏。他继续和泰勒合作，出演了另外十部电影，包括《灵欲春宵》（Who's Afraid of Virginia Woolf?，1966）和《驯悍记》（The Taming of the Shrew，1967）。但他独自出演的历史剧《雄霸天下》（Becket，1964）、悲观的谍战剧《柏林谍影》（The Spy Who Came in from the Cold，1965）和动作片《血染雪山堡》（Where Eagles Dare，1968）也都很引人注目。他晚期出演的一些劣质电影成为了笑话，但他在《硬汉》（Villain，1971）中饰演的歹徒、《魔力》（The Medusa Touch，1978）中饰演的厌世的巫师、《恋马狂》（Equus，1977）中饰演的精神病医师和《一九八四》（Nineteen Eighty-Four，1984）中饰演的施虐者依旧十分出色——他凭借《恋马狂》第七次获奥斯卡提名，这也是他最后一次获奥斯卡提名。**KN**

代表作：

Nineteen Eighty-Four 1984
The Medusa Touch 1978
Equus 1977 ☆
Villain 1971
Anne of a Thousand Days 1969 ☆
Where Eagles Dare 1968
The Taming of the Shrew 1967
Who's Afraid of Virginia Woolf? 1966 ☆
The Spy Who Came in from the Cold 1965 ☆
Hamlet 1964
The Night of the Iguana 1964
Becket 1964 ☆
Cleopatra 1963
The Robe 1953 ☆
The Desert Rats 1953
My Cousin Rachel 1952 ☆

1920年代

"你尽管恶意待我，我只会公正视之。"

罗克·赫德森 ROCK HUDSON

生平： 本名小罗伊·哈罗德·谢里（Roy Harold Scherer Jr.），1925年11月17日生于美国伊利诺伊州温内特卡；1985年卒于美国洛杉矶。

明星特质： 大块头；有浓密的深色头发、灿烂的笑容和低沉的声音；迷人、时髦的性感演员；动作片和欢快喜剧的男主角。

罗克·赫德森是20世纪50年代美国男性自我形象的缩影：高大、英俊、自信、一副笑嘻嘻的模样，虽然没有过于耀眼，却总是魅力十足。赫德森高中毕业后在邮局工作，二战期间在美国海军做飞机机械师，战争结束后当起了卡车司机，但他一直渴望成为演员。天才星探亨利·威尔逊（Henry Willson）看中了赫德森英俊的外貌和迷人的魅力，他结合了直布罗陀山和哈德逊河这两个名字给他取了现在这个新名字。

赫德森靠战争片和西部片出名，前者如《光荣的胜利》（Bright Victory, 1951），后者如《百战宝枪》（Winchester '73, 1950），道格拉斯·塞克（Douglas Sirk）安排他在《天老地荒不了情》（Magnificent Obsession, 1954）和《深锁春光一院愁》（All That Heaven Allows, 1955）中饰演简·怀曼（Jane Wyman）爱恋的对象。他在《巨人传》（Giant, 1956）中饰演得克萨斯的石油商，从青葱少年演到垂垂老矣，他在该片中的表演十分出色，获得了奥斯卡最佳男主角的提名。

在《枕边细语》（Pillow Talk, 1959）中，赫德森与多丽丝·黛（Doris Day）配合默契，演出了一段争吵不休、浮华而广为传播的银幕爱情。他们两人接着合作了另外两部电影《娇凤痴鸾》（Lover Come Back, 1961）和《名花有主》（Send Me No Flowers, 1964）。赫德森在《湖畔春晓》（Man's Favorite Sport?, 1964）和《同床异梦》（Strange Bedfellows, 1965）中再次饰演这种令人愉快、自我嘲笑的喜剧类型。晚年他成功地转入电视荧幕，主演了侦探剧《麦克米伦夫妇》（McMillan & Wife, 1971—1976）。赫德森是最早坦承自己有艾滋病的名人之一，这也引起人们对他同性恋身份的注意，当时他由于害怕这个消息会毁灭自己的演艺生涯，大半生都在试图隐瞒这个秘密。赫德森的长期伴侣马克·克里斯蒂安（Marc Christian）在他去世后成功地获得他的财产。**KN**

代表作：

The Ambassador 1984
Pretty Maids All in a Row 1971
The Undefeated 1969
Ice Station Zebra 1968
Seconds 1966
Strange Bedfellows 1965
Send Me No Flowers 1964
Man's Favorite Sport? 1964
Lover Come Back 1961
Pillow Talk 1959
A Farewell to Arms 1957
Giant 1956 ☆
All That Heaven Allows 1955
Magnificent Obsession 1954
Bright Victory 1951
Winchester '73 1950

1920年代

> "我对演戏或其他任何事都没有什么高深的见解。我的意思是，只要好好做就行了。"

小萨米·戴维斯 SAMMY DAVIS JR.

生平：1926年12月8日生于美国纽约州哈莱姆；1990年卒于美国加利福尼亚州比佛利山庄。

明星特质：歌手、舞者、音乐家、印象派艺术家、导演、制作人、作家；擅长讲故事和喜剧表演风格；"鼠帮"成员；反对种族隔离。

也许对某些人来说小萨米·戴维斯没有什么吸引力，但即便是这些人也不得不承认他是20世纪最有才华的艺人。他的才华不仅表现在以下众多身份上——歌手、舞者、音乐家、擅长讲故事的人、演员和最初的印象派艺术家——他在每个领域都拥有超然的天赋，哪怕只做其中任何一项都足以让他成为娱乐界的巨人。

戴维斯的父亲老萨米·戴维斯（Sammy Davis Sr.）是个杂耍艺人，小戴维斯四岁就和父亲一起演出了。他经常在童工保护法严格的城市表演，为了避免麻烦，广告称他为"沉默的萨米，舞动的侏儒"，在后台他嘴里总是叼着一支橡胶制成的雪茄，一手搂一个女人。在1933年的短片《鲁夫斯·琼斯竞选总统》（Rufus Jones for President）中戴维斯首次在电影中表演了踢踏舞。

无论是在百老汇、电视节目还是卡巴莱歌舞表演中，无论身边有无其他"鼠帮"的同伴，戴维斯总是显得格格不入而无与伦比。而他在电影中的表现则稍显逊色，主要是因为在他的鼎盛时期黑人演员很少出演主角，而当时又难以找到一个可以施展他个人魅力的配角，所以他常常在不同电影中出现，和同伴一起嬉闹，如《十一罗汉》（Ocean's Eleven，1960）、《谍战黑名单》（Salt and Pepper，1968）、《炮弹飞车》（The Cannonball Run，1981），或是在《乞丐与荡妇》（Porgy and Bess，1959）和《生命的旋律》（Sweet Charity，1969）中挑大梁。戴维斯最为重要的一部个人影片《叫亚当的男人》（A Man Called Adam，1966）并没有获得很好的反响，也许这仅仅是因为这部电影领先那个时代太多。20世纪五六十年代戴维斯致力于打破种族间的隔阂，1968年，他娶了瑞典出生的演员梅·布莉特（May Britt），这在当时引起了很大的争议。**MC**

代表作：

Broadway Danny Rose 1984
The Cannonball Run 1981
Sammy Stops the World 1978
Sweet Charity 1969
Salt and Pepper 1968
A Man Called Adam 1966
Nightmare in the Sun 1965
Robin and the 7 Hoods 1964
Johnny Cool 1963
Of Love and Desire 1963
Sergeants 3 1962
Pepe 1960
Ocean's Eleven 1960
Porgy and Bess 1959
Sweet and Low 1947
Rufus Jones for President 1933

> "伙计，我是个独眼、黑皮肤的犹太人！这就是我的不利条件！"
> ——被问到他打高尔夫的不利条件时的回答

1920年代

海蒂嘉德·纳福 HILDEGARD KNEF

生平： 本名海蒂嘉德·弗里达·艾伯丁·纳福（Hildegard Frieda Albertine Knef），1925年12月28日生于德国符腾堡乌尔姆；2002年卒于德国柏林。

明星特质： 德国电影偶像、歌手、作家、"柏林之声"、多才多艺的戏剧女主角；表演风格沉着镇静。

代表作：

Fedora 1978
The Lost Continent 1968
The Dirty Dozen 1967
Mozambique 1965
Landru 1963 (*Bluebeard*)
Caterina di Russia 1963
　（*Catherine of Russia*）
Lulu 1962
Die Dreigroschenoper 1962
　（*Three Penny Opera*）
The Man Between 1953
The Snows of Kilimanjaro 1952
Die Sünderin 1951
　（*The Story of a Sinner*）
Die Mörder sind unter uns 1946
　（*Murderers Among Us*）

1920年代

海蒂嘉德·纳福一头金发，外表靓丽，一生出演了50多部电影，但她在欧洲比在美国更出名。据说她拒绝了制作人大卫·塞尔兹尼克（David O. Selznick）提供的好莱坞电影公司的条约，因为后者要求她改名并宣称自己是奥地利人，而不是德国人。

纳福在柏林长大，二战期间她一边在德国乌发电影公司的动画部做画家和漫画家，一边在巴伯斯贝格电影学院学习表演。她的电影处女作是哈拉尔德·布劳恩（Harald Braun）导演的《梦幻》（Träumerei，1944），但最后她的戏份被删掉了。她在德意志民主共和国电影股份公司制作的第一部电影——沃尔福冈·施多德（Wolfgang Staudte）的黑色电影《刽子手就在我们中间》（Die Mörder sind unter uns，1946）中一举成名，饰演了一个返乡的前纳粹集中营犯人。片中纳福逃脱了苏联兵的强暴，伪装成一个年轻男子，被送往战俘营。

战后纳福回到柏林的舞台，之后去了美国。在美国她获得了一些成功，如《乞力马扎罗的雪》（The Snows of Kilimanjaro，1952）中的配角，但她最终决定回到德国。不久她在《罪人的故事》（Die Sünderin，1951）中饰演妓女，因其中一段短暂的全裸镜头上了报纸头条，震惊了罗马天主教会。纳福接下来一直在欧洲拍电影，偶尔也拍些美国电影。她中年当歌手获得大家的好评，她有一副烟嗓，1954年到1965年在科尔·波特（Cole Porter）的音乐喜剧《丝袜》（Silk Stockings）中饰演尼诺契卡。**CK**

> "人们过于看重成功和失败，但是失败……能给你更多谈资。"

杰瑞·刘易斯 JERRY LEWIS

生平： 本名杰罗姆·莱维奇（Jerome Levitch），1926年3月16日生于美国新泽西州纽瓦克。

明星特质： "喜剧之王"、傻瓜式的喜剧演员、滑稽的即兴创作大师、歌手、导演、制作人、作家、慈善家；擅长闹剧表演。

杰瑞·刘易斯的父亲是杂耍艺人，刘易斯第一次登台时只有五岁。他1946年和迪恩·马丁（Dean Martin）搭档演出，当时刘易斯在俱乐部表演，另一个表演者突然退出，于是刘易斯建议由马丁来顶上，这对组合不久就设计了一个滑稽的喜剧表演，即兴发挥一些粗话和笑话。不到18周他们的工资就由一周250美元飙升到一周5000美元。这对二人组合将舞台上的成功带到电影中，在《我的朋友厄马》（My Friend Irma，1949，1950）系列电影和派拉蒙电影公司的喜剧中出演配角。电影《恐怖惊魂》（Scared Stiff，1953）和《两傻捉尸记》（Pardners，1956）的主要情节较为相似，马丁在其中饰演优雅的歌手，忍受着刘易斯的狂躁。

这对组合在尖酸刻薄的争吵后分道扬镳，刘易斯继续呆在派拉蒙电影公司，出演了《改邪归正》（The Delicate Delinquent，1957）和《煤炭工狂想曲》（Cinderfella，1960）。从《五福临门》（The Bellboy，1960）起，刘易斯开始在电影中身兼导演、制作人、剧本合写者和主演数职。他这一时期的巅峰之作是《疯狂教授》（The Nutty Professor，1963）。

刘易斯1965年离开派拉蒙电影公司，之后在哥伦比亚电影公司拍了几部电影。他在20世纪70年代鲜有作品上映，除了《小丑那天哭了》（The Day the Clown Cried，1972）外其余的作品都未完成。然而在80年代早期，刘易斯的电影生涯又有了起色，《打工仔》（Hardly Working，1980）和《失控》（Cracking Up，1983）都大获成功。在这些成功的基础上，刘易斯在马丁·斯科塞斯的《喜剧之王》（The King of Comedy，1983）中为观众带来一场罕见而令人印象深刻的表演。刘易斯从1966年起每年都会为美国肌肉萎缩症协会（The Muscular Dystrophy Association）主持劳动节电视节目，他也因此而出名。1977年刘易斯因在慈善事业上的贡献获诺贝尔和平奖提名。**WW**

代表作：

Mr. Saturday Night 1992
Cracking Up 1983
The King of Comedy 1983
Hardly Working 1980
The Day the Clown Cried 1972
The Disorderly Orderly 1964
The Nutty Professor 1963
Cinderfella 1960
The Bellboy 1960
The Delicate Delinquent 1957
Pardners 1956
Scared Stiff 1953
The Stooge 1952
That's My Boy 1951
My Friend Irma Goes West 1950
My Friend Irma 1949

"（迪恩·马丁和我）有种未知因素——我们之间有强大的感应。"

玛丽莲·梦露 MARILYN MONROE

生平：本名诺尔玛·珍·莫泰森（Norma Jean Mortensen），1926年6月1日生于美国洛杉矶；1962年卒于美国洛杉矶。

明星特质："金发炸弹"；典型的金发碧眼电影明星，有着让人无法呼吸的声音和令人羡慕的身材；天才喜剧演员。

　　玛丽莲·梦露职业生涯的大多数时间都在试图摆脱"喜剧演员"的标签——尽管如此，她却是曾经点亮银幕的最出色的喜剧天才之一。她的两部最好的喜剧电影《七年之痒》（The Seven Year Itch，1955）和《热情如火》（Some Like It Hot，1959）由比利·怀尔德（Billy Wilder）执导。梦露的母亲患有精神病，她把女儿遗弃在寄养家庭和孤儿院，梦露从小受尽虐待，长大后很没安全感。药物成瘾和子宫疾病更是让她的生活雪上加霜，跟梦露一起工作简直就像是在地狱——无故迟到几小时，连最简单的台词都学不会。拍完《七年之痒》后怀尔德曾发誓再也不跟梦露一起工作了："但我只要一见到她，就原谅她了。"

　　约翰·休斯顿（John Huston）给了梦露第一个重要角色——《夜阑人未静》（The Asphalt Jungle，1950）中天真烂漫的情妇。十年后，他再次与梦露合作，拍摄了她最后一部完整的电影《乱点鸳鸯谱》（The Misfits，1961），梦露在里面饰演一个孤独的离异女子，遇到了三个失意的牛仔。她一直想要戒掉药物成瘾的毛病，并努力经营与剧作家阿瑟·米勒（Arthur Miller）的婚姻，但这段婚姻还是以分手告终。期间她成了也许是世上最著名的电影明星和最伟大的性感演员。梦露一头金发、小女孩似的声音和无辜的大眼睛给她带来全球的关注。粉丝狂热地赞美她撩人的

代表作：

The Misfits 1961
Some Like It Hot 1959
The Prince and the Showgirl 1957
Bus Stop 1956
The Seven Year Itch 1955
There's No Business Like Show Business 1954
River of No Return 1954
How to Marry a Millionaire 1953
Gentlemen Prefer Blondes 1953
Niagara 1953
O. Henry's Full House 1952
Monkey Business 1952
Don't Bother to Knock 1952
We're Not Married! 1952
Clash by Night 1952
Let's Make It Legal 1951
Love Nest 1951
As Young as You Feel 1951
Home Town Story 1951
All About Eve 1950
The Asphalt Jungle 1950

1920年代

右图：梦露的最后一部电影《乱点鸳鸯谱》受到评论家和公众的一致欢迎。

玛丽莲·梦露

上图：电影史上最著名的一幕，源自《七年之痒》。

曲线，她摇曳生姿的样子更是加强了这种曲线美。讽刺的是，梦露憎恨她赖以成名的一切——性感的吸引力、天真却充满肉欲的形象——这些在怀尔德的喜剧和霍华德·霍克斯（Howard Hawks）的电影《绅士爱美人》（Gentlemen Prefer Blondes, 1953）中展现得淋漓尽致。1954年梦露与棒球明星乔·狄马乔（Joe DiMaggio）的短暂婚姻让公众更注意这位性感明星。梦露希望人们能严肃地把她当做演员来对待，她和劳伦斯·奥利弗（Laurence Olivier）联袂主演了《游龙戏凤》（The Prince and the Showgirl, 1957），他们互相看不惯对方，这部电影也没有获得成功。

尽管梦露是大众偶像，但她的不安全感日益加深，她在片场也变得越来越不可靠，而杰克·肯尼迪（Jack Kennedy）和罗伯特·肯尼迪（Robert Kennedy）也都对她始乱终弃。她早先曾多次试图自杀，最终因服用过量药物香消玉殒——但她身后关于她死于谋杀的黑色幽默一直追随着她。梦露死时只有36岁。**PK**

抛弃轻率的形象

对梦露而言，她如何看待自己和其他人如何评价她之间有着令她痛苦的沟壑。她在成名前就渴望改善自己，在加州大学洛杉矶分校学习文学，收藏了数百本书，其中包括托尔斯泰、弥尔顿和惠特曼的作品；听贝多芬的音乐。20世纪50年代梦露极其渴望人们能把她当做一名女演员、更加严肃地对待她，她跟着表演大师李·斯特拉斯伯格（Lee Strasberg）学习。1956年梦露嫁给剧作家阿瑟·米勒，震惊公众，同年她出演了《巴士站》（Bus Stop），证明了她能够饰演严肃的戏剧角色。

梅尔·布鲁克斯 MEL BROOKS

生平： 本名梅尔文·凯明斯基（Melvin Kaminsky），1926年6月18日生于美国纽约布鲁克林。

明星特质： 导演、作曲家、制作人、作家、天生的蹩脚演员、银幕恶搞和拙劣模仿的大师；擅长喜剧表演风格；喜欢古怪的歌舞表演。

梅尔·布鲁克斯在纽约布鲁克林长大，父母是俄国犹太人。二战期间他加入美国陆军，成为驻扎在北非的工程师。战争结束后他做起了独角滑稽秀演员，接着开始为电视节目写作喜剧，后来渐渐开始出演电影，但有人也许要说他最著名的身份是导演和制作人。

有种不太公平的评论认为布鲁克斯写作和/或执导的电影中，他少露脸或不露脸的作品往往更为有趣。当然，他只充当解说的《制片人》（The Producers，1968）和《新科学怪人》（Young Frankenstein，1974）是他最出色的作品，而他担当主角的电影，如出演脾气暴躁的百万富翁的《丑态百出》（Life Stinks!，1991）和亚伯拉罕·范·海辛博士的《吸血鬼也疯狂》（Dracula: Dead and Loving It，1995）就受到了重重考验。

布鲁克斯天生是个蹩脚的演员，他曾想自己出演《制片人》中的纳粹剧作家，但最终这个角色由肯尼斯·马尔斯（Kenneth Mars）饰演。布鲁克斯在《12把椅子》（The Twelve Chairs，1970）中饰演的卑躬屈膝的乡下人十分有趣，但在《灼热的马鞍》（Blazing Saddles，1974）中饰演的主管裴多曼、《太空炮弹》（Spaceballs，1987）中饰演的优格和《罗宾汉也疯狂》（Robin Hood: Men in Tights，1993）中饰演的拉比·塔克曼就逊色一些。布鲁克斯主演的电影有《默片》（Silent Movie，1976），他饰演的梅尔·方尼在片中温和地自我嘲讽。他在希区柯克式的作品《恐高症》（High Anxiety，1977）中有一幕非常精彩，他饰演的有妄想症的精神分析学家突然自信爆发，表演了一段精彩的辛纳屈式的懒洋洋的歌曲；他在重拍的《你逃我也逃》（To Be or Not to Be，1983）中表现也十分出色。布鲁克斯制作的《制作人》在戏剧舞台上也取得重大成功——该剧的百老汇版赢得了12项托尼奖，打破了纪录。布鲁克斯1964年娶了演员安妮·班克劳馥（Anne Bancroft），这段婚姻一直持续到2005年班克劳馥去世。**KN**

代表作：

The Producers 2005
The Prince of Egypt 1998
Dracula: Dead and Loving It 1995
The Little Rascals 1994
Robin Hood: Men in Tights 1993
Life Stinks 1991
Look Who's Talking Too 1990
Spaceballs 1987
To Be or Not to Be 1983
History of the World: Part I 1981
The Muppet Movie 1979
High Anxiety 1977
Silent Movie 1976
Young Frankenstein 1974
Blazing Saddles 1974
The Producers 1968

1920年代

"我切掉了自己的手指，那是悲剧；一个人掉进下水道死了，那是喜剧。"

克劳斯·金斯基 KLAUS KINSKI

生平：本名尼古劳斯·君特·那卡斯金斯基（Nikolaus Günther Nakszynski），1926年10月18日生于波兰但泽索波特；1991年卒于美国加利福尼亚州拉甘尼塔斯。

明星特质：导演、作家、邪典演员；声音独具特色；大眼睛；暴脾气。

人们基本无法判断克劳斯·金斯基是表现疯狂还是本来就疯狂，自他出演《日瓦戈医生》（Doctor Zhivago, 1965）引起人们的关注后，金斯基因出演了一系列雅利安疯子——通常是狂暴的革命分子、狂热的军官或在如《黄昏双镖客》（Per qualche dollaro in più, 1965）、《将军的子弹》（El Chuncho, quién sabe?, 1967）和《解放者》（Il dito nella piaga, 1969）之类的欧洲类型电影中饰演困惑的医生——而获得崇高的地位。他是唯一一个既演过雷菲尔德又演过德拉库拉的演员，他在杰斯·弗朗哥（Jess Franco）的《德拉库拉之夜》（Nachts, wenn Dracula erwacht, 1970）和沃纳·赫尔佐格（Werner Herzog）的《诺斯费拉图：夜晚的幽灵》（Nosferatu: Phantom der Nacht, 1979）中分别饰演了这两个角色。

金斯基与赫尔佐格（唯一一个能与金斯基极端行为合拍的导演）合作的另外三部电影保证了他在电影史上的地位：《阿基尔，上帝的愤怒》（Aguirre, der Zorn Gottes, 1972）、《陆上行舟》（Fitzcarraldo, 1982）和《眼镜蛇》（Cobra Verde, 1987）。金斯基和赫尔佐格都极端地自我，两人常常发生冲突，他们使对方更出色的同时也让彼此精疲力尽——甚至还威胁要杀死对方。赫尔佐格给他们伙伴关系的献礼——《我最好的朋友——克劳斯·金斯基》（Mein liebster Feind—Klaus Kinski, 1999）也记录了他们惺惺相惜的柔情时刻；金斯基在拍摄《陆上行舟》的休息期间或耍落人或逗弄蝴蝶，既可爱又残酷。在拍摄《眼镜蛇》期间他和赫尔佐格发生争执，两人分道扬镳后金斯基再也没有重现过过去的辉煌了。金斯基有过几段婚姻，他的三个孩子娜塔莎·金斯基（Nastassja Kinski）、普拉·金斯基（Pola Kinski）和尼科莱·金斯基（Nikolai Kinski）后来也成为了演员。**EM**

代表作：

Cobra Verde 1987 (*Slave Coast*)
The Secret Diary of Sigmund Freud 1984
Fitzcarraldo 1982
Haine 1980
Woyzeck 1979
Nosferatu: Phantom der Nacht 1979
　(*Nosferatu the Vampyre*)
Aguirre, der Zorn Gottes 1972
　(*Aguirre: The Wrath of God*)
Nachts, wenn Dracula erwacht 1970
　(*Count Dracula*)
Il dito nella piaga 1969 (*Salt in the Wound*)
El Chuncho, quién sabe? 1967
　(*A Bullet for the General*)
Doctor Zhivago 1965
Per qualche dollaro in più 1965
　(*For a Few Dollars More*)

"我选择电影，因为可以在最短的时间里赚最多的钱。"

西德尼·波蒂埃 SIDNEY POITIER

生平：1927年2月20日生于美国迈阿密。

明星特质：受人尊敬、可爱的男主角；饰演的角色正直而有魅力；第一个赢得奥斯卡最佳男主角奖的黑人；民权运动者；1974年被授予爵士爵位。

西德尼·波蒂埃的父母是巴哈马人，他们去美国时在佛罗里达生下了波蒂埃。父亲是农民，波蒂埃从小在贫困中长大。他15岁时还没受过什么教育，渐渐有些不良行为，后来他被送到迈阿密和哥哥同住，家人认为在那儿他也许会有所转变。波蒂埃在美国遭遇了严酷的种族制度，在做了一连串卑微的工作后最终去了纽约。他在军队待了很短一段时间后回到纽约黑人住宅区。在那儿他冲动地参加了一次试演，却以失败告终，但这次试演点燃了他对表演的热情，他迅速改掉自己的口音并自学成才。克服这些障碍后，波蒂埃最终被美国黑人剧院（American Negro Theatre）录取，他的天赋引导他在百老汇舞台上演出更多备受瞩目的作品，最终在20世纪50年代早期进入好莱坞。

此后波蒂埃开始饰演一连串十分适合自己身份地位的角色，这些角色从不同视角展现了他如何在民权运动中表现美国黑人的自豪感。他成为一些受欢迎的电影如《波吉与贝丝》（Porgy and Bess，1959）、《逃狱惊魂》（The Defiant Ones，1958）、《再生缘》（A Patch of Blue，1965）和让他获得奥斯卡奖的电影《野百合》（Lilies of the Field，1963）中的主角。接着他还主演了《炎热的夜晚》（In the Heat of the Night，1967）和《猜猜谁来吃晚餐》（Guess Who's Coming to Dinner，1967），之后波蒂埃就开始执导电影《周六奇妙夜》（Uptown Saturday Night，

代表作：

The Jackal 1997
Sneakers 1992
Shoot to Kill 1988
Uptown Saturday Night 1974
The Organization 1971
They Call Me MISTER Tibbs! 1970
Guess Who's Coming to Dinner 1967
In the Heat of the Night 1967
To Sir, with Love 1967
A Patch of Blue 1965
Lilies of the Field 1963 ★
A Raisin in the Sun 1961
All the Young Men 1960
Porgy and Bess 1959
The Defiant Ones 1958 ☆
Band of Angels 1957
The Blackboard Jungle 1955
Cry, the Beloved Country 1951
No Way Out 1950

1920年代

右图：《猜猜谁来吃晚饭》中与波蒂埃和合作演员是凯瑟琳·霍顿（Katherine Houghton）。

西德尼·波蒂埃

上图：波蒂埃凭借《逃狱惊魂》第一次获奥斯卡最佳男主角提名。

1974）和《油腔滑调》（Stir Crazy，1980），渐渐开始退居幕后。

然而，评论家认为他是汤姆叔叔——虽然皮肤是棕褐色，但从文化角度看来却是种族主义主流人群中的"白人"，而且在他参演的电影中也无法改变这个情况。电影如《斯维特拜克之歌》（Sweet Sweetback's Baadasssss Song，1971）和《超飞》（Super Fly，1972）都证实了他作为主流偶像的形象和地位。然而评论家的这种敌意，或认为至少他可被替换的观点让大众忽视了波蒂埃对种族认同主题的开创性努力。所以真正阻碍波蒂埃的是他是一个真正的艺术家和政治先锋，以他最大的影响力展现了社会变革的需求，他参与到主流文化中，而不是无视它或愚蠢地厌恶它，因为那样他带来的影响就十分有限。

"对于我的职业，如果你能专注于合理性和逻辑性，那你就不会走得太远。"

西德尼·波蒂埃

比小说更奇妙

20世纪80年代,一个年轻的美国黑人谎称自己是西德尼·波蒂埃的儿子,从而打入美国富人和纽约名流的圈子。这个故事启发了约翰·格尔(John Guare),他据此创作出戏剧《六度分离》(Six Degrees of Separation),这部戏剧在1993年被改编成同名电影,由威尔·史密斯(Will Smith)主演。

行骗高手大卫·汉普顿(David Hampton)第一次假冒波蒂埃的儿子是在1983年,他和一个朋友进入不对外开放的纽约54俱乐部(New York club Studio 54),宣称他们各自是西德尼·波蒂埃和哈里高利·派克的儿子。他说自己叫大卫·波蒂埃(David Poitier),还编造了一堆故事。汉普顿在餐馆吃骗喝,还成功说服一些纽约名流,住进他们家里,骗他们的钱。上当的人有加里·希尼斯(Gary Sinise)、梅兰妮·格里菲斯(Melanie Griffith)和卡尔文·克莱恩(Calvin Klein)。剧作家约翰·格尔对这个故事很感兴趣,因为他的朋友奥斯本·艾略特(Osborn Elliot)和英格·艾略特(Inger Elliot)也牵涉其中。

该剧和电影的名字源于一种理念,即每个人通过不超过六个的中间人就可以和世上任意一个人建立起联系。在这部戏剧获得成功后,汉普顿为了分得一杯羹不断骚扰格尔,并试图对其提起诉讼,之后汉普顿被送进监狱。但是汉普顿说服纽约名流相信他是波蒂埃之子一事仍叫人觉得难以置信。

为黑人演员打开一扇门

无论如何,我们必须记住在波蒂埃之前,好莱坞是没有黑人男主角的。然而历史告诉我们之后的好莱坞也没有特别欢迎非白人演员,而波蒂埃的例子给后来者如比尔·考斯比(Bill Cosby)、理查德·普赖尔(Richard Pryor)、艾迪·墨菲(Eddie Murphy)和丹泽尔·华盛顿(Denzel Washington)指明了道路,这些人中的每一个都能与波蒂埃在20世纪五六十年代的作品找到关联。

当面听波蒂埃讲话就如在听技巧、文化和声学所有层面都精纯的表达。他注重每个音节的发音,措辞造句十分讲究,音量大小适中、掷地有声,能很好地抓住听众的注意力。他演讲时姿态优雅,懂得适时沉默。波蒂埃知道演讲是用最容易理解的语言与人交流,所以听众不仅能感觉到天才头脑和伟大思想的碰撞,也能从中得到娱乐和启发。**GCQ**

右图:波蒂埃在根据乔治·格什温著名歌剧改编的电影《波吉与贝丝》中。

吉娜·劳洛勃丽吉达 GINA LOLLOBRIGIDA

生平：1927年7月4日生于意大利罗马苏比亚克。

明星特质："劳洛"；"世上最美丽的女人"、标志性的意大利美女、迷人的选美皇后、艺术家、摄影师。

和很多意大利战后同龄人一样，吉娜·"劳洛"·劳洛勃丽吉达因天然淳朴的美丽成为明星，与好莱坞那些刻意经营的美女明星形成了鲜明对比。她在大学学习雕塑，后来却参加了选美比赛，成为1947年意大利小姐的第三名。劳洛勃丽吉达不久就参演了一些法意合拍的电影，如雷内·克莱尔（René Clair）的《夜来香》（Les belles de nuit，1952），在意大利她因拍摄了《面包，爱情和梦想》（Pane, amore e fantasia，1953）和《面包，爱情和嫉妒》（Pane, amore e gelosia，1954）一举成名。她出演《绝代佳人》（La donna più bella del mondo，1956）后人们便根据这部电影的名字把她称作"世上最美的女人"。

她和尤·伯连纳（Yul Brynner）联袂主演了圣经史诗剧《所罗门与士巴》（Solomon and Sheba，1959），她的演艺事业在好莱坞也迅速起飞，但让美国观众对她产生兴趣的却是她在《金屋春宵》（Come September，1961）中饰演的角色，她在该片中与罗克·赫德森（Rock Hudson）和桑德拉·狄（Sandra Dee）演对手戏。这部戏也引起杰里·刘易斯（Jerry Lewis）对她的关注，他们两人曾有一段短暂的恋情。尽管在20世纪70年代劳洛勃丽吉达的名字仍与电影联系在一起，但她已渐渐转变了职业方向，成为一名成功的摄影师。她还得到对菲德尔·卡斯特罗（Fidel Castro）的独家采访，令媒体界对她肃然起敬。虽然现在已经退休，劳洛勃丽吉达和她同代的很多女明星一样，参演了80年代一些没什么价值的肥皂剧，如《鹰冠庄园》（Falcon Crest）。1999年，她勇敢地投身政治，在她的家乡苏比亚克竞选意大利欧洲议会的席位，但没有成功。**GN**

代表作：

XXL 1997
Buona Sera, Mrs. Campbell 1968
Hotel Paradiso 1966
Come September 1961
Solomon and Sheba 1959
Notre Dame de Paris 1956
　(The Hunchback of Notre Dame)
Trapeze 1956
La donna più bella del mondo 1956
　(Beautiful But Dangerous)
Pane, amore e gelosia 1954
　(Bread, Love and Jealousy)
Pane, amore e fantasia 1953
　(Bread, Love and Dreams)
Beat the Devil 1953
Les belles de nuit 1952
　(Beauties of the Night)

1920年代

"受欢迎有好的一面，它能开启很多门，但事实上我并不喜欢这样。"

珍妮特·利 JANET LEIGH

生平： 本名珍妮特·海伦·莫里森（Jeanette Helen Morrison），1927年7月6日生于美国加利福尼亚州莫塞德；2004年卒于美国加利福尼亚州比佛利山庄。

明星特质： 娇小的金发美女；嫁给了少年偶像；饰演过心理分析电影中的传奇角色；起初饰演天真少女，后来饰演性格角色。

珍妮特·利的父母在北加利福尼亚州滑雪场工作，她去看望父母时被星探发掘，那时她还在太平洋大学学习音乐和心理学。退休的米高梅影星瑙玛·希拉（Norma Shearer）看到了利的照片，把她推荐给天才经纪人卢·沃塞曼（Lew Wasserman）。利试镜后就与米高梅电影公司签约，接着拍了她的处女作，在《罗西·里奇浪漫史》（The Romance of Rosy Ridge，1947）中饰演天真可爱的少女。

利一步一个脚印，先是饰演甜美的少女，如《小妇人》（Little Women，1949）中的梅格·马奇，接着演出华美的古装剧，如《美人如玉剑如虹》（Scaramouche，1952）。当她还是小明星时就饰演了一些不错的戏剧角色：《血泊飞车》（The Naked Spur，1953）里穿着紧身牛仔裤的西部野猫、《忧郁的凯利》（Pete Kelly's Blues，1955）中20世纪20年代年轻时髦的女子和《艾莲妹妹》（My Sister Eileen，1955）中活泼可爱的艾莲。

利在霍华德·休斯（Howard Hughes）的《密战计划》（Jet Pilot，1957）中饰演了一名俄国女飞行员，之后她在很多重要电影中出演关键角色，和加里·库柏、埃罗尔·弗林、奥逊·威尔斯和詹姆斯·斯图尔特等大明星合作。然而利最著名的角色还要属阿尔弗雷德·希区柯克的《惊魂记》（Psycho，1960）中的玛丽安·克兰，在淋浴时不幸被易装的疯子诺曼·贝兹刺死。这个角色为她赢得奥斯卡最佳女配角的提名，并让她在电影史上占据一席之地。利成名后在《魔兔之夜》（Night of the Lepus，1972）中勇敢地面对巨大的杀人兔子，她还写了一些书。利的第三任丈夫是演员托尼·柯蒂斯（Tony Curtis），他们的女儿杰米·李·柯蒂斯（Jamie Lee Curtis）和凯莉·柯蒂斯（Kelly Curtis）都是演员。利在自己的最后两部电影《夜雾杀机》（The Fog，1980）和《月光光心慌慌7》（Halloween H20: 20 Years Later，1998）中与女儿杰米·李合作。**KN**

代表作：

Halloween H20: 20 Years Later 1998
The Fog 1980
Night of the Lepus 1972
The Manchurian Candidate 1962
Psycho **1960** ☆
The Vikings 1958
Touch of Evil 1958
Jet Pilot 1957
My Sister Eileen 1955
Pete Kelly's Blues 1955
Houdini 1953
The Naked Spur 1953
Scaramouche 1952
Strictly Dishonorable 1951
Little Women 1949
The Romance of Rosy Ridge 1947

"我拍（《惊魂记》中）那场淋浴的戏拍了七天，皮肤都泡皱了。"

罗伯特·肖 ROBERT SHAW

生平：1927年8月9日生于英国兰开夏郡韦斯特霍顿；1978年卒于爱尔兰梅奥郡。

明星特质：获奖作家、多才多艺的性格演员；长着一副硬汉的样子；常饰演恶棍和历史人物。

罗伯特·肖的父亲是名医生。肖在伦敦皇家戏剧艺术学院学习表演，无论是在银幕上还是银幕下，他都是个爱喝酒爱争吵的家伙，他饰演的捕鲨人和刺杀007的杀手都十分出色。此外，肖还是位天才艺术家、严肃的小说家和剧作家，他在这些方面的成就与他的演艺事业一样斐然。他的小说《玻璃屋中的人》（The Man in the Glass Booth，1967）讲述了一个被指控为纳粹战犯的犹太实业家的故事，这个故事被改编成舞台剧，1975年又被改编成电影。

肖在邦德系列电影《007之俄罗斯之恋》（From Russia with Love，1963）中饰演多诺万·"雷德"·格兰特，正是这个角色让他在电影史上占有一席之地。同年他还出演了根据哈罗德·品特（Harold Pinter）的剧作《看管人》（The Caretaker，1963）改编的电影。肖也演过很多文学和历史电影，在《日月精忠》（A Man for All Seasons，1966）中饰演亨利八世国王；在《英勇的卡斯特》（Custer of the West，1967）中饰演乔治·卡斯特将军；在《皇家太阳猎队》（The Royal Hunt of the Sun，1969）饰演西班牙探险家法兰西斯克·皮泽洛。

肖也拍过一些冒险片，如《爱心补情天》（The Hireling，1973），之后他去了美国，演了一些激烈、残酷的配角。他出演了《骗中骗》（The Sting，1973）里的上当受骗者和《骑劫地下铁》（The Taking of Pelham One Two Three，1974）中的幕后策划者，但他最令人难忘的角色可能是《大白鲨》（Jaws，1975）中粗俗的捕鲨船长昆特，昆特的很多台词都是肖自己即兴创作出来的。《大白鲨》的成功让他再度在电影中出演主要角色，如（Robin and Marian，1976）中冷静的诺丁汉州长和《黑色星期天》（Black Sunday，1977）中令人敬畏的以色列反恐调查员，在《罗宾汉与玛莉安》中他再一次与肖恩·康纳利饰演的英雄作对。为了纪念罗伯特·肖和他对杯中物的喜爱，他家乡小镇的一家酒馆以他的名字命名。**KN**

代表作：

Force 10 from Navarone 1978
The Deep 1977
Black Sunday 1977
Robin and Marian 1976
Jaws 1975
The Taking of Pelham One Two Three 1974
The Golden Voyage of Sinbad 1974
The Sting 1973
The Hireling 1973
The Royal Hunt of the Sun 1969
The Birthday Party 1968
Custer of the West 1967
A Man for All Seasons 1966 ☆
Battle of the Bulge 1965
From Russia with Love 1963
The Caretaker 1963

"我确实贪恋杯中物，但你能说出一个滴酒不沾的伟大演员吗？"

罗杰·摩尔 ROGER MOORE

生平：本名罗杰·乔治·摩尔（Roger George Moore），1926年10月14日生于英国伦敦。

明星特质：高大英俊；作家、作曲家、制作人、导演；擅长饰演狡猾冷酷的角色；007系列中的詹姆斯·邦德；被授予爵士爵位。

罗杰·摩尔爵士的父亲是名警察，摩尔原本想当艺术家，不料二战爆发，他只能加入英国军队。战争结束后他进入伦敦皇家戏剧艺术学院，并开始在电影中饰演小角色，1953年他去了美国，与米高梅电影公司签订了合约。

摩尔演出机会频繁，出演过一些著名的银幕角色，他的作品包括《我最后一次看见巴黎》（The Last Time I Saw Paris，1954）和《七海游侠破谍网》（Crossplot，1969）。中年他凭借在电视剧《赌侠马华力》（Maverick，1957—1962）中饰演的赌徒堂兄博和《侠探西蒙》（The Saint，1962—1969）中仁慈的贼西蒙·邓普拉赢得少许知名度。《侠探西蒙》让摩尔成为明星，但他在美国依旧没有很出名。为了提高知名度，他与汤尼·寇蒂斯（Tony Curtis）合演了电视剧《说服者》（The Persuaders!，1971—1972），这部电视剧在欧洲大受欢迎，但却未在美国播出。

1973年历史改变了，肖恩·康纳利息影，不再出演詹姆斯·邦德，于是摩尔在《007之你死我活》（Live and Let Die，1973）中接替他出演了这个千载难逢的角色。虽然观众对这个改变感到震惊，但摩尔很快就受到热烈的欢迎，在70年代出演了更多的007电影：《007之金枪人》（The Man with the Golden Gun，1974）、《007之海底城》（The Spy Who Loved Me，1977）和《007之太空城》（Moonraker，1979），他偶尔也出演一些其他电影，如《大煞星与亡命客》（Shout at the Devil，1976）。

50岁后，摩尔演了自己最后几部007电影：《007之最高机密》（For Your Eyes Only，1981）、《007之八爪女》（Octopussy，1983）和《007之雷霆杀机》（A View to a Kill，1985）。同时，他开始转型演喜剧，把出演007的机会让给了提摩西·道尔顿（Timothy Dalton）。这时他也进入了自己职业生涯的最后阶段，他演的角色大都反映了他的稳重、英俊和镇定，如《魔宫战士》（The Quest，1996）中的领主埃德加·多布斯。摩尔从1991年起担任联合国儿童基金会大使。**GCQ**

代表作：

Spice World 1997
The Quest 1996
A View to a Kill 1985
Curse of the Pink Panther 1983
Octopussy 1983
For Your Eyes Only 1981
The Cannonball Run 1981
Moonraker 1979
The Wild Geese 1978
The Spy Who Loved Me 1977
Shout at the Devil 1976
The Man with the Golden Gun 1974
Live and Let Die 1973
The Man Who Haunted Himself 1970
Crossplot 1969
The Last Time I Saw Paris 1954

"我的表演范围？说出来定叫你大吃一惊。"

让娜·莫罗 JEANNE MOREAU

生平：1928年1月23日生于法国巴黎蒙马特。

明星特质：歌手、伟大的戏剧演员、纪录片摄制者、导演、制作人、作家、法国新浪潮爱神；银幕形象充满肉欲；常饰演荡妇一类的角色。

20世纪60年代，当让娜·莫罗被奉为法国新浪潮的爱神时，她已过而立之年，出演了二十多部影片了。莫罗的银幕形象成熟而充满肉欲，她的凝视更加加深了人们对此的印象。当她面无表情时，她的脸看起来有些令人生畏。她愠怒时撅起的嘴和漆黑无笑意的眼睛预示着她的愤怒，让她的嫣然一笑更加迷人。

莫罗在巴黎长大，父亲是一家法国餐厅的老板，母亲来自英国，曾经在女神游乐厅跳舞。莫罗在巴黎音乐学院学习表演，20岁时，她成了法兰西喜剧剧院历史上最年轻的全职演员。

在路易·马勒（Louis Malle）为她在电影中打造光辉岁月前她已然是名舞台新星了。马勒让她在《通往绞刑架的电梯》（Ascenseur pour l'échafaud，1958）中饰演杀害她丈夫的凶手的情人，在《情人们》（Les Amants，1958）中饰演不知廉耻、与人通奸的妻子。她是弗朗索瓦·特吕弗（François Truffaut）的电影《祖与占》（Jules et Jim，1962）里三角恋爱的女主角，在米开朗基罗·安东尼奥尼（Michelangelo Antonioni）的电影《夜》（La Notte，1961）里意识清醒，是约瑟夫·罗西（Joseph Losey）的作品《伊娃》（Eva，1962）里的蛇蝎美女，在雅克·德米（Jacques Demy）的《天使湾》（La Baie des anges，1963）中摇身一变成了嗜赌如命的金发女郎。莫罗和奥逊·威尔斯合作了三部电影，她在其中的一部莎士比亚剧《午夜钟声》（Campanadas a medianoche，1966）中出色地出演了妓女多尔·蒂尔西特。威尔斯称莫罗是"世上最伟大的女演员"。近年来莫罗出演的角色日渐稀少，但她仍然活跃在银幕上，出演了弗朗索瓦·欧容（François Ozon）的《时光驻留》（Le temps qui reste，2005）。莫罗还执导了两部颇受好评的电影和一部关于丽莲·吉许的纪录片。**PK**

代表作：

Le temps qui reste 2005 (Time to Leave)
Map of the Human Heart 1993
Querelle 1982
Les valseuses 1974 (Going Places)
Nathalie Granger 1972
Great Catherine 1968
Campanadas a medianoche 1965 (Chimes at Midnight)
Viva Maria! 1965
La Baie des anges 1963 (Bay of the Angels)
Eva 1962
Jules et Jim 1962
La Notte 1961 (The Night)
Les Amants 1958 (The Lovers)
Ascenseur pour l'échafaud 1958 (Elevator to the Gallows)

1920年代

"每当演员演戏时他都无所隐藏；他在角色中也暴露了他自己。"

米歇尔·赛罗 MICHEL SERRAULT

生平： 1928年1月24日生于法国埃松省布吕努瓦；2007年卒于法国卡尔瓦多斯。

明星特质： 有坚韧的面庞的高卢人的魅力；喜剧演员、性格演员、歌手、多才多艺的喜剧兼戏剧主角、制作人。

代表作：

Une hirondelle a fait le printemps 2001
 (One Swallow Brought Spring)
Les Acteurs 2000 (Actors)
Les Enfants du marais 1999
 (The Children of the Marshland)
Nelly & Monsieur Arnaud 1995
 (Nelly and Mr. Arnaud)
La cage aux folles 3—'Elles' se marient 1985
 (La Cage aux Folles 3: The Wedding)
Garde à vue 1981 (The Inquisitor)
La cage aux folles II 1980
Pile ou face 1980 (Heads or Tails)
La cage aux folles 1978 (Birds of a Feather)
La Belle américaine 1961 (The American Beauty)
Assassins et voleurs 1957 (Lovers and Thieves)
Les diaboliques 1955 (Diabolique)

1920年代

　　关于米歇尔·赛罗的有些事连文字也无法描述详尽——他不受控制地大笑、出语讽刺、自我嘲弄又倍感绝望。也许正是这些不明确的特点让他在喜剧和戏剧中都挥洒自如。赛罗原本想做牧师，曾在神学院呆过几个月，直到他爱上了一个女孩。后来，他成为罗伯特·泽利（Robert Dhery）剧团的一员。

　　赛罗1954年出演了自己的第一部电影。起初他主要和初登舞台的搭档让·波伊莱特（Jean Poiret）合演成功的喜剧，如《杀手和小偷》（Assassins et voleurs，1957）、《美国丽人》（La Belle américaine，1961）和一些无足轻重的幽默剧。赛罗是法国电影中令人尊敬的演员，他演了很多成功的戏，这些戏在之后几年都曾风靡一时：在《一笼傻鸟》（La cage aux folles，1978）中饰演易装艺术家扎扎·拿破利，这是一个高度漫画化的角色，赛罗因这个角色获得他首个凯撒奖最佳男主角奖，之后他又获得过两次该奖项，并因此在法国以外的国家获得广泛的知名度。然而，20世纪80年代初，赛罗出演了《头或尾》（Pile ou face，1980）和《夜审》（Garde à vue，1981）后，大量严肃微妙的角色接踵而来，如不抱幻想的侦探和杀人犯，这些角色全面展示了他的天赋。从1966年到2007年他去世不久前，他和标新立异的导演让-皮埃尔·莫基（Jean-Pierre Mocky）合作了多部影片，证明了一件事：你可以是个明星，却不必担心自己的形象。**FL**

> "电影……与表演技巧大有关联。"
> ——宝琳·凯尔评价《一笼傻鸟2》

哈迪·克鲁格 HARDY KRÜGER

生平： 本名弗朗茨·艾伯哈德·奥古斯特·格鲁克（Franz Eberhard August Krüger），1928年4月12日生于德国柏林。

明星特质： 外形很受女观众的喜爱；制作人、导演；常饰演性格角色，如英语动作片中的外国人；能说流利的英语、法语和德语。

哈迪·克鲁格的银幕处女作是《荣格·阿德勒》（Junge Adler，1944），那年他15岁。之后他被征召入德国步兵团，演艺生涯因此停顿。据说战争期间他成为美国俘虏，逃狱三次，最后终于成功。直到1949年他才重拾旧业，在德国获得一些成功。格鲁克渐露头角的声誉、英俊沧桑的外貌和詹姆斯·迪恩般的傲慢在1957年为他赢得与英国电影巨头J.亚瑟·兰克（J. Arthur Rank）的一纸合约，紧接着他就成为英语片中的国际巨星。

格鲁克为兰克拍的两部电影经久不衰：他在罗伊·沃德·贝克（Roy Ward Baker）的《逃脱者》（The One That Got Away，1957）中饰演一名无畏而富有同情心的纳粹飞行员战犯，多次试图从英军的监狱中逃走；约瑟夫·罗西（Joseph Losey）的《香闺情杀案》（Blind Date，1959）则利用他受女性观众喜爱的外貌，让他饰演一个爱上年长女子的外国人，之后卷入她的谋杀案中。格鲁克20世纪60年代最好的角色是在那些有多国演员阵容的动作片中。他在霍华德·霍克斯（Howard Hawks）的《哈泰利》（Hatari!，1962）中与约翰·韦恩演对手戏，饰演自大却有爱心的王牌猎人，在罗伯特·奥尔德里奇（Robert Aldrich）的《凤凰劫》（The Flight of the Phoenix，1965）中饰演阴沉却绝顶聪明的工程师，在飞机失事后被困在沙漠里。斯坦利·库布里克让格鲁克在历史剧《巴里·林登》（Barry Lyndon，1975）中饰演波兹道夫上尉。格鲁克最近值得注意的角色是在电视剧《战争与回忆》（War and Remembrance，1988）中饰演的陆军元帅埃尔温·隆美尔。70年代和80年代间，格鲁克导演了一些欧洲电视纪录片。他的儿子克里斯蒂安·格鲁克（Christiane Krüger）和小哈迪·格鲁克（Hardy Krüger Jr）也是演员。**DS**

> "我宁愿不演也不会接受一个不适合我的角色。"

代表作：

The Wild Geese 1978
A Bridge Too Far 1977
Barry Lyndon 1975
Paper Tiger 1975
The Secret of Santa Vittoria 1969
The Defector 1966
The Flight of the Phoenix 1965
Hatari! 1962
Blind Date 1959
Bachelor of Hearts 1958
The One That Got Away 1957
Junge Adler 1944

1920年代

秀兰·邓波儿 SHIRLEY TEMPLE

生平：本名秀兰·简·邓波儿（Shirley Jane Temple），1928年4月23日生于美国加利福尼亚圣塔莫妮卡。

明星特质：最著名的童星、有魔力的好莱坞之光；有嘹亮的歌声和惊人的踢踏舞舞艺；受人尊敬的外交官。

代表作：

Fort Apache 1948
The Bachelor and the Bobby-Soxer 1947
Kiss and Tell 1945
I'll Be Seeing You 1944
Since You Went Away 1944
Miss Annie Rooney 1942
Kathleen 1941
Young People 1940
The Blue Bird 1940
Susannah of the Mounties 1939
The Little Princess 1939
Little Miss Broadway 1938
Rebecca of Sunnybrook Farm 1938
Heidi 1937
Wee Willie Winkie 1937
Stowaway 1936
Poor Little Rich Girl 1936
The Littlest Rebel 1935
Curly Top 1935
Our Little Girl 1935
The Little Colonel 1935
Bright Eyes 1934
Now and Forever 1934
Baby Take a Bow 1934
Stand Up and Cheer! 1934

1920年代

好莱坞制造的最著名且最有天分的童星也许是秀兰·邓波儿（甚至有款儿童饮品以她的名字命名），她从1932年就开始了自己的演艺生涯，为教育电影公司拍了一系列单卷喜剧。邓波儿是个早熟的孩子，她表演、唱歌和跳舞样样俱佳，如洋娃娃般甜美的长相、一对小酒窝和一头卷发更是增加了她的魅力。1933年她在很多电影（大多是短片）中饰演配角和小角色，最终引起福克斯电影公司和派拉蒙电影公司天才星探的注意。邓波儿和詹姆斯·邓恩一起出演了福克斯电影公司的音乐剧《起立欢呼》（Stand Up and Cheer!，1934），她在里面载歌载舞地表演了《宝贝致谢》（Baby, Take a Bow），从此成为明星。之后她又和邓恩合作拍了很多电影。到了1935年，邓波儿已是福克斯公司最受欢迎的明星了，出演了一些情感喜剧片，如《小天使》（Our Little Girl）、《卷毛头》（Curly Top）、《小上校》（The Little Colonel）和《小叛逆》（The Littlest Rebel）——后两部都是讲述美国内战时期的电影，她和比尔·"柏贞格"·罗宾逊（Bill "Bojangles" Robinson）一起表演了复杂的歌舞，她的表演几近完美。1938年，邓波儿成为了美国最具票房号召力的明星。

邓波儿大受欢迎，衍生了一系列周边产品，包括洋娃娃、女装、电影书、儿童彩画册和电影歌曲的活页乐谱，

右图：1937年九岁的秀兰·邓波儿饰演瑞士小女孩海蒂。

秀兰·邓波儿

上图：在电影《小叛逆》中，邓波儿多才多艺，演戏、唱歌、跳舞样样俱佳。

其中包括《在好船棒棒糖上》（On the Good Ship Lollipop，出自《亮眼睛》[Bright Eyes，1934]）、《汤里的动物饼干》（Animal Crackers in My Soup，出自《卷毛头》[Curly Top，1935]）和《晚安，我的爱人》（Goodnight, My Love，出自《偷渡者》[Stowaway，1936]）。1940年，邓波儿的票房吸引力减退，即使如此，她依旧在20世纪40年代一些成功的电影中饰演少女，如《自君别后》（Since You Went Away，1944）、《我将来看你》（I'll Be Seeing You，1944）、《单身汉与时髦女郎》（The Bachelor and the Bobby-Soxer，1947）和《要塞风云》（Fort Apache，1948），在《要塞风云》中她与第一任丈夫约翰·阿加尔（John Agar）合作，她17岁就嫁给了他。邓波儿的自传《童星：我的自传》（Child Star: An Autobiography）于1988年出版，传记片《童星：秀兰·邓波儿的故事》（Child Star: The Shirley Temple Story，2001）就是根据这本自传改编而成。**SU**

转型

1950年，秀兰·邓波儿嫁给了加利福尼亚商人查尔斯·奥尔登·布莱克（Charles Alden Black），成为秀兰·邓波儿·布莱克的她在政坛开始了她的第二职业。1969年，理查德·尼克松总统任命她为美国驻联合国代表；之后她被任命为美国驻加纳大使（1974年至1976年），接着又成为礼宾司司长，负责美国国务院的各项庆典。1989年至1992年，邓波儿被任命为美国驻捷克斯洛伐克大使。邓波儿将她在电影界大获成功的专业精神带到了政界。

罗迪·麦克道尔 RODDY MCDOWALL

生平： 本名罗德里克·安德鲁·安东尼·祖德·麦克道尔（Roderick Andrew Anthony Jude McDowall），1928年9月17日生于英国伦敦；1998年卒于美国加利福尼亚州影视城。

明星特质： 儿童演员，后来成为成熟的性格演员；社会名流、摄影师、电影保护主义者、导演、制作人。

罗迪·麦克道尔是个比较少见的例子，他从童年就开始演戏，但直到成年后才获得成功被人们记住，他一生出演过150多部电影。他母亲——她本来想自己演电影的——在二战开始就把麦克道尔和他妹妹送去了美国。麦克道尔不久就在约翰·福特（John Ford）的《青山翠谷》（How Green Was My Valley，1941）中与玛琳·奥哈拉（Maureen O'Hara）和沃尔特·皮金（Walter Pidgeon）合作，饰演了威尔士矿工家庭最小的孩子休·摩根。之后他又出演了一些影片，在其中饰演角色，如《我的朋友弗利卡》（My Friend Flicka，1943）、《灵犬莱西》（Lassie Come Home，1943）《复仇女神之子：本杰明·布莱克的故事》（Son of Fury: The Story of Benjamin Blake，1942）和《天路历程》（The Keys of the Kingdom，1944）。

20世纪50年代，麦克道尔演了一段时间的电视，之后又回归大银幕，饰演了《埃及艳后》（Cleopatra，1963）中的渥大维和《阁下爱鸭》（Lord Love a Duck，1966）中极度活跃的高校才子阿兰·"莫里冒克"·马斯格雷夫。有时他也会演一些疯疯癫癫、快乐异常或神经兮兮的角色，如在英国恐怖片《它！》（It!，1966）中饰演的博物馆助理亚瑟·皮姆。之后麦克道尔在科幻经典《人猿星球》（Planet of the Apes，1968）中饰演带着人猿面具的科尼利厄斯，获得巨大成功，接着又出演了该片的三部续集和电视剧。麦克道尔晚年成为一名受人尊敬的剧照摄影师，出版了五本关于摄影的书籍。他还是个电影收集狂，这个爱好使他卷入联邦调查局的麻烦之中，1974年联邦调查局突袭他家，调查侵犯版权和非法翻印的电影，搜走了他的藏品。为了纪念他，美国电影艺术与科学学院把他们在玛格丽特·赫里克图书馆（Margaret Herrick Library）的图片库命名为罗迪·麦克道尔档案馆。**KN**

代表作：

A Bug's Life 1998
Funny Lady 1975
Battle for the Planet of the Apes 1973
The Life and Times of Judge Roy Bean 1972
The Poseidon Adventure 1972
Conquest of the Planet of the Apes 1972
Escape from the Planet of the Apes 1971
Planet of the Apes 1968
It! 1966
Lord Love a Duck 1966
Cleopatra 1963
The Keys of the Kingdom 1944
Lassie Come Home 1943
My Friend Flicka 1943
Son of Fury: The Story of Benjamin Blake 1942
How Green Was My Valley 1941

"我一生都在极力证明我并没有活在过去。"

乔治·佩帕德 GEORGE PEPPARD

生平： 本名小乔治·佩帕德（George Peppard Jr.），1928年10月1日生于美国密歇根州底特律；1994年卒于美国洛杉矶。

明星特质： 高大英俊、举止优雅、富有魅力的男主角；狂热的电视秀中的动作英雄；制作人、导演。

乔治·佩帕德的父亲是建筑商人，母亲是歌剧演员。佩帕德在纽约演员工作室学习表演，师从著名表演指导李·斯特拉斯伯格。在百老汇和电视中积累一定经验后，佩帕德拍了他的第一部电影《怪人》（The Strange One，1957）。老式的工作室逐步强大，他也从中受益，在电影如《猪排山》（Pork Chop Hill，1959）中饰演等级更低的角色，在受欢迎的情节剧《情乱萧山》（Home from the Hill，1960）中饰演关键配角——罗伯特·米彻姆的私生子。

佩帕德出演了著名《蒂凡尼的早餐》（Breakfast at Tiffany's，1961），与奥黛丽·赫本演对手戏，这是他最出色的表演之一。接着佩帕德开始在全明星阵容的电影，如《西部开拓史》（How the West Was Won，1962）和《胜利者》（The Victors，1963）中出演主要角色。他最终在《江湖男女》（The Carpetbaggers，1964）中当上了主演，饰演工业家乔纳斯·科德。然而佩帕德在大银幕上最好的角色是在《蓝勋飞行员》（The Blue Max，1966）中饰演的冷淡、野心勃勃的德国一战王牌飞行员，向普鲁士的贵族阶级提出挑战。

然而佩帕德过于孤高，无法保持经久不衰的明星地位，他的职业生涯开始下滑，角色越来越少，渐渐让位给当时其他沉着冷静的演员，如史蒂夫·麦奎因（Steve McQueen）和詹姆斯·柯本（James Coburn）。同时，他还饱受酗酒的折磨。不幸的是，佩帕德之后出演的作品更加不稳定，如《虎胆壮士》（Cannon for Cordoba，1970）和《One More Train to Rob》（1971）。他晚年除了在《世纪争霸战》（Battle Beyond the Stars，1980）中饰演太空牛仔外，其余都在演电视，如电视剧《巴纳克》（Banacek，1972—1974）中的波兰裔美国侦探托马斯·巴纳克和大受欢迎的热播剧《天龙特工队》（The A Team，1983—1987）中嚼着雪茄的空军军官——约翰·"汉尼拔"·史密斯上校。**KN**

代表作：

Battle Beyond the Stars 1980
Newman's Law 1974
One More Train to Rob 1971
Cannon for Cordoba 1970
The Executioner 1970
Tobruk 1967
The Blue Max 1966
Operation Crossbow 1965
The Carpetbaggers 1964
The Victors 1963
How the West Was Won 1962
Breakfast at Tiffany's 1961
The Subterraneans 1960
Home from the Hill 1960
Pork Chop Hill 1959
The Strange One 1957

> "我这一生并不是一连串的胜利。这不是过去的黄金时代，我不是乔治·佩帕德的影迷。"

1920年代

马克斯·冯·西多 MAX VON SYDOW

生平：本名马克斯·卡尔·阿道夫·冯·西多（Max Carl Adolf von Sydow），1929年4月10日生于瑞典斯科纳隆德。

明星特质：有辨识度、有智慧、高大威严；银幕上完美的恶人；国际艺术电影院的偶像；少数因外语片获奥斯卡奖提名的演员。

马克斯·冯·西多因在瑞典和英格玛·伯格曼合作的电影出名：他是《第七封印》（Det Sjunde inseglet，1957）中和死神下棋的骑士，是《野草莓》（Smultronstället，1957）中的车库技工，他迷人的微笑看来似乎与编剧兼导演伯格曼的世界观格格不入。他还是《面孔》（Ansiktet，1958）中卖蛇油的商人/魔术师，是《处女泉》（Jungfrukällan，1960）中为女儿报仇的父亲。冯·西多还出演了《万世流芳》（The Greatest Story Ever Told，1965）中的耶稣，在好莱坞群星璀璨的尴尬境地中开展了两条平行的职业道路：日益贫乏而禁欲的瑞典电影中伯格曼阴郁的另一个自我和国际上重要的性格演员。

在后一个模式中，冯·西多尤其擅长饰演固执己见、气势汹汹的纳粹党，如《谍海群英会》（The Quiller Memorandum，1966）和共产党如《铁幕来鸿》（The Kremlin Letter，1970），他另一个具有突破性的角色是《驱魔人》（The Exorcist，1973）中的莫林神父。一个少见的例子是冯·西多（对比奥逊·威尔斯饰演年老的凯恩）出演《驱魔人》时的年龄和化妆大师迪克·史密斯（Dick Smith）为他打造的形象很符合，不过他在《驱魔人II》（Exorcist II: The Heretic，1977）中却扮演了年轻时的莫林。冯·西多继续在一些国际电影中扮演险恶的角色，

代表作：

Extremely Loud & Incredibly Close 2011 ☆
Minority Report 2002
Snow Falling on Cedars 1999
Oxen 1991
Bis ans Ende der Welt 1991
　(Until the End of the World)
Pelle erobreren 1987 ☆
　(Pelle the Conqueror)
Hannah and Her Sisters 1986
Never Say Never Again 1983
Conan the Barbarian 1982
Flash Gordon 1980
La mort en direct 1980 (Deathwatch)
Exorcist II: The Heretic 1977
Cadaveri eccellenti 1976 (Illustrious Corpses)
Three Days of the Condor 1975
The Exorcist 1973
The Kremlin Letter 1970
Vargtimmen 1968 (Hour of the Wolf)
The Quiller Memorandum 1966
The Greatest Story Ever Told 1965
Nattvardsgästerna 1962 (Winter Light)
Jungfrukällan 1960 (The Virgin Spring)
Ansiktet 1958 (The Face)
Smultronstället 1957 (Wild Strawberries)
Det Sjunde inseglet 1957 (The Seventh Seal)

右图：冯·西多在《飞侠哥顿》中饰演残酷的明。

马克斯·冯·西多

上图：冯·西多在伯格曼的《第七封印》中与死神下棋。

如《秃鹰72小时》（Three Days of the Condor，1975）和《死因可疑》（Cadaveri eccellenti，1976），并发展出另一个专长——饰演不修边幅的超前先进专家，如《终极战士》（The Ultimate Warrior，1975）、《死亡的窥视》（La mort en direct，1980）和《直到世界尽头》（Bis ans Ende der Welt，1991）。一些多苦多难的瑞典农民角色，如《新大陆》（Nybyggarna，1972）、《征服者佩利》（Pelle erobreren，1987）和《公牛》（Oxen，1991）证明了冯·西多是电影中最扫兴的人。尽管伯格曼越来越不爱启用他，伍迪·艾伦却因对他悲观主义者的联想让他出演了《汉娜姐妹》（Hannah and Her Sisters，1986）。冯·西多建立起了一个强大而有趣的风格，他在《飞侠哥顿》（Flash Gordon，1980）中饰演的"残忍的明"，给他带来在冒险片如《胜利大逃亡》（Victory，1981）、《野蛮人柯南》（Conan the Barbarian，1982）和《007外传之巡弋飞弹》（Never Say Never Again，1983）中的演出机会。**KN**

镜头背后

马克斯·冯·西多的职业生涯持续了五十多年，他也曾尝试自己做导演。他的第一部导演作品是1988年的《卡婷卡》（Ved vejen），这部电影为他赢得金甲虫最佳导演奖。冯·西多认为就制作电影而言，导演比演员更重要，因为导演拥有最终控制权，他可以决定演员要如何在银幕上诠释他的角色，而演员的职责只是表演而已。他认为电影比戏剧最突出的优点就是更贴近观众。

奥黛丽·赫本 AUDREY HEPBURN

生平： 本名奥黛丽·凯思琳·鲁斯顿（Audrey Kathleen Ruston），1929年5月4日生于比利时布鲁塞尔；1993年卒于瑞士托洛谢纳。

明星特质： 时尚达人、人道主义者；有惊人的美貌和少女般清新的魅力；赢得了一座奥斯卡奖杯、一座托尼奖杯、一座艾美奖杯和一座格莱美奖杯。

在好莱坞贵妇中，奥黛丽·赫本纤弱而善良，有着一颗赤子之心，优雅高贵。虽然她看起来脆弱，但却从未被压力击垮。她息影后成为联合国儿童基金会大使（那时还未流行名人做慈善），她全身心地投入这项工作，连冷酷的政治家都为之动容。国际外交家这个身份是她生命和演艺生涯的必然高峰。

赫本是个真正四海为家的人，她在布鲁塞尔出生，母亲是荷兰人，父亲是英裔爱尔兰人（母亲是女男爵，父亲是银行家），赫本在比利时、荷兰和英国长大，二战时期在纳粹占领区生活。据说正是因为在这段时期目睹了占领区的种种苦难，赫本之后推掉了《安妮日记》（The Diary of Anne Frank，1959）的演出，因为这会给她带来太多痛苦的回忆。还有种说法是她之后的厌食症就是因为战争时期的营养不良造成的（她曾承认吃过郁金香球茎充饥）。

赫本最初在阿姆斯特丹当模特，后来在巴黎和伦敦出演了一些小角色（其中最著名的是《拉凡德山的暴徒》[The Lavender Hill Mob，1951]），直到她出演了威廉·惠勒（William Wyler）导演的《罗马假日》（Roman Holiday）中的公主，她的演艺事业才开始大放异彩。《罗马假日》1953在罗马拍摄，影片利用赫本丰富的生活背景，拼接了

代表作：

Always 1989
They All Laughed 1981
Robin and Marian 1976
Wait Until Dark 1967 ☆
Two for the Road 1967
How to Steal a Million 1966
My Fair Lady 1964
Charade 1963
The Children's Hour 1961
Breakfast at Tiffany's 1961 ☆
The Unforgiven 1960
The Nun's Story 1959 ☆
Green Mansions 1959
Love in the Afternoon 1957
Funny Face 1957
War and Peace 1955
Sabrina 1954 ☆
Roman Holiday 1953 ★
The Lavender Hill Mob 1951

1920年代

右图：赫本在《罗马假日》中，这部电影让她成为国际巨星。

奥黛丽·赫本

上图：合作者雷克斯·哈里森（Rex Harrison）说《窈窕淑女》中的赫本是他最喜欢的女主角。

她在欧洲多个国家的场景，其中包括阿姆斯特丹，她在电影结尾的典礼中还说了一点荷兰语，很好地展现了她的欧洲背景（赫本能流利地说五国语言，这一天赋日后对她的人道主义工作大有帮助）。

《罗马假日》的成功让赫本登上世界的舞台，并因此在年仅24岁时就获得了奥斯卡最佳女主角奖。接着在1954年她因出演《翁蒂娜》（Ondine）获得托尼奖（戏剧类）最佳女主角奖。赫本的声名鹊起也让她得到婴儿潮这代女性观众的持久喜爱，她们把赫本看做是现代年轻女子的榜样。而荷兰、比利时和英国的媒体则纷纷声称赫本是他们的，显然赫本如今属于全世界。

赫本接下来的电影生涯并没有持续很久，她也没有频繁地出演电影作品——1953年到1967年她只出演了15个主要角色——但是她的角色始终如一地美丽，在银幕中形成一种独特而少见的现象。赫本所有的电影角色都涉及某

"我从没想到以我的长相可以演电影。"

奥黛丽·赫本

小黑裙

在《蒂凡尼的早餐》中,霍利·格莱特利穿着一条黑裙,优雅地从纽约出租车中出来,一边吃着纸袋中的早餐一边凝视着蒂凡尼的橱窗。2006年12月,这件奥黛丽·赫本(右图)穿过的裙子在伦敦克里斯蒂拍卖以410,000英镑的价钱成交,这条裙子成为电影中出现的最贵最出名的裙子。

这件裙子由纪梵希设计,帮助赫本塑造了经久不衰的时尚形象。赫本是时尚设计师休伯特·德·纪梵希(Hubert de Givenchy)的缪斯。赫本大多著名影片——包括《龙凤配》(Sabrina, 1954)、《甜姐儿》(Funny Face, 1957)、《谜中谜》(Charade, 1963)和《偷龙转凤》(How to Steal a Million, 1966)——中的服装都是纪梵希设计的。这件黑色的及地礼服裙大小为六码,紧身露肩,大腿上方开叉。考虑到赫本的人道主义工作,这件裙子的收入捐给了"欢乐之城",用于帮助印度穷人的慈善事业。

赫本一向谦逊有加,她曾说:"你也可以像我一样,女士们只要盘起头发,买一个大太阳镜和无袖小裙子就可以像奥黛丽·赫本一样了。"自她第一部热门影片《罗马假日》(Roman Holiday, 1953)后,全世界成千上万的女人都渴望看上去像赫本一样,她们至今依然如此。

1920年代

种形式的教育意义。《罗马假日》中她为了有片刻的消遣放松而从严酷的训练中逃离,而片中饰演记者的格里高利·派克却仍然教她人情世故。同样,赫本最成功的电影《龙凤配》(Sabrina, 1954)、《恩怨情天》(The Nun's Story, 1959)、《双姝怨》(The Children's Hour, 1961)、《蒂凡尼的早餐》(Breakfast at Tiffany's, 1961)和《窈窕淑女》(My Fair Lady, 1964)都强调了她的角色魅力总是与训练、努力和优雅的举止联系在一起。

从好莱坞明星到国际外交家

1958年赫本推掉了《金粉世界》(Gigi)的主角,后来这个角色给了法国出生的演员莱斯利·卡伦(Leslie Caron),她曾在百老汇的舞台上帮助创作了这个角色。20世纪60年代末开始,赫本渐渐把精力从表演转向了国际外交,在非洲和拉丁美洲的联合国儿童基金会工作。赫本在这项工作中表现十分出色,赢得了众人的尊敬,但她一直很谦逊。赫本的最后一部银幕作品(在1993年她因癌症去世前几年拍摄)是斯蒂文·斯比尔伯格(Steven Spielberg)执导的《直到永远》(Always, 1989),她在里面饰演女神。毫无疑问,赫本天使般的智慧和魅力让人毫不戒防,出色地诠释了这个角色。

这位受人爱戴的女演员分别与演员梅尔·弗尔(Mel Ferrer)和安德烈·多蒂(Andrea Dotti)医生有过两段婚姻,每段婚姻都有一个儿子。1990年一种郁金香以她的名字命名。**EM**

右图:赫本饰演的霍利·格莱特利,是她演艺生涯中最经典的角色之一。

格蕾丝·凯利 GRACE KELLY

生平：本名格蕾丝·帕特丽夏·凯利（Grace Patricia Kelly），1929年11月12日生于美国宾夕法尼亚州费城；1982年卒于摩纳哥摩纳哥市。

明星特质：充满魅力的希区柯克女主角之一；在与雷尼尔王子的童话婚礼前与多个合作演员约过会。

格蕾丝·凯利是最美丽的电影明星之一，她出生在一个富有的家庭。凯利最初是名模特，后来在百老汇舞台和电视中表演，接着在好莱坞恐怖片《14小时》（Fourteen Hours，1951）中饰演了一个小角色。一年后她在大受欢迎的西部片《正午》（High Noon）中饰演加里·库柏的妻子。凯利与克拉克·盖博和艾娃·加德纳（Ava Gardner）联袂出演了发生在非洲的冒险片《红尘》（Mogambo，1953）后，拍了两部阿尔弗雷德·希区柯克的电影《电话谋杀案》（Dial M for Murder，1954）和《后窗》（Rear Window，1954），在这两部片子中她分别与雷·米兰德（Ray Milland）和詹姆斯·斯图尔特（James Stewart）合作。凯利正是希区柯克喜欢的那种冷静的金发美女类型，外冷里热，这种特质让她很受欢迎。

凯利的另一部冒险片《碧玉青山》（Green Fire，1954）的故事背景设定在南美洲，这部电影浪费了她的天赋，但她在《乡下姑娘》（The Country Girl，1954）中饰演了智穷才尽又爱酗酒的歌手平·克劳斯贝忠诚的妻子，并她也凭借该片获得奥斯卡最佳女主角奖。《独孤里桥之役》（The Bridges at Toko-Ri，1955）的故事背景设置在了韩国，虽然它并不是一部特别出色的战争片，但之后希区柯克再次启用凯利，让她在《捉贼记》（To Catch a Thief，

代表作：

High Society 1956
The Swan 1956
To Catch a Thief 1955
The Bridges at Toko-Ri 1955
Green Fire 1954
The Country Girl 1954 ★
Rear Window 1954
Dial M for Murder 1954
Mogambo 1953 ☆
High Noon 1952
Fourteen Hours 1951

1920年代

右图：凯利在《后窗》（Rear Window）中饰演丽莎·弗里蒙特，这个角色为她打响了在好莱坞的知名度。

格蕾丝·凯利

上图：格蕾丝·凯利和加里·格兰特在《捉贼记》（To Catch a Thief）中。

1955）中与加里·格兰特合作。在这部电影中，凯利一整晚都冷冰冰地与格兰特保持距离，但就在她把卧室门狠狠摔向他面上之前突然吻了格兰特的嘴，这成为电影史上最老练性感的一幕。

凯利正是在法国里维埃拉拍这部电影时第一次见到了摩纳哥王子雷尼尔。有时生活仿佛在模仿艺术，凯利接下来的电影《天鹅》（The Swan, 1956）是一部发生在欧洲皇室的喜剧。她的下一部电影就证明是她的天鹅之歌——最后的绝唱，《上流社会》（High Society, 1956）是根据好莱坞喜剧《费城故事》（The Philadelphia Story, 1940）重拍的音乐剧，凯利在片中与弗兰克·辛纳屈和平·克劳斯贝演对手戏，她的角色原本计划是由凯瑟琳·赫本（Katharine Hepburn）出演的。这部电影之后她嫁给了雷尼尔王子，仅仅演了六年电影就从大银幕隐退了。凯利王妃之后很少出现在聚光灯下，1982年，悲剧发生在年仅52岁的王妃身上——她在盘山公路的致命车祸中香消玉殒。**EB**

完美的王妃

雷尼尔王子是法国飞地小国家摩纳哥王位的唯一继承人，是世界上最富有的钻石王老五。他渴望娶一位电影明星，希望借此促进自己国家的旅游业发展。在遇到格蕾丝·凯利前，玛丽莲·梦露和吉娜·劳洛勃丽吉达（Gina Lollobrigida）都曾被作为可能人选（据说他最终选择凯利是因为她是罗马天主教徒，而且可以生育子女）。1956年他们结婚后，凯利王妃不情愿地结束了自己的演艺生涯。雷尼尔王子不再喜欢新婚妻子引来的关注，他命令凯利的电影不得在摩纳哥上映。

约翰·卡索维茨 JOHN CASSAVETES

生平：本名约翰·尼格拉斯·卡索维茨（John Nicholas Cassavetes），1929年12月9日生于美国纽约；1989年卒于美国洛杉矶。

明星特质：美国独立电影的先锋导演、制作人、作家、性格演员、即兴表演倡导者；吉娜·罗兰兹的创造性搭档。

代表作：

Love Streams 1984
Tempest 1982
Whose Life Is It Anyway? 1981
The Fury 1978
Mikey and Nicky 1976
Capone 1975
Minnie and Moskowitz 1971
Husbands 1970
If It's Tuesday, This Must Be Belgium 1969
Rosemary's Baby 1968
The Dirty Dozen 1967
Shadows 1959
Saddle the Wind 1958
Edge of the City 1957
Crime in the Streets 1956
The Night Holds Terror 1955

1920年代

"作为一名艺术家，我认为我们必须尝试很多事情——但最重要的是，我们必须不惧失败。"

　　比起演戏，约翰·卡索维茨对导戏更感兴趣，在他的个人电影中，他把最好的角色都给了好友本·吉扎拉和彼得·福克。卡索维茨在美国戏剧艺术学院学习，在有了20世纪50年代一些马龙·白兰度式的体验派表演后，他偶然地成为一名电影明星，靠演戏赚钱来支撑他的独立电影制作。50年代卡索维茨演了很多电视剧，其中包括讲述爵士音乐家兼私家侦探的电视剧《约翰尼·思加图》（Johnny Staccato，1959—1960）。卡索维茨在《恐怖之夜》（The Night Holds Terror，1955）、《大街上的罪恶》（Crime in the Streets，1956）和西部片《风中双骑》（Saddle the Wind，1958）中饰演神经过敏、行为暴力的角色，而在黑色电影《友情深似海》（Edge of the City，1957）中他虽然受了伤，感情却更为细腻。

　　卡索维茨执导的第一部电影是《影子》（Shadows，1959），从那之后他就专注于导戏，拍了一些值得注意的电影，如《面孔》（Faces，1968）和《女煞葛洛莉》（Gloria，1980）。但他仍有出演一些票房热片，通常是饰演险恶的角色，如《12金刚》（The Dirty Dozen，1967）里的暴徒、《魔鬼圣婴》（Rosemary's Baby，1968）里的丈夫和《愤怒》（The Fury，1978）中结尾引发爆炸的政府特工。卡索维茨在自己的电影中也出演了一些突出角色，如《爱的激流》（Love Streams，1984），他有时也在好友的作品中露脸，如在《神探科伦坡》（Columbo）的《黑色练习曲》（"Étude in Black"，1972）这集中模仿雷昂纳德·伯恩斯坦。他还和福克合作拍了六部电影，包括伊莲·梅的《麦基与尼基》（Mikey and Nicky，1976）。卡索维茨娶了演员吉娜·罗兰兹，这段婚姻一直持续到他1989年去世，他们一起拍了十部卡索维茨的电影。他们还一起出演了保罗·马祖斯基的《暴风雨》（Tempest，1982）。这对夫妇有三个孩子：尼克（Nick）、亚历山德拉（Alexandra）和佐伊（Zoe），他们如今都成了演员和导演。**KN**

吉恩·哈克曼 GENE HACKMAN

生平：本名尤金·艾伦·哈克曼（Eugene Allen Hackman），1930年1月30日生于美国加利福尼亚州圣贝纳迪诺。

明星特质：经验丰富的男主角、多才多艺的演员；制作人；完全沉浸在自己的角色当中；常饰演性格复杂的反派或不太可能是英雄的人物。

吉恩·哈克曼曾经年轻过吗？他看起来总是很成熟，即使在早期作品《莉莉》（Lilith，1964）和《邦妮和克莱德》（Bonnie and Clyde，1967）中也是如此。这不仅因为他没有日场戏偶像那种让女性观众着迷的长相，还因为他出于经验而产生的怀疑感、焦虑感和对生活复杂性的认知，这种经验即使在他最自以为是的角色身上也能窥见一二。哈克曼在《法国贩毒网》（The French Connection，1971）中饰演吉米·"波派"·道尔侦探，他因这个角色获得了奥斯卡最佳男主角奖。

哈克曼16岁就离开家，加入了美国海军陆战队。结束三年的游历后，他重新过上普通人的生活，受益于《美国军人权利法案》，哈克曼在伊利诺伊大学学习电视制作和新闻学，30岁时开始从事表演。他加入加利福尼亚州帕萨迪纳的剧院，在那儿认识了另一个有前途的演员达斯汀·霍夫曼（Dustin Hoffman），两人成为好友。他们两人不幸被同学选为"最不可能成功的人"，不久就双双辍学，做起了各种底层的工作。

直到20世纪70年代中期，哈克曼才发挥出自己的正常水平，在《窃听大阴谋》（The Conversation，1974）、《法国贩毒网2》（French Connection II，1975）和《夜行客》（Night Moves，1975）中呈现出最佳状态，极为出色地探索了中年男人的危机。尽管哈克曼经常在电影如《遥远的桥》（A Bridge Too Far，1977）和《超人》（Superman，1978）中扮演平凡角色，但他在《烽火赤焰万里情》（Reds，1981）、《烈血大风暴》（Mississippi Burning，1988）、《不可饶恕》（Unforgiven，1992）和《绝对权力》（Absolute Power，1997）中饰演的更黑暗复杂或更警觉的角色却更有说服力，给人留下更深的印象。然而，他在电影《矮子当道》（Get Shorty，1995）、《黎明时分》（Twilight，1998）和《天才一族》（The Royal Tenenbaums，2001）中也展现出了喜剧天赋。**GA**

代表作：

The Royal Tenenbaums 2001
Twilight 1998
Absolute Power 1997
Get Shorty 1995
***Unforgiven* 1992** ★
***Mississippi Burning* 1988** ☆
Reds 1981
Superman 1978
A Bridge Too Far 1977
Night Moves 1975
French Connection II 1975
The Conversation 1974
***The French Connection* 1971** ★
***I Never Sang for My Father* 1970** ☆
***Bonnie and Clyde* 1967** ☆
Lilith 1964

"我想演戏，但其他人总是告诉我说演员必须长相英俊。"

史蒂夫·麦奎因 STEVE McQUEEN

生平： 本名特伦斯·史蒂夫·麦奎因（Terence Steven McQueen），1930年3月24日生于美国印第安纳州比起格罗夫；1980年卒于墨西哥。

明星特质： "冷酷之王"；体格健壮、外貌沧桑英俊；传奇的动作英雄和男主角、赛车手、导演、制作人。

代表作：

The Hunter 1980
Tom Horn 1980
The Towering Inferno 1974
Papillon 1973
Junior Bonner 1972
Le Mans 1971
Bullitt 1968
The Thomas Crown Affair 1968
The Sand Pebbles 1966 ☆
The Cincinnati Kid 1965
Love with the Proper Stranger 1963
The Great Escape 1963
Hell Is for Heroes 1962
The Magnificent Seven 1960
Never So Few 1959
The Blob 1958

1930年代

"我那蓬蓬狗一般的眼睛让人们认为我是个好人。"

　　如果电影男主角詹姆斯·迪恩没有英年早逝，他在20世纪60年代可能会变得和史蒂夫·麦奎因一样：冷酷、简洁、能力十足，却因深深压抑的神经症而紧张不已。麦奎因在少年感化院度过了动乱的少年时期，1947年加入美国海军陆战队，服役到1950年。1955年他进入纽约演员工作室学习表演。他的第一个主要角色是《变形怪体》（The Blob，1958）中与怪物展开搏斗的少年。演完电视剧《亡命天涯》（Wanted: Dead or Alive，1958—1961）后，麦奎因出演了电影《战云》（Never So Few，1959）和经典西部片《豪勇七蛟龙》（The Magnificent Seven，1960）。

　　麦奎因最令人难忘的表演是在讲述战犯的电影《大逃亡》（The Great Escape，1963）中，片中在被纳粹党追捕时，他骑着摩托车越过铁丝网。尽管他是个摩托车和赛车的狂热爱好者，但出于安全考虑这一幕还是由特技演员完成，麦奎因也因此成为60年代片酬最高的明星之一——他因《大逃亡》中的这一角色赚了400,000美元。但麦奎因本人也完成了很多特技表演，最著名的是《警网铁金刚》（Bullitt，1968）中的追逐戏。

　　出名后，麦奎因在电影如《突击魔鬼岭》（Hell Is for Heroes，1962）中饰演几近疯癫的战争英雄，在《辛辛那提小子》（The Cincinnati Kid，1965）中饰演过于自信的打牌人，在《龙凤斗智》（The Thomas Crown Affair，1968）中饰演冷酷的犯罪策划人，在《巴比龙》（Papillon，1973）中饰演诡计多端的囚犯。晚年麦奎因被诊断出因接触石棉而患上了肺癌，有人推测这可能是由于他在赛车时穿的石棉绝缘衣引起的。麦奎因过起了隐居的生活，只偶尔回来演演电影，他的最后一个角色是《亡命大捕头》（The Hunter，1980）中的赏金猎人。麦奎因与第三任妻子芭芭拉·明蒂（Barbara Minty）结婚不到一年就去世了，去世时年仅50岁。**KN**

让·雷谢夫 JEAN ROCHEFORT

生平：本名让·拉乌尔·罗伯特·雷谢夫（Jean Raoul Robert Rochefort），1930年4月29日生于法国北部海滨省迪南。

明星特质：英俊，有着淘气的笑容；法国喜剧和戏剧中的男主角和性格演员、卡巴莱艺术家、作家、导演、敏捷的马术骑手。

让·雷谢夫在国立巴黎高等戏剧艺术学院（Conservatoire National Supérieur d'Art Dramatique）学习戏剧，后来他不得不中断学业，在法国军队服兵役，之后他开始在巴黎的剧院和卡巴莱夜总会表演。雷谢夫的第一部电影是《邂逅在巴黎》（Rencontre à Paris, 1956），他在里面饰演了一个小角色。20世纪50年代雷谢夫一直活跃在电影、电视和戏剧舞台上，60年代他成为某些电影的固定阵容，如导演菲利普·德·普劳加（Philippe De Broca）的喜剧冒险片《侠盗风云》（Cartouche, 1962）和《杀手闹翻天》（Les tribulations d'un Chinois en Chine, 1965）中让-保罗·贝尔蒙多（Jean-Paul Belmondo）的伙伴，他在其他没有贝尔蒙多的电影中也取得了成功，如德·普劳加的喜剧惊悚片《引狼入室喜临门》（Le diable par la queue, 1969）。

雷谢夫作为性格演员的声誉日渐兴起，20世纪70年代他主演了《金发大个子》（Le grand blond avec une chaussure noire, 1972）等电影，他在该片中饰演法国特勤处人员。这部电影风行一时，还拍了一部成功的续集。

然而雷谢夫并没有满足于这些喜剧给他带来的荣誉，而是拍了一些更严肃的作品，如在贝特朗·塔维涅（Bertrand Tavernier）的恐怖片《圣保罗钟表匠》（L'horloger de Saint-Paul, 1974）中饰演的凶案调查员吉尔邦德。自那之后他一直在祖国法国和国外出演各种喜剧和戏剧，包括罗伯特·奥特曼（Robert Altman）全明星阵容的时尚片《云裳风暴》（Prêt-à-Porter, 1994）。雷谢夫晚年最出名的角色是根据经典小说改编的堂吉诃德，这个版本的拍摄命途多舛，雷谢夫在拍摄该片时忍受着背部伤痛的折磨，但这只是众多挫折中的一个，另外还有很多其他因素的影响，导致这部电影一直没有拍完，最后只有把这部电影用在纪录片《救命呐！唐吉诃德》（Lost in La Mancha, 2002）中。**CK**

代表作：

L'homme du train 2002 (The Man on the Train)
Lost in La Mancha 2002
Ridicule 1996
Prêt-à-Porter 1994
Le Crabe-tambour 1977 (Drummer-Crab)
Le fantôme de la liberté 1974
　(The Phantom of Liberty)
L'horloger de Saint-Paul 1974
　(The Clockmaker of St. Paul)
Le grand blond avec une chaussure noire 1972
　(The Tall Blond Man with One Black Shoe)
Le diable par la queue 1969
　(The Devil by the Tail)
Les tribulations d'un chinois en Chine 1965
　(Chinese Adventures in China)
Cartouche 1962 (Swords of Blood)
Rencontre à Paris 1956 (Meeting in Paris)

"我试着挑起一场争斗，然后找到喜欢我的人。"

——M·马内斯奎尔，《火车上的男人》
(The Man on the Train)

克林特·伊斯特伍德 CLINT EASTWOOD

生平：本名小克林特·伊斯特伍德（Clinton Eastwood Jr.），1930年5月31日生于美国旧金山。

明星特质：高大英俊、轮廓分明；典型的有男子气概的电影明星；西部片中硬汉的标志；他的所有角色都有着标志性的表情；享誉国际的传奇性演员和导演；至今已演了50年的电影。

克林特·伊斯特伍德很可能是美国电影中最能代表美国男性形象重要演员之一——他有着男性的复杂和矛盾——比其他任何表演者都能更好地表现大摇大摆的大男子气概和冷若冰霜的强硬，但是他的银幕形象远不止于此。看来很多美国评论家一直等到伊斯特伍德七十多岁才最终理解他的价值，然而欧洲影迷早在几十年前就看到了他表演的深度。无论如何，克林特·伊斯特伍德如今已是名副其实的电影明星。如果说欧洲观众先认识到他的天赋，那么欧洲的电影摄制者先有效用到他坚毅的凝视和简洁的魅力也是理所当然的。

伊斯特伍德25岁开始表演，起初只是饰演一些小角色，后来在西部电视剧如《皮鞭》（Rawhide，1959—1966）中取得成功，此后一直饰演这类作品，直到九年后意大利导演赛尔乔·莱翁（Sergio Leone）让他出演了镖客三部曲——《荒野大镖客》（Per un pugno di dollari，1964）、《黄昏双镖客》（Per qualche dollaro in più，1965）和《黄金三镖客》（Il buono, il brutto, il cattivo，1966）。这三部电影给伊斯特伍德带来了国际声誉，而他的专属领域冒险片，如《吊人索》（Hang 'Em High，1968）、《战略大作战》（Kelly's Heroes，1970）和让他成为电影传奇的《辣手神探夺命枪》（Dirty Harry，1971）则

代表作：

J. Edgar 2011
Gran Torino 2008
Letters From Iwo Jima 2006
Million Dollar Baby 2004 ☆
Absolute Power 1997
The Bridges of Madison County 1995
A Perfect World 1993
In the Line of Fire 1993
Unforgiven 1992 ☆
The Rookie 1990
White Hunter Black Heart 1990
City Heat 1984
Tightrope 1984
Escape from Alcatraz 1979
The Outlaw Josey Wales 1976
High Plains Drifter 1973
Dirty Harry 1971
Play Misty for Me 1971
Kelly's Heroes 1970
Coogan's Bluff 1968
Hang 'Em High 1968
Il buono, il brutto, il cattivo 1966
  (The Good, the Bad and the Ugly)
Per qualche dollaro in più 1965
  (For a Few Dollars More)
Per un pugno di dollari 1964 (A Fistful of Dollars)

1930年代

右图：伊斯特伍德在赛尔乔·莱翁的电影《黄昏双镖客》中饰演简单的反英雄式人物。

克林特·伊斯特伍德

上图：伊斯特伍德在经典电影《辣手神探夺命枪》中饰演不守规矩的警察哈里·卡拉汉

让他进一步名声大噪。

《辣手神探夺命枪》的上映引起了很大争议，有意义的是就在同年，伊斯特伍德做出了他职业生涯中两个最值得称道的、古怪而独特的选择：执导了他的第一部电影《迷雾追魂》（Play Misty for Me），参演了《辣手神探夺命枪》的导演唐·希格尔（Don Siegel）奇异的哥特式电影《受骗》（The Beguiled）。在这两部电影中伊斯特伍德饰演的都是外表迷人的登徒子，喜欢征服不同的女性，一步一步被自己的猎艳行为所害。对男性气概的精细探索始终是贯穿伊斯特伍德作品的主题，在一些恐怖片和如《廊桥遗梦》（The Bridges of Madison County，1995）之类的浪漫片中都可窥见这种探索。

"真的有些人来找我，让我在他们的枪上签名。"

20世纪70年代和大半个80年代，伊斯特伍德的职业发展并不平稳：有些出色的作品如《荒野浪子》（High Plains Drifter，1973）、《逃出亚卡拉》（Escape from Alcatraz，1979），有些有趣的探索如《不屈不挠》（Bronco Billy，

克林特·伊斯特伍德

电影标志

除了本人参与演出外,还有很多方法可以识别克林特·伊斯特伍德的电影。首先,他的电影开始和结束时都会有个角色死去。哈里·卡拉汉是个特别危险的人物,千万不要和他一起厮混——在《辣手神探夺命枪》和所有续集中,哈里的搭档非死即伤。其次,虽然伊斯特伍德的很多人物角色看似一样,都带着标志性的牛仔帽、披着斗篷、一副真正西部片中都会有的苦大仇深的模样,但每个角色都会有些令人难忘的台词。下面是一些例子:

◆伊斯特伍德一直沉浸在角色当中,他穿着同一件斗篷演完了赛尔乔·莱翁全部的三部电影,甚至都没洗过,更别提换一件了,绝对真实可信!

◆在《辣手神探夺命枪》中阻止一名银行劫匪,伊斯特伍德首次说出了这个不朽的台词:"小子,你觉得幸运吗?"

◆在每部《辣手神探夺命枪》系列电影的结尾,摄影机镜头都会渐渐淡出。在《紧急搜捕令》(Magnum Force, 1973)的结尾,哈里从长官布里格斯中尉烧着的汽车处走开,镜头渐渐淡出。

◆你忘了规则。好,规则是什么?……是随时随地保护你自己。好,规则是什么?"——伊斯特伍德在《百万美元宝贝》中饰演的法兰基·杜尼再三强调自我保护的重要性。

1980),但也有一些不堪一提的劣作如《都市热战》(City Heat, 1984)、《凯迪拉克神探》(Pink Cadillac, 1989)等。所有《辣手神探夺命枪》的续集,包括伊斯特伍德自己执导的那些,都不及原片的影响力大。在佳作甚少的这些年里,《黑色手铐》(Tightrope, 1984)是一部有趣而一直被低估的佳作,这部违反常情的警匪片进一步探索了男性的不可靠和女性的坚强。

成熟和真正的认可

80年代晚期情况得到了改善。虽然伊斯特伍德已经导演了12部电影(这些电影大多很优秀),1988年他导演了查理·帕克(Charlie Parker)的传记片《爵士乐手》(Bird),开辟了他职业生涯的新篇章,在这部作品中伊斯特伍德最终认识到导戏比演戏更重要。他强大而游刃有余,自导自演了奥斯卡获奖影片《不可饶恕》(Unforgiven, 1992)和《百万美元宝贝》(Million Dollar Baby, 2004),此外他还有很多被忽视的好作品,如《完美的世界》(A Perfect World, 1993)、《硫磺岛的来信》(Letters from Iwo Jima, 2006)和《父辈的旗帜》(Flags of Our Fathers, 2006)等。

对伊斯特伍德而言,年龄只是一个数字——他的演艺事业从《辣手神探夺命枪》的全盛时期至今一直如日中天,甚至比那时更有天赋,他现在正处于前所未有状态下,眼下他正在发号施令。**TC**

右图:伊斯特伍德自导自演了《廊桥遗梦》。

吉娜·罗兰兹 GENA ROWLANDS

生平： 本名弗吉利亚·凯瑟琳·罗兰兹（Virginia Cathryn Rowlands），1930年6月19日生于美国威斯康星州麦迪逊。

明星特质： 酷酷的金发美女、独立电影的领军性格演员；出色地饰演了很多复杂的角色；与丈夫约翰·卡索维茨是一对传奇的创作搭档（他们合拍了十部电影）。

电影界自诩有很多"导演+演员"的夫妻组合，他们彼此深刻地影响了对方的职业方向，但是显少有如美女吉娜·罗兰兹和他的导演丈夫约翰·卡索维茨（John Cassavetes）这样著名的组合。

罗兰兹和卡索维茨1954年结婚，这段婚姻关系一直持续到1989年卡索维茨去世。20世纪60年代到80年代，夫妇两人都为美国最出色的独立电影做出过贡献。在此期间，罗兰兹表演了美国女演员从未有过的最出色最大胆的演出之一：在灼热的《权势下的女人》（A Woman Under the Influence，1974）中饰演情绪不稳定的家庭主妇玛贝尔·朗赫迪，她的表演完美无缺，是人们可以期望在电影中看到的最出色的演出。

在与卡索维茨合作之前，罗兰兹从50年代中期开始在百老汇的舞台和电视中演出，出演了很多那个时代最流行的作品和少许值得注意的电影，如《自古英雄多寂寞》（Lonely Are the Brave，1962）。罗兰兹与丈夫合作的第一部电影是《天下父母心》（A Child Is Waiting，1963），这是卡索维茨尝试的为数不多的主流作品。接下来他们合作了更多电影，如《面孔》（Faces，1968）和《女煞葛洛莉》（Gloria，1980），他们还一起演电影和电视。在这些作品中，卡索维茨对罗兰兹的信任和喜爱显而易见且无处不在，他们合作的很多作品也成为独立自然、以演员为主的电影制作的标志。卡索维茨去世后，罗兰兹继续出演了一些其他优秀作品，如《地球之夜》（Night on Earth，1991）。她还是少数在这个年龄继续出演电影的女演员之一。她与卡索维茨的三个孩子尼克（Nick）、亚历山德拉（Alexandra）和佐伊（Zoe）凭借自己的实力都已成为优秀的演员或导演。**TC**

代表作：

Broken English 2007
The Skeleton Key 2005
The Notebook 2004
The Weekend 1999
Hope Floats 1998
The Neon Bible 1995
Something to Talk About 1995
Night on Earth 1991
Another Woman 1988
Gloria 1980 ☆
Opening Night 1977
A Woman Under the Influence 1974 ☆
Minnie and Moskowitz 1971
Faces 1968
A Child Is Waiting 1963
Lonely Are the Brave 1962

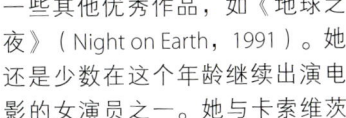

"我永远都摆不出扑克脸，任何人只要看我一眼就能准确地说出我在想什么。"

1930年代

肖恩·康纳利 SEAN CONNERY

生平：本名托马斯·肖恩·康纳利（Thomas Sean Connery），1930年8月25日生于苏格兰爱丁堡。

明星特质：外貌英俊；饰演的英国间谍007殷勤体贴而又久经世故；如今依旧保持着他性感演员的地位；因对世界电影杰出的艺术贡献获得水晶球奖。

如果完全忠实伊恩·弗莱明小说中的描写，肖恩·康纳利可能不会出演《007之诺博士》（Dr. No, 1962）。弗莱明笔下的邦德是有着霍基·卡迈尔克般长相的人，他本人比较倾向于请加里·格兰特或大卫·尼文来出演这个角色。康纳利，这个出身工人阶级的苏格兰送奶工在赢得健美比赛后踏入娱乐圈，他有着邦德健硕的肌肉，但在20世纪60年代他只饰演过无产阶级英雄，而不是警官布尔多戈·德拉蒙德和侠探西蒙这样的角色。

在邦德之前，康纳利演过一些英国电影，如《地狱司机》（Hell Drivers, 1957）、《惊惧之城》（The Frightened City, 1961）和电视剧如《拳台血泪》（Requiem for a Heavyweight, 1957）的英国版，与拉娜·特纳在《春梦留痕》（Another Time, Another Place, 1958）中演过对手戏。《007之诺博士》让他一举成名——但有段时间他出演的多是007这个角色，拿着马提尼，轻轻摇晃，在敌人被消灭后嘲讽道"令人震惊"。他还和一些初涉影坛的欧洲新秀女演员一起表演，展示了冷酷的男子气概，他穿着完美无瑕的晚礼服，叼着香烟，精心地表现出自尊自爱——这让阿尔弗雷德·希区柯克选他在《艳贼》（Marnie, 1964）中出演扭曲的百万富翁，强迫冷淡的贼嫁给他。

康纳利继续出演邦德《007之俄罗斯之恋》（From

代表作：

Entrapment 1999
The Rock 1996
Dragonheart 1996
Rising Sun 1993
Robin Hood: Prince of Thieves 1991
Indiana Jones and the Last Crusade 1989
The Untouchables 1987 ★
The Name of the Rose 1986
Highlander 1986
Never Say Never Again 1983
A Bridge Too Far 1977
Robin and Marian 1976
The Man Who Would Be King 1975
The Offence 1972
Diamonds Are Forever 1971
You Only Live Twice 1967
Thunderball 1965
The Hill 1965
Goldfinger 1964
Marnie 1964
From Russia with Love 1963
Dr. No 1962
The Frightened City 1961
Another Time, Another Place 1958
Hell Drivers 1957

右图：康纳利在《玫瑰之名》中饰演调查案件的方济会修士。

肖恩·康纳利

1930年代

上图：康纳利在第二部邦德电影《007之金手指》中看起来很坚定，随时准备行动。

Russia with Love，1963）、《007之金手指》（Goldfinger，1964）等，但他最终打破这个传统，在《007之金刚钻》（Diamonds Are Forever，1971）后拒绝再出演这一角色，不过这看起来更像是罗杰·摩尔的初次亮相，而不是康纳利的邦德告别之作。此外，他开始证明自己是个合格的演员，在《山丘》（The Hill，1965）和《突击者》（The Offence，1972）中出色地饰演了士兵犯人和疲倦不堪的警察。康纳利一直保持着明星地位，凭借《铁面无私》（The Untouchables，1987）赢得奥斯卡奖，但自从《玫瑰之名》（The Name of the Rose，1986）后就没有拍过他真正在乎的电影了。他在《时空英豪》（Highlander，1986）和《勇闯夺命岛》（The Rock，1996）中的表演十分有趣。康纳利年岁越来越大，但他在电影中喜欢的依旧是《007之诺博士》中乌苏拉·安德丝那么大年纪的女孩，所以他在浪漫喜剧《偷天陷阱》（Entrapment，1999）中与凯瑟琳·泽塔-琼斯亲热的画面看起来尤为刺眼。**KN**

成为詹姆斯·邦德

肖恩·康纳利传奇地化身为英国间谍詹姆斯·邦德，后来者发现很难超越他，以下是一些经典的邦德妙语：

◆ 哈妮·莱德天真地问他："你也在找贝壳吗？"，邦德回答："不，我看看而已。"——《007之诺博士》

◆ "令人震惊！这真是太令人震惊了！"——对结局糟糕的恶人的评价《007之金手指》

◆ "我想他找对点了。"——用捕鱼枪击中瓦尔加斯《007之霹雳弹》

◆ "我为英格兰而做。"——邦德与另一个美女上床后《007之雷霆谷》

理查德·哈里斯 RICHARD HARRIS

生平：本名理查德·圣约翰·哈里斯（Richard St. John Harris），1930年10月1日生于爱尔兰利默里克；2002年卒于英国伦敦。

明星特质：富有魅力的爱尔兰银幕传奇；多才多艺的性格演员、高大的男主角；导演、作家。

理查德·哈里斯出生在一个富有的磨坊主之家，家中有八个孩子。后来父亲的磨坊倒闭，哈里斯在贫困中度过了童年的大部分时光。他最初喜欢英式橄榄球，差点儿就被选去代表祖国爱尔兰参加比赛。但他患上了肺结核，希望落空。他后来说："这是发生在我身上最幸运的事。"哈里斯强迫自己尽快康复，接着开始阅读爱尔兰作者如塞缪尔·贝克特（Samuel Beckett）和詹姆斯·乔伊斯（James Joyce）的书，这些书让他做起了演员梦。1954年哈里斯去了伦敦，在伦敦音乐戏剧艺术学院学习表演。

哈里斯在舞台表演了相当长一段时间后开始进军电影界，他在《纳瓦隆大炮》（The Guns of Navarone，1961）中饰演的服役士兵和在《叛舰喋血记》（sea in Mutiny on the Bounty，1962）中饰演的海员都有着爱尔兰男人的男子气概。他在表现西方现代生活阴暗面的英国电影《如此运动生涯》（This Sporting Life，1963）中饰演受虐待的橄榄球选手，这个角色为他赢得奥斯卡最佳男主角的提名，并引起好莱坞对他的关注。他之后扮演的角色很少能展现他的演技，如根据百老汇音乐剧改编的电影《凤宫劫美录》（Camelot，1967）中的亚瑟王。

除了演戏外，哈里斯还有一个闻名的特点：喜欢喧哗。他有段时间对角色来者不拒，丝毫不加以选择：例如他在《莫莉马贵》（The Molly Maguires，1970）中让肖恩·康纳利大为气恼，在邪典片《太阳盟》（A Man Called Horse，1970）中饰演被阿帕奇人折磨的贵族。然而，他在《田野》（The Field，1990）中饰演的"公牛"麦凯布让他的职业再获新生，他再次获得奥斯卡最佳男主角提名。仅仅几年后他在克林特·伊斯特伍德的西部片《不可饶恕》（Unforgiven，1992）中饰演的神枪手英格力士·鲍勃再次给人们留下深刻印象。他在演艺生涯的最后几年在哈利波特的前两部电影中饰演了笑容可掬的阿不思·邓布利多。**KN**

代表作：

Harry Potter and the Chamber of Secrets 2002
Harry Potter and the Sorcerer's Stone 2001
Gladiator 2000
Unforgiven 1992
The Field 1990 ☆
The Cassandra Crossing 1976
Robin and Marian 1976
Juggernaut 1974
Cromwell 1970
A Man Called Horse 1970
The Molly Maguires 1970
Camelot 1967
Major Dundee 1965
This Sporting Life 1963 ☆
Mutiny on the Bounty 1962
The Guns of Navarone 1961

1930年代

"我让人们开怀大笑，我不想永生。我活过了，也做过了。"

菲利浦·诺瓦雷 PHILIPPE NOIRET

生平：1930年10月1日生于法国里尔；2006年卒于法国巴黎。

明星特质：高大，看起来有些羞赧；起初在夜总会表演，后来成为欧洲电影的男主角和性格演员；银幕形象感人而和蔼可亲；享乐主义者、美食家。

对世界各地的观众而言，菲利普·诺瓦雷最为人知的是他饰演的两个令人难忘的角色。第一个是朱塞佩·托纳多雷（Giuseppe Tornatore）催人泪下的《天堂电影院》（Nuovo cinema Paradiso，1988）中的阿尔弗雷多，他是西西里岛一个小村的电影放映员，是电影里小男孩的良师益友，如父亲般教导他，男孩长大后成了一名电影摄制者。另一个角色同样感人，是《邮差》（Il postino，1994）里流亡的智利诗人巴勃罗·聂鲁达（Pablo Neruda），他将诗人流亡国外的辛酸痛苦表现得淋漓尽致，他在电影中与痴情的邮差成为朋友，这段友谊感人肺腑。

诺瓦雷的每部电影都能抓住观众的心，高超的演技让他的每部作品都让人久久难以忘怀。他羞赧的样子更是增添了角色魅力，诺瓦雷年轻时正是因为不够英俊才没能演成浪漫剧的男主角，但这个长相倒渐渐成了他的优势。

诺瓦雷在法国雷恩的西部戏剧中心学习表演，之后跟随法国国家人民剧院四处巡演，在夜总会表演单人喜剧。诺瓦雷的第一个电影角色是《琪琪》（Gigi，1949）中的一个小角色，20世纪50年代他继续演了一些电影和电视作品。他第一个引起人们注意的角色是他在路易·马勒（Louis Malle）的喜剧《扎齐坐地铁》（Zazie dans le métro，1960）中饰演的有个任性的侄女的叔叔。后来他出演了《快乐的亚历山大》（Alexandre le bienheureux，1968），在他的祖国法国获得不错的评价。他在《极乐大餐》（La grande bouffe，1973）中是个享乐主义者，享受着饕餮盛宴，恣意狂欢。诺瓦雷是名出色的性格演员，在剩下的职业生涯中饰演了很多各式各样的角色，获得了不少奖项。CK

代表作：

Il postino 1994 (The Postman)

J'embrasse pas 1991 (I Don't Kiss)

La vie et rien d'autre 1989 (Life and Nothing But)

Nuovo cinema Paradiso 1988 (Cinema Paradiso)

Les ripoux 1984 (My New Partner)

L'Etoile du nord 1982 (The North Star)

Le vieux fusil 1975 (The Old Gun)

La grande bouffe 1973 (Blow-Out)

Alexandre le bienheureux 1968 (Alexander)

La vie de château 1966 (A Matter of Resistance)

Thérèse Desqueyroux 1962 (Thérèse)

Zazie dans le métro 1960 (Zazie in the Subway)

La pointe-courte 1956

Gigi 1949

> "你若解释诗歌，它就会变平庸。"
> ——巴勃罗·聂鲁达（Pablo Neruda），《邮差》

马克西米连·谢尔 MAXIMILIAN SCHELL

生平： 1930年12月8日生于奥地利维也纳。

明星特质： 演艺世家的一员；少有的在国际上获得成功的德语片演员；纪录片摄制者、制作人。

代表作：

Das Haus der schlafenden Schönen 2006
  (House of the Sleeping Beauties)
Coast to Coast 2004
Deep Impact 1998
Vampires 1998
The Chosen 1981
Julia 1977 ☆
A Bridge Too Far 1977
Cross of Iron 1977
The Man in the Glass Booth 1975 ☆
The Odessa File 1974
The Desperate Ones 1968
Counterpoint 1968
Judgment at Nuremberg 1961 ★
The Young Lions 1958
Reifende Jugend 1955 (Ripening Youth)

1930年代

马克西米连·谢尔和马塞洛·马斯楚安尼（Marcello Mastroianni）、莫里斯·切瓦利亚（Maurice Chevalier）和埃米尔·强宁斯（Emil Jannings）一样，是欧洲最著名的电影演员之一。谢尔的母亲玛格丽特·诺埃·冯·诺德伯格（Margarethe Noe von Nordberg）是名演员，父亲赫尔曼·费迪南德·谢尔（Hermann Ferdinand Schell）是作家兼诗人，谢尔1930年在维也纳出生。二战期间他生活在中立国瑞士的苏黎世，十几岁时就成为坚定的反法西斯主义者。谢尔在好莱坞的第一部电影是战争片《百战雄狮》（The Young Lions，1958），他在该片中与马龙·白兰度演对手戏，那时他的姐姐玛利亚·谢尔（Maria Schell）已是国际影星了。谢尔最为人们所熟知的角色也许是他在《纽伦堡的审判》（Judgment at Nuremberg，1961）中饰演的律师罗尔夫，他在两年前直播的电视广播中第一次扮演这个角色。谢尔因出色地饰演了罗尔夫，打败了合作的斯宾塞·屈塞赢得了奥斯卡最佳男主角奖。

谢尔出演过很多作品，他的电影包括《奥迪萨密件》（The Odessa File，1974）、《铁十字勋章》（Cross of Iron，1977）、《茱莉亚》（Julia，1977）、《遥远的桥》（A Bridge Too Far，1977）、《抉择》（The Chosen，1981）和科幻恐怖片《天地大冲撞》（Deep Impact，1998）。此外，谢尔也是名出色的电影导演，他执导的《行人》（Der Fussgänger，1973）被提名为奥斯卡最佳外语片，拍摄的关于女演员玛琳·黛德丽（Marlene Dietrich）的纪录片《玛琳》（Marlene，1984）被提名竞选奥斯卡专题纪录片。他还执导了关于他姐姐的纪录片《我的姐姐玛利亚》（Meine Schwester Maria，2002），获得评论界的一致称赞。20世纪90年代开始，谢尔出演了很多德语电视电影，如《世间好运》（Alles Glück dieser Erde，2003）。之后他在伦敦的剧院出演罗伯特·奥特曼导演的阿瑟·米勒的戏剧《复活蓝调》（Resurrection Blues，2006）。**MK**

> "当你还是个孩子时我曾摔过你的头。"
> ——詹森·勒那，《天地大冲撞》（Deep Impact）

阿明·缪勒–斯塔尔 ARMIN MUELLER-STAHL

生平：1930年12月17日生于德国东普鲁士提尔西特。

明星特质：多才多艺的男主角和戏剧性格演员；德国当代电影偶像；十几岁时就成为受人尊敬的音乐会小提琴手；导演、作家、画家。

阿明·缪勒-斯塔尔是个音乐神童，在德意志民主共和国长大，二十来岁时转行做起了演员，很快成为东德剧院和银幕的男主角。尽管缪勒-斯塔尔因对艺术的贡献获得了梦寐以求的德意志民主共和国国家奖，但他因反对政府干预表演艺术被列为黑名单，职业生涯迅速崩塌。他唯一的希望就是去西德重新开始，在那儿他创造复杂角色的天赋引起如维尔纳·法斯宾德（Werner Fassbinder）和安德烈·瓦伊达（Andrzej Wajda）这些重要导演的注意。缪勒-斯塔尔在二战道德电影《柏林之爱》（Eine Liebe in Deutschland, 1983）中的表演尤为出色。

到美国后，他在《八音盒》（Music Box, 1989）中饰演前纳粹通敌犯，杰西卡·兰格（Jessica Lange）饰演的女儿不得不面对她一直认为慈爱善良的父亲所犯的罪行，缪勒-斯塔尔因这个角色获得很大的知名度。他还在一些重要的独立电影中扮演过一些生动的角色，如史蒂文·索德伯格（Steven Soderbergh）的《卡夫卡》（Kafka, 1991）和吉姆·贾木许（Jim Jarmusch）的《地球之夜》（Night on Earth, 1991）。但他在美国电影中最著名的表演也许是《适者生存》（Avalon, 1990）中的俄国犹太人移民，慢慢地对抗着历史的变迁和年华的老去，其表演感人至深。尽管在好莱坞取得成功，但他从未切断与欧洲电影的联系。他在讲述德国家族传奇的历史剧《曼氏家族》（Die Manns—Ein Jahrhundertroman, 2001）中饰演有天赋却神经质的托马斯·曼，在美国电视剧《白宫群英》（The West Wing, 2004）中出演了另一个文化历史角色——以色列总理。**BP**

代表作：

The X Files 1998
12 Angry Men 1997
***Shine* 1996** ☆
The House of the Spirits 1993
Utz 1992
Night on Earth 1991
Kafka 1991
Avalon 1990
Music Box 1989
Bittere Ernte 1985 (*Angry Harvest*)
Oberst Redl 1985 (*Colonel Redl*)
Eine Liebe in Deutschland 1983
　(*A Love in Germany*)
Die Sehnsucht der Veronika Voss 1982
　(*Veronika Voss*)
Lola 1981

1930年代

"没人像我一样爱你，没人像我。"
——彼得·赫尔夫戈特，《闪亮的风采》（Shine）

詹姆斯·迪恩 JAMES DEAN

生平：本名詹姆斯·拜伦·迪恩（James Byron Dean），1931年2月8日生于美国印第安纳州马里恩，1955年卒于美国加利福尼亚州乔莱姆。

明星特质：因饰演问题青年在电影史上获得传奇地位；20世纪50年代女性钟情的对象，是一个持久的文化标志；唯一一个生后获两次奥斯卡提名的演员。

代表作：

Giant 1956 ☆
Rebel Without a Cause 1955
East of Eden 1955 ☆

虽然詹姆斯·迪恩只主演过三部电影，但他却是20世纪50年代最重要的电影演员之一。像蒙哥马利·克利夫特和马龙·白兰度一样，迪恩有着英俊的外貌，比之前有着男子气概的偶像克拉克·盖博和埃罗尔·弗林更敏感更苦闷，但他却更年轻——在他们各自的第一部电影中，克利夫特和白兰度饰演的是受伤的二战老兵，而迪恩饰演的却是战后的年轻人，他的精神创伤并不来自诺曼底登陆日或瓜达康纳尔岛的激战。在他最好的作品《无因的反抗》（Rebel Without a Cause，1955）中，迪恩饰演了吉姆·斯塔克，这个角色在富裕和平的美国，受到社会环境的压力，对父母感到绝望，并失去值得为之奋斗的一切，这部电影不仅仅是对当时社会的嘲讽。《无因的反抗》由尼古拉斯·雷（Nicholas Ray）执导，这部宽屏彩色电影并没有像《黑板森林》（Blackboard Jungle，1954）一样对失足少年进行评判，而是反复申述有些最爱惹麻烦的问题少年并不来自贫困之家，他们可能来自家境良好的家庭。

迪恩1952年到1953年间参加了很多直播的电视节目，如《凯特·史密斯时刻》、《一号工作室》和《罗伯特·蒙哥马利秀》，在电影《坚韧的刺刀》（Fixed Bayonets!，1951）、《水手小心》（Sailor Beware，1952）

右图：迪恩在最后一部电影《巨人传》（Giant）中饰演杰特·瑞克，电影还未拍完他就去世了。

詹姆斯·迪恩

和《怀春乳燕》（Has Anybody Seen My Gal?, 1952）中饰演几乎没怎么露面且不被认可的小角色。但他另外三个主要角色成了他毕生的代表——《伊甸园之东》（East of Eden, 1955）里的卡尔·特拉斯科、《无因的反抗》里的吉姆·斯塔克以及《巨人传》（Giant, 1956）中的杰特·瑞克。这三部作品只有《无因的反抗》流传至今：卡赞在《伊甸园之东》中过于放纵迪恩的体验派表演，而《巨人传》则提供了一些很具标志性的画面和时刻（迪恩绑着枪，以与众不同的方式挥手告别），但他在后半部分的表演不足以令人信服，他饰演的头发花白的老杰特有些笨拙。但《无因的反抗》的表演就足够让他在电影史上永垂不朽，而他因车祸过早地离世增添了他电影的高度和辛酸——虽然在电影中吉姆·斯塔克并没有死于亡命的赛车追逐或格里菲斯公园天文台的高潮情节中。迪恩原本计划要出演《回头是岸》（Somebody Up There Likes Me, 1956），他的角色后来由保罗·纽曼出演。**KN**

上图：迪恩在他最好的电影《无因的反抗》中饰演的青少年吉姆·斯塔克，他因这个角色在电影史上获得不朽的地位。

关于迪恩的歌

詹姆斯·迪恩悲剧的死亡保证了他银幕上的不朽地位，也激发了一些歌手向这位传奇人物的致敬：

◆ "你活得太快，死得太早，再见。"——老鹰乐队（The Eagles）

◆ "《周围布满荆棘的男孩》"——史密斯乐队（The Smiths）

◆ "杰基刚才匆匆驶过，认为她是詹姆斯·迪恩……"——卢·里德（Lou Reed）

◆ "小丑穿着从詹姆斯·迪恩那儿借来的衣服，为国王和王后歌唱……"——麦克林（Don McLean）

马丁·兰道 MARTIN LANDAU

生平：1931年6月20日生于美国纽约州布鲁克林。

明星特质：有着大眼睛和瘦削的脸；多才多艺、变化多端的性格演员、制作人；20世纪60年代电视剧《碟中谍》中受欢迎的明星。

马丁·兰道17岁就开始工作了，那时他在《纽约每日新闻》画漫画和插图，但他被演戏所吸引，在缅因州的峰岛剧院演了他的第一部戏剧《侦探故事》（Detective Story，1951）。1955年他加入美国的演员工作室，接着演了百老汇的第一部戏剧《半夜》（Middle of the Night，1957）。兰道的第一部电影是《猪排山》（Pork Chop Hill，1959），而他最出名的角色则是希区柯克的《西北偏北》（North by Northwest，1959）中的同性恋间谍。

不过兰道早期最出名的作品是电视剧，如《迷离时空》（The Twilight Zone，1959—1964），他还是《碟中谍》（Mission: Impossible，1966—1969）中如变色龙般变化多端的伪装大师罗林·翰德，并因这个角色赢得金球奖最佳电视男明星奖。兰道和妻子芭芭拉·贝恩主演了这部电视剧和70年代的连续剧《太空：1999》（Space: 1999）。

兰道饰演的配角有《他们叫我狄博斯先生》（They Call Me MISTER Tibbs!，1970）中浮夸古怪的人，而他主演的电视电影《越战归来》（Welcome Home, Johnny Bristol，1972）也给人留下深刻印象，但后来不知为何他开始出演一些二流的电视电影。

兰道在弗朗西斯·福特·科波拉（Francis Ford Coppola）的电影《创业先锋》（Tucker: The Man and His Dream，1988）中饰演的金融家让他再次打进好莱坞，并因此获奥斯卡最佳男配角提名。他下一个获奥斯卡提名的角色（这次是最佳男主角）是《罪与错》（Crimes and Misdemeanors，1989）中伍迪·艾伦（Woody Allen）的分身，最终他终于凭借在蒂姆·伯顿（Tim Burton）的传记片《艾德·伍德》（Ed Wood，1994）中饰演的疲倦的贝拉·卢戈西（Béla Lugosi）获得奥斯卡奖。之后他一直在电影如《X档案：征服未来》（The X-Files，1998）中饰演老前辈。兰道如今依旧在出演电视和电影，并担任演员工作室西海岸分支的执行理事。**KN**

代表作：

Hollywood Homicide 2003
The Majestic 2001
Sleepy Hollow 1999
Rounders 1998
The X Files 1998
City Hall 1996
The Adventures of Pinocchio 1996
Ed Wood 1994 ★
Crimes and Misdemeanors 1989 ☆
Tucker: The Man and His Dream 1988 ☆
A Town Called Hell 1971
They Call Me MISTER Tibbs! 1970
The Greatest Story Ever Told 1965
Cleopatra 1963
Pork Chop Hill 1959

1930年代

"你不害怕吗，小男孩？我要喝你的血！"
——贝拉·卢戈西，《艾德·伍德》

莱斯利·卡伦 LESLIE CARON

生平： 本名莱斯利·克莱尔·玛格丽特·卡伦（Leslie Claire Margaret Caron），1931年7月1日生于法国上塞纳省布洛涅比扬古。

明星特质： 有着高卢人的魅力的芭蕾舞者、作家；起初饰演天真少女，后来饰演浪漫主角和成熟的性格角色。

莱斯利·卡伦是个专业的芭蕾舞演员，她的一举一动——即使饰演与跳舞无关的角色时——都有着芭蕾舞者的优雅。卡伦随剧团演出时被吉恩·凯利发现，两人合演了文森特·明奈利的《一个美国人在巴黎》（An American in Paris，1951），卡伦凭借这部电影处女作在国际上获得声誉。接着她演了一系列米高梅电影公司的音乐剧，饰演天真可爱、有法国人特点的角色和流浪的女孩儿：《孤凤奇缘》（Lili，1953）、和弗雷德·阿斯泰尔合演的《长腿叔叔》（Daddy Long Legs，1955）、再次与导演明奈利合作的《琪琪》（Gigi，1958）都是其中的上乘之作。但是卡伦渐渐厌倦流浪儿、孤儿和少女这些一成不变的角色，她不喜欢工作室的约束，于是在合约期满后回到了欧洲。

布莱恩·福布斯的《陋室红颜》（The L-Shaped Room，1962）让人们见识到一个全新而成熟的卡伦，她在片中饰演一个寂寞的孕妇，住在伦敦一间简陋的起居室里，她因这个角色第二次获奥斯卡最佳女主角提名。但是自那之后卡伦很少接到适合她表演天赋的角色。她在爱德华多·迪·格雷格里奥神秘的《超现实庄园》（Sérail，1976）中饰演一位险恶的管家，在弗朗索瓦·特吕弗的《痴男怨女》（L'homme qui aimait les femmes，1977）中出演查尔斯·登纳众多情人中的一个。如果有合适的剧本，她还是可以出演优雅复杂的角色，如在彼得·切尔森姆古怪的作品《狂笑风暴》（Funny Bones，1995）中的角色，在这部电影中她做起了老本行，不仅跳了舞，还唱了一支歌。卡伦还演过一些配角，如莱塞·霍尔斯道姆的《浓情巧克力》（Chocolat，2000）中甜美的寡妇、莫谦特·伊沃里（Merchant Ivory）公司（译注：由制片人伊斯玛·莫谦特和导演詹姆斯·艾佛利组成的电影公司）出品的社会喜剧《幸福合作社》（Le Divorce，2003）里诡计多端的婆婆。卡伦有过四段婚姻，与英国戏剧兼电影导演彼得·霍尔有两个孩子。**PK**

代表作：

Le Divorce 2003
Chocolat 2000
Funny Bones 1995
La diagonale du fou 1984 (Dangerous Moves)
L'homme qui aimait les femmes 1977
    (The Man Who Loved Women)
Sérail 1976 (Surreal Estate)
Paris brûle-t-il? 1966 (Is Paris Burning?)
Father Goose 1964
The L-Shaped Room 1962 ☆
The Man Who Understood Women 1959
Gigi 1958
Daddy Long Legs 1955
Lili 1953 ☆
The Story of Three Loves 1953
An American in Paris 1951

1930年代

"我觉得你若停滞不动，只想着过去的所作所为，就永远都不会有进步。"

泰布·亨特 TAB HUNTER

生平：本名阿瑟·安德鲁·凯尔姆（Arthur Andrew Kelm），1931年7月11日生于美国纽约。

明星特质："叹息男孩"、20世纪50年代美国青少年的偶像、歌手、作家、制作人；有棕褐色黝亮的皮肤和健壮的体格；常饰演邻家男孩式迷人的角色和成熟狂热的喜剧角色。

代表作：

Dark Horse 1992
Lust in the Dust 1985
Pandemonium 1982
Polyester 1981
Sweet Kill 1973
The Loved One 1965
Ride the Wild Surf 1964
Operation Bikini 1963
The Pleasure of His Company 1961
They Came to Cordura 1959
That Kind of Woman 1959
Damn Yankees! 1958
The Burning Hills 1956
Battle Cry 1955
Track of the Cat 1954
Saturday Island 1952

1930年代

泰布·亨特15岁就辍学加入了海岸警卫队，但不久就因为谎报年龄被开除了。他之后在骑术学校找到一份工作，但因外貌英俊，他开始考虑演戏，于是他去了加利福尼亚，在那儿遇到了经纪人亨利·威尔逊（Henry Willson），威尔逊给他取名"亨特"是因为他的马术技巧（译注："Hunter"本意为"猎人"）。亨特长相英俊、肌肉发达，常常不穿上衣，留着小平头，很受十几岁少女的欢迎，并成为一个唱片明星，1957年的单曲《年轻的爱》（Young Love）传唱度很高。

亨特以他巨大的性感吸引力而闻名，工作室称他为"叹息男孩"。他参演了电影《荒岛美人》（Saturday Island, 1952），并在西部片如《雪山恨》（Track of the Cat, 1954）中饰演三号主角。亨特最好的角色是《失魂记》（Damn Yankees!, 1958）里奇迹般返老还童的棒球奇才乔·哈迪，并在《这样的女人》（That Kind of Woman, 1959）中出色地演绎了一个伞兵，与索菲亚·罗兰演对手戏。他还在电视中取得成功，因在"90剧场"（Playhouse 90）的《凶手肖像》（Portrait of a Murderer, 1958）中饰演唐纳德·巴舍获艾美奖提名。

但到了60年代，亨特的吸引力开始慢慢减退。他放弃了与华纳兄弟的电影合约，转而投身电视事业，主演了情景喜剧《泰布·亨特秀》（The Tab Hunter Show, 1960），这个节目只播出了一季就结束了。之后亨特又转向自我嘲讽的喜剧，在约翰·沃特斯（John Waters）的《菠萝脂》（Polyester, 1981）和保罗·巴特尔（Paul Bartel）的西部闹剧《滚滚红尘欲望不休》（Lust in the Dust, 1985）中出演异装癖迪韦恩爱恋的对象。亨特年轻时常常受到新闻界的困扰，他们试图要他"出柜"，证明他是同性恋，20世纪50年代这会毁了他的事业。亨特如今成为一名制作人，2005年出版了他的回忆录，在书中他承认自己是同性恋。**KN**

> "约翰·韦恩对我很好，但是我不喜欢他的大男子气概。这不是真的。"

安妮·班克劳夫特 ANNE BANCROFT

生平：本名安妮·玛利亚·伊塔莲诺（Anna Maria Italiano），1931年9月17日生于美国纽约州布朗克斯；2005年卒于美国纽约。

明星特质：棕褐色的皮肤，长相有拉丁人的特点；饰演过中年的妖冶荡妇；性格演员、导演、作家。

安妮·班克劳夫特的职业生涯持续了五十多年，饰演了差不多100个角色，但她给人们留下最深印象的角色是根据查尔斯·韦伯小说改编的《毕业生》（The Graduate，1967）中的家庭主妇，她住在郊区，掠夺成性，勾引女儿的男朋友，这个角色让达斯汀·霍夫曼说出了一句著名台词："鲁宾逊太太，你是在引诱我吗？"。

班克劳夫特在纽约布朗克斯出生，她有着深色的眉毛和拉丁人的长相，虽然这副长相使她无缘浪漫剧的女主角，却让她特别适合一些强大、有特点的角色。她在纽约加入演员工作室，接着在百老汇出演小角色，为了让自己的名字听起来不那么像其他种族的人，她改名叫班克劳夫特。她因在《怨女痴男》（Two for the Seesaw，1958）中与亨利·方达演对手戏赢得了她的第一个托尼奖。

班克劳夫特先后在戏剧和电影《海伦·凯勒》（The Miracle Worker，1962）中饰演海伦·凯勒孜孜不倦的教师安妮·莎莉文，她因这个角色出名，并赢得奥斯卡奖，她在后来的职业生涯中又四次获奥斯卡提名。她是杰克·克莱顿的作品《吃南瓜的人》（The Pumpkin Eater，1964）中纠结于孩子问题的妻子，在哈罗兹的食品厅彻底崩溃；是约翰·福特最后一部电影《七女人》（7 Women，1966）里脚踏实地的医生，为了救其他人牺牲了自己。自鲁宾逊太太后，班克劳夫特饰演的大多是些性格角色，与其他女星合作，如与雪莉·麦克雷恩合演的《转折点》（The Turning Point，1977）和与简·方达合演的《上帝的女儿》（Agnes of God，1985），她常常令平庸的电影焕发出别样的光彩。1964年班克劳夫特嫁给了演员兼导演的梅尔·布鲁克斯，两人一起出演了布鲁克斯有欠考虑的经典重拍《你逃我也逃》（To Be or Not to Be，1983），班克劳夫特自己也执导了一部电影——《胖子的故事》（Fatso，1980）。她出演最后一部电影《偷心俏佳人》（Heartbreakers，2001）纯属取乐。73岁那年她因癌症去世。**PK**

代表作：

Heartbreakers 2001
How to Make an American Quilt 1995
Point of No Return 1993
84 Charing Cross Road 1987
Agnes of God 1985 ☆
To Be or Not to Be 1983
The Elephant Man 1980
Fatso 1980
The Turning Point 1977 ☆
Lipstick 1976
The Graduate 1967 ☆
7 Women 1966
The Pumpkin Eater 1964 ☆
The Miracle Worker 1962 ★
Nightfall 1957
Don't Bother to Knock 1952

1930年代

"当人们见到我时，他们脑中总会浮现出那部电影。"

——对《毕业生》的评价

胜新太郎 SHINTARÔ KATSU

生平：本名奥村利夫，1931年11月29日生于日本东京；1997年卒于日本千叶县柏市。

明星特质：日本刀剑武士电影中标志性主角；剑客；有激烈的银幕形象；歌手、作家、导演、制片人。

胜新太郎是日本演员、制作人和导演，一生主演了100多部电影，但最为人知的是他塑造的盲人剑客座头市，这是日本电影史上最受欢迎的银幕英雄。胜新太郎出生于一个戏剧之家，他的父亲杵屋胜东治是歌舞伎演员。胜新太郎与大荣电影公司签订合约，从此进入电影界。他的第一部电影是《不允许爱的女孩》（1955）。接着他主演了《座头市物语》（1962），在里面饰演喜欢赌博和刀光剑影生活的盲按摩师。胜新太郎饰演的座头市感情强烈，有血有肉，成为他演艺生涯中最典型的角色——他演绎的座头市虽然是个残忍的杀手，却也是个可敬的人。这部电影取得巨大成功，衍生了25部续集和电视剧。

胜新太郎的作品惊人地多产，这一时期他还为大荣电影公司主演了另外两部长期上演的系列剧。《硬汉》（1961）系列13年里有了16部电影，《兵队黑社会》系列（1965—1972）有9部电影，在这两个系列中胜新太郎都演唱了主题曲。他在1970年第20部座头市电影中第一次担任制片人，第一次执导的电影是《颜役》（1971）。除了座头市系列外，胜新太郎还制作了《带子雄狼》（1972—1974）历史剧系列，由他哥哥若山富三郎主演。胜新太郎银幕下的生活很混乱，他与著名艺妓岩崎究香有段长达五年的婚外情，但岩崎意识到自己只能排在他的妻子、演员中村玉绪后面后便结束了这段感情。胜新太郎1997年去世，身后被授予日本电影金像奖。**WW**

代表作：

《浪人街》1990
《帝都物语》1988
《新座头市物语》1972
《座头市之牢破》1967
《兵队黑社会》1965
《座头市关所破》1964
《座头市千两首》1964
《座头市喧哗旅》1963
《座头市物语》1962
《硬汉》1961
《蔷薇的扩道馆》1955

1930年代

> "胜新太郎创造了一个冷酷、敏捷的英雄，但我们对他本人却所知甚少……"
> ——《纽约时报》

派珀·劳瑞 PIPER LAURIE

生平： 本名罗莎塔·雅克布斯（Rosetta Jacobs），1932年1月22日生于美国密歇根州底特律。

明星特质： 娇小美丽、一头红发、肌肤胜雪；起初饰演天真少女，紧接着饰演一些要求更高的性格角色。

派珀·劳瑞的父亲是个家具经销商，在劳瑞六岁那年，全家搬去了洛杉矶。劳瑞在当地一家戏剧学校学习演讲和表演，终于在17岁时与环球电影公司签订合约。

20世纪50年代漂亮的劳瑞初涉影坛，出演了《弗朗西斯去竞赛》（Francis Goes to the Races, 1951）、《阿里巴巴之子》（Son of Ali Baba, 1952）、《飞车夺美人》（Johnny Dark, 1954）和《烟雾信号》（Smoke Signal, 1955）等片。因对公司提供的角色不满意，她放弃了与环球电影公司的合约，去到纽约，在戏剧舞台和电视中表演，出演了《第12夜》（Twelfth Night, 1957）、《温特塞特》（Winterset, 1959）和《葡萄酒和玫瑰的日子》（The Days of Wine and Roses, 1958）。劳瑞的电影回归之作是《江湖浪子》（The Hustler, 1961），她在该片中饰演保罗·纽曼喜欢的跛腿、酗酒的女子，并凭借这一角色获得奥斯卡最佳女主角提名，但她违反了与环球电影公司的合约，所以有段时间劳瑞无戏可拍，直到布莱恩·德·帕尔玛让她出演《魔女嘉莉》（Carrie, 1976）中有着超凡魅力的疯狂母亲，她因这个角色获奥斯卡最佳女配角提名。

劳瑞渐渐成为一名性感的成熟女性和精力旺盛的演员，最终得到了一些很不错的角色。她在《血红宝石》（Ruby, 1977）中饰演一个恐怖的歌剧首席名伶，在《地堡》（The Bunker, 1981）中饰演纳粹约瑟夫·戈培尔的妻子玛格达，她在《失宠于上帝的孩子》（Children of a Lesser God, 1986）中饰演的母亲再一次为她赢得奥斯卡提名，而在大卫·林奇的电视剧《双峰》（Twin Peaks, 1990—1991）中饰演的神秘女子凯瑟琳·马特尔/Tojamura先生则让她两次获艾美奖提名。后来，劳瑞在《草竖琴》（The Grass Harp, 1995）里饰演杜鲁门·卡波特笔下的怪人，在《老师不是人》（The Faculty, 1998）中饰演被外星人附体的女子。劳瑞1981年与丈夫乔·摩根斯坦利离婚，他们育有一个女儿安妮·格蕾丝（Anne Grace）。**KN**

代表作：

The Dead Girl 2006
The Mao Game 1999
The Faculty 1998
A Christmas Memory 1997
The Crossing Guard 1995
The Grass Harp 1995
Trauma 1993
Children of a Lesser God 1986 ☆
Return to Oz 1985
The Bunker 1981
Carrie 1976 ☆
The Hustler 1961 ☆
Smoke Signal 1955
Johnny Dark 1954
Son of Ali Baba 1952
Francis Goes to the Races 1951

1930年代

"如果真实的生活如同电影一般，那我从此以后应该过着幸福快乐的日子。"

伊丽莎白·泰勒 ELIZABETH TAYLOR

生平：本名伊丽莎白·罗斯蒙德·泰勒（Elizabeth Rosemond Taylor），1932年2月27日生于英国伦敦汉普斯蒂德；2011年卒于美国洛杉矶。

明星特质：有完美无瑕的肤色、蓝紫色的眼睛和迷人的美貌；体现在择婚和生活方式方面的奢侈品味；电影传奇。

伊丽莎白·泰勒十岁就拍了她的第一部电影《每分钟出生一个孩子》（There's One Born Every Minute，1942），不久后她的合约就从环球电影公司转到米高梅电影公司，在米高梅她与毛发光泽、漂亮的动物们一起出演了《灵犬莱西》（Lassie Come Home，1943）和《玉女神驹》（National Velvet，1944）。她在《玉女神驹》里饰演的维拉韦·布朗是个赢得了全国越野障碍赛马比赛的爱马的小女孩，这部电影取得了巨大的票房成功，泰勒也一跃成为米高梅最受欢迎的童星。泰勒签订了一份长期电影合约，她在银幕上慢慢长大，在《伴父生涯》（Life with Father，1947）、《辛西娅》（Cynthia，1947）、《玉女倾城》（Julia Misbehaves，1948）和《小妇人》（Little Women，1949）中出演了各种可爱的少女角色，最后不可避免地开始饰演成熟的角色，如《岳父大人》（Father of the Bride，1950）和《玉女弄璋》（Father's Little Dividend，1951）中斯宾塞·屈塞出嫁不久就怀孕的女儿。

泰勒是20世纪50年代银幕中最伟大的美女之一，有着清晰、给人留下深刻印象的英籍美国人的腔调——她在英国出生，父母都是美国人——她是乔治·史蒂文斯的《郎心似铁》（A Place in the Sun，1951）中穷小子蒙哥

代表作：

The Flintstones 1994
Zee and Co. 1972
The Only Game in Town 1970
Doctor Faustus 1967
The Taming of the Shrew 1967
Who's Afraid of Virginia Woolf? 1966 ★
The Sandpiper 1965
Cleopatra 1963
Butterfield 8 1960 ★
Suddenly, Last Summer 1959 ☆
Cat on a Hot Tin Roof 1958 ☆
Raintree County 1957 ☆
Giant 1956
Beau Brummell 1954
Elephant Walk 1954
Ivanhoe 1952
A Place in the Sun 1951
Father's Little Dividend 1951
Father of the Bride 1950
Little Women 1949
Julia Misbehaves 1948
Life with Father 1947
National Velvet 1944
Jane Eyre 1944
Lassie Come Home 1943

右图：泰勒12岁时因饰演《玉女神驹》里骑马的女孩儿维拉韦·布朗一举成名。

伊丽莎白·泰勒

上图：泰勒在与她自己混乱的爱情生活相似的影片《朱门巧妇》中。

马利·克利夫特不惜一切渴望得到对象。泰勒的美貌很适合演时代剧：如《英雄艾凡赫》（Ivanhoe，1952）中的犹太女人——她的美太具毁灭性，以致于与她合作的罗伯特·泰勒坚持摄像机只能拍他的上半身，以免拍到他们俩一起时他的生理反应——《浪子回头》（Beau Brummell，1954）中的摄政夫人、《雨树县》（Raintree County，1957）里的南方美女。接着泰勒被吸引演了一些更"重要"的电影，如史蒂文斯的《巨人传》（Giant，1956），该剧的所有演员都通过化妆让年纪显得更成熟。她在《逻宫大神秘》（Elephant Walk，1954）中饰演一位种植园主的妻子，蚊帐后模糊的身影只是为田纳西·威廉斯两部重要的女色情狂电影热身：《朱门巧妇》（Cat on a Hot Tin Roof，1958）里淫荡的玛姬和《夏日痴魂》（Suddenly, Last Summer，1959）里穿着白色泳衣、精神不稳定的凯瑟琳。

"一些我电影里最好的男主角是狗和马。"

泰勒凭借在《青楼艳妓》（Butterfield 8，1960）中饰

伊丽莎白·泰勒

丑闻

"当你陷入丑闻时才能知道谁才是你真正的朋友。"所有人中,伊丽莎白·泰勒对这句话应该最有感受。她18岁首次步入婚姻殿堂,从此正式开始了婚姻生活,也开始了与绯闻、通奸和多个丈夫相伴的复杂一生:

- 小康拉德·希尔顿(Conrad Hilton Jr., 1950—1951),泰勒嫁给这位酒店继承人仅仅九个月后就离婚了,这是段充满谩骂的关系。
- 迈克尔·威尔丁(Michael Wilding, 1952—1957)比泰勒大20岁,泰勒很快就厌倦了这段关系。
- 迈克尔·托德(Michael Todd, 1957—1958),托德在一场飞机事故中遇难,结束了这段奢侈婚姻。
- 艾迪·费舍尔是托德是朋友,对泰勒也很熟悉。费舍尔为了伊丽莎白·泰勒轻易就抛弃了前妻黛比·雷诺兹。
- 理查德·伯顿(Richard Burton, 1964—1974; 1975—1976),伯顿后称之为"丑闻",他们在拍摄《埃及艳后》的片场就开始了热烈的爱恋,泰勒甚至因此被罗马教廷定罪。这两人都是众所周知的暴脾气,他们的两段婚姻都宣告失败。
- 约翰·华纳(John Warner, 1976—1982),泰勒长期忍受着慢性背痛和体重问题的困扰,在与美国参议员华纳的这段婚姻中,她采取了久坐不动的生活方式。
- 拉里·福藤斯基(Larry Fortensky, 1991—1996)是个建筑工人,他拒绝被泰勒"打磨光亮"。受疾病的困扰,泰勒不久就放弃了对这段关系的努力。

演的另一个声名狼藉的角色获得奥斯卡最佳女主角奖,之后主演了《埃及艳后》(Cleopatra, 1963),开始了她与理查德·伯顿的第一次合作。这部电影成为各式过分荒淫行为的标杆,但泰勒力图表现的演技却埋没在奇异的服装和装饰下。尽管泰勒和伯顿在拍摄《埃及艳后》时都有各自的家庭,但他们的绯闻还是闹得满城风雨。这是两人分分合合的关系的开端,在之后的11年里这对恋人两度结合又两度离婚。泰勒继续与伯顿合作,演了一系列大受欢迎、艺术造诣上却相当肤浅的电影,其中有浮华的肥皂片《春风无限恨》(The Sandpiper, 1965)、有奇异的艺术努力如《涛海春晓》(Boom, 1968)。

从戏剧女皇到女爵士

泰勒和伯顿利用他俩银幕下闹得沸沸扬扬的爱情的影响,继续合演了《驯悍记》(The Taming of the Shrew, 1967)和《灵欲春宵》(Who's Afraid of Virginia Woolf?, 1966)。泰勒在《灵欲春宵》中再次赢得奥斯卡奖,她饰演的玛莎令人难忘地荒谬,而经常被提名的伯顿却与奖项无缘。泰勒在一些鲜为人知的电影如《沧海孤女恨》(Secret Ceremony, 1968)、《人间游戏》(The Only Game in Town, 1970)和《爱情你我他》(Zee and Co., 1972)中的表现十分出色,她在《人间游戏》中与米亚·法罗和沃伦·比蒂合作默契,而《爱情你我他》则是另一个她多次出演过的关于破坏别人家庭的故事。然而,20世纪70年代泰勒主演的《守夜》(Night Watch, 1973)、《全体一致》(Identikit, 1974)和参演的《青鸟》(The Blue Bird, 1976)、《恩德培的胜利》(Victory at Entebbe, 1976)和《破镜谋杀案》(The Mirror Crack'd, 1980)并不出彩。

小报上从来少不了泰勒的消息,她接下来的多次婚姻和体重波动一直是人们津津乐道的话题,最终泰勒从大银幕退休,开始出演电视剧——《麦丽丝梦游仙境》(Malice in Wonderland, 1985)、《浓爱痴情》(Sweet Bird of Youth, 1989)、《这帮老娘们》(These Old Broads, 2001)。1999年泰勒被授予女爵士头衔,她的最后一部电影是《石头族乐园》(The Flintstones, 1994)。**KN**

右图:泰勒在1963年制作奢华的《埃及艳后》中饰演同名角色。

1930年代

黛比·雷诺兹 DEBBIE REYNOLDS

生平：本名玛丽·弗朗西斯·雷诺兹（Mary Frances Reynolds），1932年4月1日生于美国得克萨斯州厄尔巴索。

明星特质：漂亮的选美皇后、歌手、舞者、喜剧演员、夜总会表演者、制作人；常饰演年轻的邻家女孩和天真少女。

代表作：

Rugrats in Paris: The Movie—Rugrats II 2000
Zack and Reba 1998
In & Out 1997
Heaven & Earth 1993
Charlotte's Web 1973
What's the Matter with Helen? 1971
The Unsinkable Molly Brown 1964 ☆
The Pleasure of His Company 1961
The Mating Game 1959
This Happy Feeling 1958
Tammy and the Bachelor 1957
The Catered Affair 1956
Susan Slept Here 1954
Singin' in the Rain 1952
Three Little Words 1950
The Daughter of Rosie O'Grady 1950

1930年代

黛比·雷诺兹长相漂亮，干净体面，有用不完的精力，这些特质也许让她在好莱坞的大半生涯中不可避免地饰演那些能体现美国女性大多特性的角色——邻家女孩。有吸引力、纯洁、精力充沛、自信坚定，也愿意接受男性的权威却不会让人感觉不适，雷诺兹饰演的这类角色都魅力无穷，且非常成功，她载歌载舞的天赋让她在战后音乐剧和轻喜剧中大放异彩，如《雨中曲》（Singin' in the Rain, 1952）和《良宵春暖》（Susan Slept Here, 1954）。

雷诺兹的可爱偶尔也让她脱离这类模式化的角色而出演其他角色，如《翠谷奇谭》（The Unsinkable Molly Brown, 1964）里泰然自若、出生于下层阶级的女主角，她因这个角色获得奥斯卡最佳女主角提名。当她遇到天才导演，尤其是《幸福的感觉》（This Happy Feeling, 1958）的导演布莱克·爱德华（Blake Edwards）时，她所演绎的美国女孩更为精准细腻。而与一些不那么出色的导演合作时，雷诺兹就会表现出无意识的自我嘲弄，如《牧野芳踪》（Tammy and the Bachelor, 1957）和《配对游戏》（The Mating Game, 1959）。她在电视这个出色的媒介中平凡（这是最委婉的说法）而不做作；她拍摄的轻喜剧电视系列剧《黛比·雷诺兹秀》（The Debbie Reynolds Show, 1969—1970）成功地播出了两季。雷诺兹的第一任丈夫是演员兼歌手的艾迪·费舍尔（Eddie Fisher），他们的女儿凯莉·费舍尔（Carrie Fisher）是演员兼作家，儿子托德·费舍尔（Todd Fisher）是制作人。艾迪·费舍尔后来与好莱坞终极女主角伊丽莎白·泰勒传出恋情并结婚。然而，雷诺兹和泰勒最终摒弃前嫌，与雪莉·麦克雷恩（Shirley MacLaine）和琼·考林斯（Joan Collins）一起出演了电视电影《这帮老娘们》（These Old Broads, 2001）中的歌剧红伶，而艾迪·费舍尔就是编剧之一。**BP**

"我不再拍电影是因为我不喜欢脱衣服。"

安东尼·博金斯 ANTHONY PERKINS

生平：1932年4月4日生于美国纽约；1992年卒于美国好莱坞。

明星特质：面容憔悴、轮廓削瘦；因饰演精神病患者一类的角色出名，最出名的角色是《惊魂记》里的诺曼·贝兹；导演、作家。

安东尼·博金斯是美国戏剧、电影演员奥斯古德·博金斯和珍妮特·埃塞泰恩·莱恩的独生子。早在希区柯克让他在《惊魂记》（Psycho，1960）中出演诺曼·贝兹之前，博金斯就很擅长扮演神经兮兮的人了。他在《四海一家》（Friendly Persuasion，1956）中饰演的信仰贵格派的儿子给人留下深刻印象，也因此获得了奥斯卡提名。此外，博金斯还饰演了《孺子雄心》（Fear Strikes Out，1957）中心理脆弱的棒球运动员和《锡星》（The Tin Star，1957）里的警长。之后博金斯在《我爱红娘》（The Matchmaker，1958）、《海滨》（On the Beach，1959）和《金童玉女》（Tall Story，1960）中饰演了更加普通的角色。

在塑造了具有悲剧深度的人格分裂杀人犯后，博金斯在如《艾伦的可怕遭遇》（How Awful About Allan，1970）和《东方快车谋杀案》（Murder on the Orient Express，1974）中饰演恐怖的怪人。他出色地出演了《审判》（Le Procès，1962）、《美丽的毒药》（Pretty Poison，1968）和《记住我的名字》（Remember My Name，1978）。博金斯在《惊魂记2》（Psycho II，1983）中再度演绎了贝兹一角，他接着出演了《惊魂客栈》（Psycho III，1986）和《叩应狂魔》（Psycho IV: The Beginning，1990），其中《惊魂客栈》是由他执导完成的。

博金斯晚年开拓了另一个经典领域的表演——痴呆。他在《激情犯罪》（Crimes of Passion，1984）中饰演疯狂的街区牧师，并十分努力地在《理智边缘》（Edge of Sanity，1989）中将变身怪医哲基尔塑造成一个首先是精神不太正常的人。他还与沉迷字谜游戏的同伴史蒂芬·松德海姆一起创作了《勾魂游戏》（The Last of Sheila，1973）的尖锐剧本。博金斯是双性恋，与很多男人有着亲密的关系，其中包括演员泰布·亨特、舞蹈家鲁道夫·纽瑞耶夫和舞蹈家/舞蹈编辑格罗佛·戴尔。在与兼演员、模特和摄影师身份于一身的贝瑞·贝伦森结婚前，他与戴尔有段长达六年的感情。博金斯死于爱滋病并发症。**KN**

代表作：

Psycho IV: The Beginning 1990
Edge of Sanity 1989
Psycho III 1986
Crimes of Passion 1984
Psycho II 1983
Remember My Name 1978
Murder on the Orient Express 1974
How Awful About Allan 1970
Pretty Poison 1968
Le Procès 1962 (The Trial)
Psycho 1960
On the Beach 1959
The Matchmaker 1958
The Tin Star 1957
Fear Strikes Out 1957
Friendly Persuasion 1956 ☆

> "我觉得那个场景真的很恐怖，我和其他人一样吓得要命。"
>
> ——谈论《惊魂记》中淋浴的场景

奥马尔·沙里夫 OMAR SHARIF

生平：本名迈克尔·谢尔霍布（Michael Shalhoub），1932年4月10日生于埃及亚历山大省。

明星特质：埃及电影的标志性人物；有着英俊迷人却敏感的银幕形象；留有小胡子；浪漫剧和历史剧的男主角；世界知名的桥牌选手、作家、制作人。

奥马尔·沙里夫是埃及的电影明星，他因对本国女影迷的催眠效应而出名。为了成为真正的国际巨星，奥马尔去了好莱坞。当大卫·里恩选他出演《阿拉伯的劳伦斯》（Lawrence of Arabia，1962）中的重要人物哈里苏部族首领阿里时，没人比他自己更感到意外了。他饰演的阿拉伯民族主义者起初对来自英国的英雄充满钦佩之情，最终，虽然不完全，这种钦佩却转为深深的怀疑，沙里夫的表演十分出色，为他赢得奥斯卡最佳男配角的提名，并让他在这个圈子打响知名度。

然而，与很多在自己祖国外打拼的男星一样，沙里夫发现自己多年只能参与饰演一些外貌英俊、有着深色肤色、一看就是外国人的配角的影片，如《罗马帝国沦亡录》（The Fall of the Roman Empire，1964）、《古国游龙》（La fabuleuse aventure de Marco Polo，1965）和《成吉思汗》（Genghis Khan，1965）等。这时里恩给了沙里夫另外一个机会，让他出演了《日瓦戈医生》（Doctor Zhivago，1965）里的同名角色，与朱莉·克里斯蒂（Julie Christie）合作，成功地塑造了他迷人而敏感的形象，让他成为国际明星。然而之后他在《魂断梅耶林》（Mayerling，1968）、《激情》（The Tamarind Seed，1974）、《滑稽女郎》（Funny Girl，1968）和续集《俏佳人》（Funny Lady，1975）中再度扮演的这类角色就没有那么成功了，尤其是在《滑稽女郎》中。在后面两部影片中，沙里夫与芭芭拉·史翠珊擦出火花，一时人气大涨，但之后并无真正出彩的作品。沙里夫职业生涯的后期出演了一些较差的角色和没给人留下什么印象的电影，其中就有令人尴尬的《妙探机灵狗》（Oh Heavenly Dog，1980）。

沙里夫曾是名职业桥牌选手，若拍戏与比赛时间相重合他总是不惜延迟一切拍摄。**BP**

代表作：

One Night with the King 2006
Monsieur Ibrahim et les fleurs du Coran 2003 (Monsieur Ibrahim)
The 13th Warrior 1999
Funny Lady 1975
The Tamarind Seed 1974
Mayerling 1968
Funny Girl 1968
Doctor Zhivago 1965
La fabuleuse aventure de Marco Polo 1965 (Marco the Magnificent)
Genghis Khan 1965
The Fall of the Roman Empire 1964
Lawrence of Arabia 1962 ☆
Siraa Fil-Wadi 1954 (The Blazing Sun)

1930年代

"我不知道性吸引力是什么，我不认为有人可以故作有性吸引力。"

彼得·奥图尔 PETER O'TOOLE

生平：本名彼得·谢默斯·奥图尔（Peter Seamus O'Toole），1932年8月2日生于爱尔兰戈尔韦郡康尼马拉。

明星特质：高大英俊；导演、制作人、运动狂；莎士比亚剧演员、性格演员；经常扮演历史人物，包括一些国王和君主。

彼得·奥图尔的父亲是爱尔兰书商，母亲是苏格兰护士。他曾在英国皇家海军做无线电报务员，兵役满后申请进入都柏林阿比剧院戏剧学校学习，但因他不会讲爱尔兰语被拒。之后他获得伦敦皇家戏剧艺术学院的奖学金，毕业后在布里斯托的老维克剧院演莎士比亚剧。之后他开始演电影，在《绑架》（Kidnapped，1960）和《雪海冰上人》（The Savage Innocents，1960）中表现出色。

奥图尔因在大卫·里恩（David Lean）的《阿拉伯的劳伦斯》（Lawrence of Arabia，1962）中饰演同名角色迅速成为重要的电影明星，他因该片被提名为奥斯卡最佳男主角奖。奥图尔高大英俊，能让人着迷，也能让人幻灭，他饰演的T.E.劳伦斯与其说是个真实的历史人物，倒不如说是浪漫的典范，但这个角色树立了奥图尔的银幕形象，他继续出演了不同的名门狂热者。奥图尔分别在《雄霸天下》（Becket，1964）和《冬狮》（The Lion in Winter，1968）中出演亨利二世国王，他还出演了《梦幻骑士》（Man of La Mancha，1972）中的堂吉诃德。

20世纪70年代健康问题几乎要毁了奥图尔的演艺生涯，但他不久就重返银幕，饰演惹眼而善于言辞的配角和贝纳尔多·贝托鲁奇（Bernardo Bertolucci）的传记片《末代皇帝》（1987）中的苏格兰学者和老师雷金纳德·弗莱明·约翰斯顿爵士（Sir Reginald Fleming Johnston）。他在《末路爱神》（Venus，2006）中饰演的好色老演员让他第八次获奥斯卡最佳男主角提名。2003年，奥斯卡评审委员会为了表彰他对电影事业的贡献授予他终生成就奖，他起初有点抗拒领这个奖，因为他认为自己还在继续演戏，还有足够的时间去名副其实地赢得这个可爱的奖。**KN**

代表作：

***Venus* 2006** ☆
Troy 2004
The Last Emperor 1987
Supergirl 1984
***My Favorite Year* 1982** ☆
***The Stunt Man* 1980** ☆
Man of La Mancha 1972
***The Ruling Class* 1972** ☆
***Goodbye, Mr. Chips* 1969** ☆
***The Lion in Winter* 1968** ☆
Lord Jim 1965
***Becket* 1964** ☆
***Lawrence of Arabia* 1962** ☆
The Day They Robbed the Bank of England 1960
The Savage Innocents 1960
Kidnapped 1960

"我受不了光……我想象中的天堂就是从一个烟雾缭绕的房间到另一烟雾缭绕的房间。"

1930年代

仲代达矢 TATSUYA NAKADAI

生平：1932年12月13日生于日本东京。

明星特质：日本银幕传奇；饰演武士的超级巨星；凹陷的脸颊上有双令人印象深刻的眼睛。

虽然仲代达矢常常令同为日本演员的三船敏郎黯然失色，但他却从未获得这位更年长演员那样的国际声誉。他年轻时就在导演黑泽明的武士电影《用心棒》（1961）和《椿三十郎》（1962）中演了三船敏郎的劲敌，在最后被杀死。1963年，仲代达矢又在黑泽明的作品《天堂与地狱》中扮演一名警察。之后因为黑泽明和三船敏郎分道扬镳，仲代达矢在原定很可能由三船敏郎主演的《影子武士》（1980）和《乱》（1985）中演起了主角。

仲代达矢接受舞台训练，成为一名专门的新剧演员，新剧是日本的新戏剧运动，受西方现实主义影响，拒绝传统的能剧和歌舞伎的表演方式。仲代达矢被年轻的松竹映画导演小林正树发掘，据说他是在商店柜台工作时被发现的。他主演了一些小林的电影，在武士复仇剧《切腹》（1962）中饰演了一个三船敏郎式的角色；在才华横溢、风格突出的鬼故事选《怪谈》（1964）中表现突出，在他长达九小时的二战史诗三部曲《人间的条件》中饰演被拷打的、坚持原则的英雄，这也是他最著名的角色。仲代达矢长得很有特点，凹陷的脸颊，一双大而有表现力的眼睛，让他很适合饰演受痴迷困扰的角色。1959年，他在市川昆的《键》中饰演陷入与女病人感情的医生。仲代达矢七十多岁时还依旧活跃在电影、电视和舞台上。**PK**

代表作：

《妖兽都市》1992
《乱》1985
《影子武士》1980
《夺命剑》1967
《怪谈》1964
《天国与地狱》1963
《切腹》1962
《椿三十郎》1962
《用心棒》1961
《人间的条件3》1961
《人间的条件2》1959
《键》1959
《人间的条件》1959

"为了统治这个国家我愿意付出一切。战争无处不在。"

——武田信玄，《影子武士》

金·诺瓦克 KIM NOVAK

生平：本名玛丽莲·波琳·诺瓦克（Marilyn Pauline Novak），1933年2月13日生于美国伊利诺伊州芝加哥。

明星特质：有女人味的金发美女、年轻的海报女郎；银幕形象充满肉欲；20世纪50年代哥伦比亚电影公司的女主角，公司用她来与玛丽莲·梦露抗衡。

尽管金·诺瓦克的双亲都是老师，她在高中的成绩却并不理想。于是她做起了少女模特，后来参加试镜并与制作人哈里·科恩（Harry Cohn）签约。不久她就成为哥伦比亚电影公司20世纪50年代电影的女主角，公司把她塑造成丽塔·海华丝的替补和玛丽莲·梦露的竞争对手。她最初在电影如《易如反掌》（Pushover，1954）中出演要求不高的配角，之后开始出演内容更充实的作品，如《野餐》（Picnic，1955）中的小镇公主、《金臂人》（The Man with the Golden Arm，1955）里具有献身精神的女友、《琴韵补情天》（The Eddy Duchin Story，1956）和《玉伶香消》（Jeanne Eagels，1957）中的主角，她还与丽塔·海华丝和弗兰克·辛纳屈一起主演了音乐剧《酒绿花红》（Pal Joey，1957）。

尽管诺瓦克的外貌同梦露一样出色，但她一直平淡无奇，直到阿尔弗雷德·希区柯克让她在《迷魂记》（Vertigo，1958）中饰演受到困扰的冷冰冰的少女和女售货员，这个角色复杂有挑战，将她提升到很高的水平。接着诺瓦克再度与《迷魂记》的主演詹姆斯·斯图尔特合作出演了程度稍轻却依然充满魔力的《夺情记》（Bell Book and Candle，1958）。当电影公司的时代宣告结束时，她出演了一些关于明星的电影，这些电影的价值一直被低估，如罗伯特·奥德里奇（Robert Aldrich）的《海棠留香》（The Legend of Lylah Clare，1968）。当成功开始消退，诺瓦克转向了电视领域，在电视连续剧《鹰冠庄园》（Falcon Crest，1986—1987）中饰演姬特·马洛。有意思的是，她饰演的角色的名字竟与她刚进哥伦比亚电影公司时别人建议她取的艺名一模一样。那时诺瓦克拒绝了这个名字，因为就算公众总把她的本名与竞争对手玛丽莲·梦露联系起来，她也不愿意把自己的名字"玛丽莲"改成"姬特"。**KN**

代表作：

Liebestraum 1991
The Mirror Crack'd 1980
The Legend of Lylah Clare 1968
The Amorous Adventures of Moll Flanders 1965
Kiss Me, Stupid 1964
Of Human Bondage 1964
Bell Book and Candle 1958
Vertigo 1958
Pal Joey 1957
Jeanne Eagels 1957
The Eddy Duchin Story 1956
The Man with the Golden Arm 1955
Picnic 1955
5 Against the House 1955
Phffft! 1954
Pushover 1954

"我曾一度非常憎恨金·诺瓦克，但我如今再也不介意了。"

迈克尔·凯恩 MICHAEL CAINE

生平： 本名莫里斯·约瑟夫·迈克尔怀特（Maurice Joseph Micklewhite），1933年3月14日生于英国伦敦罗瑟西德。

明星特质： 高大英俊、机智而有魅力、声音与众不同、说话带有伦敦腔、多才多艺的演员制作人。

代表作：

Children of Men 2006
Batman Begins 2005
The Quiet American 2002 ☆
Austin Powers in Goldmember 2002
The Cider House Rules 1999 ★
Little Voice 1998
Hannah and Her Sisters 1986 ★
Educating Rita 1983 ☆
Dressed to Kill 1980
The Man Who Would Be King 1975
Sleuth 1972 ☆
Get Carter 1971
The Italian Job 1969
Alfie 1966 ☆
The Ipcress File 1965
Zulu 1964

1930年代

迈克尔·凯恩的父亲是鱼市搬运工，母亲是清洁工。离开学校后他做过很多底层工作，后来随英国军队在德国和朝鲜服兵役。他回到英国后决定要做演员，并在剧团的做起了助理舞台监督。他的艺名原本是"迈克尔·斯科特"（Michael Scott），后来他得到一个电视角色，必须加入英国演员工会，他发现他们的册子上已有一个叫迈克尔·斯科特的人了，凯恩的经纪人打电话给他，让他30分钟内想一个新名字。那时他正好在伦敦莱斯特广场的麦加影院，亨佛莱·鲍嘉主演的《叛舰凯恩号》（The Caine Mutiny，1954）正在上映，这是他最喜欢的演员，于是"迈克尔·凯恩"这个名字诞生了。

凯恩饰演过很多小角色，直到在《祖鲁战争》（Zulu，1964）中获得突破，他在这部电影中控制自己浓厚的伦敦腔，饰演了一名上流阶级军官，但《伊普克雷斯档案》（The Ipcress File，1965）中阴郁的间谍哈里·帕尔默和登徒子《阿尔菲》（Alfie，1966）又重现了他标志性的腔调。这些角色让他成为一名电影巨星，并给他带来《意大利任务》（The Italian Job，1969）和《找到卡特》（Get Carter，1971）中标志性的犯罪角色。

20世纪70年代起，凯恩饰演了很多不同角色，他是《凡夫俗女》（Educating Rita，1983）中的学者和教育家，在伍迪·艾伦（Woody Allen）的《汉娜姐妹》（Hannah and Her Sisters，1986）中出色地演绎了不忠的丈夫，并因此获得奥斯卡最佳男配角奖，他还在根据约翰·欧文（John Irving）的小说改编的《总有骄阳》（The Cider House Rules，1999）中出演帮人堕胎的医生，并因此赢得他的第二座奥斯卡奖杯。此外他还出演了《蜘蛛侠：侠影之谜》（Batman Begins，2005）中的管家阿尔弗雷德。2000年凯恩被授予爵士爵位，但他依然保持着忙碌的电影工作。他1973年开始了第二段婚姻，与演员兼模特的莎奇拉·凯恩结婚，他们有一个女儿娜塔莎（Natasha）。**KN**

> "我演的很多电影都是凌晨两点才在电视上播出，以致于很多人都以为我死了。"

右图：《意大利任务》中葬礼的一幕，诺埃尔·科沃德正在安慰凯恩。

简·曼斯菲尔德 JAYNE MANSFIELD

生平： 本名维拉·简·帕尔默（Vera Jayne Palmer），1933年4月19日生于美国宾夕法尼亚州布林莫尔；1967年卒于美国路易斯安那州斯莱德尔。

明星特质： 胸部丰满的性感尤物；一直饰演性感小猫和行为不检点的女人，人们很少把她当做演员严肃对待；会多国语言；音乐家。

简·曼斯菲尔德身材丰满，被称为"金发炸弹"，她为数不多的电影角色都倾向于把她塑造成活的卡通人物。她在20世纪50年代最受欢迎的海报女郎中排在玛丽莲·梦露和金·诺瓦克（Kim Novak）之后，谢瑞·诺丝（Sheree North）和玛米·范多伦（Mamie Van Doren）之前。曼斯菲尔德饰演的角色虽然有限，但却十分可爱，她很幸运地出演了一部真诚的经典之作——弗兰克·塔许林（Frank Tashlin）富有激情的摇滚电影《春风得意》（The Girl Can't Help It，1956）。曼斯菲尔德在这部电影中饰演一个暴徒的女友，被媒体经纪人汤姆·伊威尔（Tom Ewell）包装成歌星，她凭借该片建立起自己的知名度。她随着小理查德的同名歌曲在街边摇摆，随便一个动作就让男人们像特克斯·艾弗里（Tex Avery）卡通里充满欲望的色狼一样被迷得七荤八素，她还摆出一些好笑的姿势（如在胸前举着一对奶瓶），将自己塑造成美国的性感尤物。

曼斯菲尔德早期的电影角色是依附于黑社会的金发傻妞或被害者，如《非法》（Illegal，1955），但在百老汇成功出演《成功之道》（Will Success Spoil Rock Hunter?，塔许林在1957将它拍成电影）后转型成为喜剧明星。曼斯菲尔德在塔许林的两部作品中都十分出色，以致于她在好莱坞的电影中也没有更大的上升空间了。曼斯菲尔德在花样百出的《香吻盟》（Kiss Them for Me，1957）中饰演被加里·格兰特说服的角色后不久就去了欧洲，出演了《操控女人心》（Too Hot to Handle，1960）中的脱衣舞皇后，接着又参演了《雅典故事》（It Happened in Athens，1962）和《思乡圣保利》（Heimweh nach St. Pauli，1963）。

回到美国后，她谨慎地在《承诺！承诺！》（Promises! Promises!，1963）中裸体出镜，并饰演了《已婚人士指南》（A Guide for the Married Man，1967）中的一名技术顾问。曼斯菲尔德在庸俗艳丽的戏剧《Single Room Furnished》（1968）中饰演妓女，但戏还没拍完就不幸在一次车祸中离世。**KN**

代表作：

Single Room Furnished 1968
A Guide for the Married Man 1967
Promises! Promises! 1963
Heimweh nach St. Pauli 1963 (Homesick for St. Pauli)
It Happened in Athens 1962
Gli amori di Ercole 1960 (The Loves of Hercules)
Too Hot to Handle 1960
The Challenge 1960
The Sheriff of Fractured Jaw 1958
Kiss Them for Me 1957
Will Success Spoil Rock Hunter? 1957
The Girl Can't Help It 1956
Illegal 1955
Pete Kelly's Blues 1955
Hell on Frisco Bay 1955

"我并没有特别喜欢宣传，但它似乎无处不在。"

吉恩·怀尔德 GENE WILDER

生平：本名杰罗姆·西尔伯曼（Jerome Silberman），1933年6月11日生于美国威斯康星州密尔沃基。

明星特质：有打动人心的蓝眼睛和坚韧的面庞；最早的威利·旺卡的扮演者；喜剧演员、制作人、导演、作家政治积极分子。

吉恩·怀尔德因在《雌雄大盗》（Bonnie and Clyde, 1967）中完美地饰演了被绑架的人质一角而成为知名的电影演员，他饰演的角色一方面恐惧害怕，另一方面却因引起著名罪犯的注意而倍感荣幸。但真正改变他职业生涯的却是百老汇制作的《大胆妈妈和她的孩子们》（Mother Courage and Her Children），这部剧的合作者有安妮·班克罗夫特。他们的合作引起共鸣，两人结下深厚的友谊，这段友谊让怀尔德成为布鲁克斯"股份公司"的一员。

怀尔德克服重重困难在布鲁克斯大胆尝试的喜剧《制片人》（The Producers, 1968）中饰演古怪的会计，这是他们合作的三部曲中的第一部，怀尔德因为这个角色获奥斯卡最佳男配角提名。他接着参演了《布朗克斯的表亲》（Quackser Fortune Has a Cousin in the Bronx, 1970）和《欢乐糖果屋》（Willy Wonka & the Chocolate Factory, 1971），之后再度与布鲁克斯合作，在《灼热的马鞍》（Blazing Saddles, 1974）中饰演疲倦的枪手，并在《年轻的科学怪人》（Young Frankenstein, 1974）中出色地模仿了巴兹尔·雷斯伯恩，这部电影让他成为一名重要的电影明星。

怀尔德参与了《年轻的科学怪人》的剧本创作，在《福尔摩斯兄弟历险记》（The Adventure of Sherlock Holmes' Smarter Brother, 1975）中做起了导演，并继续开发他的幽默才能，出演了《世上最伟大的爱人》（The World's GreatestLover, 1977）和《哗鬼度蜜月》（Haunted Honeymoon, 1986）。他与理查德·普赖尔在喜剧犯罪片《银线号大血案》（Silver Streak, 1976）中合作默契，由此拍摄了更多有趣的电影，如《油腔滑调》（Stir Crazy, 1980）和《爱听闻》（See No Evil, Hear No Evil, 1989）。在《红衣女郎》（The Woman in Red, 1984）和《爱情一箩筐》（Funny About Love, 1990）中，他过分自恋。1991年怀尔德息影，2005年出版了他的回忆录《像陌生人一样吻我》（Kiss Me Like a Stranger）。**KN**

代表作：

Funny About Love 1990
See No Evil, Hear No Evil 1989
The Woman in Red 1984
Stir Crazy 1980
The World's Greatest Lover 1977
Silver Streak 1976
The Adventure of Sherlock Holmes' Smarter Brother 1975
Young Frankenstein 1974
Blazing Saddles 1974
Everything You Always Wanted to Know About Sex But Were Afraid to Ask* 1972
Willy Wonka & the Chocolate Factory 1971
Quackser Fortune Has a Cousin in the Bronx 1970
The Producers 1968 ☆
Bonnie and Clyde 1967

1930年代

"我爱电影是因为电影中有不同的机会，让我试着做一些其他事情。"

艾伦·阿金 ALAN ARKIN

生平：艾伦·沃尔夫·阿金（Alan Wolf Arkin），1934年3月26日生于美国纽约。

明星特质：导演、作家、音乐家、作曲家；戏剧和喜剧中多才多艺的性格演员；有表演天赋，擅长饰演爱耍派头的古怪之人。

在标新立异的喜剧中饰演吸食海洛因、喜爱色情文化、满口脏话、热爱摇滚乐的祖父似乎不可能获得奥斯卡最佳男配角奖，然而艾伦·阿金在讲述在路上的不睦家庭的电影《阳光小美女》（Little Miss Sunshine，2006）中却做到了。正是因为他所饰演的祖父拥有独特的魅力和才气，才能训练他的孙女跳脱衣舞，并在儿童选美比赛中赋予这个舞蹈新的意义，让观众们离开电影院后还在久久回味。

阿金赢得的这座奥斯卡奖似乎是他遗失了40年的梦想变成现实，他的第一部电影是冷战喜剧《俄国人来了》（The Russians Are Coming the Russians Are Coming，1966），他凭借在该剧中饰演的俄国中尉一角获得奥斯卡最佳男主角提名。年轻的阿金接着在《心是孤独的猎手》（The Heart Is a Lonely Hunter，1968）中出色地饰演了聋哑人，并获得另一次奥斯卡奖提名，但这之后他似乎就与奥斯卡无缘了。

然而这些年阿金在大银幕和小屏幕中都有不俗的表现，如在根据约瑟夫·海勒（Joseph Heller）小说改编的电影《第二十二条军规》（Catch-22，1970）中饰演的厌战的飞行员上尉约翰·尤萨林；在《大亨游戏》（Glengarry Glen Ross，1992）里饰演的寡廉鲜耻的房地产经纪人；在历史剧《杏林先锋》（Chicago Hope，1994）中饰演的父亲。阿金在表演方面展现了他饰演古怪和非传统角色的资质，他的天赋让与他合作的演员的演技更上一层楼。我们希望他能够饰演更多更出色的角色，说出如"我能说我想要什么，纳粹的子弹还在我屁股里"这样的台词。**CK**

"我知道如果我不能感动观众，我就不能成为演员。"

代表作：

Little Miss Sunshine 2006 ★
The Novice 2004
Jakob the Liar 1999
Grosse Pointe Blank 1997
Glengarry Glen Ross 1992
Coupe de Ville 1990
The In-Laws 1979
The Seven-Per-Cent Solution 1976
Freebie and the Bean 1974
Little Murders 1971
Catch-22 1970
The Heart Is a Lonely Hunter 1968 ☆
Wait Until Dark 1967
The Russians Are Coming the Russians Are Coming 1966 ☆

雪莉·麦克雷恩 SHIRLEY MacLAINE

生平：本名雪莉·麦克林恩·比蒂（Shirley MacLean Beaty），1934年4月24日生于美国弗吉尼亚州里士满（Richmond, Virginia, U.S.）。

明星特质：作家、导演、制作人、歌手、芭蕾舞者；机智诙谐；戏剧和喜剧女主角；坚定地相信灵魂出窍和轮回之说。

"我猜我最快乐之时，"雪莉·麦克雷恩曾说，"是我看起来像笨蛋的时候。"她的第一部电影是阿尔弗雷德·希区柯克不动声色的黑色喜剧《怪尸案》（The Trouble with Harry，1955），该片给好莱坞电影带来一丝新意。在陈旧的电影中饰演优雅有魅力的角色显然不是她的风格，但她又过于标新立异和滑稽，也不适合饰演邻家女孩。麦克雷恩身上散发着漫不经心的波西米亚风，却混杂了吸引人的脆弱。比利·怀尔德（Billy Wilder）的《桃色公寓》（The Apartment，1960）正好将她这两方面的特质发挥得淋漓尽致，她一面极其好笑，一面又令人心碎。然而她不可避免地饰演了一些放荡的角色：如再次与怀尔德合作的《爱玛姑娘》（Irma la Douce，1963）和鲍伯·弗斯（Bob Fosse）执导的《生命的旋律》（Sweet Charity，1969），但她总能赋予这些角色些许甜美和疯狂的魅力。

麦克雷恩的母亲是位戏剧教师，为了让女儿脆弱的踝关节更有力，在麦克雷恩刚学会走路时就送她去学习芭蕾。高中毕业后，麦克雷恩为了追求学业去了纽约。她参加了奥斯卡和哈默斯坦音乐剧《俄克拉荷马》（Oklahoma）的试演，并在合唱队获得了一个位置。从那之后她瞄准百老汇，终于在1955年被发掘，与派拉蒙电影公司签约。

随着年龄渐渐增长，麦克雷恩开始饰演一些更专横的人，如詹姆斯·布鲁克斯（James Brooks）的《母女情深》（Terms of Endearment，1983）和约翰·施莱辛格（John Schlesinger）的《琴韵动我心》（Madame Sousatzka，1988）中的角色。她在这些剧中饰演任性而古怪的女人，常常令人气不打一处来，但却有着很高的情商。除了演戏外，麦克雷恩还写作，不知疲倦地宣扬她对招魂和轮回的信仰。她的弟弟沃伦·比蒂是演员兼导演。**PK**

代表作：

Rumor Has It… 2005
In Her Shoes 2005
These Old Broads 2001
The Evening Star 1996
Postcards from the Edge 1990
Steel Magnolias 1989
Madame Sousatzka 1988
Terms of Endearment 1983 ★
Being There 1979
The Turning Point 1977 ☆
Sweet Charity 1969
Irma la Douce 1963 ☆
Ocean's Eleven 1960
The Apartment 1960 ☆
Some Came Running 1958 ☆
The Trouble with Harry 1955

1930年代

"有些人觉得我长得像甘薯，我认为自己是个有着金子般心的马铃薯。"

索菲娅·罗兰 SOPHIA LOREN

生平：本名索菲娅·维拉尼·希科洛内（Sofia Villani Scicolone），1934年9月20日生于意大利拉齐奥罗马。

明星特质：20世纪60年代撩人的性感女神；有惊人的美貌和良好的辨识力；机智、富有洞察力；广受尊重的国际戏剧和喜剧女演员、世界电影的珍宝。

全盛期的索菲娅·罗兰是位成熟的意大利美女，虽然出身卑微，却天然去雕琢，在那不勒斯附近度过儿时时光，她后来常常提及这个地方，从她贫困的童年直到后来成为举世瞩目、与派拉蒙电影公司有五部电影合约并因《烽火母女泪》（La ciociara，1960）获得奥斯卡最佳女主角的国际影星，她都是意大利民众心中的明星。20世纪80年代一项民意调查显示罗兰是意大利最重要的标志，人们曾想在她那不勒斯的老家建一座雕像纪念她。

罗兰和克劳迪娅·卡迪纳莱（Claudia Cardinale）一起参加了各式选美比赛，很快就引起电影制作人卡罗·庞蒂（Carlo Ponti）的注意，后来庞蒂成为她的丈夫。罗兰早期饰演了一些不被认可的角色，十几岁时在《暴君焚城录》（Quo Vadis，1951）中饰演奴隶，匆匆露了个脸，此外她还是意大利照片故事杂志受欢迎的模特。罗兰第一个引人注目的角色是歌剧《阿伊达》（Aïda，1953）中的女主角，虽然她在剧中的歌声由他人配唱，但在20世纪50年代晚期和60年代她的名气却越来越响，蜚声国际影坛，主演了很多角色，与好莱坞著名的男主角演对手戏，如《水上人家》（Houseboat，1958）里的加里·格兰特和《香港女伯爵》（A Countess from Hong Kong，1967）中的马龙·白兰度。

代表作：

Prêt-à-Porter 1994
Una giornata particolare 1977 (A Special Day)
The Cassandra Crossing 1976
Man of La Mancha 1972
La moglie del prete 1971 (The Priest's Wife)
A Countess from Hong Kong 1967
Matrimonio all'italiana 1964 ☆
   (**Marriage Italian-Style**)
Ieri, oggi, domani 1963
   (Yesterday, Today, and Tomorrow)
La ciociara 1960 ★
   (**Two Women**)
The Millionairess 1960
It Started in Naples 1960
Heller in Pink Tights 1960
Houseboat 1958
The Pride and the Passion 1957
Boy on a Dolphin 1957
Attila 1954
L'oro di Napoli 1954 (The Gold of Naples)
Aïda 1953
Quo Vadis 1951

1930年代

右图：罗兰在迪诺·里希（Dino Risi）的喜剧《教士之妻》中饰演的瓦莱里亚·比利令人赞叹不已。

索菲娅·罗兰

上图：罗兰最后一次和马塞洛·马斯楚安尼合作拍摄了《云裳风暴》。

1930年代

不过，与受人敬重的意大利导演兼演员维托里奥·德·西卡（Vittorio de Sica）的合作才真正巩固了罗兰的声望，她不仅是银幕最美的女星之一（这点早已得到证明），也是位严肃且多才多艺的演员，从外部看她已是位国际巨星，但她的内心只属于意大利。她在《那不勒斯的黄金》（L'oro di Napoli，1954）中饰演的披萨女孩是意大利观众最珍爱的角色之一，而她在与马塞洛·马斯楚安尼（Marcello Mastroianni）——他们两人合作演出了13部电影——合作的《昨日、今日、明日》（Ieri, oggi, domani，1963）中饰演了三个不同的角色给人们留下深刻印象，成为她职业生涯的高峰。罗兰最后一个出名的电影是罗伯特·奥特曼（Robert Altman）的《云裳风暴》（Prêt-à-Porter，1994），她在里面戴了一个超级荒唐的帽子（象征着她卓绝的明星地位？）。**GN**

美的化身

索菲娅·罗兰是她那个时代衡量所有其他明星美貌的标准，人们甚至专门创造了一个意大利语词组来描述她和与她类似的美女们，如吉娜·劳洛勃丽吉达。她代表了战后女星的新形象，有着独特的明星特质。但罗兰对自己矫好的身材却十分谦虚，她说"你们看到的这些都拜意大利面所赐"。她的美貌至今仍影响不衰，72岁那年还登上了2007年的倍耐力年历（Pirelli calendar，译注：世界上知名度最高的年历之一，每年都会邀请最红的明星、最顶级的超模和最著名摄影师拍摄）。

碧姬·芭铎 BRIGITTE BARDOT

生平： 1934年9月28日生于法国巴黎。

明星特质： 身材曼妙、性感无比的法国美女；常饰演一些迷人的角色；歌手、动物权利保护者。

碧姬·芭铎，或者人们所熟知的"BB"出生于一个富有的家庭，父亲是名实业家。她从小学习芭蕾，不久就签约模特公司，15岁时登上了《世界时装之苑》（Elle）杂志的封面。导演马克·阿勒格莱（Marc Allegret）发现了她，他的助手罗杰·瓦迪姆（Roger Vadim）与芭铎签订了合约。虽然阿勒格莱没有启用芭铎演电影，瓦迪姆却爱上了她，两人于1952年结婚。

芭铎因主演瓦迪姆的《上帝创造女人》（Et Dieu... créa la femme，1956）获得名气，在剧中她先是追求哥哥，之后嫁给了弟弟。芭铎身材曼妙，容貌姣好，撅起嘴来十分可爱，天真无邪中透着一丝放荡，还有着同时代好莱坞明星身上早已消失不见的不羁性感。

芭铎与瓦迪姆的婚姻只是一连串暧昧关系的开始，她混乱的私生活让她一直不断地出现在各大新闻中，而在电影中的裸露镜头则保证了她电影票房的成功，如她与让·迦本合演的《不幸时刻》（En cas de malheur，1958）。20世纪60年代芭铎与一些重要的导演合作，如与亨利-乔治·克鲁佐（Henri-Georges Clouzot）合作了《真相》（La Vérité，1960），与路易·马勒（Louis Malle）合作了《私人生活》（Vie privée，1962），与让-吕克·戈达尔（Jean-Luc Godard）合作了《蔑视》（Le Mépris，1963）。在同样由马勒执导的《江湖女间谍》（Viva Maria!，1965）中，芭铎与让娜·莫罗（Jeanne Moreau）合作，展现了诙谐有趣的西部风格。芭铎在1973年40岁生日前一夜宣布息影，从那以后她献身于保护动物权利的事业，与极端右翼的政治家让-玛丽·庞勒（Jean-Marie Le Pen）关系暧昧。芭铎1992年嫁给了第四任丈夫伯纳德·德奥梅尔（Bernard d'Ormale），他是名国民阵线党员。**EB**

代表作：

L'histoire très bonne et très joyeuse de Colinot Trousse-Chemise 1973
 (The Edifying and Joyous Story of Colinot)

Shalako 1968

Histoires extraordinaires 1968
 (Spirits of the Dead)

Viva Maria! 1965

Le Mépris 1963 (Contempt)

Vie privée 1962 (A Very Private Affair)

La bride sur le cou 1961 (Please, Not Now!)

La Vérité 1960 (The Truth)

Voulez-vous danser avec moi? 1959
 (Come Dance with Me!)

En cas de malheur 1958 (Love Is My Profession)

Et Dieu... créa la femme 1956
 (And God Created Woman)

Helen of Troy 1956

1930年代

"我现在很开心、很富有、很美丽……很出名也很不开心。"

右图：芭铎与让·莫罗（Jeanne Moreau）在《江湖女间谍》中分别饰演大小玛利亚。

朱迪·丹奇 JUDI DENCH

生平：本名朱迪·奥利维亚·丹奇（Judith Olivia Dench），1934年12月9日生于英国北约克郡约克。

明星特质：舞台和银幕上身材娇小的英国女爵士；多才多艺的性格演员；有能洞悉一切的目光和嘶哑的声音；常饰演历史人物和有强大意愿的成熟女性。

朱迪·丹奇女爵在演技成熟后饰演过很多女皇、女家长和贵妇之类的角色，以至于人们很难想起她也曾经年轻过，不过早在她在《骑虎之人》（He Who Rides a Tiger，1965）和《恐怖的研究》（A Study in Terror，1965）中扮演匪徒的女友和维多利亚时代的社工时，嘶哑的嗓音、洞穿一切的目光和倨傲的态度就成了她显著的标志。丹奇在伦敦演讲和戏剧中心学校学习表演，有丰富的舞台经验，曾在皇家莎士比亚剧院、国家剧院和伦敦老维克剧院演出。最初，丹奇只把电影当作舞台生涯的小小延伸，但从20世纪80年代中期开始她将更多的精力放在了电影上。

丹奇曾支持同代的演员瓦妮莎·雷德格瑞夫和玛吉·史密斯出演《陌生男子》（Wetherby，1985）和《看得见风景的房间》（A Room with a View，1985）里的古怪角色。丹奇在肯尼思·布拉纳的莎士比亚剧《亨利五世》（Henry V，1989）中饰演奎克莉夫人，在《哈姆雷特》（Hamlet，1996）中饰演赫卡柏，还分别在《布朗夫人》（Mrs. Brown，1997）和《莎翁情史》（Shakespeare in Love，1998）中饰演维多利亚女王和伊丽莎白女王一世，此后便在不同作品中出演了一连串著名的女王。她在《莎翁情史》中八分钟的表演为她赢得了奥斯卡最佳女配角奖。从《007之黄金眼》（Golden Eye，1995）开始，丹奇在皮尔斯·布鲁斯南参演的詹姆斯·邦德电影中饰演M，她是唯一一个在邦德易角为丹尼尔·克雷格后仍在《007：大战皇家赌场》（Casino Royale，2006）中出现的老面孔。她还演过一些令人敬畏的夫人，如《长路将尽》（Iris，2001）里的作家艾瑞斯·默多克、《亨德逊夫人敬献》（Mrs. Henderson Presents，2005）中的劳拉·亨德逊和《傲慢与偏见》（Pride & Prejudice，2005）里的凯瑟琳·德·伯格夫人。她最近在《丑闻笔记》（Notes on a Scandal，2006）中饰演的寂寞而有操纵欲的老师为她赢得了第五次奥斯卡提名。**KN**

代表作：

The Best Exotic Marigold Hotel 2011
My Week With Marilyn 2011
Quantum of Solace 2008
Notes on a Scandal 2006 ☆
Casino Royale 2006
Pride & Prejudice 2005
Mrs. Henderson Presents 2005 ☆
Ladies in Lavender 2004
The Shipping News 2001
Iris 2001 ☆
Chocolat 2000 ☆
Shakespeare in Love 1998 ★
Mrs. Brown 1997 ☆
GoldenEye 1995
Henry V 1989
A Room with a View 1985
Wetherby 1985
He Who Rides a Tiger 1965
A Study in Terror 1965

"我不认为其他人能告诉你如何演戏……你必须找到自己的演法。"

玛吉·史密斯 MAGGIE SMITH

生平： 本名玛格丽特·娜塔莉·史密斯（Margaret Natalie Smith），1934年12月28日生于英国埃塞克斯伊尔福德。

明星特质： 戏剧舞台上的英国女爵士；纤瘦、优雅、戏剧和喜剧中坚强的女主角；擅长喜剧表演风格；拥有奥斯卡奖、托尼奖和艾美奖三重桂冠。

玛吉·史密斯女爵是伦敦西区最受欢迎的喜剧演员之一，她从没想到会在电影中找到适合自己天赋的一席之地。史密斯早年出演的角色都很有趣，她似乎要把自己塑造成那种受欢迎的类型：思想独立、诙谐机智、沉着冷静的英国单身淑女，也许比她最初的亮相要性感一些。这在她饰演的《多可爱的战争》（Oh! What a Lovely War，1969）中的音乐厅歌手身上有着最好的体现。

凭借这部作品，史密斯得到了两个不错的主要角色，一个是《春风不化雨》（The Prime of Miss Jean Brodie，1969）中女子学校里有着现代思想、懂得抓住当下的老师，很适合那个打破传统道德观念的年代。然而奇怪的是，史密斯并没有突出她本该表现出的这个迷人角色的一面——对不能永远避免受的绝望，但她还是因这部作品获得了奥斯卡最佳女主角奖。第二个是根据格雷厄姆·格林（Graham Greene）小说改编的《与姑妈同游》（Travels with My Aunt，1972）中的姑妈，她取代对剧本不满意的凯瑟琳·赫本（Katharine Hepburn）得到这个角色，并因此获得奥斯卡最佳女主角提名。

史密斯在电影中出演的配角也都十分出彩，她凭借在尼尔·西蒙（Neil Simon）的《加州套房》（California Suite，1978）中的角色赢得了奥斯卡最佳女配角奖。此外她还经常在电影中饰演嫌疑犯，她参演的作品种类繁多，从阿加莎·克里斯蒂（Agatha Christie）充满戏剧化的犯罪电影《尼罗河上的惨案》（Death on the Nile，1978）到魔幻系列电影《哈利·波特》（Harry Potter）等等。可惜的是史密斯最好的银幕演出、由阿兰·本奈特（Alan Bennett）执导的电视独白剧《特写头像》（Talking Heads，1987）却少有人知，她饰演的怨妇演技突出而层次丰富，暗示了她曾经错过的电影生涯将会更加辉煌。BP

代表作：

The Best Exotic Marigold Hotel 2011
Harry Potter and the Goblet of Fire 2005
Ladies in Lavender 2004
Harry Potter and the Prisoner of Azkaban 2004
Harry Potter and the Chamber of Secrets 2002
Gosford Park 2001 ☆
Harry Potter and the Sorcerer's Stone 2001
The Secret Garden 1992
Sister Act 1992
The Lonely Passion of Judith Hearne 1987
A Room with a View 1985 ☆
California Suite 1978 ★
Death on the Nile 1978
Travels with My Aunt 1972 ☆
Oh! What a Lovely War 1969
The Prime of Miss Jean Brodie 1969 ★
Othello 1965 ☆

1930年代

"这个人去上学，这个人想表演，这个人开始表演，并且至今仍在表演。"

埃尔维斯·普雷斯利 ELVIS PRESLEY

生平：本名埃尔维斯·阿伦·普雷斯利（Elvis Aron Presley），1935年1月8日生于美国密西西比州图珀洛；1977年卒于美国田纳西州孟菲斯。

明星特质：摇滚巨星、"猫王"、独特而传奇的娱乐人物；他的电影自成一格，盈利无数；多才多艺的歌手。

"猫王"是20世纪最重要且最受欢迎的明星之一，从影十多年来吸引了众人的注意，然而他却从未在电影里施展出自己的潜力。他的经纪人汤姆·帕克为了让这个摇钱树出演一些要求不高、模式相同的音乐剧，拒绝了《西区故事》（West Side Story，1961）和很多其他电影的邀约。

普雷斯利作为歌手越来越受欢迎，从第一次在电视中出现就得到了关注。他的第一部电影是《铁血柔情》（Love Me Tender，1956），一面漫不经心地用吉他弹着匆匆写好的歌一面摇摆着臀部。普雷斯利在那些借用自己生平故事的电影中表现得更出色：《深爱着你》（Loving You，1957）、《红楼惊魂》（Jailhouse Rock，1957）、《硬汉歌王》（King Creole，1958），这不仅得力于优秀的导演、强大的故事，也得力于猫王饱含感情的歌曲，如《生活如此多彩》（Got a Lot o' Livin' to Do）和《（You're So Square）Baby I Don't Care》。

服完兵役后，普雷斯利出演了《大兵的烦恼》（G.I. Blues，1960），他随后的大多数电影都是这种模式，他试着拓展戏路，在《手足英雄》（Flaming Star，1960）中饰演一个有着一半印度血统一半白人血统、却在两边都没有归属感的人。《蓝色夏威夷》（Blue Hawaii，1961）后，他出演了一些模式相同、没有特点的音乐剧，这些电影的

代表作：

Elvis on Tour 1972
Elvis: That's the Way It Is 1970
Change of Habit 1969
Charro! 1969
Speedway 1968
Clambake 1967
Paradise, Hawaiian Style 1966
Harum Scarum 1965
Tickle Me 1965
Girl Happy 1965
Roustabout 1964
Viva Las Vegas 1964
Kissin' Cousins 1964
Fun in Acapulco 1963
It Happened at the World's Fair 1963
Girls! Girls! Girls! 1962
Kid Galahad 1962
Blue Hawaii 1961
Wild in the Country 1961
Flaming Star 1960
G.I. Blues 1960
King Creole 1958
Jailhouse Rock 1957
Loving You 1957
Love Me Tender 1956

1930年代

右图：猫王在《猫王：那好吧》中。

埃尔维斯·普雷斯利

上图：猫王的第三部电影《监狱摇滚》，有些人认为这是他最好的一部电影。

情节、女主角和歌曲都可相互替换，如《女孩！女孩！女孩！》（Girls! Girls! Girls!，1962）、《鲤鱼跳龙门》（Fun in Acapulco，1963）、《码头工人》（Roustabout，1964）、《亲亲表兄妹》（Kissin' Cousins，1964）、《快乐女孩》（Girl Happy，1965）、《乐不可支》（Tickle Me，1965）、《天堂，夏威夷风格》（Paradise, Hawaiian Style，1966）、《新潮沙滩》（Clambake，1967）、《走开，乔》（Stay Away, Joe，1968）、《春花长好月长圆》（Speedway，1968）。《赌城万岁》（Viva Las Vegas，1964）也与之类似，但却给普雷斯利找了个能跟得上他舞步并能带来一些性感的搭档安·玛格丽特。20世纪60年代末，普雷斯利出演完《查罗！》（Charro!，1969）和《修女变身》（Change of Habit，1969）后宣布息影。然而我们仍能从他在维加斯那段休影时期演出的片子《猫王：那好吧》（Elvis: That's the Way It Is，1970）和《猫王巡回演唱会》（Elvis on Tour，1972）中看见他辛勤本色的演出。**KN**

等待的演员

猫王把自己出演的一些品质低劣的电影归罪于他的经纪人汤姆·帕克上校，两人的关系十分糟糕。然而这位有着严肃演艺潜力的摇滚明星拒绝了很多好莱坞导演的邀约，其中包括受人尊敬的导演伊利亚·卡赞。据称一些著名电影都曾考虑找猫王出演，包括《逃狱惊魂》（The Defiant Ones，1958）、《朱门巧妇》（Cat on a Hot Tin Roof，1958）、《午夜牛郎》（Midnight Cowboy，1969）和《一个明星的诞生》（A Star Is Born，1976），但都被帕克回绝了。猫王最喜欢的演员是马龙·白兰度和詹姆斯·迪恩，他自己出演的电影中他最喜欢《硬汉歌王》。

唐纳德·萨瑟兰 DONALD SUTHERLAND

生平：本名唐纳德·麦克尼克尔·萨瑟兰（Donald McNichol Sutherland），1935年7月7日生于加拿大新不伦瑞克。

明星特质：高大、憔悴、瘦长结实；嗓音深沉而有特色其多才多艺的性格演员、政治积极分子、反主流文化偶像、制作人、演艺世家的首领。

　　萨瑟兰在很多电影和电视中出演配角，他的儿子基弗·萨瑟兰（Kiefer Sutherland）也是名演员。萨瑟兰是加拿大人，也是无数受人喜爱的电影中的重要人物和灵魂。

　　萨瑟兰在新斯科舍长大，在多伦多大学首次接触到戏剧和工程。毕业后去了英国，在伦敦音乐和戏剧艺术学院学习。在英国电影和电视中出演了一些小角色后，萨瑟兰在罗伯特·奥德里奇（Robert Aldrich）众星云集的《12金刚》（The Dirty Dozen，1967）中饰演一个杀手，获得了广泛的赞誉。他的第二个重要角色是在罗伯特·奥特曼（Robert Altman）讲述朝鲜战争战地医院的经典影片《陆军野战医院》（M*A*S*H，1970）中饰演的外科医生本杰明·富兰克林·"鹰眼"·皮尔斯。

　　正是在这一时期，萨瑟兰因其反战立场成为反主流文化的偶像。他公然抗议越南战争，与他合作《柳巷芳草》（Klute，1971）的明星简·方达也是反战者，他们一起拍摄了反战纪录片《F.T.A.》（1972）。总的来说，萨瑟兰的电影将更多的挑战融入广受欢迎的娱乐中，他常在其中饰演重要的恶人。萨瑟兰最出色的电影有《战略大作战》（Kelly's Heroes，1970）、《刺杀肯尼迪》（JFK，1991）和《冷山》（Cold Mountain，2003），此外还有些略为逊色却有更多尝试的作品，如《威尼斯疑魂》（Don't Look Now，1973）和《六度分离》（Six Degrees of Separation，1993）。他偶尔也出演一些电视剧，最著名的是《三军统帅》（Commander in Chief，2005—2006）中的南森·坦伯顿一角。萨瑟兰的每个角色都很具代表性。他身材高大，在影片中常常从憔悴而与众不同的人转为让人彻底讨厌的人。他薄薄的嘴唇笑起来很有特色，蓝色的眼睛似乎隐藏着阴谋和邪恶的企图。此外，萨瑟兰还是个工匠大师。**GCQ**

代表作：

Pride & Prejudice 2005
Cold Mountain 2003
Six Degrees of Separation 1993
JFK 1991
A Dry White Season 1989
Ordinary People 1980
Invasion of the Body Snatchers 1978
The Eagle Has Landed 1976
Il Casanova di Federico Fellini 1976
　　(Fellini's Casanova)
Don't Look Now 1973
Steelyard Blues 1973
Klute 1971
Kelly's Heroes 1970
M*A*S*H 1970
The Dirty Dozen 1967

"我总是饰演爱好风雅的变态杀人狂。"

——谈论他早期的角色

朱丽·安德鲁斯 JULIE ANDREWS

生平：朱丽·伊丽莎白·威尔斯（Julia Elizabeth Wells），1935年10月1日生于英国萨里郡泰晤士河畔沃尔顿。

明星特质：受人喜爱的银幕偶像、受欢迎的音乐剧演员；早期饰演拘谨正派的角色；歌声纯净，有着令人难以置信的音域；作家、戏剧导演。

朱丽·安德鲁斯女爵是英国戏剧演员，转拍电影后不久就在《欢乐满人间》（Mary Poppins，1964）和《音乐之声》（The Sound of Music，1965）中得到两个杰出的角色。她不仅因这两部电影获得奥斯卡提名，其中《音乐之声》为她赢得了奥斯卡最佳女主角，她还因此成为有史以来最受观众喜爱的电影演员之一。

安德鲁斯作为歌手和演员在不同的舞台和广播节目中表演，其中包括伦敦西区音乐剧《窈窕淑女》（My Fair Lady，1956）。《窈窕淑女》的作曲者艾伦·杰伊·勒纳（Alan Jay Lerner）和弗雷德里克·勒韦（Frederick Loewe）接着创作了《卡米洛特》（Camelot），安德鲁斯在1960年百老汇制作的版本中饰演了主角格韦纳维亚。沃特·迪斯尼观看了《卡米洛特》的某次演出，演出结束后他去了后台，提出让安德鲁斯出演《欢乐满人间》的主角。接着她出演了讽刺剧《艾米丽的美国化》（Americanization of Emily，1964）和罗杰斯与哈默斯坦（Rodgers and Hammerstein）的音乐剧《音乐之声》的电影版，但她在阿尔弗雷德·希区柯克的《冲破铁幕》（Torn Curtain，1966）和《夏威夷》（Hawaii，1966）中充满戏剧性的角色却不如她早期音乐剧中的角色受欢迎。

安德鲁斯1969年嫁给了作家/导演布莱克·爱德华兹（Blake Edwards），之后出演了他的一些作品，如《十全十美》（10，1979）、《影城噩梦》（S.O.B.，1981）和《雌雄莫辩》（Victor/Victoria，1982），《雌雄莫辩》为她赢得另一次奥斯卡提名。可悲的是她在1998年做了一次声带手术后悦耳的嗓音就被毁坏了。当电影拍摄渐渐减少后，安德鲁斯开始了第二职业——童书作家。她近年来的大部分精力都放在孩子们身上，出演了《公主日记》（The Princess Diaries，2001）和《公主日记2》（The Princess Diaries 2: Royal Engagement，2004），并为动画片《怪物史瑞克2》（Shrek 2，2004）中的丽莲皇后配音。**JK**

代表作：

The Princess Diaries 2: Royal Engagement 2004
Shrek 2 2004
The Princess Diaries 2001
Duet for One 1986
Victor/Victoria 1982 ☆
S.O.B. 1981
Little Miss Marker 1980
10 1979
The Tamarind Seed 1974
Star! 1968
Thoroughly Modern Millie 1967
Hawaii 1966
Torn Curtain 1966
The Sound of Music 1965 ☆
The Americanization of Emily 1964
Mary Poppins 1964 ★

1930年代

"电影超出我的水平太多，在舞台上我从未满足过。"

阿兰·德龙 ALAIN DELON

生平：1935年11月8日生于法国上塞纳索镇。

明星特质：性感英俊；导演、制作人、歌手；欧洲恐怖片和动作片里紧张的男主角；常常饰演患有精神分裂症的反派。

阿兰·德龙来自一个破碎的家庭，从小就被送到各个寄宿学校，还被其中的一些学校开除过。17岁那年他加入了法国海军陆战队，在印度做伞兵。退役后他去了戛纳电影节，被一位好莱坞天才星探发掘。但他拒绝了电影合约，选择待在法国，在法国出演一些电影。德龙是第一个在银幕上饰演派翠西亚·海史密斯（Patricia Highsmith）笔下汤姆·雷普利的演员，他在雷内·克莱芒（René Clément）编导的《怒海沉尸》（Plein soleil，1960）中饰演的这一角色获得了国际认可。

极简抽象派艺术的冷酷残忍，内心充满折磨，再加上英俊的外表，德龙很快成为众多重要导演喜爱的欧洲影星，常常饰演迷人而无突出特点的人，所以观众可以在他身上投射自己对事件和人物角色的解读。这类作品中，突出的代表有德龙与卢奇诺·维斯康蒂（Luchino Visconti）合作的《洛可兄弟》（Rocco e i suoi fratelli，1960）、与米开朗基罗·安东尼奥尼（Michelangelo Antonioni）合作的《蚀》（L'Eclisse，1962）和与让-皮埃尔·梅尔维尔（Jean-Pierre Melville）合作的《独行杀手》（Le Samouraï，1967）尤为出色。

1968年德兰和第一任妻子娜塔莉（Nathalie）陷入丑闻，他们的保镖被射杀后遗尸在他们家外的大垃圾桶中。接下来的调查暗示法国的很多名人和政客都牵涉到了这段充满阴谋、毒品和性的谋杀中。清理完所有指控，德龙的演艺事业又东山再起。他接着出演了警匪片《江湖龙虎》（Borsalino，1970），与让-保罗·贝尔蒙多（Jean-Paul Belmondo）采用亨弗莱·鲍嘉与詹姆斯·卡格尼的合作模式，该片大获成功，确保了他在法国惊险片中的不朽地位。

德龙20世纪60年代开始做制片，1981年执导了他的首部影片《为了警察那张皮》（Pour la peau d'un flic）。**KN**

代表作：

Les Acteurs 2000 (Actors)
Le jour et la nuit 1997 (Day and Night)
Un crime 1993 (A Crime)
Un amour de Swann 1984 (Swann in Love)
Pour la peau d'un flic 1981 (For a Cop's Hide)
Monsieur Klein 1976 (Mr. Klein)
Flic Story 1975 (Cop Story)
Zorro 1975
Borsalino 1970
Le Samouraï 1967 (The Godson)
Mélodie en sous-sol 1963
  (Any Number Can Win)
L'Eclisse 1962 (Eclipse)
Rocco e i suoi fratelli 1960
  (Rocco and His Brothers)
Plein soleil 1960 (Purple Noon)

"我有三件事做得特别好：我的工作、蠢事和孩子。"

伍迪·艾伦 WOODY ALLEN

生平：本名艾伦·斯图尔特·科尼斯伯格（Allen Stewart Konigsberg），1935年12月1日生于美国纽约州布鲁克林。

明星特质：神经质的纽约人的象征；常在剧中伪装成各种样子；多产的导演、作家、演员、音乐家、剧作家和喜剧演员。

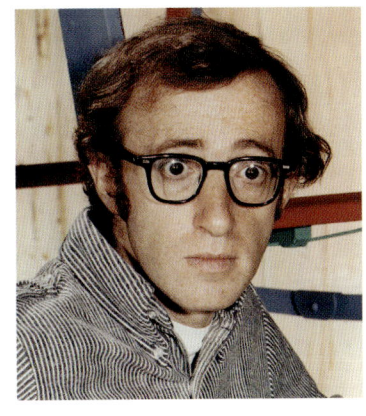

伍迪·艾伦是电影制作人和喜剧演员，从20世纪60年代至今，每年制作一部故事片，他自己也常常参与这些作品的演出，这个传统从未打破过。他如此一成不变的关键是这个瘦小、头顶正在渐渐变秃、带着眼镜的男人喜欢哑剧和不断地担心，他的担心如此多，以至于成了他的基本幽默。其实艾伦并不是当主角的料，但他在电影中却常常成为观众的焦点，在这些电影中，他的神经质既讨人喜爱又让人恼怒。

艾伦起初的工作是写笑话和电视节目的脚本，直到1966年他拍了自己的第一部电影《出了什么事，老虎百合？》（What's Up, Tiger Lily?, 1966）。艾伦从未远离过舞台，在那儿他通过不起眼的小人物展现出自己强大的观察力，无论是在台前还是幕后，他机智的话语都让他的电影令人难忘。

艾伦在《香蕉》（Bananas, 1971）、《性爱宝典》（Everything You Always Wanted to Know About Sex * But Were Afraid to Ask, 1972）和《傻瓜大闹科学城》（Sleeper, 1973）中的表演都十分出色，之后在1977年拍摄的《安妮·霍尔》（Annie Hall）则是他成熟阶段的代表作，这部电影为他赢得奥斯卡最佳原创剧本和最佳导演奖，也是他在通往最佳影片的道路上唯一一次获得演技提名的电影。这显示了艾伦终其一生，关注的都是机智诙谐、文字游戏、东西部海岸情感的对抗、真爱问题以及职业的成功与自我实现所引起的纠葛。

幸运的是，对黑暗（《曼哈顿》[Manhattan, 1979]）的喜爱只是他电影的一个小小阴暗面，他的电影因幽默和杰出的表演让人久久难以忘怀，如《汉娜姐妹》（Hannah and Her Sisters, 1986）和《丈夫、太太与情人》（Husbands and Wives, 1992）。而这种喜爱也让他出演了一些其他作品，如重拍的电视剧《乐天小子》（The Sunshine Boys, 1995）。**GCQ**

代表作：

Scoop 2006
Deconstructing Harry 1997
Mighty Aphrodite 1995
Husbands and Wives 1992
Crimes and Misdemeanors 1989
Radio Days 1987
Hannah and Her Sisters 1986
Broadway Danny Rose 1984
Manhattan 1979
Annie Hall 1977 ☆
Sleeper 1973
*Everything You Always Wanted to Know About Sex * But Were Afraid to Ask* 1972
Play It Again, Sam 1972
Bananas 1971
What's Up, Tiger Lily? 1966

"如果我的电影能让多一个人痛苦，我就觉得我成功了。"

丽·莱米克 LEE REMICK

生平： 本名丽·安·莱米克（Lee Ann Remick），1935年12月14日生于美国马萨诸塞州昆西；1991年卒于美国洛杉矶。

明星特质： 聪明美丽；瓜子脸、大眼睛；擅长喜剧表演风格；多才多艺的主角和性格演员。

丽·莱米克有双明亮的大眼睛，聪明性感，却拒绝别人给她安排的路线——她曾被考虑当作玛丽莲·梦露的替代者去参演前者未完成的《濒于崩溃》（Something's Got to Give，1962）——她拒绝改名，坚持寻求一些有挑战的角色。莱米克在纽约伯纳德学院和演员工作室学习表演，1953年在百老汇参演了《适龄》（Be Your Age）。

莱米克的第一部电影给人留下深刻印象，她在伊利亚·卡赞的《登龙一梦》（A Face in the Crowd，1957）中饰演可爱而又有雄心的乐队指挥，她为这部电影的付出显而易见：当他们在阿肯色州拍摄这部电影时，莱米克与当地人同住，练习指挥乐队。接着莱米克出演了《漫长的炎夏》（The Long, Hot Summer，1958）中住在小镇上的妻子尤拉·瓦尔纳和西部情节剧《万水千山》（These Thousand Hills，1959），她还在《桃色血案》（Anatomy of a Murder，1959）中饰演想象被强暴的受害人，并被说服在证人席上穿上紧身褡，她的态度模棱两可，引起广泛的争论。

然而莱米克最好的表演却是在《相见时难别亦难》（Days of Wine and Roses，1962）中饰演的爱酗酒的妻子，在片中与杰克·莱蒙（Jack Lemmon）演对手戏，她因这个角色获得奥斯卡最佳女主角提名。莱米克在《狂澜春醒》（Wild River，1960）中与蒙哥马利·克利夫特拥吻，在《避难所》（Sanctuary，1961）里被谭博尔·德雷克（Temple Drake）绑架，在怪诞喜剧《大富翁趣事》（The Wheeler Dealers，1963）里与詹姆斯·加纳（James Garner）合作，在另一部小镇电影《蓬斗碧玉泪》（Baby the Rain Must Fall，1965）中与史蒂夫·麦奎因（Steve McQueen）合作。虽然很多人是通过恐怖片《凶兆》（Hustling，1976）记住莱米克的，但她晚期最好的作品多是些电视剧，如《匆匆》（Hustling，1975）、《女人的房间》（The Women's Room，1980）和信（The Letter，1982）。**KN**

代表作：

The Europeans 1979
The Omen 1976
Sometimes a Great Notion 1971
A Severed Head 1970
Loot 1970
No Way to Treat a Lady 1968
Baby the Rain Must Fall 1965
The Wheeler Dealers 1963
The Running Man 1963
Days of Wine and Roses 1962 ☆
Sanctuary 1961
Wild River 1960
Anatomy of a Murder 1959
These Thousand Hills 1959
The Long, Hot Summer 1958
A Face in the Crowd 1957

"我觉得做演员很疯狂，但如果不做演员我会更疯狂。"

伯特·雷诺兹 BURT REYNOLDS

生平：本名小伯顿·利昂·雷诺兹（Burton Leon Reynolds Jr.），1936年2月11日生于美国密歇根州兰辛。

明星特质：外貌沧桑、肌肉发达、体格健壮的性感男星、动作片男主角；票房冠军；不朽的好莱坞明星、制作人、导演。

为了庆祝成功出演约翰·保曼（John Boorman）蛮野的冒险片《激流四勇士》（Deliverance，1972）中常在野外活动、有男子气概的路易斯·梅德洛克一角，1972年4月，伯特·雷诺兹的照片登上了《大都会》（Cosmopolitan）杂志的中间插页，这年他已经36岁了。雷诺兹曾是佛罗里达州的足球明星，因膝盖受伤不得不终止在巴尔第摩小马队的职业生涯。雷诺兹肌肉发达、胸部多毛，总是乜斜着眼，是主流电影中的性感演员，与他聪明却以行动为导向的人物角色完美地结合在一起。

雷诺兹进演艺圈的最初13年参演了一系列电视剧，如《河船》（Riverboat，1959—1960）和《荒野镖客》（Gunsmoke，1962—1965），他也参演了几部电影如《百支快枪》（100 Rifles，1969）。从《激流四勇士》开始，他渐渐成为20世纪70年代末80年代初最受欢迎的电影明星之一。他这一时期最著名的电影有《牢狱风云》（The Longest Yard，1974）、《警察与卡车强盗》（Smokey and the Bandit，1977）、《炮弹飞车》（The Cannonball Run，1981）和《春城花满天》（The Best Little Whorehouse in Texas，1982）。

一时之间雷诺兹的演艺事业风生水起，他连续五年蝉联世界电影票房冠军，13年里一直是票房排名前十的明星，但之后他突然就成了票房毒药，于是雷诺兹回到了最初擅长的电视领域中。他在电视中重获新生，因情景喜剧《夜影》（Evening Shade，1991—1993）赢得艾美奖。接着他出演了一些热门影片，如《正义前锋》（The Dukes of Hazzard，2005）。雷诺兹晚年出色的角色有《不羁夜》（Boogie Nights，1997）中的色情片导演杰克·霍勒，他也因这个角色获奥斯卡最佳男配角提名。**GCQ**

代表作：

The Dukes of Hazzard 2005
The Longest Yard 2005
Boogie Nights 1997 ☆
Striptease 1996
Heat 1986
City Heat 1984
The Best Little Whorehouse in Texas 1982
Sharky's Machine 1981
The Cannonball Run 1981
Smokey and the Bandit 1977
Nickelodeon 1976
Lucky Lady 1975
Hustle 1975
The Longest Yard 1974
Deliverance 1972
Fuzz 1972

1930年代

"如果你对一件事坚持得够久，你就会形成自己的风格，就像我一样。"

迪恩·斯托克维尔 DEAN STOCKWELL

生平： 本名罗伯特·迪恩·斯托克维尔（Robert Dean Stockwell），1936年3月5日生于美国好莱坞。

明星特质： 制作人、导演、上相的可爱童星；少数能坚持终生演戏的童星之一；成熟且多才多艺的性格演员，擅长饰演古怪的人和浪子。

迪恩·斯托克维尔出身于一个演艺之家：他的父亲哈里·斯托克维尔（Harry Stockwell）是歌手兼演员，曾给迪斯尼经典动画片《白雪公主和七个小矮人》（Snow White and the Seven Dwarfs, 1937）中的王子配音。他的继母妮娜·奥利维特（Nina Olivette）是杂耍团的歌手和舞者。奥利维特带着迪恩和他弟弟盖伊（Guy）去百老汇参加《The Innocent Voyage》（1943）的试镜，该剧需要大约12个小演员，最终斯托克维尔两兄弟都被选上。

迪恩很上相，有一头金色的卷发，很快就与米高梅电影公司签约，成为20世纪四50年代一名忙碌的小童星。他在《君子协定》（Gentleman's Agreement, 1947）里饰演格里高利·派克11岁的儿子，在西部片《牛仔赶集》（Cattle Drive, 1951）中饰演想要融入人群的少年。迪恩长大后成功地转为严肃的成年人角色，如《朱门孽种》（Compulsion, 1959）中的杀手，在一些更出彩的合作者身边也毫不逊色。

斯托克维尔接下来20年的重心基本在电视上，出演了《基尔代尔医生》（Dr. Kildare, 1965）等一系列电视剧，偶尔也拍一些电影，如令人毛骨悚然的《敦威治恐怖事件》（The Dunwich Horror, 1970）。维姆·文德斯（Wim Wenders）灵光一闪，找他出演了《得州巴黎》（Walt in Paris, Texas, 1984）中的沃尔特，提醒了好莱坞斯托克维尔是个多么多才多艺的演员。《得州巴黎》取得了巨大的成功，从此之后各种类型的电影和电视剧角色纷至沓来。他是大卫·林奇（David Lynch）《蓝丝绒》（Blue Velvet, 1986）里令人难忘的卑鄙小人，模拟"做梦"的状态，他在喜剧《嫁给歹徒》（Married to the Mob, 1988）中饰演一个和蔼的黑手党老大，为他赢得奥斯卡最佳男配角提名。他还因在美国电视剧《量子跳跃》（Quantum Leap, 1989—1993）中饰演海军少将阿尔·卡拉文奇成为被狂热崇拜的明星。**KN**

代表作：

The Manchurian Candidate 2004
Buffalo Soldiers 2001
The Shadow Men 1998
The Rainmaker 1997
Midnight Blue 1997
The Player 1992
Sandino 1990
Married to the Mob 1988 ☆
Blue Velvet 1986
To Live and Die in L.A. 1985
Paris, Texas 1984
The Dunwich Horror 1970
Long Day's Journey into Night 1962
Compulsion 1959
Cattle Drive 1951
Gentleman's Agreement 1947

"虽然讨厌承认这一点，但我不得不同意只有当你和角色有某些相通之处时你才能演好这个角色。"

丹尼斯·霍珀 DENNIS HOPPER

生平：本名丹尼斯·李·霍珀（Dennis Lee Hopper），1936年5月17日生于美国堪萨斯州道奇城；2010年卒于加利福尼亚州威尼斯海岸。

明星特质：导演、画家、摄影师、反主流文化英雄、复出的童星、性格演员；饰演过患有精神病的反派。

丹尼斯·霍珀的职业生涯有很多段落，以至于人们很难选出一个来进行分析：他是20世纪50年代年轻的好莱坞要人，是60年代嬉皮的反主流文化电影革命者，是70年代的毒品吸食者、80年代重新复出的巨星和90年代（至今）电影中老套而疯狂的反派。

虽然霍珀的狂躁随着年岁的增长渐渐褪去，但他一直过着极为多彩的生活。他因为朋友詹姆斯·迪恩的缘故进入演艺圈，出演了《无因的反抗》（Rebel Without a Cause，1955）和《巨人传》（Giant，1956），接着在20世纪五六十年代出演了不少电视短剧和B级电影。霍珀的导演处女作是讲述嬉皮骑手的著名公路电影《逍遥骑士》（Easy Rider，1969），接着在下一部声名狼藉的作品《最后一场电影》（The Last Movie，1971）中爆发出强烈的自我意识。霍珀70年代和80年代早期沉溺于毒品和酒精，他一直在与这些恶习做斗争，但这一时期他也拍了一些最为出色的作品，如由维姆·文德斯（Wim Wenders）执导的《美国朋友》（Der amerikanische Freund，1977）和他自导自演的《晴天霹雳》（Out of the Blue，1980）。

霍珀在80年代中期复出，拍了四部卓越的电影：在《蓝丝绒》（Blue Velvet，1986）里饰演令人完全丧失勇气的弗兰克·布斯；在《火爆教头草地兵》（Hoosiers，1986）里饰演小镇醉鬼，该角色为他赢得奥斯卡提名；在《大河边缘》（River's Edge，1986）里饰演费克；在《得州电锯大屠杀2之活尸餐》（The Texas Chainsaw Massacre 2，1986）里饰演令人难忘的疯狂之人。从那之后，霍珀的职业——无论是演员还是导演——大多比较平凡，他的主要演出是在类型电影中饰演一些普通的坏人，这些作品有好有坏，好的有《生死时速》（Speed，1994），坏的有《未来水世界》（Waterworld，1995）。霍珀在一些具有创新性的电影如《轻狂岁月》（Basquiat，1996）中饰演的标新立异的角色似乎是这位不按惯例出牌的明星仅剩的兴趣。**TC**

代表作：

Basquiat 1996
Speed 1994
True Romance 1993
Hoosiers 1986 ☆
River's Edge 1986
Blue Velvet 1986
The Texas Chainsaw Massacre 2 1986
Rumble Fish 1983
Out of the Blue 1980
Apocalypse Now 1979
Der amerikanische Freund 1977 (The American Friend)
The Last Movie 1971
True Grit 1969
Easy Rider 1969
Rebel Without a Cause 1955

> "我一点也不坏，我只是穿上了紧身内衣。"
> ——霍珀解释为什么自己饰演这些坏角色

1930年代

罗伯特·雷德福 ROBERT REDFORD

生平：本名小查尔斯·罗伯特·雷德福（Charles Robert Redford Jr.），1936年8月18日生于美国加利福尼亚州圣塔莫妮卡。

明星特质：外貌英俊，全身散发着性感的吸引力；票房冠军；与保罗·纽曼的搭档很出名；真诚的环保人士，热爱大自然；支持鼓励独立革新的电影人；导演。

受人喜爱的影星罗伯特·雷德福在美国加利福尼亚州出生，青少年时期是名运动员，获得了科罗拉多大学的棒球奖学金，但之后却因在公共场所酗酒失去了这个机会。之后，他在普瑞特艺术学院和纽约的美国戏剧艺术学院学习，在那儿认识了劳拉·范瓦格南（Lola Van Wagenen），两人后来结为夫妇并育有四个孩子，但有一个在婴儿时期就夭折了，两人最终以离婚收场。雷德福很保护自己的私生活，在外人看来他神秘到了几近隐秘，在没有与电影相关的活动时，他通常通过中间人来代理一切，所以他常常被描述成为隐士。

雷德福代表了某种类型的南加州人——沙色头发的海滨流浪汉，对自己的肤色很满意，英俊、但并不过多关注自己的外貌，寡言少语，说话慢而清晰。雷德福最初在舞台和电视上表演，20世纪60年代进入电影圈。他的突破之作是《虎豹小霸王》（Butch Cassidy and the Sundance Kid，1969），这是他与保罗·纽曼的第一次合作，从此两人开始了一生的友谊和合作，纽曼在电影圈的崇高地位也许让雷德福嫉妒，因为他自己在镜头前的演技很少得到评论家的关注，人们对他的评论都是他健壮的体格。无论如何，雷德福取得了票房的成功，一些在全球大受欢迎的电影接

代表作：

Spy Game 2001
The Horse Whisperer 1998
Indecent Proposal 1993
Sneakers 1992
Out of Africa 1985
The Natural 1984
Brubaker 1980
The Electric Horseman 1979
A Bridge Too Far 1977
All the President's Men 1976
Three Days of the Condor 1975
The Great Waldo Pepper 1975
The Great Gatsby 1974
The Sting 1973 ☆
The Way We Were 1973
Jeremiah Johnson 1972
The Candidate 1972
The Hot Rock 1972
Downhill Racer 1969
Butch Cassidy and the Sundance Kid 1969
Barefoot in the Park 1967

1930年代

右图：雷德福和纽曼在不朽经典《虎豹小霸王》中。

罗伯特·雷德福

上图：在《惊天大阴谋》中发现"水门事件"。

踵而来，他与芭芭拉·史翠珊合作了《往日情怀》（The Way We Were，1973），出演了《猛虎过山》（Jeremiah Johnson，1972）、《惊天大阴谋》（All the President's Men，1976），和纽曼合作了另一部电影《骗中骗》（The Sting，1973），雷德福在这部赢得奥斯卡最佳影片的电影中饰演强尼·胡克。到了20世纪70年代末，雷德福成为一名成熟的演员，英俊的外貌和与女士们相处时的魅力令很多男人羡慕不已，也成为很多女人幻想的对象。

虽然雷德福的演艺生涯进入稳定时期，这一时期他拍摄了如《电光骑士》（The Electric Horseman，1979）、《天生好手》（The Natural，1984）、《走出非洲》（Out of Africa，1985）、《潜行者》（Sneakers，1992）和并不好笑的《桃色交易》（Indecent Proposal，1993），但他令人吃惊的双重转变在还是让他在电影史上有了独特的位置。首先是他从聚光灯下的演员转

"我一直是个极其没有耐心的演员……等待能让我发狂。"

罗伯特·雷德福

野外的男人

尽管罗伯特·雷德福是世界著名电影明星，但他有意识地将精力从好莱坞转移到感兴趣的环境保护和美国原住民的权利问题上。

◆ 雷德福活动的中心是美国犹他州，他从1963年就住在那儿了。他在那儿拍摄《虎豹小霸王》（Butch Cassidy and the Sundance Kid）和《下半生赛跑者》（Downhill Racer）时建了自己的第一个家。雷德福选了一块靠近普洛佛（译注：美国犹他州中部的一座城市）的区域建了一个大农场和滑雪场，并取名为"提姆哈汶"（Timphaven），后来为了纪念他在《虎豹小霸王》中的角色改名为"圣丹斯"）。1980年，他在犹他州帕克市建立了圣丹斯协会，用以资助那些处于起步阶段的独立电影人。

◆ 雷德福是创立自然资源保护委员会的董事会成员，参与提高公共意识并游说政府关注诸如太阳能之类的环保问题。

◆ 雷德福是个很注重隐私的人，他一直试图避开聚光灯的追逐，将电影明星的身份与自己的私生活分开。

为幕后的导演，他执导的第一部作品《普通人》（Ordinary People，1980）获得了满堂喝彩，这是一个关于家庭灾难的故事，赢得了奥斯卡最佳影片和最佳导演奖。接着雷德福拍了《大河恋》（A River Runs Through It，1992），让金童继承人布拉德·皮特（Brad Pitt）出演了该片，又拍了另一部广受好评的电影《机智问答》（Quiz Show，1994）——该片批评了大众媒体对伦理的影响——和可以归为西部片的《马语者》（The Horse Whisperer，1998）。

圣丹斯的建立

雷德福的第二个令人吃惊的转变是想要建立一个业余爱好者和专业电影人能够开诚布公交换想法的工厂，帮助发展那些不像好莱坞制造那么商业化的电影制作。所以他于1980年建立了"圣丹斯协会"，资助一些有抱负的电影人做他们自己的项目，尽管20世纪90年代中期这个雷德福怀着真诚和希望建立起来的机构最终沦为另一个买卖电影的市场，但他的初衷却是非常无私的。1997年雷德福建立了连锁电影院"圣丹斯电影院"，主要用于展示独立电影。2002年他因"创建了圣丹斯，无处不在地鼓励独立和创新电影人"而获得奥斯卡终身成就奖。

另外，雷德福还是个谜一样的人物，与同时代其他电影明星不同，他的成功一直依赖于高贵的行为，他很害羞，不愿参加那些其他明星赖以名利双收的公共活动。这也许关乎他的判断，也许是种自我意识的体现，而这种自我意识充满了奉承。最重要的是，这可能是种明智和谦逊，让我们在判断一位艺术家时注重他的优点和优秀的作品，而不是八卦和名人效应。**GCQ**

右图：雷德福和纽曼再度成功合作《骗中骗》。

瓦妮莎·雷德格瑞夫 VANESSA REDGRAVE

生平：1937年1月30日生于英国伦敦。

明星特质：高挑纤细、声音沙哑、聪明勇敢；著名的表演世家的一员；喜欢饰演有挑战性的角色而不是有票房吸引力的角色；坦率的政治和人权积极分子、制作人。

瓦妮莎·雷德格瑞夫是戏剧世家的一员，父母是迈克尔·雷德格瑞夫爵士（Sir Michael Redgrave）和蕾切尔·凯姆普森（Rachel Kempson），妹妹琳恩·雷德格瑞夫（Lynn Redgrave）和弟弟哥伦·雷德格瑞夫（Corin Redgrave）都是受人欢迎的演员。瓦妮莎·雷德格瑞夫的女儿娜塔莎·理查森（Natasha Richardson）和乔莉·理查森（Joely Richardson）也都是受人尊敬的演员，儿子卡洛·尼罗（Carlo Nero）是作家和电影导演。雷德格瑞夫在伦敦演讲和戏剧中心学校学习，1958年第一次登上伦敦西区的舞台，和父亲演对手戏。

雷德格瑞夫以一系列不同角色建立起自己的名声，成为一名受人喜爱的演员和聪明的海报女郎，她饰演的大多熟角色都要求她将长长的红发放下。她在《摩根：一件处理恰当的案件》（Morgan: A Suitable Case for Treatment，1966）里饰演小心谨慎的前妻，最终与丈夫和好如初，在《日月精忠》（A Man for All Seasons，1966）里饰演轻浮的安妮·博林，在《放大》（Blowup，1966）中饰演神经过敏的神秘女人，在《英宫恨》（Mary, Queen of Scots，1971）里饰演身首异处的君王，在《鲁登的恶魔》（The Devils，1971）里饰演着魔的驼背修女。

雷德格瑞夫总是被一些很有戏剧性的角色和时代戏吸引，她也成为著名的政治积极分子；她的重量级的作品《茱莉亚》（Julia，1977）讲述的就是一个女人因为反对法西斯主义在二战前被纳粹政府杀害的故事，这部电影为她赢得奥斯卡最佳女配角奖，此外她还五次获奥斯卡提名。然而她也拍了一些更有趣的电影，如《东方快车谋杀案》（Murder on the Orient Express，1974）。演技成熟后，雷德格瑞夫饰演了一些尖酸刻薄的配角，很好地利用了她与众不同的沙哑嗓音，如《激情床伴》（Prick Up Your Ears，1987），并出色地出演了根据小说改编的《霍华德庄园》（Howards End，1992）。**KN**

代表作：

Coriolanuis 2011
Girl, Interrupted 1999
Mrs. Dalloway 1997
Howards End 1992 ☆
Prick Up Your Ears 1987
Wetherby 1985
The Bostonians 1984 ☆
Agatha 1979
Julia 1977 ★
Murder on the Orient Express 1974
The Devils 1971
Mary, Queen of Scots 1971 ☆
Isadora 1968 ☆
Blowup 1966
A Man for All Seasons 1966
Morgan: A Suitable Case for Treatment 1966 ☆

1930年代

"我说的话常常被误解，但是每个有话要说的人都会遇到这种情况。"

沃伦·比蒂 WARREN BEATTY

生平：本名亨利·沃伦·比蒂（Henry Warren Beaty），1937年3月30日生于美国弗吉利亚州里士满。

明星特质：轮廓鲜明、高大英俊、魅力超凡的受女士欢迎的男子；戏剧和浪漫剧男主角、自由主义党派积极分子、导演、制作人。

沃伦·比蒂是演员雪莉·麦克雷恩（Shirley MacLaine）的弟弟，这位有着美少年般英俊外貌的演员如今更为人知的可能是他银幕下的爱情生活，而不是散落在不平坦的演员和导演生涯中敏感细腻的表演。

比蒂的母亲是戏剧教师，父亲是大学教师。比蒂并没有被姐姐的光环笼罩住，他师从斯坦尼斯拉夫斯基体验派表演方法论的支持者斯特拉·阿德勒（Stella Adler），在百老汇舞台和电视上表演过一段时间，之后凭借《天涯何处觅知音》（Splendor in the Grass，1961）、《情场浪子》（All Fall Down，1962）和《莉莉》（Lilith，1964）在体验派表演者中占据一席之地。接着比蒂出演了导演阿瑟·佩恩（Arthur Penn）的两部电影《心墙魅影》（Mickey One，1965）和《雌雄大盗》（Bonnie and Clyde，1967），他本人还参与了《雌雄大盗》的制作，这部电影令人惊愕地获得了十项奥斯卡提名。这个时髦、反正派的歹徒故事大获成功，让比蒂成为好莱坞重要演员，他在20世纪70年代迎来了自己演艺生涯的高峰：在《花村》（McCabe & Mrs. Miller，1971）里完美地演绎了一个羞怯的害相思病的赌徒；在《视差》（The Parallax View，1974）里饰演陷入模糊不清的境地的调查记者；在自己参与编剧的《洗发水》（Shampoo，1975）中不计形象地出演了一个登徒子。

代表作：

Bulworth 1998
Bugsy 1991 ☆
Dick Tracy 1990
Reds 1981 ☆
Heaven Can Wait 1978 ☆
Shampoo 1975
The Parallax View 1974
McCabe & Mrs. Miller 1971
Bonnie and Clyde 1967 ☆
Mickey One 1965
Lilith 1964
All Fall Down 1962
The Roman Spring of Mrs. Stone 1961
Splendor in the Grass 1961

比蒂还自导自演了充满巧思的喜剧《上错天堂投错胎》（Heaven Can Wait，1978）和有着雄心壮志的政治传记片《烽火赤焰万里情》（Reds，1981），后者为他赢得奥斯卡最佳导演奖。

"我老了，我年轻，我聪明，我蠢笨。我的潮汐来来去去。"

但是之后比蒂只断断续续地参与一些演出、制作和导演，这些创作在艺术和商业上都不太成功。只有《豪情四海》（Bugsy，1991）中心绪不宁的黑道老大和他自己执导的政治讽刺剧《吹牛顾客》（Bulworth，1998）里幻想破灭的民主党参议员才表现出了他早年作品中的聪明才智。比蒂1992年娶了演员安妮特·贝宁（Annette Bening），两人育有四个孩子。**GA**

1930年代

杰克·尼克尔森 JACK NICHOLSON

生平： 本名约翰·约瑟夫·尼克尔森（John Joseph Nicholson），1937年4月22日生于美国纽约州曼哈顿。

明星特质： 聪明、有魅力，是个输得起的人；常常带着太阳镜露齿而笑；饰演过很多最令人难忘的角色；银幕中的表演十分有趣；热情的篮球粉丝。

如果冷静意味着不受焦虑心情的影响，如果酷意味着时髦有吸引力，那么杰克·尼克尔森就像海洋拥有水一样拥有冷静和酷。他一直是（至今仍是）好莱坞男子气概的象征。

然而匆匆一瞥并不能让人发现他的特别，他的发际线渐渐后退，一头蓬乱的黑发像从未梳理过似的。尼克尔森通常看起来都不太整洁，即使穿着最好的行头，由最出色的化妆师打理过也是如此。他的个头不是很高，肌肉也不太发达，最显著的特征就是热情潇洒的笑容，他常常戴着一副太阳镜，遮住了他锐利的眼神。尼克尔森大腹便便、很易生气，但又智力超群，让身边的人对他又爱又恨。

尼克尔森由祖母抚养长大，他一直以为祖母是他母亲，而他的母亲是他的姐姐。他在20世纪60年代曾经有过一段婚姻，这段婚姻持续了六年，离婚后他一直过着潇洒的单身生活，和不同的女人约会，并和其中的一些有了孩子，但他一直独居，并没有给这些女人合法的名分。

尼克尔森创作、制作并执导了一系列电影，人们普遍认为他是电影界思想最锋利的人之一。据说曾经有个疯狂的影迷在餐馆遇见他，托人转交给他一张写满赞誉的纸条，纸条传回后，除了改正的语法其他什么都没有。尼克尔森既是明星又是思考者，他是名人，也是个怪人，每年

代表作：

The Departed 2006
Something's Gotta Give 2003
Anger Management 2003
About Schmidt 2002 ☆
As Good as It Gets 1997 ★
Mars Attacks! 1996
The Crossing Guard 1995
Hoffa 1992
A Few Good Men 1992 ☆
Batman 1989
Ironweed 1987 ☆
Prizzi's Honor 1985 ☆
Terms of Endearment 1983 ★
Reds 1981 ☆
The Postman Always Rings Twice 1981
The Shining 1980
One Flew Over the Cuckoo's Nest 1975 ★
Tommy 1975
Chinatown 1974 ☆
The Last Detail 1973 ☆
Five Easy Pieces 1970 ☆
Easy Rider 1969 ☆
Psych-Out 1968
Ensign Pulver 1964
The Little Shop of Horrors 1960

1930年代

右图：尼克尔森在《闪灵》中饰演恐怖的精神错乱的酒店看管人。

杰克·尼克尔森

上图：尼克尔森出演的《飞越疯人院》赢得了奥斯卡奖。

都能看见他出现在洛杉矶湖人队的赛场上，为此还打断了一些电影的制作计划。但是尼克尔森又是个非常受人尊敬的演员。他早年在一些不怎么容易被记住的电影中饰演了一些没给人留下什么印象的角色，如《海军少尉普尔弗》（Ensign Pulver，1964）中的道兰；他也参演了一些电视剧（如《基尔代尔医生》［Dr. Kildare，1966］）和一些因他的参与而在如今被人视为经典的电影（《恐怖小店》［The Little Shop of Horrors，1960］、《精神错乱》［Psych-Out，1968］）。制作独立电影之风在20世纪60年代迅速蔓延，1969年尼克尔森终于凭借在《逍遥骑士》（Easy Ride，）中饰演的配角乔治·汉森成为一名冉冉升起的明星（他凭借该角色获得奥斯卡奖和金球奖提名）。

"戴上墨镜，我就是杰克·尼克尔森。不戴墨镜，我又胖又老。"

杰克·尼克尔森

杰克·尼克尔森

杰克·尼克尔森半个世纪以来一直都是很受欢迎的演员,从60年代开始他每个十年都会得到奥斯卡提名。从《尽善尽美》获得第七次奥斯卡提名后,尼克尔森赶超劳伦斯·奥利弗(Laurence Olivier)成为获提名次数最多的演员(如今他已获得12次提名)。这位经久不衰的明星至今仍是电影制作人最喜爱的演员和票房胜利的绝对保证。

◆ 尼克尔森住在穆赫兰大道,此处又被称作"坏男孩大道",因为这儿的居民还包括马龙·白兰度和沃伦·比蒂。

◆ 演员兼导演丹尼·迪维图(Danny DeVito)是他的儿时好友,俩人的亲戚一起经营一家美发店。

◆ 拥有大量艺术收藏品,其中包括巴勃罗·毕加索(Pablo Picasso)和塔玛拉·德·蓝碧嘉(Tamara de Lempicka)的作品。

◆ 狂热的洛杉矶湖人队的粉丝,他从未错过湖人队的任何一场主场比赛。他参演电影的制作人在他最喜欢的篮球队赛期不得不精心安排他的拍摄日程。

◆ 他维持的最长的一段关系是与演员安杰丽卡·休斯顿(Anjelica Huston)的关系,两人一起生活了17年。当媒体爆料丽贝卡·布鲁萨德(Rebecca Broussard)怀了他的孩子后这段关系便结束了。

◆ 尽管他在《闪灵》中的演出并没有获奥斯卡提名,却是他最精彩的演出之一。

经典演出

尼克尔森迅速跟上了变化多端的美国电影界,进入了新的黄金年代、他主演了一些那个时期最令人难忘最重要的电影,如《五支歌》(Five Easy Pieces,1970)、《最后的细节》(The Last Detail,1973)、《唐人街》(Chinatown,1974)、《冲破黑暗谷》(Tommy,1975)、《飞越疯人院》(One Flew Over the Cuckoo's Nest,1975)和《闪灵》(The Shining,1980),《闪灵》之后,这段黄金年代渐渐消逝,隐匿于如今由新兴大众媒体集团掌控的重新兴起电影公司之下。

如今,尼克尔森在最有才华的演员中依旧名列前茅,风采不减当年。他在电影《烽火赤焰万里情》(Reds,1981)、《母女情深》(Terms of Endearment,1983)、《普里兹家族的荣誉》(Prizzl's Honor,1985)、《蝙蝠侠》(Batman,1989)、《好人寥寥》(A Few Good Men,1992)、《火星人玩转地球》(Mars Attacks!,1996)、《尽善尽美》(As Good as It Gets,1997)和《爱是妥协》(Something's Gotta Give,2003)中证明了自己的多才多艺——既阴险又敏感——赢得了票房的成功和评论界的称赞。**GCQ**

右图:尼克尔森在《尽善尽美》中饰演神经过敏的作家梅尔文·乌德尔。

摩根·弗里曼 MORGAN FREEMAN

生平： 1937年6月1日生于美国田纳西州孟菲斯。

明星特质： 极具天赋的演员，跨越了种族的鸿沟；受人尊敬的主角和性格演员；经常饰演睿智的角色；导演、制作人。

摩根·弗里曼这位前儿童电视节目名人如今已是奥斯卡影帝了，他因在《成事在人》（Invictus，2009）中饰演纳尔逊·曼德拉（Nelson Mandela）获得奥斯卡最佳男主角，并因在《百万美元宝贝》（Million Dollar Baby，2004）中饰演的前拳击手埃迪·"废铁"·杜彼斯获得奥斯卡最佳男配角。弗里曼成为现今好莱坞唯一一个跨越肤色和年龄障碍通往演艺生涯高峰的演员。

弗里曼曾接受过舞台训练，在电视中初尝成名的滋味，但真正让人们记住他的是他在电影《恶街实况》（Street Smart，1987）中饰演的冷酷的皮条客，这个角色为他赢得奥斯卡最佳男配角的提名。弗里曼走过了大多非裔美国演员那个时候走过的职业之路，如今他的戏路更宽，也能胜任更多角色了。从20世纪80年代末期至今，弗里曼不断抓住新的机会，将影响力发挥到最大：他在《光荣》（Glory，1989）中饰演美国内战时期的联军战士；在《铁腕校长》（Lean on Me，1989）中饰演市中心的教育家；在《为黛茜小姐开车》（Driving Miss Daisy，1989）中饰演为年老的南方女人开车的司机，这一角色为他赢得奥斯卡最佳男主角提名；在《肖申克的救赎》（The Shawshank Redemption，1994）中饰演狱友，帮助由蒂姆·罗宾斯（Tim Robbins）饰演的被诬告入狱的银行家，弗里曼因这个角色第三次获奥斯卡提名。这个重要的角色为弗里曼打开一番新天地，让他成为银幕演出的质量保证，这对黑人演员和年逾50的演员而言都算得上是伟大的成就。

从那之后，弗里曼偶尔也会在电影如《冒牌天神》（Dreamcatcher，2003）中饰演一些阴险的角色，或是在电影如《七宗罪》（Se7en，1995）中饰演更英勇的角色。此外，弗里曼很享受他的第二职业——担任影片如《帝企鹅日记》（La Marche de l'empereur，2005）和《奴隶和美国的诞生》（Slavery and the Making of America，2005）的叙述者。**GCQ**

代表作：

Invictus 2009 ★
Million Dollar Baby 2004 ★
The Big Bounce 2004
Bruce Almighty 2003
Dreamcatcher 2003
Along Came a Spider 2001
Amistad 1997
Kiss the Girls 1997
Se7en 1995
The Shawshank Redemption 1994 ☆
Unforgiven 1992
The Bonfire of the Vanities 1990
Glory 1989
Driving Miss Daisy 1989 ☆
Lean on Me 1989
Street Smart 1987 ☆
Brubaker 1980

1930年代

"我一生都做自己？我一生都保持着自尊心……所以当我自顾时我看到的只是自己。这有些无聊。"

达斯汀·霍夫曼 DUSTIN HOFFMAN

生平：本名达斯汀·李·霍夫曼（Dustin Lee Hoffman），1937年8月18日生于美国洛杉矶。

明星特质：勤勉、追求完美、多才多艺的演员；饰演的角色多样；因饰演执拗和不那么有魅力的角色而备受关注。

  1967年拍完《毕业生》（The Graduate）后，达斯汀·霍夫曼立马就成为纯真无邪的婴儿潮一代的缩影，尽管他已过了所饰角色的年龄，但却抓住了这一代人的特质。他体格还算健壮，身材有些矮小，长相并不是传统意义上的帅，棕色的眼睛透着紧张，但他纵横影坛40年，饰演了无数重要角色，吸引了无数观众。

  高中毕业后，霍夫曼进了大专，并在帕萨迪纳剧场演出。因对当时的状况不满，霍夫曼去了纽约，在演员工作室的那段时间，他成了体验派的支持者。出演了一些戏剧和广告片后，霍夫曼终于得以在电视《裸露的城市》（Naked City，1961—1963）、《辩护人》（The Defenders，1962—1965）和电影《猛虎发威》（The Tiger Makes Out，1967）中饰演一些小角色。前途璀璨的导演迈克·尼克尔斯（Mike Nichols）让他在《毕业生》中饰演本杰明·布拉多克，这个角色让他第一次获奥斯卡提名，并奠定了演艺事业的基础，让霍夫曼深深植根于时代的潮流之中，沉浸在反主流文化的生活方式和表达中，在好莱坞找到令这个垂垂老矣的产业再焕青春的方法。霍夫曼60年代末出演了《午夜牛郎》（Midnight Cowboy，1969）中的拉特索·里佐，这次绚丽的演出为他赢得另一个奥斯卡提名，接下来的20年里他几乎没怎么引起评论界的注

代表作：

Meet the Fockers 2004
Finding Neverland 2004
Confidence 2003
Moonlight Mile 2002
Wag the Dog 1997 ☆
American Buffalo 1996
Hook 1991
Billy Bathgate 1991
Dick Tracy 1990
Family Business 1989
Rain Man 1988 ★
Ishtar 1987
Tootsie 1982 ☆
Kramer vs. Kramer 1979 ★
Agatha 1979
Straight Time 1978
Marathon Man 1976
All the President's Men 1976
Lenny 1974 ☆
Papillon 1973
Straw Dogs 1971
Little Big Man 1970
Midnight Cowboy 1969 ☆
The Graduate 1967 ☆
The Tiger Makes Out 1967

1930年代

右图：霍夫曼在《巴比龙》（Papillon）中饰演一个害羞的角色。

达斯汀·霍夫曼

上图：霍夫曼1974年饰演了有争议的单口喜剧演员伦尼·布鲁斯（Lenny Bruce）。

意。在此期间，霍夫曼出演了《小巨人》（Little Big Man，1970）、《稻草狗》（Straw Dogs，1971）、《巴比龙》（Papillon，1973）、《伦尼的故事》（Lenny，1974）、《惊天大阴谋》（All the President's Men，1976）、《霹雳钻》（Marathon Man，1976）、首获奥斯卡奖的《克莱默夫妇》（Kramer vs. Kramer，1979）、《窈窕淑男》（Tootsie，1982）和《伊斯达》（Ishtar，1987）。1988年的《雨人》（Rain Man），让他获得了第二个奥斯卡奖。

霍夫曼在喜剧和戏剧中显示了他的诚意，从20世纪90年代开始他谨慎地游走于这两种类型的电影之间，继续饰演他年轻时常饰演的热情的角色，出演了《胜者为王》（Billy Bathgate，1991）、《美国野牛》（American Buffalo，1996）和《月光旅程》（Moonlight Mile，2002）。他还在《铁钩船长》（Hook，1991）、《摇尾狗》（Wag the Dog，1997）等片。2004年，他出演了《拜见岳父大人2》（Meet the Fockers，2004）。 **GCQ**

奋斗的年轻演员

达斯汀·霍夫曼和吉恩·哈克曼（Gene Hackman）是密友，他们1956年在帕萨迪纳剧院相识，并双双被同班同学选为"最不可能成功的人"。三个月后，哈克曼去纽约追求戏剧梦想，霍夫曼也追随哈克曼的脚步到了纽约，住在哈克曼的单间公寓里，睡厨房的地板。原本他只打算呆几晚的，但他却一直不离开，最后哈克曼不得不帮他另找一间公寓。虽然两人维持着长久的友谊，但直到《失控的陪审团》（Runaway Jury，2003）两人才首次在银幕合作。

维尔娜·丽丝 VIRNA LISI

生平：本名维尔娜·丽萨·皮娅丽丝（Virna Lisa Pieralisi），1937年9月8日生于意大利马尔凯区安科纳。

明星特质：意大利电影中的贵妇人、金发碧眼的性感美女；年轻的浪漫剧主角、成熟的性格演员和配角。

丽丝的银幕处女作是《为那不勒斯歌唱》（E Napoli canta，1953），自那之后50年来，她在意大利电影中树立起贵妇人的形象。丽丝很快就成为意大利电影中极具天赋的女主角之一，因出演《巨人的决斗》（Romolo e Remo，1961）、约瑟夫·罗西（Joseph Losey）的《伊娃》（Eva，1962）、在《黑郁金香》（La Tulipe noire，1963）中与阿兰·德龙演对手戏、与马塞洛·马斯楚安尼（Marcello Mastroianni）合演《卡萨诺瓦'70》（Casanova '70，1965）而获得更广的知名度。

丽丝在美国的第一部电影是与杰克·莱蒙（Jack Lemmon）合演的《杀妻记》（How to Murder Your Wife，1965），金发苗条的丽丝并不是人们印象中一成不变的有着优美轮廓的意大利美女，她在好莱坞的时间并不长，事业也没有很成功。尽管与弗兰克·辛纳屈（Frank Sinatra）合演了《侵犯女王》（Assault on a Queen，1966）、与托尼·柯蒂斯（Tony Curtis）合演了《娇凤狂鸾》（My Wife, You Don't!，1966），但她却一再饰演金发碧眼的被爱慕的对象。1968年她被邀请出演《太空英雌芭芭丽娜》（Barbarella）中的同名角色，但她拒绝了这个机会，决定回祖国意大利去找一些更有意思的工作（后来简·方达出演了这个角色）。一回到意大利，丽丝就把精力放在戏剧、电影和电视中，成功地在欧洲合作的电影中一展身手，过去的经验增加了她演技的深度和吸引力，她出演的《善恶的彼岸》（Al di là del bene del male，1977）、《埃内斯托》（Ernesto，1979）大获好评。她在历史剧《玛戈皇后》（La Reine Margot，1994）中饰演残酷且心机重的凯瑟琳·德·梅迪茜，这个角色为她赢得戛纳电影节最佳女主角、凯撒奖最佳女配角和有意大利奥斯卡之称的"意大利电影金像奖"。**RH**

代表作：

Va' dove ti porta il cuore 1996
 (Follow Your Heart)
La Reine Margot 1994 (Queen Margot)
Ernesto 1979
Bluebeard 1972
Un beau monstre 1971 (Love Me Strangely)
The Statue 1971
If It's Tuesday, This Must Be Belgium 1969
Not with My Wife, You Don't! 1966
Assault on a Queen 1966
Casanova '70 1965
How to Murder Your Wife 1965
La Tulipe noire 1964 (The Black Tulip)
Eva 1962
Romolo e Remo 1961 (Duel of the Titans)

"丽丝（饰演的梅迪茜）流露出恶毒……她的表演如此令人信服。"
———《泰晤士DVD》

简·方达 JANE FONDA

生平： 本名杰恩·西摩·方达小姐（Lady Jayne Seymour Fonda），1937年12月21日生于美国纽约。

明星特质： "河内的简"；金发性感美人、成熟的女主角、健美大师、直言不讳的政治积极分子、演艺世家的一员、制作人。

简·方达的父亲是传奇影星亨利·方达，母亲是纽约社会名媛弗朗西丝·西摩·布罗考（Frances Seymour Brokaw）。她20世纪60年代进入电影圈，出演了一连串金发尤物，她饰演的角色穿着暴露，还常常穿着奇异的服饰，如在《太空英雌芭芭丽娜》（Barbarella，1968）中穿的外太空服装。方达是位演技出众的轻喜剧演员，参演了《新婚燕尔》（Barefoot in the Park，1967）、《贼公贼婆做世界》（Fun with Dick and Jane，1977）等片，她在严肃戏剧中的表演也十分出色，出演的《孤注一掷》（They Shoot Horses, Don't They?，1969）、《柳巷芳草》（Klute，1971）、《茱莉亚》（Julia，1977）、《返乡》（Coming Home，1978）和《金色池塘》（On Golden Pond，1981）都获得了奥斯卡提名。

银幕下的方达也常常出现在各大新闻中，她是著名的政治激进分子，强烈反对美国参与越战，这为她赢得"河内的简"的绰号。20世纪80年代她成为一名运动领袖，开创了有氧运动狂潮，出版了书和录影带《简·方达的锻炼》（Jane Fonda's Workout）。她有过三段婚姻，但都以离婚而告终：丈夫分别是导演罗杰·瓦迪姆（Roger Vadim）、政客汤姆·海登（Tom Hayden）和美国有线电视新闻网的创始人泰德·特纳（Ted Turner）。这些都给她的演艺事业蒙上了阴影。尽管方达与让-吕克·戈达尔（Jean-Luc Godard）合作了《一切安好》（Tout va bien，1972），偶尔参演诸如《飞机窃贼》（Steelyard Blues，1973）之类的艺术片，她的左派政治思想让她更倾向于出演一些令人愉快的自由派电影，如《中国综合征》（The China Syndrome，1979）、《电光骑士》（The Electric Horseman，1979）和《朝九晚五》（Nine to Five，1980）。方达出演了感情真挚的《史丹利与爱莉丝》（Stanley & Iris，1990）中守旧的女主角，之后就息影了，但在《怪兽婆婆》（Monster-in-Law，2005）中她再度出山，饰演一个拆散儿子婚姻的妈妈。**KN**

代表作：

Monster-in-Law 2005
Stanley & Iris 1990
The Morning After 1986 ☆
On Golden Pond 1981 ☆
Nine to Five 1980
The Electric Horseman 1979
The China Syndrome 1979 ☆
Coming Home 1978 ★
Julia 1977 ☆
Fun with Dick and Jane 1977
Steelyard Blues 1973
Tout va bien 1972 (All's Well)
Klute 1971 ★
They Shoot Horses, Don't They? 1969 ☆
Barbarella 1968
Barefoot in the Park 1967

> 在好莱坞工作确实能让人在一定程度上知道如何卖身。

安东尼·霍普金斯 ANTHONY HOPKINS

生平：本名菲利普·安东尼·霍普金斯（Philip Anthony Hopkins），1937年12月31日生于威尔士西格拉摩根郡塔尔伯特港马格姆。

明星特质：每饰演一个角色都会进行大量的准备工作；演技自然、说话温柔、热情，是杰出的英国演员。

安东尼·霍普金斯在《沉默的羔羊》（The Silence of the Lambs，1991）中出演的汉尼拔·莱克特一角为他赢得奥斯卡奖，在此之前他还算不上是个成熟的影星。但突然之间，他咂嘴的声音和并不特殊的邪恶口音成为人们争相模仿的对象，成为可以与弗雷迪·克鲁格（译注：恐怖片《猛鬼街》里杀害孩子的变态杀人凶手）相提并论的可怕之人。不过，自20世纪60年代以来，霍普金斯的演艺事业成绩卓越，出演了不少重要作品，如《冬狮》（The Lion in Winter，1968）和《战争与和平》（1972）。

在《上天入海擒金匪》（When Eight Bells Toll，1971）中，霍普金斯试着做一位动作片英雄，但在70年代他的大多时间还是花在了舞台和电视中，出演了一些严肃的法庭迷你剧，如《七号皇庭》（QB VII，1974）和《林德伯格诱拐案》（The Lindbergh Kidnapping Case，1976），偶尔也拍一些古怪的电影，如《魔缘》（Audrey Rose，1977）。他在《傀儡凶手》（Magic，1978）中饰演的疯狂的腹语术艺人和《象人》（The Elephant Man，1980）中饰演的有献身精神、自我怀疑的医生都十分出色。

尽管霍普金斯在《好父亲》（The Good Father，1985）、《查令十字街84号》（84 Charing Cross Road，1987）和《蓝色风暴》（Spotswood，1992）中出演过少有

代表作：

The Human Stain 2003
Red Dragon 2002
Hannibal 2001
Titus 1999
Meet Joe Black 1998
The Mask of Zorro 1998
Amistad 1997 ☆
Surviving Picasso 1996
Nixon 1995 ☆
Legends of the Fall 1994
The Road to Wellville 1994
Shadowlands 1993
The Remains of the Day 1993 ☆
Chaplin 1992
Bram Stoker's Dracula 1992
Howards End 1992
Spotswood 1992
The Silence of the Lambs 1991 ★
84 Charing Cross Road 1987
The Good Father 1985
The Bounty 1984
The Elephant Man 1980
Magic 1978
Audrey Rose 1977
Juggernaut 1974

右图：霍普金斯最出名的角色——《沉默的羔羊》里的汉尼拔·莱克特。

安东尼·霍普金斯

上图:霍普金斯在《告别有情天》(The Remains of the Day)里克制的表演。

着自我意识的"小角色",但他饰演的大多角色都是有着传奇色彩的历史人物,如《战争与冒险》中的劳埃德·乔治、《恩德培的胜利》中的伊扎克·拉宾、《地堡》中的阿道夫·希特勒、《巴黎圣母院》中的卡西莫多、《叛舰喋血记》中的布莱船长、《迟钝》中的叛国的间谍盖伊·伯吉斯、《尼克松》中的理查德·尼克松、《狂爱走一回》中的巴勃罗·毕加索、《勇者无惧》中的约翰·昆西·亚当斯、《佐罗的面具》中的佐罗和《圣诗复仇》中的泰特斯·安特洛尼克斯。他轻描淡写地诠释了这些大人物,其中最著名的是《惊情四百年》(Bram Stoker's Dracula, 1992)里的范·海辛。

继《沉默的羔羊》之后,他常常饰演压抑内心狂热的英国人(《霍华德庄园》[Howards End, 1992]、《影子大地》[Shadowlands, 1993]和《告别有情天》[The Remains of the Day, 1993])。为了表彰他的天才演技,霍普金斯在1993年被授予爵士爵位。**KN**

成为汉尼拔

《沉默的羔羊》中汉尼拔·莱克特的很多怪癖在霍普金斯身上也有所体现:他模仿朱迪·福斯特(Jodie Foster)所饰演的角色的西弗吉利亚口音时让人紧张不安、对"基安蒂"这个词的曲解以及发出邪恶的喷喷声。尽管在电影中只出现了15分钟,霍普金斯以其难忘的表演赢得了奥斯卡奖,是迄今为止以最短时间的表演获得奥斯卡最佳男主角奖的演员。霍普金斯这样评价他所饰演的连环杀手:"只要'你'不是他的盘中餐,跟他共进午餐也许是件很有意思的事。"

奥列佛·里德 OLIVER REED

生平：本名罗伯特·奥列佛·里德（Robert Oliver Reed），1938年2月13日生于英国伦敦；1999年卒于马耳他瓦莱塔。

明星特质：肌肉发达、嗓音低沉；有男子气概、散发出对异性的吸引力；有惊人的银幕风度；坦率、健谈。

与评价其他电影怪人如克劳斯·金斯基（Klaus Kinski）和克里斯托弗·沃肯（Christopher Walken）一样，评价奥列佛·里德的职业成就并非易事。里德热爱工作，无论什么角色都接受，演了很多配不上他表演才能的电影。他银幕下的生活也充满传奇色彩：酗酒、爱惹是生非、举止像个小丑又特别健谈。当然，这都不影响他成为一个伟大的演员。

里德从20世纪50年代晚期开始饰演一些小角色，之后在咸马电影制作公司60年代早期的电影中出演险恶的主角，其中最著名的是《狼人的诅咒》（The Curse of the Werewolf，1961），但直到60年代晚期他才真正成为那个时代英国最引人关注的演员之一，和肯·罗素（Ken Russell）合作了《恋爱中的女人》（Women in Love，1969）。在这部电影中他赤裸着身躯与阿兰·贝茨（Alan Bates）摔跤的场面成为里德职业生涯中关键的一幕。

70年代，里德继续与罗素合作了《冲破黑暗谷》（Tommy，1975）等片，到了70年代晚期，他的作品变得更加多样化，有不少亮点：在大卫·柯南伯格（David Cronenberg）早期的恐怖片《灵婴》（The Brood，1979）中的演技出色而不夸张。但是人们能清楚地感知到里德已经失去了寻找佳作的兴趣。这种心态持续到八九十年代，尽管在此期间他也拍了如尼古拉斯·罗伊格（Nicolas Roeg）的《荒岛余生》（Castaway，1986）和特瑞·吉列姆（Terry Gilliam）的《终极天将》（The Adventures of Baron Munchausen，1988）之类的好片。十多年后，里德因在雷德利·斯科特（Ridley Scott）的大片《角斗士》（Gladiator，2000）中的重要角色再度引起人们的注意，可惜这却成了里德的最后一部电影。1999年他在拍片期间在马耳他的酒吧与几个年轻海员偷偷喝酒，不幸去世。**TC**

代表作：

Gladiator 2000
The Adventures of Baron Munchausen 1988
Castaway 1986
Fanny Hill 1983
The Brood 1979
Royal Flash 1975
Tommy 1975
The Four Musketeers 1974
Mahler 1974
The Three Musketeers 1973
The Hunting Party 1971
The Devils 1971
Women in Love 1969
Hannibal Brooks 1969
Oliver! 1968
The Curse of the Werewolf 1961

"我曾发过很多严肃的声明——但我一个都记不起来了。"

1930年代

克劳迪娅·卡汀娜 CLAUDIA CARDINALE

生平: 本名克劳德·约瑟芬·罗丝·卡汀娜（Claude Joséphine Rose Cardinale），1938年4月15日生于突尼斯。

明星特质: 意大利电影偶像；身材曼妙的选美皇后、拥有超凡魅力的美貌；嗓音低沉；多才多艺。

克劳迪娅·卡汀娜在突尼斯出生，父母都是西西里岛人。起初她想做老师，然而1957年她赢得了"突尼斯最美意大利女孩"的比赛，奖品是去威尼斯旅游，在威尼斯她引起意大利电影界的注意，并与威迪斯电影公司签了一份七年合约。威迪斯电影公司的制片人弗朗哥·克里斯托迪（Franco Cristaldi）指导了她早期的事业，两人于1966年结婚，之后又离异。克里斯托迪制作了成功的意大利喜剧《圣母街上的大人物》（I soliti ignoti，1958），卡汀娜在这部剧中出演一个小角色，展现出无穷魅力，正是这种魅力让她成为意大利电影中的偶像。这只是她职业生涯的开端，此后她出演了100多部电影，展示了她惊人的美貌和无穷的魅力，她的多才多艺也给观众留下深刻印象。

卡汀娜几乎只演欧洲电影，她出演了一些20世纪60年代最出名的电影，如卢奇诺·维斯康蒂（Luchino Visconti）的《洛可兄弟》（Rocco e i suoi fratelli，1960）和《豹》（Il Gattopardo，1963）、费德里科·费里尼的《八部半》（8½，1963）、赛尔乔·莱翁（Sergio Leone）的《西部往事》（C'era una volta il West，1968）。70年代，她在商业片中的受欢迎度开始减退，但在80年代她凭借莉莉安娜·卡瓦尼（Liliana Cavani）的《皮肉生涯》（La Pelle，1981）和沃纳·赫尔佐格（Werner Herzog）的《陆上行舟》（Fitzcarraldo，1982）等几部深奥晦涩的艺术片再次引起大家的关注。近年来，卡汀娜主演了一些欧洲的电视短剧，如《诺斯特莫罗》（Nostromo，1997）。她还因在《Sinyora Enrica ile Italyan Olmak》（2010）中的角色获得金橙奖，这部电影讲述了一个土耳其交换生在试着适应意大利生活时遇到种种困难的故事。**GN**

代表作：

Sinyora Enrica ile Italyan Olmak 2010
Astérix aux jeux olympiques 2008
   (Asterix at the Olympic Games)
Le cadeau 1982 (The Gift)
Fitzcarraldo 1982
La Pelle 1981 (The Skin)
The Salamander 1981
I Guappi 1973 (Blood Brothers)
C'era una volta il West 1968
   (Once Upon a Time in the West)
The Pink Panther 1963
Il Gattopardo 1963 (The Leopard)
8½ 1963
Senilità 1962 (Careless)
Rocco e i suoi fratelli 1960
   (Rocco and His Brothers)
I soliti ignoti 1958 (Big Deal on Madonna Street)

"我从不认为丑闻和忏悔是演员的必需品。"

1930年代

娜塔莉·伍德 NATALIE WOOD

生平：本名娜塔莉·尼古拉耶夫娜·扎卡然科（Natalia Nikolaevna Zakharenko），1938年7月20日生于美国旧金山；1981年卒于美国加利福尼亚州圣卡塔利娜岛。

明星特质：受欢迎的童星，后来成为喜剧和严肃戏剧中多才多艺的女主角；身材娇小的黑发美女；有着芭蕾舞者般的优雅。

娜塔莉·伍德的父母是俄国移民，后来把姓氏改为"格丁"。伍德四岁时就出演了第一部电影《乐土》（Happy Land, 1943）。她在一些重要电影如《34街奇缘》（Miracle on 34th Street, 1947）和《幽灵与未亡人》（The Ghost and Mrs. Muir, 1947）中表现突出，也出演过一些不甚出名的电影如《斯库达,嚯!斯库达,嗨!》（Scudda Hoo! Scudda Hay!, 1948）和《父亲是一名后卫》（Father Was a Fullback, 1949）。作为一名年轻女演员，伍德饰演的朱迪一角成为标志性人物，这个混乱的少女角色是《无因的反叛》（Rebel Without a Cause, 1955）中的女主角（这是伍德职业生涯中非常重要的一个角色，她因这个角色第一次获得奥斯卡提名。

伍德日渐成熟，开始在如《马乔里辰星》（Marjorie Morningstar, 1958）、《卡什·麦克考尔》（Cash McCall, 1960）和《情海波澜》（All the Fine Young Cannibals, 1960）中等片中饰演女主角。她在《天涯何处觅知音》（Splendor in the Grass, 1961）里饰演的因痴爱沃伦·比蒂而疯狂的女孩十分出色，但在《西区故事》（West Side Story, 1961）中饰演的玛利亚略为逊色，她还出演了《玫瑰舞后》（Gypsy, 1962）里漂亮的吉普赛·罗丝·李，《陌生人之恋》（Love with the Proper Stranger, 1963）里让人信任的摩登女郎。她在讲述性道德的喜剧《两对鸳鸯一张床》（Bob & Carol & Ted & Alice, 1969）中的表现也可圈可点，但到了20世纪70年代就渐渐失去了昔日的光环。于是伍德转向电视圈，出演了《热铁皮屋顶上的猫》（Cat on a Hot Tin Roof, 1976）和《永垂不朽》（From Here to Eternity, 1979）。在拍摄电影《尖端大风暴》（Brainstorm, 1983）期间她与丈夫罗伯特·瓦格纳和他们共同的朋友克里斯托弗·沃肯乘游艇出行，她在登上系在游艇上的救生筏时失足落入海中溺亡。伍德去世时只有43岁，她生前一直很怕被淹死。**KN**

代表作：

Brainstorm 1983
Bob & Carol & Ted & Alice 1969
Love with the Proper Stranger 1963 ☆
Gypsy 1962
West Side Story 1961
Splendor in the Grass 1961 ☆
All the Fine Young Cannibals 1960
Cash McCall 1960
Marjorie Morningstar 1958
The Searchers 1956
Rebel Without a Cause 1955 ☆
Father Was a Fullback 1949
Scudda Hoo! Scudda Hay! 1948
The Ghost and Mrs. Muir 1947
Miracle on 34th Street 1947
Happy Land 1943

1930年代

"我身边只有成年人的陪伴，我感到特别孤独。"

——谈到做童星的感受

罗密·施奈德 ROMY SCHNEIDER

生平：本名罗斯玛丽·玛格德莱娜·阿尔巴赫-莱蒂（Rosemarie Magdelena Albach-Retty），1938年9月23日生于奥地利维也纳；1982年卒于法国巴黎。

明星特质：脆弱的黑发美女；历史剧和当代戏剧中聪慧的女主角。

罗密·施奈德一生都未摆脱过去的影响，她很小就被母亲、德国演员玛格达·施奈德带进演艺圈，她母亲本身也是名著名演员，女儿早期的演艺生涯都由她监管。事实上，玛格达饰演了罗密第一个重要角色——奥地利皇帝天使般的妻子和哈布斯堡帝国的救星——巴伐利亚的伊丽莎白公主（茜茜公主）的母亲。《茜茜公主》三部曲（1955—1957）取得了巨大的成功，给欧洲民众带来走出二战阴霾的希望，以至于施奈德一生都没摆脱这个角色的影响。

施奈德试着摆脱茜茜公主这个形象，她做出了勇敢的选择，拍摄了一些艺术电影，如《穿制服的姑娘》（Mädchen in Uniform，1958）和卢奇诺·维斯康蒂（Luchino Visconti）的《路德维希》（Ludwig，1972），在《路德维希》中她试着从不那么浪漫的角度来演绎茜茜公主，解构了她之前所演绎的同一角色。施奈德在《游泳池》（La piscine，1969）和《爱是最重要的事》（L'important c'est d'aimer，1975）中的表演得到了广泛的赞誉，她因在后者中的精彩表演赢得了自己的第一个凯撒奖最佳女主角。《普通的故事》（Une histoire simple，1978）和《女性之光》（Clair de femme，1979）让她最终找到自己的戏路。但这次的重新崛起只维持了很短的时间，1981年她14岁的儿子大卫突然去世，他在攀高时摔下来被栅栏刺死。施奈德被悲伤和绝望压垮，不久也追随儿子而去。官方声明指出她是死于心脏病突发，然而很多人认为她是因为服用过量的安眠药和酒精自杀而亡。施奈德留下12部电影瑰宝——有些仍待人们重新认识——然而这些电影都被笼罩在《茜茜公主》的光芒之下。**EM**

代表作：

Clair de femme 1979 (Womanlight)
Une histoire simple 1978 (A Simple Story)
L'important c'est d'aimer 1975
　(That Most Important Thing: Love)
Le trio infernal 1974 (The Infernal Trio)
Le train 1973 (The Train)
Ludwig 1972
The Assassination of Trotsky 1972
La piscine 1969 (The Swimming Pool)
What's New, Pussycat 1965
The Cardinal 1963
Mädchen in Uniform 1958
　(Maedchen in Uniform)
Sissi—Schicksalsjahre einer Kaiserin 1957
Sissi—Die junge Kaiserin 1956
Sissi 1955

> "演了茜茜公主后，我就像掉进燕麦粥一样被困住了。"
> ——评价她所饰演的茜茜公主

1930年代

珍·茜宝 JEAN SEBERG

生平：1938年11月13日生于美国爱荷华州马歇尔敦；1979年卒于法国巴黎。

明星特质：法国新浪潮电影中的标志性女演员、银幕形象充满魅力；导演、制作人、捍卫民权的积极分子。

尽管珍·茜宝从18000个有希望的演员中脱颖而出，初登银幕就获得在奥托·普雷明格（Otto Preminger）的《圣女贞德》（Saint Joan，1957）中出演同名角色的机会，然而巩固她国际影星地位的却是她在让·吕克·戈达尔（Jean-Luc Godard）具有重大影响的法国新浪潮电影《精疲力尽》（À bout de souffle，1960）中饰演的淘气的报纸供应商帕特丽夏·弗兰基妮一角。茜宝的表演时而充满生气，时而抑郁寡欢，她饰演让-保罗·贝尔蒙多（Jean-Paul Belmondo）诙谐而投机取巧的情人，展示了情感的张力，这种张力在她短暂而悲剧的职业生涯里的另外32部电影中为她带来与众不同的活力。茜宝在一些更著名的电影里表现突出，如彼得·塞勒斯（Peter Sellers）讲述冷战的闹剧《喧闹的老鼠》（The Mouse That Roared，1959）、乔舒亚·洛根（Joshua Logan）的流行音乐剧《长征万里山》（Paint Your Wagon，1969）和乔治·希顿（George Seaton）典型的灾难片《国际机场》（Airport，1970）。

让人难过的是茜宝银幕下的生活一团混乱，丝毫不逊色于她最令人难忘的戏剧角色的纷乱生活，有时甚至更精彩。茜宝有过四段婚姻，是制造谣言的狗仔队和联邦调查局不断追逐的目标，后者盯上她是因为她支持全国有色人种进步协会和黑豹党人。1970年，外界谣传（据称炒作是由J.埃德加·胡佛[J. Edgar Hoover]发起的）她腹中孩子的父亲是黑豹运动领导人，她为此心烦意乱，导致早产，这个女婴活了不到两天就夭折了。茜宝再也没从这个创伤中恢复过来，她多次试图自杀。1979年，她因服用过量药物去世，人们在她遗体边发现自杀的遗书。**JM**

代表作：

Ballad for Billy the Kid 1974
Airport 1970
Paint Your Wagon 1969
Les Oiseaux vont mourir au Pérou 1968
 (Birds in Peru)
A Fine Madness 1966
Lilith 1964
Les plus belles escroqueries du monde 1964
 (The Beautiful Swindlers)
In the French Style 1963
L'amant de cinq jours 1961
 (Five Day Lover)
À bout de souffle 1960 (Breathless)
La Récréation 1960
The Mouse That Roared 1959
Bonjour tristesse 1958
Saint Joan 1957

"钱买不来快乐，但是快乐也不是一切。"

右图：茜宝在奥托·普雷明格的影片《你好，忧愁》中扮演浅薄且被宠坏了的塞西尔。

丽芙·乌曼 LIV ULLMANN

生平：本名丽芙·约翰妮·乌曼（Liv Johanne Ullmann），1938年12月16日生于日本东京。

明星特质："挪威天使"；艺术戏剧电影中标志性的女主角；导演英格玛·伯格曼最喜欢的女演员和缪斯；会多国语言；脚踏实地。

还有比丽芙·乌曼为瑞典导演英格玛·伯格曼的表演更精彩的电影演出吗？乌曼不仅出演了《假面》（Persona，1966）、《豺狼时刻》（Vargtimmen，1967）、《羞耻》（Skammen，1968）、《安娜的情欲》（En Passion，1969）、《呼喊与细语》（Viskningar och Rop，1972）、《婚姻生活》（Scener ur ett äktenskap，1973）、《面对面》（Ansikte mot ansikte，1975）、《蛇蛋》（The Serpent's Egg，1977）和《秋日奏鸣曲》（Höstsonaten，1978）等一系列杰出的电影，还出演了新近的电视巨作《萨拉邦德》（Saraband，2003）。这位挪威女演员在这些电影中一直保持着高水准的演出，特写镜头中她美丽而严肃的脸庞传达了她曾经的爱人、她女儿（作者琳·乌曼［Linn Ullmann］）的父亲、编剧兼导演伯格曼所设想的人类悲剧的许多细微差别。《假面》中因对现实世界的恐惧而失去说话能力的角色也许是乌曼所有角色中最动人的一个。然而在现实生活中，乌曼欢快爱笑的性格却给人留下深刻印象。

尽管乌曼拥有卓越的电影生涯，但比起与伯格曼的合作，她的其他电影都显得不甚出色。乌曼在扬·特洛尔（Jan Troell）的《大移民》（Utvandrarna，1970）、《新大陆》（Nybyggarna，1972）和《没有更好，只有更坏》（Zandy's Bride，1974）中给人留下深刻印象，她也凭借《大移民》获得奥斯卡最佳女主角提名。然而，她也出演过一些配不上她才华的英语片如《帕贝萨·伊约纳》（Pope Joan，1972）、《失去的地平线》（Lost Horizon，1973）和《逊位》（The Abdication，1974）。实际上，乌曼今年来最出色的工作是做导演，最有名的作品就是由伯格曼编剧的《狂情错爱》（Trolösa，2000），以此证明了她作为大师坚定而不动声色的感知力。**GA**

代表作：

Höstsonaten 1978 (Autumn Sonata)
The Serpent's Egg 1977
Ansikte mot ansikte 1976 (Face to Face) ☆
The Abdication 1974
Zandy's Bride 1974
Scener ur ett äktenskap 1973 (Scenes from a Marriage)
Lost Horizon 1973
Viskningar och rop 1972 (Cries and Whispers)
Pope Joan 1972
Nybyggarna 1972 (The New Land)
Utvandrarna 1971 (The Emigrants) ☆
En Passion 1969 (The Passion of Anna)
Skammen 1968 (Shame)
Vargtimmen 1968 (Hour of the Wolf)
Persona 1966

> "我与糟糕导演的合作比与优秀导演的合作多，你能从糟糕的人身上学习更多。"

萨尔·米涅奥 SAL MINEO

生平：本名小塞尔瓦托·米涅奥（Salvatore Mineo Jr.），1939年1月10日生于美国纽约州布朗克斯；1976年卒于美国好莱坞。

明星特质："弹簧刀小子"；有异国情调的英俊外貌；青少年的偶像；年轻的坏男孩；成熟的性格演员。

萨尔·米涅奥的父母是西西里岛移民，米涅奥小时候是个不良少年——八岁就成为街头帮派的一员，十岁时因抢劫被开除。当时他面临两个选择：去少管所或者去学习表演，他选择了后者。在进入电影圈之前，米涅奥在戏剧舞台和电视中演过一些小角色，直到在《大盗伏尸记》（Six Bridges to Cross，1955）中出演年轻的托尼·柯蒂斯他才开始崭露头角。他因在《无因的反叛》（Rebel Without a Cause，1955）中饰演重要角色柏拉图而获得事业上的重大突破，柏拉图敏感而头脑混乱，渴望被詹姆斯·迪恩和娜塔莉·伍德接受，但最后还是死在了警察的枪下，米涅奥因这个角色获得奥斯卡最佳男配角提名。在《大街上的罪行》（Crime in the Streets，1956）和《小金刚》（The Young Don't Cry，1957）里他再次出演与糟糕环境做斗争的可怜男孩。

米涅奥饰演了很多不同的角色。他是《托卡》（Tonka，1958）里的美国原住民，是《私事》（A Private's Affair，1959）里的爵士鼓手，在他另一部获得奥斯卡提名的电影《出埃及记》（Exodus，1960）中他是为犹太复国而战的自由斗士、恐怖分子多弗·兰道。过了叛逆的青春期后，他客串了很多电视，他的最后一个角色是《逃离猩球》（Escape from the Planet of the Apes，1971）中研究黑猩猩的科学家。

之后，米涅奥的演艺事业渐渐下滑，经济开始出现困难，于是他重新回到戏剧舞台。他在旧金山制作的喜剧《对了，你的猫死了》（P.S. Your Cat Is Dead，1976）中扮演一个同性恋窃贼，他对自己的这次演出寄望颇高，这部剧后来在洛杉矶上演。1976年的一天，米涅奥在西木剧院排练完这部剧后回家，路上遭劫匪袭击，被刺身亡，年仅37岁。**KN**

代表作：

Escape from the Planet of the Apes 1971
The Greatest Story Ever Told 1965
Cheyenne Autumn 1964
The Longest Day 1962
Exodus 1960 ☆
A Private's Affair 1959
Tonka 1958
The Young Don't Cry 1957
Dino 1957
Rock, Pretty Baby 1956
Giant 1956
Somebody Up There Likes Me 1956
Crime in the Streets 1956
Rebel Without a Cause 1955 ☆
The Private War of Major Benson 1955
Six Bridges to Cross 1955

"没人说过电影能拓宽你的演艺事业，只有很少人能得到这个机会。"

千叶真一 SONNY CHIBA

生平：本名前田祯穗，1939年1月23日生于日本九州福冈。

明星特质：特技演员、导演、制作人；亚洲电影里传奇的武术演员；是多个项目的黑带持有者；常饰演硬汉。

先有动作片，然后有了动作片明星，然后有了千叶"索尼"真一。直到他最近在昆汀·塔伦蒂诺（Quentin Tarantino）的《杀死比尔》（Kill Bill: Vol. I, 2003）中饰演铸剑工匠服部半藏（这个角色以他早期饰演的一个角色命名），西方观众才对他有了进一步的认识。在这之前，对西方观众而言，千叶最为人知的是在臭名昭著的暴力片《激突！杀人拳》（1974）及续集如《杀人拳2》（1974）和衍生出的《女必杀拳》（1974）中饰演的剑琢磨。这种不光彩的名誉事出有因：20世纪70年代李小龙风靡世界，人们开始对武术电影产生兴趣，正是在这种背景下千叶真一才得以在日本以外的市场获得成功。然而，千叶真一不仅是个能在武术片中与李小龙抗衡的对手——他拥有柔道、忍术、剑道和拳术的黑带——他也是历来电影中顶尖的硬汉之一。在20世纪70年代早期千叶真一本应与李小龙合作的，可惜李小龙的早逝中断了这个计划。

千叶真一即使在笑时，他的面部看起来也是介于阴沉和愤怒之间的，他不仅能打败成龙和李连杰，还能在晚年把李·马文和查尔斯·布朗森（Charles Bronson）拉出来喝酒，并引以为笑谈。然而，千叶真一也很享受除了《杀人拳》系列电影以外其他不同流派长久而成功的演艺生涯。千叶真一起初是名电视演员，1960年成为东映电影公司的合同演员，他的作品名单和他的绝技名单一样长，包括为导演深作欣二拍的电影、许多科幻片、日本帮匪片和喜剧。**TC**

代表作：

《速度与激情3：东京漂移》2006
《杀死比尔》2003
《胜者为王》2000
《代号：沉默者》1995
《巅峰战警》1994
《起尾注》1992
《最后的赌徒》1985
《复活之日》1980
《冲绳10年战争》1978
《激杀！邪道拳》1977
《逆击！杀人拳》1974
《女必杀拳》1974
《杀人拳2》1974
《激突！杀人拳》1974

1930年代

"我作为动作片明星所做的和其他每个演员要做的都一样，动作就是戏剧。"

哈威·凯特尔 HARVEY KEITEL

生平：1939年5月13日生于美国纽约州布鲁克林。

明星特质：多才多艺的性格演员；常饰演硬汉；表情冷酷、抑郁；乐于帮助年轻的电影人。

对演员而言，残酷和高智商并不一定互相排斥，但却很少会与哈威·凯特尔诠释的激情有交叉。凯特尔是个有着双重魅力的人，如果你能接受他粗俗却帅气的外貌，那就是三重魅力了。他看上去一直在思考对话的每一个字，而且随时都会因内心的沉思而突然情绪失控。凯尔特曾在法院做过十年速记员，同时还在剧院打工，直到出演了导演马丁·斯科塞斯早期的几部电影其演艺事业才取得突破：《谁在敲我的门》（I Call First，1967）、《穷街陋巷》（Mean Streets，1973）、《曾经沧海难为水》（Alice Doesn't Live Here Anymore，1974）和《出租车司机》（Taxi Driver，1976）。凯特尔出演了斯科塞斯的第一部电影，他似乎有种能在一个人事业刚起步就预测出他超凡的天赋的才能。他还主演了这些导演的银幕处女作：雷德利·斯科特（Ridley Scott）的《决斗的人》（The Duellists，1977）、詹姆斯·托贝克（James Toback）的《手指》（Fingers，1978）、保罗·施拉德（Paul Schrader）的《蓝领阶级》（Blue Collar，1978）和昆汀·塔伦蒂诺的《落水狗》（Reservoir Dogs，1992）。

塔伦蒂诺的《落水狗》和《低俗小说》（Pulp Fiction，1994）让他再度名扬四海。尽管出演了一些有趣的作品，但凯特尔在80年代几乎默默无闻，他出演了一些标新立异的欧洲电影，但几乎都不叫座。到了90年代，凯特尔终于迎来了事业的转机，在主流电影《末路狂花》（Thelma & Louise，1991）、《豪情四海》（Bugsy，1991）、《杀出个黎明》（From Dusk Till Dawn，1996）和独立电影《钢琴别恋》（The Piano，1993）、《烟》（Smoke，1995）和《尤利西斯的生命之旅》（To Vlemma tou Odyssea，1995）两个领域都佳作不断。凯特尔最出色的表演可能是阿贝尔·费拉拉（Abel Ferrara）的《坏中尉》（Bad Lieutenant，1992），这让他最近多出演配角之事显得更为遗憾。**TC**

代表作：

From Dusk Till Dawn 1996
Clockers 1995
To Vlemma tou Odyssea 1995 (*Ulysses' Gaze*)
Smoke 1995
Pulp Fiction 1994
The Piano 1993
Bad Lieutenant 1992
Reservoir Dogs 1992
***Bugsy* 1991** ☆
Thelma & Louise 1991
Fingers 1978
The Duellists 1977
Taxi Driver 1976
Alice Doesn't Live Here Anymore 1974
Mean Streets 1973
I Call First 1967

"我需要克服恐惧，不然我会淹没在自己的恐惧中。"

1930年代

莉莉·汤普琳 LILY TOMLIN

生平： 本名玛丽·珍·汤普琳（Mary Jean Tomlin），1939年9月1日生于美国密歇根州底特律。

明星特质： 表情丰富、变化多端的性格演员、经验丰富的独角戏喜剧演员；擅长饰演尖刻的角色；常饰演有传奇色彩的人物。

　　莉莉·汤普琳极其善变，以至于没有一个角色能概括她的天才演技，她直达不同角色的内心，将她们诠释得淋漓尽致。称她为喜剧演员会让人们忽略她的戏剧角色，然而即使在最轻松的电影里她都设法传递出人类行为的某些东西，即使这并非是角色所需要的。

　　汤普琳在韦恩州立大学学习，并在夜总会磨练自己的独角喜剧才能。她初登大荧幕出演了《加里·摩尔秀》（The Garry Moore Show，1958），接着又加入《罗文和马丁的捧腹时刻》（Rowan & Martin's Laugh-In，1969—1973），在里面饰演了一些很有自己特色的人物角色：爱说俏皮话的五岁的伊迪丝·安和说话有鼻音、爱多管闲事的电话接线员欧内斯廷。

　　汤普琳很幸运，第一个电影角色就是在罗伯特·奥特曼（Robert Altman）的《纳什维尔》（Nashville，1975）中饰演聋童的母亲，接着在《深夜秀》（The Late Show，1977）里与阿特·卡尼（Art Carney）一起出演了一对不相配的私家侦探。之后她主演了一系列不那么成功的电影：《油脂恋》（Moment by Moment，1979）和《变形女郎》（The Incredible Shrinking Woman，1981）。然而，汤普琳在与多莉·帕顿（Dolly Parton）和简·方达一起出演的女权主义者闹剧《朝九晚五》（Nine to Five，1980）、与史蒂夫·马丁（Steve Martin）合作的《衰鬼上错身》（All of Me，1984）中给人留下了深刻的印象。接着她又演了十年电视和戏剧，最出名的角色要数《白宫群英》（The West Wing，2002—2006）里的总统秘书黛博拉·芬德尔，期间她也出演了备受赞誉的戏剧电影《寻找宇宙智能生物》（The Search for Signs of Intelligent Life in the Universe，1991）。在《银色·性·男女》（Short Cuts，1993）和《牧场之家好作伴》（A Prairie Home Companion，2006）中她再度与奥特曼合作。汤普琳最近的作品中，她在形而上学的喜剧《我爱哈比克》（I Heart Huckabees，2004）中的角色尤为出色。**DS**

代表作：

A Prairie Home Companion 2006
I ♥ Huckabees 2004
Tea with Mussolini 1999
Blue in the Face 1995
The Beverly Hillbillies 1993
Short Cuts 1993
Shadows and Fog 1992
The Search for Signs of Intelligent Life in the Universe 1991
All of Me 1984
The Incredible Shrinking Woman 1981
Nine to Five 1980
Moment by Moment 1978
The Late Show 1977
Nashville 1975 ☆

1930年代

"死后也会有性欲——只是我们无法感知。"

约翰·克立斯 JOHN CLEESE

生平：本名约翰·马伍德·克立斯（John Marwood Cleese），1939年10月27日生于英国萨默塞特郡滨海威斯顿。

明星特质：高大、表情丰富、有喜剧天赋；"巨蟒剧团"的成员；制作人、导演。

约翰·克立斯在英国剑桥大学学习法律，并在那儿加入有传奇色彩的脚灯社（Footlights），开始了如彼得·库克（Peter Cook）、达德利·摩尔（Dudley Moore）和乔纳森·米勒（Jonathan Miller）一样的演员生涯。他自己创作并表演喜剧，常与日后"巨蟒剧团"的成员格雷厄姆·查普曼（Graham Chapman）合作。毕业后，克立斯为BBC写作，1964年，随剑桥马戏团到新西兰和美国巡回表演喜剧。之后，他出演并创作了一些成功的电影，成为一名重要的配角演员，但他在电视中的角色也毫不逊色，先是在轰动一时的喜剧连续剧《巨蟒剧团之飞翔的马戏团》（Monty Python's Flying Circus，1969—1974）中表现出色，接着在《弗尔蒂旅馆》（Fawlty Towers，1975—1979）里饰演了怪异、失意的旅馆老板巴兹尔·弗尔蒂。

20世纪六七十年代，克立斯在《财神万岁》（The Magic Christian，1969）和《爱情禁令》（The Love Ban，1973）中饰演了有趣的角色，和"巨蟒剧团"其他成员一起出演了《巨蟒剧团：前所未有的表演》（And Now for Something Completely Different，1971），接着友情出演了剧团成员特瑞·吉列姆（Terry Gilliam）的《时光大盗》（Time Bandits，1981）、格雷厄姆·查普曼的《黄胡子》（Yellowbeard，1983）和特里·琼斯（Terry Jones）的《海盗埃里克》（Erik the Viking，1989）。

克立斯主演的第一部电影是《分秒不差》（Clockwise，1986），但在《一条叫旺达的鱼》（A Fish Called Wanda，1988）中演技趋于完美，他自己也参与了这部剧的剧本创作。克立斯接着出演的《凶猛动物》（Fierce Creatures，1997）并没有很成功。他还在从《007之黑日危机》（The World Is Not Enough，1999）开始的007系列电影中取代Q先生获得一席之地。克立斯近来最成功的喜剧转型是在《哈利·波特》中饰演幽灵。**KN**

代表作：

Shrek 2 2004
Harry Potter and the Sorcerer's Stone 2001
The World Is Not Enough 1999
Fierce Creatures 1997
Frankenstein 1994
Erik the Viking 1989
A Fish Called Wanda 1988
Clockwise 1986
The Meaning of Life 1983
Time Bandits 1981
Life of Brian 1979
Monty Python and the Holy Grail 1975
The Love Ban 1973
And Now for Something Completely Different 1971
The Magic Christian 1969

1930年代

"我从未欣赏生活的意义。我总是觉得所有电影都一团糟。"

约翰·赫特 JOHN HURT

生平： 本名约翰·文森特·赫特（John Vincent Hurt），1940年1月22日生于英国德比郡切斯特菲尔德。

明星特质： 严肃的性格演员；饰演的历史人物很让人信服；常担任解说员；擅长饰演局外人和反派角色。

约翰·赫特的父亲是教区牧师，母亲是业余演员。赫特最初想当艺术家，在伦敦圣·马丁学校学习艺术，但在1962年转向了他最初的爱——表演，并赢得皇家戏剧艺术学院的奖学金，之后随皇家莎士比亚剧院演出。他在《异形》（Alien，1979）里胸部炸裂的一幕给人留下了深刻的印象，他所饰演的角色凯恩因异性怪物的卵出生而死。然而，赫特是个戏路宽广的演员，有着丰富的表演经验和娴熟的演技，他因在赢得六项奥斯卡奖的电影《日月精忠》（A Man for All Seasons，1966）里饰演一个小角色而首次引起大家的关注，接着在影视作品中饰演了不少角色，因在英国广播公司（BBC）制作的电视剧《我，克劳迪乌斯》（I, Claudius，1976）中饰演罗马皇帝卡里古拉（Caligula）赢得评论界的一致称赞。从那之后，他的职业就分成了两半：一半是为《沃特希普高地》（Watership Down，1978）、《指环王》（The Lord of the Rings，1978）、《跳跳虎历险记》（The Tigger Movie，2000）和《曼德勒》（Manderlay，2005）配音，另一半是在银幕上饰演英雄或恶棍。赫特在获奥斯卡提名的《象人》（The Elephant Man，1980）中饰演丑陋的约翰·梅立克，这是他早年角色的一个模板，接着出演了《一九八四》（Nineteen Eighty-Four，1984）、《超时空接触》（Contact，1997）和《地狱男孩》（Hellboy，2004）。但他真正给人留下深刻印象的却都是些坏人角色，如在电视剧《罪与罚》（Crime and Punishment，2002）中饰演的波尔菲力，但最能证明这一点的是也许是他中年在《赤胆豪情》（Rob Roy，1995）和《V字仇杀队》（V for Vendetta，2005）中塑造的反派角色，在片中他的英国风格令所饰角色的法西斯主义愈加明显，使得这个反派角色不只是个有血有肉的人，而更像是种社会弊病的象征，因而更令人恐惧。

GCQ

代表作：

Tinker Tailor Soldier Spy 2011
An Englishman in New York 2009
V for Vendetta 2005
Manderlay 2005
Hellboy 2004
The Tigger Movie 2000
Contact 1997
Rob Roy 1995
Scandal 1989
Nineteen Eighty-Four 1984
The Hit 1984
Heaven's Gate 1980
The Elephant Man 1980 ☆
Alien 1979
The Lord of the Rings 1978
Midnight Express 1978 ☆
Watership Down 1978
A Man for All Seasons 1966

"我也演过一些讨厌的电影，这是在所难免的。"

彼得·方达 PETER FONDA

生平：本名彼得·亨利·方达（Peter Henry Fonda），1940年2月23日生于美国纽约。

明星特质：20世纪60年代反主流文化的偶像；演员世家的一员；多才多艺的性格演员、作家、导演、制作人。

彼得·方达来自享有声望的演员世家：他的父亲是传奇影星亨利·方达，姐姐是简·方达，女儿是布里吉特·方达。简和彼得与父亲的关系十分紧张，学习表演后彼得加入内布拉斯加州的奥马哈社区剧院，他的父亲和马龙·白兰度等许多演员都是从这家剧院开始的演艺生涯。

之后，彼得去了好莱坞，在电影如《玉女动情》（Tammy and the Doctor，1963）中饰演不重要的浪漫角色，在《莉莉》（Lilith，1964）中出演头脑不清的年轻配角，扎扎实实地磨练了自己的演技，最后终于在导演罗杰·科曼（Roger Corman）反主流文化的电影中确立了自己的反叛形象。彼得在《野帮伙》（The Wild Angels，1966）和《旅程》（The Trip，1967）中分别饰演地狱天使骑手和酸性实验者，之后他和丹尼斯·霍珀（Dennis Hopper）一起出演了20世纪60年代反主流文化经典电影《逍遥骑士》（Easy Rider，1969），使得自己的反叛形象更加深入人心。他与霍珀、特里·索泽恩（Terry Southern）共同创作了《逍遥骑士》的剧本，并获得奥斯卡最佳剧本的提名。彼得饰演的如美国队长般英俊帅气的骑手是每个年轻女孩幻想的白马王子，也是他父亲在《愤怒的葡萄》（The Grapes of Wrath，1940）中饰演的汤姆·乔德的当代化身。

彼得自导自演了忧郁的嬉皮士西部片《雇佣的手》（The Hired Hand，1971），之后又开始宣传（虽然是在政治上可能引发激烈反应的宣传）酷片如《冲刺大黎明》（Dirty Mary Crazy Larry，1974）、《与恶魔赛跑》（Race with the Devil，1975）、《狂怒》（Fighting Mad，1976）和《金石情》（Outlaw Blues，1977）。80年代彼得饰演了一些与他早期作品类似的角色：《迷离情骇》（Nadja，1994）里疲倦不堪的德拉库拉、《洛杉矶大逃亡》（Escape from L.A.，1997）的未来世界冲浪者和《养蜂人家》（Ulee's Gold，1997）中一心扑在蜜蜂上的丛林斗士，这个角色为他赢得奥斯卡最佳男主角提名。**KN**

代表作：

The Limey 1999
***Ulee's Gold* 1997** ☆
Escape from L.A. 1996
Nadja 1994
The Cannonball Run 1981
Outlaw Blues 1977
Fighting Mad 1976
Race with the Devil 1975
Dirty Mary Crazy Larry 1974
The Last Movie 1971
The Hired Hand 1971
Easy Rider 1969
The Trip 1967
The Wild Angels 1966
Lilith 1964
Tammy and the Doctor 1963

1940年代

"每当我听到有人叫'方达先生'时，我都会看向门口，以为他回来了"。

劳尔·朱力亚 RAÚL JULIÁ

生平：本名劳尔·拉斐尔·朱力亚·阿瑟来（Raúl Rafael Juliáy Arcelay），1940年3月9日生于波多黎各圣胡安；1994年卒于美国纽约州曼哈赛特。

明星特质：高大英俊、文雅、多才多艺的性格演员；银幕形象具有超凡魅力。

劳尔·朱力亚在波多黎各圣胡安的夜总会表演时被演员奥尔森·宾（Orson Bean）发掘，他鼓励朱力亚到纽约追求演员梦。朱力亚不久就在外百老汇剧院演起了小角色和配角，到了20世纪70年代，他已因出色的表演和在根据莎士比亚作品改编的电影中的精湛演技而闻名，在电视剧《李尔王》（King Lear，1973）中饰演艾德蒙，在《奥赛罗》（Othello，1979）中饰演同名主角。他也出演了一些反主流文化的电影，如《毒海鸳鸯》（The Panic in Needle Park，1971）和《Been Down So Long It Looks Like Up to Me》（1971）。1982年，导演弗朗西斯·福特·科波拉（Francis Ford Coppola）请他在《旧爱新欢》（One from the Heart）中饰演特瑞·加尔（Teri Garr）的低吟歌手/服务员情人。之后，他在《暴风雨》（Tempest，1982）中饰演卡利班，在《蜘蛛女之吻》（Kiss of the Spider Woman，1985）里饰演政治犯，与威廉·赫特（William Hurt）饰演的易装皇后关在同一间牢房。

朱力亚偶尔也饰演一些西班牙演员出演的角色：南美秘密警察、毒枭、小白脸或牧师。他也逐步演了一些殉难者角色，包括《义无反顾》（Romero，1989）中萨尔瓦多大主教奥斯卡·罗梅洛和电视电影《燃烧的季节》（The Burning Season，1994）中的巴西热带雨林积极分子奇科·曼德斯。他是《无罪的罪人》（Presumed Innocent，1990）里精力旺盛的律师，在《小麦飞刀》（Mack the Knife，1990）中再创他伟大的舞台剧角色麦克西斯。朱力亚也饰演过一些偏卡通的电影，他是《再闯魔域》（Frankenstein Unbound，1990）中的维克多·弗兰肯斯坦博士，根据游戏改编的《街头霸王》（Street Fighter，1994）中的反派M.拜森将军，在这类电影中，朱力亚最成功的角色是两部《亚当斯一家》（Addams Family，1991，1993）中穿细条纹衣、咧着嘴、有些虐待倾向的戈梅斯·亚当斯。1993年朱力亚被诊断出胃癌，他的健康状况大不如前，1994年因中风去世。**KN**

代表作：

Addams Family Values 1993
The Addams Family 1991
Frankenstein Unbound 1990
Presumed Innocent 1990
Mack the Knife 1990
Romero 1989
Tequila Sunrise 1988
Moon Over Parador 1988
The Morning After 1986
Kiss of the Spider Woman 1985
Tempest 1982
One from the Heart 1982
Othello 1979
Eyes of Laura Mars 1978
Been Down So Long It Looks Like Up to Me 1971
The Panic in Needle Park 1971

"我知道剧院对我而言有些特殊……我可以超越一切。"

詹姆斯·凯恩 JAMES CAAN

生平：本名詹姆斯·埃德蒙德·凯恩（James Edmund Caan），1940年3月26日生于美国纽约州布朗克斯。

明星特质：高大瘦削、体格健壮、有男子气概；多才多艺的性格演员和男主角、导演。

詹姆斯·凯恩在纽约出生，父母是移民到美国的德国犹太人。小凯恩是个运动迷，他踢足球、学空手道、参加牛仔竞技，人们都昵称他为"犹太牛仔"。进入霍夫斯特拉大学后，凯恩对表演产生兴趣，加入了纽约的"街区剧院"，与桑福德·麦斯勒（Sanford Meisner）一起学习表演。在参加了一些电视和外百老汇剧院的表演后，凯恩终于在电影《爱玛姑娘》（Irma la Douce，1963）中饰演了一名水手。接着更好的电影接踵而至：先是萨姆·佩金法（Sam Peckinpah）编剧的西部片《大战三义河》（The Glory Guys，1965），接着是霍华德·霍克斯（Howard Hawks）的极速冒险传奇《龙虎大飞车》（Red Line 7000，1965）和霍克斯的《龙虎盟》（El Dorado，1966），他在该片中与约翰·韦恩（John Wayne）和罗伯特·米彻姆（Robert Mitchum）合作。

凯恩在弗朗西斯·福特·科波拉的浪漫剧《雨族》（The Rain People，1969）中饰演了大脑损伤的足球运动员，科波拉在《教父》（The Godfather，1972）中再次与凯恩合作，让他饰演了暴躁的桑提诺·"索尼"·克莱奥内，这个角色丰满而出彩。凯恩演艺生涯中还有另外两个出色的表演：他在《赌徒》（The Gambler，1974）中饰演一个沉溺于赌博的人，让自己在赌债和危险中越陷越深；在迈克尔·曼（Michael Mann）的黑色电影《小偷》（Thief，1981）中饰演落入一群暴民手中的专业窃贼。他在科波拉的《石花园》（Gardens of Stone，1987）中饰演一位老兵中士。虽然凯恩高大瘦削，长着一副硬汉的模样，但他也演过喜剧和音乐剧，和芭芭拉·史翠珊合演了《妙女士》（Funny Lady，1975）。之后，他在《危情十日》（Misery，1990）中饰演的小说家被凯西·贝茨（Kathy Bates）饰演的狂热书迷困在一间屋子里，并在犯罪恐怖片《整九码》（The Yards，2000）中饰演了一个性格角色。

EB

代表作：

Elf 2003
The Yards 2000
For the Boys 1991
Misery 1990
Gardens of Stone 1987
Thief 1981
Comes a Horseman 1978
Funny Lady 1975
The Godfather: Part II 1974
The Gambler 1974
The Godfather 1972 ☆
The Rain People 1969
El Dorado 1966
The Glory Guys 1965
Red Line 7000 1965
Irma la Douce 1963

1940年代

"我这一代的任何说自己没有'模仿'（马龙）白兰度的人都在说谎。"

阿尔·帕西诺 AL PACINO

生平：本名阿尔弗雷多·詹姆斯·帕西诺（Alfredo James Pacino），1940年4月25日生于美国纽约州南布朗克斯

明星特质：电影爱好者眼中的传奇人物；坚毅的现实主义教父；勇敢地选择了很多的角色，不断挑战自我和专业；八次获得奥斯卡提名。

代表作：

The Merchant of Venice 2004
Insomnia 2002
Any Given Sunday 1999
The Insider 1999
The Devil's Advocate 1997
Donnie Brasco 1997
City Hall 1996
Looking for Richard 1996
Heat 1995
Carlito's Way 1993
Scent of a Woman 1992 ★
Glengarry Glen Ross 1992 ☆
Frankie and Johnny 1991
The Godfather: Part III 1990
Dick Tracy 1990 ☆
Sea of Love 1989
Revolution 1985
Scarface 1983
Cruising 1980
. . . And Justice for All 1979 ☆
Dog Day Afternoon 1975 ☆
The Godfather: Part II 1974 ☆
Serpico 1973 ☆
The Godfather 1972 ☆
The Panic in Needle Park 1971

阿尔·帕西诺在纽约州布朗克斯出生，他是几乎所有美国男演员——应该是全世界大多数男演员的标杆。帕西诺一辈子没结婚，偶尔导导电影如《寻找理查三世》（Looking for Richard，1996），得益于好莱坞雄厚的资金，他在表演上可以追求艺术的多样性。帕西诺是典型的美国人，他是那种超越常理的人，尽管遇到数不清的挫折，最终还是获得了成功。

随着年龄的增长，帕西诺曾经漂亮的脸开始松垮，最初的光芒渐渐消散，但含义丰富而危险的笑容和明亮的眼睛常常赋予他的表演一种漫画感，他饰演的《至尊神探》（Dick Tracy，1990）中卡通式的反派、《教父2》（The Godfather: Part II，1974）中的黑帮老大、《魔鬼代言人》（The Devil's Advocate，1997）中的怪物和《现代爱情故事》（Frankie and Johnny，1991）工人阶级都呈现出相似的派头。他的身体柔软、驼背，动作沉重缓慢，声音却充满怒火。他演戏变化极快，但我们常常赞美的正是这片刻的细节——尤其是他那双擅于表达的大手。简而言之，在帅哥层出不穷的好莱坞，帕西诺的外形并不是那种能简单归结为"英俊"的类型，但也许正是这种与盎格鲁撒克逊白人形成鲜明对比的长相让他在近两代电影人中屹立不倒。

右图：帕西诺在根据真人真事改编的《热天午后》中饰演银行抢匪。

阿尔·帕西诺

上图：阿尔·帕西诺饰演的"教父"是电影史上最受欢迎的角色之一。

1940年代

更引人注目的是，帕西诺在舞台和银幕的表演完美地填补了言语和动作留下的空白，这也正是他与众不同的地方。他在李·斯特拉斯伯格（Lee Strasberg）的指导下学习体验派表演方法，不断打磨自己的演技，将自己的表演精确到每个小点。因此他的表演常能捕捉到特定的情绪状态，并通过肢体动作、环境、装饰和灯光将这种情绪表现出来——这从他与重要合作者如西德尼·吕美特（Sidney Lumet）、诺曼·杰威森（Norman Jewison）、弗朗西斯·福特·科波拉和迈克尔·曼合作的作品中可见一斑。因此帕西诺在20世纪70年代成为好莱坞黄金时期的重要演员，在漫长的职业生涯中佳作不断——只有少数一两个意外，如《虎口巡航》（Cruising，1980）、《革命》（Revolution，1985）——成为一位受人尊敬的演员。

"我希望人们只把我当普通演员看待；我从不想当什么电影明星。"

几十年来他成为一个传奇、一位自成一格的演员，奇

463

阿尔·帕西诺

戏迷

尽管阿尔·帕西诺在银幕上获得巨大成功,他也为戏剧做出了不朽的贡献。当他还是个孩子时,就能从学校的演出中获得乐趣,之后他开始了全职的舞台生涯,但刚开始时一直在贫困边缘苦苦挣扎,连参加试镜的路费都是找别人借的。等到开始演电影了,他早期一再重复饰演的那些坚毅、现实的角色终于让他在舞台上脱颖而出,如他在《毒海鸳鸯》(The Panic in Needle Park, 1971)中扮演的瘾君子。尽管多年来帕西诺一直专注于电影创作,但他仍对戏剧保留着最初的爱。

◆ 他师从著名的体验派表演大师李·斯特拉斯伯格,后者日后在《教父2》中与帕西诺合作,饰演了海曼·罗斯。

◆ 他第一次真正意义上的舞台演出是《印第安人想要布朗克斯》(The Indian Wants the Bronx, 1966–1967),他因这部剧获得奥比奖,之后还获得过两次托尼奖。

◆ 他是大卫·韦勒(David Wheeler)波士顿剧院的长期会员。

◆ 他2002年在外百老汇表演的贝尔托·布莱希特(Bertolt Brecht)的《阿图罗的崛起》(The Resistable Rise of Arturo Ui)创造了外百老汇历史上最高的票价(115美元)。

◆ 超级莎士比亚剧迷,他执导、制作并主演了广受好评的《寻找理查三世》(Looking for Richard, 1996),在片中他试着把吟游诗人介绍给更多的观众。

1940年代

迹般地维持着似乎永无尽头的演员生涯,尽管起初他的声音相当缺乏男子气,但随着年龄的增长,如今他的声音已经变得粗哑。在某个时期,怠慢的态度和意大利人的身份通常是配角演员的必要特征,帕西诺因此同时成为工人阶级的英雄和绅士的楷模,证明了他的高超的演技和日渐成熟的表演。

《教父》之后继续前进

帕西诺主演了《冲突》(Serpico, 1973),在《热天午后》(Dog Day Afternoon, 1975)里饰演倒霉的银行抢劫犯,在《忠奸人》(Donnie Brasco, 1997)里饰演依附于他人的拉夫提·鲁杰罗,在《疤面煞星》(Scarface, 1983)中饰演疯狂的托尼·蒙塔纳。然而所有这些都无法与现代美国电影的基石《教父》(The Godfather, 1972)相媲美,因为阿尔·帕西诺永远是人们记忆中的迈克尔·柯里昂。

在《教父》中——事实上是在这个跟随他一生的角色里——帕西诺体现了"勤劳必会成功"的美国梦和忠于帮派的噩梦,20世纪的整个移民史为兄弟相杀、谋杀、强烈的爱和权力的累积提供了背景。他在《闻香识女人》(Scent of a Woman, 1992)中饰演的中校弗兰克·史雷德赢得了不少人的喜爱,他也因这个角色赢得了奥斯卡奖和金球奖。但在其他电影如《盗火线》(Heat, 1995)、《惊爆内幕》(The Insider, 1999)、《情枭的黎明》(Carlito's Way, 1993)和由美国家庭影院(HBO)根据托尼·库什纳(Tony Kushner)作品改编的获得艾美奖的《天使在美国》(Angels in America, 2003)中饰演的极其险恶的罗伊·科恩都没有十分出彩。但毫无疑问,帕西诺是他那一代中最独特、最有影响力的演员之一。**GCQ**

右图:帕西诺在《闻香识女人》中饰演易怒的中校一角为他赢得奥斯卡奖。

马丁·辛 MARTIN SHEEN

生平： 本名拉蒙·杰勒多·安东尼奥·艾斯特维兹（Ramón Gerardo Antonio Estévez），1940年8月3日生于美国俄亥俄州。

明星特质： 最初饰演热情的年轻人，后来出演严肃戏剧；自由派政治积极分子、演艺世家的领军人、制作人、导演。

代表作：

The Departed 2006
Bobby 2006
Catch Me If You Can 2002
The American President 1995
Dillinger and Capone 1995
Gettysburg 1993
JFK 1991
Wall Street 1987
The Dead Zone 1983
Gandhi 1982
Loophole 1981
Apocalypse Now 1979
The Cassandra Crossing 1976
Badlands 1973
Catch-22 1970
The Subject Was Roses 1968

1940年代

在戏剧的引领下，马丁·辛来到了好莱坞，早年，他满足地饰演着小角色，他的表演令人信服，给观众留下深刻印象。1968年，辛在《昔日玫瑰》（The Subject Was Roses）中扮演了一个满腔怒气的年轻人，想要冲破父母的束缚，他之前曾在百老汇的舞台上演过这个角色。在《第22条军规》（Catch-22，1970）中，马丁·辛饰演了一个自欺欺人的空军战士，在泰伦斯·马力克（Terrence Malick）的《恶土》（Badlands，1973）中进行了更为广泛的探索，饰演了詹姆斯·迪恩所崇拜的查尔斯·斯塔克威泽式的人，而斯塔克威泽恰好也是个冷酷的杀手。这是个非常具有吸引力的演出，虽然有些许的矫揉造作，却给人留下了深刻的印象。

马丁·辛在弗朗西斯·福特·科波拉的《现代启示录》（Apocalypse Now，1979）中加深了他的反叛形象，饰演了一个为了美国民主试图保证越南安全的人，在同伙身上目睹了种种疯狂和道德恐慌。他饰演的本杰明·L.威拉德上尉有着令人难以置信的沉着冷静，对被他手下误杀的村民毫无愧疚，但他也能在历经死亡和他所想要的权利之后回归简单，在某种意义上，他杀死了他自己。可悲的是，其他导演并不需要如此多的表现力，他的演艺生涯开始摇摇欲坠。然而，马丁·辛即使在那些非一流大片中饰演的有限角色也都给人们留下深刻印象，如《死亡地带》（The Dead Zone，1983）中的法西斯分子候选人。20世纪90年代后，马丁·辛饰演的角色开始发生变化。他出演了《盖茨堡之役》（Gettysburg，1993）中沉着稳重而充满悔恨的罗伯特·E.李将军，但也许他最为人所知的角色是在黄金时段的电视剧《白宫风云》（The West Wing，1999—2006）中饰演的以比尔·克林顿为原型的有同情心的美国总统。他的儿子查理·辛（Charlie Sheen）和艾米利奥·艾斯特维兹（Emilio Estévez）也是演员。**BP**

> "我爱我的祖国，即使它令人愤怒，我也爱它。"
> ——谈论他的政治激进主义和逮捕

拉蔻儿·薇芝 RAQUEL WELCH

生平：本名乔·拉蔻儿·特加达（Jo Raquel Tejada），1940年9月5日生于美国伊利诺伊州芝加哥。

明星特质：轮廓清晰、笑容灿烂的选美皇后；银幕里性感的妖女；常饰演年轻的美女和成熟的性格角色。

拉蔻儿·薇芝是20世纪60年代中期的性感演员，常在一些荒谬的场景中出现：如在《神奇旅程》（Fantastic Voyage，1966）里穿着白色的潜水服被抗体攻击、在《洪荒浩劫》（One Million Years B.C.，1966）中穿着兽皮比基尼与翼龙搏斗。她从小学习舞蹈，外貌艳丽，十几岁就赢了很多选美比赛。薇芝一心想当演员，在圣地亚哥州立大学学习戏剧艺术，但不久就辍学，在圣地亚哥当地电视台当起了天气播报员，并嫁给儿时的心上人，两人育有两个孩子。1964年两人离婚，这是薇芝四段婚姻的第一段。之后，她去了洛杉矶，开始在电视剧中饰演一些小角色，如《弗吉尼亚人》（The Virginian，1964）和《家有仙妻》（Bewitched，1964），直到她在早期的一些电影中引起观众的注意。

她接着在六七十年代早期的一些电影中饰演美女：在《法森夺火龙》（Fathom，1967）中穿着比基尼跳伞，在《米拉·布来金里治》（Myra Breckinridge，1970）里饰演的变性文化革命者穿着星条旗的泳衣，在《复仇的女枪手》（Hannie Caulder，1971）中饰演的西部复仇者在斗篷下没穿任何衣物。

但即使在一些不错的电影中，薇芝的存在也像是个玩笑，这让她烦恼不已，她开始寻找一些更坚忍的角色，努力地想演好她们。她在《堪萨斯情仇》（Kansas City Bomber，1972）出色地饰演了一位轮滑悍妇，在《三个火枪手》（The Three Musketeers，1973）中饰演乡下女仆，在《野宴》（The Wild Party，1975）里饰演可耻的女主人，在《三个臭皮匠》（Mother, Jugs & Speed，1976）里出演充满黑色喜剧的护理员，在电视电影《The Legend of Walks Far Woman》（1982）中出演美国原住民。薇芝晚年仍在电影和电视中出演配角，但她也投资一些美容事业，最成功的是假发生意。**KN**

代表作：

Legally Blonde 2001
Mother, Jugs & Speed 1976
The Wild Party 1975
The Four Musketeers 1974
The Three Musketeers 1973
Kansas City Bomber 1972
Fuzz 1972
Bluebeard 1972
Hannie Caulder 1971
Myra Breckinridge 1970
The Beloved 1970
Bandolero! 1968
Bedazzled 1967
Fathom 1967
One Million Years B.C. 1966
Fantastic Voyage 1966

"当性感演员很像犯罪。"

安娜·卡里娜 ANNA KARINA

生平：本名汉妮·凯伦·布拉克·拜尔（Hanne Karen Blarke Bayer），1940年9月22日生于丹麦哥本哈根。

明星特质：时髦的模特、歌手、作曲家、导演；法国新浪潮电影女主角；让-吕克·戈达尔的缪斯。

尽管拍过卢奇诺·维斯康蒂（Luchino Visconti）、拉乌·鲁兹（Raul Ruiz）、沃尔克·施隆多夫（Volker Schlöndorff）、伯努瓦·雅克（Benoît Jacquot）、维尔纳·法斯宾德（Werner Fassbinder）等重要电影人和她自己的作品，但毫无疑问，"安娜·卡里娜"的名字总是和另一个名字一起出现：让-吕克·戈达尔（Jean-Luc Godard）。在他们七年婚姻中，卡里娜和戈达尔不仅只是演员和导演的关系，她也不只是戈达尔最多产、最重要的职业生涯里的缪斯那么简单。卡里娜是法国新浪潮派电影运动中的女性代表：她是法国的奥黛丽·赫本，在巴黎街头散发出自己的光芒和魅力。卡里娜这一时期也出演了与戈达尔同代的雅克·里维特（Jacques Rivette）和阿捏斯·瓦尔达（Agnès Varda）的电影。

卡里娜在丹麦出生并长大，18岁来到巴黎，在与戈达尔首次合作了《女人就是女人》（Une femme est une femme，1961）后不久就接受了他的感情。前一年戈达尔想让她在《精疲力尽》（À bout de souffle，1960）中出演后来由珍·茜宝（Jean Seberg）饰演的角色，但她拒绝了。两人接着在20世纪60年代合作了六部电影：《随心所欲》（Vivre sa vie: Film en douze tableaux，1962）、《小兵》（Le petit soldat，1963）、《法外之徒》（Bande à part，1964）、《阿尔法城》（Alphaville, une étrange aventure de Lemmy Caution，1965）、《狂人皮埃罗》（Pierrot le fou，1965）和《美国制造》（Made in U.S.A，1966）。卡里娜在这些电影中不只是个有魅力的美女，她的一些表演层次丰富、感情复杂，尤其是在《狂人皮埃罗》中。卡里娜和戈达尔分手后继续各自的事业，都有不俗的表现，但在一起的这段时间无疑是两人最具创造力和最令人激动的时期。**TC**

代表作：

L'assassin musicien 1976 (The Musician Killer)
Pane e cioccolata 1973 (Bread and Chocolate)
Justine 1969
The Magus 1968
Lo Straniero 1967 (The Stranger)
Made in U.S.A. 1966
La religieuse 1966 (The Nun)
Pierrot le fou 1965
Alphaville, une étrange aventure de Lemmy Caution 1965 (Alphaville, a Strange Adventure of Lemmy Caution)
Bande à part 1964 (Band of Outsiders)
Le petit soldat 1963 (The Little Soldier)
Vivre sa vie: Film en douze tableaux 1962 (My Life to Live)
Une femme est une femme 1961 (A Woman Is a Woman)

1940年代

> "我喜欢当他的缪斯。"
> ——谈论她与导演让-吕克·戈达尔在电影中的关系

李小龙 BRUCE LEE

生平：本名李振藩，1940年11月27日生于美国旧金山；1973年卒于香港。
明星特质：体格健壮、充满魅力、不屈不挠的不朽的武术片巨星；导演。

也许有些年轻观众在看李小龙生前表演/执导的电影时会好奇为何这个充满悲剧的小个子如今会成为传奇。毕竟坦白说来，李小龙的电影相当普通，他去世后成龙、李连杰和托尼·贾（Tony Jaa）等演员在电影中的武术动作更有各自的风格和派头。但若不是李小龙开创了武术电影，这些继任者也不会有他们的电影生涯。简单说来，李小龙是20世纪70年代的国际偶像，是那个时代最具影响力的演员之一。

20世纪四五十年代，当李小龙还是个孩子时就开始在香港演戏，到了70年代，他成为银幕上家喻户晓的巨星。他早年最出名的作品是《人海孤鸿》（1960）。据说他青春期总是惹是生非，于是父母把他送回美国，李小龙在出演电视剧《青蜂侠》（1966—1967）前在美国开了一所武术学校。60年代他继续出演电视剧，并发展出一套自己的拳法——截拳道。

70年代初，李小龙回到香港，主演了演员兼导演罗维的两部电影《唐山大兄》（1971）和《精武门》（1972）。这两部电影在香港都获得巨大的成功，开创了李小龙新的职业生涯，但这也是电影史上最悲剧短暂的电影生涯。1973年李小龙出演了他最受欢迎的电影《龙争虎斗》，而一年前他自导自演了他的导演处女作《猛龙过江》。李小龙在西方的名望多是在他去世后才建立起来的，1973年李小龙因脑水肿突然去世，生前他完全没有意识到自己对国际武术电影的影响——或是对生后几十个电影模仿者的影响。**TC**

代表作：

《龙争虎斗》1973
《猛龙过江》1972
《精武门》1972
《唐山大兄》1971
《菲利普·马洛》1969
《人海孤鸿》1960
《雷雨》1957
《儿女债》1955
《爱·下集》1955
《爱·上集》1955
《慈母泪》1953
《苦海明灯》1953
《人之初》1951
《细路祥》1950

1940年代

> "不朽的关键是先要过值得被铭记的生活。"

理查德·普赖尔 RICHARD PRYOR

生平：本名理查德·富兰克林·论诺克斯·托马斯·普赖尔三世（Richard Franklin Lennox Thomas Pryor III），1940年12月1日生于美国伊利诺伊州皮奥瑞亚；2005年卒于美国洛杉矶。

明星特质：有影响、有争议的独角滑稽秀演员；社会洞察力尖锐、机智尖刻的制作人、导演。

代表作：

Lost Highway 1997
See No Evil, Hear No Evil 1989
Jo Jo Dancer, Your Life Is Calling 1986
Superman III 1983
Stir Crazy 1980
Wholly Moses! 1980
The Muppet Movie 1979
California Suite 1978
Blue Collar 1978
Which Way Is Up? 1977
Greased Lightning 1977
Silver Streak 1976
Car Wash 1976
Uptown Saturday Night 1974
The Mack 1973
Lady Sings the Blues 1972

1940年代

"我从没见过哪个孩子说过'我长大想当批评家。'"

　　理查德·普赖尔是一名妓女和她的皮条客所生的儿子，他从小在外祖母的妓院长大，曾被骚扰过两次，一次是六岁时被邻居骚扰，一次是被牧师骚扰。为了远离这些麻烦，他常常去看电影。普赖尔14岁时被学校开除，做过各种底层工作，1958年加入部队，1960年退役，回来后在夜总会当乐师和歌手，开发了自己的喜剧表演天赋。

　　他因创作电视系列节目《弗利普·威尔逊秀》（The Flip Wilson Show，1970）和《桑福德父子》（Sanford and Son，1972）的台本而名声大噪，同时也因亵渎的语言建立起刻薄的独角滑稽秀喜剧演员的名声，并出演了《老兄》（The Mack，1973）和《周六奇妙夜》（Uptown Saturday Night，1974）等电影。70年代中期，普赖尔与人合写了热门喜剧《灼热的马鞍》（Blazing Saddles，1974），并因主持《周六夜现场》（Saturday Night Live，1975）和短暂而出色地参演电视节目《理查德·普赖尔秀》（The Richard Pryor Show，1977）引起人们的关注。

　　普赖尔在《难补情天恨》（Lady Sings the Blues，1972）和《蓝领阶级》（Blue Collar，1978）中表现出杰出的戏剧天赋，80年代他出演了《油腔滑调》（Stir Crazy，1980）和《超人3》（Superman III，1983），获得票房成功。他编剧并执导了自传电影《Jo Jo Dancer, Your Life Is Calling》（1986），但因滥用药物和健康状况不佳而导致事业下滑。尽管普赖尔曾被认为是美国喜剧片中最邪恶有趣、政治上最机敏的演员，但他晚年却因患上多发性硬化症常常需要急诊，婚姻也宣告破裂（他有过七段婚姻，两次是跟同一个女人，离过六次婚）。此外，他还在《妖夜荒踪》（Lost Highway，1997）和电视剧《诺姆秀》（The Norm Show，1999）中担当过配角。**GCQ**

费·唐娜薇 FAYE DUNAWAY

生平： 本名桃乐丝·费·唐娜薇（Dorothy Faye Dunaway），1941年1月14日生于美国佛罗里达州巴斯科姆。

明星特质： 性感美丽、长相精致；银幕形象专横的女主角、制作人、导演；常饰演意志坚强的女性。

如果你璀璨的演艺生涯被一个角色毁掉——像费·唐娜薇宣称她自己的事业那样——那么你也一定会又打又闹。唐娜薇在声名狼藉的虐童传记片《亲爱的妈咪》（Mommie Dearest，1981）中饰演女星琼·克劳馥，尽管电影上映时观众的轻蔑都聚焦在电影本身，但这是电影史上表演最夸张的电影之一：时长两个小时，充满折磨和日本歌舞伎式的嚎叫，好像是克劳馥再现似的。唐娜薇是20世纪70年代美国电影中女性的代表——在那十年里她的表演完美地诠释了女性的坚韧，比其他任何一个女星都要出色——但可惜的是她的事业再也没有恢复过。

唐娜薇因在阿瑟·佩恩（Arthur Penn）别开生面的名作《雌雄大盗》（Bonnie and Clyde，1967）中饰演雌盗邦尼而崭露头角，她也因这个角色第一次获奥斯卡最佳女主角提名。接下来的十年里更多佳作接踵而来，她在《唐人街》（Chinatown，1974）里举止优雅，在《电视台风云》（Network，1976）中饰演孤芳自赏而神经过敏的电视执行人，这个角色终于为她赢得渴望已久的奥斯卡奖。而在《龙凤斗智》（The Thomas Crown Affair，1968）、《火烧摩天楼》（The Towering Inferno，1974）和《神秘眼》（Eyes of Laura Mars，1978）中她依旧坚韧而威风凛凛。

我们完全可以说《亲爱的妈咪》毁了唐娜薇的灿烂演艺生涯：她自从在与米基·洛克（Mickey Rourke）合作的《酒心情缘》（Barfly，1987）中出色地演绎了一个酒鬼后就佳作不断。但也有报道称她是一个难搞的合作者，而且好莱坞的性别歧视者对于年近中年且脾气又不好的女人也不够宽容。她近年的作品几乎没有引起什么关注，但是东山再起一定是指日可待的。**TC**

代表作：

The Rules of Attraction 2002
Don Juan DeMarco 1995
The Two Jakes 1990
The Handmaid's Tale 1990
Barfly 1987
The Wicked Lady 1983
Mommie Dearest 1981
The Champ 1979
Eyes of Laura Mars 1978
Network 1976 ★
Three Days of the Condor 1975
The Towering Inferno 1974
Chinatown 1974 ☆
Little Big Man 1970
The Thomas Crown Affair 1968
Bonnie and Clyde 1967 ☆

1940年代

> "我依旧是那个小小的南方女孩……她真的找不到自己的归属。"

布鲁诺·甘茨 BRUNO GANZ

生平： 1941年3月22日生于瑞士苏黎世。

明星特质： 德国新浪潮电影重要人物；当代欧洲戏剧的卓越代表；严肃戏剧中内省的男主角；导演。

代表作：

Der Untergang 2004 (The Downfall:
　Hitler and the End of the Third Reich)
The Manchurian Candidate 2004
Luther 2003
In weiter Ferne, so nah! 1993
　(Faraway, So Close!)
The Last Days of Chez Nous 1992
Der Himmel über Berlin 1987 (Wings of Desire)
Dans la ville blanche 1983 (In the White City)
Nosferatu: Phantom der Nacht 1979
　(Nosferatu the Vampyre)
The Boys from Brazil 1978
Der Amerikanische Freund 1977
　(The American Friend)
Die Wildente 1976 (The Wild Duck)
Die Marquise von O… 1976
　(The Marquise of O)

　　尽管布鲁诺·甘茨在瑞士出生，但在瑞士以外他最引以为名的是在过去30年里出演了很多重要的德语片，他也演过一些希腊片、意大利片和美国片。1961年甘茨首次登上舞台，他是一个扎扎实实的年轻演员，渐渐获得一些好声誉。1970年他与人在柏林共同创立了邵宾那剧院，至今仍享受着舞台上的成功。

　　甘茨因在一些由维姆·文德斯（Wim Wenders）执导的电影中饰演主角而为国际影迷所熟知，其中最著名的是《柏林苍穹下》（Der Himmel über Berlin, 1987）和它的续集《咫尺天涯》（In weiter Ferne, so nah!, 1993）。其实他们两人的合作始于优秀的《美国朋友》（Die Amerikanische Freund, 1977），这是甘茨早年非常重要的一部电影。除了文德斯，甘茨这些年还和当代电影界一些卓越的电影人合作过：与埃里克·侯麦（Éric Rohmer）合作了《O侯爵夫人》（Die Marquise von O…, 1976）、与阿兰·唐内（Alain Tanner）合作了《在白色的城市里》（Dans la ville blanche, 1983）、与西奥·安哲罗普洛斯（Theo Angelopoulos）合作了《永恒和一日》（Mia Aioniotita kai Mia Mera, 1998）等等。尽管甘茨在银幕中饰演的角色敏感而缄默，但他外貌英俊，谦逊而不摆架子，很快就受到了大家的喜爱。他低调的作风乍看不太可能演绎历史上最臭名昭著的历史人物阿道夫·希特勒，但最终他却成为这一角色的理想人选，在讲述希特勒二战最后日子的电影《帝国的毁灭》（Der Untergang, 2004）中饰演了这个角色。这是甘茨最出色的演出之一，也让他成为第一个饰演希特勒的德语演员。**TC**

"他饰演的希特勒每次一出场就让人眼前为之一亮。"

—— 詹姆斯·韦格

朱莉·克里斯蒂 JULIE CHRISTIE

生平：本名朱莉·弗朗西丝·克里斯蒂（Julie Frances Christie），1941年4月14日生于印度阿萨姆贾布尔。

明星特质：娇小、金发碧眼的美女；浪漫剧中多才多艺的女主角；伦敦摇摆的60年代的性感偶像；保护动物权利和环境问题的积极分子。

克里斯蒂在印度长大，在英国和法国接受教育，后来在伦敦学习表演。她因在《仙女座》（A for Andromeda, 1961）中饰演外星人给人们留下印象。克里斯蒂最初在电影中饰演漂亮女孩一类的角色，她在约翰·施莱辛格的经典英语片《说谎者比利》（Billy Liar, 1963）中与汤姆·康特奈合作，饰演了摩登的奥黛丽·赫本。之后克里斯蒂再度与施莱辛格合作，在《亲爱的》（Darling, 1965）一片中饰演生活无拘无束的女孩，这个角色为她赢得奥斯卡最佳女主角奖，她还在施莱辛格的《远离尘嚣》（Far from the Madding Crowd, 1967）中饰演伊芙丁·芭丝希芭。克里斯蒂渐渐成长为一名国际影星，受到大家的喜爱，也赢得了很多电影的主要角色，如大卫·里恩的《日瓦戈医生》（Doctor Zhivago, 1965）中的拉娜·安蒂波娃。

克里斯蒂还挑战了一些不那么主流的电影，和导演弗朗索瓦·特吕弗合作了经典影片《华氏451》（Fahrenheit 451, 1966），和理查德·莱斯特合作了《芳菲何处》（Petulia, 1968），与约瑟夫·罗西合作了《幽情密使》（The Go-Between, 1970），与罗伯特·奥特曼合作了《花村》（McCabe & Mrs. Miller, 1971），与尼古拉斯·罗伊格合作了《威尼斯疑魂》（Don't Look Now, 1973）。她因《花村》结识了沃伦·比蒂，出演了沃伦自编自演的《洗发水》（Shampoo, 1975），并在他的《上错天堂投错胎》（Heaven Can Wait, 1978）中饰演沃伦乏味的爱慕对象。之后，克里斯蒂重返银幕，她韶华渐逝，却依旧可爱迷人，出演了《幸存者回忆录》（Memoirs of a Survivor, 1981）和《晚霞》（2001 Afterglow, 1997）等片。她在《卢浮魅影》（Belphégor—Le fantôme du Louvre, 2004）中表现出风趣的一面，在《哈利·波特与阿兹卡班的囚徒》（Harry Potter and the Prisoner of Azkaban, ）里饰演罗斯默塔夫人。银幕下的克里斯蒂是个政治积极分子，她努力争取动物权利，呼吁保护环境，反对使用核武器。**KN**

代表作：

Away From Her 2008 ☆
Finding Neverland 2004
Harry Potter and the Prisoner of Azkaban 2004
Belphégor—Le fantôme du Louvre 2001
    (Belphegor, Phantom of the Louvre)
Afterglow 1997 ☆
Memoirs of a Survivor 1981
Heaven Can Wait 1978
Shampoo 1975
Don't Look Now 1973
McCabe & Mrs. Miller 1971 ☆
The Go-Between 1970
Petulia 1968
Far from the Madding Crowd 1967
Fahrenheit 451 1966
Doctor Zhivago 1965
Darling 1965 ★
Billy Liar 1963

1940年代

"一切奉承都有着极其可怕的腐蚀性。"

——论名声

芭芭拉·史翠珊 BARBRA STREISAND

生平：本名芭芭拉·琼·史翠珊（Barbara Joan Streisand），1942年4月24日生于美国纽约州布鲁克林。

明星特质：受欢迎的歌手、轻喜剧和浪漫剧中多才多艺的女主角、导演、制作人、作曲家、作家；活跃诙谐，擅长喜剧表演风格。

代表作：

Meet the Fockers 2004
The Mirror Has Two Faces 1996
The Prince of Tides 1991
Nuts 1987
Yentl 1983
All Night Long 1981
The Main Event 1979
A Star Is Born 1976
Funny Lady 1975
The Way We Were 1973 ☆
Up the Sandbox 1972
What's Up, Doc? 1972
The Owl and the Pussycat 1970
On a Clear Day You Can See Forever 1970
Hello, Dolly! 1969
Funny Girl 1968 ★

1940年代

"我既简单又复杂，既慷慨又自私，既无魅力又美丽，既懒散又勤奋。"

　　也许作为歌手的芭芭拉·史翠珊更出名，但她在好莱坞电影史上仍留下了重要的一笔。史翠珊既无吸引力也没有特别性感，她只是开心地演着戏，在这些戏中，她的这些限制反而成为她的优势。她在《滑稽女郎》（Funny Girl，1968）和《俏佳人》（Funny Lady，1975）中饰演芳妮·布莱斯，展示出演轻喜剧和哀婉的浪漫剧的天赋。尽管史翠珊在这两部电影中的角色都不需要什么太复杂的表演，但她饰演的布莱斯受到了热烈的欢迎，让她轻易凭借《滑稽女郎》获得奥斯卡最佳女主角奖。她在《我爱红娘》（Hello, Dolly!，1969）中也许用力过猛，以致无法再创奇迹。

　　《姻缘订三生》（On a Clear Day You Can See Forever，1970）清楚地显示了史翠珊无法做到的事：令人信服地演绎有着不同前世今生的英国女子。但是两部神经喜剧《俏冤家》（The Owl and the Pussycat，1970）和《爱的大追踪》（What's Up, Doc?，1972）给她提供了展示搞怪天赋的绝佳机会。史翠珊接着出演了20世纪70年代最赚钱的电影之一《往日情怀》（The Way We Were，1973），她饰演的左派犹太女子的风头轻易盖过了罗伯特·雷德福（Robert Redford）饰演的一本正经的白人新教徒。事实上，她穿男孩的衣服很好看，她在另一部严肃的电影《燕特尔》（Yentl，1983）中女扮男装，取得了巨大的成功，她在《我要求审判》（Nuts，1987）中饰演的受虐女子沦为充满仇恨妓女，但这个角色却没给人留下太深刻的印象。史翠珊在《潮浪王子》（The Prince of Tides，1991）中成功地饰演了一位犹太精神病学家，近年来，在她也许称得上是继《燕特尔》后最出色的作品《拜见岳父大人2》（Meet the Fockers，2004）中，史翠珊再次饰演滑稽好笑的犹太精神病学家，她在这部电影中大胆奔放的表演让她成为电影史上最出名、最不害臊的老年性治疗师。

BP

理查德·朗德特依 RICHARD ROUNDTREE

生平：1942年7月9日生于美国纽约州新罗谢尔。

明星特质：英俊文雅、冷静潇洒、体格健壮的动作片英雄；多才多艺的性格演员；20世纪70年代"黑人电影"中的偶像；银幕形象充满吸引力。

"谁是对所有少妇都有性吸引力的黑人私家侦探？"是约翰·夏福特（译注：理查德·朗德特依饰演的一个黑人侦探角色），更是演员理查德·朗德特依。对演员而言，凭借一个角色闯天下既是种幸运也是种诅咒，这一点在朗德特依的职业生涯中更为真切。他是个有天赋和复杂层次的演员，在演了引起轰动的《夏福特》（Shaft，1971）后又演了几十部电影和电视剧，但却一直因夏福特这个角色而被观众铭记。对于那些没有在70年代早期领略过这部电影魅力的人而言，可能很难理解《夏福特》的重要性，但这确实是一部别开生面的电影。这是性感、强壮、自信的美国黑人形象第一次出现在好莱坞大电影公司制作的动作电影中。

《夏福特》是20世纪70年代最早也是最重要的黑人电影之一，朗德特依是其中的中流砥柱，他在该片的两部续集《怒豹》（Shaft's Big Score!，1972）和《非洲怒豹》（Shaft in Africa，1973）中继续出演著名的夏福特一角。不幸的是，《夏福特》并不是一部特别优秀的作品，这原本是一部以白人为主角的侦探片，乏味而枯燥，但朗德特依的幽默诙谐给这部作品带来生命和魅力，他无愧于大明星的称号。他在《夏福特》三部曲后出演的大多电影都默默无闻，但他一直都认认真真地演戏。他的喜剧天赋一直被低估，他在电视剧中的表现比在大银幕上的表现更具说服力。他的演艺生涯也说明演员并不总是能靠一鸣惊人的银幕处女作一直走下去。除了在如《七宗罪》（Se7en，1995）、塞缪尔·L.杰克逊（Samuel L. Jackson）重拍的《杀戮战警》（Shaft，2000）和《追凶》（Brick，2005）之类的电影中零散地出演一些配角外，朗德特依饰演的大多角色都配不上他的天赋。**TC**

代表作：

Brick 2005
Boat Trip 2002
Shaft 2000
Original Gangstas 1996
Theodore Rex 1995
Se7en 1995
Once Upon a Time… When We Were Colored 1995
Miami Cops 1989
City Heat 1984
Diamonds 1975
Man Friday 1975
Earthquake 1974
Shaft in Africa 1973
Shaft's Big Score! 1972
Shaft 1971

"这个角色把我放到一个极高的位置……直到今天它的影响依旧还在。"

——评《夏福特》

哈里森·福特 HARRISON FORD

生平：1942年7月13日生于美国伊利诺伊州芝加哥。

明星特质：外表沧桑英俊，魅力十足，有令人称羡的好体格；在影片中谨慎地表演诸多绝技；受到观众的普遍喜爱。

要描述哈里森·福特的魅力并不容易，他外貌英俊，却不具备破坏性。他高大、安静，对刺激反应灵敏。他有运动员般健壮的体格，早年遭遇的车祸在他下巴上留下一道疤。他能很好地表达自己的情感，他的微笑看起来诚挚而温暖。在很多方面，他的角色从不欺骗、隐瞒，也不像其他很多演员一样把演别人当作自己演技的重点。也许福特一直都在演自己，他让我们想起那些更简单的时光，那时的主人公舒适而轻松，不夸张而更可靠。

福特参演了两部史上最赚钱的系列电影：《星球大战》（Star Wars）和《夺宝奇兵》（Indiana Jones）三部曲，福特也是最可信赖的商业电影奇才之一。近年来他的魅力有所下降，一部分可能因为他是靠动作片出名，但是考虑到现在观众的需求，超过60岁的动作片明星不可能再像年轻时一样让人信服了。

福特出演了一些故事片如《归乡路遥》（A Time for Killing，1967）和《得州七勇士》（Journey to Shiloh，1968）；电视剧如《弗吉利亚人》（The Virginian，1967）和《荒野镖客》（Gunsmoke，1972—1973）。1973年他在《美国风情画》（American Graffiti）中饰演鲍勃·法尔发首次引起人们的关注，而乔治·卢卡斯（George Lucas）对他的关注则直接引领他在1977年的里程碑式的作品《星球大战》中饰演关键人物韩·索罗。

代表作：

Cowboys and Aliens 2011
Indiana Jones and the Kingdom of the Crystal Skull 2008
K-19: The Widowmaker 2002
Sabrina 1995
Clear and Present Danger 1994
The Fugitive 1993
Patriot Games 1992
Regarding Henry 1991
Presumed Innocent 1990
Indiana Jones and the Last Crusade 1989
Working Girl 1988
Frantic 1988
The Mosquito Coast 1986
Witness 1985 ☆
Indiana Jones and the Temple of Doom 1984
Star Wars: Episode VI—Return of the Jedi 1983
Blade Runner 1982
Raiders of the Lost Ark 1981
Star Wars: Episode V—The Empire Strikes Back 1980
The Frisco Kid 1979
Apocalypse Now 1979
Force 10 from Navarone 1978
Star Wars 1977
American Graffiti 1973

右图：福特在《星球大战》中饰演爱说俏皮话的英雄韩·索罗。

哈里森·福特

上图：福特饰演的印第安纳·琼斯是电影史上最受欢迎的探险英雄之一。

之后，福特似乎一直星光灿烂，他参演了《纳瓦隆第十突击队》（Force 10 from Navarone，1978）和《枪手佳人流浪客》（The Frisco Kid，1979），然后在《星球大战2：帝国反击战》（The Empire Strikes Back，1980）中再次饰演索罗，并饰演了《夺宝奇兵》（Raiders of the Lost Ark，1981）中的第安纳·琼斯一角。索罗和第安纳·琼斯之后，一些更成功的角色随之而来，他主演了一系列受到热烈欢迎的电影：《证人》（Witness，1985）、《爱国者游戏》（Patriot Games，1992）、《亡命天涯》（The Fugitive，1993）、《空军一号》（Air Force One，1997）、一些商业片如《蚊子海岸》（The Mosquito Coast，1986）、《惊狂记》（Frantic，1988）、《K—19：寡妇制造者》（K—19: The Widowmaker，2002）；以及许多被忽视的经典如《银翼杀手》（Blade Runner，1982）。

如今福特每年会有一段时间在他位于怀俄明州的大农场过着隐居的生活，他最好的时光依旧可待。**GCQ**

英雄哈里森

他经常在电影中饰演英雄，尤其是无所畏惧（除了怕蛇）的印第安纳·琼斯，而现实生活中的演员哈里森·福特也很有男子气概。

◆ 他在饰演印第安纳·琼斯时自愿表演了很多绝技，让这位探险英雄更加可信。

◆ 他还是名合格的飞行员，曾经开着自己的直升飞机从他位于怀俄明州的农场出发去执行营救任务。

◆ 在当演员之前他做过木匠和细木工，在出演《蚊子海岸》和《证人》时这些技能都派上了用场。

1940年代

阿米特巴·巴赫卡安 AMITABH BACHCHAN

生平：本名阿米特·希瓦史塔瓦（Amit Shrivastava），1942年10月11日生于印度阿拉哈巴马。

明星特质：高大英俊的印度电影偶像、宝莱坞忙碌的明星，昵称"大B"；多才多艺的男主角；饰演过愤怒的年轻人；银幕形象热情。

把阿米特巴·巴赫卡安称为印度最伟大的电影明星就像把克林特·伊斯特伍德称作一个至今仍在演戏的知名演员一样流于简单。巴赫卡安是印度电影当仁不让的传奇，是电影史上最权威的人物：他始终活跃在银幕上，电影里传来他出名响亮的声音，令观众如闻神语——无论这些神是否说印度语。

自从20世纪70年代在电影界引起巨大反响以来，巴赫卡安的演艺生涯也反映出了宝莱坞的电影路程。正如演员罗伯特·德尼罗（Robert De Niro）和杰克·尼克尔森（Jack Nicholson）反映美国社会的变迁一样，巴赫卡安是这个时代愤怒年轻人的代表，他在突破之作《囚禁》（Zanjeer，1973）、经典动作片里程碑《怒焰骄阳》（Sholay，1975）和催人泪下的悲剧《墙》（Deewaar，1975）中的表演强大有力，尽管他敏锐的眼神和激烈的能量很适合出演情节剧和警匪片，但他在《阿玛尔·阿克巴·安东尼》（Amar Akbar Anthony，1977）和《义薄云天》（Don，1978）中的表现证明了他同样也能驾驭喜剧题材的作品。

20世纪八九十年代，巴赫卡安把演艺事业放在一边，于1984年离开电影界，为了他的朋友印度总理拉吉夫·甘地（Rajiv Gandhi），他成为印度国民大会党的候选人。但因报道称他涉嫌参与金融违规行为——之后发现他是清白的——而放弃政治，重返电影圈。如今巴赫卡安的演艺事业和以前一样成功，因为他如今的年龄可以驾驭一些年长的角色了，如热门影片《真情永在》（Mohabbatein，2000）和《有时快乐有时悲伤》（Kabhi Khushi Kabhie Gham...，2001）中的角色。巴赫卡安代表了印度电影，如果说印度拥有当今世界最大的电影业，而巴赫卡安又是印度电影中最伟大的明星，这不就说明他是当今世上最伟大的电影明星吗？**TC**

代表作：

Sarkar Raj 2008
Black 2005
Dev 2004
Baghban 2003
Kabhi Khushi Kabhie Gham... 2001 (*Happiness & Tears*)
Mohabbatein 2000 (*Love Stories*)
Bade Miyan Chote Miyan 1998
Shakti 1982
Silsila 1981
Kaala Patthar 1979
Don 1978
Amar Akbar Anthony 1977
Sholay 1975 (*Embers*)
Chupke Chupke 1975
Deewaar 1975 (*I'll Die for Mama*)
Zanjeer 1973 (*The Chain*)

1940年代

"无论我在哪个舞台，我从没对自己的表演信心满满。"

琳恩·雷德格瑞夫 LYNN REDGRAVE

生平：本名琳恩·蕾切尔·雷德格瑞夫（Lynn Rachel Redgrave），1943年3月8日生于英国伦敦。

明星特质：显赫的演艺世家的一员；多才多艺的性格演员；非常适合扮演"平凡的女生"；活跃诙谐，擅长喜剧表演风格。

琳恩·雷德格瑞夫出身于著名的表演世家：父亲是迈克尔·雷德格瑞夫爵士，母亲是蕾切尔·凯姆普森，哥哥是科林·雷德格瑞夫，姐姐是瓦妮莎·雷德格瑞夫。她在伦敦中央演讲和戏剧学院学习表演，首次登台是在皇家宫廷剧院表演《仲夏夜之梦》（A Midsummer Night's Dream，1962）。接着她在英国国家剧院演戏，直到出演了第一部电影《汤姆·琼斯》（Tom Jones，1963）。雷德格瑞夫直到在《乔琪姑娘》（Georgy Girl，1966）中饰演同名角色才真正建立起电影演员的名声，在该片中她饰演的高挑、普通的好女孩与夏洛特·兰普林（Charlotte Rampling）饰演的漂亮泼妇形成鲜明对比，她也因这个角色被提名奥斯卡最佳女主角。她与60年代另一个非传统的演员丽塔·塔欣厄姆（Rita Tushingham）合演了《绿眼睛的姑娘》（Girl with Green Eyes，1964），还出演了讲述摇摆伦敦时尚的《迷你时光》（Smashing Time，1967）。

雷德格瑞夫在有些许黑暗色调的喜剧中的表现总是很出色，如《国民健康》（The National Health，1973）和《疯狂大巴士》（The Big Bus，1976）。她在《小骗子和保姆》（Every Little Crook and Nanny，1972）中试图展示自己的英国范儿，却并不成功，但她在电视版本的《碧芦冤孽》（The Turn of the Screw，1974）中很好地诠释了一位神经过敏者。雷德格瑞夫在《闪亮的风采》（Shine，1996）和《众神与野兽》（Gods and Monsters，1998）中出色的表演向导演展示了她的天赋，让她脱颖而出，之后她在《午夜》（Midnight，1989）中饰演了恐怖的女主人。她还与姐姐瓦妮莎一起出演了电视剧版的《兰闺惊变》（What Ever Happened to Baby Jane?，1991），饰演了电影中由贝蒂·戴维斯出演的角色。2002年雷德格瑞夫被诊断出患了乳腺癌，并做了乳房切除的手术。她女儿安娜贝尔（Annabel）是名摄影师，母女俩合作作出了一本讲述雷德格瑞夫生平的书。如今她依旧在舞台和银幕上演出。**KN**

代表作：

Kinsey 2004

Anita and Me 2002

Gods and Monsters 1998 ☆

Shine 1996

Midnight 1989

The Big Bus 1976

The Happy Hooker 1975

The National Health 1973

Everything You Always Wanted to Know About Sex * But Were Afraid to Ask 1972

Every Little Crook and Nanny 1972

The Virgin Soldiers 1969

Smashing Time 1967

Georgy Girl 1966 ☆

Girl with Green Eyes 1964

Tom Jones 1963

"看到巨幕中我异常丑陋而庞大的身躯，我的生活彻底转变了。"

1940年代

克里斯托弗·沃肯 CHRISTOPHER WALKEN

生平：本名罗纳德·沃肯（Ronald Walken），1943年3月31日生于美国纽约皇后区。

明星特质：身躯瘦长、外貌苍白，看上去总是紧张兮兮的多才多艺的男主角和性格演员；擅长饰演精神病人和喜剧表演风格；舞技出众。

人们对于克里斯托弗·沃肯的银幕形象有着独特而讽刺的分歧：尽管他被人们记住大多是因为他在《猎鹿人》（The Deer Hunter，1978）和《死亡地带》（The Dead Zone，1983）里饱受折磨的角色、《纽约王》（King of New York，1990）和《真实罗曼史》（True Romance，1993）里恶毒的人、《强盗爸爸》（At Close Range，1986）和《陌生人的安慰》（The Comfort of Strangers，1990）里精神邪恶的人，这些角色使得一提起沃肯的名字，大多数人会立马露出微笑。

然而他们是否能想起沃肯的其他作品呢？如更具喜剧色彩的《安妮·霍尔》（Annie Hall，1977）、《低俗小说》（Pulp Fiction，1994）和《婚礼傲客》（Wedding Crashers，2005），或偶尔有同情心的角色，如《猫鼠游戏》（Catch Me If You Can，2002），音乐剧如《天降财神》（Pennies from Heaven，1981）、《发胶》（Hairspray，2007）和苗条胖男孩（Fatboy Slim——英国音乐人）的视频，抑或是家庭剧如《冬天的末端》（Sarah, Plain and Tall: Winter's End，1999）和《蚁哥正传》（Antz，1998）里的配音。不，答案是无论如何人们都喜欢那些在电影中自豪和欢快的人，而沃肯完全拥有这种特质。他有着不同寻常的能量，无论在哪个场景出现都能让人眼前为之一亮，幸运的是他一直有着高产的作品，很多电影因为有他的出现而增色不少。沃肯是个童星，最初出演电视剧，20世纪70年代早期因出演《大盗铁金刚》（The Anderson Tapes，1971）进入电影界，70年代末因《猎鹿人》而声名鹊起。尽管沃肯也演过一些主角——他在《死亡地带》和《纽约王》中的表现都很吸引人，但他近年来饰演的多是一些古怪的配角。他工作勤奋，并宣称从未推掉过任何角色，这对于那些喜欢沃肯与众不同的魅力的人而言真是再好不过了。**TC**

代表作：

Hairspray 2007
Wedding Crashers 2005
Catch Me If You Can 2002 ☆
Sleepy Hollow 1999
Antz 1998
Pulp Fiction 1994
True Romance 1993
The Comfort of Strangers 1990
King of New York 1990
At Close Range 1986
The Dead Zone 1983
Pennies from Heaven 1981
Heaven's Gate 1980
The Deer Hunter 1978 ★
Annie Hall 1977
The Anderson Tapes 1971

1940年代

"我无须化妆成邪恶的样子，我自己就长得很邪恶。"

马尔科姆·麦克道威尔 MALCOLM McDOWELL

生平： 本名马尔科姆·约翰·泰勒（Malcolm John Taylor），1943年6月13日生于英国约克郡利兹。

明星特质： 性感迷人；有一双看起来能洞穿一切的蓝眼睛；机智、有活力的男主角和性格演员；擅长饰演反派角色；银幕形象令人振奋。

马尔科姆·麦克道威尔在伦敦音乐戏剧艺术学院学习表演，之后在父母的酒馆工作，但酒馆后来破产，他也随之失业。他的酒鬼父亲把赚的钱都喝光了，麦克道威尔不得不做各种工作来维持生计，他曾在咖啡公司做过销售代表，后来在英国皇家莎士比亚剧院当起了临时演员。

导演林赛·安德森（Lindsay Anderson）让他在自己讲述反叛青年的里程碑式的作品《如果……》（If..., 1968）中饰演反叛的学生米克·崔维斯，令他首次引起关注。他的表现引起了导演斯坦利·库布里克的注意，后者让他在充满争议的电影《发条橙》（A Clockwork Orange, 1971）中饰演精神不正常、经常无缘无故使用暴力的亚历克斯·德拉基。他的表演生动而令人难忘——即使在强奸和杀人时他也能表现出诙谐和魅力——以至于之后的数十年里他一直重复恶人的角色。

麦克道威尔在安德森的《幸运儿》（O Lucky Man!, 1973）和《大不列颠医院》（Britannia Hospital, 1982）中再次饰演了米克·崔维斯一角。他还主演了饱受争议的史诗剧《罗马帝国艳情史》（Caligola, 1979），这部电影由《阁楼》（Penthouse）杂志的创始人鲍勃·古乔内（Bob Guccione）出资、丁度·巴拉斯（Tinto Brass）执导。麦克道威尔的第一部美国电影是《两世奇人》（Time After Time, 1979），他在这部电影中一改之前邪恶的形象，出演了文雅、害羞、浪漫的H.G.威尔斯，但接下来几年里他最深入人心的角色还是《豹人》（Cat People, 1982）和《蓝霹雳》（Blue Thunder, 1983）里的恶棍配角。近年来他最著名的角色是《星际旅行7：斗转星移》（Star Trek: Generations, 1994）中另一个反派——杀害了受人喜爱的詹姆斯·T.寇克船长的托连·索伦。麦克道威尔的演艺事业如今依旧稳步前进，他也是英国最受欢迎的演员之一。**DW**

代表作：

The Artist 2011
Bye Bye Benjamin 2006
Between Strangers 2002
Gangster No. 1 2000
Star Trek: Generations 1994
Bopha! 1993
Blue Thunder 1983
Britannia Hospital 1982
Cat People 1982
Look Back in Anger 1980
Time After Time 1979
Caligola 1979 (*Caligula*)
Aces High 1976
Royal Flash 1975
O Lucky Man! 1973
A Clockwork Orange 1971
If… 1968

"这是部伟大的电影……要是我不为此激动我就傻透了。"

——评论《发条橙》

1940年代

罗伯特·德尼罗 ROBERT DE NIRO

生平： 本名小罗伯特·马里奥·德尼罗（Robert Mario De Niro Jr.），1943年8月17日生于美国纽约。

明星特质： 精明地选择饰演的角色；极端与人隔绝的超级明星；一丝不苟地研究自己的角色；40年来作品多产、受人尊敬；因饰演暴力角色而出名。

  近来罗伯特·德尼罗因支持美国运通而引起人们的关注，这是他促进自己的电影制作公司"翠贝卡电影中心"（TriBeCa Film Center）和相关电影节的多种方法之一。德尼罗在过去35年拍的电影反映了纽约的生活，他的角色苦恼而压抑，因挫败和生气而爆发，他瘦长的身体运动灵活，是个勇敢而有吸引力的演员，几十年来演了一部又一部电影。

  德尼罗在曼哈顿出生，父母都是艺术家，他在斯特拉·阿德勒音乐学校和美国工作室接受训练，20世纪60年代晚期结识了一群正在制作电影的年轻人和导演罗杰·科曼，并与他们成为朋友。德尼罗早年出演的电影展现了他充沛的活力，他的第一部正式作品是1973年的《战鼓轻悄》（Bang the Drum Slowly），接下来是《穷街陋巷》（Mean Streets，1973），这是他与终生好友马丁·斯科塞斯合作的第一部电影，后者激发了他源源不断的创意。之后德尼罗迅速跻身好莱坞顶尖演员之列，并因在《教父2》（The Godfather: Part II，1974）中饰演的角色赢得了意想不到的奥斯卡最佳男配角奖。

  德尼罗算不上英俊，他的不同寻常之处就在于在好莱坞闯出一片新天地，这与他对角色的思索和细致的观察是

代表作：

Meet the Fockers 2004
Analyze This 1999
Jackie Brown 1997
Wag the Dog 1997
Cop Land 1997
Sleepers 1996
Heat 1995
Casino 1995
Frankenstein 1994
Cape Fear 1991 ☆
Backdraft 1991
Awakenings 1990 ☆
Goodfellas 1990
Midnight Run 1988
The Untouchables 1987
Brazil 1985
The King of Comedy 1983
Once Upon a Time in America 1984
Raging Bull 1980 ★
The Deer Hunter 1978 ☆
New York, New York 1977
Novecento 1976 (1900)
Taxi Driver 1976 ☆
The Godfather: Part II 1974 ★
Mean Streets 1973

1940年代

右图：德尼罗因出演《教父2》进入好莱坞主流电影演员的行列。

罗伯特·德尼罗

上图：《出租车司机》里德尼罗饰演的与人疏离、不安的特拉维斯·比克尔正在练习枪法。

密不可分的。他长得像鼹鼠，身材细长，不仅煞费苦心地研究人物角色，也愿意为了角色和让表演令人信服而去改变自己的体型。这可能也是他体验派表演方式的一部分，他诠释过很多不同角色，如《一九零零》（Novecento，1976）中的贵族、《纽约，纽约》（New York, New York，1977）中的萨克斯吹奏者、《猎鹿人》（The Deer Hunter，1978）中的越南兽医、《铁面无私》（The Untouchables，1987）中的黑帮教父阿尔·卡彭、《无语问苍天》（Awakenings，1990）中的脑炎患者、《沉睡者》（Sleepers，1996）中的牧师等，并在《鲨鱼黑帮》（Shark Tale，2004）中给鲨鱼老大配音，在这些作品中他并不是第一主角，他的出现不会喧宾夺主，让观众忽略原本的故事。

"我工作时既混乱又有着严格的纪律。"

德尼罗凭借振奋人心而又骇人的《愤怒的公牛》（Raging Bull，1980）第二次赢得奥斯卡奖，这个角色恐怖

罗伯特·德尼罗

纽约兄弟

罗伯特·德尼罗因与导演兼伙伴的纽约人马丁·斯科塞斯长久而多产的合作而出名。他们1973年首次合作，那时年轻的德尼罗在《穷街陋巷》里饰演黑手党小流氓"强尼男孩"。斯科塞斯曾说他们的关系十分默契，常常无需开口就能相互理解。尽管近年来他们没有在银幕上擦出创意的火花，但斯科塞斯说无论最终德尼罗参与与否，他都会把自己写的每部剧本和想执导的每部作品给德尼罗看，询问他的意见。

◆ 在《穷街陋巷》后，这两人合作了另外七部电影：《出租车司机》(Taxi Driver, 1976)；《纽约；纽约》(NewYork, NewYork, 1977)；《愤怒的公牛》(Raging Bull, 1980)；《喜剧之王》(The King of Comedy, 1983)；《好家伙》(Goodfellas, 1990)；《恐怖角》(Cape Fear, 1991)和《赌城风云》(Casino, 1995)。

◆ 德尼罗和斯科塞斯都在曼哈顿长大，他们的家只相隔几个街区。1972年他们在一次聚会上认识，两人立刻发现之前曾见过多次面，只是从未说过话。

◆ 很多演员都非常渴望能与斯科塞斯合作，因为他执导的电影常常能获奖（参见德尼罗的获奖经历）。斯科塞斯曾五次提名奥斯卡最佳导演，最终凭借《无间道风云》(The Departed, 2006) 斩获该奖项。

得令人难忘。在这个由杰克·拉莫塔 (Jake La Motta) 的自传改编的两个小时的电影中，德尼罗完整地呈现了工人阶级的偏执、愤怒和局限性，他的表演令其他影片中的运动员黯然失色。可能是受这部电影的整体基调和暴力场景的影响，观众并不买账，这意味着德尼罗的崇高的地位更像是个传奇，而不仅仅是评论界的观点。

坚定的演员

之后德尼罗因年复一年地在不同流派，如《美国往事》(Once Upon a Time in America, 1984)、《科学怪人》(Frankenstein, 1994)、《波波鹿与飞天鼠》(The Adventures of Rocky & Bullwinkle, 2000)；不同产值如《嗨，妈妈》(Hi, Mom!, 1970)、《警察帝国》(Cop Land, 1997)、《大买卖》(The Score, 2001)；以及不同价值如《好家伙》(Goodfellas, 1990)、《烈火终结者》(The Fan, 1996) 中的出色表现得到大家的认可，他的身价也因大众的喜欢而不断提高。他出演《出租车司机》(Taxi Driver, 1976) 至少赚了35000美元，他如今的固定薪资就有数百万，有消息称他出演《老大靠边闪2》(Analyze That, 2002) 和《拜见岳父大人2》(Meet the Fockers, 2004) 的片酬高达2千万美元。但德尼罗并不只是看重片酬，他热心于慈善事业，也出演过一些小成本的电影如《完美无瑕》(Flawless, 1999)。

德尼罗最伟大的特质可能是他的职业道德，这让他至今仍然活跃在银幕上，并为他赢得其他的报酬。简单地说，德尼罗是个好演员，用无数方法丰富了银幕，从《血腥妈妈》(Bloody Mama, 1970) 到《妙想天开》(Brazil, 1985)，从《回火》(Backdraft, 1991) 到《摇尾狗》(Wag the Dog, 1997)，他在给我们希望的同时也赋予了"工作"新的涵义。**GCQ**

右图：德尼罗在《愤怒的公牛》中饰演的杰克·拉莫塔一拳击出了他的第二个奥斯卡奖。

凯瑟琳·德纳芙 CATHERINE DENEUVE

生平：本名凯瑟琳·法比耶纳·多莱克（Catherine Fabienne Dorléac），1943年10月22日生于法国巴黎。

明星特质：令人难忘的美女；拥有非凡的美貌；冰美人的原型；尽管避免在好莱坞演出很多电影，却仍然获得国际盛誉；在演艺世家长大。

　　凯瑟琳·德纳芙的姐姐也是一名演员，1967年去世，为了与姐姐区别开来，她采用了母亲的姓。德纳芙常常看似根本不会演戏，她的表演也非常低调。但是有种看法也不无道理，德纳芙虽然做得"少"，但她实际传达出了比其他电影演员多得多的讯息。如果是这样，那么她传达出什么了呢？这儿有个问题：无论德纳芙演什么，她总像迷一样，她的角色总是有种神秘感，这也是她能引起观众注意的原因，而她的伟大正是因为这种神秘，因为她隐秘的气质让人联想到内在私密的想法和感情，使得观众在她所饰角色上投射了更多的情感。

　　可惜的是这位沉默冷酷的金发美女从没拍过希区柯克的电影，尽管20世纪70年代他们有意要合作。然而她的合作者中却不乏伟大的导演：出演《乱世姐妹花》（Le Vice et la vertu，1963）让她结识了罗杰·瓦迪姆，两人生有一个孩子；之后她出演了雅克·德米（Jacques Demy）的浪漫剧《瑟堡的雨伞》（Les parapluies de Cherbourg，1964），这部从头唱到尾的音乐剧让她首次获得国际声誉。接着她与德米合作了另一部出色的电影《柳媚花娇》（Les demoiselles de Rochefort，1967），与罗曼·波兰斯基合作了《冷血惊魂》（Repulsion，1965），与路易斯·布努埃尔（Luis Buñuel）合作了《白日美人》（Belle de jour，

代表作：

Potiche 2010
Rois et reine 2004 (*Kings & Queen*)
8 femmes 2002 (*8 Women*)
Dancer in the Dark 2000
Le temps retrouvé 1999 (*Time Regained*)
Belle maman 1999 (*Beautiful Mother*)
Place Vendôme 1998
Les Voleurs 1996
Ma saison préférée 1993 (*My Favorite Season*)
Indochine 1992 (Indochina) ☆
The Hunger 1983
Le dernier métro 1980 (*The Last Metro*)
Hustle 1975
Un flic 1972 (*Dirty Money*)
Tristana 1970
La sirène du Mississipi 1969
　(*Mississippi Mermaid*)
Mayerling 1968
Belle de jour 1967
Les demoiselles de Rochefort 1967
　(*The Young Girls of Rochefort*)
Les Créatures 1966 (*The Creatures*)
Repulsion 1965
Les parapluies de Cherbourg 1964
　(*The Umbrellas of Cherbourg*)
Le Vice et la vertu 1963 (*Vice and Virtue*)

1940年代

右图：德纳芙和尼诺·卡斯泰尔诺沃在《瑟堡的雨伞》里扮演年轻的情侣。

凯瑟琳·德纳芙

上图：德纳芙在《白日美人》中饰演的塞芙丽娜·塞里兹低垂的眼睑流露出性感。

1967）和《特莉丝塔娜》（Tristana，1970），与弗朗索瓦·特吕弗合作了《最后一班地铁》（Le dernier métro，1980）。这三个导演在这些电影中都利用她"神秘莫测"的特质，暗示出她那张看似纯洁的美丽外表下隐藏着的堕落、危险和欲望。

德纳芙因在《印度支那》（Indochine，1992）中的表演获得奥斯卡提名，她是个高产而勤奋的演员。她在让-皮埃尔·梅尔维尔（Jean-Pierre Melville）的《大黎明》（Un flic，1972）、罗伯特·奥尔德里奇（Robert Aldrich）的《虎探娇娃》（Hustle，1975）、安德烈·泰西内（André Téchiné）的《夜夜香贼》（Les Voleurs，1996）、拉斯·冯·提尔（Lars von Trier）的《黑暗中的舞者》（Dancer in the Dark，2000）和弗朗索瓦·欧容（François Ozon）的《八美图》（8 femmes，2002）中出色地展示了她的多才多艺和安静专业的演技。**GA**

德纳芙的成就

性感、美丽的凯瑟琳·德纳芙至今仍是世界电影和时尚圈的标志性人物。

◆ 德纳芙是20世纪70年代香奈儿5号香水的代言人，甚至有款香水以她的名字命名。

◆ 她曾是时尚大师伊夫·圣罗兰（Yves St. Laurent）的缪斯。

◆ 她现在是MAC化妆品和巴黎欧莱雅的模特。

◆ 对于自己的外貌，她曾经说道："我知道如果我不是长着这个样儿，我可能根本不会演电影，我一直铭记这一点，我也不得不接受这个事实。"

本·金斯利 BEN KINGSLEY

生平：1943年12月31日生于英国约克郡斯卡布罗。

明星特质：瘦高个儿；多才多艺的男主角和性格演员，避免饰演同一类型的角色；风格多变；嗓音嘹亮。

代表作：

Hugo 2011
Lucky Number Slevin 2006
Oliver Twist 2005
House of Sand and Fog 2003 ☆
Sexy Beast 2000 ☆
Twelfth Night: Or What You Will 1996
Death and the Maiden 1994
Schindler's List 1993
Bugsy 1991 ☆
Romeo-Juliet 1990
Pascali's Island 1988
Maurice 1987
Turtle Diary 1985
Betrayal 1983
Gandhi 1982 ★
Fear is the Key 1972

1940年代

本·金斯利爵士在英国出生，有印度和犹太血统，他是个与生俱来的伟大演员，戏路很宽，饰演过各种黑肤色的男子，如讲述黑帮教父的剧情片《豪情四海》（Bugsy，1991）里真实可信的迈耶·兰斯基，这个角色为他赢得奥斯卡最佳男配角提名，他还在理查德·阿滕伯勒（Richard Attenborough）的圣人传《甘地传》（Gandhi，1982）里饰演最著名的印度人——受过英式教育的玛哈特玛·甘地（Mahatma Gandhi），他因这个角色获得奥斯卡最佳男主角。虽然这两个角色都不需要太多演技，但金斯利却在一些更难的角色上展现了自己的表演天赋，如《背叛者》（Betrayal，1983）里遭背叛的丈夫和《辛德勒名单》（Schindler's List，1993）里精明却又多疑的犹太商人。

金斯利在伦敦的初次登台是在甲壳虫乐队（The Beatles）经纪人布莱恩·爱泼斯坦（Brian Epstein）的《了不起的一天》（A Smashing Day，1966）中，之后他加入了皇家莎士比亚剧院。金斯利演了一些电视剧，如肥皂剧《加冕街》（Coronation Street，1960），之后演了他的第一部电影《害怕是关键》（Fear is the Key，1972），直到《甘地传》他才获得国际声誉。

过去十年中，金斯利一直在演电视和院线电影，他发光发亮的机会更少了。他在《性感野兽》（Sexy Beast，2000）里饰演的令人恐惧的流氓唐·劳根给观众留下足够深的印象，在《尘雾家园》（House of Sand and Fog，2003）里饰演流亡在外却一直设法和家人在一起的骄傲的伊朗人，这两个角色分别为他赢得奥斯卡最佳男配角和最佳男主角的提名。此外，他还给一些小制作电影添加了一点异国情调：《不道德的审判》（Death and the Maiden，1994）里对别人进行政治折磨的虚伪前警员、《雾都孤儿》（Oliver Twist，2005）里的费金和《幸运数字斯莱文》（Lucky Number Slevin，2006）里另一个犹太恶棍。**BP**

> "早知道我会得奖，我就不会穿得像个侍者了。"
> ——谈论自己获得奥斯卡奖

鲁特格尔·哈尔 RUTGER HAUER

生平：本名鲁特格尔·奥尔森·哈尔（Rutger Oelsen Hauer），1944年1月23日生于荷兰乌特勒支布鲁克林。

明星特质："荷兰的保罗·纽曼"，高大英俊的男主角，常饰演动作片英雄和阴险的恶人；环保人士、制作人、导演。

鲁特格尔·哈尔是位极具天赋且很有激情的演员，尽管在过去15年他因出演了几十部占据可怕的音像市场的低成本电影而给自己的职业生涯蒙羞，但从某一点来说他也是位很有潜质的巨星。

20世纪80年代哈尔在他的祖国荷兰演了一些备受瞩目的电影，尤其是保罗·范霍文（Paul Verhoeven）的热门影片《土耳其狂欢》（Turks fruit，1973）和《青葱岁月》（Soldaat van Oranje，1977）令他成为一名大明星，然而他却到美国开始了新工作，在一些重要电影如《夜鹰》（Nighthawks，1981）、《银翼杀手》（Blade Runner，1982）和《搭车人》（The Hitcher，1986）中饰演反派角色，并在其他一些大片如《鹰狼传奇》（Ladyhawke，1985）和范霍文的第一部英语片《冷血奇兵》（Flesh+Blood，1985）中饰演更复杂的人物角色。他有张让人一看就难以忘记的脸，能完美地呈现愤怒、性感和温柔等多种特质，而自然的风度让他一出现就能让任何场景立刻焕发出光彩。

那么究竟发生了什么？哈尔在俗气却引人发笑的《黑色九月》（Wanted: Dead or Alive，1987）中试着出演动作片主角，之后他的演艺事业就一落千丈，游走于在那些未在影院上映的音像版电影之间，只在近年才重新露面，在一些重要电影如《罪恶之城》（Sin City，2005）和《蝙蝠侠：侠影之谜》（Batman Begins，2005）中饰演配角。检视哈尔从1988年到2003年的作品表，很少有人看过其中一两部以上的作品。这也许是自克劳斯·金斯基（Klaus Kinski）在他下半生花费大量金钱拍烂片之后对一个演员天赋的最大浪费。回过头来说，人们只要想起鲁特格尔冷冰冰的注视和充满吸引力的魅力，这一切就都能得到了原谅。**TC**

代表作：

Batman Begins 2005
Sin City 2005
Tempesta 2004
Confessions of a Dangerous Mind 2002
Buffy the Vampire Slayer 1992
La leggenda del santo bevitore 1988
 (The Legend of the Holy Drinker)
Wanted: Dead or Alive 1987
The Hitcher 1986
Flesh+Blood 1985
Ladyhawke 1985
Eureka 1984
Blade Runner 1982
Nighthawks 1981
Soldaat van Oranje 1977 (Soldier of Orange)
Turks fruit 1973

1940年代

"我（知道自己）看起来又不像巴黎圣母院的驼背敲钟人，但我不明白为什么人们都大惊小怪的。"

让-皮埃尔·利奥德 JEAN-PIERRE LÉAUD

生平： 1944年5月28日生于法国巴黎。

明星特质： 法国新浪潮电影中脆弱、浪漫的男子面孔；外貌英俊；反叛；直言不讳的政治家、作家、导演。

和同伴让-保罗·贝尔蒙多（Jean-Paul Belmondo）一起，让-皮埃尔·利奥德成为20世纪60年代法国新浪潮运动中的男演员代表。从弗朗索瓦·特吕弗的经典片《四百击》（Les Quatre cents coups, 1959）中年轻的安托万·多伊内尔开始，直到他最近在一些当代电影如蔡明亮精致的《你那边几点》（2001）和贝纳尔多·贝托鲁奇（Bernardo Bertolucci）怀旧的《戏梦巴黎》（The Dreamers, 2003）中的配角，利奥德在法国电影中始终占据着重要的位置，他是法国电影里最出名、偶尔也最直言不讳的明星。

利奥德的父亲是电影编剧皮埃尔·利奥德（Pierre Léaud），母亲是演员杰奎琳·皮埃尔克（Jacqueline Pierreux），他从小在摄影机前长大。当人们看到利奥德在20世纪六七十年代的职业生涯时这一点就变得尤为合理了。利奥德在《四百击》中饰演15岁的多伊内尔，在电影的高潮处，他恐惧的幻灭感掺杂着勇敢的反抗，这段表演极具感染力，让人印象深刻。在特吕弗的同伴、另一位新浪潮电影导演让-吕克·戈达尔的电影《男性，女性》（Masculin Féminin: 15 faits précis, 1966）等片中，利奥德演绎了一位愤怒青年，希望影响社会变革。1968年是全球骚乱的一年，利奥德成为一名重要的社会家和政治家。他勇敢地面对武装警察，宣读要求刚被解雇的亨利·朗格卢瓦（Henri Langlois）恢复法语影片馆主管原职的公开信。他在一群幻想破灭的学生、义愤填膺的电影爱好者和罢工的工人面前演说，他的演讲至今仍是法国电影史上最重要的记录之一。**JM**

代表作：

The Dreamers 2003
Ni neibian jidian 2001
 (What Time Is It Over There?)
Les keufs 1987 (Lady Cops)
L'amour en fuite 1979 (Love on the Run)
La maman et la putain 1973
 (The Mother and the Whore)
Ultimo tango a Parigi 1972 (Last Tango in Paris)
Os Herdeiros 1970 (The Heirs)
Domicile conjugal 1970 (Bed & Board)
Porcile 1969 (Pigpen)
Baisers volés 1968 (Stolen Kisses)
Dialóg 20-40-60 1968 (Dialogue)
Masculin Féminin: 15 faits précis 1966
 (Masculine, Feminine: In 15 Acts)
L'amour à vingt ans 1962 (Love at Twenty)
Les Quatre cents coups 1959 (The 400 Blows)

"（利奥德）煽动了听众中有认同感和愤怒的狂热分子的情绪。"

——菲利帕·霍克（Philippa Hawker）

克劳斯·马利亚·布朗道尔
KLAUS MARIA BRANDAUER

生平：本名克劳斯·格奥尔格·斯藤格（Klaus Georg Steng），1944年6月22日生于奥地利。

明星特质：健壮结实、魅力超凡、受人尊敬的德国戏剧演员、性格演员；肃戏剧里多才多艺的男主角。

布朗道尔在奥地利出生，在德国学习戏剧。毕业后，他在保留剧目轮演剧团的专用剧场工作，直到被维也纳著名的城堡剧院录取。20世纪70年代，布朗道尔成为德语世界轰动一时的成功演员，因其多才多艺的表演和超凡的魅力而闻名。他的第一部电影是间谍恐怖片《萨尔斯堡的联系》（The Salzburg Connection，1972）。

布朗道尔在导演伊斯特凡·萨博（István Szabó）根据亨利希·曼（Heinrich Mann）小说改编的电影《梅菲斯特》（Mephisto，1981）中饰演被纳粹势力收买的浮华演员亨德里克·霍夫格，他出色的表演在国际上引起广泛的关注，这部电影获得奥斯卡最佳外语片奖。布朗道尔靠着自己的国际知名度，在《007外传之巡弋飞弹》（Never Say Never Again，1983）中饰演了007的强硬对手马克西米连·拉尔果。1985年，布朗道尔因在《走出非洲》（Out of Africa，1985）中饰演梅丽尔·斯特里普风流成性的丈夫布拉罗·布里克森男爵一角获得奥斯卡最佳男配角提名。此外，他还和萨博合作了电影《雷德尔上校》（Oberst Redl，1985）和《哈努森》（Hanussen，1988）。

接下来的几年里，布朗道尔尝试了一连串出色的角色，包括《苏联来的悍将》（Streets of Gold，1986）里移居海外的苏联拳击教练、《锁不住的秘密》（Burning Secret，1988）里玩弄女性的亚历山大·冯豪恩斯坦因男爵、再度与康纳利合作的《俄罗斯大厦》（The Russia House，1990）中的苏联科学家和根据迪斯尼·杰克·伦敦（Disney Jack London）小说改编的《雪地黄金犬》（White Fang，1991）中的人物。这些年布朗道尔一直游走在舞台和银幕间，他也试着走到摄影机后，他执导的第一部电影是传记片《狙杀希特勒》（Georg Elser—Einer aus Deutschland，1989），他还在这部剧中担任主演，饰演了孤独、被刺杀的阿道夫·希特勒。**WW**

代表作：

Poem—Ich setzte den Fuss in die Luft und sie trug 2003 (Poem: I Set My Foot Upon the Air and It Carried Me)
Jedermanns Fest 2002 (Everyman's Feast)
Rembrandt 1999
White Fang 1991
The Russia House 1990
Georg Elser—Einer aus Deutschland 1989 (Georg Elser)
Burning Secret 1988
Hanussen 1988
Streets of Gold 1986
Out of Africa 1985 ☆
Oberst Redl 1985 (Colonel Redl)
Never Say Never Again 1983
Mephisto 1981
The Salzburg Connection 1972

"他们现在想从我这儿得到什么呢？毕竟我只是一个演员而已。"
——亨德里克·霍夫格，《梅菲斯特》

迈克尔·道格拉斯 MICHAEL DOUGLAS

生平： 本名迈克尔·柯克·道格拉斯（Michael Kirk Douglas），1944年9月25日生于美国新泽西州新不伦瑞克。

明星特质： 导演、制作人；好莱坞特权阶级中的一员；浪漫剧和戏剧男主角；选择作品眼光独到。

代表作：

You, Me and Dupree 2006
Traffic 2000
Wonder Boys 2000
The American President 1995
Disclosure 1994
Falling Down 1993
Basic Instinct 1992
The War of the Roses 1989
Black Rain 1989
Wall Street 1987 ★
Fatal Attraction 1987
Romancing the Stone 1984
The China Syndrome 1979
Coma 1978

1940年代

在演了多年的电影男主角后，迈克尔·道格拉斯（明星柯克·道格拉斯之子）最近因为他的第二段婚姻成为人们八卦的谈资，他娶了小他25岁的威尔士美女、赢得过奥斯卡奖的女演员凯瑟琳·泽塔琼斯。

他第一次得到大家的认可、获得成功是在电视《旧金山风云》（The Streets of San Francisco，1972）中饰演一位警探。年轻的道格拉斯选择出演肯·凯西（Ken Kesey）的《飞越疯人院》（One Flew Over the Cuckoo's Nest，1975）证明了他的娱乐头脑，之后他制作了由杰克·尼克尔森（Jack Nicholson）主演的获奥斯卡奖的电影。同时他也一直参演一些电影，如《昏迷》（Coma，1978）和《中国综合征》（The China Syndrome，1979）；但真正让他成为大明星的电影却是《绿宝石》（Romancing the Stone，1984），不久他就凭借奥利弗·斯通（Oliver Stone）《华尔街》（Wall Street，1987）中上世纪80年代贪婪的金融人士代表戈登·盖克一角斩获奥斯卡最佳男主角。

那之后道格拉斯又拍了一些热门影片如《本能》（Basic Instinct，1992）、被人们错过的好片如《放电无罪》（One Night at McCool's，2001）和一些失败之作如《心理游戏》（The Game，1997）。此外，他继续制作了一些成功而有趣的电影，如《别闯阴阳界》（Flatliners，1990）、《造雨人》（The Rainmaker，1997）和《变脸》（Face/Off，1997）。但他依旧出演了很多精彩的角色，如黑色喜剧《奇迹小子》（Wonder Boys，2000）中为杂事困扰的英语教授格雷迪·特里普和《毒品网络》（Traffic，2000）里年轻有才、为了面子工程保留自己精力而放弃某些活动范围的大法官。生活中，道格拉斯是著名的美国民主党支持者，1998年，他被任命为联合国和平使者。**GCQ**

"（洛杉矶）是令演员最沮丧压抑的地方之一。"

乌多·奇尔 UDO KIER

生平：本名乌多·奇尔斯普（Udo Kierspe），1944年10月14日生于德国科隆。

明星特质：欧洲恐怖片和艺术戏剧电影里受到狂热崇拜的男主角；吸血鬼扮演者；长期与导演拉斯·冯·提尔合作。

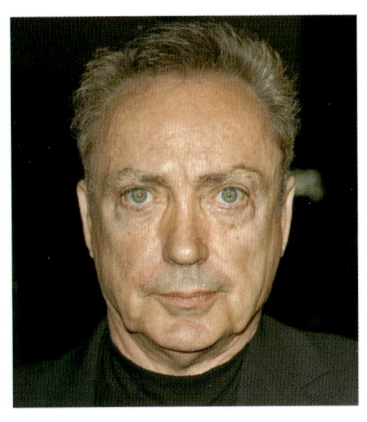

在他漫长而卓越、但也极其不平坦的职业生涯中，乌多·奇尔从未饰演过魔鬼，其实他应该要饰演这类角色的。没有哪个演员看起来像他一样着魔，而他在其他很多被遗忘的电影中饰演的残酷角色——从《潘》（Pan，1973）中的死亡朝圣者到《露露》（Lulu，1980）中的开膛手杰克，从《自大狂》（Egomania—Insel ohne Hoffnung，1986）中的塔特·托伊费尔到《晕眩》（Dog Daze，1995）里的埃里希·冯·史托洛海姆（Erich von Stroheim）——这些也许可以为他赢得魔鬼崇拜的博士学位。

奇尔第一次引起人们的注意是在《魔鬼记号》（Hexen bis aufs Blut gequält，1970）中，在一次从罗马到慕尼黑的飞机上他认识了导演保罗·莫里塞（Paul Morrissey），当时他的邻座问他是做什么的，奇尔答说他是名演员，这个邻座的人就是莫里塞，因为手头没有纸，他把奇尔的电话号码记在了护照上。一天，奇尔接到一通电话，请他在莫里塞执导、安迪·沃霍尔赞助的影片《行尸走肉》（Flesh for Frankenstein，1973）中出演弗兰肯斯坦男爵。之后他又出演了莫里塞的另一部电影《魔鬼之血》（Blood for Dracula，1974）和贾斯特·杰克金（Just Jaeckin）的虐恋电影圣经《O的故事》（Histoire d'O，1975）。他之后出演的角色有走在时代前端的探索电影《Spermula》（1976）和《阴风阵阵》（Suspiria，1977）里有魔力的疯子，也有在赖纳·维尔纳·法斯宾德（Rainer Werner Fassbinder）的作品《莉莉玛莲》（Lili Marleen，1981）里更温和体贴的角色，他偶尔也在好莱坞电影如《刀锋战士》（Blade，1998）和《世界末日》（Armageddon，1998）里出演配角。

奇尔还出演了包括《狗镇》（Dogville，2003）在内的几乎所有的拉斯·冯·提尔的电影，并与这位丹麦导演成为好友。奇尔对于出演吸血鬼题材电影的贪求似乎永不知足，他最出色的吸血鬼电影是《吸血鬼魅影》（Shadow of the Vampire，2000）。**EM**

代表作：

Dogville 2003
Shadow of the Vampire 2000
Blade 1998
Armageddon 1998
Dog Daze 1995
Egomania—Insel ohne Hoffnung 1986
Lili Marleen 1981
Lulu 1980
Suspiria 1977
Spermula 1976
Histoire d'O 1975 (The Story of O)
Blood for Dracula 1974
Flesh for Frankenstein 1973
Pan 1973
Hexen bis aufs Blut gequält 1970 (Mark of the Devil)

"只有天使才能演魔鬼，因为魔鬼是堕落了的天使。"

丹尼·德维托 DANNY DeVITO

生平：本名小丹尼尔·迈克尔·德维托（Daniel Michael DeVito Jr.），1944年11月17日生于美国新泽西州阿斯伯里公园市。

明星特质：意大利裔美国人；身材矮小；多才多艺的性格演员、制作人、导演；常饰演喜剧和低级庸俗的反派角色。

代表作：

Big Fish 2003
Death to Smoochy 2002
Man on the Moon 1999
The Rainmaker 1997
L.A. Confidential 1997
Matilda 1996
Get Shorty 1995
Batman Returns 1992
The War of the Roses 1989
Twins 1988
Throw Momma from the Train 1987
Tin Men 1987
Ruthless People 1986
Romancing the Stone 1984
Terms of Endearment 1983
One Flew Over the Cuckoo's Nest 1975

"我也有律师，他们就像核武器一样：因为其他人都有所以我也要有。"

丹尼·德维托曾在姐姐的美容沙龙做美发师和化妆师，为了对美容有更多了解，他在纽约的美国戏剧艺术学院学习美容，进入学院后，他改变了自己的职业方向，决定追求演艺事业。他在舞台和电影中演了一些小角色，终因在《飞越疯人院》（One Flew Over the Cuckoo's Nest, 1975）中饰演疯子引起人们的关注。但令他出名的却是在电视情景喜剧《出租车》（Taxi, 1978—1983）中饰演的暴躁的出租车公司调度员路易·德帕尔玛一角。《出租车》的创作者詹姆斯·L.布鲁克斯让德维托在《母女情深》（Terms of Endearment, 1983）中饰演了一个喜剧配角，这再度引起了人们的广泛关注，他接着在《绿宝石》（Romancing the Stone, 1984）中演了一个有趣的反派、在《家有恶夫》（Ruthless People, 1986）中表现出色，在《锡人》（Tin Men, 1987）里饰演一个爱生气的铝板推销员，这些角色进一步提升了他的知名度。

德维托作为导演执导了《谋害老妈》（Throw Momma from the Train, 1987）、《玫瑰战争》（The War of the Roses, 1989）、《玛蒂尔达》（Matilda, 1996）和《斯慕奇之死》（Death to Smoochy, 2002），他沉迷于黑色喜剧，但却并不饰演电影中最糟糕的怪人。当导演蒂姆·伯顿让他在《蝙蝠侠归来》（Batman Returns, 1992）中饰演超级怪异的"企鹅"时，他创造了一个有着自己的辛酸的人类卡通形象。他还与强壮的阿诺·施瓦辛格合作出演了《龙兄鼠弟》（Twins, 1988）和《魔鬼二世》（Junior, 1994）。尽管他在和马特·达蒙一起主演的《造雨人》（The Rainmaker, 1997）中饰演的愤世嫉俗的律师很具信服力，但他对一些次要角色更感兴趣，如《矮子当道》（Get Shorty, 1995）中的电影明星和《洛城机密》（L.A. Confidential, 1997）里的丑闻出版商。他的妻子是演员雷娅·普尔曼，夫妻两人一起经营泽西电影制作公司，制作了如《低俗小说》（Pulp Fiction, 1994）和《永不妥协》（Erin Brockovich, 2000）等片。**KN**

米亚·法罗 MIA FARROW

生平：本名米亚·德·卢尔德·维利尔斯-法罗（Maria de Lourdes Villiers-Farrow），1945年2月9日生于美国洛杉矶。

明星特质：身材瘦小、苗条性感的美女、银幕形象脆弱；擅长喜剧表演风格；一度是伍迪·艾伦的缪斯；儿童权利的支持者。

米亚·法罗一直是个娱乐业者，她的父亲是导演约翰·法罗，母亲是曾饰演过《人猿泰山》里的简的莫琳·奥沙利文。她的丈夫和身边的人也都是些著名电影人，如演员兼低吟歌手弗兰克·辛纳屈、作曲家和指挥安德列·普列文以及演员兼导演伍迪·艾伦。演了一段时间热门电视剧《冷暖人间》（Peyton Place，1964—1966）后，她开始在电影中饰演脆弱乖僻的流浪角色，并成为20世纪60年代的代表人物。法罗在罗曼·波兰斯基的《魔鬼圣婴》（Rosemary's Baby，1968）中饰演孕妇，在《相逢何必曾相识》（John and Mary，1969）中与达斯汀·霍夫演对手戏，试着取得自由奔放的年轻人市场。

到了20世纪70年代，法罗在《了不起的盖茨比》（The Great Gatsby，1974）中与罗伯特·雷德福合作，饰演了笨拙的社交名流黛西·布坎南，在罗伯特·奥特曼的《婚礼》（A Wedding，1978）中饰演滑稽坦胸、因新郎而怀孕的嫂子，但她之后开始出演如《冰山大灾难》（Avalanche，1978）一样的灾难片。她与艾伦银幕下的关系让她出演了很多极好而有趣的电影作品：《仲夏夜性喜剧》（A Midsummer Night's Sex Comedy，1982）、《西力传》（Zelig，1983）、《丹尼玫瑰》（Broadway Danny Rose，1984）、《开罗紫玫瑰》（The Purple Rose of Cairo，1985）、《汉娜姐妹》（Hannah and Her Sisters，1986）、《无线电时代》（Radio Days，1987）、《另一个女人》（Another Woman，1988）、《大都会传奇》（New York Stories，1989）、《罪与错》（Crimes and Misdemeanors，1989）、《爱丽丝》（Alice，1990）、《影与雾》（Shadows and Fog，1992）和《丈夫、太太与情人》（Husbands and Wives，1992）。但这段关系以极为刻薄的方式宣告结束，此后法罗少有佳作。然而，她重返纽约舞台、在外百老汇出演的戏剧《弗兰的床》（Fran's Bed，2005）赢得了评论界的一致称赞。

KN

代表作：

The Omen 2006
Widows' Peak 1994
Husbands and Wives 1992
Shadows and Fog 1992
Crimes and Misdemeanors 1989
New York Stories 1989
Another Woman 1988
Radio Days 1987
Hannah and Her Sisters 1986
The Purple Rose of Cairo 1985
Broadway Danny Rose 1984
Zelig 1983
A Midsummer Night's Sex Comedy 1982
A Wedding 1978
The Great Gatsby 1974
Rosemary's Baby 1968

1940年代

"我在想，经历过这些事后，我是否还能再次演戏？"

海伦·米伦 HELEN MIRREN

生平：本名伊莉耶娜·瓦斯涅薇娜·米伦诺娃（Ilyena Vasilievna Mironov），1945年7月26日生于英国伦敦。

明星特质：出类拔萃的人、精于世故的美女；戏剧中优雅的女主角；勇敢的演员；活跃、有幽默感；因裸露的镜头而出名。

对全球观众而言，海伦·米伦女爵最为人知的角色也许是《女王》（The Queen, 2006）中的伊丽莎白二世女王，她也凭这个角色获得奥斯卡最佳女主角奖。她饰演的英国女王在儿媳威尔士王妃戴安娜1997年去世后被民众围攻，令人震惊地反映了现实。米伦设法从另一个角度来演绎这个世界上最出名的人，她的声音、她特殊的习惯、甚至她的步法都严格遵照皇室的标准。但更令人吃惊的是米伦本人是因美貌、性感和裸露的电影场景而出名的。

米伦的祖父是俄国贵族，她流淌着的贵族血统在英国人看来极具古典感：她举止优雅、自信而又风趣幽默。也许正是因为这种与生俱来的特质，她才得以在多部作品中饰演君主。除了伊丽莎白二世外，米伦还饰演过其他两位英国女王：电视剧《伊莉莎白一世》（Elizabeth I, 2005）中的伊莉莎白一世和《疯狂的乔治王》（The Madness of King George, 1994）中乔治三世的妻子夏洛特皇后。不过米伦也能饰演社会底层人物，她在《高斯福庄园》（Gosford Park, 2001）里饰演了辛酸的管家。米伦在伦敦国家青年剧院学习表演，20岁时已是舞台上的一颗新星了。从那之后她游走在舞台、电影和电视之间。她在英国黑帮片《漫长美好的星期五》（The Long Good Friday, 1980）中的绝佳表演显示出她的勇气，在《日历女郎》（Calendar Girls, 2003）中展现了她的喜剧天赋。米伦与娱乐圈其他很多中年女性不同，她的职业生涯一直一帆风顺，看来她还能继续攀登职业的高峰。**CK**

代表作：

The Tempest 2010
The Last Station 2009 ☆
The Queen 2006 ★
Calendar Girls 2003
Gosford Park 2001 ☆
Last Orders 2001
The Passion of Ayn Rand 1999
Critical Care 1997
Some Mother's Son 1996
The Madness of King George 1994 ☆
Where Angels Fear to Tread 1991
The Comfort of Strangers 1990
The Cook, the Thief, his Wife & her Lover 1989
The Mosquito Coast 1986
Excalibur 1981
The Long Good Friday 1980
Caligola 1979
O Lucky Man! 1973

1940年代

"你要做的就是在电影里看起来像个废物，然后每个人都会认为你是个了不起的女演员。"

史蒂夫·马丁 STEVE MARTIN

生平： 本名史蒂芬·格伦·马丁（Stephen Glenn Martin），1945年8月14日生于美国得克萨斯州韦科。

明星特质： 高大、头发花白、表情丰富的独角滑稽秀演员；讽刺之王；即兴创作大师；有天赋的音乐家、作曲家；多产的演员；作家、导演、制作人。

史蒂夫·马丁一头白发，是个特别有趣的人，他曾演出过20场电视综艺节目《周六夜现场》（Saturday Night Live，1976—2006），之后就常被误认为是这个节目组的成员。马丁高中时是啦啦队队长，曾在迪斯尼乐园和诺特·贝瑞农场表演节目，自此开始了自己的表演生涯。他在这段时间发展了魔术、杂耍、演奏班卓琴、做气球动物等非凡的才能，并将这些才能运用到之后的现场喜剧表演中。

马丁第一部引起轰动的专业作品是《史莫瑟兄弟秀》（The Smothers Brothers Show，1975），他因此获得了艾美奖最佳编剧奖。接着他创作了更多的电视剧台本，并参与了一些电影的演出，如《光芒万丈》（Sgt. Pepper's Lonely Hearts Club Band，1978）和《大青蛙布偶电影》（The Muppet Movie，1979），接着他又主演了喜剧《大笨蛋》（The Jerk，1979）、《衰鬼上错身》（All of Me，1984）和《神勇三蛟龙》（¡Three Amigos!，1986）。

马丁先在《天降财神》（Pennies from Heaven，1981）中有着出色的表演，几年后在《爱上罗姗》（Roxanne，1987）中进行了新的尝试，取得了更大的成功。从此之后，他出演了一些电影如《落难见真情》（Planes, Trains & Automobiles，1987）《温馨家族》（Parenthood，1989）和一些更尖锐直接的作品如《大峡谷》（Grand Canyon，1991）。

马丁很多产，他从未停止过话剧剧本的创作，如《毕加索遇上爱因斯坦》（Picasso at the Lapin Agile，1993）和以此改编的电影剧本和电影剧本如《粉红豹》（The Pink Panther，2006）。他认为在21世纪电影会吸引更多的观众，因此张开双臂迎接它的到来，出演了《儿女一箩筐》（Cheaper by the Dozen，2003）和它的续集，他是个能将想法付诸于银幕的天才艺术家，自编自演了《导购女郎》（Shopgirl，2005）。**GCQ**

代表作：

The Pink Panther 2006
Cheaper by the Dozen 2 2005
Shopgirl 2005
Cheaper by the Dozen 2003
The Spanish Prisoner 1997
Grand Canyon 1991
Father of the Bride 1991
Parenthood 1989
Dirty Rotten Scoundrels 1988
Planes, Trains & Automobiles 1987
Roxanne 1987
¡Three Amigos! 1986
All of Me 1984
The Jerk 1979
The Muppet Movie 1979
Sgt. Pepper's Lonely Hearts Club Band 1978

1940年代

"喜剧是什么？喜剧就是能让人发笑而不是让他们呕吐的艺术。"

卡门·毛拉 CARMEN MAURA

生平： 本名卡门·加西娅·毛拉（Carmen García Maura），1945年9月15日生于西班牙马德里。

明星特质： 当代西班牙电影中的贵妇人、戏剧女主角；擅长喜剧表演风格；因饰演变性人而成为同志偶像；电视节目主持人、卡巴莱歌舞艺术家。

卡门·毛拉的第一份工作是经营一家艺术画廊，同时还在马德里的夜总会表演卡巴莱歌舞。1975年，西班牙弗朗西斯科·弗朗哥（Francisco Franco）去世后，一些更爱自由的民众感到终于挣开了独裁统治的枷锁，马德里的艺术和夜生活瞬间爆发。正是在这种背景下毛拉开始崭露头角。她的第一部电影是短剧《蜂巢精灵》（El espíritu，1969），但她第一次真正意义上的突破是《纸老虎》（Tigres de papel，1977）中的表演。

在她的祖国西班牙以外，她最出名的是与西班牙导演佩德罗·阿莫多瓦（Pedro Almodóvar）的合作。他们两人的初次合作是《Folle...folle...fólleme Tim!》（1978），接着又合作了《列女传》（Pepi, Luci, Bom y otras chicas del montón，1980）。这一时间，毛拉也因出演《Esta Noche》（1981）等电视脱口秀节目而名声大噪。

毛拉第一次引起国际关注也是阿莫多瓦首次在世界上引起轰动之时，那时他们合作了疯狂的喜剧《崩溃边缘的女人》（Mujeres al borde de un ataque de nervios，1988），这部电影获得了奥斯卡最佳外语片的提名，各处的电影爱好者把阿莫多瓦早年的电影翻出来，终于发现了毛拉和与她合作《崩溃边缘的女人》、《斗牛士》（Matador，1986）及《欲望法则》（La ley del deseo，1987）的演员安东尼奥·班德拉斯（Antonio Banderas）的表演天赋。20世纪90年代，毛拉的演艺之路愈加宽广，与很多导演都有合作，如与卡洛斯·绍拉（Carlos Saura）合作了《万岁，卡美拉》（¡Ay, Carmela!，1990），她在该片中饰演一位西班牙内战时期随剧团四处巡回演出的女演员。在新的世纪，毛拉再次与阿莫多瓦合作了《回归》（Volver，2006），饰演死后回来的幽灵母亲。**CK**

代表作：

Volver 2006 (To Return)
La comunidad 2000 (Common Wealth)
Lisboa 1999
Sombras en una batalla 1993
  (Shadows in a Conflict)
¡Ay, Carmela! 1990
Mujeres al borde de un ataque de nervios 1988
  (Women on the Verge of a Nervous Breakdown)
La ley del deseo 1987 (Law of Desire)
Matador 1986
Pepi, Luci, Bom y otras chicas del montón 1980
  (Pepi, Luci, Bom and Other Girls Like Mom)
Folle...folle...fólleme Tim! 1978
Tigres de papel 1977 (Paper Tigers)
El espíritu 1969

"一个最重要的角色都是女人的剧本是很特别的。"

迪韦恩 DIVINE

生平：本名格伦·哈里斯·米尔斯特德（Glen Harris Milstead），1945年10月19日生于美国马里兰州巴尔的摩；1988年卒于美国洛杉矶。

明星特质：有传奇色彩的同性恋喜剧演员；黑色邪典片偶像；歌手、作家。

迪韦恩起初是名美发师，有家自己的沙龙，他的父母很溺爱他，这个沙龙就是父母给他的礼物。迪韦恩曾经很胖，又常常喜怒无常，很难融入周围的社会和自己的家庭。他的行为一度导致和父母九年的疏离。他在高中结识了日后的导演约翰·沃特斯（John Waters），两人成为好友，这段友谊让他成为耀眼的易装女主角，并因此而出名。沃特斯建议他改名"迪韦恩"，带着这个新身份，他成为沃特斯20世纪七八十年代邪典片中的明星演员。

迪韦恩常常令人震惊，但却总是很有趣，他最著名的作品是《粉红色的火烈鸟》（Pink Flamingos，1972）和《女人的烦恼》（Female Trouble，1974）。迪韦恩错误地被冠以"变装女皇"或"异装癖"的称号，其实他是个与众不同的电影演员，他在表演中体现出的愤怒、魅力和易装只能被描述为与常态、保守和空泛相对的恐怖。也许迪韦恩最著名的表演是《粉红色的火烈鸟》的结尾一幕：迪韦恩铲起新鲜的狗粪，放进嘴里，又吐了出来，然后对着沃特斯的镜头笑。此外，迪韦恩还出演了讲述郊区生活的电影《菠萝脂》（Polyester，1981），他在该片中饰演一个无聊、爱酗酒的家庭主妇，他的表演开始日趋成熟，《发胶》（Hairspray，1988）中的艾德娜·腾布拉德是他演技的高峰。20世纪80年代他曾因一系列迪斯科歌曲流行一时，其中包括《你以为你是个男人》（You Think You're a Man，1984）。

可悲的是迪韦恩42岁时死于睡眠呼吸暂停，这都是他过于肥胖而导致的。那时《发胶》才上映两周，他辉煌的职业生涯才刚刚开始就过早地结束了。**GR**

代表作：

Out of the Dark 1989
Hairspray 1988
Trouble in Mind 1985
Lust in the Dust 1985
Polyester 1981
Female Trouble 1974
Pink Flamingos 1972
The Diane Linkletter Story 1970
Multiple Maniacs 1970
Mondo Trasho 1969
Eat Your Makeup 1968
Roman Candles 1966

1940年代

"我一生都希望能长得像伊丽莎白·泰勒一样，不过现在伊丽莎白·泰勒长得跟我一样了。"

戈尔迪·霍恩 GOLDIE HAWN

生平：本名戈尔迪·珍妮·霍恩（Goldie Jeanne Hawn），1945年11月21日生于美国华盛顿特区。

明星特质：身材娇小、性感迷人、令人晕眩的金发美女；擅长喜剧表演风格；芭蕾舞者、歌手、作家、导演、制作人、虔诚的佛教徒。

  戈尔迪·霍恩如今已经六十多岁了，看来似乎已经退出了娱乐圈，只留下一份吸引人且具有开创性的电影作品表。霍恩起初是名舞者，她三岁就开始学习芭蕾和踢踏舞，曾演出过蒙地卡罗俄罗斯芭蕾舞团制作的《胡桃夹子》（The Nutcracker，1955）。霍恩在华盛顿特区的美国大学学习戏剧，却为了开芭蕾学校而中途辍学。1964年，霍恩成为一名专业舞蹈演员，她因美丽的外表和杰出的天赋开始在一些电视中出演小角色，不久就成为喜剧秀《鲁旺和马丁搞笑集》（Rowan & Martin's Laugh-In，1968—1970）里美丽的开心果。霍恩的银幕处女作是与沃尔特·马修（Walter Matthau）和英格丽·褒曼（Ingrid Bergman）合演的《仙人掌花》（Cactus Flower，1969），她因这部电影获得了奥斯卡最佳女配角。

  20世纪70年代早期，霍恩继续出演了一些喜剧电影，如《蝴蝶小姐》（Butterflies Are Free，1972）、《洗发水》（Shampoo，1975）和《小迷糊闯七关》（Foul Play，1978），她也演过一些更严肃的作品，如《横冲直撞大逃亡》（The Sugarland Express，1974）。在《小迷糊当大兵》（Private Benjamin，1980）中，霍恩饰演了一位为了通过训练和辛苦的劳作重塑自我而加入部队的女性，这个角色的喜剧感和严肃感共存。四年后，经历过两次失败婚姻的霍恩与库尔特·拉塞尔（Kurt Russell）首次合作了《小迷糊的情泪》（Swing Shift，1984），两人在银幕下也谱出恋曲，此后成为搭档。霍恩成熟的作品几乎都得到了大家的认可，其中大部分是喜剧，如《小野猫吃大老虎》（Wildcats，1986）、《前妻俱乐部》（The First Wives Club，1996）和《人人都说我爱你》（Everyone Says I Love You，1996），偶尔也有些恐怖片，如《触目惊心》（Deceived，1991）。霍恩的三个孩子奥利弗·哈德森（Oliver Hudson）、凯特·哈德森（Kate Hudson）和怀亚特·拉塞尔（Wyatt Russell）都追随她进入了电影圈。**GCQ**

代表作：

The Banger Sisters 2002
The Out-of-Towners 1999
Everyone Says I Love You 1996
The First Wives Club 1996
Death Becomes Her 1992
HouseSitter 1992
Deceived 1991
Overboard 1987
Wildcats 1986
Swing Shift 1984
Private Benjamin 1980 ☆
Foul Play 1978
Shampoo 1975
Butterflies Are Free 1972
There's a Girl in My Soup 1970
Cactus Flower 1969 ★

1940年代

"我们应该让男人离开，去享受放荡不羁的生活……让女人来掌控世界。"

黛安·基顿 DIANE KEATON

生平：本名黛安·霍尔（Diane Hall），1946年1月5日生于美国洛杉矶。

明星特质：银幕形象自然、漂亮、性感；擅长喜剧表演风格；20世纪70年代晚期的时尚偶像；曾是伍迪·艾伦的缪斯。

黛安·基顿1968年首次登台，在百老汇摇滚音乐剧《头发》（Hair）中饰演唯一一个衣衫完整的角色。之后她出演了伍迪·艾伦的百老汇戏剧《呆头鹅》（Play It Again, Sam，1970），并在1972年演出了该剧的电影版。这是基顿与这位导演交缠着个人感情和职业合作的关系的开端，这段关系衍生出八部作品，她演了从《傻瓜大闹科学城》（Sleeper，1973）和《爱与死》（Love and Death，1975）里超级有趣的白痴女主角到获得奥斯卡最佳女主角奖的《安妮·霍尔》（Annie Hall，1977）中的同名女主角，后者是艾伦专门为她创作的（她本姓"霍尔"，昵称"安妮"）。她在《安妮·霍尔》中显示出唱感伤歌曲的能力，并树立起没头脑的风格，她也成为标新立异的时尚偶像，女孩们争相模仿她的中性装扮。之后她再度与艾伦合作，出演了《我心深处》（Interiors，1978）和《曼哈顿》（Manhattan，1979）中更具戏剧性的角色。

尽管人们提到基顿最先想到的就是喜剧，但她却不愿一再饰演同一类型的角色，她成为弗朗西斯·福特·科波拉《教父》（The Godfather）三部曲中少有的一个女性角色。此外，她还在《寻找顾巴先生》（Looking for Mr. Goodbar，1977）、《月落妇人心》（Shoot the Moon，1982）、《女鼓手》（The Little Drummer Girl，1984）和《铁窗外的春天》（Mrs. Soffel，1984）中出演重要角色。与艾伦断绝关系后，她与沃伦·比蒂（Warren Beatty）关系密切，在他的电影《烽火赤焰万里情》（Reds，1981）中饰演记者露易丝·布莱恩特。这部作品证明了她不单单是名喜剧演员，她也因这个角色获得奥斯卡最佳女主角提名。之后基顿又在情节剧中出演了一些没头脑的角色，如《芳心之罪》（Crimes of the Heart，1986）。之后，她再度与伍迪·艾伦合作了《曼哈顿谋杀疑案》（Manhattan Murder Mystery，1993），2003年，她与杰克·尼克尔森（Jack Nicholson）合作的浪漫喜剧《爱是妥协》（Something's Gotta Give）也一样出色。**KN**

代表作：

Something's Gotta Give 2003 ☆
Marvin's Room 1996 ☆
Radio Days 1987
Crimes of the Heart 1986
Mrs. Soffel 1984
The Little Drummer Girl 1984
Shoot the Moon 1982
Reds 1981 ☆
Manhattan 1979
Interiors 1978
Looking for Mr. Goodbar 1977
Annie Hall 1977 ★
Love and Death 1975
Sleeper 1973
Play It Again, Sam 1972
The Godfather Trilogy 1972, 1974, 1990

"我觉得（名人）的很多基本能力总是不够完善。"

丽莎·明奈利 LIZA MINNELLI

生平：本名丽莎·梅·明奈利（Liza May Minnelli），1946年3月12日生于美国洛杉矶。

明星特质：美国电影中性感、魅力四射的偶像；歌手、舞者；常常饰演古怪的戏剧角色；好莱坞传奇影星朱迪·加兰和导演文森特·明奈利的女儿。

代表作：

The OH in Ohio 2006
Stepping Out 1991
Arthur 2: On the Rocks 1988
Rent-a-Cop 1987
Pinocchio and the Emperor of the Night 1987
Arthur 1981
New York, New York 1977
A Matter of Time 1976
Lucky Lady 1975
Journey Back to Oz 1974
Cabaret 1972 ★
Tell Me That You Love Me, Junie Moon 1970
The Sterile Cuckoo 1969 ☆
Charlie Bubbles 1967
In the Good Old Summertime 1949

1940年代

　　丽莎·明奈利是最著名的娱乐名人之一，受持续不断的个人问题的困扰，她晚年的电影生涯十分令人失望。明奈利的电影处女作是英国新浪潮电影晚期作品《查理·巴伯斯》（Charlie Bubbles，1967），她在该剧中饰演阿尔伯特·芬尼（Albert Finney）的情妇，对性的兴趣比对困惑、道德沦丧的主角的兴趣更甚，给人留下了深刻的印象。《毕业生》（The Graduate，1967）大获成功后出现了很多讲述年轻人生活的电影跟风之作，明奈利在其中最有趣的一部作品中充分地展示了饰演古怪角色的天赋。她在《何日卿再来》（The Sterile Cuckoo，1969）中饰演与20世纪60年代晚期学院生活格格不入的学生"布奇"·亚当斯，和一个刻板的年轻人结合，这个年轻人起初疯狂地迷恋她，但在她意外怀孕后对她态度大变。第二年她试图在《Tell Me That You Love Me, Junie Moon》（1970）中再次重复这个角色，却不那么成功。

　　明奈利是个有天赋的歌手和舞者，她在根据轰动一时的百老汇音乐剧改编的电影《歌厅》（Cabaret，1972）中饰演萨利·鲍尔斯一角（另一个通过另类道德获得成功的非传统女人），她从众星云集的阵容中脱颖而出，当之无愧地获得了奥斯卡最佳女主角奖。《歌厅》之后，明奈利很少接到优秀的电影角色。她与罗伯特·德尼罗合作了向纽约致敬的复古音乐剧《纽约，纽约》（New York, New York，1977），在不幸遭遇滑铁卢的电影中表现出一流的演技。她在两部《亚瑟》（Arthur）电影中饰演达德利·摩尔（Dudley Moore）喜欢的人，坦然面对他醉酒后的失态。近年来她在电视情景剧《发展受阻》（Arrested Development，2003—2005）中扮演的角色也获得了大家的赞赏。**BP**

"母亲给了我干劲，但父亲给了我梦想。"

西尔维斯特·史泰龙 SYLVESTER STALLONE

生平： 本名西尔维斯特·恩泽欧·史泰龙（Sylvester Enzio Stallone），1946年7月6日生于美国纽约。

明星特质： 肌肉发达、身材健壮、外表英俊；"意大利种马"；标志性的动作片英雄；饰演比赛中不被看好的主角；导演、制作人。

上世纪70年代人们喜欢身处危机却依旧男子气十足的明星，到了80年代，人们开始肯定男性的身体，饰演过洛奇、兰博、眼镜蛇和爵德的史泰龙（昵称史莱）因真实地反映了这种变化而成为越战后的明星。他的电影生涯起源于色情片《意大利种马》（The Party at Kitty and Stud's，1970），接着拍了《死亡车神》（Deathrace 2000，1975），最后终于迎来获得票房成功的电影《洛奇》（Rocky，1976），《洛奇》讲述的是一个无名小卒在拳击场上获得成功的故事，史泰龙担任该剧的编剧并饰演了同名角色，这部电影赢得了1976年的奥斯卡最佳影片奖，此后他的整个职业生涯都焕然一新。史泰龙2006年再次在这个似乎根本不会完成的续集系列中出演了这一角色：《洛奇2》（Rocky II，1979）、《洛奇3》（Rocky III，1982）、《洛奇4》（Rocky IV，1985）、《洛奇5》（Rocky V，1990）和《洛奇6：永远的拳王》（Rocky Balboa，2006）。

史泰龙有过多任妻子和许多孩子，他对绘画感兴趣，有自己冠名的杂志，多年对健身事业的坚持让他拥有许多荣誉。他的职业生涯最重要的也许是拍了很多B级片和动作电影，其中偶尔有些令人满意之作，也有一些真的很出色的佳片。我们必须把《纽约司机》（Rhinestone，1984）、《破茧威龙》（Lock Up，1989）和《极速竞赛》（Driven，2001）暂归一边，以便好好欣赏《怒虎狂龙》（Tango & Cash，1989）、《越空狂龙》（Demolition Man，1993）、《浴血擒魔》（Cobra，1986）和史泰龙其他著名的电影系列角色如约翰·J.兰博。这个系列开始于《第一滴血》（First Blood，1982），《第一滴血》和《警察帝国》（Cop Land，1997）是史泰龙少数真正有表演的电影，但史泰龙真正擅长的是饰演处于劣势的人。如此杰出的商业艺术家从为数众多的模仿者中坚持下来，他的成功着实令人震惊，也进一步预示了他在好莱坞的唯一性。**GCQ**

代表作：

Rocky Balboa 2006
Cop Land 1997
Judge Dredd 1995
Demolition Man 1993
Cliffhanger 1993
Rocky V 1990
Tango & Cash 1989
Lock Up 1989
Rambo III 1988
Cobra 1986
Rocky IV 1985
Rambo: First Blood Part II 1985
First Blood 1982
Rocky III 1982
Rocky II 1979
Rocky 1976 ☆

1940年代

"我知道很多人认为《洛奇》是我自己的故事，但它也是我这一代人的故事。"

切奇和钟 CHEECH AND CHONG

生平：切奇，本名理查德·安东尼·马林（Richard Anthony Marin），1946年7月13日生于美国洛杉矶。钟，本名托马斯·B.金·钟（Thomas B. Kin Chong），1938年5月24日生于加拿大阿尔伯塔省埃德蒙顿。

明星特质：20世纪七八十年代反主流文化电影中的喜剧二人组；独角喜剧演员、唱片艺术家、作家、导演、制作人。

理查德·"切奇"·马林和托米·钟是20世纪七八十年代很受欢迎的喜剧二人组，因其滑稽的独角喜剧表演而出名，他们的表演取材于当时的嬉皮、自由性爱和毒品文化运动。这两人首次合作是1970年在加拿大温哥华的一家夜店里，他们在洛杉矶的"行吟诗人俱乐部"（Troubadour Club）表演时被一个唱片经理发现，他们的第一张专辑《切奇和钟》（Cheech & Chong, 1972）销售逾百万张，他们的第二张专辑《大班布》（Big Bambu, 1972）获选1972年最佳喜剧专辑。他们还拍了第一部电影《冒烟》（Up in Smoke, 1978），这部电影让他们立刻成为喜剧传奇。他们饰演的瘾君子原本只是想买一些大麻，为此他们从洛杉矶到了墨西哥，又从墨西哥回到美国，不知不觉开上了一辆由纯大麻制造的货车。

切奇和钟的下一部电影依然是这两个瘾君子的冒险故事，再次获得票房的成功，让他们成为电影里有史以来最成功的喜剧组合。他们的人物角色大受欢迎，对性、药物和摇滚乐有着成熟的兴趣，但更像是寻找乐子的无害孩子。当时那些权势集团——尤其是富人和警察——试图阻碍他们的追求，但他们总是设法打败这些企图，依旧我行我素。切奇和钟稍晚些的作品《美梦连篇》（Nice Dreams, 1981）、《事事棘手》（Things Are Tough All Over, 1982）、《惹火上身》（Still Smokin, 1983）和《切奇和钟的科西嘉兄弟》（Cheech and Chong's The Corsican Brothers, 1984）逐渐脱离原先的角色，票房也不再那么大卖。两人在1985年因创作理念的不同而分道扬镳。他们如今独自表演，但给他们带来不朽名望的却是他们早期的作品。**DW**

代表作：

Grass 1999
FernGully: The Last Rainforest 1992
Far Out Man 1990
Get Out of My Room 1985
After Hours 1985
Cheech & Chong's The Corsican Brothers 1984
Group Madness 1983
Still Smokin 1983
Yellowbeard 1983
Things Are Tough All Over 1982
It Came from Hollywood 1982
Nice Dreams 1981
Cheech & Chong's Next Movie 1980
Up in Smoke 1978

"没茎没种子，你不需要阿卡普尔科金大麻。"——《冒烟》

丹尼·格洛弗 DANNY GLOVER

生平：本名丹尼·莱伯恩·格洛弗（Danny Lebern Glover），1946年7月22日生于美国旧金山。

明星特质：多才多艺的主角和性格演员；擅长喜剧表演风格；银幕形象威风凛凛；社会道德电影之王；民权支持者；导演、制作人。

丹尼·格洛弗如今是好莱坞重要的黑人演员之一，他演的电影一直占据票房的前几位，他饰演了《致命武器》（Lethal Weapon, 1987—1998）系列片中的警官罗杰·默托，出演了少有人看的实验作品如《带怒而眠》（To Sleep with Anger, 1990），为不同的政治运动发声，一直支持民权行动。格洛弗演了三十多年的戏，在剧院、电视和电影中都有不错的表现，但他最伟大之处在于出演偶尔残酷的反派角色的能力，平衡了银幕中那些富有同情心的英雄给观众带来的审美疲劳。

格洛弗被美国经典剧目剧团的黑人演员工作室录取，二十多岁时在旧金山接受培训。他决定做演员后，放弃了城市管理的工作。不久格洛弗就开始演戏，最终来到洛杉矶，在电视和电影中跑龙套。

格洛弗在《紫色》（The Color Purple, 1985）中出色地饰演了一个邪恶的黑人，而在《证人》（Witness, 1985）中他变本加厉，饰演了一个贪污杀人的警官。但他更典型的角色是冷静的人，如电视《阳光下的葡萄干》（A Raisin in the Sun, 1989）、《急诊室的故事第12季》（ER, 2005）或电影《大峡谷》（Grand Canyon, 1991）、《逮捕》（Bopha!, 1993）和《真爱》（Beloved, 1998）中的父亲、警察或社会的局外人。他也演过很多喜剧，如让人大笑的《飞象计划》（Operation Dumbo Drop, 1995），还给《疯狂农庄》（Barnyard, 2006）配过音。格洛弗的第一个电影角色是《逃出亚卡拉》（Escape from Alcatraz, 1979）中的囚犯，他将不同流派和黑人形象带到大家都喜欢的电影中来，这对演员来说并不算坏事。

GCQ

代表作：

Dreamgirls 2006
Barnyard 2006
The Royal Tenenbaums 2001
Beloved 1998
Antz 1998
Lethal Weapon 4 1998
The Rainmaker 1997
Operation Dumbo Drop 1995
Bopha! 1993
Lethal Weapon 3 1992
To Sleep with Anger 1990
Lethal Weapon 2 1989
Lethal Weapon 1987
The Color Purple 1985
Silverado 1985
Witness 1985

1940年代

"每天我都会想无论我多成功我都是个黑人。"

汤米·李·琼斯 TOMMY LEE JONES

生平：1946年9月15日生于美国得克萨斯州圣萨巴。

明星特质：沧桑英俊、轮廓分明、身材健壮；银幕形象严肃；自由党积极分子；作家、导演、制作人。

沧桑、瘦削、严厉这三个词常常用来描述汤米·李·琼斯，他和后来成为美国副总统的阿尔·戈尔（Al Gore）是哈佛同窗，他以前的老师埃里奇·西格尔（Erich Segal）创作的《爱情故事》（Love Story，1970）中的奥利弗一角部分灵感就是源自他，这部电影也是他的第一部电影。除了前面那三个词外，也许对他的形容还能加上英俊、冰冷的眼神、面无表情和体格健壮。但他的银幕魅力常常在于坚定不移的意志和克制的行为，如他在《亡命天涯》（The Fugitive，1993）中一样，他也凭借在该片中饰演的司法官塞缪尔·杰勒德一角获得奥斯卡最佳男配角奖。

琼斯因《巴纳笔·琼斯》（Barnaby Jones，1975）、《巴雷塔》（Baretta，1976）和《查理的天使》（Charlie's Angels，1976）等电视节目出名，后来他进入电影圈，出演了高度刺激的恐怖片《神秘眼》（Eyes of Laura Mars，1978），接着在电视剧《刽子手之歌》（The Executioner's Song，1982）中饰演被判有罪的杀人犯加里·马克·吉尔默，赢得了大家的尊敬，在赢得奥斯卡奖后，琼斯成为20世纪90年代演技出众的男主角。他在令人难忘的电影如《刺杀肯尼迪》（JFK，1991）和《蓝色天空》（Blue Sky，1994）中的表现广受好评；在无甚特别的电影如《零点爆破》（Blown Away，1994）和《双重危机》（Double Jeopardy，1999）中尤为出彩；在风靡一时的大片如《永远的蝙蝠侠》（Batman Forever，1995）和《黑衣人》（Men in Black，1997）中也颇为引人注目。他在《交战规则》（Rules of Engagement，2000）和《猎杀》（The Hunted，2003）中饰演不情愿的英雄，苦苦追寻难题的解决之道，这两个角色都特别令人信服。近年他还执导了自己的第一部电影《艾斯卡达的三次葬礼》（The Three Burials of Melquiades Estrada，2005），这是一部受到欢迎的当代西部片，他自己也参与了该片的演出。银幕下，琼斯一直维持着和戈尔的友谊，他在2000年的民主党全国大会中提名戈尔为民主党美国总统的候选人。**GCQ**

代表作：

The Company Men 2010
In the Valley of Elah 2007 ☆
No Country for Old Men 2007
A Prairie Home Companion 2006
The Three Burials of Melquiades Estrada 2005
The Hunted 2003
Men in Black II 2002
Rules of Engagement 2000
Double Jeopardy 1999
Small Soldiers 1998
Men in Black 1997
Batman Forever 1995
Blue Sky 1994
The Client 1994
Blown Away 1994
The Fugitive 1993 ★
JFK 1991 ☆
Coal Miner's Daughter 1980
Eyes of Laura Mars 1978

1940年代

"在下午被叫去给一大群人带来欢乐真是棒极了。"

苏珊·萨兰登 SUSAN SARANDON

生平：本名苏珊·阿比盖尔·托玛琳（Susan Abigail Tomalin），1946年10月4日生于美国纽约。

明星特质：性感苗条的女主角；常饰演坚强的女性；对角色精挑细选；与一半好莱坞名人合作过；直言不讳的政治自由派；制作人。

苏珊·萨兰登的本名是苏珊·阿比盖尔·托玛琳，在嫁给演员克里斯·萨兰登（Chris Sarandon）后就一直沿用这个艺名，她的第一个电影角色是《乔》（Joe，1970）中的嬉皮流浪儿。她参加了这部电影的试镜，遇到了后来的丈夫，他没有成功，她却获得了这部讲述叛逆青少年电影中的重要角色。然而，萨兰登第一个给人留下深刻印象的角色却是同性恋邪典摇滚片《洛基恐怖秀》（The Rocky Horror Picture Show，1975）里穿着内衣的女主角，她在片中少见地展示了歌喉和疯狂的性感。她在路易·马勒（Louis Malle）的《艳娃传》（Pretty Baby，1978）中饰演苍白而可爱的妓女，是12岁的波姬·小丝（Brooke Shields）的母亲；她在马勒的另一部作品《大西洋城》（Atlantic City，1980）中饰演即将成为赌场庄家的女招待，她在手臂和胸前涂抹柠檬的一幕非常令人难忘。

中年的萨兰登成为一名成熟的偶像，常饰演理智的、喜欢感官享受的角色：《千年血后》（The Hunger，1983）中屈服于凯瑟琳·德纳芙饰演的吸血鬼，《东镇女巫》（The Witches of Eastwick，1987）里被杰克·尼克尔森俘获的众人中的一个，《百万金臂》（Bull Durham，1988）中勾引凯文·科斯特纳的女人。她在《情挑六月花》（White Palace，1990）和《末路狂花》（Thelma & Louise，1991）中令人信服地出演了受喜爱的侍者。20世纪90年代，得到四次奥斯卡提名后，萨兰登终于凭借在《死囚漫步》（Dead Man Walking，1995）中饰演的修女海伦·普雷金获得奥斯卡最佳女主角，这部电影由她的男友、演员兼导演的蒂姆·罗宾斯执导。近年来，她出演了很多多变的角色，常饰演母亲，如《真爱同心》（Stepmom，1998）、《芳心天涯》（Anywhere But Here，1999）、《热力师奶》（The Banger Sisters，2002）和《月光旅程》（Moonlight Mile，2002）。

她和罗宾斯有两个孩子，他们两人都是著名的自由派支持者。**KN**

代表作：

The Lovely Bones 2009
Moonlight Mile 2002
The Banger Sisters 2002
Anywhere But Here 1999
Stepmom 1998
Dead Man Walking 1995 ★
Little Women 1994
The Client 1994 ☆
Lorenzo's Oil 1992 ☆
Thelma & Louise 1991 ☆
White Palace 1990
Bull Durham 1988
The Witches of Eastwick 1987
The Hunger 1983
Atlantic City 1980 ☆
Pretty Baby 1978
The Rocky Horror Picture Show 1975

1940年代

"我想我一直做演员的唯一原因是你永远不能表演到尽善尽美。"

郑佩佩 PEI-PEI CHENG

生平： 1946年12月4日生于中国上海。

明星特质： "武侠影后"；优雅的美女；20世纪60年代武侠片里的侠女；香港电影传奇的女主角；武术电影偶像。

香港电影从来不乏动作片女主角——茅瑛、林青霞、杨紫琼等等——但郑佩佩是其中最令人难忘的一个，她也是当代香港电影最早期的动作片女演员之一，在大多以男性为主的武侠片中给人们留下了深刻的印象。

20世纪60年代，郑佩佩是邵氏兄弟电影公司的签约艺人，1966年，才20岁的她就取得了重大突破，出演了一些重要的电影，包括歌舞片《香江花月夜》和奇幻片《铁扇公主》，但让她成为风靡一时的偶像的却是导演胡金铨的武术经典《大醉侠》，这是那个年代最重要的电影之一。郑佩佩在张彻的《金燕子》中再次出演了《大醉侠》中的金燕子一角，并继续在邵氏兄弟60年代的电影中担当重要角色，出演了《飞刀手》等多部电影。

70年代早期，郑佩佩因结婚退出影坛，但在80年代晚期和90年代又重返银幕。她在李安的《卧虎藏龙》中饰演的碧眼狐狸被认为是她真正的回归之作，但其实她早在这部电影上映十多年前就重返香港电影界了。郑佩佩回来之后的大多数作品并不是特别引人注目，尽管她也能熟练地演一些非武侠的戏剧角色：像林青霞一样，郑佩佩首先是个演员，其次才是武侠片偶像，她如今依旧拥有优雅的美貌和出色的演艺天赋，也仍在各个领域继续着她的演艺事业。**TC**

代表作：

《藏》2006
《武神黑侠》2001
《卧虎藏龙》2000
《中华英雄》1999
《老鼠龙之猛龙过港》1998
《乱世超人》1994
《飞刀手》1969
《金燕子》1968
《神剑震江湖》1967
《铁扇公主》1966
《大醉侠》1966
《香江花月夜》1966

1940年代

"你师父……死在女人手里，一点不冤枉！"

——碧眼狐，《卧虎藏龙》

北野武 TAKESHI KITANO

生平：1947年1月18日生于日本东京。

明星特质：体格健壮；日本动作片男主角、令人吃惊的喜剧演员、独角滑稽秀演员；电视名人、导演、制作人、作家、诗人、画家。

　　如果有人把日本巨星北野武比作伍迪·艾伦（Woody Allen），他的大多西方崇拜者可能会被这种类比弄糊涂——毕竟在人们最近的记忆中北野武是一些最暴力的极道帮匪片中禁欲、强硬的反英雄角色。但这也强调了名人在国际市场的不同地位：在日本，北野是"彼得"武，他首先是了不起的喜剧演员和受欢迎的电视名人，其次才是令人称赞的电影导演和沉思的演员。

　　北野武起初是名相声演员，直到很久后他自导自演了一些越来越古怪的电影，他在日本出名是因为他是20世纪70年代相声组合"Iwo Beats"中的一员，迄今为止主持过数不清的电视节目。尽管他在自导自演《凶暴的男人》（1989）前也演过一些电影，但这部电影开启了北野武职业生涯的新阶段，他开始从喜剧演员转变成绑匪电影中残酷、沉思的硬汉，总是一副面无表情的扑克脸，随时都会突然爆发。在他最好的电影如《奏鸣曲》（1993）和《花火》（1997）中，北野武也展示出很多智慧。北野武一直在电视中出演这类电影，他也执导了一些非暴力的喜剧片，如《性爱狂想曲》（1995）和《菊次郎的夏天》（1999）。

　　除了演戏和导戏，北野武还是个多产的作家、诗人和画家，近年他在《座头市》（2003）中饰演染了金发的盲侠，紧随着这部在他电影制作生涯中获得最大成功的主流电影，他在自己的故事《双面北野武》（2005）中再次出演了这个受欢迎的武士角色。**TC**

代表作：

《双面北野武》2005
《以藏》2004
《座头市》2003
《大逃杀》2000
《大佬》2000
《菊次郎的夏天》1999
《东京之眼》1998
《花火》1997
《非常特务》1995
《性爱狂想曲》1995
《奏鸣曲》1993
《凶暴的男人》1990
《十楼的蚊子》1983
《圣诞快乐，劳伦斯先生》1983

1940年代

"我想拍一部无法分类的电影。"
　　　　　　　——评论《双面北野武》

比利·克里斯托 BILLY CRYSTAL

生平： 本名威廉·雅各布·克里斯托（William Jacob Crystal），1947年3月14日生于美国纽约州长岛。

明星特质： 奥斯卡颁奖典礼主持人、喜剧男主角、独角滑稽秀演员、即兴表演之王、素描画家、模仿大师、歌手、作家、制作人、导演。

比利·克里斯托在纽约州长岛出生并长大。他的父亲是音乐会赞助人，所以他从小就在家见过很多明星，如比莉·哈乐黛（Billie Holiday）和皮·维·拉塞尔（Pee Wee Russell）等。他在20世纪60年代早期开始做独角滑稽秀喜剧演员，从纽约大学电影和电视导演系（师从著名导演马丁·斯科塞斯）毕业后就结了婚。他因滑稽的模仿渐渐出名，并为音乐家如巴瑞·曼尼洛（Barry Manilow）做开场表演。1976年，克里斯托离开纽约去了好莱坞，在电视情景剧《肥皂》（Soap，1977—1981）中出演同性恋乔迪·达拉斯引起轰动，之后乘胜追击，成为电视节目《周六夜现场》（Saturday Night Live，1984—1985）的一名演员。

克里斯托在美国的名气最终把他带到电影圈，尽管他的成功大多依赖于优秀的合作者。他先是在《双星赶月》（Running Scared，1986）中饰演一名警察，与格里高利·海因斯（Gregory Hines）合作，接着在《谋害老妈》（Throw Momma from the Train，1987）中演学生，与丹尼·德维托（Danny DeVito）演对手戏，最后，他在《当哈利遇到莎莉》（When Harry Met Sally...，1989）中与梅格·瑞恩（Meg Ryan）合作，这部电影让他成为票房的保证。他接着在《城市乡巴佬》（City Slickers，1991）中饰演遭遇中年危机的推销员，同时成为奥斯卡颁奖礼的首选主持人，并因此赢得几个艾美奖。此后，克里斯托出演了一些小实验电影，如伍迪·艾伦的《解构爱情狂》（Deconstructing Harry，1997）中的恶人，一些引起轰动的角色，如《我的巨人》（My Giant，1998）中的好莱坞经纪人，一些热门影片，如《老大靠边闪》（Analyze This，1999）和续集《老大靠边闪2》（Analyze That，2002）中黑帮老大的精神病医生，和受欢迎的杰作《怪兽电力公司》（Monsters, Inc.，2001）中和善的怪兽。**GCQ**

代表作：

Cars 2006
Analyze That 2002
Monsters, Inc. 2001
America's Sweethearts 2001
Analyze This 1999
Deconstructing Harry 1997
Fathers' Day 1997
City Slickers II 1994
Mr. Saturday Night 1992
City Slickers 1991
When Harry Met Sally... 1989
Throw Momma from the Train 1987
The Princess Bride 1987
Running Scared 1986
This Is Spinal Tap 1984

1940年代

"女人发生性关系需要一个理由，而男人只需要一个地方。"

梶芽衣子 MEIKO KAJI

生平：本名太田雅子，1947年3月24日生于日本东京。

明星特质：有让人难忘的眼睛；线条优美的美女；日本邪典动作片女主角；饰演过蛇蝎女子，常常饰演身陷囹圄的女子。

如果眼神能杀人，那么梶芽衣子锐利的眼神就是大规模杀伤性武器了。很多演员有与众不同的好身材，但很少有人有梶芽衣子这样特别锐利而又难以让人忘怀的眼神：她连续出演了三部日本动作电影（除了其他个别露面外），给人留下深刻的印象，这大多源自她冷酷无畏的眼神。

梶芽衣子只在20世纪70年代的日本影坛演过很短时间的电影，但她出演了几部最经典最受欢迎的电影。之后，她从1970年开始出演日活电影公司的女孩系列电影《野猫之性感猎人》，成为风行一时的明星。然而两年后，梶芽衣子就成为永远活在声名狼藉中的蛇蝎美女的代表。她饰演了东映电影公司改编自漫画的传奇系列片《女囚701室》（1972）中的女囚松岛，她还有个更为人知的称呼——蝎子。伊藤俊也执导的"女囚三部曲"系列展现了梶芽衣子最好的表演：影片具有特定的风格、多变的色彩和受歌舞伎影响的通俗艺术，梶芽在里面成为残忍、美丽且沉默寡言的暴力工具，复仇切断了她的一切退路。伊藤拍完三部后就不再拍这个系列了，梶芽又多拍了一部才离开。

梶芽还因在两部古装剑术片《修罗雪姬》（1973,1974）中的角色出名，该片显然激发了昆汀·塔伦蒂诺（Quentin Tarantino）拍摄《杀死比尔》（Kill Bill, 2003, 2004）系列片的灵感。然而在70年代中期，正当梶芽的事业处于高峰时她选择了息影。梶芽还是名歌手，在《杀死比尔》中可以听到她的歌声。**TC**

代表作：

《大地摇篮曲》1976
《修罗雪姬之怨恨之恋》1974
《女囚701室4：怨歌》1973
《女囚701室3：野兽》1973
《修罗雪姬》1973
《女囚701室2：第41号杂居房》1972
《女囚701室1：蝎子》1972
《野良猫洛克：暴走集团'71》1971
《野良猫洛克：性感猎人》1970

"你我有些事需要照料……"

——修罗雪姬

511

詹姆斯·伍兹 JAMES WOODS

生平：本名詹姆斯·霍华德·伍兹（James Howard Woods），1947年4月18日生于美国犹他州弗纳尔。

明星特质：高大瘦削、极有智慧、多才多艺的男主角和性格演员；因饰演令人紧张不安的反派角色而出名。

詹姆斯·伍兹是那种专门饰演某类角色——瘦削结实、狂躁、有着超高的智慧和不可思议的魅力，似乎有点惟利是图，又有点下流——的演员，观众满足于看他一再重复这类角色，如果他不演他们反而会失望。从20世纪80年代开始，伍兹常在电影和电视中出演各类更沉着普通的角色，但是他的影迷总是希望他能攀上电影事业的顶峰。

伍兹受过高等教育，但60年代晚期他从麻省理工大学退学去追求演艺事业，之后的那几年里在电影和电视中出演一些小角色，尽管期间他也演过一些著名电影，如《往日情怀》（The Way We Were，1973）和《夜行客》（Night Moves，1975），但直到1979年出演《洋葱田》（The Onion Field）他的演艺事业才取得真正的突破。实际上，伍兹在80年代已经成为顶级演员，出演了一个又一个令人难忘的角色，如有重大意义的影片《美国往事》（Once Upon a Time in America，1984）、《萨尔瓦多》（Salvador，1986）和一些比较普通的电影，如《警察》（Cop，1988）和《推销》（The Boost，1988）。

90年代开始，伍兹转而饰演起更传统的男主角，结果都不尽如人意。唯一比他出演如《小生当差》（The Hard Way，1991）这类动作喜剧片更让人不快的是他在与多莉·帕顿（Dolly Parton）合作的《王牌大姐大》（Straight Talk，1992）中饰演的角色。近年来伍兹少有地在《尼克松》（Nixon，1995）、《赌城风云》（Casino，1995）和《处女之死》（The Virgin Suicides，1999）中担任配角，但他也主演了一些不错的电影，如《天堂无路》（Another Day in Paradise，1997）和《够僵行动》（Vampires，1998）等娱乐片。**TC**

代表作：

Be Cool 2005
Riding in Cars with Boys 2001
Any Given Sunday 1999
The Virgin Suicides 1999
Vampires 1998
Another Day in Paradise 1997
Ghosts of Mississippi 1996 ☆
Nixon 1995
Casino 1995
The Boost 1988
Cop 1988
Salvador 1986 ☆
Once Upon a Time in America 1984
The Onion Field 1979
Night Moves 1975
The Way We Were 1973

> "我给马丁打电话说'任何角色、任何时间、任何位置、任何地点'都可以。"
> ——谈论他在《赌城风云》中的角色

阿诺·施瓦辛格 ARNOLD SCHWARZENEGGER

生平：阿诺·阿洛伊斯·施瓦辛格（Arnold Alois Schwarzenegger），1947年7月30日生于奥地利施第里尔塔尔。

明星特质：肌肉发达、外貌英俊的世界级健美先生；动作电影中标志性的男主角；政治家、制作人、导演。

阿诺·施瓦辛格是个充满活力的传奇人物，是普通人中的巨人，他以健美先生的身份开始了自己的表演生涯，至今依旧保持着史上最重要的健美比赛的冠军纪录：13个健美冠军头衔（一次少年西欧先生、七次奥林匹亚先生、五次环球先生）。他在《野蛮人柯南》（Conan the Barbarian，1982）中变身为罗伯特·E.霍华德（Robert E. Howard）笔下的柯南，说了令人难忘的台词："我还会回来的"。他的二头肌常被认为是他表演的亮点，但最后，施瓦辛格总是疯狂的像只狐狸。施瓦辛格很有远见，他预见了詹姆斯·卡梅隆（James Cameron）的机器人恐怖片《终结者》（The Terminator，1984）会给他的职业带来全新的面貌。在2003年他以共和党候选人的身份参加了加利福尼亚州的选举并当选为州长。2006年他再次赢得选举，证明了他除了是个名人外，还是位善解民意的政治家。

施瓦辛格娶了肯尼迪家族的人，他的妻子玛丽娅·施莱弗（Maria Shriver）是约翰·F.肯尼迪（John F. Kennedy）总统、参议员罗伯特·F.肯尼迪（Robert F. Kennedy）和泰德·肯尼迪（Ted Kennedy）的侄女。他曾为电视台执导过一部电影，有几个孩子，而且十分富有。施瓦辛格的财富并不只是靠他那些电影角色累积起来的，他参加了很多举重比赛，对房地产投资也很有一套。

施瓦辛格其他更令人难忘的冒险片有《铁血战士》（Predator，1987）、《全面回忆》（Total Recall，1990）、《真实的谎言》（True Lies，1994）和《蝙蝠侠与罗宾》（Batman & Robin，1997），喜剧片有《龙兄鼠弟》（Twins，1988）和《幼儿园警探》（Kindergarten Cop，1990）。20世纪60年代刚移民到美国时，这位奥地利警官之子几乎不会说英语，取得这样的成就对他来说已是不俗了。他拍的《施瓦辛格健身之路》（Pumping Iron，1977）对于那些拍摄健美纪录片的狂妄之人而言十分不赖。**GCQ**

代表作：

Terminator 3: Rise of the Machines 2003
Collateral Damage 2002
Batman & Robin 1997
Junior 1994
True Lies 1994
Last Action Hero 1993
Terminator 2: Judgment Day 1991
Kindergarten Cop 1990
Total Recall 1990
Twins 1988
The Running Man 1987
Predator 1987
Commando 1985
The Terminator 1984
Conan the Destroyer 1984
Conan the Barbarian 1982

"有很多人想要我息影……他们大多是些影评人。"

理查德·德莱弗斯 RICHARD DREYFUSS

生平：本名理查德·史蒂芬·德莱弗斯（Richard Stephen Dreyfus），1947年10月29日生于美国纽约布鲁克林。

明星特质：身材矮小、多才多艺的男主角；擅长喜剧表演风格；民权积极分子、作家、导演、制作人。

德莱弗斯的演艺生涯如同坐过山车般上上下下，他与史斯皮尔伯格在合作票房大热的影片《大白鲨》（Jaws, 1975）和《第三类接触》（Close Encounters of the Third Kind, 1977）时成为密友。德莱弗斯在纽约度过了自己的童年，九岁那年举家搬到洛杉矶。他从年轻时就开始演戏，在电视节目如《本·凯西》（Ben Casey, 1965）、《大峡谷》（The Big Valley, 1967）、《扫荡三人组》（The Mod Squad, 1970—1973）和电影如约翰·米利厄斯的《大盗龙虎榜》（Dillinger, 1973）里跑龙套磨练自己的演技，直到参演乔治·卢卡斯的《美国风情画》（American Graffiti, 1973）他的演艺事业才取得重大突破。他在《美国风情画》中饰演的柯特·亨德森是个体贴而胆小的小镇男孩，在20世纪50年代末成长，这个角色帮助确立了德莱弗斯的角色类型：充满好奇心、有书生气的唯美主义者。

德莱弗斯因自己的第一个浪漫角色——《再见女郎》（The Goodbye Girl, 1977）中失业的演员赢得奥斯卡最佳男主角奖。他接着演的一连串电影都没获得商业上的成功，如《这究竟是谁的生命》（Whose Life Is It Anyway?, 1981）。克服毒品问题后，德莱弗斯在80年代中期再次以喜剧主角的身份出现在观众面前。《乞丐皇帝》（Down and Out in Beverly Hills, 1986）宣告了他的回归，他还拍了《锡人》（Tin Men, 1987）、《紧急盯梢令》（Stakeout, 1987）和《我要求审判》（Nuts, 1987），但《天生一对宝》（What About Bob?, 1991）改变了老德莱弗斯的角色类型，挖掘出他更深层次的表演才能。从中年开始，德莱弗斯就交替出演一些反派角色和英雄，前者有《美国总统》（The American President, 1995），后者有《生命因你动听》（Mr. Holland's Opus, 1995），他还因后者获得奥斯卡最佳男主角提名。虽然德莱弗斯不再是放声大笑、自由自在的年轻人了，但他的成熟让他迅速摆脱过去固定的模式，成为如他在《海神号》（Poseidon, 2006）中饰演的仁慈的人。**GCQ**

代表作：

Poseidon 2006
Mr. Holland's Opus 1995 ☆
The American President 1995
Another Stakeout 1993
What About Bob? 1991
Nuts 1987
Stakeout 1987
Tin Men 1987
Stand by Me 1986
Down and Out in Beverly Hills 1986
Whose Life Is It Anyway? 1981
The Goodbye Girl 1977 ★
Close Encounters of the Third Kind 1977
Jaws 1975
American Graffiti 1973
Dillinger 1973

1940年代

"生活是让人从完全确信到完全无知的过程。"

凯西·贝茨 KATHY BATES

生平：本名凯瑟琳·多伊尔·贝茨（Richard Stephen Dreyfus），1948年6月28日生于美国田纳西州孟菲斯市。

明星特质：昵称"波波"；矮小丰满、多才多艺的女配角，有时也饰演女主角；导演、制作人、作曲家。

尽管凯西·贝茨的第一次演出要追溯回1971年，她这么多年来一直因在台上饰演的著名角色而出名，并因此赢得过一些奖项。贝茨在田纳西州的孟菲斯市出生，在进入专业的表演领域前曾在学校学习过戏剧。她也遭遇过很多挫败，一些在戏剧中原本由贝茨出演的角色在改编成电影时都换成了更出名或者说更迷人的女演员来演。例如，她主演了外百老汇的浪漫剧《现代爱情故事》（Frankie and Johnny in the Clair De Lune, 1987）中疲惫不堪的女侍者，剧作家特伦斯·麦克纳利（Terrence McNally）是以她为灵感创作了这个角色的，但电影中的这个角色却是由米歇尔·菲佛（Michelle Pfeiffer）饰演。然而，贝茨最终凭借根据史蒂芬·金（Stephen King）的小说改编的电影《危情十日》（Misery, 1990）闯进好莱坞，她在该片中饰演可怕的安妮·威尔克斯囚禁了自己最喜欢的作家。这个角色为她赢得奥斯卡最佳女主角奖，贝茨开始理所当然地得到更丰满的角色。

贝茨继续在各类电影中脱颖而出，如《油炸绿番茄》（Fried Green Tomatoes, 1991）、《泰坦尼克号》（Titanic, 1997）和《风起云涌》（Primary Colors, 1998），后者为她赢得另一个奥斯卡提名。贝茨也花了很多时间在电视中磨练她的导演才能和演戏技巧，她获得过七次艾美奖提名。然而她在《关于施密特》（About Schmidt, 2002）中的精彩演出展示了她特殊的天赋，她性急而有趣，让通常都很镇定的杰克·尼克尔森都感到震惊。这个角色给贝茨带来另一次源源不断的喝彩，包括第三次奥斯卡提名。尽管贝茨既不是一名传统的女主角，也不是严格的性格演员，但她一直给观众留下深刻的印象，哪怕她演的都是些不起眼的小角色。**JK**

代表作：

Charlotte's Web 2006
Failure to Launch 2006
The Bridge of San Luis Rey 2004
Around the World in 80 Days 2004
About Schmidt 2002 ☆
Primary Colors 1998 ☆
Titanic 1997
Dolores Claiborne 1995
North 1994
Shadows and Fog 1992
Fried Green Tomatoes 1991
At Play in the Fields of the Lord 1991
Misery 1990 ★
White Palace 1990
Dick Tracy 1990
The Morning After 1986

1940年代

"奥斯卡奖改变了一切：更高的薪酬……更多的曝光，更少的私人空间。"

让·雷诺 JEAN RENO

生平：本名胡安·莫雷诺·艾丽瑞·里门斯（Juan Moreno Errere y Rimenes），1948年7月30日生于摩洛哥卡萨布兰卡。

明星特质：高大英俊、声音低沉、棕色眼睛充满哀伤；欧洲电影中多才多艺、有创意的男主角；常饰演反派角色。

高大的让·雷诺有头黑色的头发和悲伤的眼睛，他是当代少数一直活跃在欧洲和好莱坞银幕上的演员之一。让·雷诺在摩洛哥出生，父母都是西班牙人，为了逃避弗朗西斯科·佛朗哥将军的法西斯政权搬到了北非。雷诺小时候患有气喘，大多时间都呆在电视机前，因此对表演产生了兴趣。17岁那年雷诺到了法国，接受了戏剧训练，首次登台表演了法国戏剧《瞧！这个人》（Ecce Homo，1974），最终进入了电影圈。

雷诺因与导演吕克·贝松合作了《最后决战》（Le dernier combat, 1983），首次获得知名度。这两人成为一对有创意的盟友，接着合作了《地下铁》（Subway, 1985）、《碧海蓝天》（Le grand bleu, 1988）和《妮基塔》（Nikita, 1990）。雷诺最终因在贝松的《这个杀手不太冷》（Léon, 1994）中引人注目地饰演了信奉斯多葛派的杀手莱昂而成为国际巨星。这次成功给他带来更多的出演好莱坞出色电影的机会，如《情定巴黎》（French Kiss, 1995）、《碟中谍》（Mission: Impossible, 1996）、《哥斯拉》（Godzilla, 1998）和《浪人》（Ronin, 1998）。

雷诺在喜剧《豹神》（Le Jaguar, 1996）、《排队上天堂》（Roseanna's Grave, 1997）和《时空急转弯》（Les visiteurs, 1993）——他在1998年拍摄的续集和美国重拍的《时空访客》（Just Visiting, 2001）中再次演绎了该剧中的角色——中展示了他演技的多面性。在法国，雷诺拍了另一部造成轰动的电影《暗流》（Les Rivières pourpres, 2000）及其续集。雷诺因其多才多艺受到观众的喜爱，他在意大利导演罗伯特·贝尼尼（Roberto Benigni）的《爱你如诗美丽》（La tigre e la neve, 2005）中饰演伊拉克人，在《粉红豹》（The Pink Panther, 2006）中扮演史蒂夫·马丁（Steve Martin）所饰探员克鲁索的滑稽搭档，在《达芬奇密码》（The Da Vinci Code, 2006）中饰演侦探。**WW**

代表作：

The Da Vinci Code 2006
The Pink Panther 2006
La tigre e la neve 2005 (The Tiger and the Snow)
Just Visiting 2001
Les Rivières pourpres 2000 (The Crimson Rivers)
Ronin 1998
Godzilla 1998
Roseanna's Grave 1997
Le Jaguar 1996
Mission: Impossible 1996
Léon 1994 (The Professional)
Les visiteurs 1993 (The Visitors)
Nikita 1990 (La Femme Nikita)
Le grand bleu 1988 (The Big Blue)
Subway 1985
Le dernier combat 1983 (The Final Combat)

1940年代

"现实生活中我只有少数几个好友……我从60年代就认识他们了。"

塞缪尔·杰克逊 SAMUEL L. JACKSON

生平：本名塞缪尔·勒罗伊·杰克逊（Samuel Leroy Jackson），1948年12月21日生于美国华盛顿特区。

明星特质："酷天王"；声音低沉；银幕形象冷酷；票房冠军；动作片男主角，常饰演暴力角色；制作人。

塞缪尔·杰克逊电影票房的收入比其他任何一个电影演员都多。他在佐治亚州亚特兰大的莫尔豪斯学院学习戏剧，与他人一起成立了一个剧院。1968年美国民权运动领袖马丁·路德·金（Martin Luther King）遭人刺杀身亡后，杰克逊在亚特兰大参加了他的葬礼，是众多招待员中的一人。毕业时杰克逊在电视中找到一些龙套角色，并在纽约黑人剧团（Negro Ensemble Company）和纽约莎士比亚剧院（New York Shakespeare Company）演了多年的戏剧。

杰克逊早期遭遇了很多有天赋的美国黑人演员在电影中都会遇到的命运，即一再饰演相同类型的角色，如《爵士年代》（Ragtime，1981）中的黑帮二号人物和《美国之旅》（Coming to America，1989）里敲竹杠的人。导演斯派克·李（Spike Lee）让他在《黑色学府》（School Daze，1988）中饰演了一个小角色，接着给了他《丛林热》（Jungle Fever，1991）中最好的角色——吸食强效纯可卡因上瘾的盖特·普瑞法。

90年代，杰克逊迎来了更多杰出的角色。在《重载武器》（Loaded Weapon 1，1993）中，他嘲讽了之后在史蒂芬·斯皮尔伯格的《侏罗纪公园》（Jurassic Park，1993）中饰演的那类动作英雄，他在《侏罗纪公园》里饰演一个不停吸烟的人，最后被恐龙吃掉。导演昆汀·塔伦蒂诺让他在轰动一时的电影《低俗小说》（Pulp Fiction，1994）中饰演朱尔斯·温菲尔德，他说话精练诙谐，并凭借在该片中的出色表演获得奥斯卡最佳男配角提名。杰克逊接着以高价拍了《虎胆龙威3》（Die Hard: With a Vengeance，1995）。之后，他再次与塔伦蒂诺合作拍摄了《杰克·布朗》（Jackie Brown，1997），出演了《星球大战》（Star Wars，1999，2002，2005）和《极限特工》（xXx，2002，2005）系列电影，并主演了《杀戮战警》（Shaft，2000）。**KN**

代表作：

The Avengers 2012
xXx: State of the Union 2005
The Incredibles 2004
Kill Bill: Vol. 2 2004
S.W.A.T. 2003
xXx 2002
Changing Lanes 2002
Shaft 2000
Rules of Engagement 2000
Star Wars: Episodes I, II, III 1999, 2002, 2005
The Negotiator 1998
Jackie Brown 1997
The Long Kiss Goodnight 1996
Die Hard: With a Vengeance 1995
Pulp Fiction 1994 ☆
Jurassic Park 1993
Jungle Fever 1991

"一直以来我都是个古板的人，所以当人们认为我很酷时我彻底震惊了。"

1940年代

杰拉尔·德帕迪约 GÉRARD DEPARDIEU

生平：本名杰拉尔·泽维尔·马塞尔·德帕迪约（Gérard Xavier Marcel Depardieu），1948年12月27日生于法国安德尔省沙托鲁。

明星特质：工作勤奋、受欢迎的演员；法国电影的重要人物；获最多次（14次）凯撒奖最佳男主角提名的男明星。

到了2006年，杰拉尔·德帕迪约似乎已经失去了往日的势头。他最近拍的电影——只需想想《102真狗》（102 Dalmatians，2000）、《下岗风波》（Le Placard，2001）、《娜塔莉》（Nathalie...，2003）——似乎都配不上这个在法国影坛驰骋二十多年的重要演员的才能。众所周知，德帕迪约很看重他的葡萄酒生意，甚至一度宣布要息影。但他之后在《我当歌手的日子》（Quand j'étais chanteur，2006）里的表演让大家大吃一惊，他饰演的复杂、敏感而感人的角色可与他辉煌时期的表演相媲美。

德帕迪约诠释的三流夜总会歌手是他最出色的角色之一，这个角色慷慨却从不多情，有很多矛盾的地方。他早期的电影常常反映出他艰苦卑微的出身，他在《远行他方》（Les valseuses，1974）、《1900》（Novecento，1976）、《最后的女人》（La dernière femme，1976）、《掏出你的手帕》（Préparez vos mouchoirs，1978）和《情人奴奴》（Loulou，1980）等片中无从区分是非的、笨拙的、甚至微微有些谋财害命的行为都被赋予了含蓄的智慧和敏感。这些特质让他饰演了些与他自己的经验相去甚远的作品：《我的美国舅舅》（Mon oncle d'Amérique，1980）、《最后一班地铁》（Le dernier métro，1980）、《丹东》（Danton，1983）、《恋恋山城》（Jean de

代表作：

Quand j'étais chanteur 2006 (The Singer)
Unhook the Stars 1996
Le garçu 1995
My Father the Hero 1994
1492: Conquest of Paradise 1992
Tous les matins du monde 1991
　(All the Mornings of the World)
Mon père, ce héros 1991
Green Card 1990
**Cyrano de Bergerac* 1990* ☆
Trop belle pour toi 1989 (Too Beautiful for You)
Camille Claudel 1988
Sous le soleil de Satan 1987 (Under Satan's Sun)
Jean de Florette 1986
Danton 1983
Le retour de Martin Guerre 1982
　(The Return of Martin Guerre)
Le dernier métro 1980 (The Last Metro)
Loulou 1980
Mon oncle d'Amérique 1980
　(My American Uncle)
Maîtresse 1976 (Mistress)
Novecento 1976 (*1900*)
Les valseuses 1974 (Going Places)

1940年代

右图：这位《大鼻子情圣》中自负的诗人战士希拉诺私下追求罗克姗。

杰拉尔·德帕迪约

上图：德帕迪约与西西·迪·法兰丝（Cécile De France）合演《我当歌手的日子》。

Florette，1986）、《在撒旦的阳光下》（Sous le soleil de Satan，1987）和《罗丹的情人》（Camille Claudel，1988）。看起来似乎没有德帕迪约演不了的角色，他甚至在《大鼻子情圣》（Cyrano de Bergerac，1990）中演活了大鼻子这个角色，赋予这个大鼻子怪物一颗诗人般美丽的心。

《绿卡》（Green Card，1990）证明了他可以演英语片，从这之后他时而在法语片中出演精彩的角色——如《日出时让悲伤终结》（Tous les matins du monde，1991）和《难为了爸爸》（Le garçu，1995）——时而演一些不是那么令人满意的英语片，如《哥伦布传》（1492: Conquest of Paradise，1992）、《情圣保镖》（My Father the Hero，1994）和《铁面人》（The Man in the Iron Mask，1998）。我们希望德帕迪约能通过他的杰作《我当歌手的日子》重新找到他对电影的爱。**GA**

享乐主义者

对于酒和美食，杰拉尔·德帕迪约可算得上是个享乐家。实际上，这位胖胖的法国演员（他很乐意承认自己腰间有很多赘肉）对酒充满热情，精通酒的酿造。他甚至在护照上自称"演员、酿酒师"。除了拥有葡萄园外，他在巴黎还有两家餐厅。他对美酒美食的爱很可能会对他的健康造成伤害。2000年他心脏病发作，做了一次手术。正如他坦承的："这世上让我开心的东西很少，但我很乐意杯子里的酒很多。"

1940年代

乔·达里桑德罗 JOE DALLESANDRO

生平：1948年12月31日生于美国佛罗里达州彭萨科拉。

明星特质：超凡魅力的海报男星、20世纪70年代美国地下文化里裸露性感的演员；被波普艺术家和先锋派电影制作人安迪·沃霍尔发掘。

代表作：

The Limey 1999
Guncrazy 1992
Cry-Baby 1990
The Cotton Club 1984
Merry-Go-Round 1981
La Marge 1976 (Emmanuelle '77)
Je t'aime moi non plus 1976 (I Love You, I Don't)
L'ultima volta 1976 (Born Winner)
Black Moon 1975
Blood for Dracula 1974
Flesh for Frankenstein 1973
Heat 1972
Trash 1970
Lonesome Cowboys 1969
Flesh 1968
San Diego Surf 1968

"同性恋的世界……赋予我完全不同的看法，让我更冷静。"

20世纪60年代末乔·达里桑德罗因出演安迪·沃霍尔电影公司的《圣地亚哥冲浪者》（San Diego Surf，1968）和《寂寞牛仔》（Lonesome Cowboys，1969）而名声大噪，在此之前，他已经是名受欢迎的明星了，为同性恋者拍过一些健美海报。60年代他为模特协会拍了很多展示健壮体格的照片和一些短片。他所拍的海报大多不穿衣服，这也成为他与沃霍尔合作的这段时间所饰角色的显著标志。达里桑德罗因卢·里德（Lou Reed）的经典歌曲《走在狂野边界》（Walk on the Wild Side，1972）而名声大噪。

达里桑德罗是导演保罗·莫里希（Paul Morrissey）的缪斯，他是最早打破美国电影中男星不许裸体的禁忌的演员之一，在沃霍尔制作的邪典三部曲《肉》（Flesh，1968）、《渣》（Trash，1970）和《热》（Heat，1972）中裸体出镜。三部曲后，达里桑德罗和莫里希在欧洲接着拍了《行尸走肉》（Flesh for Frankenstein，1973）和《魔鬼之血》（Blood for Dracula，1974）。厌倦了沃霍尔的这些电影，达里桑德罗70年代在欧洲与简·伯金（Jane Birkin）主演了塞吉·甘斯布（Serge Gainsbourg）的两性电影《我爱你，我也不爱你》（Je t'aime moi non plus，1976），他在里面饰演一个同性恋垃圾车司机。达里桑德罗在欧洲共拍了18部电影，包括路易·马勒（Louis Malle）的奇幻片《黑月亮》（Black Moon，1975）和雅克·里维特（Jacques Rivette）的黑帮片《旋转木马》（Merry- Go-Round，1978）。80年代他回到美国，在一些廉价的动作片中出演小角色。但这一时期也有些让人眼前一亮的作品，他在弗朗西斯·福特·科波拉的《棉花俱乐部》（The Cotton Club，1984）中饰演查尔斯·"幸运"·卢西亚诺，约翰·沃特斯让他与约翰尼·德普合作，在《哭泣宝贝》（Cry-Baby，1990）中饰演一名宗教狂热分子——这也是在向这位地铁里唯一的海报男明星致敬。**GN**

约翰·贝鲁西 JOHN BELUSHI

生平： 本名约翰·亚当·贝鲁西（John Adam Belushi,），1949年1月24日生于美国芝加哥；1982年卒于美国好莱坞。

明星特质： 体格健壮的喜剧演员；擅长喜剧和即兴创作；布鲁斯兄弟的一员。

约翰·贝鲁西的父亲是阿尔巴尼亚移民，开有一家餐馆。贝鲁西高中时对表演产生兴趣，参加了学校的综艺表演。他帮助成立了即兴喜剧剧团，1971年与芝加哥的第二城市喜剧团（Second City Comedy Troupe）一起表演。他接着在外百老汇参演了由国家讽刺文社（National Lampoon）赞助的摇滚音乐剧《旅鼠》（Lemmings，1973）。后来贝鲁奇加入电视节目《周六夜现场》（Saturday Night Live，1975—1979），创造了一系列令人印象深刻的角色，包括和丹·艾克罗伊德（Dan Aykroyd）组成的"布鲁斯兄弟"（Blues Brothers）。

贝鲁奇的银幕处女作是杰克·尼科尔森的西部片《飞跃温柔窝》（Goin' South，1978），他接着在约翰·兰迪斯（John Landis）的《动物屋》（Animal House，1978）中出演了标志性的角色——引人注目的约翰·"布鲁托"·布鲁塔斯基。贝鲁奇的角色势利而粗鲁，如卡通人物般混乱（他夺走虚情假意的民歌歌手的吉他，把它摔成碎片），他成为正式的喜剧极端分子，在史蒂文·斯皮尔伯格的喜剧电影《1941》（1941，1979）中再现布鲁托的表演。

贝鲁奇一夜成名，却并不适合所有的电影。他在轻浪漫剧《天南地北一线牵》（Continental Divide，1981）中就很不自在，在稍许带些黑色喜剧的电影《臭味相投》（Neighbors，1981）中笨拙地扮演了一个滑稽的配角演员。贝鲁奇33岁那年英年早逝，在此之前，他在兰迪斯的《福禄双霸天》（The Blues Brothers，1980）中塑造了一个更为经典角色——戴着平顶帽和太阳镜、爱冒险的杰克·布鲁斯。这个角色让他有机会与音乐传奇如雷·查尔斯（Ray Charles）和艾瑞莎·富兰克林（Aretha Franklin）一起以他独特的方式又唱又跳。贝鲁奇喜欢聚会和毒品，最终因注射了致命的可卡因和海洛因而逝世，他的弟弟詹姆斯·贝鲁奇（James Belushi）也是演员和喜剧表演者。**KN**

代表作：

Neighbors 1981
Continental Divide 1981
The Blues Brothers 1980
1941 1979
Old Boyfriends 1979
Goin' South 1978
Animal House 1978
Lemmings 1973

"我给这么多人带去这么多欢乐，为什么我就不能给自己带来点欢乐呢？"

杰西卡·兰格 JESSICA LANGE

生平： 本名杰西卡·菲利斯·兰格（Jessica Phyllis Lange），1949年4月20日生于美国明尼苏达州克洛凯。

明星特质： 高挑、聪明、有模特的长相；严肃戏剧女主角；仔细地挑选自己的角色，避开主流电影；自由派政治积极分子、制作人。

代表作：

Don't Come Knocking 2005
Broken Flowers 2005
Big Fish 2003
Titus 1999
Rob Roy 1995
Blue Sky 1994 ★
Cape Fear 1991
Music Box 1989 ☆
Crimes of the Heart 1986
Sweet Dreams 1985 ☆
Country 1984 ☆
Frances 1982 ☆
Tootsie 1982 ★
The Postman Always Rings Twice 1981
All That Jazz 1979
King Kong 1976

1940年代

"为了保持对表演的兴趣，我一直尝试之前没演过的角色。"

　　杰西卡·兰格小时候想当画家或舞者，但是法国电影《天堂的孩子》（Children of Paradise, 1945）改变了她的想法，她在1971年跟随著名的默剧老师伊提安·德鲁克（Etienne Decroux）学习默剧。后来兰格搬到纽约，成为威廉敏娜模特经纪公司的一名模特。1975年，还在威廉敏娜的兰格引起制作人迪诺·德·劳伦提斯（Dino De Laurentiis）的注意，后者正在为自己重拍的30年代经典片《金刚》寻找女主角，兰格得到这个名额，出演了大猩猩喜欢的德万。尽管兰格的第一部电影就是引人注目的新版《金刚》（King Kong, 1976），但该片并没引起评论界的重视，宣传也认为她的默默无名在最初对她的职业生涯并无益处。此后两年兰格没有再拍过电影，直到后来出演了鲍勃·弗斯（Bob Fosse）的《爵士春秋》（All That Jazz, 1979）。

　　兰格在情色恐怖片《邮差总按两次铃》（Postman Always Rings Twice, 1981）中饰演女服务员卡拉，与杰克·尼科尔森扮演的情人合谋杀死自己的丈夫，这个角色扭转了评论界对她的评价。她在《弗兰西斯》（Frances, 1982）和《窈窕淑男》（Tootsie, 1982）中的表演分别为她赢得奥斯卡最佳女主角和最佳女配角提名，而她也凭借在后者中的精彩表演获得了奥斯卡最佳女配角奖。20世纪80年代兰格凭借《同窗之爱》（Country, 1984）、《甜蜜梦幻》（Sweet Dreams, 1985）和《八音盒》（Music Box, 1989）中的角色获得另外三次奥斯卡提名。从那之后，兰格一直饰演复杂、感情丰富的角色，进一步增进了她在评论界的信誉。兰格不接大片，她只选自己感兴趣的角色。她擅长饰演有区域性的角色，尤其是美国中西部和南部的女子。除了电影外，兰格还活跃在戏剧和政治舞台上，是剧作家山姆·夏普德（Sam Shepard）的长期合作伙伴。**PS**

帕姆·格里尔 PAM GRIER

生平：本名帕梅拉·苏泽特·格里尔（Pamela Suzette Grier），1949年5月26日生于美国北卡罗莱纳州温斯顿塞勒姆。

明星特质：20世纪70年代吸引黑人观众电影中的女王；高挑美丽，性感撩人的女主角和性格演员；主张男女平等；擅长饰演坚强的女性。

如果要说出一个20世纪70年代所谓吸引黑人观众的美国黑人电影的男星代表人物——弗雷德·威廉森（Fred Williamson）、理查德·朗德特依（Richard Roundtree）或罗恩·奥尼尔（Ron O'Neal）——人们可能还有争议，但要说出这场电影运动的女王，毫无疑义一定是帕姆·格里尔。

格里尔的父亲是美国空军机械师，她从小在英国和德国的军事基地长大。十几岁时格里尔一家人搬到了科罗拉多州的丹佛，18岁时格里尔在丹佛参加了科罗拉多州环球小姐比赛，引起了好莱坞经纪人大卫·鲍姆加登（David Baumgarten）的注意，后者与她签订了合约。格里尔开始演出了一系列讲述身陷囹圄的女子的不幸电影：《玩偶屋》（The Big Doll House，1971）、《笼中女》（Women in Cages，1971）、《大鸟笼》（The Big Bird Cage，1972）和《黑妈妈，白妈妈》（Black Mama, White Mama，1972）。接着《玩偶屋》的导演杰克·希尔（Jack Hill）安排她出演了那个时代两部最令人难忘且有趣的黑人电影《科菲》（Coffy，1973）和《福克斯·布朗》（Foxy Brown，1974）。

20世纪70年代格里尔在电影界一直占据着重要位置，但她的电影却愈加平淡。当然，她因在昆汀·塔伦蒂诺迄今为止最被低估的电影《杰克·布朗》（Jackie Brown，1997，译注：塔伦蒂诺为了向格里尔饰演的福克斯·布朗致敬，重新为他电影的主角命名）中饰演同名角色而再度引起公众的注意，然而这部电影并没有让她回到从前的辉煌，她的职业生涯似乎并没发生任何改变。从70年代黑人题材电影走下坡路开始格里尔一直坚持不懈地出演电影，但是好莱坞似乎并不知道该如何处理坚强的美国黑人女演员，更别提她还是个中年的黑人女演员了，所以格里尔能一直演出（即使是出演一些配不上她演技的电影）也算得上是个不错的成就了。**TC**

代表作：

Bones 2001
Ghosts of Mars 2001
Holy Smoke 1999
In Too Deep 1999
Jawbreaker 1999
Jackie Brown 1997
Mars Attacks! 1996
Escape from L.A. 1996
Friday Foster 1975
"Sheba, Baby" 1975
Foxy Brown 1974
Scream Blacula Scream 1973
Coffy 1973
The Big Bird Cage 1972
Women in Cages 1971
The Big Doll House 1971

> "如果你足够独立，每个女人都可以是福克斯·布朗。"

梅丽尔·斯特里普 MERYL STREEP

生平：本名玛丽·路易斯·斯特里普（Mary Louise Streep），1949年6月22日生于美国新泽西州。

明星特质：电影传奇，因其令人心痛、聪慧、多才多艺而完美的表演而为人们熟知；她是获得最多次奥斯卡提名的演员（17次）。

迄今为止对梅丽尔·斯特里普的描述一般都是：她是她们那一代女演员中最有才气的一位，即使你现在对她还不够了解，看到评论界的评价，你也许已经意识到她的伟大了。

在三十多年的职业生涯中，斯特里普拍了很多著名的作品，包括电视、电影和戏剧，她获得过17次奥斯卡提名，最终凭借《苏菲的抉择》（Sophie's Choice，1982）、《克莱默夫妇》（Kramer vs. Kramer，1979）和《铁娘子：坚固柔情》（The Iron Lady，2011）三次斩获奥斯卡奖。她还三次获得艾美奖提名，并因《大屠杀》（Holocaust，1978）和《天使在美国》（Angels in America，2003）两度获奖。此外，她还获得27次金球奖提名，并凭借《天使在美国》、《改编剧本》（Adaptation.，2002）、《苏菲的抉择》、《法国中尉的女人》（The French Lieutenant's Woman，1981）、《克莱默夫妇》和《穿普拉达的女王》（The Devil Wears Prada，2006）等八部影片赢得了该奖项。在这些作品中，她或是担当主演，或是与人联袂出演，或是担任配音，这些作品涵盖了大多数的影片类型，她的忠诚和个人修养让她对所有作品都胸有成竹，使她成为高质量电影表演和极易被忽视的完美演技的同义词。

代表作：

The Iron Lady 2011 ★
Julie and Julia 2009 ☆
Doubt 2008 ☆
Mamma Mia! 2008
The Devil Wears Prada 2006 ☆
The Manchurian Candidate 2004
Adaptation. 2002 ☆
Music of the Heart 1999 ☆
One True Thing 1998 ☆
Dancing at Lughnasa 1998
Marvin's Room 1996
The Bridges of Madison County 1995 ☆
The River Wild 1994
Death Becomes Her 1992
Postcards from the Edge 1990 ☆
Evil Angels 1988 ☆
Ironweed 1987 ☆
Heartburn 1986
Out of Africa 1985 ☆
Silkwood 1983 ☆
Sophie's Choice 1982 ★
The French Lieutenant's Woman 1981 ☆
Kramer vs. Kramer 1979 ★
The Seduction of Joe Tynan 1979
Manhattan 1979
The Deer Hunter 1978 ☆

下图：斯特里普在《法国中尉的女人》中饰演披着黑色披风的维多利亚时代的放逐者。

梅丽尔·斯特里普

上图：斯特里普在《丝克伍事件》中饰演的核电厂的工人后来变为检举工厂的人。

斯特里普是美国东海岸人，她曾经想当歌剧演员，结果在瓦萨和耶鲁的经历却让她成为悲剧演员，仿佛命运自有安排一般。斯特里普很有表演天赋，她能像机器人一样模仿各种口音和方言，通过服饰和化妆就能完全变成另外一个人，她的表演非常完美。事实上，有种评论用机械来描述她的演技——人们觉得斯特里普对她的表演"作品"费尽心机，她的每个角色说话的方式和感情构架都不相同，好像电脑设计般精准。

微妙的表演者

评论界和大众的陈词滥调称她对那些崇拜大师的人充满了吸引力，斯特里普真正的厉害之处在于她微妙的表演、延伸到银幕下的细节和经过深思熟虑而挥之不去的想象。我们在《时时刻刻》（The Hours，2002）中目睹了她饰演的克莱丽莎·沃恩为垂死的朋友准备晚宴时情感的崩

梅丽尔·斯特里普

奥斯卡女王

梅丽尔·斯特里普至今保持着获最多次奥斯卡奖提名的纪录。她共被提名17次,获奖三次,分别是《克莱默夫妇》中的最佳女配角、《苏菲的抉择》中的最佳女主角和《铁娘子:坚固柔情》中的最佳女主角。1979年她第一次获得奥斯卡奖,她在颁奖典礼上太兴奋了,竟意外把小金人落在盥洗室里。

◆ 贝蒂·戴维斯很欣赏梅丽尔·斯特里普早年的演艺事业,但凯瑟琳·赫本却似乎不太喜欢。有趣的是,斯特里普、戴维斯(10次提名,两次获奖)和赫本(12次提名,4次获奖)是排名前三的获得最多奥斯卡提名的女演员。

◆ 斯特里普是个输得起的人。1987年她和雪儿(Cher)一起被提名奥斯卡最佳女主角,雪儿因在《月色撩人》(Moonstruck)中的出色表演获得了该奖,斯特里普立刻站起来向雪儿表示祝贺。雪儿在致辞中感谢了斯特里普在《丝克伍事件》中对她的支持和帮助。

◆ 斯特里普还是赢得最多次金球奖(8次)的女演员。

◆ 她最长没获得奥斯卡提名的时间是五年,这之前和之后的提名电影分别是1990年的《来自边缘的明信片》(Postcards From the Edge)和1995年的《廊桥遗梦》(The Bridges of Madison County)。

◆ 斯特里普因电视剧《天使在美国》中的角色获得艾美奖,她在颁奖典礼上说"有时我自己都觉得人们对我的评价过高,但不是今天。"

溃,她在《暗夜哭声》(A Cry in the Dark, 1988)中饰演紧张不安的琳迪·张伯伦,对杀害自己孩子的指控进行自我辩护。她是《亲情无价》(One True Thing, 1998)中慢慢撕开表面伪装的母亲凯特·古尔登,是《丝克伍事件》(Silkwood, 1983)中有反抗精神的蓝领工人卡伦·丝克伍。这串名单可以继续罗列下去,但这已足够说明斯特里普与其他演员是不同的,即使我们进入她的演技世界,看着她真实且令人信服人物角色,我们也无法忘记我们正在观看斯特里普的表演。如今她已步入中年,但年龄的增长既没削弱她的演技,也没降低她在大银幕中的美貌。二十多年来她一直不断地获得奥斯卡提名,她就是名真正的巨星。**GCQ**

"有时不充分的准备是非常好的,因为准备不充分会让人害怕,而害怕能让人振奋。"

右图:斯特里普在《穿普拉达的女王》中饰演令人敬畏的时尚杂志主编。

理查德·基尔 RICHARD GERE

生平： 本名理查德·蒂凡尼·基尔（Richard Tiffany Gere），1949年8月31日生于美国宾夕法尼亚州费城。

明星特质： 体格健壮、超凡魅力的性感男主角；歌手、舞者、人道主义者、制作人、作曲家。

代表作：

The Hoax 2006
Chicago 2002
Unfaithful 2002
The Mothman Prophecies 2002
First Knight 1995
Sommersby 1993
Final Analysis 1992
Hachi-gatsu no kyôshikyoku 1991
　（Rhapsody in August）
Pretty Woman 1990
Internal Affairs 1990
The Cotton Club 1984
An Officer and a Gentleman 1982
American Gigolo 1980
Days of Heaven 1978
Looking for Mr. Goodbar 1977

"我真的没有想过名声、形象和人们对我的性期望。"

　　理查德·基尔英俊的外表和银幕上自信的性感为他赢得不少女影迷，但也激起了男性的嫉妒。基尔高中时喜爱音乐和运动，他赢得了马萨诸塞大学阿默斯特分校的体操奖学金，进入大学后主修哲学。两年后为了追求自己的表演梦，基尔从学校退学，在伦敦制作的摇滚音乐剧《油脂》（Grease，1973）中饰演了一个主要角色。接着他登上了百老汇的舞台，在《生命中不能承受之情》（Bent，1980）中成功地饰演了一名集中营犯人。

　　基尔第一次在电影中引人注意是在惊悚片《寻找顾巴先生》（Looking for Mr. Goodbar，1977）中，他饰演与戴安·基顿（Diane Keaton）发生关系的众多男人中的一个。但他的突破却来自《美国舞男》（American Gigolo，1980），基尔在该片中饰演一个取悦于人的男性陪同，当他的私人生活被一起谋杀案调查打乱时，他也渐渐失去了往日的魅力。基尔在浪漫剧《军官与绅士》（An Officer and a Gentleman，1982）中饰演一个受女士们喜欢的白衣男士，这个角色巩固了他的地位。80年代后期，他演了一些失败的电影，如《大卫王》（King David，1985）。但在1990年，他凭借两个截然不同的角色东山再起，这次他不再只是拥有英俊的外貌了。他在《流氓警察》（Internal Affairs，1990）中饰演腐败却有超凡魅力的警察，在《漂亮女人》（Pretty Woman，1990）里饰演压抑却富有的商人，带着茱莉亚·罗伯茨（Julia Roberts）饰演的妓女疯狂购物。接下来基尔在多部电影中证明了自己的多才多艺：在日本传奇导演黑泽明的《八月狂想曲》（Rhapsody in August，1991）中饰演一名和平爱好者，在恐怖片《天蛾人》（The Mothman Prophecies，2002）中饰演鳏居的记者，在热门音乐剧《芝加哥》（Chicago，2002）中饰演跳踢踏舞的律师比利·弗林。银幕下，基尔德的大多时间都奉献给了他的佛教信仰和人道主义事业。**KN**

西格妮·韦弗 SIGOURNEY WEAVER

生平：本名苏珊·亚历山德拉·韦弗（Susan Alexandra Weaver），1949年10月8日生于美国纽约。

明星特质：高挑苗条、黑头发黑眼睛、拥有纤瘦面孔的美女；多才多艺的女主角和性格演员、环境保护者、制作人。

西格妮·韦弗的父亲帕特·韦弗是美国全国广播公司（NBC）的电视主管，母亲是名演员，韦弗从小生活无忧。她曾在一家以色列农场待过一段时间，之后从斯坦福大学的英语系毕业。韦弗更名为"西格妮"，进入耶鲁大学的戏剧学院学习，20世纪70年代进入纽约戏剧界。韦弗高近六尺，很难找到适合她的角色，直到她获得在雷德利·斯科特的经典恐怖科幻片《异形》（Alien，1979）中出演美国陆军准尉/中尉艾伦·雷普利的机会。

韦弗是个引人注目的演员，她在《捉鬼敢死队》（Ghost Busters，1984）中摇身一变成了喜剧演员，在《异形2》（Aliens，1986）中再度出演雷普利一角，也因此获奥斯卡最佳女主角提名。80年代韦弗出演了两个生动的角色：《迷雾中的大猩猩》（Gorillas in the Mist: The Story of Dian Fossey，1988）里保护大猩猩的人和《上班女郎》（Working Girl，1988）中的冰上女王，她因此分别获得奥斯卡最佳女主角和最佳女配角提名。韦弗接着出演了《捉鬼敢死队2》（Ghostbusters II，1989）、《哥伦布传》（1492: Conquest of Paradise，1992）和《冒牌总统》（Dave，1993）。而在《不道德的审判》（Death and the Maiden，1994）和《凶手就在门外》（Copycat，1995）中她对处于绝望的境地做了生动的诠释。

岁月对大多数女演员都是残酷的，意识到这点的韦弗开始饰演一些有固定模式的中年妇女，但偶尔也会因为兴趣饰演一些其他角色，尤其是《冰风暴》（The Ice Storm，1997）和《惊爆银河系》（Galaxy Quest，1999）中的角色，这两个角色都反映了年岁渐长后苦乐参半的悲剧。韦弗一直不断地出演电影，很快就成为如《诱惑我小妈》（Tadpole，2002）、《别有洞天》（Holes，2003）和《神秘村》（The Village，2004）等电影中令人信赖的配角。同时，韦弗还是名坚定的环保主义者，同时她也是戴安·福西大猩猩基金会的名誉主席。

GCQ

代表作：

The Village 2004
Holes 2003
Galaxy Quest 1999
Alien: Resurrection 1997
The Ice Storm 1997
Copycat 1995
Death and the Maiden 1994
Dave 1993
Alien³ 1992
Working Girl 1988 ☆
Gorillas in the Mist: The Story of Dian Fossey 1988 ☆
Aliens 1986 ☆
Ghost Busters 1984
The Year of Living Dangerously 1982
Alien 1979

"我总是为自己严肃的职业生涯感到遗憾，因为我真的更像个傻瓜。"

1940年代

杰夫·布里吉斯 JEFF BRIDGES

生平： 本名杰弗里·里昂·布里吉斯（Jeffrey Leon Bridges），1949年12月4日生于美国洛杉矶。

明星特质： 英俊性感、和蔼可亲、富有魅力、多才多艺的男主角和性格演员；好莱坞演艺世家的一员；银幕形象令人信服；制作人、作曲家。

杰夫·布里吉斯的父亲是好莱坞巨人劳埃德·布里吉斯，哥哥是演员博·布里吉斯，他在父亲主演的电视剧《海底追捕》（Sea Hunt, 1958）中出演了一个角色，从此开始了自己的演艺事业。他早年在电视和电影中跑龙套，12岁时在彼得·博格丹诺维奇（Peter Bogdanovich）根据拉里·麦克穆特瑞（Larry McMurtry）小说改编的电影《最后一场电影》（The Last Picture Show, 1971）中饰演了重要角色杜安·杰克森，并因这个角色获得奥斯卡最佳男配角提名。考虑到克林特·伊斯特伍德的影响，他与之合作了《霹雳炮与飞毛腿》（Thunderbolt and Lightfoot, 1974），并凭借该片再次获得奥斯卡提名。之后，他在重拍的《金刚》（King Kong, 1976）中杀死了巨大的大猩猩。

接着布里吉斯演了一些不同寻常的角色：《天堂之门》（Heaven's Gate, 1980）和《电子世界争霸战》（Tron, 1982）。80年代中期，他在《外星恋》（Starman, 1984）和《血网边缘》（Jagged Edge, 1985）中表现出色，接着在《得州小镇》（Texasville, 1990）中再次出演《最后一场电影》中的角色杜安·杰克森。《天涯沦落两心知》（The Fisher King, 1991）、《无惧的爱》（Fearless, 1993）、《谋杀绿脚趾》（The Big Lebowski, 1998）及他戏剧性的转变之作《拳王争霸赛》（The Contender, 2000）和《奔腾年代》（Seabiscuit, 2003）都显示出了他的风格。而《城市风云》（American Heart, 1992）和《谋杀绿脚趾》则表明了他在独立电影中的表现和在主流好莱坞电影中一样出色。布里吉斯结婚几十年来一直过着幸福的生活，如今他变得十分性感，在他的立场甚至十分舒适，他是新好莱坞里的旧日明星：文雅却不傲慢，有天赋却没有太多个性，有能力且令人信服。这些特质令他以《疯狂的心》（Crazy Heart, 2009）中的表演赢得奥斯卡最佳男主角，并因《大地惊雷》（True Grit, 2010）再次获得奥斯卡提名。此外，布里吉斯还是名出色的漫画家和摄影师。**GCQ**

代表作：

True Grit 2010 ☆
Crazy Heart 2009 ★
Seabiscuit 2003
K-PAX 2001
The Contender 2000 ☆
Arlington Road 1999
The Big Lebowski 1998
Blown Away 1994
Fearless 1993
The Fisher King 1991
Texasville 1990
The Fabulous Baker Boys 1989
Jagged Edge 1985
Starman 1984 ☆
Cutter's Way 1981
Heaven's Gate 1980
Thunderbolt and Lightfoot 1974 ☆
The Last Picture Show 1971 ☆

1940年代

> "我演过包括从精神变态的杀手到浪漫的男主角在内的所有角色。"

茜茜·斯派塞克 SISSY SPACEK

生平：本名玛丽·伊丽莎白·斯派塞克（Mary Elizabeth Spacek），1949年12月25日生于美国得萨斯州奎特曼。

明星特质：娇小美丽、多才多艺的女主角；在戏剧中饰演真实生活中坚强的女性；多次获奥斯卡提名；乡村音乐歌手。

茜茜·斯派塞克在奎特曼高中时被称为返校节女王，预示了她最终在经典恐怖片《魔女嘉莉》（Carrie, 1976）中扮演的著名角色，这个被同学欺负的女孩拥有用意念控制物体的能力。斯派塞克第一次对表演产生兴趣是见到了演员堂兄、好莱坞的万人迷雷普·汤恩（Rip Torn）之后。毕业后，茜茜（她童年的昵称）到纽约与堂兄一起住。之后在安迪·沃霍尔的邪典片《渣》（Trash，1970）中出演了一个小角色。她曾做过模特和歌手，后来进入演员工作室跟随传奇大师李·斯特拉斯堡（Lee Strasberg）学习表演。

斯派塞克是个多才多艺、极具天赋的演员，她的第一部好莱坞作品是迈克尔·里奇（Michael Ritchie）的《双龙大火拼》（Prime Cut, 1972），她在里面演一个被卖为娼妓的年轻女孩。但她第一次引起评论界注意的电影却是泰伦斯·马力克（Terrence Malick）的《恶土》（Badlands，1973），斯派塞克演这部电影时已有24岁了，她在片中饰演一个内向不安的15岁女孩，跟男友一起逃脱追捕。70年代末她终于凭借根据乡村女歌手洛雷塔·林恩（Loretta Lynn）真实生活改编的《矿工的女儿》（Coal Miner's Daughter, 1980）赢得奥斯卡最佳女主角奖，同时她还因演唱了这部电影的原声专辑获得格莱美奖提名。

1974年，斯派塞克嫁给了经常与大卫·林奇（David Lynch）导演合作的导演杰克·菲斯克（Jack Fisk），之后她在位于弗吉尼亚的家庭农场抚养两个孩子，作品比之前少了很多。然而，90年代末斯派塞克重返大银幕，在电影如《史崔特先生的故事》（The Straight Story, 1999）和《意外边缘》（In the Bedroom, 2001）中再次展示了她精湛的演技，其中《意外边缘》为她赢得另一个奥斯卡提名。**SU**

代表作：

North Country 2005
In the Bedroom 2001 ☆
The Straight Story 1999
Affliction 1997
JFK 1991
Crimes of the Heart 1986 ☆
The River 1984 ☆
The Man with Two Brains 1983
Missing 1982 ☆
Raggedy Man 1981
Coal Miner's Daughter 1980 ★
3 Women 1977
Carrie 1976 ☆
Badlands 1973 ☆
Prime Cut 1972
Trash 1970

1940年代

"我喜欢这个续集，但讨厌我在第一部电影中的角色，我太可怕了。"

——评论《魔女嘉莉》

丹尼尔·奥图 DANIEL AUTEUIL

生平： 1950年1月24日生于阿尔及利亚阿尔及尔。

明星特质： 体格健壮、有着沧桑的脸和悲伤的眼神；擅长在不同流派的法国当代电影中饰演男主角，尤其适合扮演情感脆弱的角色。

代表作：

Caché 2005 (Hidden)
36 quai des Orfèvres 2004
L'Adversaire 2002 (The Adversary)
Le Placard 2001 (The Closet)
La Veuve de Saint-Pierre 2000
　　(The Widow of Saint-Pierre)
The Lost Son 1999
La Fille sur le pont 1999 (The Girl on the Bridge)
Le huitième jour 1996 (The Eighth Day)
La Séparation 1994 (The Separation)
La Reine Margot 1994 (Queen Margot)
Ma saison préférée 1993 (My Favorite Season)
Romuald et Juliette 1989
　　(Mama, There's a Man in Your Bed)
Manon des sources 1986 (Manon of the Spring)
Jean de Florette 1986

丹尼尔·奥图是当今法国最出色的男主角之一，他是个多才多艺的演员。奥图在阿尔及利亚出生，父母是法国人，两人都是歌剧歌手。后来全家人搬回法国，奥图在阿维尼翁长大，后来在如今的法国国家民间剧院（Théâtre National Populaire）学习表演，毕业后在巴黎剧院找到一份工作，接着在喜剧和犯罪片中演了一些角色。

奥图在克劳德·贝里（Claude Berri）以法国普罗旺斯乡村为背景的作品《恋恋山城》（Jean de Florette，1986）和《甘泉玛侬》（Manon des sources，1986）中饰演奸诈的农夫于果林，获得了不少赞誉和国际认可。他在片场认识了合作的女星艾曼纽·贝阿（Emmanuelle Béart），两人开始了一段长达十年的感情，并在1992年有了女儿奈丽（Nelly）。奥图饰演的于果林为他赢得了有法国奥斯卡之称的凯撒奖最佳男主角奖，那之后他共获得过十次凯撒奖提名，并凭借在浪漫剧《桥上的女孩》（La Fille sur le pont，1999）中饰演的飞刀手加宝第二次赢得该奖项。

奥图演过很多不同类型的电影，从喜剧《罗莫尔德和朱利叶》（Romuald et Juliette，1989）到历史剧《玛戈皇后》（La Reine Margot，1994）再到戏剧《分居》（La Séparation，1994）都显示了他的多才多艺和自然的表演。在戏剧《第八日》（Le huitième jour，1996）中他赋予哈里这个角色普通人的一些特质。奥图主演了恐怖片《牵手养父情》（The Lost Son，1999）和犯罪片《被告》（L'Adversaire，2002），前者是他至今唯一出演过的一部英语片。他还和合作《恋恋山城》的杰拉尔·德帕迪约（Gérard Depardieu）合作了法兰西斯·威柏（Francis Veber）的喜剧《下岗风波》（Le Placard，2001）和警察片《警界争雄》（36 quai des Orfèvres，2004）。**WW**

"我喜欢和那些能告诉我从哪儿进，从哪儿出，我应该走多快的导演合作。"

威廉·赫特 WILLIAM HURT

生平：1950年3月20日生于美国华盛顿特区。

明星特质：高大、算得上英俊；多才多艺的戏剧男主角和性格演员；20世纪80年代性感的象征；经常饰演复杂和有缺陷的角色。

威廉·赫特不是特别英俊，他的成功在于除了饰演浪漫剧英雄和动作片角色外，还出色地诠释了一些复杂和有缺陷的角色。赫特的电影作品丰富多彩，他让每一个角色都完全令人信服，这也一直是他所出演的电影的亮点。

高中时赫特就发现了自己的演艺天赋，但他在马萨诸塞的塔夫斯大学却选择学习神学，后来才转到纽约的茱莉亚戏剧学院学习戏剧。在演电影前赫特出演了一些戏剧和电视剧，他的第一部电影是肯·罗素（Ken Russell）的《灵魂大搜索》（Altered States，1980），他在里面饰演一名研究科学家，对改变思想的药物的试验和感官的丧失带他退化回人类进化的各个阶段。

赫特在劳伦斯·卡斯丹（Lawrence Kasdan）的色情恐怖片《体热》（Body Heat，1981）中饰演一个被蛇蝎美女操控的好色律师，第一次引起了大众的关注。在80年代，他演了一系列给人留下深刻印象的角色，如《大寒》（The Big Chill，1983）中的角色。他在广受好评的《蜘蛛女之吻》（Kiss of the Spider Woma，1985）中饰演精力旺盛的同性恋囚犯，这个角色为他带来无上的光荣，他因此获得了奥斯卡最佳男主角。如今赫特一帆风顺，获得了更多的最佳男主角提名：一个是《悲怜上帝的女儿》（Children of a Lesser God，1986）中深深爱上失聪学生的语言教师，另一个是《收播新闻》（Broadcast News，1987）里道德歪曲的新闻播报员。

赫特在90年代和新的千禧年饰演了一些有挑战的角色，最著名的是在大卫·柯南伯格（David Cronenberg）的心理惊悚片《暴力史》（A History of Violence，2005）中饰演的令人不安的黑帮老大，这个角色证明了赫特还没有失去他的棱角和庄严，并为他赢得了又一个奥斯卡提名。**CK**

代表作：

The Good Shepherd 2006
Syriana 2005
***A History of Violence* 2005** ☆
The Village 2004
Artificial Intelligence: AI 2001
The Big Brass Ring 1999
One True Thing 1998
Lost in Space 1998
Dark City 1998
The Doctor 1991
***Broadcast News* 1987** ☆
***Children of a Lesser God* 1986** ☆
***Kiss of the Spider Woman* 1985** ★
The Big Chill 1983
Body Heat 1981
Altered States 1980

"我所知道的就是我最好的作品都出自于义务和快乐。"

1950年代

纳萨鲁丁·沙 NASEERUDDIN SHAH

生平：1950年7月20日生于印度德里。

明星特质：当代印度电影的标志；宝莱坞和艺术戏剧电影男主角；偏好喜剧；导演、制作人。

纳萨鲁丁·沙最为西方观众所知的角色也许是米拉·奈尔（Mira Nair）导演的《季风婚宴》（Monsoon Wedding, 2001）中不堪重负的父亲拉里特·瓦玛，沙出生在印度德里，他是这个次大陆上能在艺术电影和流行的宝莱坞电影业中来去自如而不损毁自己表演家名誉的演员之一。

沙至今已出演了130多部电影，他因参演了印度重要电影导演山亚姆·班尼戈尔（Shyam Benegal）的一些电影而引起人们的关注。他们二人长期的合作关系始于1975年的《愿望》（Nishaant, 1975），接着又合作了《角色》（Bhumika: The Role, 1977）、《迷惑》（Junoon, 1978）和《市场》（Mandi, 1983）。对宝莱坞的制作人和导演而言，沙出演过许多十分成功且有影响的电影，其中包括《好人难做》（Umrao Jaan, 1981）和《中国门》（China Gate, 1998），前者是与瑞哈（Rekha）合演的，按照宝莱坞的标准来说有些伤风败俗，在后者中沙饰演十个已过壮年的高尚者中的一位，帮助村民与盗贼搏斗。

沙近年来出演了一些美国电影，如命途多舛的《天降奇兵》（The League of Extraordinary Gentlemen, 2003）和更加独立的电影《巨大的惊喜》（The Great New Wonderful, 2005）。沙在彼得·布鲁克（Peter Brook）导演的《哈姆莱特》（The Tragedy of Hamlet, 2002）中出演了更具悲剧性的角色罗森格兰兹。除了电影外，沙还一直出演着戏剧，和他的戏剧剧团在印度巡回演出。正如他丰富多彩的职业生涯所阐述的那样，无论在何种环境下，沙都是一个独立、适应性强，最重要的是，演技出众的表演者。**AW**

代表作：

A Wednesday 2008
Iqbal 2005
The Great New Wonderful 2005
Maqbool 2003
The League of Extraordinary Gentlemen 2003
The Tragedy of Hamlet 2002
Monsoon Wedding 2001
China Gate 1998
Mandi 1983 (Market Place)
Umrao Jaan 1981
Aakrosh 1980 (Cry of the Wounded)
Junoon 1978 (A Flight of Pigeons)
Bhumika: The Role 1977
Nishaant 1975 (Night's End)

"我对自己得到的一切都感到十分快乐，并将呈现在我面前的一切发挥到极致。"

比尔·默瑞 BILL MURRAY

生平：本名威廉·詹姆斯·默瑞（William James Murray），1950年9月21日生于美国伊利诺伊州维尔梅特。

明星特质：喜剧演员、即兴表演大师、电视素描艺术家；饰演过滑稽和一些更严肃的角色；喜欢即兴创作剧本；制作人、导演、高尔夫爱好者和棒球拥护者。

比尔·默瑞是电视综艺节目《周六夜现场》的演员，演过一些出色的喜剧和尖锐的戏剧，是一个与众不同而十分有趣的人。他从芝加哥的第二城市喜剧团出道，之后成为《全国讽刺电台一小时》的特定表演者。

默瑞的电影生涯建立在深受观众喜爱的《肉丸》（Meatballs，1979）和《疯狂高尔夫》（Caddyshack，1980）的表演之上，而《杂牌军东征》（Stripes，1981）则给他提供了出演《捉鬼敢死队》（Ghost Busters，1984）的机会，后者是默瑞第一部取得票房轰动的电影。《异形奇花》（Little Shop of Horrors，1986）和《追鬼敢死队2》（Ghostbusters II，1989）为他带来出演《天生一对宝》（What About Bob?，1991）的机会。但真正提升他人物角色的是杰出的《土拨鼠之日》（Groundhog Day，1993），这部电影也结束了默瑞喜剧表演生涯的第一个阶段。从那之后，他的作品变得更加黑暗，有着更多的思考，这种风格的成型之作是《疯狗与格拉瑞小姐》（Mad Dog and Glory，1993）和《青春年少》（Rushmore，1998），成熟之作是《天才一族》（The Royal Tenenbaums，2001）和《水中生活》（The Life Aquatic with Steve Zissou，2004）。

也许是始于《怪胎记者》（Where the Buffalo Roam，1980），但确切地说是从《刀锋走险》（The Razor's Edge，1984）开始，默瑞开始慢慢发展自己严肃的一面，但他并不倾向于面无表情的表演。他的这种风格在《大厦将倾》（Cradle Will Rock，1999）和《哈姆莱特》（Hamlet，2000）中有所体现，也为在导演索菲亚·科波拉广受好评的独立电影《迷失东京》（Lost in Translation，2003）中的表演奠定了基础。默瑞在该片中饰演一名来到日本的过气美国演员，与年轻的女子发展出一段友谊，这个角色为他赢得奥斯卡最佳男主角提名。之后他又在吉姆·贾木许的《破碎之花》（Broken Flowers，2005）中饰演了另一个敏感孤独的中年人。**GCQ**

代表作：

Broken Flowers 2005
The Life Aquatic with Steve Zissou 2004
Lost in Translation 2003 ☆
The Royal Tenenbaums 2001
Hamlet 2000
Cradle Will Rock 1999
Mad Dog and Glory 1993
Groundhog Day 1993
What About Bob? 1991
Ghostbusters II 1989
Little Shop of Horrors 1986
The Razor's Edge 1984
Ghost Busters 1984
Stripes 1981
Caddyshack 1980
Meatballs 1979

"电影表演很适合我，因为我每次只需在90秒里表现出色就行了。"

1950年代

库尔特·拉塞尔 KURT RUSSELL

生平：本名库尔特·沃格尔·拉塞尔（Kurt Vogel Russell），1951年3月17日生于美国马萨诸塞州斯普林菲尔德。

明星特质：迪斯尼童星，后来成功地转型成为成人演员；外貌沧桑英俊；好莱坞著名合伙人中的一人；有过一段短暂的职业棒球运动员生涯。

代表作：

Poseidon 2006
Sky High 2005
Dark Blue 2002
Vanilla Sky 2001
Stargate 1994
Backdraft 1991
Tango & Cash 1989
Overboard 1987
Big Trouble in Little China 1986
The Best of Times 1986
Silkwood 1983
The Thing 1982
Escape from New York 1981
Elvis 1979
The Strongest Man in the World 1975
Follow Me, Boys! 1966

"要不是为了录影带，我可能不会有如今的事业。"

表演的天赋流淌在库尔特·拉塞尔的血液中，他的父亲宾·拉塞尔（Bing Russell）除了是美国棒球联盟的职业棒球手外，也是名演员，因在热门西部电视剧《大淘金》（Bonanza，1961—1973）中饰演副警长克莱姆·福斯特而出名。拉塞尔一生多次与父亲合作出演电影。库尔特·拉塞尔是迪斯尼的童星，人们常常忽略他幼年时的演艺经历，而他成年后风格更加多变的第二段演艺生涯则将他塑造成现代好莱坞更值得信赖的演员之一。在前一个阶段里，他为迪斯尼拍了十部电影，包括《欢声满乐园》（Follow Me, Boys!，1966）和《魔力神童》（The Strongest Man in the World，1975），在第二个阶段里，从主演传记片《猫王》（Elvis，1979）开始，拉塞尔出演了戏剧、喜剧和冒险片等多种类型的作品。

拉塞尔不常被看作是一流的演员，但他在银幕上给观众带来了许多真诚快乐的演出。拉塞尔在类型电影如《怪形》（The Thing，1982）、《悍将奇兵》（Breakdown，1997）、戏剧如《丝克伍事件》（Silkwood，1983）、《回火》（Backdraft，1991）、动作片如《纽约大逃亡》（Escape from New York，1981）、《怒虎狂龙》（Tango & Cash，1989））和喜剧片如《黄金岁月》（The Best of Times，1986）、《超人高校》（Sky High，2005）中都给人留下深刻印象。拉塞尔不朽的名声总是与他长期的爱人演员歌蒂·韩（Goldie Hawn，他们在各自的前一段感情破裂后走到了一起，但并未结婚）和在韩的帮助下在《落水姻缘》（Overboard，1987）中塑造的友善的角色联系在一起。但是，看拉塞尔在《深蓝》（Dark Blue，2002）中的表演就像看一个好人如何转变成为反英雄式的人物，为了某种假定的更伟大的善意而绕过藐视法律与秩序、善与恶、仁慈和恶毒的非道德准则。银幕下的拉塞尔是美国自由党的杰出成员。**GCQ**

罗宾·威廉姆斯 ROBIN WILLIAMS

生平：本名罗宾·麦克罗林·威廉姆斯（Robin McLaurin Williams），1951年7月21日生于美国芝加哥。

明星特质：传奇的喜剧天才，因模仿和异乎寻常的幽默出名；天才即兴表演艺术家；作家、制作人、导演、多才多艺的男演员。

评论界的观点已经很明确了，罗宾·威廉姆斯是个赢得过奥斯卡奖、金球奖、格莱美奖和艾美奖的演员，演过很多给人留下深刻印象的角色：《默克与明蒂》（Mork & Mindy，1978—1982）、《盖普眼中的世界》（The World According to Garp，1982）、《莫斯科先生》（Moscow on the Hudson，1984）、《早安，越南》（Good Morning, Vietnam，1987）、《死亡诗社》（Dead Poets Society，1989）、《无语问苍天》（Awakenings，1990）、《天涯沦落两心知》（The Fisher King，1991）、《窈窕奶爸》（Mrs. Doubtfire，1993）、《心灵捕手》（Good Will Hunting，1997）、《机器人历险记》（Robots，2005）和《快乐的大脚》（Happy Feet，2006）。但威廉姆斯首先是个喜剧天才，他的想法惊人而荒诞，他的机智令人着迷且充满活力，卸下合作者和懒惰观众的心防。然而他最传奇之处在于他永远不变的幽默和给人们留下的深刻印象。

威廉姆斯在密歇根州和北加利福尼亚州长大，天生有种令人开怀大笑的本事。他常常模仿乔纳森·温特斯（Jonathan Winters），形成了自己的即兴表演风格。他为了完美地模仿不断地学习吸收不同的角色类型，在进入茱莉亚戏剧学院后将他时事新闻融入到他的喜剧表演中。威廉姆斯热爱表演，工作努力，这让他成为电视、电影和偶尔出演的戏剧中广受认可的男主角和配角。这对这位胸肌结实、毛发浓密、动作夸张、笑容温暖的家伙而言可不坏。之后非常古怪地，他的喜剧角色异乎寻常地修净了脸，而严肃的角色都蓄起了胡子。

威廉姆斯是著名的慈善家和积极的美国民主党支持者，他公开反对伊拉克战争，但却是美国军队最喜欢的演员。他有很多孩子，一直想戒掉可卡因和酒精，主持过很多国际电视节目。**GCQ**

代表作：

Man of the Year 2006
Robots 2005
Patch Adams 1998
Good Will Hunting 1997 ★
Flubber 1997
Jumanji 1995
Mrs. Doubtfire 1993
Aladdin 1992
Hook 1991
The Fisher King 1991 ☆
Awakenings 1990
Cadillac Man 1990
Dead Poets Society 1989 ☆
Good Morning, Vietnam 1987 ☆
Moscow on the Hudson 1984
The World According to Garp 1982

"可卡因是上帝告诉你你赚了太多钱的方式。"

1950年代

迈克尔·基顿 MICHAEL KEATON

生平：本名迈克尔·约翰·道格拉斯（Michael John Douglas），1951年9月5日生于美国宾夕法尼亚州克里奥波利斯。

明星特质：沧桑英俊、体格健壮、黑头发蓝眼睛、充满吸引力的男主角；披蓬骑士；擅长喜剧表演风格。

代表作：

Cars 2006
White Noise 2005
Desperate Measures 1998
Jackie Brown 1997
Much Ado About Nothing 1993
Batman Returns 1992
One Good Cop 1991
Pacific Heights 1990
Batman 1989
Beetle Juice 1988
The Squeeze 1987
Touch and Go 1986
Gung Ho 1986
Johnny Dangerously 1984
Mr. Mom 1983
Night Shift 1982

"你曾在苍白的月光下与魔鬼共舞过吗？"

——《蝙蝠侠》

迈克尔·基顿大学还未读完就退学了，起初他想做独角滑稽秀演员，但未获得成功。在有线电视台做了一段时间的电视摄影师后，基顿决定要做演员。但他需要改名字，在为他早期一个角色进行试唱时，他意识到好莱坞已经有一个叫迈克尔·道格拉斯（Michael Douglas）的人了。当天早些时候他读了一份报纸，里面有篇讲女演员戴安·基顿（Diane Keaton）的文章。于是他在试唱的文书上写下基顿，这个名字就被沿用下来。基顿先在电视中跑龙套，后来在播出时间不长的喜剧《僵硬工作》（Working Stiffs，1979）中出演了一个角色，这个角色直接给他带来出演《夜迷情》（Night Shift，1982）的机会，后者令他成为有着古怪吸引力和奇怪嗜好的人。

接着基顿出演了《家庭主夫》（Mr. Mom，1983）、暴徒讽刺剧《宝贝福星》（Johnny Dangerously，1984）和讲述文化冲突的喜剧片《超级魔鬼干部》（Gung Ho，1986），直到他遇见蒂姆·伯顿（Tim Burton）并出演了喜剧恐怖片《阴间大法师》（Beetle Juice，1988）他的演艺事业才迎来转机。此时基顿因其古怪的幽默而出名，他的这种幽默以普通人所面临的不受控制的经验为基础。他接着在伯顿的《蝙蝠侠》（Batman，1989）中饰演披蓬骑士蝙蝠侠，这是个史无前例的选择，这个角色引起很多争论，直到这部电影成为20世纪80年代票房最成功的电影之一。

观众接受了基顿，支持他出演轰动一时的续集《蝙蝠侠归来》（Batman Returns，1992）。从那之后他演了一些有趣的作品如《无事生非》（Much Ado About Nothing，1993）和《杰克·布朗》（Jackie Brown，1997），难忘的娱乐片如《雪人爸爸爹》（Jack Frost，1998）和《鬼讯号》（White Noise，2005）。在这些电影中，基顿证明了虽然他不够多才多艺，但在不同的故事中却都很具吸引力，他让观众意识到尽管一开始他看上去也许不是那么合适，但他的演技最终都能让他融于剧情。**GCQ**

连姆·尼森 LIAM NEESON

生平：本名威廉姆·约翰·尼森（William John Neeson），1952年6月7日生于北爱尔兰安特里姆郡巴利米纳。

明星特质：沧桑英俊、高大性感、魅力超凡；有标志性的断鼻梁和平缓的爱尔兰音；多才多艺的男主角；银幕形象令人着迷。

连姆·尼森十几岁时赢得过拳击比赛，但也打断了自己的鼻梁，成为他特有的标志。他起初想当一名教师，后来被舞台吸引，1976年加入了贝尔法斯特歌剧团。两年后，尼森加入了都柏林的阿比剧院，在那儿出演经典剧目。他在阿比剧院演出时被导演约翰·保曼发现，并得到出演《黑暗时代》（Excalibur，1981）的机会。

他接着在一些充满男子气概的电影如《国王与怪兽》（Krull，1983）、《叛舰谍血记》（The Bounty，1984）和《教会》（The Mission，1986）中饰演小角色，他在《羔羊》（Lamb，1986）中演的基督徒对一个年轻男孩有着暧昧的感情，显示出他敏感的一面，他在《铁律柔情》（Suspect，1987）中饰演一名被控告的哑巴。接着这名事业刚起步的爱尔兰演员演了其他一些角色，包含了所有的类型：《恐怖叛徒》（A Prayer for the Dying，1987）中的爱尔兰共和军、《赌彩黑名单》（The Dead Pool，1988）中的垃圾电影摄制者、《变形黑侠》（Darkman，1990）中的超级大英雄、《大人物》（The Big Man，1990）中的拳击手、《致命情挑》（Under Suspicion，1991）中的私家侦探和《三角地带》（Ethan Frome，1993）中文艺的主角。

尼森出色地在史蒂文·斯皮尔伯格的《辛德勒的名单》（Schindler's List，1993）中扮演了奥斯卡·辛德勒，这个角色为他赢得奥斯卡最佳男主角提名。有段时间，尼森演了一些常规的、不那么有趣的反叛英雄，如《赤胆豪情》（Rob Roy，1995）和《傲气盖天》（Michael Collins，1996）中的角色，或是如《星球大战前传1：幽灵的威胁》（Star Wars: Episode I—The Phantom Menace，1999）和《蝙蝠侠：侠影之谜》（Batman Begins，2005）中的导师。他在传记片《金赛性学教授》（Kinsey，2004）中饰演了一开始被压抑的性学研究员。在《纳尼亚传奇1：狮子、女巫和魔衣橱》（The Chronicles of Narnia: The Lion, the Witch and the Wardrobe，2005）中，尼森用悦耳的爱尔兰腔英语为狮王阿斯兰配音。**KN**

代表作：

The Chronicles of Narnia: The Lion, the Witch and the Wardrobe 2005
Batman Begins 2005
Kingdom of Heaven 2005
Kinsey 2004
Gangs of New York 2002
Star Wars: Episode I—The Phantom Menace 1999
Rob Roy 1995
Schindler's List 1993 ☆
Ethan Frome 1993
The Dead Pool 1988
Suspect 1987
A Prayer for the Dying 1987
Lamb 1986
Krull 1983
Excalibur 1981

"我从没认为自己很帅，我是很有魅力，但并不帅。"

杰夫·高布伦 JEFF GOLDBLUM

生平：本名杰弗里·林恩·高布伦（Jeffery Lynn Goldblum），1952年10月22日生于美国伊利诺伊州克里斯托弗。

明星特质：高大、身材瘦长、外表并不时髦；因饰演古怪和聪明的角色而出名；20世纪90年代一些风靡一时的大片明星；制作人、导演。

"那儿的天气怎么样？"有人可能会这样问杰夫·高布伦，这位高大得令人晕眩的演员有双大眼睛，紧张到口吃的表演风格有种特殊的魅力。他的第一个电影角色是《死亡请求》（Death Wish，1974）中的强奸犯。之后在他三十多年的表演生涯里，他最好的作品通常都源自古怪的表演。除了显而易见的机智和不同寻常的英俊外貌，高布伦在急切表达想法时总会采取令人放松的姿势，这样观众就会转移注意力，几乎听不到他饰演的角色说了些什么。

高布伦在纽约很有声望的社区剧院学习表演，最初在舞台上演出。20世纪70年代，他在《纳什维尔》（Nashville，1975）和《安妮·霍尔》（Annie Hall，1977）等电影中扮演一些小角色，接着出演了全明星阵容的《大寒》（The Big Chill，1983）、《太空先锋》（The Right Stuff，1983）和《西瓦拉多大决战》（Silverado，1985），后来终于在大卫·柯南伯格重拍的《变蝇人》（The Fly，1986）里当上了主角。在与吉娜·戴维斯（Geena Davis）合作了《外星奇缘》（Earth Girls Are Easy，1988）后——两人有过一段短暂的婚姻——高布伦在一些阵容强大的大片如《侏罗纪公园》（Jurassic Park，1993）、《独立日》（Independence Day，1997）、《侏罗纪公园2：失落的世界》（The Lost World: Jurassic Park，1997）中找到自己的出路。然而那些熟悉他的人才知道，他最重要的作品其实非常了不起，但却鲜为人知，其中包括《高个子》（The Tall Guy，1989）、《卧龙战警》（Deep Cover，1992）和《伊比的堕落》（Igby Goes Down，2002），在《伊比的堕落》中，高布伦扮演的角色使人联想起善与恶，总是很有说服力且充满魔力。除了电影外，高布伦一直保持着对戏剧的兴趣。他在音乐上也很有天赋，他是名爵士钢琴歌手，和同伴演员彼得·威勒（Peter Weller）一起演出过。**GCQ**

代表作：

Igby Goes Down 2002
The Lost World: Jurassic Park 1997
Independence Day 1997
Jurassic Park 1993
Deep Cover 1992
The Tall Guy 1989
Earth Girls Are Easy 1988
The Fly 1986
Silverado 1985
The Right Stuff 1983
The Big Chill 1983
Between the Lines 1977
Annie Hall 1977
Nashville 1975
California Split 1974
Death Wish 1974

"嗯，当然，我会选择成为我所在领域的顶尖人才。"

右图：高布伦在柯南伯格的经典重拍《变蝇人》中一举成名。

伊莎贝尔·于佩尔 ISABELLE HUPPERT

生平：本名伊莎贝尔·安·于佩尔（Isabelle Ann Huppert），1953年3月16日生于法国巴黎。

明星特质：因电影中的典型角色而出名；能深入理解人物角色，深思熟虑的演技总是能唤起观众的共鸣；虽然未获得奥斯卡奖，但也赢得过其他奖项。

  伊莎贝尔·于佩尔十几岁就开始演戏，在主演了改变她职业生涯的电影《编织的女孩》（La Dentellière, 1977）前已演过很多电影了。尽管克洛德·果蕾塔（Claude Goretta）的剧本和指导都很出色，但这部电影的成功无疑要归功于于佩尔饰演的陷入一场命中注定的感情漩涡中的害羞美发师。她的表演精致细腻而又极其有力，展示出热烈的情感和深刻的理解，突出了女孩的孤独和脆弱。评论家汤姆·米尔恩（Tom Milne）对此评论道："病容的外表下掩藏着不可思议的内心光芒。"

  这对一个刚刚二十出头的演员而言并非易事；于佩尔接着在夏布洛尔（Chabrol）的《维奥莱特·诺齐埃尔》（Violette Nozière, 1978）中饰演凶手，展现了她多才多艺的一面，这个角色为她赢得戛纳电影节最佳女主角奖。从那之后，她常常与夏布洛尔合作——她冷静聪明、头脑清晰，略带讽刺的表演很适合《女人韵事》（Une affaire de femmes, 1988）和《权力喜剧》（L'Ivresse du pouvoir, 2006）等片中的角色。尽管于佩尔出演了一些美国电影如《业余爱好者》（Amateur, 1994），但她并不一味只求成名，而是与那些她感兴趣的导演合作，如戴安娜·克里斯（Diane Kurys）和迈克尔·哈内克（Michael Haneke）。

  于佩尔愿意尝试一些大胆而又困难的角色，这让她拍

代表作：

Copacabana 2010
L' Ivresse du pouvoir 2006 (*Comedy of Power*)
Gabrielle 2005
I ♥ Huckabees 2004
Le Temps du loup 2003 (*The Time of the Wolf*)
8 femmes 2002 (*8 Women*)
La Pianiste 2001 (*The Piano Teacher*)
L'École de la chair 1998 (*The School of Flesh*)
Rien ne va plus 1997
Le Affinità Elletive 1996 (*Elective Affinities*)
La Cérémonie 1995
Amateur 1994
Après l'amour 1992
Une affaire de femmes 1988 (*Story of Women*)
Cactus 1986
Coup de foudre 1983 (*At First Sight*)
Passion 1982
Coup de torchon 1981 (*Clean Up*)
Loulou 1980
Heaven's Gate 1980
Sauve qui peut (la vie) 1980 (*Slow Motion*)
Violette Nozière 1978
La Dentellière 1977 (*The Lacemaker*)

1950年代

右图：于佩尔在黑色喜剧《一切搞定》中出色地饰演了一个骗人大师。

伊莎贝尔·于佩尔

上图：于佩尔在霍尔·哈特利的《业余爱好者》中饰演一个曾是修女的色情文学作家。

了很多在广度和才华上都很杰出的作品。她从不演华而不实的电影，也不爱抢镜头，但她对细节的出色掌控意味着她的表演极具可观性。在《八美图》（8 femmes，2002）中，她常被人忽略的喜剧天赋让合作的其他明星相形见绌。于佩尔最厉害之处在于她能够（也愿意）唤起我们对那些看来可能处于边缘或怪异角色的同情：如《钢琴教师》（La Pianiste，2001）中冷淡、受虐狂式的主角，片中她毫不妥协的近景镜头反映了于佩尔对面部表情的超凡控制。毫无疑问，她在《钢琴教师》中的表演是近年来最伟大的电影表演之一，而且无可争议的是，于佩尔是她那代演员中最出色的女演员。**GA**

家族事业

于佩尔是家中五个孩子中最小的一个，但她并不是家中唯一一个涉足电影的人。她的姐姐卡洛琳（Caroline）是电视导演，另一个姐姐伊丽莎白（Elisabeth）是演员，自编自导自演了电影《Le Rat》（1981）。伊莎贝尔嫁给了导演罗纳德·夏马（Ronald Chammah），后者指导妻子出演了《黑色米兰》（Milan noir，1987）。他们有三个孩子，其中一个女儿是演员洛丽塔·夏马（Lolita Chammah），母女俩合作了三部电影——《摩登生活》（La Vie moderne，2000）、《玛利纳》（Malina，1991）和《女人韵事》（Une affaire de femmes，1988）。

1950年代

约翰·马尔科维奇 JOHN MALKOVICH

生平： 本名约翰·加文·马尔科维奇（John Gavin Malkovich），1953年12月9日生于美国伊利诺伊州克里斯托弗。

明星特质： 多才多艺、拥有超凡魅力的男主角；因扮演神经病一类的角色出名。

马尔科维奇因在戏剧舞台的成就享有盛名。1976年，马尔科维奇从大学辍学，在芝加哥的剧院工作，之后去了百老汇。他早期在电影电视中的重要角色都很具戏剧性：《推销员之死》（Death of a Salesman, 1985）中的比夫·罗曼、《玻璃动物园》（The Glass Menagerie, 1987）里的汤姆·温菲尔德和《危险关系》（Dangerous Liaisons, 1988）里的塞巴斯蒂安·迪·瓦尔蒙特子爵。他在《我心深处》（Places in the Heart, 1984）中饰演的盲人房客为他赢得奥斯卡最佳男配角提名，此外他还接受了一些颇有挑战的角色，如《机器宝贝超级妞》（Making Mr. Right, 1987）中压抑的科学家和天真的机器人、《太阳帝国》（Empire of the Sun, 1987）中的中士、《遮蔽的天空》（The Sheltering Sky, 1990）中的波特·莫尔斯比、《人鼠之间》（Of Mice and Men, 1992）中的伦尼·斯莫和电视电影《黑暗之心》（Heart of Darkness, 1994）中的库尔特。

马尔科维奇早期还有些不在状态，但在《火线狙击》（In the Line of Fire, 1993）中出演了克林特·伊斯特伍德擅长伪装、精神不正常的对手后他的表演渐入佳境，并开始享受银幕中的表演。这个角色为他赢得第二个奥斯卡最佳男配角提名，并开启了马尔科维奇更加精彩的表演，他接着饰演了《致命化身》（Mary Reilly, 1996）中的变身怪医、《淑女本色》（The Portrait of a Lady, 1996）里吉尔伯特·奥斯蒙德、《空中监狱》（Con Air, 1997）中的格里索姆和《铁面人》（The Man in the Iron Mask, 1998）里的阿多斯。在斯派克·琼斯异乎寻常而有创新的作品《成为约翰·马尔科维奇》（Being John Malkovich, 1999）中，他扮演了自己。之后他饰演了《大国民传奇》（RKO 281, 1999）中的赫尔曼·J.曼凯维奇、《吸血鬼魅影》（Shadow of the Vampire, 2000）中的弗里德里希·威尔海姆和《魔鬼雷普利》（Ripley's Game, 2002）中的汤姆·雷普利。除了演戏外，马尔科维奇还与人一起创建了一家时装公司。**KN**

代表作：

Red 2011
Juno 2007
Art School Confidential 2006
The Dancer Upstairs 2002
Ripley's Game 2002
Shadow of the Vampire 2000
Being John Malkovich 1999
The Man in the Iron Mask 1998
Con Air 1997
The Portrait of a Lady 1996
Mary Reilly 1996
In the Line of Fire 1993 ☆
Of Mice and Men 1992
The Sheltering Sky 1990
Dangerous Liaisons 1988
Empire of the Sun 1987
The Killing Fields 1984
Places in the Heart 1984 ☆

1950年代

"我被那些缺乏人性的角色深深吸引……我能出色地演绎这些角色是因为我不喜欢他们。"

约翰·特拉沃尔塔 JOHN TRAVOLTA

生平：本名约翰·约瑟夫·特拉沃尔塔（John Joseph Travolta），1954年2月18日生于美国新泽西州恩格尔伍德。

明星特质：高大英俊；传奇的迪斯科舞者、音乐剧演员、歌手、多才多艺的男主角、制作人。

约翰·特拉沃尔塔曾经是电视情景剧《欢迎回来，科特先生》（Welcome Back, Kotter, 1975—1979）中汗流浃背的胖子，是《魔女嘉莉》（Carrie, 1976）里的朋克青年，是造成巨大轰动的《周末夜狂热》（Saturday Night Fever, 1977）里追逐梦想的工人阶级，他凭借《周末夜狂热》第一次获奥斯卡最佳男主角提名。特拉沃尔塔在20世纪70年代美国电影的全盛期出道，因青春的优势成为了海报模特。他在《油脂》（Grease, 1978）中饰演丹尼·祖库，展示了他的歌喉，比之前在电影中展现的舞技更出色。他录制了《油脂》的原声音乐专辑中的几首歌，专辑卖出了一千多万张。他偶有出演成人题材的影片，如《凶线》（Blow Out, 1981）。

但在《至善至美》（Perfect, 1985）和《看谁正在说话》（Look Who's Talking, 1989）后，特拉沃尔塔不再受到大家的青睐。年近40时，他的演艺事业才得以回升，因出演《低俗小说》（Pulp Fiction, 1994）再次成为超级巨星，并第二次获奥斯卡最佳男主角提名。从那之后他演了一些极具挑战性的电影如《断箭》（Broken Arrow, 1996），成功的大片如《剑鱼行动》（Swordfish, 2001），以及很多不太有吸引力的实验电影，如《可人儿》（She's So Lovely, 1997）。

特拉沃尔塔还是个著名的鼓吹科学论派的人，他演艺生涯的失败作之一《地球战场》（Battlefield Earth: A Saga of the Year 3000, 2000）就是根据科学论派的创建者L.罗恩·哈伯德（L. Ron Hubbard）的科幻小说改编的。通常他都能掌握大众的喜好，因出演《矮子当道》（Get Shorty, 1995）、《不一样的本能》（Phenomenon, 1996）、《西点揭秘》（The General's Daughter, 1999）、《基地疑云》（Basic, 2003）和《烈火雄心》（Ladder 49, 2004）受到众人的尊敬。银幕下，斯特沃尔塔娶了演员凯利·普雷斯顿（Kelly Preston）。他对飞行充满激情，并获得了喷气飞机飞行员的执照。**GCQ**

"每次都制造文化现象很难。"

代表作：

The Taking of Pelham 123 2009
Hairspray 2007
Be Cool 2005
Swordfish 2001
The General's Daughter 1999
The Thin Red Line 1998
Primary Colors 1998
Face/Off 1997
Michael 1996
Broken Arrow 1996
Get Shorty 1995
Pulp Fiction 1994 ☆
Look Who's Talking 1989
Perfect 1985
Blow Out 1981
Grease 1978
Saturday Night Fever 1977 ☆
Carrie 1976

1950年代

成龙 JACKIE CHAN

生平：本名陈港生，1954年4月7日生于香港太平山顶。

明星特质：香港功夫电影的传奇人物、创新的武术大师、技巧成熟的特技演员和特技指导；总是饰演好人。

  成龙是香港功夫电影的超级巨星，他的演艺事业在他名气还未如日中天时达到了顶峰，这让人们不禁困惑他到底是如何最终被人们记住的。成龙20世纪70年代早期的作品为了模仿李小龙而将喜剧表演减到最低程度，那些非功夫片的死忠粉丝是否还记得这些作品多少有些令人生疑，但希望人们不要以《红番区》（1995）之后他在美国拍的那些作品——如空洞的《尖峰时刻》（Rush Hour，1998）及其续集，或是他千禧年在香港拍的同样平庸的作品——来评价他的演艺事业。

  回头看他在1983年到1994年间拍的电影，人们会找到最顶尖的功夫片和自巴斯特·基顿（Buster Keaton）和哈罗德·劳埃德（Harold Lloyd）后最卓越的肢体喜剧表演。成龙在80年代早期曾试图打进美国市场，失败后他掌握起自己事业的主控权，自导自演了一系列极其危险的动作喜剧，在电影史上留下许多最令人难忘的特技表演。香港新浪潮后的黄金年代总是与成龙的经典片联系在一起，如前两部《警察故事》（1985，1988）、冒险片《A计划》及其续集（1983，1987）以及全明星阵容的《飞龙猛将》（1988）。他最后一部全力以赴的电影是观众期待已久的《醉拳》的续集《醉拳2》。从那之后，步入中年的成龙明显减少了危险的冒险动作，使得他再次打入国际市场的电影生涯的未来变得不甚明朗。成龙是个亲切而普通的演员，在他不再表演那些极端危险的动作后，我们希望他能找到一份适合他与生俱来的可爱品质的舒适的晚年职业。

TC

代表作：

- 《警察故事2013》2013
- 《十二生肖》2012
- 《邻家特工》2010
- 《宝贝计划》2006
- 《环游世界80天》2004
- 《皇家威龙》2003
- 《燕尾服》2002
- 《西域威龙》2000
- 《喜剧之王》1999
- 《尖峰时刻》1998
- 《红番区》1995
- 《醉拳II》1994
- 《警察故事II》1988
- 《飞龙猛将》1988
- 《A计划续集》1987
- 《警察故事》1985
- 《A计划》1983
- 《醉拳》1978

1950年代

> "我不想做李小龙第二，我要做成龙第一。"

凯瑟琳·特纳 KATHLEEN TURNER

生平：本名玛丽·凯瑟琳·特纳（Mary Kathleen Turner），1954年6月19日生于美国密苏里州斯普林菲尔德。

明星特质：嗓音沙哑、艳丽撩人的女主角；一只眼是蓝色的，一只眼是淡褐色；银幕上聪明的妖女；年轻时拥有健美的身材；热心公益事业。

凯瑟琳·特纳的父母是外交官，她成长途中辗转住过加拿大、古巴、委内瑞拉和英国。特纳在伦敦读高中时对表演产生了兴趣，之后进了英国中央演讲和戏剧学院学习表演。她的第一部电影是劳伦斯·卡斯丹（Lawrence Kasdan）的《体热》（Body Heat，1981），她在该片中呈现出的20世纪40年代的美很适合这部混杂了多种元素的悲观主义电影，但她在片中也有咒骂和裸露的场景。

在这次精彩的演出后，特纳接着出演了《双脑人》（The Man with Two Brains，1983）中耍耍花招而又铁石心肠的女人、《绿宝石》（Romancing the Stone，1984）里疯狂的老处女作家和《激情犯罪》（Crimes of Passion，1984）里大胆而坦白的妓女。特纳又高又瘦，嗓音低沉，又足够聪明，足以继承凯瑟琳·赫本和芭芭拉·斯坦威克过去饰演的那些角色。她还给《谁陷害了兔子罗杰》（Who Framed Roger Rabbit，1988）中的兔子杰西卡配音，出演了《普利兹家族的荣誉》（Prizzi's Honor，1985）中的职业杀手、《意外的旅客》（The Accidental Tourist，1988）里被忽视的妻子和《玫瑰战争》（The War of the Roses，1989）中后来变为凶残的悍妇的害羞新娘。

90年代特纳被诊断出风湿性关节炎，加上年岁渐长，她遇到值得出演的机会也变得越来越少了。《女神探沃莎斯基》（V.I. Warshawski，1991）是部专为她拍的电影，她在这部讲述私家侦探的电影中的表演十分有趣，但电影本身却不够出彩。之后她在《纸牌屋》（House of Cards，1993）、《特务家族》（Undercover Blues，1994）和《天才宝贝》（Baby Geniuses，1999）中出演一些边缘人物，在《杀心慈母》（Serial Mom，1994）和《处女之死》（The Virgin Suicides，1999）中分别饰演约翰·沃特斯和索菲亚·科波拉有趣而疯狂的母亲。2005年，她在百老汇和伦敦西区《灵欲春宵》（Who's Afraid of Virginia Woolf？）中饰演的玛莎获得好评如潮。**KN**

代表作：

The Virgin Suicides 1999
Baby Geniuses 1999
Serial Mom 1994
House of Cards 1993
V.I. Warshawski 1991
The War of the Roses 1989
The Accidental Tourist 1988
Who Framed Roger Rabbit 1988
Peggy Sue Got Married 1986 ☆
The Jewel of the Nile 1985
Prizzi's Honor 1985
Crimes of Passion 1984
Romancing the Stone 1984
The Man with Two Brains 1983
Body Heat 1981

"我觉得人们对我声音的辨识度比对我脸的辨识度更高。"

丹泽尔·华盛顿 DENZEL WASHINGTON

生平： 本名小丹泽尔·华盛顿（Denzel Washington Jr.），1954年12月28日生于美国纽约州芒特弗农。

明星特质： 银幕形象强大有力；拥有令人羡慕的男子气概和性吸引力；对表演一丝不苟，一举一动都经过深思熟虑；第一位两次获得奥斯卡奖的黑人演员。

每一代都有这样的演员，他们的电影似乎永远不会失败，他们极有天赋，观众对他们饰演的任何一个哪怕平庸的角色都很宽容，丹尼尔·华盛顿就是这样一位演员。

华盛顿出生于1954年，在福德汉姆大学读书，后来进入旧金山的美国经典剧目剧团。他在1977年出演了电影《威尔玛》（Wilma），从此进入大众的视线。接着在《波城杏话》（St. Elsewhere, 1982—1988）中饰演菲利普·钱德勒医生，建立起饰演有吸引力的主要角色的地位。华盛顿第一次在电影方面引起轰动是在《黑白父子妙事多》（Carbon Copy, 1981）中，接着他在《大兵》（A Soldier's Story, 1984）中出演了令人难忘的角色。评论界因他在《哭喊自由》（Cry Freedom, 1987）中演绎的史蒂夫·比克把他评为强大的演员，他也因此第一次获得奥斯卡提名。80年代末，华盛顿在《光荣》（Glory, 1989）中饰演坚定敏感的悲剧人物，获得了他的第一个奥斯卡奖。

1990年他和电影摄制者斯派克·李合作，出演了《爵士风情》（Mo' Better Blues），并最终主演了《黑潮》（Malcolm X, 1992）、《单挑》（He Got Game, 1998）和《局内人》（Inside Man, 2006）。在这段时期，他设法为自己开辟出新领域——有男子气概、体贴入微的普通

代表作：

The Book of Eli 2010
Inside Man 2006
The Manchurian Candidate 2004
Man on Fire 2004
Antwone Fisher 2002
John Q 2002
Training Day 2001 ★
Remember the Titans 2000
The Hurricane 1999 ☆
The Bone Collector 1999
The Siege 1998
He Got Game 1998
Fallen 1998
Courage Under Fire 1996
Devil in a Blue Dress 1995
Crimson Tide 1995
Philadelphia 1993
The Pelican Brief 1993
Much Ado About Nothing 1993
Malcolm X 1992 ☆
Mississippi Masala 1991
Mo' Better Blues 1990
Glory 1989 ★
Cry Freedom 1987 ☆
A Soldier's Story 1984
Carbon Copy 1981

右图：华盛顿在《哭喊自由》中饰演反对种族隔离运动的领袖史蒂夫·比科。

丹泽尔·华盛顿

上图：华盛顿在传记片《黑潮》（又名《马尔科姆X》）中饰演的同名角色令人信服。

黑人如《密西西比风情画》［Mississippi Masala，1991］、硬汉角色如《怒火救援》［Man on Fire，2004］、莎士比亚剧的贵族如《无事生非》［Much Ado About Nothing，1993］、一些神秘恐怖片的主角如《塘鹅暗杀令》［The Pelican Brief，1993］、《满洲候选人》［The Manchurian Candidate，2004］以及传记片《飓风》（The Hurricane，1999）和扣人心弦的《训练日》（Training Day，2001），其中《训练日》为他赢得第二个奥斯卡奖。2002年他执导了自己的第一部电影《冲出逆境》（Antwone Fishe）。

多年来华盛顿的作品一直都能让观众感到兴奋，他从不缺乏信服力。事实上，正是他迷人的魅力、聪明和对角色的仔细选择让他在当今观众十分挑剔的文化领域成为西德尼·波蒂埃（Sidney Poitier）的合法继承人。华盛顿超越了他的电影前辈所面对的严格的种族对立，成为我们最珍爱的演员之一。不过我们也要清醒地认识到，如果他早生十年，他的黑人身份会让他受到极度的排斥。**GCQ**

现状

丹泽尔·华盛顿是个严肃的演员（他总共只演过四部喜剧），仔细挑选自己饰演的每个角色。他不希望被定型，却因出色地饰演了现实生活中的历史人物而获得评论界的赞誉：

◆ 华盛顿在饰演"飓风"鲁宾·卡特（Rubin "Hurricane" Carter）前练了一年的拳击。

◆ 他出色地扮演了黑人运动家马尔科姆X（Malcolm X），但之后回绝了出演小马丁·路德·金的机会。

◆ 华盛顿自己最喜欢的角色是《哭喊自由》里的史蒂夫·比科，该片让他成为明星。

1950年代

凯文·科斯特纳 KEVIN COSTNER

生平：本名凯文·迈克尔·科斯特纳（Kevin Michael Costner），1955年1月18日生于美国加利福尼亚州林伍德。

明星特质：高大英俊、充满魅力、多才多艺的男主；扎实的演员；获得奥斯卡奖的导演；制作人。

代表作：

Rumor Has It… 2005
The Upside of Anger 2005
Road to Graceland 2001
For Love of the Game 1999
A Perfect World 1993
The Bodyguard 1992
JFK 1991
Robin Hood: Prince of Thieves 1991
Dances with Wolves 1990 ☆
Field of Dreams 1989
Bull Durham 1988
The Untouchables 1987
Silverado 1985
Fandango 1985
The Gunrunner 1984

1950年代

"当名人可能是你最能体会做美丽女人感受的途径了。"

凯文·科斯特纳还在大学时就对表演产生了兴趣，并开始学习表演。之后他在加利福尼亚州的行销公司工作过很短一段时间。一次偶然的机会他遇到了资深电影人理查德·伯顿（Richard Burton），伯顿建议说，如果他想做演员，就要放弃一切去追寻自己的梦想。科斯特纳的第一部电影是《大寒》（The Big Chill，1983），但他的表演在后期全部被剪掉。在出演了一些鲜为人知的青年电影——如《狼越中国》（The Gunrunner，1984）和《毕业派对》（Fandango，1985）后，他成为受人喜爱的邻家男孩。他在《西瓦拉多大决战》（Silverado，1985）中充满活力的乐观主义精神为他赢得预期的关注，让他有机会出演《铁面无私》（The Untouchables，1987）的主角艾略特·内斯，并帮他得到在《百万金臂》（Bull Durham，1988）中饰演浪漫的喜剧主角和在《梦幻之地》（Field of Dreams，1989）中饰演易受伤害的美国中西部普通人的机会。

《与狼共舞》（Dances With Wolves，1990）展现了科斯特纳在演戏和导演两个领域的才华，这部电影获12项奥斯卡提名，最终获得7个奖项，包括他个人的两个奖：最佳影片和最佳导演。等待他的是票房的急速攀升和好评如潮的作品，如《侠盗王子罗宾汉》（Robin Hood: Prince of Thieves，1991）、《刺杀肯尼迪》（JFK，1991）、《保镖》（The Bodyguard，1992）和《完美的世界》（A Perfect World，1993）；此外还有被视作超越却不被观众接受的作品，如《未来水世界》（Waterworld，1995）、《邮差》（The Postman，1997）；平凡的作品如《惊天骇地》（3000 Miles to Graceland，2001）和回归浪漫喜剧的复活之作《愤怒之上》（The Upside of Anger，2005）以及《流言蜚语》（Rumor Has It…，2005）。考虑到他偶而如歌剧女伶般行为的传言，科斯特纳算不上是最迷人的演员，但毋庸置疑的是他拥有吸引力，加上邻家男孩般的英俊外貌和足够的魅力与世故，这足以引发人们对他真正的喜爱。**GCQ**

右图：科斯特纳自导自演的《与狼共舞》赢得了评论界的好评。

布鲁斯·威利斯 BRUCE WILLIS

生平：本名沃尔特·布鲁斯·威利斯（Walter Bruce Willis），1955年3月19日生于西德伊达尔-奥伯施泰因。

明星特质：仪表堂堂、全美最佳的硬汉动作明星；因饰演"挽救局面"的角色而出名；有音乐天赋。

　　威利斯曾是名口吃患者，如今却成了电影明星，他是黛咪·摩尔的前夫，也是三个女孩儿的父亲，他热衷于政治，也录制过唱片——《自我尊重》（Respect Yourself）。威利斯出生于德国的美军基地，他父亲退役后在新泽西安顿下来，威利斯在那儿的高中发现了舞台表演的乐趣。

　　毕业后，威利斯在一家工厂工作，后来转而以音乐为生。他吹过一段时间的口琴，之后又回学校学习表演，但未毕业，最终在纽约的一家酒吧打工过活。他的演艺事业因其在电视《蓝色月光》（Moonlighting，1985—1988）中饰演大卫·爱迪生取得了突破，尽管在片场他和合作的斯碧尔·谢波德（Cybill Shepherd）时有争论。威利斯的大银幕作品《盲目约会》（Blind Date，1987）和《布鲁诺归来》（The Return of Bruno，1988）为他赢得了艾美奖和金球奖，此外他还有一部超级意想不到的热门片——《虎胆龙威》（Die Hard，1988），该片给观众带来了意外的惊喜，让这个在小荧屏自命不凡的人一跃成为大银幕里真正的偶像。他饰演的工薪阶层英雄约翰·麦卡伦警探以一种老式的冒险给观众带来欢乐。

　　威利斯一度是票房冠军（《飞越童真》[Look Who's Talking，1989]），甚至有意识地做一名严肃的演员（《冷暖天涯》[In Country，1989]）。尽管早先观众

代表作：

Red 2010
Fast Food Nation 2006
Over the Hedge 2006
Sin City 2005
Tears of the Sun 2003
Hart's War 2002
Bandits 2001
Unbreakable 2000
The Whole Nine Yards 2000
The Sixth Sense 1999
The Siege 1998
Armageddon 1998
Mercury Rising 1998
The Fifth Element 1997
Twelve Monkeys 1995
Die Hard: With a Vengeance 1995
North 1994
Pulp Fiction 1994
The Last Boy Scout 1991
Billy Bathgate 1991
Hudson Hawk 1991
Mortal Thoughts 1991
Die Hard 2 1990
Look Who's Talking 1989
In Country 1989
Die Hard 1988

右图：电影《第六感》是威利斯职业生涯的一个转折点。

布鲁斯·威利斯

上图：威利斯在黑暗暴力的《罪恶之城》中饰演了令人难忘的老警官哈迪根。

十分喜爱威利斯，但《虚荣的篝火》（The Bonfire of the Vanities, 1990）和《终极神鹰》（Hudson Hawk, 1991）这两部失败之作证明了他们是多么地善变。1994年，威利斯避开正常的好莱坞模式，出演了他演艺生涯中第二部重要的电影《低俗小说》（Pulp Fiction）。这次冒险被证明是有魔力的，并给他带来出演《十二猴子》（Twelve Monkeys, 1995）、《围攻》（The Siege, 1998）和《世界末日》（Armageddon, 1998）的机会，让他的事业再次复苏。1999年，威利斯迎来了他的第三次重要的转变，在M.奈特·沙马兰的《第六感》（The Sixth Sense）中出演了广受好评的角色。习惯了离异后独身生活的威利斯重返舞台出演了《真实的西部》（True West, 2002）、在电视剧《朋友》（Friends）中演了一个获得艾美奖的角色，并给《篱笆墙外》（Over the Hedge, 2006）进行配音。他似乎在中年又回到事业的顶峰，随着主旋律做了一些不同寻常的选择（《罪恶之城》[Sin City, 2005]）。**GCQ**

不情愿的英雄

尽管布鲁斯·威利斯是典型美国英雄的原型，但据说他并不喜欢他的动作英雄的形象。《龙胆虎威》的制作者首次让他出演主角是因为他们认为威利斯能给这个冷酷的角色带来一丝温暖和幽默。他们的选择被证明是正确的，电影中的很多俏皮话都是威利斯即兴创作的。尽管威利斯在2001年声称再也不出演"拯救世界"的动作片了，但在2007年他还是出演了《虎胆龙威4》（Live Free, Die Hard）中的约翰·麦卡伦一角。为了显示这个角色年事已高，他放弃了自己常用的假发。

1950年代

朱迪·戴维斯 JUDY DAVIS

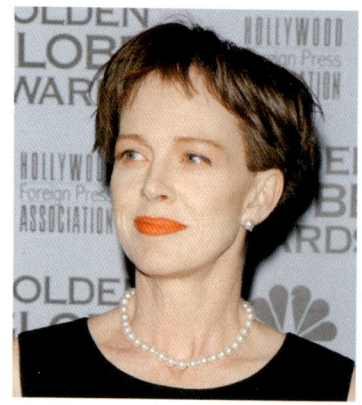

生平： 1955年4月23日生于澳洲西澳大利亚珀斯。

明星特质： 多才多艺的演员，常饰演急躁、神经过敏的女人；饰演真实生活中的人物很具有信服力；蓝色的眼睛，苍白的脸色；对自己要求严格，不受好莱坞的诱惑；有高尚的道德和高雅的艺术水平。

代表作：

The Eye of the Storm 2011
Marie Antoinette 2006
Absolute Power 1997
Husbands and Wives 1992 ☆
Naked Lunch 1991
Where Angels Fear to Tread 1991
Barton Fink 1991
Alice 1990
High Tide 1987
A Passage to India 1984 ☆
A Woman Called Golda 1982
Heatwave 1982
Winter of Our Dreams 1981
My Brilliant Career 1979

1950年代

"朱迪·加兰诚实又慷慨，她在各个方面都很迷人。"

　　尽管面对着好莱坞的诱惑，两次获奥斯卡提名的朱迪·戴维斯一直忠于她的澳大利亚根。她是个感情强烈而又有高度领悟力的演员，伍迪·艾伦曾称她为"世上最令人兴奋的演员之一"。从引起人们关注的电影处女作——吉莉安·阿姆斯特朗（Gillian Armstrong）执导的《我的璀璨生涯》（My Brilliant Career，1979）中的西比拉·梅尔文——到近25年后广受赞誉的电视电影《里根一家》（The Reagans，2003）中的南希·里根（Nancy Reagan），戴维斯展示出诠释非传统角色的高超演技。

　　戴维斯1955年出生于珀斯，十几岁时逃离了她严格的天主教家庭（她小时候被禁止看电影），从教会学校退学，跟着一支摇滚乐队巡回各地演出。后来她进入澳大利亚国家戏剧学院（National Institute of Dramatic Art），在那儿她和梅尔·吉布森一起出演朱丽叶和罗密欧，并于1977年毕业。

　　戴维斯是澳大利亚新浪潮运动的坚定分子，毕业后她出演了《我们梦中的冬天》（Winter of Our Dreams，1981）和《热浪》（Heatwave，1982）。1984年她出演了大卫·里恩（David Lean）根据E.M.福斯特（E. M. Forster）的小说改编的《印度之行》（A Passage To India）中的文化探险家阿德拉·奎斯特，她凭借该片获得了奥斯卡提名。她在《爱恋风尘》（High Tide，1987）里摇身变为无拘无束的歌手，接着饰演了浪漫奇幻剧《爱丽丝》中的一个小角色，从此开始了与伍迪·艾伦一连串的合作。戴维斯因在艾伦的《丈夫、太太与情人》（Husbands and Wives，1992）中饰演骄横傲慢的莎莉第二次获得奥斯卡提名，并因在电视《朱迪·加兰：我和我的影子》（Life with Judy Garland: Me and My Shadows，2001）中饰演朱迪·加兰赢得金球奖。尽管戴维斯不愿意离开澳大利亚，她还是设法在好莱坞有固定的演出，如索菲亚·科波拉的《绝代艳后》（Marie Antoinette，2006）。**TE**

伊莎贝尔·阿佳妮 ISABELLE ADJANI

生平：本名伊莎贝尔·雅思敏·阿佳妮（Isabelle Yasmine Adjani），1955年6月27日生于法国巴黎。

明星特质：娇小可爱、瓜子脸、黑头发的苍白美女；欧洲电影中的女主角；能用英语、法语和德语表演。

伊莎贝尔·阿佳妮在安德烈·祖拉斯基（Andrezj Zulawski）的杰作《着魔》（Possession，1981）中饰演歌舞伎式歇斯底里的角色——成为有触角怪物性伙伴的疯狂妻子安娜，她因这部电影获得了凯撒奖。即使除了这部影片外阿佳妮没有其他不朽的作品，她也一定是电影史上最大胆最勇敢的女演员之一。但是《着魔》显示了贯穿阿佳妮整个职业生涯的迷人模式，即大胆赋予她角色的柔弱古典美，这些角色以颠覆、非传统、甚至对抗的方式展示了她的优雅。

阿佳妮在法国长大，父亲是卡拜尔人，母亲是德国人。她很小就对表演产生了兴趣，12岁时就在业余剧团表演。仅仅三年后，她就出演了自己的第一部电影《小煤炭商》（Le Petit Bougnat，1970）。阿佳妮是欧洲电影中的大美女之一，偶尔也接演一些给她带来更多机会的角色；除了吕克·贝松的《地下铁》（Subway，1985）外，她还在一些有欠考虑的作品《司机》（The Driver，1978）、《伊斯达》（Ishtar，1987）和《孽迷宫》（Diabolique，1996）中饰演花瓶式人物。

当阿佳妮只是被要求展示吸引力时，她看起来就像只困在笼子里冻僵的野兽，随时准备突袭。但当饰演一些强大有力的角色——通常是精神错乱的角色时，阿佳妮就像个在电影地狱中唱独角戏的女人：从她取得突破的角色——弗朗索瓦·特吕弗的《阿黛尔·雨果的故事》（L'Histoire d'Adèle H.，1975）中为爱痴狂的女主角到粗制滥造的《杀人的夏天》（L'Été meurtrier，1983）中勾引男人的女子，她饰演的炽烈角色在《玛戈皇后》（La Reine Margot，1994）和《罗丹的情人》（Camille Claudel，1988）里到达顶峰。后三部电影让她获得另外三个凯撒奖。自从她将更多精力放在家庭上后就很少演戏了。她的光芒让人怀念。**TC**

代表作：

La Journée de la jupe (Skirt Day) 2008
Monsieur Ibrahim et les fleurs du Coran 2003 (Monsieur Ibrahim)
Adolphe 2002
La Repentie 2002 (The Repentant)
La Reine Margot 1994 (Queen Margot)
Camille Claudel 1988 ☆
Subway 1985
L'Été meurtrier 1983 (One Deadly Summer)
Antonieta 1982
L'année prochaine…si tout va bien 1981 (Next Year If All Goes Well)
Quartet 1981
Possession 1981
Nosferatu: Phantom der Nacht 1979 (Nosferatu the Vampyre)
L'Histoire d'Adèle H. 1975 ☆
(The Story of Adele H.)

"很难找到一个喜欢并知道如何通过镜头看女人的导演。"

威廉·达福 WILLEM DAFOE

生平： 本名小威廉·达福（William Dafoe Jr.），1955年7月22日生于美国威斯康星州阿普尔顿。

明星特质： 多才多艺的性格演员、模特、当代实验革命者、作家、制作人；常饰演坏人。

一些最伟大的电影演员都是先在舞台造成影响，然后再进入电影界。对威廉·达福而言，这种说法不完全正确。他在威斯康星大学密尔沃基分校学习戏剧，但中途辍学加入密尔沃基的先锋剧院X剧团。他随剧团在美国和欧洲巡回演出四年，1977年搬到纽约，在那儿创建了伍斯特剧团（The Wooster Group）。达福继续在舞台上表演，他在伍斯特剧团的第一个重要角色是剧作家尤金·奥尼尔的《毛猿》（The Hairy Ape, 1996）中的工人扬克。达福帮助改革了当代实验戏剧，尤其是在仪态、魅力和罪恶等问题上。这一点在他在电影中所饰演的坏人身上有了更好的展示，短暂的银幕演出时间反而成为了优势。

达福最先饰演的坏人是《无情》（The Loveless, 1982）和《狠将奇兵》（Streets of Fire, 1984）中穿皮衣的摩托党领导，显示了他疯狂的魅力，日后他这种最古怪的伪装在其出演的影片中日趋完美：《我心狂野》（Wild At Heart, 1990）中的鲍比·皮鲁、《感官游戏》（eXistenZ, 1999）里的加油站员工、《吸血鬼魅影》（Shadow of the Vampire, 2000）中有着表演抱负的吸血鬼、《蜘蛛侠》（Spider-Man, 2002）里的绿恶魔和《海底总动员》（Finding Nemo, 2003）里经验丰富的鱼。即使在《基督最后的诱惑》（The Last Temptation of Christ, 1988）中饰演的上帝和《野战排》（Platoon, 1986）中如上帝般慈悲的人物，他所展示出的黑暗面也让这些角色更有人性，达福也是至今最有演技的性格演员之一。他的天赋令他从同辈人中脱颖而出，凭借《野战排》和《吸血鬼魅影》两度获奥斯卡提名。**EM**

代表作：

Antichrist 2009
Inside Man 2006
The Aviator 2004
The Life Aquatic with Steve Zissou 2004
Once Upon a Time in Mexico 2003
Spider-Man 2002
***Shadow of the Vampire* 2000** ☆
eXistenZ 1999
The English Patient 1996
Basquiat 1996
Wild at Heart 1990
Born on the Fourth of July 1989
Mississippi Burning 1988
The Last Temptation of Christ 1988
***Platoon* 1986** ☆
Streets of Fire 1984
The Loveless 1982

"古怪不是我追求的目标，我不过是个安分守己的威斯康星人罢了。"

乌比·戈德堡 WHOOPI GOLDBERG

生平：本名卡里恩·伊莱恩·约翰逊（Caryn Elaine Johnson），1955年11月13日生于美国纽约。

明星特质：无眉、骇人、多才多艺、极具幽默感的独角秀喜剧演员、作家、导演、制作人。

乌比·戈德堡是名有影响力的喜剧演员，她的支持者和批评者一样多。戈德堡因其粗俗、复杂的银幕形象和幽默感长期受到观众的喜爱。她最初在殡仪馆工作，接着一边在纽约的百老汇跑龙套一边做砌砖工。之后戈德堡搬到加利福尼亚州，和包括"自燃"（Spontaneous Combustion）在内的即兴表演团队一起表演。她因在自己重要的电影《紫色》（The Color Purple，1985）中的独角秀喜剧表演成名，在该剧中她将爱丽丝·沃克（Alice Walker）笔下的西丽演活了，获得了奥斯卡最佳女主角提名。很多喜剧角色随之而来，接着她出演了《人鬼情未了》（Ghost，1990），赢得了奥斯卡最佳女配角奖。

从那以后戈德堡不断地出演各类电视和电影，如杰出的《狮子王》（The Lion King，1994）、灵光一闪的《潇洒有情天》（Boys on the Side，1995）、造成轰动的《埃迪》（Eddie，1996）、令人难忘的《双龙一虎闯天关》（An Alan Smithee Film: Burn Hollywood Burn，1998）和一些平常之作。戈德堡是"喝牛奶"运动（"Got milk?" campaign，译注：这是由美国Body By Milk发起的一项公益活动，旨在向大众宣传喝牛奶的好处）的代言人、是电视游戏节目《好莱坞广场》（Hollywood Squares，1998-2002）的制片人，她常常成为报道各种明星绯闻的八卦杂志的女主角，还主持过奥斯卡颁奖典礼。她还是少数同时拥有奥斯卡奖、托尼奖、艾美奖和格莱美奖的女星之一。戈德堡的存在在这个银幕美女当道的年代也许有些令人难以置信，但她至今依旧受到观众的喜爱，不仅仅因为她有健美的身材，还因为她独特的个性、体型和受努力工作、阅读障碍、三次失败的婚姻、成为祖母、戒毒等一系列因素影响的生活态度。**GCQ**

"我长得不像哈莉·贝瑞，但她变老后有可能长得像我。"

代表作：

For Colored Girls 2010
The Magic Roundabout 2005
Star Trek: Nemesis 2002
Rat Race 2001
Girl, Interrupted 1999
How Stella Got Her Groove Back 1998
Boys on the Side 1995
Star Trek: Generations 1994
The Lion King 1994
Sister Act 2: Back in the Habit 1993
Sister Act 1992
The Player 1992
Soapdish 1991
Ghost 1990 ★
The Telephone 1988
Jumpin' Jack Flash 1986
The Color Purple 1985 ☆

1950年代

梅尔·吉布森 MEL GIBSON

生平： 本名梅尔·哥伦姆席勒·杰拉德·吉布森（Mel Columcille Gerard Gibson），1956年1月3日生于美国纽约州皮克斯基尔。

明星特质： 沧桑英俊、性感的动作片男主角；因宗教信仰饱受争议；作家、获奖导演、制作人。

代表作：

Signs 2002
What Women Want 2000
The Patriot 2000
Ransom 1996
Braveheart 1995 ★
Forever Young 1992
Hamlet 1990
Lethal Weapon 1987, 1989, 1992, 1998
Mad Max Beyond Thunderdome 1985
Mrs. Soffel 1984
The River 1984
The Bounty 1984
The Year of Living Dangerously 1982
Mad Max 2 1981
Gallipoli 1981
Mad Max 1979

1950年代

梅尔·吉布森因其宗教教条主义和努力戒酒被各种争议所包围，尽管如此，他依然是当今最伟大的电影演员、动作明星和导演之一。吉布森1956年在美国出生，在澳大利亚长大，并在悉尼的新南威尔士大学学习。他在澳大利亚的国家戏剧艺术学院工作，早期在舞台和电视中表演。吉布森早期的出色作品有70年代末和80年代初的《提姆爱我》（Tim, 1979）和《加里波利》（Gallipoli, 1981）。他因未来主义动作片《疯狂的麦克斯》（Mad Max, 1979）及其续集《疯狂的麦克斯2》（Mad Max 2, 1981）和《疯狂的麦克斯3》（Mad Max Beyond Thunderdome, 1985）获得国际观众的认可。

更多受欢迎的角色接踵而来：《致命武器》（Lethal Weapon, 1987）及其续集中的马丁·里格斯、《爱国者》（The Patriot, 2000）和《天兆》（Signs, 2002）等片中的角色让他成为票房之星和《人物》杂志评选的"世上最性感的男人"。但除了枪战片和浪漫片外，吉布森也演过一些他帮忙普及、能展示他深度的作品，如佛朗哥·泽菲雷里（Franco Zeffirelli）的《哈姆莱特》（Hamlet, 1980）。

吉布森已年近中年，如今十分富有，开始探索新领域，他导演了《无脸的男人》（The Man Without a Face, 1993），接着又导了《勇敢的心》（Braveheart, 1995），他在该剧中担任制片、导演和主演，饰演了苏格兰英雄威廉·华莱士。这部史诗片为他赢得奥斯卡最佳影片和最佳导演两项大奖。在这之后，吉布森参演了《耶稣受难记》（The Passion of the Christ, 2004），自编自导了讲述玛雅王国衰退的动作片《启示》（Apocalypto, 2006）。**GCQ**

"感觉太棒了，但我不想为了再赢一个（奥斯卡）奖而杀了自己。"

安迪·加西亚 ANDY GARCIA

生平：本名安德烈·阿图罗·加西亚·梅内德斯（Andrés Arturo García Menéndez），1956年4月12日生于古巴哈瓦那。

明星特质：西班牙人黝黑而英俊的长相；魅力十足、多才多艺且有原则的演员；歌手、作曲家、作家、制作人、导演。

安迪·加西亚1956年生于古巴哈瓦那，60年代早期古巴猪湾事件（译注：猪湾事件是1961年4月17日，在美国中央情报局的协助下逃亡美国的古巴人向菲德尔·卡斯特罗领导的古巴革命政府进行的一次武装进攻，标志着美国反古巴行动的第一个高峰）发生后他随家人到了美国。加西亚在迈阿密长大，当时他家族的香料生意十分红火。他最初在佛罗里达国际大学和社区剧院学习表演，后来到了好莱坞。加西亚第一次引起注意是在电视剧如《山街蓝调》（Hill Street Blues，1981—1984）和电影如《英雄胆》（8 Million Ways to Die，1986）中，但真正让他成为重要明星的是他参演的《铁面无私》（The Untouchables，1987）。自那以后，他主演了很多电影，近年来，加西亚改变方向，自编自导了《迷失城市》（The Lost City，2005），并和比尔·莫瑞、达斯汀·霍夫曼一起主演了该片。

在《铁面无私》后，加西亚主演了《黑雨》（Black Rain，1989）和《流氓警察》（Internal Affairs，1990）等片。接着在弗朗西斯·福特·科波拉的《教父3》（The Godfather: Part III，1990）中饰演桑尼·柯里昂的私生子文森特·"维尼"·曼奇尼。文森特的脾气和冷酷与他父亲有一比，这个角色让加西亚展现了他宽广的戏路，为他赢得奥斯卡最佳男配角提名，巩固了他即使不惊人却可靠的好莱坞明星地位，展示了他在不同电影，如从《当男人爱上女人》（When a Man Loves a Woman，1994）到《莫迪里阿尼》（Modigliani，2004）中出演主角和配角的能力。最近加西亚主演了重拍的《十一罗汉》（Ocean's Eleven，2001）及其续集《十二罗汉》（Ocean's Twelve，2004），刷新了他的公众形象。他还因执导了《迷失城市》获得评论界的尊重，他在该片中饰演了在古巴富尔亨西奥·巴蒂斯塔（Fulgencio Batista）总统政权崩塌、菲德尔·卡斯特罗（Fidel Castro）革命接管这个城市时期的夜总会老板菲戈·菲拉夫。**PS**

代表作：

City Island 2009
The Lost City 2005
Ocean's Twelve 2004
Modigliani 2004
Confidence 2003
Ocean's Eleven 2001
The Disappearance of Garcia Lorca 1997
Night Falls on Manhattan 1997
Dangerous Minds 1995
Things to Do in Denver When You're Dead 1995
When a Man Loves a Woman 1994
Jennifer Eight 1992
Dead Again 1991
The Godfather: Part III 1990 ☆
Internal Affairs 1990
Black Rain 1989
The Untouchables 1987

"你是谁，你选择的生活决定了你……而不是你演的电影决定了你。"

汤姆·汉克斯 TOM HANKS

生平： 本名汤姆斯·杰弗里·汉克斯（Thomas Jeffrey Hanks），1956年7月9日生于美国加利福尼亚州康科德。

明星特质： "现代的詹姆斯·斯图尔特"；英俊、轮廓分明的男主角；常饰演困惑却友善的好人；票房冠军、制作人、作家、导演。

代表作：

The Da Vinci Code 2006
The Terminal 2004
The Ladykillers 2004
Catch Me If You Can 2002
Road to Perdition 2002
Cast Away 2000 ☆
The Green Mile 1999
Saving Private Ryan 1998 ☆
Toy Story/Toy Story II 1995, 1999
Apollo 13 1995
Forrest Gump 1994 ★
Philadelphia 1993 ★
Sleepless in Seattle 1993
A League of Their Own 1992
Big 1988 ☆
Splash 1984

1950年代

汤姆·汉克斯在加利福尼亚州出生并长大，他父母很早就离婚了。汉克斯的父亲是个厨师，他小时候大多数时间都是跟着父亲在美国走南闯北。汉克斯在大学主修表演，他首次取得重大突破的作品是喜剧《美人鱼》（Splash, 1984），这部电影的票房成功令汉克斯一夜成名。不久一些傻气却可爱的邻家男孩角色接踵而来，如受欢迎的轻喜剧《光棍俱乐部》（Bachelor Party, 1984）、《红鞋男子》（The Man With One Red Shoe, 1985）和《金钱陷阱》（The Money Pit, 1986），这几部电影都帮助发展了他的喜剧天赋，这种特质在《飞向未来》（Big, 1988）中达到顶峰，他在这部获奥斯卡最佳男主角提名的电影中饰演一个有着成年人身型的男孩。

80年代末，在经历了一系列失败后，汉克斯的星途似乎一路下坠。但他迎来了获奥斯卡最佳男主角奖的《费城故事》（Philadelphia, 1993），他在该片中饰演一名死于艾滋病的同性恋律师，这部电影让汉克斯的演艺事业起死回生，改变了他在电影史中的命运和位置。他的甜蜜喜剧如《西雅图未眠夜》（Sleepless in Seattle, 1993）和一些更丰满的角色都获得了巨大成功，让他更全面地展示了自己的演艺天赋。他在一些轰动一时的热门电影如《阿甘正传》（Forrest Gump, 1994）、《阿波罗13号》（Apollo 13, 1995）和《绿里奇迹》（The Green Mile, 1999）中探索更成熟的表演，并因《阿甘正传》赢得另一个奥斯卡最佳男主角奖。他渐渐成为真正的男主角和好莱坞的票房冠军，又演了另外两部获得奥斯卡提名的电影。21世纪，汉克斯继续给观众带来出色的表演，并给一些动画片如《赛车总动员》（Cars, 2006）配音。他的普雷通制作公司曾参与制作动画片《别惹蚂蚁》（The Ant Bully, 2006），他渐渐将一半精力投入到制作当中。**RH**

"如果你必须做一份工作，高价的电影明星是份相当不错的选择。"

右图：在《阿甘正传》中，汉克斯一边等巴士一边在想他迷人的生活故事。

克里斯多弗·兰伯特 CHRISTOPHER LAMBERT

生平：本名克里斯多弗·盖·丹尼斯·兰伯特（Christophe Guy Denis Lambert），1957年3月29日生于美国纽约州长岛。

明星特质：沧桑英俊、体格健壮、蓝眼睛；动作片和戏剧中的男主角，但也很擅长喜剧角色；作家、制作人。

代表作：

Southland Tales 2006
Les Clefs de bagnole 2003
Absolon 2003
Highlander: Endgame 2000
Resurrection 1999
Beowulf 1999
Mean Guns 1997
Mortal Kombat 1995
Highlander III: The Sorcerer 1994
Gunmen 1994
Fortress 1993
Highlander II: The Quickening 1991
Highlander 1986
Subway 1985
Greystoke: The Legend of Tarzan, Lord of the Apes 1984

尽管兰伯特在美国出生，但他两岁时就随家人离开了美国。他父亲是联合国驻瑞士外交官，兰伯特在日内瓦的寄宿学校接受教育。12岁时他在学校出演了一部戏剧，受此启发，兰伯特想成为一名演员。然而，他的父母认为演戏很不稳定，为了让父母高兴，他进入伦敦证券交易所工作。但半年后他就离开了，在巴黎音乐学院学习戏剧。

兰伯特在饰演《泰山王子》（Greystoke: The Legend of Tarzan, Lord of the Apes, 1984）中的主角约翰·克莱顿/格雷史多克勋爵/泰山前曾出演过法国电影如《电话酒吧》（Le Bar du téléphone，1980）和《柏油》（Asphalte，1981）。兰伯特饰演的动作英雄泰山是个卡斯帕尔·豪泽尔（Kaspar Hauser）式的弃儿，但在丛林中身体却很柔软。他在吕克·贝松的《地下铁》（Subway，1985）中饰演的浅金色头发、穿着无尾晚礼服的逃跑者十分有趣，之后他几乎退出法国电影，在其他国家演戏。

兰伯特回美国拍了一些电影和电视，如《时空英豪》（Highlander，1986）里拥有不死之身、只有掉脑袋才会死的苏格兰人，迈克尔·西米诺的《西西里人》（The Sicilian，1987）中沉闷的萨尔瓦多·朱利亚诺。在拍完喜剧《为什么是我？》（Why Me?，1990）和心理恐怖片《骑士电影》（Knight Movies，1992）后，兰伯特拍了一些稍差的动作片和直接制成音像版的电影，其中很多都由阿尔伯特·普云（Albert Pyun）执导，如与鲁特格尔·哈尔（Rutger Hauer）或大卫·卡拉丁（David Carradine）合演的《魔鬼武器》（Fortress，1993）、《终极任务》（Gunmen，1994）、《格斗之王》（Mortal Kombat，1995）、《星际奇兵总动员》（Adrenalin: Fear the Rush，1996）、《思想武器》（Mean Guns，1997）、《贝尔武夫》（Beowulf，1999）、《恶夜追杀令》（Resurrection，1999）、《一级病毒》（Absolon，2003）和理查德·凯利（Richard Kelly）的讽刺剧《南方传奇》（Southland Tales，2006）。**KN**

"（表演）的魅力在于不断变化的角色，它永远都不会让人厌倦。"

丹尼尔·戴−刘易斯 DANIEL DAY-LEWIS

生平：本名丹尼尔·迈克尔·布莱克·戴-刘易斯（Daniel Michael Blake Day-Lewis），1957年4月29日生于英国伦敦。

明星特质：高大英俊的体验派演员；对角色的选择判断正确；戏路宽广得令人难以置信；因深入角色而出名；奥斯卡影帝三冠王。

丹尼尔·戴-刘易斯是已故英国桂冠诗人塞西尔·戴-刘易斯（Cecil Day-Lewis）和女演员吉尔·巴尔康（Jill Balcon）的儿子，他的外公是伊令电影公司（Ealing Studios）的前老板迈克尔·巴尔康爵士（Sir Michael Balcon）。戴-刘易斯因深入角色而出名，他饰演英雄或恶棍时英俊的外貌常常变得让人认不出来。他对角色的挑剔众所周知，特别专注于演技的完美，在公共场合十分害羞，基本呆在欧洲，所以相对不是那么有名。

戴-刘易斯在布里斯托的老维克戏剧学校学习表演，他的第一个电影角色是《靠，又是星期天》（Sunday Bloody Sunday，1971）中的文化破坏者。他在《甘地传》（Gandhi，1982）里演了个小角色，之后因《看得见风景的房间》（A Room with a View，1985）获得广泛的知名度。他在《布拉格之恋》（The Unbearable Lightness of Being，1988）中沉迷于感官享受，在《我的左脚》（My Left Foot，1989）中饰演严重残疾的克里斯蒂·布朗，这部影片为他赢得了奥斯卡最佳男主角。他为了深入角色，在片场即使不拍戏也坐着轮椅四处转动。

那之后他出演了一部明显很商业化的电影《最后的莫西干人》（The Last of the Mohicans，1992），还演了爱尔兰电影如《因父之名》（In the Name of the Father，1993）、享有声誉的电影如《纯真年代》（The Age of Innocence，1993）、情节剧《杰克和露丝的情歌》（The Ballad of Jack and Rose，2005）和《纽约黑帮》（Gangs of New York，2002）里嗜杀的怪物。他演的每一个角色都令人信服、谨慎真实且出色。他因《血色将至》（There Will be Blood，2007）赢得第二座奥斯卡最佳男主角奖杯。2013年，戴-刘易斯因在《林肯》（Lincoln）中的出色表现，第三次捧得奥斯卡小金人。

戴-刘易斯娶了已故美国剧作家阿瑟·米勒的女儿、导演兼演员的丽贝卡·米勒（Rebecca Miller）为妻。**GCQ**

代表作：

Lincoln 2013 ★
There Will be Blood 2007 ★
The Ballad of Jack and Rose 2005
Gangs of New York 2002 ☆
The Boxer 1997
The Crucible 1996
In the Name of the Father 1993 ☆
The Age of Innocence 1993
The Last of the Mohicans 1992
My Left Foot 1989 ★
Stars and Bars 1988
The Unbearable Lightness of Being 1988
Nanou 1986
A Room with a View 1985
My Beautiful Laundrette 1985
The Bounty 1984
Gandhi 1982
Sunday Bloody Sunday 1971

"如果我不以此为发泄，我在社会上将无容身之地。"

——评表演

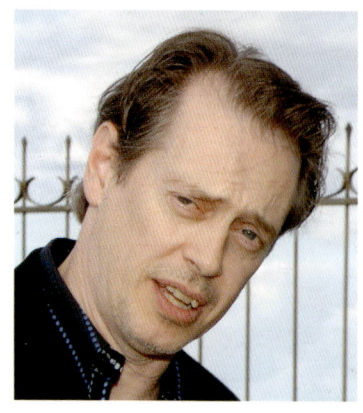

史蒂夫·布西密 STEVE BUSCEMI

生平： 1957年12月13日生于美国纽约州布鲁克林。

明星特质： 大眼、娃娃脸；非常受尊敬的性格演员，经常饰演奇怪疯狂的坏人角色；语速很快；制作人、作家、导演。

"看上去有点滑稽"——这是观众对史蒂夫·布西密在《冰血暴》（Fargo，1996）中饰演的绑匪的评价。这可能也反映了许多电影爱好者对这位因能在最细致处赋予角色自己的特色而出名的天才性格演员的评价。

布西密在高中的最后一年对表演产生了兴趣，毕业后，他在纽约著名的李·斯特斯伯格学院学习表演。之后开始在剧院表演，并写作了一些原创剧本。从1980年到1984年他在纽约市做消防员，2001年"9·11"恐怖袭击事件发生后他重拾旧业，回到过去工作的消防局做志愿者，一周都和他的旧同事一起在碎石堆里寻找失踪的消防员。

布西密常被拿来与传奇演员彼得·洛（Peter Lorre）比较，他朦胧的大眼睛、从不年轻的娃娃脸立马给人留下不幸且易受伤害的印象，像被宠坏的孩子一般反复无常而又无关道德。他演过很多犯罪分子，其中最著名的有《米勒的十字路口》（Miller's Crossing，1990）、《落水狗》（Reservoir Dogs，1992）、《低俗小说》（Pulp Fiction，1994）和《杀人三部曲》（Desperado，1995）。不过他出演的严肃戏剧如《离别秋波》（Parting Glances，1986）和《堪萨斯情仇》（Kansas City，1996）；喜剧如《神秘列车》（Mystery Train，1989）和《爱情和香烟》（Romance & Cigarettes，2005）也一样出色。事实上，他在《谋杀绿脚趾》（The Big Lebowski，1998）和《幽灵世界》（Ghost World，2001）中极其感人的表演说明了他正处于表演的最佳状态。他迄今为止执导的两部电影《伤心树屋》（Trees Lounge，1996）和《孤独的吉姆》（Lonesome Jim，2005）也说明了这一点，而监狱大戏《动物工厂》（Animal Factory，2000）显示了他处理更黑暗题材作品的能力，这三部电影的低调现实主义显示了他真正的导演天赋。**GA**

代表作：

Romance & Cigarettes 2005
Coffee and Cigarettes 2003
Ghost World 2001
28 Days 2000
Animal Factory 2000
The Big Lebowski 1998
Kansas City 1996
Trees Lounge 1996
Fargo 1996
Things to Do in Denver When You're Dead 1995
Desperado 1995
Pulp Fiction 1994
Reservoir Dogs 1992
Miller's Crossing 1990
Mystery Train 1989
New York Stories 1989

"我最喜欢的评论说我是电影中的垃圾邮件。"

1950年代

莎朗·斯通 SHARON STONE

生平： 本名莎朗·冯内·斯通（Sharon Vonne Stone），1958年3月10日生于美国宾夕法尼亚州米德维尔。

明星特质： 美貌的女王长相；高挑性感的金发女主角、民权运动积极分子、制作人、作曲家、导演。

莎朗·斯通因在情色惊悚片《本能》（Basic Instinct，1992）中饰演美艳的连环杀手凯瑟琳而出名，讽刺的是她儿时对自己的外貌感到极其地难为情。20世纪70年代，她成为选美冠军和纽约的时尚模特。80年代初，她放弃了模特的工作，转而追求演艺职业。

她的第一部电影是伍迪·艾伦的《星尘往事》（Stardust Memories，1980），但她第一次取得重大突破的角色却是科幻电影《全面回忆》（Total Recall，1990）里背叛阿诺·施瓦辛格的妻子。她还裸体出现在《花花公子》的杂志上，从此逐步升格至性感女神。然而，她一直没有大红大紫，直到出演了《本能》的主角——一个美艳的双性恋连环杀手，在做爱时用冰锥杀死了她的男伴。电影史上最声名狼藉的场景之一就出现在这部电影中，在警探审问她时，她交叉双腿，显示出她没穿内裤。这个场景引发公众对斯通和导演保罗·范霍文（Paul Verhoeven）的热烈争议。斯通坚称范霍文欺骗了她，她并不知道镜头会拍摄她双腿之间。

接着她又演了另一部情色惊悚片《偷窥》（Sliver，1993），之后她主演了马丁·斯科塞斯的《赌城风云》（Casino，1995），并因此获得奥斯卡最佳女配角提名。从那之后，斯通一步一个脚印，组建了自己的制作公司，努力认真地做好演员之职。她拍过一些令人失望的作品，如《猫女》（Catwoman，2004），但也有一些成功之作，如她的转型之作《破碎之花》（Broken Flowers，2005）。**PS**

代表作：

Bobby 2006
Basic Instinct 2 2006
Broken Flowers 2005
Catwoman 2004
Picking Up the Pieces 2000
Simpatico 1999
The Muse 1999
Gloria 1999
The Mighty 1998
***Casino* 1995** ☆
The Quick and the Dead 1995
Intersection 1994
Last Action Hero 1993
Sliver 1993
Basic Instinct 1992
Total Recall 1990

> "如果你是个女子，同时又对这个小镇有看法，那么这就是个致命的组合。"

加里·奥德曼 GARY OLDMAN

生平： 本名莱纳德·加里·奥德曼（Leonard Gary Oldman），1958年3月21日生于英国伦敦。

明星特质： 风格多变、戏路宽广的男主角和性格演员；因饰演反叛者和坏人而著名；作家、制作人、导演。

加里·奥德曼在伦敦出生，父亲是名焊接工。他获得罗丝布鲁佛戏剧学院的奖学金，之后在格林威治青年剧院学习，80年代早期开始登台表演。

他的电影处女作是《回忆》（Remembrance，1982），但他第一次引起人们注意却是因为在传记片《席德与南希》（Sid and Nancy，1986）中饰演朋克摇滚歌手席德·维瑟斯。这是一个开端，奥德曼此后满腔热情、饰演了比他同时代的其他演员更多的受鄙视、充满憎恨的人物、麻烦制造者、反叛者和怪物，如《激情床伴》（Prick Up Your Ears，1987）中的乔·奥顿、《会社》（The Firm，1988）中的足球流氓和房地产代理人、《刺杀肯尼迪》（JFK，1991）中的刺客李·哈维·奥斯瓦尔德、《惊情四百年》（Dracula，1992）中的德拉库拉伯爵、《空军一号》（Air Force One，1997）中的恐怖劫持犯和《汉尼拔》（Hannibal，2001）中梦想把他的敌人拿去喂猪的丑八怪。

然而，奥德曼并不只是饰演坏人，他近年也转变形象，饰演了一些更和蔼可亲的角色。他在《哈利波特和阿兹卡班囚徒》（Harry Potter and the Prisoner of Azkaban，2004）及其续集中饰演阿尼玛格斯小天狼星布莱克，这个角色得到不错的反响，他在《蝙蝠侠：侠影之谜》（Batman Begins，2005）中一反常态地饰演了高谭市唯一的正派人物吉姆·戈登。奥德曼涉足导演界的作品是讲述坚忍不拔的工人阶级的影片《切勿吞食》（Nil by Mouth，1997），他同时也是该剧的编剧和制片人，这部电影有一部分源自他自己的生活。该剧获得了评论界的一致称赞，在英国赢得无数大奖，包括英国学院最佳剧本奖。2011年，奥德曼因在《锅匠，裁缝，士兵，间谍》（Tinker Tailor Soldier Spy）中饰演的乔治·史迈利一角第一次获得奥斯卡最佳男主角提名。

2008年，奥德曼娶了亚历山德拉·埃登博洛（Alexandra Edenborough），此前他曾有过三段婚姻。**KN**

代表作：

Tinker Tailor Soldier Spy 2011 ☆
Batman Begins 2005
Harry Potter and the Prisoner of Azkaban 2004
Hannibal 2001
The Contender 2000
Lost in Space 1998
Air Force One 1997
The Fifth Element 1997
Basquiat 1996
Immortal Beloved 1994
Léon 1994
True Romance 1993
Dracula 1992
JFK 1991
State of Grace 1990
Prick Up Your Ears 1987
Sid and Nancy 1986

"想要胜任这份工作多少要有点自我。"

米歇尔·菲佛 MICHELLE PFEIFFER

生平： 本名米歇尔·玛丽·菲佛（Michelle Marie Pfeiffer），1958年4月29日生于美国加利福尼亚州圣安娜。

明星特质： 光芒四射的金发美女、选美比赛冠军、戏剧和浪漫喜剧中多才多艺的女主角、银幕妖妇、歌手、制作人。

米歇尔·菲佛起初打算做名新闻记者，后来转而在比佛利山庄剧院学习表演。她是选美比赛的冠军，其履历是早年美丽苗条的金发女演员的典型代表：客串出演了《神秘岛》（Fantasy Island, 1978—1981）、在《龙之后》（Charlie Chan and the Curse of the Dragon Queen, 1981）中模仿歌蒂·韩（Goldie Hawn）、主演了《油脂》不成功的续集《油脂2》（Grease 2, 1982）。

菲佛在80年代中期成为明星，但在《疤面煞星》（Scarface, 1983）、《东镇女巫》（The Witches of Eastwick, 1987）和《破晓时刻》（Tequila Sunrise, 1988）中仍被当做花瓶。然而她在《皇家密杀令》（Into the Night, 1985）中大放异彩，她饰演的不那么冰冷的角色给观众带来惊喜。她在《嫁给歹徒》（Married to the Mob, 1988）里庸俗不堪，在《危险关系》（Dangerous Liaisons, 1988）里饰演的玛丽·德·杜维尔夫人为她赢得奥斯卡最佳女主角提名，她在《一曲相思情未了》（The Fabulous Baker Boys, 1989）中饰演的女歌手为她赢得奥斯卡最佳女配角提名，她还亲自演唱了角色在片中演唱的所有歌曲。

90年代，她在《现代爱情故事》（Frankie and Johnny, 1991）中饰演懒散的女侍者，接着在《蝙蝠侠归来》（Batman Returns, 1992）中饰演精神错乱、性欲极强的猫女；在《爱情田园》（Love Field, 1992）里饰演受杰奎琳·肯尼迪影响的达拉斯家庭主妇，在《纯真年代》（The Age of Innocence, 1993）中饰演不体面的爱伦·奥兰斯卡，菲佛展现了令人吃惊的宽广戏路。

可悲的是，作为一名重要的明星，菲佛太少能展现自己。例如，她在《危险游戏》（Dangerous Minds, 1995）和《危机四伏》（What Lies Beneath, 2000）中的表演娴熟但却太循规蹈矩。菲佛依然是最美人物名单上最常被提到的演员之一，她的年龄丝毫没有减损她银幕妖妇的地位。我们依旧拭目以待，期望能看到既不辜负她的美貌又能全面展现她的出色演技的角色出现。**KN**

代表作：

Stardust 2007
Hairspray 2007
White Oleander 2002
What Lies Beneath 2000
A Thousand Acres 1997
One Fine Day 1996
Up Close & Personal 1996
Dangerous Minds 1995
The Age of Innocence 1993
Love Field 1992 ☆
Batman Returns 1992
Frankie and Johnny 1991
The Fabulous Baker Boys 1989 ☆
Dangerous Liaisons 1988 ☆
Married to the Mob 1988
The Witches of Eastwick 1987
Into the Night 1985
Scarface 1983

"我仍在想人们迟早会发现我其实并不是很有天赋，我真的没有特别优秀。"

蒂姆·罗宾斯 TIM ROBBINS

生平： 本名蒂莫西·弗朗西斯·罗宾斯（Timothy Francis Robbins），1958年10月16日生于美国加利福尼亚州西柯维纳市。

明星特质： "演员团伙"剧团创办成员；多才多艺的男主角和配角演员、音乐家、制作人、导演。

代表作：

Catch a Fire 2006
The Secret Life of Words 2005
War of the Worlds 2005
Mystic River 2003 ★
Human Nature 2001
High Fidelity 2000
Cradle Will Rock 1999
Arlington Road 1999
Prêt-à-Porter 1994
The Shawshank Redemption 1994
The Hudsucker Proxy 1994
Short Cuts 1993
Bob Roberts 1992
The Player 1992
Jacob's Ladder 1990
Bull Durham 1988

1950年代

尽管蒂姆·罗宾斯最近的作品有助于将他定义为在自己的领域依靠自己努力的独立艺术家，但长期以来他一直被笼罩在他著名伴侣、演员苏珊·萨兰登（Susan Sarandon）的阴影之下。他在洛杉矶加利福尼亚大学学习戏剧，毕业后，罗宾斯和大学的演员朋友一起在洛杉矶成立了名为"演员团伙"（Actors' Gang）的实验戏剧剧团。他还在80年代一些著名的电影如《壮志凌云》（Top Gun, 1986）和《天降神兵》（Howard the Duck, 1986）中演过配角。

罗宾斯的事业突破源自与萨兰登合演的《百万金臂》（Bull Durham, 1988），他在剧中饰演一个很有前途的棒球投手，紧接着他饰演了《异世浮生》（Jacob's Ladder, 1990）中很具挑战的主角，一个参加过越战的老兵，因战争造成的创伤而产生幻觉。他的导演处女作是《天生赢家》（Bob Roberts, 1992），这是一个政治寓言，也表明他银幕下激进主义者的身份，这一点持续到他最近执导的另外两部作品《死囚漫步》（Dead Man Walking, 1995）和《大厦将倾》（Cradle Will Rock, 1999）中。前者为他赢得奥斯卡最佳导演提名。他接着出演了《神秘河》（Mystic River, 2003），到达演艺生涯的高峰，该片为他赢得奥斯卡最佳男配角奖。罗宾斯高大、头发灰白，出色地出演了《失恋排行榜》（High Fidelity, 2000）和《世界之战》（War of the Worlds, 2005）等片。在此之前，他在《大玩家》（The Player, 1992）、《影子大亨》（The Hudsucker Proxy, 1994）和《肖申克的救赎》（The Shawshank Redemption, 1994）中表现突出。尽管罗宾斯也许是因为想将更多的精力放在写作/导演的兴趣上，而更倾向于出演配角，但我们对这位多才多艺的重要演员抱以很多期望。**GCQ**

"我无疑能胜任导演和演员的工作，但对于写作而言，我是'神经过敏'先生。"

凯文·史派西 KEVIN SPACEY

生平： 本名凯文·史派西·福勒（Kevin Spacey Fowler），1959年7月26日生于美国新泽西州南奥兰治。

明星特质： 英俊时髦、轮廓清晰、衣着得体、多才多艺的男主角；作家、导演、制作人。

高中时，凯文·史派西就常常逃课去加利福尼亚州圣塔莫尼卡的新艺术剧院（NuArt Theater）观看重新上演的旧戏。之后，他自己也成为一名印象主义者，试着演一些独角秀喜剧。在纽约的茱莉亚学院（Juilliard School）学习两年戏剧后，史派西80年代登上了百老汇的舞台，并渐渐在电视如《犯罪故事》（Crime Story，1987）和《特警4587》（Wiseguy，1988）、电影如《心火》（Heartburn，1986）和《上班女郎》（Working Girl，1988）中演一些小角色。

在全明星阵容的《大亨游戏》（Glengarry Glen Ross，1992）之后，史派西享受了一段所有艺术家都梦寐以求的魔幻时期，在此期间他尝试了从古怪配角到主角的很多角色。他先是出演了《与鲨同游》（Swimming with Sharks，1994），接着又演了《非常嫌疑犯》（The Usual Suspects，1995）、《七宗罪》（Se7en，1995）和《洛城机密》（L.A. Confidential，1997），并凭借《非常嫌疑犯》第一次赢得奥斯卡最佳男配角奖。这四个角色在他的演艺生涯中尤为关键，让他成为善于辞令、感情自制、阴险而精于算计的角色的理想人选。紧接着他因家庭戏剧《美国丽人》（American Beauty，1999）获得奥斯卡最佳男主角奖。之后他试着导演了《白色鳄鱼》（Albino Alligator，1996）和《飞跃情海》（Beyond the Sea，2004），并在《虫虫危机》（A Bug's Life，1998）中为蚱蜢配音，饰演了《K星异客》（K-PAX，2001）中可能是外星人的精神病人和《超人归来》（Superman Returns，2006）中超人的对手，成为一名受欢迎的演员。他继续在舞台上做着受人尊敬的工作，2003年成为伦敦老维克剧院的艺术总监。银幕下，史派西很注意保护自己的私生活，他说："你对我知道得越少，就越能相信我在银幕上饰演的角色，这样才能让看电影的观众相信我就是电影中的那个人。" **GCQ**

代表作：

Superman Returns 2006
Beyond the Sea 2004
The Life of David Gale 2003
The Shipping News 2001
K-PAX 2001
American Beauty 1999 ★
A Bug's Life 1998
The Negotiator 1998
Midnight in the Garden of Good and Evil 1997
L.A. Confidential 1997
A Time to Kill 1996
Se7en 1995
Outbreak 1995
The Usual Suspects 1995 ★
Swimming with Sharks 1994
Glengarry Glen Ross 1992

"如果你做够幸运，做得很好，那么让电梯回到起点就是你的职责。"

1950年代

安东尼奥·班德拉斯 ANTONIO BANDERAS

生平： 本名何塞·安东尼奥·多明格斯·班德拉斯（Jose Antonio Dominguez Banderas），1960年8月10日生于西班牙安达卢西亚马拉加。

明星特质： 英俊性感的西班牙大众情人、戏剧中的男主角、作曲家、导演、制作人。

代表作：

The Skin I live in 2011
Shrek 2 2004
Imagining Argentina 2003
Frida 2002
The Mask of Zorro 1998
Evita 1996
Assassins 1995
Desperado 1995
Philadelphia 1993
The House of the Spirits 1993
The Mambo Kings 1992
¡Átame! 1990 (Tie Me Up! Tie Me Down!)
Mujeres al borde de un ataque de nervios 1988
　(Women on the Verge of a Nervous Breakdown)
La ley del deseo 1987
Matador 1986

1960年代

"我讨厌那只猫。自从他出现在我生活中他变得比我更重要了。"
————评《怪物史瑞克2》

　　班德拉斯在西班牙马拉加出生，年轻时他想成为职业英式足球员，但十几岁时脚受伤，于是转而以演戏替代。他在马拉加的戏剧艺术学校学习，之后在马德里著名的西班牙国家剧院工作了五年。后来极具前途的导演佩德罗·阿尔莫多瓦尔（Pedro Almodóvar）发现了他，让他出演了自己的电影《激情迷宫》（Laberinto de pasiones，1982）中的一个角色，班德拉斯的电影生涯从此起飞。

　　班德拉斯和阿尔莫多瓦尔成为一对好搭档，他们合作了《斗牛士》（Matador，1986）、《欲望法则》（La ley del deseo，1987）、《崩溃边缘的女人》（Mujeres al borde de un ataque de nervios，1988）和《捆着我，绑着我》（¡Átame!，1990），两人都因此获得关注。班德拉斯之后前往好莱坞，迅速成为最受欢迎的西班牙演员之一。

　　班德拉斯在《曼波王》（The Mambo Kings，1992）中成熟地展现了语音学上的表演，而之前麦当娜曾在自己的纪录片《与麦当娜同床》（Madonna: Truth or Dare，1991）中向他抛过媚眼。班德拉斯还在《金色豪门》（The House of the Spirits，1993）、《费城故事》（Philadelphia，1993）和《夜访吸血鬼》（Interview with a Vampire: The Vampire Chronicles，1994）中饰演过一些引人注目的角色，他接着和罗伯特·罗德里格斯（Robert Rodriguez）在《杀人三部曲》（Desperado，1995）中建立起一段有创造力的关系。从那之后他演过《贝隆夫人》（Evita，1996）中的自由斗士、《佐罗的面具》（The Mask of Zorro，1998）及其续集中的佐罗、《第十三个勇士》（The 13th Warrior，1999）中的阿拉伯人、电视《墨西哥风暴》（And Starring Pancho Villa as Himself，2003）中的派奇奥·维拉，还给《怪物史瑞克2》（Shrek 2，2004）中滑稽活泼的猫配音。班德拉斯有两段婚姻，第二次娶了好莱坞的电影演员梅兰妮·格里菲斯（Melanie Griffith），他主演过一些百老汇戏剧，如今被认为是世上最伟大的美男子之一。**GCQ**

西恩·潘 SEAN PENN

生平：本名西恩·贾斯汀·潘（Sean Justin Penn），1960年8月17日生于美国加利福尼亚州圣塔莫尼卡。

明星特质：沧桑英俊、活力十足的戏剧男主角；直言不讳的政治自由主义派、制作人、导演。

西恩·潘是演员艾琳·赖安（Eileen Ryan）和导演利奥·潘（Leo Penn）的儿子，他很早就接触到梦工厂，这对他的创造力很有帮助，此外他还在电视剧如《草原小屋》（Little House on the Prairie, 1974）和电影如《熄灯号》（Taps, 1981）中演过一些小角色，直到《开放的美国学府》（Fast Times at Ridgemont High, 1982）让他在电影界有了一席之地，他饰演的杰夫·斯皮克里成为不成熟的一代的代言人。

他与流行音乐天后麦当娜的婚姻占据了报纸杂志的头条，也将人们的注意力从他青涩的演技上引开，《叛国少年》（The Falcon and the Snowman, 1985）和《强盗爸爸》（At Close Range, 1986）等片中有趣的角色也随之而来。媒体对这对夫妇的关注引发了与潘的暴力冲突，有次他因打了摄影师被捕。《彩色响尾蛇》（Colors, 1988）上映后得到了广泛的称赞，之后他与麦当娜离婚，并在讲述越南战争的电影《越战创伤》（Casualties of War, 1989）中饰演一个精神错乱的指挥官，该片建立起潘作为严肃演员的地位。接下来的几年里潘成为一个肌肉发达、有着无限情感深度、时而易受伤害时而世俗的演员。《死囚漫步》（Dead Man Walking, 1995）、《甜蜜与卑微》（Sweet and Lowdown, 1999）和《我是山姆》（I Am Sam, 2001）都为他赢得奥斯卡最佳男主角提名，他最终凭借克林特·伊斯特伍德的侦探片《神秘河》（Mystic River, 2003）中为女儿报仇的父亲和《米尔克》（Milk, 2008）中的同性恋政治家哈维·米尔克两度获得奥斯卡最佳男主角。

之后潘做起了导演，他执导的《印第安信使》（The Indian Runner, 1991）和《誓死追缉令》（The Pledge, 2001）都很受欢迎。尽管有了这些成长，但潘在每次表演后迟迟不散的压抑着的愤怒和激烈的银幕形象几乎引起观众的身体不适。**GCQ**

代表作：

The Tree of Life 2011
Milk 2008 ★
All the King's Men 2006
The Interpreter 2005
The Assassination of Richard Nixon 2004
Mystic River 2003 ★
I Am Sam 2001 ☆
Sweet and Lowdown 1999 ☆
The Thin Red Line 1998
The Game 1997
Dead Man Walking 1995 ☆
Carlito's Way 1993
State of Grace 1990
Casualties of War 1989
Colors 1988
At Close Range 1986
The Falcon and the Snowman 1985
Fast Times at Ridgemont High 1982

"媒体引导了对奥斯卡奖的恐惧。"

1960年代

休·格兰特 HUGH GRANT

生平： 本名休·约翰·曼格·格兰特（Hugh John Mungo Grant），1960年9月9日生于英国伦敦。

明星特质： 机智聪明、有绅士派头、温和、衣着讲究的大众情人；轻喜剧和浪漫剧男主角和性格演员；擅长喜剧表演风格。

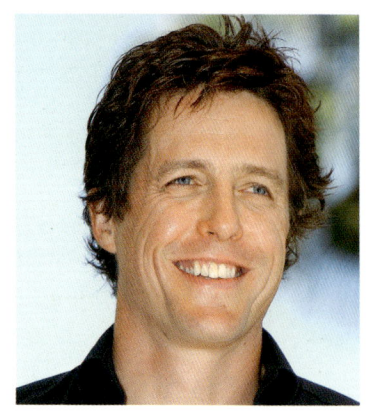

代表作：

Music and Lyrics 2007
Bridget Jones: The Edge of Reason 2004
Love Actually 2003
About a Boy 2002
Bridget Jones's Diary 2001
Small Time Crooks 2000
Notting Hill 1999
Extreme Measures 1996
Restoration 1995
Sense and Sensibility 1995
An Awfully Big Adventure 1995
Four Weddings and a Funeral 1994
Sirens 1994
The Remains of the Day 1993
Bitter Moon 1992
The Lair of the White Worm 1988

"我可以被更多人包围，尤其是被女人包围。"

休·格兰特出生于伦敦，毕业于牛津大学英语系。他早期的一部电影是莫谦德艾佛瑞电影公司制作的《莫里斯》（Maurice, 1987），这部电影让他迅速成为英国独立电影最出名的演员之一。他接着主演了古怪而多变的电影，如肯·罗素（Ken Russell）的《白蛇传说》（The Lair of the White Worm, 1988）和罗曼·波兰斯基（Roman Polanski）的《苦月亮》（Bitter Moon, 1992），并再度与莫谦德艾佛瑞合作拍了《告别有情天》（The Remains of the Day, 1993），接着又参演了迈克·内威尔（Mike Newell）轰动一时的热门喜剧《四个婚礼和一个葬礼》（Four Weddings and a Funeral, 1994），让他成为家喻户晓的国际巨星。他在李安根据简·奥斯汀小说改编的《理智与情感》（Sense and Sensibility, 1995）中成为浪漫男主角，给观众带来令人难忘的耳目一新之感。1995年他因招妓被不光彩地逮捕，当时的负面新闻几乎断送了他的演艺事业。

格兰特以他良好的风度和魅力再次赢回了观众和电影公司的喜爱，主演了热门影片《诺丁山》（Notting Hill, 1999），在接下来的《BJ单身日记》（Bridget Jones's Diary, 2001）中和《关于一个男孩》（About a Boy, 2002）都再次展现了他的表演天分。格兰特再度与《四个婚礼和一个葬礼》的导演理查德·柯蒂斯（Richard Curtis）合作了《真爱至上》（Love Actually, 2003），他在该片中饰演的会情不自禁跳舞的首相爱上了端茶倒水的女孩，这部电影奠定了格兰特喜剧大师的地位，让他永远成为国际影迷喜爱的演员。他近年在《贴身情人》（Two Weeks Notice, 2002）、《BJ单身日记2》（Bridget Jones: The Edge of Reason, 2004）、模仿电视节目《美国偶像》（American Idol）的主持人西蒙·考威尔（Simon Cowell）而出演的《美国梦》（American Dreamz, 2006）和《K歌情人》（Music and Lyrics, 2007）中的歌手一角都缺乏新意，但这些都不足以动摇他当代加里·格兰特的地位，而且他最好的表演可能还没到来。**JK**

1960年代

真田广之 HIROYUKI SANADA

生平： 本名下泽广之，1960年10月12日生于日本东京。

明星特质： 日本动作片和戏剧里英俊的男主角和性格演员；武术传奇人物千叶真一的弟子。

真田广之是日本最著名的演员之一，因在银幕、舞台及电视中的多才多艺的表演而著名。真田五岁时就成了一名小模特，出演了自己的第一部电影——千叶真一的动作片《浪荡子守歌》（1965），十几岁时加入千叶的日本武术俱乐部，在那儿学习了骑马、武术、爵士乐和传统的日本舞。这些训练加上千叶的辅导让真田成为上世纪七八十年代日本武士和忍者电影中的动作明星。1982年，他从日本大学艺术学院电影系毕业，获得了日本电影学院年度新人奖的荣誉。

真田的主流突破来自《麻雀放浪记》（1984），该片让他第一次获得相当于日本奥斯卡奖的最佳男演员奖，并开始了他与导演和田诚的一系列合作，从此之后真田出演了和田诚的全部电影。在此期间他还维持着成功的歌唱事业，在日本巡回开摇滚演唱会。真田演的第一部莎士比亚剧是《罗密欧与朱丽叶》（Romeo and Juliet，1986），他之后加入英国皇家莎士比亚剧团，出演《李尔王》（King Lear，1999—2000）中的傻瓜一角，成为剧团第一个获得大英帝国勋章的日本演员。真田还主演了恐怖系列电影《午夜凶铃》（1998—1999），并因《黄昏的清卫兵》（2002）获得奖项。真田在国际上施展魅力，在《最后的武士》（The Last Samurai，2003）中与汤姆·克鲁斯合作，赢得不少新粉丝。以此为契机，他接着出演了《伯爵夫人》（The White Countess，2005）、《无极》（2005）和《尖峰时刻3》（Rush Hour 3，2007）。**WW**

代表作：

《尖峰时刻3》2007
《无极》2005
《伯爵夫人》2005
《最后的武士》2003
《黄昏的清卫兵》2002
《大家的家》2001
《大约在午夜》1999
《午夜凶铃2》1999
《午夜凶铃》1998
《爱情全垒打》1994
《我们都还活着》1993
《鹅》1990
《东京布鲁斯》1986
《麻雀放浪记》1984
《柳生家族的阴谋》1978

"我的命令是杀了你，我不能让你逃走。"
——井口清卫兵，《黄昏的清卫兵》

1960年代

艾迪·墨菲 EDDIE MURPHY

生平： 本名爱德华·里根·墨菲（Edward Regan Murphy），1961年4月3日生于美国纽约布鲁克林。

明星特质： 非比寻常的喜剧演员、插科打诨大师、喜剧男主角和性格演员、导演、制作人。

艾迪·墨菲从曼哈顿的《喜剧秀》（the Comic Strip Live）开始了独角秀喜剧演员的生涯，接着出演了电视节目《周六夜现场》（Saturday Night Live）。他不久就成为了如他的偶像理查德·普赖德（Richard Pryor）一样的喜剧天才，接着在1980年到1984年成为《周六夜现场》的主要演员。独特的大笑、滑稽的独幕戏、有趣的模仿、诙谐的玩笑和整体的态度都增强了他的幽默感，让他成为80年代和90年代早期最受欢迎的演员之一。

音乐电影《狂喜的艾迪·墨菲》（Eddie Murphy Delirious，1983）释放出他即将成为受欢迎的演员的信号，但真正让他受欢迎的是他在《比佛利山超级警探》（Beverly Hills Cop，1984）中饰演的底特律警探阿克瑟尔·弗利一角。继这次成功后，另一个机会随之而来，他出演《美国之旅》（Coming to America，1988）获得了很高的报酬。在公众的赞誉中，他多方面发展，在《哈林夜总会》（Harlem Nights，1989）中身兼编剧、导演和制作人三职，但这部电影并没有赢得评论界和公众的喜欢。

在另一部成功的电影《情场杀手》（Boomerang，1992）后，墨菲出演了《抢钱绅士》（The Distinguished Gentlemen，1992）和《比利佛山超级警探3》（Beverly Hills Cop III，1994）等几部失败的商业片，在现实生活中做出一些轻率之举，当上了父亲，最后又离了婚，中年的墨菲比年轻时明智了很多，在众人面前大秀家庭和睦。他在重拍杰瑞·刘易斯（Jerry Lewis）的《肥佬教授》（The Nutty Professor，1996）中主演的角色释放出新的信号，接着出演了《怪医杜立德》（Doctor Dolittle，1998），给《怪物史瑞克》（Shrek，2001）及其续集中恼人但却忠诚的驴子配音。尽管他的新篇章与20年前那个耀眼滑稽的喜剧天才相去甚远，但在褪去愤怒和亵渎的言行后，这确实代表了一条前进之路。**GCQ**

代表作：

Tower Heist 2011
Shrek the Third 2007
Dreamgirls 2006 ☆
Shrek 2 2004
Daddy Day Care 2003
Dr. Dolittle 2 2001
Shrek 2001
Nutty Professor II: The Klumps 2000
Doctor Dolittle 1998
The Nutty Professor 1996
The Distinguished Gentleman 1992
Boomerang 1992
Harlem Nights 1989
Coming to America 1988
Beverly Hills Cop 1984
Trading Places 1983
48 Hrs. 1982

"我在贫困中长大，我做的每个糟糕的决定都是为了钱。"

乔治·克鲁尼 GEORGE CLOONEY

生平：本名乔治·蒂莫西·克鲁尼（George Timothy Clooney），1961年5月6日生于美国肯塔基州列克星敦市。

明星特质：英俊性感、轮廓清晰、衣着讲究、魅力四射、多才多艺的戏剧男主角；直言不讳的政治自由派、人道主义者、导演、制作人。

乔治·克鲁尼在好莱坞拥有卓绝的地位，他是好莱坞最有魅力的名人之一（他两次被选为"当今世界最性感的男人"），因直言不讳地参与政治受到人们的尊敬。从美学观点来看，克鲁尼犹如一尊古典主义雕像，轮廓清晰，有着平和的魅力，身上没有丝毫的女性特征。但他将这种特质修炼到顶级却花了一段时间。很多明星的第一部电影都会失败，但克鲁尼的电影处女作《杀人番茄再临》（The Return of the Killer Tomatoes!，1988）却尤为厉害。在讲述医院电视剧《急诊室的故事》（ER，1994—2000）中饰演梦幻的道格·罗斯医生成为电视明星后，克鲁尼的新作要成功得多。他在《杀出个黎明》（From Dusk till Dawn，1996）和《战略高手》（Out of Sight，1998）中饰演的性感硬汉很具可信度。他在自由主义战争片《细细的红线》（The Thin Red Line，1998）和《夺金三王》（Three Kings，1999）中饰演的角色也证明了他受人喜欢的男子气概。

克鲁尼渐渐地当起了制作人和导演，并在导戏和演戏两方面都取得了惊人的成功。他在镜头后（也包括镜头前）是位艺术家，拍了《晚安，好运》（Good Night, and Good Luck.，2005）和《辛瑞那》（Syriana，2005）。前者为他赢得奥斯卡最佳导演和最佳编剧奖（原创剧本）提名，后者为他赢得奥斯卡最佳男配角奖。获奥斯卡提名及随后的获奖让克鲁尼成功延续了家族传统：他的叔叔、去世的何塞·费勒（José Ferrer）曾因《风流剑侠》（Cyrano de Bergerac，1950）获得过奥斯卡最佳男主角奖。克鲁尼还演过一些不那么可敬的角色，尤其是《真情假爱》（Intolerable Cruelty，2003）和在他的伙伴史蒂文·索德伯格（Steven Soderbergh）执导的《十一罗汉》（Ocean's Eleven，2001）和《十二罗汉》（Ocean's Eleven，2004）中饰演的角色。银幕下的克鲁尼是名著名的政治自由主义者。**EM**

代表作：

The Descendants 2011 ☆
Up in the Air 2009 ☆
Michael Clayton 2007 ☆
Syriana 2005 ★
Good Night, and Good Luck. 2005
Ocean's Twelve 2004
Intolerable Cruelty 2003
Confessions of a Dangerous Mind 2002
Solaris 2002
Welcome to Collinwood 2002
Ocean's Eleven 2001
The Perfect Storm 2000
O Brother, Where Art Thou? 2000
Three Kings 1999
The Thin Red Line 1998
Out of Sight 1998
Batman & Robin 1997
One Fine Day 1996
From Dusk Till Dawn 1996

"导戏真的让人很激动，事实上，当导演比做演员有趣多了。"

1960年代

福利斯特·惠特克 FOREST WHITAKER

生平：本名福利斯特·史蒂文·惠特克（Forest Steven Whitaker），1961年7月15日生于美国得克萨斯州朗维尤。

明星特质：温和的巨人；饰演有复杂的角色和泰然自若的社会局外人的角色；完全沉浸在扮演的角色中；制作人、导演。

不像同为非裔美国人的演员威尔·史密斯（Will Smith）那样有着名人惯有的英俊外貌，福利斯特·惠特克也没有得到过浪漫的角色。他皱皱巴巴的脸和庞大的身躯成为导演眼中饰演畏怯邋遢者、标新立异的天才或疯狂的疯子之类复杂的局外人的最佳人选。

对运动的热爱让他在《开放的美国学府》（Fast Times at Ridgemont High，1982）中饰演的足球运动员很具说服力，但他在克林特·伊斯特伍德的传记片《鸟》（Bird，1988）中化身为传奇爵士乐手"大鸟"查理·帕克（Charlie "Bird" Parker），第一次显现了自己重要的演艺影响力，并让他获得了戛纳电影节的最佳男主角。

惠特克并没有因眷恋这次成功就停滞不前，而是在如尼尔·乔丹（Neil Jordan）的《哭泣游戏》（The Crying Game，1992）等片中出演了丰富多彩的角色。《哭泣游戏》讲述了一段不寻常的友谊和禁忌之爱的故事，惠特克在该片中饰演被爱尔兰共和军绑架的英国士兵。他在吉姆·贾木许（Jim Jarmusch）的《鬼狗杀手》（Ghost Dog: The Way of the Samurai，1999）中还展现了饰演矛盾人格的演技。惠特克在《末代独裁》（The Last King of Scotland，2006）中再次转型，饰演了前乌干达独裁者伊迪·阿明（Idi Amin），饰演残忍的暴君很难不落入邪恶的窠臼，尤其是这个角色又是人们所熟悉的近代史人物。然而惠特克并没有被吓倒，为了扮演好这位不切实际的暴君，他努力增肥，完全沉浸在对角色的研究中，最终在银幕上给观众呈现出人性化的阿明，这也让他有能力出演更令人恐惧的暴行。凭借在该片中的精彩表现，他也赢得了奥斯卡最佳男主角奖，这次重要的表演为惠特克未来的表演之路带来了保障。**CK**

代表作：

The Last King of Scotland 2006 ★
American Gun 2005
Phone Booth 2002
Panic Room 2002
Green Dragon 2001
Ghost Dog: The Way of the Samurai 1999
Body Count 1998
Blown Away 1994
Body Snatchers 1993
The Crying Game 1992
Bird 1988
Bloodsport 1988
Good Morning, Vietnam 1987
Platoon 1986
The Color of Money 1986
Fast Times at Ridgemont High 1982

"……一天24小时，即使在睡梦中，我都完全沉浸在伊迪·阿明的世界里。"

1960年代

黄秋生 ANTHONY WONG

生平：1961年9月2日生于中国香港。

明星特质：香港动作片男主角，因饰演令人恐惧的精神病角色出名；强大的性格演员。

上世纪90年代，黄秋生因饰演了很多感情激烈的角色而出名，他不知疲倦地饰演了恶棍、心理变态的人、大开杀戒的杀手和社会堕落分子。他在一些三级片或成人片、令人震惊的故事片和如《灭门惨案之孽杀》（1993）等色情片中形成了这种银幕形象，但同时也演了一些更有雄心和声望的电影，如吴宇森的《辣手神探》（1992）和《现代豪侠传》（1993）等片。黄秋生乐意演一些卑鄙的角色，从不退缩，最终凭借《八仙饭店之人肉叉烧包》（1993）获得香港电影金像奖最佳男主角奖。

这一时期，黄秋生还是一支朋克乐队的主唱，音乐和他极端的特性显然是治疗不幸童年的良方。他的母亲是中国人，父亲是英国人，他因混血儿的身份受尽欺侮。人们本以为他的愤怒会随着时间的推移慢慢烧尽，却不料事情发生了改变：每个香港人都意识到黄秋生已经成为世上最有天赋的演员之一了。

尽管黄秋生在他中期的警察惊悚片《香港一号通缉犯》（1994）中有了更加相称的成熟，但他近年来才真正开始闪耀大银幕，成为一名在力度和广度上能与从亨弗莱·鲍嘉（Humphrey Bogart）到凯文·史派西（Kevin Spacey）的所有演员想媲美的出色性格演员。他近年杰出的作品有与导演杜琪峰合作的《放逐》（2006）和他最出色的《无间道》（2002—2003）三部曲。**TC**

代表作：

《放逐》2006
《再说一次我爱你》2005
《无间道III》2003
《无间道II》2003
《无间道》2002
《亡命之逃》2000
《伊波拉病毒》1996
《省港一号通缉犯》1994
《现代豪侠传》1993
《八仙饭店之人肉叉烧包》1993
《东方三侠》1993
《辣手神探》1992

"两个人需要器官移植，但现在只有一个器官。"

——SP黄，《无间道》

金·凯瑞 JIM CARREY

生平：本名詹姆斯·尤金·凯瑞（James Eugene Carrey），1962年1月17日生于加拿大安大略省纽马克特。

明星特质：面部表情丰富、身体高大灵活、语速极快、多才多艺的喜剧演员；独角秀喜剧表演者、制作人。

每当加拿大人提到幽默感时，他们就会提到金·凯瑞：高大灵活，有张像橡皮泥一样表情多变的脸，轻快活泼的语速可与他的同胞丹·艾克罗伊德（Dan Aykroyd）相匹敌。为了补贴家用，金·凯瑞16岁就从高中辍学，做过一些底层工作，并在加拿大的喜剧俱乐部巡回表演单人喜剧。他19岁时去了洛杉矶，开始在"滑稽商店"工作，之后在电视和电影中演一些小角色。

他在《外星奇缘》（Earth Girls Are Easy，1988）中带来穿插的喜剧表演，在克林特·伊斯特伍德的《赌彩黑名单》（The Dead Pool，1988）中出演一个小混混。三部票房成功的电影让他成为好莱坞最滑稽的演员——《神探飞机头》（Ace Ventura: Pet Detective，1994）、《变相怪杰》（The Mask，1994）和《阿呆与阿瓜》（Dumb & Dumber，1994），这些影片都利用了金·凯瑞丰富的面部表情和杂耍般的滑稽动作，评论家们并未看过这些电影，但他们将金·凯瑞塑造成真诚的明星。

评论家和金·凯瑞之间的尴尬关系持续到90年代末，金·凯瑞依靠《楚门的世界》（The Truman Show，1998）和《月球上的男人》（Man on the Moon，1999）赢得了广泛的好评。此后，凯瑞出色地化妆成《圣诞怪杰》（How the Grinch Stole Christmas，2000）和《雷蒙·斯尼奇的不幸历险》（Lemony Snicket's A Series of Unfortunate Events，2004）中的人物、出演了《冒牌天神》（Bruce Almighty，2003）和《新抢钱夫妻》（Fun with Dick and Jane，2005）这类记录当代人焦虑的怪诞喜剧和讲述受约束的、与存在相关的奇人奇事《暖暖内含光》（Eternal Sunshine of the Spotless Mind，2004）。这些电影都令他成为世上最多才多艺的喜剧演员之一，受到不同年龄、不同品味电影爱好者的喜爱。**EM**

代表作：

Fun with Dick and Jane 2005
Lemony Snicket's A Series of Unfortunate Events 2004
Eternal Sunshine of the Spotless Mind 2004
Bruce Almighty 2003
How the Grinch Stole Christmas 2000
Me, Myself & Irene 2000
Man on the Moon 1999
The Truman Show 1998
Liar Liar 1997
The Cable Guy 1996
Batman Forever 1995
Dumb & Dumber 1994
The Mask 1994
Ace Ventura: Pet Detective 1994
Earth Girls Are Easy 1988

"我有魅力，但我偶尔也需要百忧解（译注：一种治疗精神抑郁的药物）。"

詹妮弗·杰森·李 JENNIFER JASON LEIGH

生平：本名詹妮弗·李·莫罗（Jennifer Lee Morrow），1962年2月5日生于美国好莱坞。

明星特质：有小妖精般的美貌；戏剧女主角和性格演员；银幕形象富有魅力；常扮演易受伤害的角色；制作人、导演。

詹妮弗·杰森·李的体内流淌着表演的基因：她的父母是已去世的演员维克·莫罗（Vic Morrow）和演员兼编剧芭芭拉·特纳（Barbara Turner）。14岁时她参加了由著名的戏剧大师李·斯特拉夫堡（Lee Strasberg）开设的暑期表演班，由此获得了迪斯尼电视电影《年轻的逃亡者》（The Young Runaways, 1978）中的一个角色。之后她从高中辍学，在一部平常的电影《他在窥着你》（Eyes of a Stranger, 1982）中出色地饰演了一个处于危险中的盲人女孩，并从高校喜剧《开放的美国学府》（Fast Times at Ridgemont High, 1982）开始了她的演艺生涯。她出演了很多苦难的角色：《冷血奇兵》（Flesh+Blood, 1985）、《午夜之心》（Heart of Midnight, 1988）和《布鲁克林黑街》（Last Exit to Brooklyn, 1989）中的强奸受害者、《突袭》（Rush, 1991）和《乔治亚》（Georgia, 1995）里的吸毒者、《搭车人》（The Hitcher, 1986）和《裸体切割》（In the Cut, 2003）中被分尸的受害者。

尽管李在如《回火》（Backdraft, 1991）等片中饰演了一些女孩角色，但她更倾向于饰演一些有趣角色，她通过体验派表演法则来研究这些角色。她给观众带来很多难忘的表演，其中就有《电影奇谈》（The Big Picture, 1989）里自命不凡的电影学院学生、《迈阿密特别行动》（Miami Blues, 1990）中的妓女、恐怖片《双面女郎》（Single White Female, 1992）中精神错乱的室友、《银色·性·男女》（Short Cuts, 1993）里愤世嫉俗的电话性工作者、《影子大亨》（The Hudsucker Proxy, 1994）中的新闻记者、传记片《派克夫人的情人》（Mrs. Parker and the Vicious Circle, 1994）里尖刻困惑的作家诗人、《堪萨斯情仇》（Kansas City, 1996）中残酷的女匪、《华盛顿广场》（Washington Square, 1997）中维多利亚时代的老姑娘和《感官游戏》（eXistenZ, 1999）中的游戏设计师。**KN**

代表作：

Margot at the Wedding 2007
In the Cut 2003
eXistenZ 1999
Washington Square 1997
Kansas City 1996
Georgia 1995
Dolores Claiborne 1995
Mrs. Parker and the Vicious Circle 1994
The Hudsucker Proxy 1994
Short Cuts 1993
Single White Female 1992
Rush 1991
Miami Blues 1990
Last Exit to Brooklyn 1989
The Big Picture 1989
Heart of Midnight 1988
Flesh+Blood 1985

> "我一直无法饰演天真无邪的少女、邻家女孩……那太让人厌烦了。"

汤姆·克鲁斯 TOM CRUISE

生平：本名托马斯·克鲁斯·马波瑟四世（Thomas Cruise Mapother Ⅳ），1962年7月3日生于美国纽约州锡拉丘兹。

明星特质：轮廓清晰、外表英俊；电影史上最受欢迎的男演员之一；因男孩般的魅力和男人的性感吸引力受到全世界女粉丝的喜爱；好莱坞身价最高、最有票房号召力的明星之一。

  抛开汤姆·克鲁斯近来对科学教神秘事物的兴趣，他无疑是当今世上最顶级的男星之一。克鲁斯高中时是个运动员，极具表演天赋，但他患有诵读困难症，并因与女演员咪咪·罗杰斯（Mimi Rogers）和妮可·基德曼（Nicole Kidman）这两段众所周知的破碎婚姻饱受困扰。

  克鲁斯成长在一个父母争吵不断的家庭，所以他成为一名超级巨星多少有些出人意料。他出道既不是因为演技被看中、从一群受到某个经验丰富的演员训练的学员中脱颖而出，也不是赢得了什么比赛的冠军，而是跌跌撞撞地经过所有电影演员都会经历的学徒期后成为了一名大明星。不过克鲁斯早年的演艺生涯除了在《无尽的爱》（Endless Love，1981）、《熄灯号》（Taps，1981）和《小教父》（The Outsiders，1983）中做其他明星身边的配角外并不是特别出名，但他接着就主演了犯罪喜剧《乖仔也疯狂》（Risky Business，1983），他在该剧中的角色结合了小镇人的质朴和骗子的世俗诡计。

  《壮志凌云》（Top Gun，1986）巩固了克鲁斯的美男子风格，并确立了他在电影市场的重要地位。他从此成为一个全球现象，出演了《糖衣陷阱》（The Firm，1993）、《夜访吸血鬼》（Interview with the Vampire: The

代表作：

Mission: Impossible III 2006
War of the Worlds 2005
Collateral 2004
The Last Samurai 2003
Minority Report 2002
Vanilla Sky 2001
Mission: Impossible II 2000
Magnolia 1999 ☆
Eyes Wide Shut 1999
Jerry Maguire 1996 ☆
Mission: Impossible 1996
Interview with the Vampire:
  The Vampire Chronicles 1994
The Firm 1993
A Few Good Men 1992
Far and Away 1992
Days of Thunder 1990
Born on the Fourth of July 1989 ☆
Rain Man 1988
Young Guns 1988
Cocktail 1988
The Color of Money 1986
Top Gun 1986
Legend 1985
Risky Business 1983

右图：伊桑·亨特在《碟中谍3》中再次反败为胜，抱得美人归。

汤姆·克鲁斯

上图：在轰动一时的电影《壮志凌云》中克鲁斯和方·基默（Val Kilmer）饰演技高胆大的飞行员马弗里克和艾斯。

Vampire Chronicles，1994）、《碟中谍》三部曲（Mission: Impossible，1996, 2000, 2006）、《甜心先生》（Jerry Maguire，1996）、《少数派报告》（Minority Report，2002）和《世界之战》（War of the Worlds，2005）等片。然而有些影片真正的吸引力却隐藏在他英俊的外表之下——《鸡尾酒》（Cocktail，1988）、《霹雳男儿》（Days of Thunder，1990）——出演这些有着个人特点和缺陷的角色时他可能都没有考虑过自己的主流魅力。克鲁斯在奥利弗·斯通（Oliver Stone）导演的《生于七月四日》（Born on the Fourth of July，1989）中饰演下身瘫痪的越战老兵朗·科维克，展示了他真正演技。除了《木兰花》（Magnolia，1999）之外，克鲁斯接着又展现了他在我们这个时代艺术之上的商业吸引力，但是知道我们的超级男主角还有我们尚未揭开的面具实在很令人宽慰。**GCQ**

打破过去的模式

常看电影的人都期望看到汤姆·克鲁斯饰演好人或英雄。尽管他有些角色并不是那么完美，却并不让人讨厌。他在《木兰花》中的角色暗示了更黑暗的深度，但与过去所饰类型相去更远的是他在《借刀杀人》中饰演的冷酷无情的职业杀手，他的表演也赢得了评论界的赞誉。克鲁斯这样评价这个角色："我对文森特这个角色很感兴趣，因为他的反社会人格，他给所到之处带来毁灭和混乱。"也许观众可以期待这位明星中年能给我们带来更多的惊喜。

1960年代

杨紫琼 MICHELLE YEOH

生平： 1962年8月6日生于马来西亚霹雳州怡保市。

明星特质： 选美皇后、香港动作片女主角；做一些很危险的特技表演。

在很多方面，杨紫琼的演艺生涯也反映了与她合拍《警察故事3：超级警察》的成龙的职业轨迹，或者稍有不同，这种职业轨迹又和与她合作《卧虎藏龙》的周润发的职业轨迹有些相像。20世纪80年代，杨紫琼在香港拍动作片，在这类本质上还是由男性主导的电影中，她成为拥有众多粉丝的超级明星。但90年代末，杨紫琼和成龙、周润发都年近中年，她通过多方努力，试图闯进国际影坛。

和成龙一样，杨紫琼有着迷人可爱的银幕形象，但她的戏路也比较受限。她离开了自己擅长的武术片和危险的特技表演，人们担心她的演技是否能让她成功转型。杨紫琼曾经是马来西亚的选美冠军，80年代中期因热门武术片《皇家师姐》（1985）和《中华战士》（1987）成为电影明星。但她的盛名只维持了很短的一段时间，因为她嫁给制作人潘迪生后离开了电影圈。

后来杨紫琼与潘迪生离婚，借着与成龙合作的《超级警察》强势回归，接着主演了一些香港90年代受欢迎的电影，如《咏春》（1994）。但这一时期她很少接到真正有价值的电影，于是尝试制作自己的影片，如《天脉传奇》（2002），并出演了一些更严肃的作品，如《艺妓回忆录》（2005），这些电影与她早期那些发自肺腑出演的作品相比并不算很成功。《卧虎藏龙》显然是她近年来最出色的作品，但除此之外她其他出色的作品并不多。我们希望她能再次强势回归，给观众带来更多好作品。**TC**

代表作：

《遥远的北方》2007
《太阳浩劫》2007
《艺妓回忆录》2005
《飞鹰》2004
《天脉传奇》2002
《卧虎藏龙》2000
《星月童话》1999
《007之明日帝国》1997
《咏春》1994
《东方三侠》1993
《警察故事Ⅲ：超级警察》1992
《中华战士》1987
《皇家战士》1986
《皇家师姐》1985

"功夫片应该得到更多的敬意和尊重。"

1960年代

朱迪·福斯特 JODIE FOSTER

生平：本名艾丽西亚·克里斯蒂安·福斯特（Alicia Christian Foster），1962年11月19日生于美国洛杉矶。

明星特质：童星；娇小的美女；戏剧女主角和性格演员；30岁前就得到过两个奥斯卡奖；制作人、导演。

朱迪·福斯特从蹒跚学步时就开始演戏了，相对而言，人们能够原谅她过早地到达事业的顶峰，但她也是少数几个能够成功转型的童星之一。福斯特从电视剧和儿童电影开始了自己的职业生涯，她在马丁·斯科塞斯的《出租车司机》（Taxi Driver, 1976）中饰演的雏妓产生了很大影响，为她赢得奥斯卡最佳女配角提名。她之前曾出演过斯科塞斯的《曾经沧海难为水》（Alice Doesn't Live Here Anymore, 1974），在这部电影中她已经比很多成年演员看上去都要成熟了。尽管80年代初期福斯特大多时间都在耶鲁大学英文系学习，但她还是演了一些儿童电影和一些更有野心的作品。

福斯特真正成为重要的成年影星是在她两部赢得奥斯卡最佳女主角的作品《暴劫梨花》（The Accused, 1988）和《沉默的羔羊》（The Silence of the Lambs, 1991）中，她还出色地完成了自己的导演处女作《锦绣童年》（Little Man Tate, 1991）。但后来发生什么了？她说想要更专注于自己的家庭，然而在80年代晚期和90年代初，人们会发现也许除了《大地的女儿》（Nell, 1994）外，她这段时间所选的电影角色似乎都褪去了明星的光芒。这一时期福斯特只零星地出演一些电影，主要是一些不怎么费力的电影，如《赌侠马华力》（Maverick, 1994）、《超时空接触》（Contact, 1997）和《空中危机》（Flightplan, 2005），这些角色她之前在睡梦中都能完成。福斯特有着让人无可否认的才华和不平凡的天赋，在年轻时就已到达事业的高峰，之后可能就失去了对演戏的兴趣。但至少她现在还有继续导戏，执导了由她本人和罗伯特·德尼罗主演传奇戏剧《糖城》（Sugarland, 2008）。**TC**

代表作：

Carnage 2011
Sugarland 2008
Inside Man 2006
Panic Room 2002
Anna and the King 1999
Contact 1997
Nell 1994 ☆
Maverick 1994
Sommersby 1993
Shadows and Fog 1992
Little Man Tate 1991
The Silence of the Lambs 1991 ★
The Accused 1988 ★
The Hotel New Hampshire 1984
Bugsy Malone 1976
Taxi Driver 1976 ☆
Alice Doesn't Live Here Anymore 1974

"演戏已经耗尽了我的精力，导戏却一直更能激起我的兴趣。"

1960年代

拉尔夫·费因斯 RALPH FIENNES

生平：本名拉尔夫·纳撒尼尔·费因斯（Ralph Nathaniel Fiennes），1962年12月22日生于英国萨福克。

明星特质：高大英俊、嗓音低沉、眼神锐利、轮廓清晰、多才多艺的男主角；饰演英雄或恶棍同样令人信服。

费因斯是个英俊的英国人，有着无可挑剔的良好教养。他的父亲是摄影师马克·费因斯（Mark Fiennes），母亲吉尼（Jini）是个小说家，他是六个孩子中最大的一个。他的妹妹玛莎·费因斯（Martha Fiennes）是名导演，弟弟约瑟夫·费因斯（Joseph Fiennes）是演员，堂兄是探险家雷诺夫·费因斯爵士（Sir Ranulph Fiennes）。费因斯就读于伦敦皇家戏剧艺术学院，1987年加入英国皇家国家剧院，1988年进入皇家莎士比亚剧团。费因斯有着杰出的戏剧生涯，曾因在百老汇出演《哈姆莱特》（Hamlet, 1995）获托尼奖。但他很少在电影中饰演有绅士派头的人，考虑到他在《复仇者》（The Avengers, 1998）和《曼哈顿女佣》（Maid in Manhattan, 2002）中出演的帕特里克·迈克尼式或加里·格兰特式的角色时的紧张就不难理解这一点了。

费因斯在《呼啸山庄》（Wuthering Heights, 1992）中出演的西斯克里夫得到了大家的认可，之后他出演了《辛德勒名单》（Schindler's List, 1993）中极度邪恶的纳粹军官，他因卓越而令人痛恨的表演获得了奥斯卡最佳男主角提名。从那之后，他出演了一连串思想或外表都反复无常的角色：《机智问答》（Quiz Show, 1994）中享有特权的骗子、《末世纪暴潮》（Strange Days, 1995）里的未来欺诈者、《英国病人》（The English Patient, 1996）中满脸伤疤的伯爵、《蜘蛛梦魇》（Spider, 2002）中刚出院的精神病人、《红龙》（Red Dragon, 2002）中肌肉发达、有刺青和恐怖假牙的连环杀手和《哈利·波特和火焰杯》（Harry Potter and the Goblet of Fire, 2005）及其续集中哈利·波特的对手佛地魔。费因斯偶尔也会恢复本来面目，在《奥斯卡与露辛达》（Oscar and Lucinda, 1997）、《爱到尽头》（The End of the Affair, 1999）和《不朽的园丁》（The Constant Gardener, 2005）中细腻地展现了中上层阶级的压抑。他还非常有趣地在《超级无敌掌门狗：人兔的诅咒》（Wallace & Gromit in The Curse of the Were-Rabbit, 2005）中给坏人配音。**KN**

代表作：

Coriolanus 2011
The Reader 2008
Harry Potter and the Goblet of Fire 2005
Wallace & Gromit in The Curse of the Were-Rabbit 2005
The White Countess 2005
The Constant Gardener 2005
Red Dragon 2002
Spider 2002
The Miracle Maker 2000
The End of the Affair 1999
Onegin 1999
Oscar and Lucinda 1997
The English Patient 1996 ☆
Strange Days 1995
Quiz Show 1994
Schindler's List 1993 ☆
Wuthering Heights 1992

1960年代

"得奖犹如喝彩，每个演员都喜欢听到喝彩。"

李连杰 JET LI

生平：1963年4月26日生于中国北京。

明星特质：受到热烈欢迎的香港动作片男主角；中国武术大师，曾几次赢得世界冠军。

李连杰是继李小龙和成龙后的银幕武术家，他八岁开始学习中国武术，十几岁时就成为这个领域的佼佼者，赢得了很多奖牌，还在世界各国表演，还曾为一些高官显要，如1974年他在由中国政府赞助的华盛顿之行中曾给美国前总统理查德·尼克松（Richard Nixon）表演过。

李连杰19岁时开始出演《少林寺》系列电影，从此开始了他的电影生涯。1988年，李连杰离开中国去了美国旧金山，在那儿和导演徐克合作了《龙行天下》（1989）。他们两人之后在香港再度合作，拍了《黄飞鸿》系列电影（1991—1997）。1991年到1998年，李连杰在香港主演了18部电影，包括《笑傲江湖之东方不败》（1992）、《方世玉》（1993）和根据李小龙的《精武门》（1972）重拍的《精武英雄》（1994）等。

李连杰在好莱坞电影《致命武器4》（Lethal Weapon 4, 1998）中首次出演反派角色。他接着引人注目地出演了《致命罗密欧》（Romeo Must Die, 2000）、《救世主》（The One, 2001）和《龙潭虎穴》（Cradle 2 the Grave, 2003），获得了褒贬不一的评价。之后他回到中国主演了《英雄》（2002）和《霍元甲》（2006）。李连杰还和法国著名电影制作人吕克·贝松合作了《龙之吻》（Kiss of the Dragon, 2001）和《狼犬丹尼》（Danny the Dog, 2005）。《狼犬丹尼》是李连杰迄今为止最出色的银幕演出，尽管电影中涉及少量武术，但他饰演的从小被像动物一样养大、只有儿童心智的成年人很好地展现了他的演技。**WW**

代表作：

《敢死队》2010
《投名状》2007
《霍元甲》2006
《狼犬丹尼》2005
《龙潭虎穴》2003
《英雄》2002
《救世主》2001
《龙之吻》2001
《致命罗密欧》2000
《致命武器4》1998
《精武英雄》1994
《方世玉》1993
《笑傲江湖之东方不败》1992
《黄飞鸿》1991
《龙行天下》1989
《少林寺》1982

"你可以暴打我，但别碰我的头发，否则我会杀了你！"

麦克·梅尔斯 MIKE MYERS

生平：本名迈克尔·梅尔斯（Michael Myers），1963年5月25日生于加拿大安大略省士嘉堡。

明星特质：面部表情丰富、表演富有层次的喜剧天才；经常在一部电影中饰演多个角色。

代表作：

Shrek the Third 2007

Shrek 2 2004

The Cat in the Hat 2003

Austin Powers in Goldmember 2002

Shrek 2001

Austin Powers: The Spy Who Shagged Me 1999

54 1998

Austin Powers: International Man of Mystery 1997

Wayne's World 2 1993

Wayne's World 1992

"我仍然相信在任何时候，没有天分的警察会出来逮捕我。"

1960年代

　　麦克·梅尔斯曾经是个无法离开父母地下室的大男孩，但后来成为商业奇迹，这让他在好莱坞有了重要地位。梅尔斯在加拿大出生，父母是英国人，曾在多伦多喜剧俱乐部表演，他在那儿受到了喜剧训练，之后前往纽约，在电视综艺节目《周六夜现场》（Saturday Night Live，1989—1997）担任了一段时间的主角和编剧。

　　让梅尔斯得以成名的是《反斗智多星》（Wayne's World, 1992），这部电影的成功给了梅尔斯相当大的自由，让他能够尝试其他的喜剧想法。其中有些不太成功，如《我娶了个连环杀手》（So I Married an Axe Murderer, 1993），但其他大多都很成功，如《王牌大贱谍》三部曲（Austin Powers, 1997, 1999, 2002）。接着他戏剧性地转型，在《今夜星光诱惑》（54，1998）中饰演纽约54俱乐部的老板史蒂夫·鲁贝尔，在《戴帽子的猫》（The Cat in the Hat, 2003）中饰演苏斯博士，并给《怪物史瑞克》（Shrek, 2001, 2004, 2007）中的主角史瑞克配音。

　　梅尔斯通过一系列角色受到极大的欢迎，有时甚至是同一部电影中的不同角色，多彩的服装、厚重的口音和其他特征让他所饰演的角色与面具下的本人毫无相似之处。例如他在《王牌大贱谍2》（Austin Powers: The Spy Who Shagged Me, 1999）中饰演的奥斯汀·鲍尔斯是个恶搞詹姆斯·邦德的人物，有着20世纪60年代的风格，说话有英音，还有一口坏牙。他饰演的每个角色都非常出众，其粗俗露骨的喜剧风格吸引了非常多的观众。梅尔斯是个纯粹的天才。**GCQ**

约翰尼·德普 JOHNNY DEPP

生平： 本名约翰·克里斯托弗·德普二世（John Christopher Depp II），1963年6月9日生于美国肯塔基州欧文斯伯勒。

明星特质： 英俊性感、多才多艺、银幕形象冷酷的男主角；常饰演古怪的浪子；每个角色都能带来彻底的改变；制作人、作曲家。

约翰尼·德普毫不费力地把性吸引力、票房成功与评论界的尊重和街头信誉结合在一起。他15岁时就从学校辍学，加入了一些车库乐队，想靠摇滚乐成名。但20世纪80年代初到洛杉矶的一次访问改变了他的职业轨迹。一次偶然的机会，他结识了演员尼古拉斯·凯奇，凯奇建议他转行当演员。后来德普拍了他的第一部电影《猛鬼街》（A Nightmare on Elm Stree，1984）。

德普热衷于做一些冒险的选择，这让他成为好莱坞最多才多艺的演员之一，德普脱去早年可爱的形象，在90年代把自己与一些离群的电影导演联系在一起，如与约翰·沃特斯合作了《哭泣宝贝》（Cry-Baby，1990）、与吉姆·贾木许合作了《离魂异客》（Dead Man，1995）、与特瑞·吉列姆合作了《恐惧拉斯维加斯》（Fear and Loathing in Las Vegas，1998）、与罗曼·波兰斯基合作了《第九道门》（The Ninth Gate，1999）和与灵魂相投的导演蒂姆·伯顿合作了《剪刀手爱德华》（Edward Scissorhands，1990）、《艾德·伍德》（Ed Wood，1994）、《断头谷》（Sleepy Hollow，1999）和《查理和巧克力工厂》（Charlie and the Chocolate Factory，2005）。这些演出确立了他反叛者的地位，他在公众眼中的生活（充满了超级名模和摇滚歌手）和工作看起来都与这个反叛的形象很相符。德普擅长饰演冷酷无情、偶尔挖苦人的冷漠浪漫者，表面的放荡不羁下是深沉的承诺和忧郁。

这点在德普至今最成功的角色——《加勒比海盗》（Pirates of the Caribbean，2003，2006，2007，2011）系列中的杰克·斯帕罗船长身上达到顶点。这个角色让他在不舍弃艺术的完整性的情况下成为家喻户晓的名人。斯帕罗一角以滚石乐队的基思·理查兹（Keith Richards）为原型，结合了平民主义和反叛精神——这种海盗个性也反映了德普自己的特性。**EM**

代表作：

The Tourist 2010

Alice on Wonderland 2010

Sweeney Todd: The Demon Barber of Fleet Street 2007 ☆

Pirates of the Caribbean: At World's End 2007

Pirates of the Caribbean: Dead Man's Chest 2006

Charlie and the Chocolate Factory 2005

Finding Neverland 2004 ☆

Once Upon a Time in Mexico 2003

Pirates of the Caribbean: The Curse of the Black Pearl 2003 ☆

Blow 2001

Sleepy Hollow 1999

Fear and Loathing in Las Vegas 1998

Donnie Brasco 1997

Dead Man 1995

Ed Wood 1994

What's Eating Gilbert Grape 1993

Edward Scissorhands 1990

A Nightmare on Elm Street 1984

"杰克·斯帕罗船长就像是基思·理查兹和臭鼬彼得（译注：法国著名卡通形象）的结合体。"

1960年代

艾曼纽·贝阿 EMMANUELLE BÉART

生平：1963年8月14日生于法国普罗旺斯-阿尔卑斯-蓝色海岸大区圣特罗佩。

明星特质：妖冶、空灵美女；法国戏剧中性感的女主角；小心仔细地选择角色。

一位评论家曾说："艾曼纽·贝阿美丽得让我牙疼。"幸运的是，与很多美丽的女演员不同，贝阿还拥有配得上她容貌的天赋。她在国际影坛的事业从未真正起飞——她至今为止最出色的英语电影《碟中谍》（Mission: Impossible, 1996）并没有充分挖掘她的演技——但一连串凯撒奖证明了她在自己祖国法国享有的高知名度。

贝阿的父亲是流行歌手兼诗人盖·贝阿（Guy Béart），母亲是演员热纳维耶芙·加利亚（Geneviève Galéa）。贝阿九岁开始表演，后来在巴黎戏剧学校跟随著名的法国戏剧教师让-劳伦特·科切特（Jean-Laurent Cochet）学习表演。她因在克劳德·贝里（Claude Berri）的乡村戏剧《甘泉玛侬》（Manon des sources, 1986）中饰演复仇天使而成名。从那之后，她空灵的美貌和隐晦却强烈的感情被很好地应用在一些法国最令人关注的导演的作品中。她的角色常常与文化艺术有联系：在雅克·里维特（Jacques Rivette）的《不羁的美女》（La belle noiseuse, 1991）中饰演艺术家米歇尔·皮寇利（Michel Piccoli）撩人的模特，在克洛德·苏台（Claude Sautet）的《今生情未了》（Un coeur en hiver, 1992）里演一位古典小提琴手。她还主演过两部同叫《情狱》（L'Enfer）的电影，一部的导演是克劳德·夏布洛尔（Claude Chabrol, 1994），另一部导演是丹尼斯·塔诺维奇（Danis Tanovic, 2005）。此外，贝阿还在拉乌尔·鲁兹（Raoul Ruiz）根据普鲁斯特的小说改编的《追忆似水年华》（Le Temps retrouvé, 1999）中饰演高雅的吉尔贝特。银幕下，贝阿1993年嫁给了法国演员丹尼尔·奥图（Daniel Auteuil），如今两人已经离婚，有一个女儿。她后来嫁给了法国作曲家兼音乐制作人大卫·莫罗（David Moreau）。贝阿积极为法国移民争取权利，她还是联合国儿童基金大使。**PK**

代表作：

A Crime 2006
L'Enfer 2005 (Hell)
Nathalie... 2003
8 femmes 2002 (8 Women)
Elephant Juice 1999
Le Temps retrouvé 1999 (Time Regained)
Don Juan 1998
Mission: Impossible 1996
Nelly & Monsieur Arnaud 1995
　　(Nelly and Mr. Arnaud)
L'Enfer 1994 (Hell)
Un coeur en hiver 1992 (A Heart in Winter)
La belle noiseuse 1991
　　(The Beautiful Troublemaker)
Date with an Angel 1987
Manon des sources 1986 (Manon of the Spring)

1960年代

"我在电影中给出了一切能给予的，我不欠公众别的什么了。"

布拉德·皮特 BRAD PITT

生平： 本名威廉姆·布拉德利·皮特（William Bradley Pitt），1963年12月18日生于美国俄克拉荷马州肖尼。

明星特质： 英俊的大众情人、戏剧男主角、慈善家、制作人。

布拉德·皮特在密苏里大学主修新闻，但后来辍学去了好莱坞追求自己的演艺事业，跟随戏剧大师罗伊·伦敦（Roy London）学习。皮特在《末路狂花》（Thelma & Louise，1991）中饰演的迷人骗子和小偷虽然是个小角色，却给人留下了深刻印象，给他带来更多观众的注意，并让他跻身性感男星之列。在拍雷德利·斯科特（Ridley Scott）的《末路狂花》前他就因出演了一些电视剧而出名，从那之后他开始主演主流电影和一些更冒险的题材影片。皮特演过一些失败的电影，但也有不少出色的作品，如《大河恋》（A River Runs Through It，1992）、《夜访吸血鬼》（Interview with the Vampire: The Vampire Chronicles，1994）、《燃情岁月》（Legends of the Fall，1994）、《七宗罪》（Se7en，1995）和为他赢得奥斯卡最佳男主角提名的《十二猴子》（Twelve Monkeys，1995），所有这些作品都反映了他戏路之宽和经久不衰的受欢迎程度。

皮特的票房成绩也同样很不稳定。电影如《搏击俱乐部》（Fight Club，1999）的艺术成就要高于商业成就，《十一罗汉》（Ocean's Eleven，2001）及其续集曾轰动一时，但过分渲染的史诗片《特洛伊》（Troy，2004）却惨遭失败。尽管早期与女演员格温妮丝·帕特洛（Gwyneth Paltrow）的关系让皮特成为小报追逐的对象，但2000年他与热门电视剧《老友记》（Friends，1994—2004）中的明星演员詹妮弗·安妮斯顿（Jennifer Aniston）的婚姻让他不折不扣地成为谣言攻击的对象。这种情况在他与安妮斯顿离婚、随后与女演员安吉丽娜·朱莉在一起后才得以改善。他与朱莉的浪漫关系令两人主演的《史密斯夫妇》（Mr. & Mrs. Smith，2005）造成轰动。实际上，无论皮特的电影成绩如何，他都是好莱坞最著名的明星之一，靠着他的名气，他接着拍了不那么商业化的电影《通天塔》（Babel，2006）。**JK**

代表作：

***Moneyball* 2011** ☆
The Tree of Life 2011
Inglourious Basterds 2009
***The Curious Case of Benjamin Button* 2008** ☆
Babel 2006
Mr. and Mrs. Smith 2005
Ocean's Twelve 2004
Ocean's Eleven 2001
Spy Game 2001
Snatch. 2000
Fight Club 1999
Sleepers 1996
***Twelve Monkeys* 1995** ☆
Se7en 1995
Legends of the Fall 1994
Interview with the Vampire: The Vampire Chronicles 1994
Kalifornia 1993
A River Runs Through It 1992
Thelma & Louise 1991

"我就是那类你会因为遗传而憎恶的人，事实就是如此。"

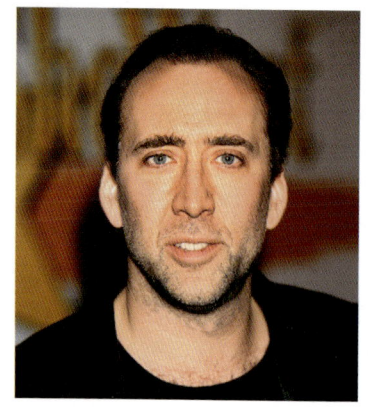

尼古拉斯·凯奇 NICOLAS CAGE

生平：本名尼古拉斯·金姆·科波拉（Nicholas Kim Coppola），1964年1月7日生于美国加利福尼亚州长滩。

明星特质：皮肤黝黑、身材瘦长、嗓音深沉的戏剧和动作片男主角；好莱坞演艺世家的一员，但却努力避免裙带关系；制作人、导演。

尼古拉斯·凯奇的叔叔是大导演弗朗西斯·福特·科波拉，他不想使用科波拉这个姓，于是从惊奇漫画的人物卢克·凯奇（Luke Cage）身上得到灵感，取了现在这个艺名。他经常尝试漫画作品，也都能很巧妙地诠释这些作品。凯奇80年代早期开始演一些青少年电影，出演了《开放的美国学府》（Fast Times at Ridgemont High，1982）、《山谷女孩》（Valley Girl，1983）、他叔叔执导的《斗鱼》（Rumble Fish，1983）和《佩姬苏要出嫁》（Peggy Sue Got Married，1986）。他邋遢绝望的样子再配上奇怪的口音，特别适合《抚养亚利桑那》（Raising Arizona，1987）、《吸血鬼之吻》（Vampire's Kiss，1989）和《我心狂野》（Wild at Heart，1990）中的角色，但在温情的浪漫剧如《月色撩人》（Moonstruck，1987）和《战地情人》（Captain Corelli's Mandolin，2000）中却显得不那么和谐。

凯奇在艾伦·帕克的《鸟人》（Birdy，1984）中饰演有心理创伤的越战老兵阿尔·哥伦巴特中士，第一次展示了他低调敏感的一面。他接着在《远离赌城》（Leaving Las Vegas，1995）中饰演靠酗酒慢性自杀的人，这个角色为他赢得奥斯卡最佳男主角奖。他在《穿梭阴阳界》（Bringing Out the Dead，1999）中合格地饰演了一位憔悴的急救医生，并在《改编剧本》（Adaptation.，2002）中出色地饰演了截然不同的双胞胎兄弟。同时，凯奇还在更主流的动作片中饰演英雄，如获得票房成功的《勇闯夺命岛》（The Rock，1996）和《空中监狱》（Con Air，1997），此外他还在《变脸》（Face/Off，1997）中饰演疯狂的超级大恶棍。在出演重拍的《异教徒》（The Wicker Man，2006）后，他终于在《灵魂战车》（Ghost Rider，2007）里出演了惊奇漫画中的英雄角色。银幕下，凯奇因为三段婚姻（其中有一段是与猫王的女儿丽莎·玛丽·普雷斯利）、两次离婚和与演员珍妮·赖特、乌玛·瑟曼、模特克里斯蒂娜·富尔顿的绯闻成为媒体关注的焦点。**KN**

代表作：

Ghost Rider 2007
World Trade Center 2006
The Ant Bully 2006
Lord of War 2005
Matchstick Men 2003
Adaptation. 2002 ☆
Bringing Out the Dead 1999
Face/Off 1997
Con Air 1997
The Rock 1996
Leaving Las Vegas 1995 ★
Wild at Heart 1990
Vampire's Kiss 1989
Raising Arizona 1987
Birdy 1984
The Cotton Club 1984

> "体验派演员和精神分裂患者间只隔着一条细细的分界线。"

1960年代

马特·狄龙 MATT DILLON

生平：本名马修·雷蒙德·狄龙（Matthew Raymond Dillon），1964年2月18日生于美国纽约州新罗歇尔。

明星特质：高大英俊、轮廓清晰；曾经是青少年偶像；戏剧和喜剧中多才多艺的男主角；年轻时常饰演反叛的少年。

马特·狄龙曾经是个很上相的青少年明星，他试图以一连串各不相同的角色保住自己起伏不定的职业生涯。他父亲是股票经纪人，母亲是家庭主妇，狄龙小学时就开始表演，14岁时被华纳兄弟的星探发掘。他在《小可爱》（Little Darlings，1980）和《我的保镖》（My Bodyguard，1980）等电影中饰演上世纪80年代的反叛少年，成为青少年偶像。这一形象在编剧苏珊·辛顿（Susan Hinton）的三部曲《德佬》（Tex，1982）、《小教父》（The Outsiders，1983）和《斗鱼》（Rumble Fish，1983）中得到进一步巩固。影迷和评论家都对狄龙的天赋充满热情，但他却为一成不变的角色类型感到困扰。狄龙在格斯·范·桑特（Gus Van Sant）的《迷幻牛郎》（Drugstore Cowboy，1989）中有了令人吃惊的转变，事业也再度起色，这部电影也证明了他从青少年偶像一跃成为成熟演员的能力。狄龙在20世纪90年代前半段毫不费力地游走于不同类型的电影中间，如戏剧《孽吻》（A Kiss Before Dying，1991）和《华盛顿城堡的圣徒》（The Saint of Fort Washington，1993）、喜剧《单身贵族》（Singles，1992）和《不惜一切》（To Die For，1995）、浪漫剧《旧爱变新欢》（Mr. Wonderful，1993）和《爱情尤物》（Beautiful Girls，1996）。1998年，他出演了新黑色电影《野东西》（Wild Things，1998），并与那时的女友卡梅隆·迪亚兹主演了成功闹剧《我为玛丽狂》（There's Something About Mary，1998），演艺事业得到了一定的发展。

狄龙之后又展现了他在写作和导演等方面的天赋，还主演了犯罪惊悚片《魅影危程》（City of Ghosts，2002），收到了褒贬不一的评价，但这部作品却不失为一部给人留下深刻印象、有前途的导演处女作。2005年，狄龙获得了迄今为止最高的荣誉：因在《撞车》（Crash，2004）中饰演羞辱一对美国黑人夫妇的警察获得奥斯卡最佳男配角提名。此外，他在《同居三人行》（You, Me and Dupree，2006）中再次展现了自己的喜剧天赋。**WW**

代表作：

You, Me and Dupree 2006
***Crash* 2004** ☆
City of Ghosts 2002
One Night at McCool's 2001
There's Something About Mary 1998
Wild Things 1998
Beautiful Girls 1996
To Die For 1995
The Saint of Fort Washington 1993
Singles 1992
A Kiss Before Dying 1991
Drugstore Cowboy 1989
Target 1985
The Flamingo Kid 1984
Rumble Fish 1983
The Outsiders 1983

"我考虑得更多的是作品，而不是出名。"

朱丽叶·比诺什 JULIETTE BINOCHE

生平：1964年3月9日生于法国巴黎。

明星特质：空灵、魅力无穷的美人，有如爱神丘比特之弓似的嘴唇；性感的女主角；当代法国电影偶像；迄今为止收入最高的法国女演员；画家。

朱丽叶·比诺什是当代最重要的法国女演员，获得过凯撒奖，无论是在她的祖国法国还是在英国或美国，她都受到同等的欢迎。她既能出演艺术戏剧电影，也能出演著名的商业片，无论是极简派、自然主义派还是有着老式明星品质的角色，她演起来都得心应手。

比诺什的父亲是导演，母亲是演员，她起初在法国国立巴黎高等戏剧艺术学院学习艺术。比诺什第一次引起人们的注意是在《情陷夜巴黎》（Rendez-Vous，1985）中饰演有挑逗性的角色，这个非典型性的角色如今看起来依旧迷人。《坏血》（Mauvais sang，1986）将她重塑成导演莱奥·卡拉克斯（Leos Carax）的缪斯，英语片《布拉格之恋》（The Unbearable Lightness of Being，1988）的成功让她成为国际明星。她出演了卡拉克斯昂贵而无用的《新桥恋人》（Les amants du Pont-Neuf，1991），在《呼啸山庄》（Wuthering Heights，1992）中饰演了令人惊喜的凯西·林顿，在路易·马勒的《烈火情人》（Damage，1992）中饰演神秘的荡妇。

比诺什在克日什托夫·基耶斯洛夫斯基（Krzysztof Kieslowski）的《蓝白红三部曲之蓝》（Trois Couleurs: Bleu，1993）中饰演的年轻寡妇一角真正确立了她的崇高地位。这是现代电影最伟大的表演之一，她通过最细微的动作和言语间的微小差别传达出大量的心理活动和感情上的信息。即使当基耶斯洛夫斯基的镜头只是简单地对着她苍白的面孔时，她也能轻轻松松、毫不矫揉造作地吸引人们的注意力。比诺什在国际上受到欧洲明星只在偶然情况下才受到的热烈欢迎，这帮她取得《英国病人》（The English Patient，1996）的票房成功，她也凭借该片获得奥斯卡最佳女配角奖。2001年，她因《浓情巧克力》（Chocolate，2000）获得另一次奥斯卡提名。**MC**

代表作：

Caché 2005 (Hidden)
Country of My Skull 2004
Chocolat 2000 ☆
La Veuve de Saint-Pierre 2000
 (The Widow of Saint-Pierre)
Les Enfants du siècle 1999
 (The Children of the Century)
The English Patient 1996 ★
Le hussard sur le toit 1995
 (The Horseman on the Roof)
Trois couleurs: Rouge 1994 (Three Colors: Red)
Trzy kolory: Bialy 1994 (Three Colors: White)
Trois couleurs: Bleu 1993 (Three Colors: Blue)
Damage 1992
Wuthering Heights 1992
The Unbearable Lightness of Being 1988

"表演就像剥洋葱，只有剥掉一层才能露出下一层。"

罗素·克劳 RUSSELL CROWE

生平：本名罗素·埃勒·克劳（Russell Ira Crowe），1964年4月7日生于新西兰北岛惠灵顿。

明星特质：沧桑英俊、身材健壮、嗓音低沉、多才多艺的男主角；音乐家、制作人、导演。

罗素·克劳的父母负责给拍电影的人提供伙食，克劳十几岁时就出演了澳大利亚的肥皂电视剧《邻居》（Neighbours，1987）。他接着在澳大利亚演出了电影《致命的控诉》（Prisoners of the Sun，1990）和《蓝色风暴》（Spotswood，1992），在《无法无天》（Romper Stomper，1992）中饰演一位新纳粹主义光头党后，他出色的演技为他带来了国际关注。

克劳电影生涯在美国的起步跌跌撞撞，他在西部片《致命快感》（The Quick and the Dead，1995）中饰演莎朗·斯通爱恋的牛仔，在《时空悍将》（Virtuosity，1995）中饰演由电脑生成的连环杀手，在这之后，他在《洛城机密》（L.A. Confidential，1997）中出演了一位暴力却英勇的警察。克劳演技出众，表演备受瞩目，他接着在《惊爆内幕》（The Insider，1999）中饰演中年守旧的检举者杰佛里·维根医生，在《角斗士》（Gladiator，2000）中饰演复仇的马克西蒙斯并因此获得奥斯卡最佳男主角。此外，他还出演了《美丽心灵》（A Beautiful Mind，2001）中患精神分裂症的数学奇才约翰·纳什、《怒海争锋》（Master and Commander: The Far Side of the World，2003）里的船长杰克·奥布里和《铁拳男人》（Cinderella Man，2005）中潦倒的拳击手吉姆·布拉多克。

尽管克劳偶尔会选一些轻松的表演，尤其是在他获得奥斯卡奖的《角斗士》和《美丽心灵》中，但他依旧能胜任非常精细的作品。《洛城机密》和《惊爆内幕》是他迄今为止最出色的银幕表演。银幕外的争吵让他给人们留下狂野的印象，但却并不影响他如日中天的明星地位。克劳在一支摇滚乐队担任吉他手和主唱，向他早年想成为职业摇滚乐手的梦想致敬。他在澳大利亚安家，娶了相恋多年的女友、澳大利亚歌手兼演员丹妮尔·斯宾塞（Danielle Spencer）为妻，两人育有两个孩子。

KN

代表作：

American Gangster 2007

A Good Year 2006

Cinderella Man 2005

Master and Commander: The Far Side of the World 2003

A Beautiful Mind 2001 ☆

Proof of Life 2000

Gladiator 2000 ★

The Insider 1999 ☆

Mystery, Alaska 1999

L.A. Confidential 1997

Virtuosity 1995

The Quick and the Dead 1995

The Sum of Us 1994

Romper Stomper 1992

Proof 1991

"我想要拍那种能打动人们内心、在某种程度上能让他们感动的电影。"

1960年代

基努·里维斯 KEANU REEVES

生平： 本名基努·查尔斯·里维斯（Keanu Charles Reeves），1964年9月2日生于黎巴嫩贝鲁特。

明星特质： 高大英俊、轮廓清晰、体格健壮的戏剧和动作片男主角；银幕形象冷酷；机车爱好者和贝斯手；神秘莫测。

基努·里维斯出生于黎巴嫩贝鲁特，父亲是美国人，母亲是英国人，他在加拿大多伦多长大。由于家族血统的复杂性，里维斯15岁就开始在加拿大剧院工作，并在加拿大参演一些电视和电影。

里维斯的第一个好莱坞电影角色是《血性小子》（Youngblood，1986）里的冰球守门员。之后他搬到洛杉矶，因在《大河边缘》（River's Edge，1986）中饰演受良心危机折磨的少年首次获得好评。他在《比尔和泰德历险记》（Bill & Ted's Excellent Adventure，1989）中饰演空虚的少年泰德，成为明星，但从那之后里维斯一直设法逃避这个银幕形象。

除了1991年拍的《比尔和泰德历险记》的续集外，里维斯在90年代拓宽了自己的戏路，出演了《惊情四百年》（Bram Stoker's Dracula，1992）中的乔纳森·哈克、《无事生非》（Much Ado about Nothing，1993）里的唐约翰和轰动一时的《生死时速》（Speed，1994）中令人热情高涨的动作英雄杰克·特拉文。他接着在科幻片和恐怖片中稳固了自己的地位，出演了《捍卫机密》（Johnny Mnemonic，1995）和《魔鬼代言人》（The Devil's Advocate，1997），他在里面饰演被魔鬼诱惑的律师。90年代末，里维斯在《黑客帝国》（The Matrix，1999）及两部续集中饰演对抗电脑控制的人类救世主。《黑客帝国》系列轰动一时，里维斯个人向导演沃卓斯基（Wachowski）姐弟提供了上百万美元的资助来完成特技效果。继《黑客帝国》给他带来如日中天的名望之后，里维斯演过类型角色，如《康斯坦丁》（Constantine，2005），演过浪漫的配角和主角，如《触不到的恋人》（The Lake House，2006）。20世纪90年代开始，里维斯在天狼星（Dogstar）和贝基（Becky）乐队担任贝斯手。**PS**

代表作：

A Scanner Darkly 2006
Constantine 2005
The Matrix Revolutions 2003
The Matrix Reloaded 2003
The Gift 2000
The Replacements 2000
The Matrix 1999
The Devil's Advocate 1997
Chain Reaction 1996
Johnny Mnemonic 1995
Speed 1994
Much Ado About Nothing 1993
Bram Stoker's Dracula 1992
My Own Private Idaho 1991
Bill & Ted's Excellent Adventure 1989
River's Edge 1986

"我是米老鼠，他们不知道这个外表下的真正面目。"

张曼玉 MAGGIE CHEUNG

生平：1964年9月20日生于中国香港。

明星特质：苗条性感、光芒四射的选美皇后；当代亚洲电影中的迷人偶像；会多国语言。

任何注意过张曼玉早年职业生涯的人——她曾获得过香港小姐的亚军，早期饰演一些无聊喜剧里的撅嘴少女和《警察故事》系列动作片中成龙长期受苦的女友——都会因没有预测出她如今成长为当今影坛最富演技的女演员之一这个事实而得到原谅。幸运的是，一些电影导演——其中最著名的是王家卫，还有关锦鹏和法国导演奥利维耶·阿萨亚斯（张曼玉的前夫）——意识到她除了美貌外的其他特质，让她从80年代香港电影中一颗黯淡的小明星成长为如今的巨星。

张曼玉如今是国际电影中最出类拔萃的女演员之一，年近中年的她在优雅怡人的表情下显得光彩照人。导演王家卫在《旺角卡门》（1988）、《阿飞正传》（1991）、《东邪西毒》（1994）和被誉为当代经典的《花样年华》（2000）中最好地发挥了她的优势——张曼玉还演出了该片的续集《2046》（2004）。她在关锦鹏导演根据20世纪30年代中国女演员阮玲玉的悲剧生活改编的传记片《阮玲玉》（1992）和阿萨亚斯的《清洁》（Clean, 2004）中同样光芒四射，张曼玉在后者中极为出色地饰演一个戒除毒瘾、想与儿子恢复联系的母亲。

在这些更为严肃的成功影片后，张曼玉并没有停止出演不太严肃的香港电影。她在类型片如《新龙门客栈》（1992）和《青蛇》（1993）中饰演的角色勇敢而令人喜爱。观众只希望她能带来更多的作品，但她近年来对出演的作品选择变得极为严苛。**TC**

代表作：

《2046》2004
《清洁》2004
《英雄》2002
《花样年华》2000
《中国匣》1997
《宋家皇朝》1997
《甜蜜蜜》1996
《东邪西毒》1994
《青蛇》1993
《阮玲玉》1992
《警察故事III：超级警察》1992
《新龙门客栈》1992
《阿飞正传》1991
《旺角卡门》1988

"我演了太多不同的角色……要找到有趣的角色越来越困难了。"

1960年代

阿米尔·汗 AAMIR KHAN

生平：1965年3月14日生于印度孟买。

明星特质：宝莱坞偶像、完美主义者、制作人、英俊的男主角和性格演员；在公开场合很害羞；演过很多不同的角色。

阿米尔·汗是当今宝莱坞电影中英俊的男主角，在当今印度流行电影界占据着独特的地位。尽管人们不情愿地看到在宝莱坞，一些年轻的超级巨星依旧还在饰演一些已经确立好的受限制的人物角色（在这方面，他们与一些年轻的好莱坞明星一样），很多人的职业拘泥于电影业的形象需求而得不到很好的发展。但汗不一样，他非常迷人，有着顶级巨星的外貌和魅力，还是个异乎寻常的体验派演员和出色的性格演员，他牢牢地掌控着自己的职业生涯。与其他宝莱坞顶级男主角如萨尔曼·汗（Salman Khan）和赫里尼克·罗汉斯（Hrithik Roshan）相比，汗的多才多艺尤为引人注目。

汗的父亲是制作人塔希尔·侯赛因（Tahir Hussain），汗曾在一些电影中出演儿童，之后凭借在《冷暖人间》（Qayamat Se Qayamat Tak, 1988）中的出色演出成为著名的宝莱坞明星，接在汗的90年代又拍了一些其他的重要电影：《讲心不讲金》（Dil, 1990）、《情牵一线》（Hum Hain Rahi Pyar Ke, 1993）、《激情代价》（Akele Hum Akele Tum, 1995）、《忘情恋》（Raja Hindustani, 1996）、《古拉姆》（Ghulam, 1998）、《蛮横有理》（Dil Chahta Hai, 2001）等等。但是汗近年来的最高成就是主演了在国际上取得巨大成功的旧时代剧《印度往事》（Lagaan: Once Upon a Time in India, 2001），不仅如此，他还在该片中担任了制作人。汗不喜宣传，拒绝出席很多颁奖典礼，他一次只接一部电影（即便如此，也是在他读完整个剧本之后），虽然身为宝莱坞偶像，在媒体面前却罕见地特别害羞。**TC**

代表作：

Rang De Basanti 2006
The Rising: Ballad of Mangal Pandey 2005
Dil Chahta Hai 2001 (*Do Your Thing*)
Lagaan: Once Upon a Time in India 2001
Sarfarosh 1999
Earth 1998
Ghulam 1998
Ishq 1997 (*Romance*)
Raja Hindustani 1996
Rangeela 1995 (*Full of Color*)
Andaz Apna Apna 1994
Hum Hain Rahi Pyar Ke 1993
　　(*We Are Travellers on the Path of Love*)
Dil 1990
Qayamat Se Qayamat Tak 1988

"我认为（印度和巴基斯坦的）天才应该一起出来，进入到这个世界里。"

小罗伯特·唐尼 ROBERT DOWNEY JR.

生平： 本名小罗伯特·约翰·唐尼（Robert John Downey Jr.），1965年4月4日生于美国纽约。

明星特质： 多才多艺的男主角和配角；银幕形象有迷人的魅力；作曲家、歌手、制作人。

小罗伯特·唐尼因多次沉溺于毒品而声名狼藉，经过多次戒毒他已恢复正常，并因出色的表演令自己的演艺事业突飞猛进。唐尼外表英俊，有双棕色、如小狗般的眼睛、随着年龄的增长而越发发达的肌肉和有忧郁倾向的尖酸态度，使他能够完美地将疯狂、脆弱和聪明结为一体。简而言之，他是典型的20世纪60年代的孩子，出生于战后的繁荣时期，成长于70年代，80年代走向社会时倍受打击，悲伤于世界变得那么复杂。

唐尼的父亲是独立电影人老罗伯特·唐尼（Robert Downey Sr.）。小唐尼在一些青少年喜剧如《摩登保姆》（Weird Science，1985）和《泡妞专家》（The Pick-up Artist，1987）中获得表演的初步训练。接着他在《零下的激情》（Less Than Zero，1987）中饰演一个吸毒成瘾的人，赢得了评论界的喝彩，也因此获得在传记片《卓别林》（Chaplin，1992）中饰演的默片巨星的机会，他因这次的精彩演出获得奥斯卡最佳男主角提名。这之后唐尼因多次吸毒被逮捕，在此期间，他演过一些配角，也因出演喜剧电视剧《甜心俏佳人》（Ally McBeal，2000—2002）获得过短暂的成功，并继续努力戒毒。

一路走来，唐尼一直才华横溢。他从来没有造成什么大的轰动，是他那一代典型的被忽视的杰出演员之一，但也有一些能证明他声望的佳作，如《银色·性·男女》（Short Cuts，1993）、《天生杀人狂》（Natural Born Killers，1994）和《小贼、美女和妙探》（Kiss Kiss Bang Bang，2005），这些都为他带来更多的演出机会。在音乐方面，他和斯汀（Sting）一起表演过警察乐队（The Police）的《你的每一次呼吸》（Every Breath You Take，1983）二重唱，出演过艾尔顿·约翰（Elton John）的《我想要爱》（I Want Love，2001）的音乐电视，并发行了自己的首张音乐专辑《未来主义者》（The Futurist，2004）。**GCQ**

代表作：

Sherlock Holmes 2009
Tropic Thunder 2008 ☆
Iron Man 2008
A Scanner Darkly 2006
Good Night, and Good Luck. 2005
Kiss Kiss Bang Bang 2005
Gothika 2003
The Singing Detective 2003
Wonder Boys 2000
U.S. Marshals 1998
The Gingerbread Man 1998
Restoration 1995
Richard III 1995
Natural Born Killers 1994
Short Cuts 1993
Chaplin 1992 ☆
Soapdish 1991
Air America 1990
Less Than Zero 1987

"感觉就像我嘴里有把装满子弹的枪，我喜欢这种金属的味道。"

——谈论自己的毒瘾

沙鲁克·汗 SHARUKH KHAN

生平：1965年11月2日生于印度新德里。

明星特质：宝莱坞电影偶像；英俊的男主角；印度电影"国王"；经常饰演浪漫的主角；如谜一般地神秘；平易近人；歌手；舞者；制作人。

说宝莱坞巨星沙鲁克·汗是印度电影中出类拔萃的浪漫演员并不十分准确。比起明星来，汗更像是个超级普通人，他是个亲切、诙谐、脚踏实地的男主角，比人们所希望的还要亲切诙谐一千倍。

报道称汗是当今宝莱坞收入最高的演员，他当然配得上这个荣誉：他有着看似随意而轻松的迷人魅力，在过去十年中演过许多印度最受欢迎的电影。20世纪80年代末90年代初，汗演过一些电影和电视剧，之后他开始了引人注目的职业生涯。轰动一时的爱情故事片《勇夺芳心》（Dilwale Dulhania Le Jayenge，1995）将汗的声望提升到一个全新的水平。DDLJ（《勇夺芳心》的常用简称）的意义极为重大——很多人称这是宝莱坞上映时间最长的电影，粉丝们至今依旧会成群结队地去看这部电影，它的成功也是理所当然的。制作人雅什·乔普拉之子（Yash Chopra）导演阿迪提亚·乔普拉（Aditya Chopra）曾经精心制作过有关突破重重困难、最终结合在一起的错配恋人的浪漫喜剧，获得了成功，这成为后来横扫一切的浪漫电影的模板，这些电影让汗成为宝莱坞头号浪漫男主角。除了与乔普拉再度合作浅薄却有趣的《真情永在》（Mohabbatein，2000）外，汗还在其他一些热门影片如《我心狂野》（Dil To Pagal Hai，1997）和《怦然心动》（Kuch Kuch Hota Hai，1998）中饰演为爱痴迷的好人。汗最复杂迷人的表演之一是在曼尼·拉特纳姆（Mani Ratnam）导演的冷酷爱情片《真心实意》（Dil Se，1998）中。尽管汗在欧洲和美国并不是家喻户晓，但他却是当今世上最伟大的明星之一。**TC**

代表作：

Chak de India! 2007
Don 2006
Kabhi Alvida Naa Kehna 2006
　　(*Never Say Goodbye*)
Paheli 2005
Swades 2004 (*Our Country*)
Mohabbatein 2000 (*Love Stories*)
Hey Ram 2000
Baadshah 1999
Kuch Kuch Hota Hai 1998
　　(*Something Is Happening*)
Dil Se 1998 (*From the Heart*)
Dil To Pagal Hai 1997 (*The Heart Is Crazy*)
Dilwale Dulhania Le Jayenge 1995
　　(*The Big-Hearted Will Win the Bride*)
Anjaam 1994
Baazigar 1993
Darr 1993 (*Darr: A Violent Love Story*)

"我宁愿与众不同地沉下去，也不要像其他人那样浮在表面。"

本·斯蒂勒 BEN STILLER

生平：本名本杰明·爱德华·斯蒂勒（Benjamin Edward Stiller），1965年11月30日生于美国纽约。

明星特质：喜剧里傻傻的男主角；演艺世家的一员；擅长喜剧表演风格；"烂仔帮"的成员；制作人、导演。

本·斯蒂勒生于纽约，是喜剧演员杰瑞·斯蒂勒（Jerry Stiller）和安妮·米拉（Anne Meara）之子。老斯蒂勒因在喜剧电视剧《宋飞正传》（Seinfeld, 1993—1998）中饰演乔治·科斯坦萨（George Costanza）的父亲而出名。尽管小斯蒂勒从洛杉矶的加利福尼亚大学电影专业辍学，但他最终还是成为了演员，在斯蒂芬·斯皮尔伯格的《太阳帝国》（Empire of the Sun, 1987）和一些其他电影中饰演小配角。此外，他还在综艺节目《周六夜现场》（Saturday Night Live）中担任主要演员和编剧，但让他广受好评的却是福克斯电视台的节目《本·斯蒂勒秀》（The Ben Stiller Show, 1992—1993），虽然这个节目只维持了很短一段时间，但它却是安迪·迪克（Andy Dick）和詹尼安·吉劳法罗（Janeane Garofalo）职业的起步点。

斯蒂勒接着执导了《四个毕业生》（Reality Bites, 1994）、《王牌特派员》（The Cable Guy, 1996）和《超级名模》（Zoolander, 2001）。斯蒂勒很有前途，虽然缺乏成为好导演的条件，但做演员却是不错的，他在获得非凡成功的《我为玛丽狂》（There's Something About Mary, 1998）中饰演为玛丽着迷的笨拙青年泰德·斯特罗迈恩，这个角色让斯蒂勒的演艺生涯突飞猛进，该剧为喜剧史贡献了许多经典桥段，如精子发胶和裤子拉链。斯蒂勒在一连串喜剧如《拜见岳父大人》（Meet the Parents, 2000）及其同样逗趣的续集《拜见岳父大人2》（Meet the Fockers, 2004）、《一如既往》（Keeping the Faith, 2000）和《遇见波莉》（Along Came Polly, 2004）中建立自己的银幕形象。2005年，他在《马达加斯加》（Madagascar）中为狮子亚历克斯配音。不过斯蒂勒绝不是一成不变的演员，他还在《神秘兵团》（Mystery Men, 1999）、《天才一族》（The Royal Tenenbaums, 2001）、《极速双雄》（Starsky & Hutch, 2004）和《疯狂躲避球》（Dodgeball: A True Underdog Story, 2004）等片中创造了许多怪癖和夸张的角色。**MK**

代表作：

Night at the Museum 2006
Tenacious D: The Pick of Destiny 2006
Madagascar 2005
Meet the Fockers 2004
Dodgeball: A True Underdog Story 2004
Starsky & Hutch 2004
Along Came Polly 2004
Duplex 2003
The Royal Tenenbaums 2001
Zoolander 2001
Meet the Parents 2000
Keeping the Faith 2000
Mystery Men 1999
There's Something About Mary 1998
The Cable Guy 1996
Reality Bites 1994

"好莱坞有句老话：关键的不是电影的长度，而是你怎么用它。"

巩俐 LI GONG

生平： 1965年12月31日生于中国辽宁沈阳。

明星特质： 亚洲电影中多才多艺的女主角，获得了国际认可；银幕形象富有魅力。

巩俐在中国出生，很小就渴望成为演员，最后终于被中央戏剧学院录取。她因出演张艺谋导演的一系列电影而蜚声国际，其中包括《红高粱》（1987）、《菊豆》（1990）、《大红灯笼高高挂》（1991）、《秋菊打官司》（1992）、《活着》（1994）和《摇啊摇，摇到外婆桥》（1995）。她在《秋菊打官司》中饰演一名来自乡下的贫穷孕妇，与官僚主义作风做斗争，显示出她早年作品也许不具备的宽度。

巩俐接着和其他杰出的导演合作，如与陈凯歌合作了《霸王别姬》（1993）、《风月》（1996）和《荆轲刺秦王》（1999），让她成为中国"第五代导演"的代言人和国际上最出名的中国大陆女演员。不过，巩俐也拍过一些香港商业片，出演了一些受欢迎的电影如《赌侠2之上海滩赌圣》（1991）和《唐伯虎点秋香》（1993），她饰演不同风格人物的能力进一步给人留下深刻印象。近年来，巩俐开始接一些有着更高国际声望的作品，如王家卫的《2046》（2004）和好莱坞制作的《艺妓回忆录》（2005）和《迈阿密风云》（Miami Vice, 2006），在《艺妓回忆录》中，这位中国女演员饰演了日本艺妓，引发了一些争论。巩俐一直是位多才多艺的演员，但她的美貌常常让评论界忽略了她的演技。**AW**

代表作：

《迈阿密风云》2006
《艺妓回忆录》2005
《2046》2004
《荆轲刺秦王》1999
《风月》1996
《摇啊摇摇到外婆桥》1995
《霸王别姬》1993
《活着》1994
《秋菊打官司》1992
《大红灯笼高高挂》1991
《赌侠2之上海滩赌圣》1991
《菊豆》1990
《红高粱》1987

> "人们把我推到关注的中心……我宁愿呆在场外。"

约翰·库萨克 JOHN CUSACK

生平： 本名约翰·保罗·库萨克（John Paul Cusack），1966年6月28日生于美国伊利诺伊州埃文斯顿。

明星特质： 邻家男孩般英俊的外貌；前"青春偶像"派成员；性格演员；常饰演困惑的好人。

约翰·库萨克来自一个演艺世家，父亲迪克·库萨克（Dick Cusack）是演员兼电影摄制者，四个兄弟姐妹琼·库萨克（Joan Cusack）、安·库萨克（Ann Cusack）、比尔·库萨克（Bill Cusack）和苏西·库萨克（Susie Cusack）都是演员。12岁时，库萨克登台表演并担任电视广告的解说工作。他早年演过一些青少年电影，如《16支蜡烛》（Sixteen Candles，1984）、《再见人生》（Better off Dead，1985）和《狼女传奇》（The Journey of Natty Gann，1985），为他成为他那一代最受喜爱的反浪漫主义男主角铺平了道路。他还和很多女演员约过会，其中最著名的是明妮·德里弗，尽管他从未娶妻，但这却让他更有魅力。

库萨克喋喋不休，有着如邻家男孩般的外貌，总是一副悲伤的样子，在他的演绎下，普通的懒汉也能成真正的英雄，这让他成为《情到深处》（Say Anything...，1989）、《失恋排行榜》（High Fidelity，2000）、《缘分天注定》（Serendipity，2001）和《征婚广告》（Must Love Dogs，2005）等片中最受观众喜爱的演员。此外，库萨克还极具表现力，这给他带来参与《致命赌局》（The Grifters，1990）、《子弹横飞百老汇》（Bullets Over Broadway，1994）、《细细的红线》（The Thin Red Line，1998）和《马克斯》（Max，2002）等重要作品的机会。库萨克还在他的公司制作了一些电影，其中包括《这个杀手将有难》（Grosse Pointe Blank，1997）和《失恋排行榜》（High Fidelity，2000）。

库萨克在每部电影中都魅力非凡，极具吸引力，即使在他饰演行为恶劣的角色时也是如此。最终，观众不断被他吸引，因为他像极了他们最好时光的自己，在那些时光里，一个人突然能够看清事物并能足够好地表达自己的想法，因此他能采取行动，提高自己的生活，库萨克在1988年建立了芝加哥"新罪犯戏剧院"（The New Criminals theater group），继续制作和执导戏剧。**GCQ**

代表作：

Must Love Dogs 2005
Runaway Jury 2003
Identity 2003
Max 2002
America's Sweethearts 2001
High Fidelity 2000
Being John Malkovich 1999
Cradle Will Rock 1999
Pushing Tin 1999
The Thin Red Line 1998
Midnight in the Garden of Good and Evil 1997
Grosse Pointe Blank 1997
City Hall 1996
Bullets Over Broadway 1994
The Grifters 1990
Say Anything... 1989

"我做艺术家没有享受它的名人文化。"

1960年代

哈莉·贝瑞 HALLE BERRY

生平：本名哈莉·玛利亚·贝瑞（Halle Maria Berry），1966年8月14日生于美国俄亥俄州克利夫兰。

明星特质：热情洋溢的美女、选美皇后、模特；戏剧和动作片中多才多艺的女主角。

代表作：

X-Men: The Last Stand 2006
Robots 2005
Catwoman 2004
Gothika 2003
X2 2003
Die Another Day 2002
Monster's Ball 2001 ★
Swordfish 2001
X-Men 2000
Why Do Fools Fall in Love 1998
Bulwurth 1998
Losing Isaiah 1995
The Flintstones 1994
Boomerang 1992
Strictly Business 1991
Jungle Fever 1991

哈莉·贝瑞是个混血儿，但她认为自己是非裔美国人。她脆弱，天生长着一张适合拍杂志封面的脸，是个不折不扣的现代明星。她第一次进入公众视野时只有17岁，那是1985年，她代表俄亥俄州参加选美比赛，赢得了全美青年小姐的冠军。接着在1986年，她获得了美国小姐选美比赛的第二名，之后成为一名平面模特，并出演了电视剧《活人偶》（Living Dolls，1989）。

贝瑞是个有着巨大情感能量的演员，演过《情场杀手》（Boomerang，1992）、《生母养母的战争》（Losing Isaiah，1995）、《吹牛顾客》（Bulworth，1998）和《X战警》系列（X-Men，2000—2006）等作品，她在《X战警》中饰演性感的变种人暴风女，能够控制天气的变化。

贝瑞出色的演技得到了大家的一致认可和满堂喝彩。她主演的电视传记片《红颜血泪》（Introducing Dorothy Dandridge，1999）为她赢得金球奖和艾美奖最佳女主角，在片中她出色地扮演了一位已过世的女演员，在20世纪50年代种族歧视严重的好莱坞努力获得成功。接着贝瑞又凭借《死囚之舞》（Monster's Ball，2001）赢得奥斯卡奖，让她成为第一个获得奥斯卡最佳女主角的美国黑人女演员。人们近年来对她的欣然接受无疑要拜她姣好的面貌所赐。她在动作惊悚片《终极尖兵》（The Last Boy Scout，1991）中饰演脱衣女郎，观众对她在《剑鱼行动》（Swordfish，2001）中曼妙的身躯的印象比对她其他戏剧的印象更深。

"我想成为第二个斯派克·李，帮助其他黑人同胞进入好莱坞。"

然而贝瑞对自己的形象和职业有着很清醒的把控，所以继《丛林热》（Jungle Fever，1991）和《登龙妙招》（Strictly Business，1991）后，她在短短几年时间里饰演了一些很有挑战性的角色，从花瓶成功转型为艺术家。**GCQ**

萨尔玛·海耶克 SALMA HAYEK

生平：本名萨尔玛·海耶克-希门尼斯（Salma Hayek-Jimenez），1966年9月2日生于墨西哥韦拉克鲁斯夸察夸尔科斯。

明星特质：压抑的墨西哥美女；有娇小曼妙的身材、黑色的卷发；迷人的女主角和性格演员、制作人、导演。

萨尔玛·海耶克在祖国墨西哥主演了受到热烈欢迎的电视剧《特瑞莎》（Teresa, 1989—1991）后，就迎来了她的第一部电影——获得多项大奖的《欲望大街》（El callejón de los milagros, 1995）。之后海耶克去了好莱坞，但无法说流利的英语让她早期只能饰演受压抑的西班牙美女。她在西班牙语电视脱口秀中表达了她对这种不公平类型角色的怒气，幸运的是，导演罗伯特·罗德里格斯（Robert Rodriguez）看到了这个节目，于是他让海耶克在《杀人三部曲》（Desperado, 1995）中与安东尼奥·班德拉斯（Antonio Banderas）演对手戏，这部邪典电影的成功和海耶克在他另一部众星云集的《杀出个黎明》（From Dusk Till Dawn, 1996）中的精彩表现终于让她引起了人们的关注。

如今海耶克已然成名，好莱坞并不懂得如何安置她，尽管在《怒犯天条》（Dogma, ）和《一群憨大》（Chain of Fools, 2000）中有过一些变化，她依旧在电影如《傻瓜跑进来》（Fools Rush In, 1997）、《饭店》（Hotel, 2001）和《问尘情缘》（Ask the Dust, 2006）中一再饰演展现身体的曲线美、受种族划分的歧视或是饰演坚强不屈的墨西哥人之类的角色。

她参与制作的传记片《弗里达》（Frida, 2002）似乎为她带来了改变，她在片中饰演的乡下艺术家和政治积极分子弗里达·卡罗（Frida Kahlo）为她赢得奥斯卡最佳女主角提名。然而，她在《飙风战警》（Wild Wild West, 1999）、《墨西哥往事》（Once Upon a Time In Mexico, 2003）和《侠盗魅影》（Bandidas, 2006）等片中饰演的依旧是那种首次将她带入公众视野的角色。对英语题材电影的更大信心和近来对自己出演电影的进一步把控给海耶克开辟新的道路带来希望，她成为当今好莱坞最出色的墨西哥女演员。**RH**

代表作：

Ask the Dust 2006
Bandidas 2006
Once Upon a Time in Mexico 2003
***Frida* 2002** ☆
Hotel 2001
La Gran vida 2000 (*Living It Up*)
Chain of Fools 2000
Wild Wild West 1999
El coronel no tiene quien le escriba 1999
　(*No One Writes to the Colonel*)
Dogma 1999
Fools Rush In 1997
Sistole Diastole 1997
From Dusk Till Dawn 1996
Desperado 1995
El callejón de los milagros 1995 (*Midaq Alley*)

"（我的演艺生涯）一开始很艰难，人们总是问'这个墨西哥跳豆是谁？'"。

1960年代

亚当·桑德勒 ADAM SANDLER

生平： 本名亚当·理查德·桑德勒（Adam Richard Sandler），1966年9月9日生于美国纽约州布鲁克林。

明星特质： 喜剧中愚蠢的男主角、独角秀喜剧演员、漫画式滑稽演员、政治积极分子、作曲家、歌手、吉他手、制作人。

亚当·桑德勒是那种评论家讨厌，认为他的喜剧粗俗浅薄，但却受观众喜爱的演员，那些喜欢他电影的忠诚粉丝已经证明了他强大的票房号召力。桑德勒在纽约的布鲁克林出生，在新罕布什尔州长大，在波士顿的喜剧俱乐部开始了独角秀滑稽演员的表演生涯。他赢得业余喜剧大赛的冠军时只有17岁。后来他一边在纽约大学学习美术，一边在纽约的喜剧剧团表演。

在电视中演过一些小角色后，桑德勒1990年到1995年出演了电视节目《周六夜现场》（Saturday Night Live），演艺事业开始起飞。之后他离开这个节目，专心于电影工作，写作并主演了一些制作粗糙的喜剧，如《阿呆闯学堂》（Billy Madison，1995）和《高尔夫球也疯狂》（Happy Gilmore，1996）。1998年，桑德勒开始专注于演戏，在《婚礼歌手》（The Wedding Singer，1998）、《私恋失调》（Punch-Drunk Love，2002）、《初恋50次》（50 First Dates，2004）和《西班牙女佣》（Spanglish，2004）等片中展现出成熟演技，创造了一连串的喜剧角色，让评论界重新审视他们对于桑德勒不过是又一个不滑稽的《周六夜现场》演员的看法。他在《私恋失调》中的出色表演为他赢得金球奖提名。桑德勒在自己经营的快乐麦迪逊电影制作公司自编自制（并为主角配音）了动画喜剧《八夜疯狂》（Eight Crazy Nights，2002）。尽管他创作的《光明节之歌》（The Chanukah Song，1994）造成很大的轰动，但令人失望的是他没有坚持下去拍一部犹太假日的电影。桑德勒的喜剧专辑受到热烈的欢迎，全部达到金唱片和双白金唱片的水平。他的另一支歌《斯坦和朱迪之子》（Stan and Judy's Kid，1999）一发行就登上了美国《广告牌》（Billboard）杂志排行榜的第16位。**MK**

代表作：

Click 2006
Deuce Bigalow: European Gigolo 2005
The Longest Yard 2005
Spanglish 2004
50 First Dates 2004
Anger Management 2003
Eight Crazy Nights 2002
Mr. Deeds 2002
Punch-Drunk Love 2002
Big Daddy 1999
The Waterboy 1998
Dirty Work 1998
The Wedding Singer 1998
Happy Gilmore 1996
Billy Madison 1995

"我不知道我触动了谁没触动谁，我努力工作只是为了让人们开怀大笑。"

苏菲·玛索 SOPHIE MARCEAU

生平：本名苏菲·达尼·塞尔维·莫普（Sophie Danièle Sylvie Maupu），1966年11月17日生于法国巴黎。

明星特质：极具魅力的黑发女主角；当代法国电影偶像；青少年时期做过模特。

苏菲·玛索是个性感的女主角，她将艺术的严肃性和老式的魅力完美地结合在一起。她十几岁时开始做模特，但之后渐渐做了一些更有挑战的工作。玛索是卡车司机的女儿，她成功面试上法国导演克劳德·皮诺托（Claude Pinoteau）的青春戏剧《初吻》（La boum，1980）中的女主角时只有14岁，没有任何表演经验。这部电影在法国受到热烈的追捧，获得了很多奖，1982年该片的续集为玛索赢得了凯撒奖最具潜力女演员奖。

玛索之后的职业并不平坦，但她在惊悚片《警察》（Police，1985）中证明了自己的出众演技。之后她与米开朗基罗·安东尼奥尼、戴安娜·克里斯（Diane Kurys）和波兰导演安德烈·佐拉斯基（Andrzej Zulawski，苏菲与他有过多次合作，两人育有一个孩子）合作，然而苏菲在贝特朗·塔维涅（Bertrand Tavernier）的《豪情玫瑰》（La Fille de d'Artagnan，1994）——她最大牌的电影中的表现却不如预期的成功。

近些年来很多法国女演员进入好莱坞，玛索就是其中的一个，她在《勇敢的心》（Braveheart，1995）中与梅尔·吉布森合作，出演了伊萨贝拉公主。在《007之黑日危机》（The World Is Not Enough，1999）中她首次出演邦女郎和反派依蕾克屈·金，造成很大的轰动，给这个永无终结的系列的最新篇章带来一些最精彩的瞬间。玛索在镜头后与在镜头前一样忙，她执导了自己的首部短片（L'aube à l'envers，1995），然后又导演了第一部电影《当爱变成习惯》（Parlez-moi d'amour，2002），受到评论界的称赞。她还是继碧姬·巴铎（Brigitte Bardot）和凯瑟琳·德纳芙（Catherine Deneuve）之后象征着法国形象玛丽安（Marianne）的官方模特。**MC**

代表作：

Les Clefs de bagnole 2003 (*The Car Keys*)
Je reste! 2003
La Fidélité 2000 (*Fidelity*)
The World Is Not Enough 1999
A Midsummer Night's Dream 1999
Lost & Found 1999
Anna Karenina 1997
Braveheart 1995
La Fille de d'Artagnan 1994
　(*D'Artagnan's Daughter*)
La note bleue 1991 (*Blue Note*)
Police 1985
Joyeuses Pâques 1984
Fort Saganne 1984
La boum 2 1982
La boum 1980 (*The Party*)

"演戏是个很棒的治疗……你无须再自己忍受痛苦了，会有人替你痛苦。"

1960年代

本尼西奥·德尔·托罗 BENICIO DEL TORO

生平：本名本尼西奥·梦塞拉特·拉斐尔·德尔·托罗·桑切斯（Benicio Monserrate Rafael Del Toro Sanchez），1967年2月19日生于波多黎各桑图尔斯。

明星特质：忧思、英俊的外貌；高大；戏剧中多才多艺的男主角和性格演员；仪表堂堂；魅力无穷；作者；制作人；导演。

本尼西奥·德尔·托罗生于波多黎各，13岁那年，他和鳏居的父亲搬去了美国。他原本打算追随父母的脚步做一名律师，但在上过一节表演课后他改变了想法。他在纽约和洛杉矶的艺术学校学习，他的第一个电影角色是《小人物历险记》（Big Top Pee-wee，1988）中的男孩，之后又演了《007之杀人执照》（Licence to Kill，1989）和《征服四海》（Christopher Columbus: The Discovery，1992）中的反派角色和《无惧的爱》（Fearless，1993）、《与鲨同游》（Swimming with Sharks，1994）等片中的配角。他取得突破的角色是《非常嫌疑犯》（The Usual Suspects，1995）中说话含糊的福瑞德·芬斯特。

德尔·托罗获得了巨大的成功，但当他坚持自己的独立电影时他的角色也变得更为折衷。他在朱利安·施纳贝尔的《轻狂岁月》（Basquiat，1996）中扮演其室友，在马尔科·布兰比尔的《女笨贼计中计》（Excess Baggage，1997）中饰演偷车大盗，在特瑞·吉列姆的《恐惧拉斯维加斯》（Fear and Loathing in Las Vegas，1998）中饰演疯狂的律师刚佐博士，在克里斯托弗·迈考利的《绑票惊爆点》（The Way of the Gun，2000）和盖·里奇的《偷拐抢骗》（Snatch.，2000）中饰演恶棍。他在史蒂文·索德伯格的《毒品网络》（Traffic，2000）中饰演的墨西哥边境警察充满了希望感，为他赢得奥斯卡最佳男配角奖。接下来德尔·托罗演了很多不同的电影，从西恩·潘的《誓死追缉令》（The Pledge，2001）之类的低成本电影到威廉·弗莱德金的《猎杀》（The Hunted，2003）和罗伯特·罗德里格斯的《罪恶之城》（Sin City，2005）之类的主流片，再到亚历桑德罗·冈萨雷斯·伊纳里多广受好评的《21克》（21 Grams，2003），他在《21克》中饰演寻找灵魂救赎的前科犯，最终找到了上帝，这个角色为他赢得另一个奥斯卡最佳男配角提名。**WW**

代表作：

Che: Part Two 2008
Che: Part One: 2008
Sin City 2005
21 Grams 2003 ☆
The Hunted 2003
The Pledge 2001
Traffic 2000 ★
Snatch. 2000
Fear and Loathing in Las Vegas 1998
Excess Baggage 1997
The Funeral 1996
The Fan 1996
Basquiat 1996
The Usual Suspects 1995
Swimming with Sharks 1994
Fearless 1993
Christopher Columbus: The Discovery 1992
Licence to Kill 1989

"作为演员，我总是能达到目标，发现许多有意思的作品。"

妮可·基德曼 NICOLE KIDMAN

生平： 本名妮可·玛丽·基德曼（Nicole Mary Kidman），1967年6月20日生于美国夏威夷檀香山。

明星特质： 皮肤白皙、高挑优雅的金发美女；汤姆·克鲁斯的前妻；香奈儿代言人；歌手、舞者、多才多艺的女主角。

妮可·基德曼在夏威夷出生，父母都是澳大利亚人，她儿时就回到了自己的祖国澳大利亚。高中时，她因为繁忙的演出而辍学，成为《小子万岁》（BMX Bandits，1983）、《丛林圣诞节》（Bush Christmas，1983）和《失声岁月》（The Year My Voice Broke，1987）等片中可爱的小明星。她在《航越地平线》（Dead Calm，1989）中饰演陷于危险的妻子，展示出超越年龄的成熟，从此登上国际舞台。然而她早期的好莱坞电影都很平常：她是《霹雳男儿》（Days of Thunder，1990）和《大地雄心》（Far and Away，1992）中汤姆·克鲁斯爱恋的对象、是《胜者为王》（Billy Bathgate，1991）中裸露的女匪和《体热边缘》（Malice，1993）里置身险地的角色。

基德曼在格斯·范·桑特（Gus Van Sant）的《不惜一切》（To Die For，1995）中饰演成为电视名人的野心勃勃而邪恶的家庭主妇，再次证明了她的出色演技。之后她在商业片如《永远的蝙蝠侠》（Batman Forever，1995）、《末日戒备》（The Peacemaker，1997）和艺术电影如《淑女本色》（The Portrait of a Lady，1996）、《狗镇》（Dogville，2003）之间游走。她和克鲁斯还高调合作，在斯坦利·库布里克的最后一部电影——情色恐怖片《大开眼戒》（Eyes Wide Shut，）中出演一对夫妻，这部电影令全世界影迷着迷，他们从中窥见了基德曼和克鲁斯关系的本性。观众在银幕上看到的是否反映了这对夫妇银幕下生活的化学反应，我们无从得知，两年后，他们两人离了婚。

一恢复单身，基德曼的演艺事业就突飞猛进，她成为当今世上最多才多艺的女演员之一。她在《红磨坊》（Moulin Rouge!，2001）中又唱又跳，赢得了奥斯卡提名。接着在《时时刻刻》（The Hours，2002）中饰演作家弗吉尼亚·伍尔夫（Virginia Woolf），赢得了奥斯卡奖，她在《兔子洞》（Rabbit Hole，2010）中饰演的角色为她赢得另一个奥斯卡提名。**KN**

代表作：

Rabbit Hole 2010 ☆
The Interpreter 2005
Birth 2004
Cold Mountain 2003
The Human Stain 2003
Dogville 2003
The Hours 2002 ★
The Others 2001
Moulin Rouge! 2001 ☆
Eyes Wide Shut 1999
The Peacemaker 1997
The Portrait of a Lady 1996
Batman Forever 1995
To Die For 1995
Billy Bathgate 1991
Days of Thunder 1990
Dead Calm 1989

"我有个男孩的躯体，我想要更有曲线，因为我认为那样更漂亮。"

马修·卡索维茨 MATHIEU KASSOVITZ

生平： 1967年8月3日生于法国巴黎。

明星特质： 外貌沧桑英俊；演艺世家的一员；当代法国电影中多才多艺的男主角；导演、制作人。

父亲是匈牙利电影人，母亲是编辑，马修·卡索维茨在镜头前后都展现出了天赋。在制作了一系列短片后，卡索维茨执导了他的第一部长篇电影《牛奶巧克力》（Métisse，1993），这是一部关于种族关系的喜剧。接着他又拍了一部讲述法国郊区警察暴力的电影《怒火青春》（La haine，1995）。这部有争议的黑白电影为卡索维茨赢得凯撒奖最佳影片奖和戛纳电影节最佳导演奖，也让他登上国际电影的舞台，在法国的地位与导演斯派克·李（Spike Lee）和昆汀·塔伦蒂诺在美国的地位相当。他接着拍了根据早年短片改编的《接班人》（Assassin(s)，1997）、法国恐怖片《暗流》（Les Rivières pourpres，2001）和美国恐怖片《鬼影人》（Gothika，2003）。

卡索维茨说他做演员是为了从喜欢的电影制作人那儿学习导戏和演戏的知识。于是他和心目中的英雄科斯塔-加夫拉斯（Costa-Gavras）合作了《见证人》（Amen.，2002），和史蒂芬·斯皮尔伯格合作了《慕尼黑》（Munich，2005）。他还为父亲演过几次电影，包括重拍的《善意的谎言》（Jakob the Liar，1999）。卡索维茨在二战讽刺片《自制英雄》（Un héros très discret，1996）中展现了他轻松的一面，在让-皮埃尔·热内（Jean-Pierre Jeunet）的喜剧《天使爱美丽》（Le Fabuleux destin d'Amélie Poulain，2001）中饰演奥黛丽·塔图（Audrey Tautou）喜欢的尼诺·奎因甘康普瓦，这也许是他最为人知的一个角色。在这之后他出演了古斯塔夫·德·科文（Gustave de Kervern）的《阿维达》（Avida，2006），卡索维茨说比起演戏，他更想将精力放在导戏上，他开玩笑道在斯坦利·库布里克（Stanley Kubrick）手下演戏会让他重新变回大银幕中的演员。时间会说明一切。**WW**

代表作：

Avida 2006
Munich 2005
Amen. 2002
Astérix & Obélix: Mission Cléopâtre 2002
  (*Asterix & Obelix: Mission Cleopatra*)
Traitement de substitution n°4 2002
Birthday Girl 2001
Le Fabuleux destin d'Amélie Poulain 2001
  (*Amélie*)
Jakob the Liar 1999
Le Plaisir (et ses petits tracas) 1998
  (*Pleasure [And Its Little Inconveniences]*)
The Fifth Element 1997
Assassin(s) 1997
Un héros très discret 1996 (*A Self-Made Hero*)
Mon homme 1996 (*My Man*)
La haine 1995 (*Hate*)

> "我不是政治家；我很庆幸自己是个电影人，能通过电影表达我的想法。"

茱莉亚·罗伯茨 JULIA ROBERTS

生平： 本名茱莉亚·菲奥娜·罗伯茨（Julia Fiona Roberts），1967年10月28日生于美国佐治亚州士麦那。

明星特质： 高挑苗条的大嘴美女、浪漫喜剧皇后、美国最受欢迎、收入最高的女演员之一。

茱莉亚·罗伯茨是世界最出名的明星之一，她有着清新的外貌、极具感染力的笑容和一双迷人的长腿，在严肃和魔幻电影中获得巨大的成功，但观众最喜欢她的浪漫喜剧，她在这类电影中显示出了独特的魅力。

茱莉亚·罗伯茨1988年因出演《现代灰姑娘》（Mystic Pizza）和《豪放四俏妞》（Satisfaction）脱颖而出，她既是受欢迎的艺术家，又是高收入的表演者，为美国女演员设立了非同一般的高标准。第二年罗伯茨出演了《钢木兰》（Steel Magnolias），第一次获得金球奖和奥斯卡提名，接着迅速得到评论界的高度支持，让她从轰动一时的年轻人成长为相对轻松的成熟演员。1990年的《漂亮女人》（Pretty Woman）获得巨大成功——该片给她带来第二个奥斯卡奖提名和第二个金球奖——罗伯茨罕见地在如此年轻的年纪就成为美国电影的质量和受欢迎度的标准，并在那以后一直保持着这样的地位。

茱莉亚·罗伯茨在佐治亚州出生，是埃里克·罗伯茨（Eric Roberts）的妹妹，她哥哥早年是个很有前途的演员，如今常在电影中饰演反派角色，但兄妹俩的关系并不亲密。罗伯茨有头棕红色的头发，夸张的露齿大笑能融化所有听者的心。她身材高挑苗条，并不特别具有曲线美，这

代表作：

Eat Pray Love 2010
Ocean's Twelve 2004
Closer 2004
Mona Lisa Smile 2003
Full Frontal 2002
Ocean's Eleven 2001
America's Sweethearts 2001
The Mexican 2001
Erin Brockovich 2000 ★
Runaway Bride 1999
Notting Hill 1999
Stepmom 1998
Conspiracy Theory 1997
My Best Friend's Wedding 1997
Everyone Says I Love You 1996
Michael Collins 1996
Mary Reilly 1996
Prêt-à-Porter 1994
The Pelican Brief 1993
Hook 1991
Dying Young 1991
Sleeping with the Enemy 1991
Flatliners 1990
Pretty Woman 1990 ☆
Steel Magnolias 1989 ☆
Mystic Pizza 1988

左图：与理查德·基尔合作的《漂亮女人》获得了巨大的成功。

1960年代

茱莉亚·罗伯茨

顽强的艾琳

茱莉亚·罗伯茨在广受好评的《永不妥协》中饰演诚实、熟知民间疾苦、拒绝向大公司低头的角色。这部电影根据艾琳·布劳克维奇-爱丽斯（Erin Brockovich-Ellis）的真实经历改编，她是一个失业的单亲母亲，后来成为一名法律助理，指控加利福尼亚电力公司排放的污水有致癌物质，几乎以一己之力打赢了这场官司。这是个很适合改编成电影的好故事，罗伯茨将自己的特质带入到表演中，尤其是灿烂微笑后的坚忍不拔，影片也获得了成功。

◆ 布劳克维奇对太平洋煤气和电力公司（Pacific Gas & Electric）的揭发是记录在案的最大的公民集体诉讼案。

◆ 这部电影获得了奥斯卡最佳男配角提名（阿尔伯特·芬尼［Albert Finney］）、最佳导演提名（史蒂文·索德伯格）、最佳影片奖和最佳原创剧本奖提名。

◆ 罗伯茨是左撇子，而艾琳·布劳克维奇使用的是右手，于是罗伯茨自学用右手写字。

◆ 罗伯茨获得奥斯卡最佳女主角上台致辞时，忘了感谢真实生活中的艾琳·布劳克维奇，她后来坦白说："当你希望做某件事时，它却没发生。"

些男孩子的特征让罗伯茨的很多年轻角色——这些角色既不是天真无邪的少女，也不是严厉刻板的主妇——令人信服，但隐藏在无拘形骸下的坚强让罗伯茨的银幕角色丰富多彩。

不只是个美女

《别闯阴阳界》（Flatliners，1990）讲述了克服死亡后带来意想不到结局的故事，罗伯茨在这部众星云集的剧中表现轻松，这也是她第一次与基弗·萨瑟兰（Kiefer Sutherland）合作饰演情侣，这个组合在之后几年里一再重复，虽然中途曾因她与第一任丈夫、歌手莱尔·罗维特（Lyle Lovett）的婚姻而被打断。1991年的《与敌共眠》（Sleeping with the Enemy）结束了她早先在电影中建立起的脆弱形象——苗条的身体、表面的温顺、信赖的天性。罗伯茨因其美丽、丰富的感情表达和某种难以名状的特质而出名，如今她还因为柔弱外表下的坚强和不同寻常的固执而为人们所熟知。

接下来的几年里罗伯茨出演了《留住有情人》（Dying Young，1991）、《铁钩船长》（Hook，1991）和《塘鹅暗杀令》（The Pelican Brief，1993），再次确立了她的票房吸引力，但她也演了自己演艺事业上的第一个失败之作《我爱麻烦》（I Love Trouble，1994）。但她很快重振旗鼓，出演了浪漫喜剧《爱情魔力》（Something to Talk About，1995），接着拍了鲜为人知的《致命化身》（Mary Reilly，1996）和《傲气盖天》（Michael Collins，1996），之后罗伯茨在《人人都说我爱你》（Everyone Says I Love You，1996）中饰演伍迪·艾伦中年迷恋的对象，这部影片展现了她有限但却真实的歌唱能力。

20世纪90年代末因人们对千禧年的焦虑而载入史册，出现了极其刺激的科幻惊悚片《黑客帝国》（The Matrix，1999）和怪异的美国戏剧《美国丽人》（American Beauty，1999），这段时间也是罗伯茨最具商业优势的时期之一，她演出了一系列热门影片：《我最好朋友的婚礼》（My Best Friend's Wedding，1997，获金球奖提名）、《连锁阴谋》（Conspiracy Theory，1997）、《真爱同心》（Stepmom，1998）、《诺丁山》（Notting Hill，1999，获

茱莉亚·罗伯茨

上图：罗伯茨在《永不妥协》中与阿尔伯特·芬尼（Albert Finney）演对手戏。

金球奖提名）、《落跑新娘》（Runaway Bride，1999）和《永不妥协》（Erin Brockovich，2000，这是她第一次赢得奥斯卡和金球奖的作品）。《永不妥协》巩固了罗伯茨在好莱坞的顶级地位，为了和第二任丈夫、电影摄影师丹尼尔·莫达以及一对双胞胎儿女过上正常的家庭生活，罗伯茨之后减少了电影演出。

罗伯茨一直是最具吸引力的表演天才，她出演《蒙娜丽莎的微笑》（Mona Lisa Smile，2003）赚了2500万美元，她将露骨的商业电影《十一罗汉》（Ocean's Eleven，2001）和更独立的作品《正面全裸》（Full Frontal，2002）以及《偷心》（Closer，2004）完美地演绎出来。**GCQ**

"对于一个女孩子而言，我实在是太高了……我大概介于少女和女人之间。"

1960年代

威尔·史密斯 WILL SMITH

生平：小威拉德·克里斯托弗·史密斯（Willard Christopher Smith Jr.），1968年9月25日生于美国宾夕法尼亚州费城。

明星特质："新鲜王子"；高大英俊、多才多艺的男主角；擅长喜剧表演风格；歌手、说唱歌手、嘻哈艺术家、制作人、作曲家。

威尔·史密斯在唱片、电视和电影三方面都表现出杰出的才能，是当今世上最受喜爱的演员。他年轻、有野心，与第二任妻子、演员贾达·萍克·史密斯（Jada Pinkett-Smith）的著名婚姻给了他坚强的后盾。

史密斯早年认识到自己对音乐的兴趣，他拒绝了享有声誉的麻省理工学院的奖学金，成为好友杰夫·汤斯（Jeff Townes）——人们习惯叫他D.J.爵士杰夫——的嘻哈乐队"新鲜王子"（The Fresh Prince）的主唱。两人一起表演为主流消费制作的饶舌歌曲，他们的歌曲《父母不明白》（Parents Just Don't Understand，1988）获得了格莱美最佳饶舌歌曲奖。之后史密斯凭借自己的名望出演了播出时间长达六年的情景电视剧《茶煲表哥》（The Fresh Prince of Bel-Air，1990—1996），在这期间他开始了独唱生涯，并出演了如《时光流逝》（Where the Day Takes You，1992）等电影，他还在《六度分离》（Six Degrees of Separation，1993）中饰演同性恋骗子。

史密斯一直受到大家的喜爱，他出演的《绝地战警》（Bad Boys，1995）造成巨大的轰动，不过让他稳居大众媒体顶峰的却是他在《独立日》（Independence Day，1996）中饰演的战斗机飞行员和他一些成功的音乐，如他第二度获得格莱美奖的《夏日时光》（Summertime，1991）。之后，更多成功的电影接踵而至，如《黑衣人》（Men in Black，1997）及其续集、《全民情敌》（Hitch，2005），和其他轰动一时的作品，如《飙风战警》（Wild Wild West，1999）和《重返荣耀》（The Legend of Bagger Vance，2000）。之后史密斯得到了评论界的称赞，又因在迈克尔·曼讲述拳击手默罕默德·阿里（Muhammad Ali）的传记片《拳王阿里》（Ali，2001）中饰演同名主角获得奥斯卡最佳男主角提名。他的音乐事业也蓬勃发展，专辑《威禧年》（Willennium，1999）和单曲《Will2K》（1990）分别卖出两百多万张。**GCQ**

代表作：

The Pursuit of Happyness 2006 ☆
Hitch 1995
Shark Tale 2004
I, Robot 2004
Bad Boys II 2003
Men in Black II 2002
Ali 2001 ☆
The Legend of Bagger Vance 2000
Wild Wild West 1999
Enemy of the State 1998
Men in Black 1997
Independence Day 1996
Bad Boys 1995
Six Degrees of Separation 1993
Made in America 1993
Where the Day Takes You 1992

"我喜欢美国黑人这个身份，尤其是好莱坞的黑人。"

1960年代

哈维尔·巴登 JAVIER BARDEM

生平：本名哈维尔·安赫尔·恩希纳斯·巴登（Javier Ángel Encinas Bardem），1969年3月1日生于西班牙加那利群岛。

明星特质：粗犷帅气、魅力无穷、风格多变的演员；演艺世家的一员；西班牙电影中多才多艺的男主角。

近年来，哈维尔·巴登成为国际上最出名的西班牙演员之一。他是西班牙最著名的电影世家的一员，是唯一一个获得奥斯卡最佳男主角提名的西班牙演员。他的母亲是演员碧拉尔·巴登（Pilar Bardem），叔叔是导演胡安·安东尼奥·巴登（Juan Antonio Bardem），巴登的戏路很宽，在接戏时常常放弃那些能用上他粗犷而英俊的外貌的简单角色。

巴登早年曾和导演比格斯·鲁纳（Bigas Luna）有过一段成功的合作，他在鲁纳的《露露情史》（Las edades de Lulú, 1990）中出演了一个小却引人瞩目的角色，接着他们又合作了《火腿，火腿》（Jamón, jamón, 1992）和《猛男情结》（Huevos de oro, 1993），巴登从此获得了国际声望。之后他一直在当今西班牙最优秀的导演的作品中担任主角，如与佩德罗·阿莫多瓦（Pedro Almodóvar）合作的《活色生香》（Carne trémula, 1997）、和阿莱克斯·德拉·伊格来希亚（Alex de la Iglesia）合作的《闪灵双煞》（Perdita Durango, 1997）、与曼努埃尔·戈麦斯·佩雷拉（Manuel Gómez Pereira）合作的《嘴对嘴》（Boca a boca, 1995）。神经喜剧《嘴对嘴》，展现了巴登轻快的一面。

巴登在《当黑夜降临》（Before Night Falls, 2000）中饰演受迫害的古巴作家雷纳多·阿雷纳斯（Reinaldo Arenas），这部电影让他获得更大的名望，并给他带来出演美国电影如《借刀杀人》（Collateral, 2004）的机会。然而，与另一个西班牙演员安东尼奥·班德拉斯（Antonio Banderas）不同，巴登依旧会出演有挑战的西班牙电影，如社会现实主义电影《阳光下的星期一》（Los Lunes al sol, 2002）和其他更多的国际作品。2004年，巴登因在亚历桑德罗·阿曼巴（Alejandero Amenábar）的《深海长眠》（Mar adentro）中饰演四肢瘫痪的雷蒙·桑佩德罗获得全世界的喝彩。**AW**

"只要值得，我一点都不在乎它是哪国电影。"

代表作：

Love in the Time of Cholera 2007
Goya's Ghosts 2006
Mar adentro 2004 (The Sea Inside)
Collateral 2004
Los Lunes al sol 2002 (Mondays in the Sun)
The Dancer Upstairs 2002
Before Night Falls 2000 ☆
Perdita Durango 1997 (Dance with the Devil)
Carne trémula 1997 (Live Flesh)
Boca a boca 1995 (Mouth to Mouth)
Huevos de oro 1993 (Golden Balls)
Jamón, jamón 1992
   (A Tale of Ham and Passion)
Las edades de Lulú 1990 (The Ages of Lulu)

1960年代

凯特·布兰切特 CATE BLANCHETT

生平： 本名凯瑟琳·伊利斯·布兰切特（Catherine Elise Blanchett），1969年5月14日生于澳大利亚维多利亚墨尔本。

明星特质： 光芒照人的美女；戏剧中多才多艺的女主角；风格多变。

凯特·布兰切特在澳大利亚出生、成长并接受演艺训练，曾就读于澳大利亚国家戏剧艺术学院。毕业后她加入悉尼戏剧公司，在提姆·杜利（Timothy Daly）的《卡夫卡之舞》（Kafka Dances，1993）中饰演新娘菲丽丝·鲍尔，赢得了悉尼戏剧评论圈的新人奖。她最初在舞台和电视上表演，1997年出演了自己的第一部电影《天堂之路》（Paradise Road）。

布兰切特第一次在国际上获得真正的认可是在《伊丽莎白》（Elizabeth，1998）中饰演英格兰的童贞女王伊丽莎白一世，她凭借这次表演获得奥斯卡最佳女主角提名。接着布兰切特饰演了《空中塞车》（Pushing Tin，1999）中的美国乡下妻子、《完美盗贼》（Bandits，2001）中被绑架的受害人、《乱世有情天》（Charlotte Gray，2001）中法国抵抗运动的战士、《毒家新闻》（Veronica Guerin，2003）里的爱尔兰殉道者、《荒野寻踪》（The Missing，2003）中的西部女主角、《指环王》（The Lord of the Rings，2001—2003）三部曲中的精灵女王和霍华德·休斯（Howard Hughes）的传记片《飞行家》（The Aviator，2004）中的好莱坞皇后凯瑟琳·赫本，并凭借该片获得了实至名归的奥斯卡最佳女配角奖。

在以上这些作品和其他如《奥斯卡与露辛达》（Oscar and Lucinda，1997）、《疾走天堂》（Heaven，2002）和《通天塔》（Babel，2006）等给人留下深刻印象的电影中，布兰切特一直在改变自己的银幕表演，像梅丽尔·斯特里普一样，她隐藏起自己的美丽，完全沉浸在所饰演的角色中，让她的每一个角色都令人信服，刻画出与环境做斗争的真实人物的肖像。布兰切特的风格多变，她身材高挑，面部表情富有表现力。但她说话时对每个词都有着极好的控制力，让观众意识到她为每个场景、每个时刻精心设计的角色都是多么地不平凡。**GCQ**

代表作：

Elizabeth: The Golden Age 2007 ☆
I'm Not There 2007 ☆
Notes on a Scandal 2006 ☆
Babel 2006
Little Fish 2005
The Aviator 2004 ★
The Life Aquatic with Steve Zissou 2004
The Missing 2003
Veronica Guerin 2003
Heaven 2002
The Lord of the Rings trilogy 2001, 2002, 2003
Charlotte Gray 2001
Bandits 2001
The Gift 2000
Pushing Tin 1999
An Ideal Husband 1999
Elizabeth 1998 ☆
Oscar and Lucinda 1997

"我演这个角色主要是因为我能有（像精灵一样尖尖的）耳朵。"
——评论《指环王》

爱德华·诺顿 EDWARD NORTON

生平： 本名小爱德华·詹姆斯·诺顿（Edward James Norton Jr.），1969年8月18日生于美国马萨诸塞州波士顿。

明星特质： 高大削瘦、多才多艺的男主角；银幕形象令人着迷；歌手、制作人、导演、作曲家、社会和环境保护积极分子。

当法庭剧《一级恐惧》（Primal Fear，1996）上映时，27岁的耶鲁大学历史系毕业生爱德华·诺顿还只是一个小有名气的戏剧演员。之后诺顿在《一级恐惧》中饰演的艾伦·斯坦普勒是名祭台助手，被控告谋杀了天主教主教，这个角色给观众留下深刻的印象，得到满堂喝彩，诺顿因此获得奥斯卡最佳男配角奖的提名，这部作品为他打开一扇大门，此后他在伍迪·艾伦（Woody Allen）的音乐喜剧《人人都说我爱你》（Everyone Says I Love You，1996）中饰演痴情的霍顿·斯宾塞，与德鲁·巴里摩尔（Drew Barrymore）演对手戏，在米洛斯·福尔曼（Milos Forman）的《性书大亨》（The People vs. Larry Flynt，1996）中饰演律师。然而诺顿即使在饰演冷血、比其他所有人都聪明的角色时也展现出他的一些本质——充满魅力、男孩子气、热心。

代表作：

The Illusionist 2006
Kingdom of Heaven 2005
The Italian Job 2003
25th Hour 2002
Red Dragon 2002
Frida 2002
Death to Smoochy 2002
The Score 2001
Catch Her in the Eye 2001
Keeping the Faith 2000
Fight Club 1999
American History X 1998 ☆
Rounders 1998
Everyone Says I Love You 1996
The People vs. Larry Flynt 1996
Primal Fear 1996 ☆

诺顿是个爱挑战的演员，他在《美国X档案》（American History X，1998）中的表现让评论界震惊，他在片中出色地饰演了一个暴力青年，这个角色让他获得奥斯卡最佳男主角提名。他接着出演了大卫·芬奇（David Fincher）颓废堕落的《搏击俱乐部》（Fight Club，1999），拍了自己的第一部电影《一如既往》（Keeping the Faith，2000），他还亲自参与了这部电影的制作、编剧和主演。之后出演了传记片《弗里达》（Frida，2002）、《红龙》（Red Dragon，2002）和《第25小时》（25th Hour，2002），后两部作品引起了大量的关注。接着诺顿在《魔术师》（The Illusionist，2006）中饰演20世纪早期维也纳的一名魔术师，显示了他出演古装剧的能力。诺顿是那种对角色很挑剔的演员，他备戏时非常严格，工作起来有时很难相处，但这与他出色的演技相比都微不足道，诺顿风格多变，是他那一代中最杰出的演员之一，出演了不少伟大的作品。**GCQ**

> "人们有时对制作电影斟酌再三，我认为冲突是必不可少的。"

1960年代

凯瑟琳·泽塔-琼斯 CATHERINE ZETA-JONES

生平： 本名凯瑟琳·琼斯（Catherine Jones），1969年9月25日生于威尔士西格拉摩根斯旺西。

明星特质： 性感撩人、富有魅力的美女；外貌有异域风情；戏剧和音乐剧女主角、舞者、歌手；嫁入好莱坞演艺世家。

代表作：

The Legend of Zorro 2005
Ocean's Twelve 2004
The Terminal 2004
Intolerable Cruelty 2003
Sinbad: Legend of the Seven Seas 2003
Chicago 2002 ★
America's Sweethearts 2001
Traffic 2000
High Fidelity 2000
The Haunting 1999
Entrapment 1999
The Mask of Zorro 1998
The Phantom 1996
Blue Juice 1995
Christopher Columbus: The Discovery 1992

凯瑟琳·泽塔-琼斯超凡脱俗的美貌掩盖了她早年演艺生涯的光彩，但在《芝加哥》（Chicago, 2002）中，她除了展现自己对衣服的驾驭和对合作男演员的刺激外，还展现出更多的深度，她在片中饰演的威尔玛·凯利一角也为她赢得奥斯卡最佳女配角奖。这部情节复杂、在百老汇上演了多年的音乐剧取代了冒险故事和传统的戏剧，显示出了她的多才多艺。不过有意思的是，泽塔-琼斯是个非常出色的歌手和舞者，她早年因在《佐罗的面具》（The Mask of Zorro, 1998）中饰演安东尼奥·班德拉斯（Antonio Banderas）的情妇和在《偷天陷阱》（Entrapment, 1999）中色诱肖恩·康纳利而成名。

泽塔-琼斯很早就对舞台表演表现出兴趣，她学习唱歌和跳舞，在伦敦西区的音乐剧中演出。20世纪90年代初，她主演了英国电视剧《五月的花朵》（The Darling Buds of May, 1991），首次引起人们的注意。对狗仔队而言，她2000年与演员迈克尔·道格拉斯（Michael Douglas）的婚姻（包括婚前协议）是个八卦金矿。但泽塔-琼斯不仅仅是歌好舞好嫁得好生得好。她在《失恋排行榜》（High Fidelity, 2000）中饰演冰上皇后，是手机和伊丽莎白·雅顿（Elizabeth Arden）化妆品的代言人，在《真情假爱》（Intolerable Cruelty, 2003）中以美色骗取男人的钱财，在《十二罗汉》（Ocean's Twelve, 2004）中饰演对骗子心慈手软的国际刑警。也许泽塔-琼斯最令人吃惊的演出是《毒品网络》（Traffic, 2000）中怀孕的毒枭之妻。她展示了一种很少在银幕上看到的不幸：是位实用主义的母亲，冷血、精于算计且能生育。**GCQ**

"我希望自己能出生在那个能与弗雷德·阿斯泰尔和吉恩·凯利共舞的时代。"

乌玛·瑟曼 UMA THURMAN

生平：本名乌玛·卡露娜·瑟曼（Uma Karuna Thurman），1970年4月29日生于美国马萨诸塞州波士顿。

明星特质：高挑美丽的模特；性感的象征；戏剧和喜剧女主角；一度是邪典片导演昆汀·塔伦蒂诺的缪斯。

乌玛·瑟曼16岁时就成为了一名时装模特，她个子高挑，身材苗条，不久就获得成功，在1989年甚至成为《滚石》杂志的封面女郎。她在《终极天将》（The Adventures of Baron Munchausen，1988）中饰演爱神维纳斯，从贝壳中裸身而出，她女神般的长相给这个角色增色不少。她接着在《危险关系》（Dangerous Liaisons，1988）中饰演无辜的瓷娃娃般的美女，在《罗宾汉》（Robin Hood，1991）中饰演梅德·玛丽安，在《亨利和琼》（Henry & June，1990）和《疯狗与格拉瑞小姐》（Mad Dog and Glory，1993）中饰演琼和格拉瑞小姐，在《蓝调牛仔妹》（Even Cowgirls Get the Blues，1993）中与大拇指搭车客一起陷入灾难，在《蝙蝠侠与罗宾》（Batman & Robin，1997）中饰演毒藤女，她在《复仇者》（The Avengers，1998）中饰演的艾玛·皮尔结合了朱丽叶·纽玛和戴安娜·瑞格的形象。

她与约翰·特拉沃尔塔（John Travolta）酷舞后的失望，加上戏剧性的服药过量的场景，给昆汀·塔伦蒂诺的《低俗小说》（Pulp Fiction，1994）添色不少。瑟曼在该剧中带着假发，十分性感，让她成为一颗冉冉升起的新星，并获得了奥斯卡最佳女配角提名。她回到塔伦蒂诺的电影世界，获得了一些成功，如在《杀死比尔》（Kill Bill: Vol. 1，2003）及其续集中饰演杀人机器。

此外，金发美女瑟曼还是个爱冒险的演员，她是《爱情叩应》（The Truth About Cats & Dogs，1996）里迟钝的灯泡模特，是《千钧一发》（Gattaca，1997）里人造的完美人类，是《甜蜜与卑微》（Sweet and Lowdown，1999）里的下流女子，是《录音带》（Tape，2001）里第三个出人意表的人。瑟曼极具天赋，她近年演了一些没给观众留下什么印象的作品，如《一酷到底》（Be Cool，2005）、《春心荡漾》（Prime，2005）、《金牌制作人》（The Producers，2005）和《我的超级前女友》（My Super Ex-Girlfriend，2006），希望这些只是微不足道的小插曲。**KN**

代表作：

The Producers 2005
Prime 2005
Be Cool 2005
Kill Bill: Vol. 2 2004
Paycheck 2003
Kill Bill: Vol. 1 2003
Tape 2001
Sweet and Lowdown 1999
Gattaca 1997
Batman & Robin 1997
The Truth About Cats & Dogs 1996
Beautiful Girls 1996
Pulp Fiction 1994 ☆
Mad Dog and Glory 1993
Henry & June 1990
Dangerous Liaisons 1988

"高挑、浅黄色的头发、蓝色的眼睛，某些地方瘦得只剩骨头，某些地方却很丰满，一个普通的女孩。"

瑞凡·菲尼克斯 RIVER PHOENIX

生平：本名瑞凡·裘德·波顿（River Jude Bottom），1970年8月23日生于美国俄勒冈州马德拉斯；1993年卒于美国好莱坞。

明星特质：童星、邪典片男主角；常饰演反抗的角色；银幕形象出类拔萃；作曲家、吉他手、环保人士。

代表作：

Silent Tongue 1994
The Thing Called Love 1993
Sneakers 1992
Dogfight 1991
My Own Private Idaho 1991
I Love You to Death 1990
Indiana Jones and the Last Crusade 1989
Running on Empty 1988 ☆
Little Nikita 1988
A Night in the Life of Jimmy Reardon 1988
The Mosquito Coast 1986
Stand by Me 1986
Explorers 1985

"当我赢钱时我宁愿离开，没必要呆到自己不受欢迎时才走。"

菲尼克斯小时候，全家住在南美，1977年，他们回到美国，并把姓氏改为"菲尼克斯"。他的父母鼓励孩子们演电影，十岁时，瑞凡开始出演电视剧，成为一名出色的童星，成年后展示出巨大的潜力。

菲尼克斯出演的电视包括《ABC课后特别节目》（ABC Afterschool Specials）之《倒退：阅读障碍症之谜》（Backwards: The Riddle of Dyslexia, 1984）。他的第一部电影是乔·丹特（Joe Dante）的《冲向天外天》（Explorers, 1985），接着在罗伯·莱纳（Rob Reiner）的《伴我同行》（Stand by Me, 1986）和《热夜狂欢》（A Night in the Life of Jimmy Reardon, 1988）中分别饰演一群年轻朋友的领袖和享有多种优先权的青年，给观众留下深刻印象。

菲尼克斯在《蚊子海岸》（The Mosquito Coast, 1986）和《不设限通缉》（Running on Empty, 1988）中饰演反叛的儿子，他的父母不信奉传统的信念，菲尼克斯将很多个人经历带到这两个角色身上，他也凭借《不设限通缉》获得了奥斯卡最佳男配角提名。继《夺宝奇兵3》（Indiana Jones and the Last Crusade, 1989）中少年印第安纳·琼斯这个有趣的角色后，他在《我自己的爱达荷》（My Own Private Idaho, 1991）中饰演被基努·里维斯迷得神魂颠倒、患有发作性睡眠病的男妓，在《春色一箩筐》（Dogfight, 1991）中饰演应征入伍的士兵。他最后两部完整的作品是《爱情有什么道理》（The Thing Called Love, 1991）和《沉默无语》（Silent Tongue, 1994）；他去世时距离《黑血》（Dark Blood, 1993）预计的杀青时间只有11天，这部未完的作品最后不得不因他的去世被遗弃。

他在洛杉矶的蝮蛇夜店外去世，年仅23岁，这家夜店后来为演员约翰尼·德普所有。他的弟弟妹妹杰昆·菲尼克斯（Joaquin Phoenix）、莎莫·菲尼克斯（Summer Phoenix）、瑞恩·菲尼克斯（Rain Phoenix）和丽柏汀·菲尼克斯（Liberty Phoenix）都是演员。**KN**

右图：瑞凡·菲尼克斯在《我自己的爱达荷》中饰演的街头男妓令人动容。

马特·达蒙 MATT DAMON

生平： 本名马修·佩奇·达蒙（Matthew Paige Damon），1970年10月8日生于美国马萨诸塞州坎布里奇。

明星特质： 轮廓清晰、多才多艺的男主角、制作人、导演，好莱坞受人喜欢的男演员，饰演的角色多样化。

马特·达蒙生于马萨诸塞州的坎布里奇，他的第一部电影是《现代灰姑娘》（Mystic Pizza，1988），他在剧中饰演一个小角色，和同样初出茅庐的茱莉亚·罗伯茨（Julia Roberts）合作。达蒙靠出演小角色获得了成功，因为对毕业有所顾虑，达蒙从哈佛大学辍学，他的孤注一掷取得了成效，在电影如《生死豪情》（Courage Under Fire，1996）中得到不错的角色，饰演一名吸食海洛因上瘾的海湾战争退伍老兵。然而让他声名鹊起的却是与好友本·阿弗莱克（Ben Affleck）合作创作出演的《心灵捕手》（Good Will Hunting，1997），这部电影为他赢得奥斯卡最佳原创剧本奖，他还同时获最佳男主角提名。

随着这部电影的成功，达蒙和阿弗莱克制作了电视节目《绿灯项目》（Project Greenlight，2001），得到热烈的反响，这部纪录片为这两个毫无经验的电影制作人赢得了制作独立电影的机会。达蒙继续出演了一些获得评论界好评和商业成功的电影，包括《拯救大兵瑞恩》（Saving Private Ryan，1998）和《天才瑞普利》（Talented Mr. Ripley，1999），他还在一些受尊重的电影制作人如史蒂文·索德伯格、凯文·史密斯（Kevin Smith）、格斯·范·桑特（Gus Van Sant）和特瑞·吉列姆（Terry Gilliam）的一些稍小众的作品中出演角色。他在《谍影重重》（The Bourne Identity，2002）及续集《谍影重重2》（The Bourne Supremacy，2004）中饰演在逃的失忆杀手杰森·伯恩，造成很大的轰动。接着他再度进入独立电影领域，在《辛瑞那》（Syriana，2005）中饰演矛盾的商业顾问，和乔治·克鲁尼合作，他们两人之前还合作过《十一罗汉》（Ocean's Eleven，2001）及其续集，此外达蒙还出演了克鲁尼执导的《危险思想的自白》（Confessions of a Dangerous Mind，2002）。达蒙的角色经常游走于好人和坏人之间，他最理想的角色是在马丁·斯科塞斯的惊悚片《无间道风云》（The Departed，2006）中饰演的卧底科林·沙利文。**JK**

代表作：

Inside Job 2010
Invictus 2009 ☆
The Bourne Ultimatum 2007
The Good Shepherd 2006
The Departed 2006
Syriana 2005
Ocean's Twelve 2004
The Bourne Supremacy 2004
Jersey Girl 2004
Stuck on You 2003
Confessions of a Dangerous Mind 2002
The Bourne Identity 2002
Ocean's Eleven 2001
Finding Forrester 2000
The Talented Mr. Ripley 1999
Dogma 1999
Saving Private Ryan 1998
Good Will Hunting 1997 ☆
Courage Under Fire 1996

"我从未想过走那种（安全）路线。如果我失败了，我虽败犹荣。"

伊万·麦克格雷格 EWAN McGREGOR

生平：本名伊万·戈登·麦克格雷格（Ewan Gordon McGregor），1971年3月31日生于苏格兰佩思郡克里夫。

明星特质：富有魅力、沧桑英俊的戏剧和动作电影中的男主角、摩托车爱好者、歌手、制作人、导演。

出生于苏格兰的伊万·麦克格雷格追随着演员叔叔丹尼斯·劳森的脚步，在伦敦盖德霍尔音乐戏剧学校学习表演，但在毕业前就离开了学校。他22岁时出演了丹尼斯·波特的英国电视短剧《衣领上的唇印》（Lipstick on Your Collar，1993），第一次尝到成功的滋味。这个角色为他赢得很多爱慕者，并给他带来出演丹尼·鲍尔的《浅坟》（Shallow Grave，1994）的机会，更带他进入世界艺术电影的殿堂。他接着在鲍尔的《猜火车》（Trainspotting，1996）中饰演试图重获新生的爱丁堡瘾君子伦顿，这个角色让他在影坛稳获一席之地，他在表演中展现出的绝望魅力、悲伤和脆弱都在其他作品中给他带来很大的帮助。

在美国，他出演了根据简·奥斯汀小说改编的《爱玛》（Emma，1996）和喜剧《奏出新希望》（Brassed Off，1996），在电视剧《急诊室的故事》（ER，1997）中演了一个给人留下深刻印象的角色，并在90年代末出演了两部出色的作品——《小嗓门》（Little Voice，1998）和《天鹅绒金矿》（Velvet Goldmine，1998）。1999年，麦克格雷格出演了由亚利克·基尼斯爵士演绎而出名的角色欧比旺·肯诺比，在《星球大战前传1：幽灵的威胁》（Star Wars: Episode I—The Phantom Menace，1999）、《星球大战前传2：克隆人的进攻》（Star Wars: Episode II—Attack of the Clones，2002）和《星球大战前传3：西斯的复仇》（Star Wars: Episode III—Revenge of the Sith，2005）中见证了《星球大战》系列的再度辉煌。此外他还出演了《红磨坊》（Moulin Rouge!，2001）、《黑鹰坠落》（Black Hawk Down，2001）、《随爱沉沦》（Down with Love，2003）和《大鱼》（Big Fish，2003）。

麦克格雷格有三个孩子，他最近和演员朋友查理·波曼骑摩托车环游世界，他们把这段旅程拍成电视纪录片《漫漫长路》（Long Way Round，2004）。**GCQ**

代表作：

Miss Potter 2006
The Island 2005
Big Fish 2003
Young Adam 2003
Down with Love 2003
Black Hawk Down 2001
Moulin Rouge! 2001
Star Wars: Episodes I–III 1999, 2002, 2005
Rogue Trader 1999
Little Voice 1998
Velvet Goldmine 1998
A Life Less Ordinary 1997
Brassed Off 1996
Emma 1996
Trainspotting 1996
Shallow Grave 1994

"我等了将近20年才拥有自己的光剑，没有什么比这更酷了。"

1970年代

格温妮丝·帕特洛 GWYNETH PALTROW

生平：本名格温妮丝·凯特·帕特洛（Gwyneth Kate Paltrow），1972年9月27日生于美国洛杉矶。

明星特质：戏剧中多才多艺的女主角、模特、导演；经常饰演令人讨厌的角色；不知疲倦地工作。

代表作：

Iron Man 2008
Running with Scissors 2006
Proof 2005
Sky Captain and the World of Tomorrow 2004
Sylvia 2003
View from the Top 2003
Shallow Hal 2001
The Royal Tenenbaums 2001
Bounce 2000
Duets 2000
The Talented Mr. Ripley 1999
Shakespeare in Love 1998 ★
Great Expectations 1998
Sliding Doors 1998
Emma 1996
Se7en 1995
Jefferson in Paris 1995

"我宁愿没有大房子……（但是）我的大量作品让我骄傲。"

格温妮丝·帕特洛在洛杉矶出生，母亲是演员布里茨·丹娜（Blythe Danner），父亲是电影制作人布鲁斯·帕特洛（Bruce Paltrow）。她在纽约思彭斯学校读书，后来搬到加利福尼亚州，在加州大学圣塔芭芭拉分校主修艺术史。不久她意识到自己要想追随母亲的脚步，在舞台上表演，于是辍学。她开始和母亲一起在威廉斯顿剧院出演《野餐》（Picnic），并演了一些小角色，终于在《七宗罪》（Se7en，1995）中得到一个让人难忘而痛心的配角角色，她在戏中结识了布拉德·皮特，两人发展了一段浪漫的关系。帕特洛在根据简·奥斯汀小说改编的《爱玛》（Emma，1996）中饰演爱玛·伍德豪斯，并出演了《双面情人》（Sliding Doors，1998），展示了她标准的英式口音，她还不知疲倦地演出了许多独立电影。帕特洛的努力得到了回报，她在《莎翁情史》（Shakespeare in Love，1998）中饰演的薇拉一角为她赢得奥斯卡最佳女主角奖。

继韦斯·安德森（Wes Anderson）的《天才一族》（The Royal Tenenbaums，2001）中沮丧的作家、《情人眼里出西施》（Shallow Hal，2001）中多愁善感的喜剧主角、与演员本·阿弗莱克（Ben Affleck）人尽皆知的恋爱和分手后，帕特洛大大减少自己的工作量，把精力放在她的新男友——英国摇滚乐队酷玩乐队（Coldplay）主唱克里斯·马丁（Chris Martin）身上。他们在伦敦定居，帕特洛开始追求轻松健康的生活，成为瑜伽爱好者。他们的恋爱和随之而来的婚姻以及苹果（Apple）和摩西（Moses）两个孩子出生的消息夺去了《美国空姐》（View from the Top，2003）、《西尔维娅》（Sylvia，2003）和《证明我爱你》（Proof，2005）等片的光彩，但也反驳了关于帕特洛提前息影的传闻，她出色的演艺天赋永远不该被忽略。**JK**

浅野忠信 TADANOBU ASANO

生平： 本名佐藤忠信，1973年11月27日生于日本神奈川横滨。

明星特质： 日本当代电影中多才多艺的男主角；超凡魅力的朋克摇滚音乐家、艺术家、模特、作曲家、导演。

如果一个真正的电影明星的精髓在于他结合了天然的形体美、表演天赋和银幕中某种谜一般的超凡魅力，那么浅野忠信就是这类明星最完美的代表。他是当代日本电影中最炙手可热的男主角，是当今最有吸引力的电影人之一。

浅野忠信的父亲是名演员经纪人，他建议儿子参演电视剧《3年B班金八老师》（1988），那时浅野只有16岁，这是他的第一部作品。接着他出演了自己的第一部电影《打水的金鱼》（1990）。如今浅野相当于日本的约翰尼·德普或莱昂纳多·迪卡普里奥。他有如他们一样的外貌和风格，但没有他们的体验派表演方法。他认为比起演员，自己更像是个音乐家和艺术家，他与经常合作的导演石井聪互组建了一个朋克乐队。浅野有种简洁懒散的特质，这在超暴力电影如《杀手阿一》（2001）或武士时期的电影如《御法度》（1999）、《座头市》（2003）和石井的《五条灵战记》（2000）中都有所体现。不过他也恰到好处地出演了一些忧郁的戏剧作品，如著名的《死亡解剖》（2004）。浅野是个低调机智的人，他也在电影如超现实喜剧杰作《杀妻总动员》（2004）和难以形容的《无厘头森林之第一次接触》（2005）中出演了一些标新立异的角色。诸如此类的电影是浅野多产的职业生涯中另一个典型标志，他会演一些像他一样的明星不会演的角色，让他的演艺事业更吸引人。**TC**

代表作：

《无形海浪》2006
《乱步地狱》2005
《无厘头森林的第一次接触》2005
《双面北野武》2005
《被埋葬的树木》2005
《杀妻总动员》2004
《火之鸟》2004
《死亡解剖》2004
《茶之味》2004
《座头市》2003
《杀手阿一》2001
《五条灵战记》2000
《御法度》1999
《幻之光》1995
《打水的金鱼》1990

"如果你要让人痛苦，你必须要先感受痛苦！"

佩内洛普·克鲁兹 PENÉLOPE CRUZ

生平：本名佩内洛普·克鲁兹·桑切斯（Penélope Cruz Sánchez），1974年4月28日生于西班牙马德里。

明星特质：西班牙电影中漂亮的黑眼睛女主角；会多国语言，会爵士舞和芭蕾舞；人道主义者；经常和西班牙导演佩德罗·阿尔莫多瓦合作。

代表作：

Nine 2009 ☆
Vicky Cristina Barcelona 2008 ★
Volver 2006 (*To Return*) ☆
Bandidas 2006
Sahara 2005
Non ti muovere 2004 (*Don't Move*)
Gothika 2003
Vanilla Sky 2001
Captain Corelli's Mandolin 2001
Blow 2001
All the Pretty Horses 2000
Todo sobre mi madre 1999
　　(*All About My Mother*)
Abre los ojos 1997 (*Open Your Eyes*)
Carne trémula 1997 (*Live Flesh*)
Belle epoque 1992 (*The Age of Beauty*)
Jamón, jamón 1992
　　(*A Tale of Ham and Passion*)

"在西班牙，女演员们都演到老，我也计划这么做。"

佩内诺普·克鲁兹的父亲是个零售商兼美发师，克鲁兹在西班牙出生，年纪轻轻的她在马德里国家音乐学院学习了九年的经典芭蕾，在纽约的克里斯蒂娜罗塔学校学了四年不同的舞蹈课程——跟随安吉拉·加里多（Ángela Garrido）学了三年的西班牙芭蕾，还跟着劳尔·卡巴莱罗（Raúl Caballero）学习爵士舞，之后开始在电视和音乐短片中演出。

克鲁兹早年在电影中饰演了一些受到欢迎的配角，如比格斯·鲁纳（Bigas Luna）古怪的、为她赢得了戈雅奖的《火腿，火腿》（Jamón, jamón, 1992）以及佩德罗·阿尔莫多瓦（Pedro Almodóvar）获得英国电影电视艺术学院奖提名的《活色生香》（Carne trémula, 1997）。她成为一名冉冉升起的新星，接着再度与阿尔莫多瓦合作，在《关于我母亲的一切》（Todo sobre mi madre, 1999）中为我们带来更为突出的演出，这部影片获得了奥斯卡最佳外语片奖，也这为她赢得了更广泛的关注。

好莱坞向克鲁兹发出召唤，她自然天真的特性加上温柔美丽的拉丁人外貌，让她得到一些备受瞩目的配角角色，与电影圈一些最出色的男星合作，如与约翰尼·德普合演的《大毒枭》（Blow, 2001）、与尼古拉斯·凯奇合作的《战地情人》（Captain Corelll's Mandolin, 2001）和与汤姆·克鲁斯合作的《香草的天空》（Vanilla Sky, 2001）。尽管获得了票房的成功，但克鲁兹在好莱坞的角色倾向于稳定，而不是给观众带来惊喜。在西班牙与阿尔莫多瓦的再度合作让克鲁兹摆脱了配角的角色，她主演了《回归》（Volver, 2006），并因此赢得戛纳最佳女主角和奥斯卡提名。此后她凭借《午夜巴塞罗那》（Vicky Cristina Barcelona, 2008）获得奥斯卡最佳女主角，并因《九》（Nine, 2009）再度获得奥斯卡提名。**RH**

希拉里·斯万克 HILARY SWANK

生平：本名希拉里·安·斯万克（Hilary Ann Swank），1974年7月30日生于美国华盛顿贝灵汉姆。

明星特质：引人注目的黑发美女；在挑战身心的艺术电影中饰演勇敢的角色；工作努力，脚踏实地。

好莱坞流传着一个有趣的说法，即希拉里·斯万克从无名小卒到电影明星的故事本身就是个很好的电影素材。斯万克1974年出生，在太平洋西北部长大，十几岁时搬去了洛杉矶。在她刚刚开始演艺生涯时曾一度和母亲在车外度日。这意味着她必须接演一些小角色，但紧接着她主演了《新小子难缠》（The Next Karate Kid, 1994），并在电视剧《飞跃比弗利》（Beverly Hills, 90210, 1997—1998）中饰演一位单亲母亲。如果说这些作品是通往成功的安全可预见的途径，那么她在《男孩别哭》（Boys Don't Cry, 1999）中饰演的装扮成男人的年轻女人一角就绝非如此了。斯万克因大胆的演出获得了一致称赞，并凭借该片获得了奥斯卡最佳女主角，一夕之间，年仅25岁的斯万克从苦苦挣扎、不值一提的小人物一跃成为明日之星。

一系列强大的角色和表演随之而来，很多胜过了电影本身，都显示出斯万克对于自己职业的发展有过很多的思索。确实，她因在克林特·伊斯特伍德的《百万美元宝贝》（Million Dollar Baby, 2004）中饰演注定成为拳击手的麦琪·菲茨杰拉德一角第二次赢得奥斯卡奖，这个角色对演员的要求很高，为此她不得不接受高强度的体能训练，并增加体重，以便练出肌肉。此后她利用奥斯卡影后的身份去追求一些更私人的作品，包括在《黑色大丽花》（The Black Dahlia, 2006）中极为稀有地饰演荡妇。斯万克与丈夫查德·洛（Chad Lowe）的八年婚姻宣告结束引起了公众的关注，这是她少有的挫折，但她才三十多岁，演艺事业才刚刚起飞，未来还有漫长而多产的电影生涯。**JK**

代表作：

Conviction 2010
Amelia 2009
P.S. I Love You 2007
The Reaping 2007
Freedom Writers 2007
The Black Dahlia 2006
***Million Dollar Baby* 2004** ★
Red Dust 2004
The Affair of the Necklace 2001
The Gift 2000
The Audition 2000
***Boys Don't Cry* 1999** ★
The Next Karate Kid 1994

> 我最讨厌人们问我："希拉里，你演过漂亮女孩吗？"

1970年代

莱昂纳多·迪卡普里奥 LEONARDO DiCAPRIO

生平：本名莱昂纳多·威尔海姆·迪卡普里奥（Leonardo Wilhelm DiCaprio），1974年11月11日生于美国好莱坞。

明星特质：金发碧眼、高大英俊的大众情人；青少年偶像；戏剧中多才多艺的男主角，无惧于饰演冒险的角色；环保积极分子。

莱昂纳多在灾难史诗片《泰坦尼克号》（Titanic，1997）中饰演的杰克让他成为国际偶像，但他并非一步登天，而是一步一个脚印、通过一连串广受好评而又有风险的角色才获得如今的成功。莱昂纳多在洛杉矶出生，有意大利和德国血统，父亲是漫画经销商，母亲是法律助理。他母亲怀孕时在意大利的博物馆欣赏莱昂纳多·达·芬奇的画，她感到肚中的孩子在踢她，因此决定以这位著名艺术家"莱昂纳多"的名字给自己的孩子命名。

莱昂纳多最初在电视剧《成长的烦恼》（Growing Pains，1991—1992）中饰演无家可归的男孩，之后他出演了一些受到好评的独立电影，如《不一样的天空》（What's Eating Gilbert Grape，1993）、《男孩的生活》（This Boy's Life，1993），前者让他在19岁就获得了奥斯卡最佳男配角提名。

根据莎士比亚名作改编的新式《罗密欧与朱丽叶》（Romeo + Juliet，1996）让莱昂纳多成为大众偶像，但《泰坦尼克号》却将他的演艺事业推至巅峰。他在伍迪·艾伦的《名人百态》（Celebrity，1998）中饰演一个小角色，对自己的明星身份进行了一番小小的嘲弄。接着他将更多的时间专注在环境问题上，并出演了一些非常不同的作品。接着莱昂纳多再度出现在银幕上，出演了丹尼·鲍尔（Danny Boyle）执导的、根据亚历克斯·加兰（Alex Garland）的畅销书改编的《海滩》（The Beach，2000），这部电影反响一般。他与一些好莱坞最大牌的导演都合作过，如与史蒂文·斯皮尔伯格合作的《猫鼠游戏》（Catch Me If You Can，2002）、与马丁·斯科塞斯合作了电影三部曲：《纽约黑帮》（Gangs of New York，2002）、《飞行者》（The Aviator，2004）和《无间道风云》（The Departed，2006）。莱昂纳多最近因在《血钻》（Blood Diamond，2006）中的精彩表现第三次获得奥斯卡提名。**JK**

代表作：

J. Edgar 2011
Revolutionary Road 2008
Blood Diamond 2006 ☆
The Departed 2006
The Aviator 2004 ☆
Catch Me If You Can 2002
Gangs of New York 2002
The Beach 2000
Celebrity 1998
The Man in the Iron Mask 1998
Titanic 1997
Marvin's Room 1996
Romeo + Juliet 1996
Total Eclipse 1995
The Basketball Diaries 1995
The Quick and the Dead 1995
What's Eating Gilbert Grape 1993 ☆
This Boy's Life 1993

"饰演感情不幸的角色给了我真正表演的机会。"

1970年代

德鲁·巴里摩尔 DREW BARRYMORE

生平：本名德鲁·布莱斯·巴里摩尔（Drew Blyth Barrymore），1975年2月22日生于美国加利福尼亚州卡尔弗城。

明星特质：金发美女；导演、模特、制作人；演艺世家的一员；戏剧和浪漫喜剧女主角，擅长喜剧表演风格。

德鲁·布莱斯·巴里摩尔出生于一个有着150多年历史的演艺世家，她的父亲是已故的传奇演员约翰·德鲁·巴里摩尔，教父是导演史蒂文·斯皮尔伯格，教母是索菲亚·罗兰。她的第一部电影是《灵魂大搜索》（Altered States，1980），但引起人们关注的却是在她教父斯皮尔伯格执导的《E.T.外星人》（E.T. the Extra-Terrestrial，1982）中出演的大眼睛小妹妹。有着这样的家族背景，她成为电视综艺节目《周六夜现场》（Saturday Night Live）最小的主持人，表演了一出杀死外星人的短剧。十岁之前，她还主演了根据史蒂芬·金（Stephen King）小说改编的《凶火》（Firestarter，1984）和《猫眼》（Cat's Eye，1985）。

巴里摩尔的青春期麻烦不断，这些都反映在电视电影《15和直截了当》（15 and Getting Straight，1989）中，这部电影记录了她和很多童星后来失败的生活。在她的自传《迷失的小女孩》（Little Girl Lost，1990）中，她揭露了自己在只有十来岁时如何酗酒吸毒。但十六七岁时，她在凯特·茜（Katt Shea）的《夜惊情》（Poison Ivy，1992）和塔拉·戴维斯（Tamra Davis）的《赌命狂花》（Guncrazy，1992）中饰演反社会的青年，引起了人们的关注。她在众星云集的《致命女人香》（Bad Girls，1994）、《潇洒有情天》（Boys on the Side，1995）、《永远的蝙蝠侠》（Batman Forever，1995）、《人人都说我爱你》（Everyone Says I Love You，1996）中毫不逊色，在恐怖片《惊声尖叫》（Scream，1996）的开头饰演的受害者给观众留下深刻印象。

随着她的成熟，巴里摩尔敏锐地改变自己的电影类型，出演了很多获奖电影，如《与男孩同车》（Riding in Cars with Boys，2001），她还主演了一些浪漫喜剧，如《婚礼歌手》（The Wedding Singer，1998）和《K歌情人》（Music and Lyrics，2007）。此外她还制作了自己的电影，如《一吻定江山》（Never Been Kissed，1999）、《霹雳娇娃》（Charlie's Angels，2000）和《死亡幻觉》（Donnie Darko，2001）。**KN**

代表作：

Music and Lyrics 2007
Fever Pitch 2005
50 First Dates 2004
Charlie's Angels: Full Throttle 2003
Confessions of a Dangerous Mind 2002
Riding in Cars with Boys 2001
Donnie Darko 2001
Charlie's Angels 2000
The Wedding Singer 1998
Scream 1996
Everyone Says I Love You 1996
Boys on the Side 1995
Bad Girls 1994
Guncrazy 1992
Cat's Eye 1985
E.T. the Extra-Terrestrial 1982

"最后，你的一些最大的痛苦反而成了你最强的力量。"

安吉丽娜·朱莉 ANGELINA JOLIE

生平：本名安吉丽娜·朱莉·沃特（Angelina Jolie Voight），1975年6月4日生于美国洛杉矶。

明星特质：身材曼妙的性感演员、充满争议的大嘴美女、模特；与媒体有着爱恨交织的关系；演艺家庭的一员；另一半也是好莱坞巨星；人道主义者。

    安吉丽娜·朱莉因在银幕下引人争议行为和专业的成就而著名。她的母亲是马奇琳·伯特兰德（Marcheline Bertrand），父亲是演员乔恩·沃伊特（Jon Voight），朱莉才一岁时父母就离婚了。她七岁时开始对表演产生兴趣，出演了由父亲主演的影片《朴克误我卅年》（Lookin' to Get Out, 1982），之后在李·斯特斯伯格戏剧学院接受训练。

    她早年的重要作品是《黑客》（Hackers, 1995），那时朱莉结识了第一任老公、影星约翰·李·米勒（Johnny Lee Miller）。她的最高荣誉来自《移魂女郎》（Girl, Interrupted, 1999），她在片中扮演的精神病病人为她赢得奥斯卡最佳女配角奖。此外，她还在轰动一时的《古墓丽影》（Lara Croft, 2001, 2003）系列中饰演电玩女主角，她父亲也在片中饰演一个小角色，但朱莉因为父母的离婚与父亲长期失和。

    朱莉2000年与第二任丈夫、演员比利·鲍勃·松顿（Billy Bob Thornton）结婚，两人于2003年离婚。但她并未被前两次失败的婚姻吓倒，接着与另一个合作演员布拉德·皮特（Brad Pitt）传出绯闻，两人一起拍摄了《史密斯夫妇》（Mr. and Mrs. Smith, 2005）。无论这段关系是在拍摄时还是拍摄结束后产生的，它都成为全世界的头版新闻，因为当时皮特还处于与演员詹妮弗·安妮斯顿（Jennifer Aniston）的婚姻中。皮特离婚后和朱莉在2006年有了一个女儿。在柬埔寨拍摄《古墓丽影》（Lara Croft: Tomb Raider, 2001）时，朱莉成为帮助世界贫困人口的倡议者。2001年她被联合国难民署高级专员任命为亲善大使，她自己还收养了三个孩子。尽管朱莉因她的慈善行为而出名，但她多难的童年生活、与父亲的长期不和、对男人女人的吸引和华丽的纹身也引起了人们的大量关注。**RU**

代表作：

The Tourist 2010
Salt 2010
Changeling 2008 ☆
The Good Shepherd 2006
Mr. & Mrs. Smith 2005
Alexander 2004
The Fever 2004
Sky Captain and the World of Tomorrow 2004
Shark Tale 2004
Taking Lives 2004
Lara Croft Tomb Raider: The Cradle of Life 2003
Life or Something Like It 2002
Original Sin 2001
Lara Croft: Tomb Raider 2001
Gone in Sixty Seconds 2000
Girl, Interrupted 1999 ★
The Bone Collector 1999
Pushing Tin 1999
Hackers 1995

> "如果我愚弄了自己，谁在乎呢？我不害怕任何人对我的看法。"

1970年代

凯特·温丝莱特 KATE WINSLET

生平：本名凯特·伊丽莎白·温丝莱特（Kate Elizabeth Winslet），1975年10月5日生于英国伯克郡雷丁。

明星特质：热情自然的英伦玫瑰、演艺世家的一员；不拘一格地选择所饰演的角色。

凯特·温丝莱特出生于一个演艺世家，她的父母、祖父母和叔叔都是演员。她还是个孩子时就开始学习表演，后来成为一个说话得体、有着明亮眼睛的小童星，出演了BBC的《黑暗季》（Dark Season，1991）和《急诊室》（Casualty，1993）等剧，后在导演彼得·杰克逊（Peter Jackson）的《罪孽天使》（Heavenly Creatures，1994）中饰演朱莉·休默——两个残忍而天真的少女中的一人。

温丝莱特后来常常饰演文学改编作品中的古典女子，如《理智与情感》（Sense and Sensibility，1995）中的玛丽安·达什伍德——这个角色为她赢得奥斯卡最佳女配角的提名、《无名的裘德》（Jude，1996）中的苏·布里德赫德和《哈姆莱特》（Hamlet，1996）中的奥菲莉亚。接着导演詹姆斯·卡梅隆（James Cameron）给了她一个完美的旧式电影明星的出场镜头——带着一顶美丽的大帽子，与莱昂纳多·迪卡普里奥（Leonardo DiCaprio）合作的引起票房轰动的《泰坦尼克号》（Titanic，1997），该片为她赢得了第二次奥斯卡奖提名，这次是最佳女主角奖。

出演了史上最成功的电影并没有让温丝莱特脱离正常的轨道，她开始出演一些更耀眼的女士，如传记片《长路将尽》（Iris，2001）的女主角艾瑞斯·默多克，这个角色为她赢得又一个奥斯卡最佳女配角的提名。此外，在出演了如《鹅毛笔》（Quills，2000）等更古典的戏剧外，她还在《北非情人》（Hideous Kinky，1998）中饰演古怪、不负责任的长发异服少妇。

温丝莱特在《暖暖内含光》（Eternal Sunshine of the Spotless Mind，2004）中饰演了一个非常复杂的角色：一个让人神魂颠倒的迷人女子，但又让人气得要把她从记忆中抹除，她因该剧的表演再次获得奥斯卡提名。温丝莱特因《身为人母》（Little Children，2006）获得另一个奥斯卡奖提名，2009年，她终于凭借《朗读者》（The Reader，2009）中的汉娜·施密兹一角当之无愧地捧回奥斯卡小金人。**KN**

代表作：

Carnage 2011
Revolutionary Road 2011
The Reader 2009 ★
Little Children 2006 ☆
Romance & Cigarettes 2005
Finding Neverland 2004
Eternal Sunshine of the Spotless Mind 2004 ☆
The Life of David Gale 2003
Iris 2001 ☆
Enigma 2001
Quills 2000
Holy Smoke 1999
Hideous Kinky 1998
Titanic 1997 ☆
Hamlet 1996
Jude 1996
Sense and Sensibility 1995 ☆
Heavenly Creatures 1994

"每部电影拍完后，我总是会想，我能演得多么不同？"

瑞茜·威瑟斯彭 REESE WITHERSPOON

生平：本名劳拉·珍妮·瑞茜·威瑟斯彭（Laura Jeanne Reese Witherspoon），1976年3月22日生于美国路易斯安那州新奥尔良。

明星特质：活泼聪明、漂亮面带稚气、金发蓝眼睛的美女；戏剧和喜剧中的女主角、歌手、制作人。

瑞茜·威瑟斯彭有双明亮的蓝眼睛和扁扁的鼻子，可爱得犹如从迪斯尼主题公园逃走的机器人娃娃。她的长相对于一个不那么有天赋的演员而言可能意味着平庸，但她却能在如《极速惊魂》（Freeway，1996）之类不大重要的影片中自信而精准地利用自己的容貌特征，让自己在2006年成为好莱坞收入最高的女演员和最受欢迎的女星之一。

威瑟斯彭的父亲是名外科医生，母亲是护士和大学教授。她的父亲曾是美国陆军预备队驻德国的陆军中校，小瑞茜出生后在德国威斯巴登生活了四年，之后全家人搬回美国，在田纳西州的纳什维尔定居。威瑟斯彭七岁时开始在社区学校学习表演，曾在精英学校接受教育，后来进入斯坦福大学学习文学。

她第一次引起好莱坞的注意是因为14岁时在《月中人》（The Man in the Moon，1991）中的出色演出。之后她在从喜剧到戏剧的不同领域中演过很多角色，其中包括《欢乐谷》（Pleasantville，1998）、《校园风云》（Election，1999）和《律政俏佳人》（Legally Blonde，2001）。这些电影都以受限制的体制——20世纪50年代的情景喜剧、高中和常春藤盟校——为背景，她则为这种环境注入活力。她在讲述约翰尼·卡什（Johnny Cash）的音乐传记片《与歌同行》（Walk the Line，2005）中饰演乡村歌手琼·卡特·卡什（June Carter Cash），并亲自演唱了片中的歌曲，该片为她赢得了奥斯卡最佳女主角奖。这表明了威瑟斯彭如何以一个独立的现代妇女的形象走进公众的想象。银幕下，她与前夫、演员瑞恩·菲利普（Ryan Phillippe）育有两个孩子。**EM**

代表作：

Water for Elephants 2011
Penelope 2006
Just Like Heaven 2005
Walk the Line 2005 ★
Vanity Fair 2004
Legally Blonde 2: Red, White & Blonde 2003
Sweet Home Alabama 2002
The Importance of Being Earnest 2002
Legally Blonde 2001
The Trumpet of the Swan 2001
Little Nicky 2000
American Psycho 2000
Best Laid Plans 1999
Election 1999
Cruel Intentions 1999
Pleasantville 1998
The Man in the Moon 1991

"你永远不会赢得选美比赛。我只想做最好的自己。"

1970年代

奥黛丽·塔图 AUDREY TAUTOU

生平：1976年8月9日生于法国多姆山省伯蒙。

明星特质：法国电影中娇小迷人、妖冶的女主角；有黑色的卷发、弯弯的眉毛和身材瘦小的美女；银幕形象令人陶醉。

奥黛丽·塔图就是艾米丽·布兰（译注：《天使爱美丽》的女主角），艾米丽·布兰就是奥黛丽·塔图。只凭一个角色就给人留下深刻的印象可能是幸运，也可能是诅咒，但早年的证据显示了塔图可能是幸运者之一，她在可怕的现实主义电影《美丽坏东西》（Dirty Pretty Things，2002）和有着强烈阿伦·雷乃（Alain Resnais）风格的音乐集成剧《严禁嘴对嘴》（Pas sur la bouche，2003）中的表现同样出色。带着这样的自信，她主演了自己的第一部好莱坞电影《达芬奇密码》（The Da Vinci Code，2006），与汤姆·汉克斯（Tom Hanks）演对手戏，并在影片中展示了她的多才多艺和决断，即使这部电影本身很令人失望。

塔图曾就读于巴黎的法国佛罗朗戏剧学院。浪漫喜剧《天使爱美丽》（Le Fabuleux destin d'Amélie Poulain，2001）是导演让-皮埃尔·热内（Jean-Pierre Jeunet）可爱却彻底出人意料的虚构作品，现在我们无法想象如果没有塔图这部电影会是什么样子。然而，她并不是导演的第一人选，要不是热内看到了《维纳斯美容院》（Vénus beauté (institut)，1999）——她在该片中的表现同样令人陶醉，凭借这个表演她赢得了凯撒奖最佳新人女演员奖——的海报，她可能永远不会得到这个角色。

之后塔图在热内根据塞巴斯蒂安·雅普瑞索（Sébastien Japrisot）的一战小说改编的《漫长的婚约》（Un long dimanche de fiançailles，2004）中演了一个类似但却更复杂的角色，她饰演的玛蒂尔达苦苦追寻未婚夫马涅克的下落，马涅克是五个为了逃避索姆的战争而自残的法国士兵中的一个，作为惩罚，他们被遗弃在无人之地。塔图的角色拓宽了她的戏路，她在《天使爱过界》（À la folie...pas du tout，2002）中饰演一个精神不正常、极其危险的角色，巧妙地展示了天真无辜和精灵般的迷人魅力。**MC**

代表作：

Coco Before Chanel 2009

The Da Vinci Code 2006

Les Poupées russes 2005 (*The Russian Dolls*)

Un long dimanche de fiançailles 2004
 (*A Very Long Engagement*)

Nowhere to Go But Up 2003

Pas sur la bouche 2003 (*Not on the Lips*)

Dirty Pretty Things 2002

L'Auberge espagnole 2002
 (*The Spanish Apartment*)

À la folie...pas du tout 2002
 (*He Loves Me...He Loves Me Not*)

Dieu est grand, je suis toute petite 2001
 (*God Is Great, I'm Not*)

Le Fabuleux destin d'Amélie Poulain 2001
 (*Amélie*)

Vénus beauté (institut) 1999
 (*Venus Beauty Institute*)

> "如果你了解我，你就知道我绝对不想出现在那些垃圾影片中。"

1970年代

章子怡 ZIYI ZHANG

生平：1979年2月9日生于中国北京。

明星特质：娇小优雅的美女；亚洲和国际电影中性感的女主角。

　　章子怡的父亲是经济学者，母亲是老师。在北京舞蹈学院呆过一段时间后，章子怡从中央戏剧学院毕业。毕业后，她虽然只有少量的电影作品，但其中有些相当出色：《我的父亲母亲》（1999）、《卧虎藏龙》（2000）和《英雄》（2002），有些却不那么出色，如《尖峰时刻2》（Rush Hour 2, 2001）和《艺妓回忆录》（2005），有些高贵迷人却未产生预期的效果，如《狸御殿》（2005）和《十面埋伏》（2004）。演戏仍然是个只有几年好时光的职业，而章子怡可能是当代电影世界中最有国际知名度和最受欢迎的中国女演员。尽管近年出现了一些漂亮的中国女演员，章子怡依旧是极其美丽的。

　　如今章子怡已然是个电影明星了，但她有相配的表演资历证明吗？到目前为止，她的戏路受到很大的限制。她在动作片中不是撅嘴就是残忍地皱眉，在古装片中仅仅充当花瓶的角色，但是她的前途一定不可限量。不说远的，看看《2046》（2004）就知道了。这是王家卫继《花样年华》（2000）后的又一部作品，虽然这不是他最出色的作品，但他总能让他片中的女演员展现出最好的一面，章子怡也不例外。在王家卫的电影中，章子怡终于成为一个感情丰富、自信的女人，而不再是她之前常扮演的那种假装成熟女人的女孩。章子怡优雅而又能令人吃惊地引起情欲，只要有她在，每个场景都能焕发光彩，让一些比她更有经验的合作者失色不少。祝她好运，希望她能沿着这条由角色主导的路一直走下去。**TC**

代表作：

《夜宴》2006
《艺妓回忆录》2005
《狸御殿》2005
《茉莉花开》2004
《2046》2004
《十面埋伏》2004
《紫蝴蝶》2003
《英雄》2002
《武士》2001
《蜀山正传》2001
《尖峰时刻2》2001
《卧虎藏龙》2000
《我的父亲母亲》1999

"我依然不觉得自己是好莱坞的女演员。"

娜塔莉·波特曼 NATALIE PORTMAN

生平： 本名娜塔莉·赫许勒（Natalie Hershlag），1981年6月9日生于以色列耶路撒冷。

明星特质： 娇小的黑发美女、成功转型成为成熟女演员的童星；舞者、模特、戏剧和动作片女主角。

娜塔莉·波特曼在以色列出生，但全家在她三岁那年搬到了美国。她四岁开始学习舞蹈，学校一放假就去参加戏剧营。波特曼的第一部电影作品就不同凡响，她在吕克·贝松（Luc Besson）的《这个杀手不太冷》（Léon，1994）中出色地饰演了一个被职业杀手收养的早熟少女。她显然极具天赋，在《盗火线》（Heat，1995）、《爱情尤物》（Beautiful Girls，1996）、《人人都说我爱你》（Everyone Says I Love You，1996）、《火星人玩转地球》（Mars Attacks!，1996）和《芳心天涯》（Anywhere But Here，1999）中饰演的角色越来越突出，还在《火星人玩转地球》中饰演了一位富有幽默感的总统千金。

乔治·卢卡斯（George Lucas）让波特曼在《星球大战前传1：幽灵的威胁》（Star Wars: Episode I—The Phantom Menace，1999）中饰演双胞胎卢克·天行者和莱娅·奥加纳公主的母亲帕德梅·艾米达拉女王。波特曼在该片及续集中穿着奇装异服，梳着奇特的发型，这个角色在《星球大战前传3：西斯的复仇》（Star Wars: Episode III—Revenge of the Sith，2005）中死于难产。这一时期，波特曼还在百老汇演出，并在哈佛大学攻读心理学。不过，她依旧演了一些很具挑战的角色，如《芳心何处》（Where the Heart Is，2000）中怀孕的少女、《冷山》（Cold Mountain，2003）中带着幼子的美国内战幸存者和《偷心》（Closer，2004）中处于四角恋爱中的钢管舞者，这个角色为她赢得奥斯卡最佳女配角奖提名。波特曼最近在根据反乌托邦漫画改编的《V字仇杀队》（V for Vendetta，2005）中饰演走入歧途的光头女子，并返回以色列拍摄了《自由地带》（Free Zone，2005）。在从《这个杀手不太冷》踏入电影圈后的第16年，波特曼终于凭借在《黑天鹅》（Black Swan，2010）中饰演的有野心的芭蕾舞者一角获得了奥斯卡最佳女主角奖。**KN**

代表作：

Black Swan 2010 ★
Brothers 2009
The Other Boleyn Girl 2007
Goya's Ghosts 2006
Paris, je t'aime 2006
V for Vendetta 2005
Free Zone 2005
Domino One 2005
Closer 2004 ☆
Cold Mountain 2003
Where the Heart Is 2000
Anywhere But Here 1999
Star Wars: Episodes I–III 1999, 2002, 2005
Mars Attacks! 1996
Everyone Says I Love You 1996
Beautiful Girls 1996
Heat 1995
Léon 1994

"（演戏）会导致缺乏一些智力方面的东西。

撰稿人 CONTRIBUTORS

Geoff Andrew (GA) is Head of Film Programme at London's National Film Theatre and Contributing Editor to *Time Out London* magazine. He has written a number of books on film, including studies of Nicholas Ray and the U.S. "indie" filmmakers of the 1980s and 1990s, and monographs on Kiarostami's *10* and Kieslowski's *Three Colours* trilogy.

Aleksandar Becanovic (AB) is a Montenegrin writer and film critic.

Edward Buscombe (EB) has written several books on the American Western and is Visiting Professor of Film at the University of Sunderland.

Garrett Chaffin-Quiray (GCQ) is a writer and teacher living in San Diego County.

Matthew Coniam (MC) is a freelance writer specializing in vintage cinema, culture, philosophy, science, and other disreputable topics.

Travis Crawford (TC) has served as a programmer for the Philadelphia Film Festival, and a contributing writer to such magazines as *Film Comment*, *Filmmaker*, *MovieMaker*, and *Fangoria*.

Wheeler Winston Dixon (WWD) is the James Ryan Endowed Professor of Film Studies, Professor of English at the University of Nebraska, Lincoln, and, with Gwendolyn Audrey Foster, Editor-in-Chief of the *Quarterly Review of Film and Video*.

Tim Evans (TE) is reviews editor for Skymovies.com. Born in London, he worked as a British Rail signals technician before becoming a journalist specializing in news and latterly film.

Matt Hills (MH) is a Reader in Media & Cultural Studies at Cardiff University, Wales, and author of *The Pleasures of Horror*.

Mark Holcomb (MH) writes about movies, books, and television for *Time Out New York* and *Las Vegas Weekly*. He lives in Brooklyn.

Russ Hunter (RH) is a Doctoral candidate at the University of Wales, Aberystwyth. He is currently researching the cross-cultural reception of the films of Dario Argento.

David Kalat (DK) is a film historian, author, and DVD producer with All Day Entertainment, an independent DVD label dedicated to "movies that fell through the cracks."

Philip Kemp (PK) is a freelance reviewer and film historian, a regular contributor to *Sight & Sound*, *Total Film*, and *DVD Review*. He teaches Film Journalism at Leicester and Middlesex Universities.

Carol King (CK) is a freelance writer and editor living in London. She fell in love with cinema on her first trip to the movies to see Disney's *Snow White*. She is a graduate in English Literature from the University of Sussex, and also studied Fine Art at Central St. Martin's.

Joshua Klein (JK) is a regular contributor to the *Chicago Tribune*, *Time Out Chicago*, and *Pitchfork Media*.

Mikel J. Koven (MK) is lecturer in Film and Television Studies at Aberystwyth University. He recently published *La Dolce Morte: Vernacular Cinema and the Italian Giallo Film*.

Frank Lafond (FL), PhD, teaches Film Studies in Lille, France, and has published a book on Jacques Tourneur.

Mirek Lipinski (ML) is the webmaster of *Latarnia: Fantastique International* (www.latarnia.com) and *The Mark of Naschy* (www.naschy.com), and is currently finishing editing and writing work on *Vampiros and Monstruos: The Mexican Horror Film of the 20th Century*.

Lauri Loytokoski (LL) is a Finnish film writer and researcher with a penchant for horror.

Ernest Mathijs (EM) writes on cult cinema and its audiences. He is Assistant Professor of Film and Drama at the University of British Columbia. His most recent books are *The Cult Film Reader*, *The Cinema of David Cronenberg*, and *Watching The Lord of the Rings*.

Jay McRoy (JM) is Associate Professor of English and Cinema Studies at the University of Wisconsin-Parkside. He is the editor of *Japanese Horror Cinema*, coeditor of *Monstrous Adaptations: Generic and Thematic Mutations in Horror Film*, and author of *Nightmare Japan*.

Gary Needham (GN) teaches film and television at Nottingham Trent University, England.

Kim Newman (KN) is a novelist, critic, and broadcaster. He is a contributing editor to *Sight & Sound* and *Empire*, and the author of *Nightmare Movies*, *Wild West Movies*, *Apocalypse Movies*, and *BFI Classics: Cat People*.

R. Barton Palmer (BP) is Calhoun Lemon Professor of Literature and Director of Film Studies at Clemson University. He is the author or editor of more than 30 books on film and literary subjects, including *Hollywood's Dark Cinema: The American Film Noir*.

David Sanjek (DS) is the Director of the BMI Archives and will publish *Always On My Mind: Music, Memory and Money and Stories We Could Tell: Putting Words to American Popular Music* in 2008.

Philip Simpson (PS) is currently Academic Dean of Liberal Arts at Brevard Community College in Florida. He is the author of numerous published works on film, literature, and popular culture.

Rebecca A. Umland (RU) is Professor of English at the University of Nebraska at Kearney. She coauthored *Donald Cammell: A Life on the Wild Side* with Samuel J. Umland.

Samuel J. Umland (SU) is Professor of English and Film Studies at the University of Nebraska at Kearney. He is coauthor with Rebecca Umland of *Donald Cammell: A Life on the Wild Side*.

Darryl Wiggers (DW) is a BFA graduate of York University and most recently Director of Programming for the horror channel SCREAM in Canada.

Andy Willis (AW) teaches film and media studies at the University of Salford, England.

William Sean Wilson (WW) is a film writer who currently resides in Williamsburg, Virginia. He graduated from The College of William & Mary with a degree in Literary and Cultural Studies.

词汇表 GLOSSARY

开场戏（Avanspettacolo）
字面意思为"开场戏"，是在电视出现前的一种意大利音乐滑稽剧，在各个剧院上演，通常是一些短小而蹩脚的表演，但能让观众兴奋起来。

英国电影学院奖（BAFTA）
相当于英国的奥斯卡奖。

黑脸（Blackface）
一种化妆术，把白人演员化妆成黑人角色。也指一种音乐滑稽剧，在这种剧中会用到这种化妆术。

放荡不羁的好莱坞明星（Brat Pack）
二十世纪八十年代出名的一群演员，他们常出现在受青少年喜欢的电影中，这群人放荡不羁，他们的行为被媒体很好地记录下来。

滑稽戏（Burlesque）
流行于二十世纪早期的一种现场音乐滑稽剧，有精心设计的表演和赏心悦目的服装。表演新奇，以常伴有精心编排的舞女舞蹈和粗俗的闹剧为特色。

凯撒奖（César）
相当于法国的奥斯卡奖。

意大利喜剧电影（Commedia all'italiana）
二十世纪五十年代流行的一种意大利喜剧电影，一般会穿插少许道德说教。有些人在用这个词时带有轻蔑之意。

即兴表演（Commedia dell'arte）
意大利语，指自十五世纪以来流行的由专业的流浪演员表演的即兴演出。角色通常带着面具，演一些大家耳熟能详、有圆满结局的故事。

艾美奖（Emmy）
电视界的奥斯卡奖。日场剧、黄金时段剧和国际电视制作都以能进入一年一度的颁奖典礼为荣。

佛罗伦兹·齐格飞（Florenz Ziegfeld）
受巴黎女神游乐厅启发的齐格飞歌舞团，在百老汇上演精彩绝伦的讽刺剧，有强大的阵容、美丽的女孩和高雅的乐曲。

兄弟帮（Frat Pack）
媒体强加给一群自二十世纪中期起在好莱坞喜剧中一起工作的男演员、作家和导演的昵称。

流浪演员（Guitti）
意式即兴演出中的流浪演员，起初生存状况严峻，地位低下，随着人们对他们艺术形式的愈发重视，地位有了很大提高。

《海斯法典》（Hays Code）
也被称作电影制作守则，是一部起草于二十世纪三十年代、用于审查电影的监督指导法则，其条例严格，清楚指出电影中不应出现对性、犯罪、暴力及其他类似此类描述。二十世纪六十年代晚期这些强制规定被取消。

非美活动调查委员会（House Un-American Activities Committee）
美国众议院下的一个委员会，1947年，该委员会着手调查所谓电影界共产主义宣传造成的影响。很多演员被列入黑名单，之后与各自的电影公司解约，有些人再也没有回到他们的舞台。

歌舞伎（Kabuki）
一种传统的程式化的日本戏剧，其中加入了歌曲及舞蹈的元素。

身姿卓绝的女演员（Maggiorata）
意大利语，二十世纪五十年代用来指有婀娜身姿的女演员，如索菲亚·罗兰（Sophia Loren）和吉娜·劳洛勃丽吉达（Gina Lollobrigida）这类凭借个人身材占据屏幕的演员。

体验派表演（Method acting）
由康斯坦丁·斯坦尼斯拉夫斯基（Konstantin Stanislavski）倡导、李·斯特拉斯伯格（Lee Strasberg）发扬光大的表演技巧，要求颇高，需要演员分析所饰角色的感情动机，以使表演更具真实性。这种方法鼓励演员将角色与自己的生活经验做比较，赋予角色自己的特性。

舞台布景道具（Mise-en-scène）
帮助建立场景视觉的艺术元素，包括布景、道具、服装和使用镜头的类型，也指在无需对话和无法表现时能用来彰显角色情绪或状况的场景。

新现实主义（Neorealism）
意大利电影运动，旨在制作低成本、通常是即兴演出的电影，这种电影让非专业演员在"真实"的场景中描述日常生活的种种，常与导演米开朗基罗·安东尼奥尼（Michelangelo Antonioni）、卢奇诺·维斯康蒂（Luchino Visconti）和吉安尼·普契诺（Gianni Puccini）联系在一起。

粉红新现实主义（Pink neorealism）
意大利电影类型，用于对抗新现实主义悲观主义式的叙事手法。其本质更为乐观，启用了诸如克劳迪娅·卡汀娜（Claudia Cardinale）和索菲亚·罗兰（Sophia Loren）这类美女明星。

前法典时期（Pre-Code）
在1934年《海斯法典》执行前、制作于二十世纪二三十年代的电影，以那些有着低俗主题和无道德拘束的电影为代表。

鼠帮（Rat Pack）
二十世纪五十年代一群成功的艺术家，这群人多年来不断变化，但其中出名的有亨弗莱·鲍嘉（Humphrey Bogart）、法兰克·辛纳屈（Frank Sinatra）和朱迪·加兰（Judy Garland）。

美国演员工会（Screen Actors Guild）
1933年成立，以帮助演员对抗电影公司合同对他们的剥削。工会努力改善演员的工作环境，在美国代表着12万多个电影演员的利益。

意大利式西部片（Spaghetti Western）
起初是个贬义词，该类电影保留了许多传统西部片的元素。这些电影在欧洲拍摄，因其对西部暴力和非浪漫的描述在二十世纪六十年代中期大受欢迎。

托尼奖（Tony）
表彰百老汇杰出戏剧成就的奖项。

英国歌舞杂耍（Variety）
十九世纪七十年代到二十世纪六十年代英国音乐厅中大受欢迎的现场娱乐表演，包括滑稽戏、特色演出、歌曲和舞蹈，拥有大量的观众。

美国杂耍（Vaudeville）
十九世纪八十年代到二十世纪二十年代间在美国流行，由很多互不相干的现场表演组成，如魔术、音乐、动物表演和滑稽小品。

索引 INDEX

*斜体*数字代表书中插图的页码。

A

Acker, Jean 64
Affleck, Ben 620, 622
Agar, John 363
Aldrich, Robert 136, 176, 269, 361, 405, 422
Almodóvar, Pedro 498, 570, 613, 624
Altman, Robert 328, 377, 415, 422, 456, 473, 495
Amenábar, Alejandro 613
Anderson, Lindsay 481
Angelopoulos, Theo 472
Anger, Kenneth 185
Aniston, Jennifer 589
Ann-Margret 421
Antonioni, Michelangelo 359, 424, 605
Aoki, Tsuru 36
Argento, Dario 199
Armstrong, Gillian 554
Assayas, Olivier 595
Attenborough, Richard 386, 488

B

Bain, Barbara 390
Baker, Roy Ward 361
Bankey, Vilma *65*
Bardem, Juan Antonio 613
Bardem, Pilar 613
Barrymore, Ethel 16
Bartel, Paul 392
Bates, Alan 446
Bava, Mario 137
Becker, Jacques 124, 286, 301
Bell, Rex 140
Benegal, Shyam 534
Benigni, Roberto 516
Bennett, Richard 199
Bening, Annette 435
Beresford, Bruce 192
Bergman, Ingmar 228, 255, 366, 367, 452
Berkeley, Busby 131, 196, 212
Berri, Claude 307, 588
Bertolucci, Bernardo 403, 490
Besson, Luc 516, 555, 562, 585, 633
Bey, Turhan 221
Birkin, Jane 520
Black Nationalism 84
Black, Noel 401
blaxploitation 523
Blondell, Joan 131
Boetticher, Budd 80
Boorman, Charley 621
Boorman, John 319, 427, 539
Borzage, Frank 209
Boyer, Charles 85
Boyle, Danny 621, 626
Brabin, Charles 24
Brambill, Marco 606
Branagh, Kenneth 418
Brass, Tinto 481
Braun, Harald 346

Bridges, Beau 226, 530
Bridges, Jordan 226
Brooks, James 413
Brooks, James L. 494
Brooks, Peter 534
Browning, Tod 18
Bruce, Nigel 50
Buñuel, Luis 242, 314, 487
Burnette, Smiley 170
Burstyn, Ellen *123*
Burton, Tim 17, 211, 390, 494, 538, 587

C

Cameron, James 513, 629
Capra, Frank 11, 39, 97, 100, 103, 117, 178, 225, 298
Carax, Leos 592
Carné, Marcel 30, 124, 301
Carradine, David 145
Carradine, Keith 145
Carradine, Robert 145
Cassavetes, Alexandra 374, 381
Cassavetes, Nick 374, 381
Cassavetes, Zoe 374, 381
Castelnuovo, Nino *486*
Castle, William 21
Cavani, Liliana 447
Chabrol, Claude 408, 542, 588
Chapman, Graham 456
Charisse, Cyd 87
Chase, Charley 185
Chelsom, Peter 391
Chiba, Shinichi 573
Chopra, Aditya 598
Christy, Elisa 217
Cimino, Michael 530
Civil Rights movement 276, 332
Clair, René 31, 314
Clayton, Jack 301
Clément, René 424
Clooney, Rosemary 188
Clouzot, Henri-Georges 417
Cocteau, Jean 252
Cohen, Emma 305
Cohen, Larry 219
Collins, Joan 245, 398, 400
Coppola, Francis Ford 322, 390, 460, 461, 464, 466, 501, 520, 559, 590
Coppola, Sofia 535, 547
Corman, Roger 29, 211, 459, 482
Corneille, Pierre 314
Costa-Gavras 608
Courtney, Tom 473
Coward, Noel 111, 172, 406
Craven, Wes 284
Cronenberg, David 446, 533, 540
Cukor, George 32, 74, 108, 154, 173, 271, 338
Curtis, Allegra 340
Curtis, Jamie Lee 340, 356
Curtis, Kelly 340, 356
Curtis, Richard 572
Curtiz, Michael 194
Cusack, Dick 601

D

Daly, Timothy 614
Dante, Joe 618
Davenport, Dorothy 46
Daves, Delmer 233, 262
Davis, Geena 540
Davis, Marion 143
Davis, Sammy Jr. 47
Davis, Tamra 627
De Broca, Philippe 377
De Filippo, Peppino 82
De France, Cécile *519*
De Palma, Brian 395
De Sica, Vittorio 173, 415
Dee, Ruby 276
DeMille, Cecil B. 36, 46, 73, 75, 97, 132, 143, 145, 227, 330, 332
Demy, Jacques 359, 486
Denner, Charles 391
Diaz, Cameron 591
Dick, Andy 599
Disney, Walt 62, 152, 177, 193, 428
Dmytryk, Edward 313
Donan, Stanley 222
Driver, Minnie 601
Dunaway, Faye 136
Dunn, James 362
Durbin, Deanna 183
Duvivier, Julien 30, 124

E

Eddy, Nelson 115
Edwards, Blake 277, 423
Eldridge, Florence 78
Errol, Leon 185
Esmond, Jill 158
Estévez, Emilio 466

F

Fabrizi, Aldo 82
Falk, Peter 374
Farrow, John 209, 495
Farrow, Tisa 209
Fassbinder, Rainer Werner 387, 468, 493
Faye, Alice 182
Félix, María 217
Fellini, Federico 173, 219, 248, 290, 300, 328, 447
feminism 54
Ferrara, Abel 455
Fiennes, Joseph 584
Fiennes, Martha 584
Fincher, David 615
Finney, Albert *611*
Fisher, Carrie 400
Flaherty, Robert 318
Flint, Derek 218
Fonda, Bridget 459
Forbes, Brian 391
Ford, John 31, 79, 94, 97, 107, 138, 139, 180, 227, 245, 246, 285, 292, 364, 393
Forman, Milos 615
Fosse, Bob 413, 522
Fourcade, Nicole 314
French New Wave 359, 408, 450, 490

Friedkin, William 606
Fukasaku, Kinji 454
Fuller, Sam 193

G

Gahagan, Helen 102
Gainsbourg, Serge 520
Galéa, Geneviève 588
Garner, James 426
Garofalo, Jeneane 599
gay-rights 54
Gazzara, Ben 374
Gershwin, George & Ira 26
Gilbert, John *56*
Gilliam, Terry 446, 457, 587, 606, 620
Giraudoux, Jean 30
Godard, Jean-Luc 408, 417, 443, 450, 468, 490
Goretta, Claude 542
Gosho, Heinosuke 204
Greenaway, Peter 122
Gregorio, Edoardo de 391
Griffith, D. W. 20, 56, 57, 70, 73, 83
Griffith, Melanie 570

H

Haley, Jack 174
Hall, Jon 221
Hallström, Lasse 391
Haneke, Michael 543
Hark Tsui 585
Hartley, Hal 543
Harvey, Laurence 333, 342
Hawks, Howard 61, 92, 97, 103, 165, 326, 349, 361, 461
Hawks, Kenneth 147
Hays Code 54, 208
Hearst, William Randolph 143
Henson, Jim 111
Herzog, Werner 351, 447
Hill, Jack 523
Hines, Gregory 510
Hitchcock, Alfred 9, 31, 122, 128, 132, 137, 139, 143, 163, 169, 178, 180, 183, 192, 213, 253–4, 274, 292, 324, 325, 356, 372, 390, 401, 405, 413, 422, 486
Hollywood blacklist 164, 180, 267, 313
Honda, Ishirō 289
Hopkins, Miriam 78
Horner, Jack 427
Houghton, Katherine 352
House Un-American Activities Committee 164, 180, 226, 229, 260
Howard, Leslie 175
Hoyt, John 271
Hudson, Kate 500
Hudson, Oliver 500
Hughes, Howard 208, 304
Huppert, Caroline 543
Huppert, Elisabeth 543
Huston, Anjelica 149
Huston, Danny 149
Huston, Tony 149
Hutton, Betty 283

637

索引

I
Iglesia, Alex de la 613
Inagaki, Hiroshi 289
Iñárritu, Alejandro González 606
Ingram, Rex 64
Ishii, Sogo 623
Ito, Shunya 511
Ivory, James 418, 563, 572

J
Jackson, Peter 629
Jacquot, Benoît 468
Jarmusch, Jim 387, 535, 576, 587
Jeunet, Jean-Pierre 608, 631
Jewison, Norman 464
Jones, Terry 456
Jonze, Spike 544
Jordan, Neil 576

K
Kaige Chen 600
Kanin, Garson 74
Kar Wai Wong 600, 632
Karns, Roscoe *100*
Kasdan, Lawrence 533, 547
Kassovitz, Peter 608
Kazan, Elia 193, 220, 389, 426
Kelly, Richard 562
Kempson, Rachel 434, 479
Khan, Salman 596
Kieślowski, Krzysztof 592
King Hu 508
Kinski, Nastassja 351
Kinski, Nikolai 351
Kobayashi, Masaki 404
Kramer, Stanley 173
Krüger, Christine 361
Krüger, Hardy Jr. 361
Kubrick, Stanley 267, 341, 481, 607, 608
Kurosawa, Akira 288–9, 291, 404, 528
Kurys, Diane 543, 605

L
Landis, John 521
Lang, Fritz 59, 109, 128, 199, 219, 228, 230, 317
Le Roy, Mervyn 73
Lean, David 241, 248, 402, 403, 473
Lee, Ang 508, 572
Lee, Lilla 18
Lee, Spike 517, 548, 608
Leigh, Vivien 159, *159*
Lelouch, Claude 408
Leone, Sergio 139, 256, 308, 378, 409, 447
Lester, Richard 309, 473
Lewin, Albert 148
Lewis, Diana 51
Lewton, Val 29
Lo Wei 469
Logan, Joshua 450
Loos, Anita 143
Losey, Joseph 302, 359, 361, 442
Lubitsch, Ernst 32, 60, 62, 103, 106, 108, 117, 182
Lucas, George 477, 514, 633

Lumet, Sidney 173, 464
Luna, Bigas 613, 624
Lynch, David 395, 428, 531

M
McCarthy, Joseph 84
McQuarrie, Christopher 606
maggiorate fisiche 415
makeup 19
Malick, Terrence 466, 531
Malle, Louis 235, 286, 359, 385, 417, 507, 520, 592
Mamet, Davis 182
Mamoulian, Robert 32
Mankiewicz, Joseph L. 172, 176
Mann, Michael 461, 464, 612
Marín, Gloria 217
Marshall, George 109
Mathis, June 63, 64, 65
Matthau, Walter 500
Mayer, Louis B. 108, 294, 317
Maynard, Ken 170
Mdivani, Serge 62
Meara, Anne 599
Melville, Jean-Pierre 286, 301, 307, 408, 424, 487
Method acting 320, 322, 435, 440, 462, 463, 483, 579
Mifune, Toshirô 404
Miller, Arthur 348, 349
Miller, Johnny Lee 628
Miller, Rebecca 563
Minnelli, Vincente 222, 311, 391
Mizoguchi, Kenji 204, 289
Mocky, Jean-Pierre 360
Moore, Demi 552
Moore, Dudley 502
Moreland, Mantan 107
Morrissey, Paul 493, 520
Morrow, Vic 579
Murnau, Friedrich 22

N
Nair, Mira 534
Nakamura, Tamao 394
Naldi, Nita 65
Nazi propaganda 22, 62
Nero, Carlo 434
Newell, Mike 572
Nichols, Mike 446
Nimoy, Leonard 411
Normand, Mabel 27
Nouvelle vague 468

O
Ophüls, Max 274, 301, 314
Osment, Haley Joel *552*
Ozon, François 359, 487
Ozu, Yasujiro 291

P
Pabst, Georg Wilhelm 150
Parker, Alan 590
Parks, Larry 26
Parton, Dolly 456
Peckinpah, Sam 80, 143, 276, 285, 461

Penn, Arthur 393, 435, 471
Penn, Leo 571
Pereira, Manuel Gómez 613
Perlman, Rhea 494
Phillippe, Ryan 630
Piaf, Édith 307
Pinkett-Smith, Jada 612
Pinoteau, Claude 605
Plowright, Joan 160
Poiret, Jean 360
Polanski, Roman 293, 487, 495, 572, 587
Ponti, Carlo 414
Powell, Michael 306, 318
Preminger, Otto 106, 149, 296, 312, 450
Preston, Kelly 545
Pryor, Richard 411
Pyun, Albert 562

R
Rafelson, Bob 227
Rambova, Natacha 64, 141
Rampling, Charlotte 479
Rappe, Virginia 27
Rat Pack 92, 257, 270, 345
Ratnam, Mani 598
Ray, Nicholas 92, 193, 197, 277, 317, 388
Raymond, Gene 115
Reagan, Nancy *207*
Redgrave, Corin 434, 479
Redgrave, Michael 434, 479
Reeves, Michael 29
Reiner, Rob 618
Renoir, Jean 25, 124, 173, 242
Resnais, Alain 408, 631
Richardson, Joely 434
Richardson, Natasha 434
Ritchie, Guy 606
Ritchie, Michael 531
Rivette, Jacques 468, 520, 588
Roach, Hal 52, 227
Roberts, Eric 610
Robinson, Bill 362
Robson, Mark 313
Rodriguez, Robert 570, 603, 606
Roeg, Nicholas 446, 473
Rogers, Mimi 580
Rohmer, Éric 472
Roshan, Hrithik 596
Rosi, Francesco 409
Rossellini, Isabella 254
Rossellini, Roberto 148, 173, 254
Rourk, Mickey 471
Ruiz, Raúl 468, 588
Russell, Ken 220, 401, 446, 533, 572
Russell, Wyatt 500
Ryan, Eileen 571
Ryan, Meg 510

S
St. John, Al 153
Saura, Carlos 305, 498
Sautet, Claude 588
Schell, Maria 386

Schlesinger, John 413, 473
Schlöndorff, Volker 468
Schnabel, Julian 606
Schneider, Magda 449
Schrader, Paul 455
Scorsese, Martin 272, 455, 483–4, 565, 583, 620, 626
Scott, Ridley 446, 455, 529, 589
Seaton, George 450
Segal, George 325, 506
Selznick, David O. 137, 236, 253, 284
Selznick, Lewis 42
Sennett, Mack 27
Shaw, Artie 316
Shea, Katt 627
Sheen, Charlie 466
Shepherd, Cybill 552
Shimura, Takashi 288
Siegel, Don 256, 319, 379, 421
Simmons, Jean 230
Sirk, Douglas 182, 239, 344
Sjöström, Victor 57
Smith, Kevin 620
Smith, Will 354
Soderbergh, Steven 387, 575, 606, 620
Sollima, Sergio 409
Southern, Terry 459
Spielberg, Steven 370, 514, 517, 521, 539, 599, 608, 626, 627
Sternberg, Josef von 22, 103, 104–5
Stevens, George 97, 389
Stiller, Jerry 599
Stiller, Mauritz 142
Stockwell, Harry 428
Stone, Oliver 492, 581
Strasberg, Lee 349, 365, 463, 464, 531, 579
Sturges, John 308
Sturges, Preston 117, 138, 143, 172, 287
Sutherland, Kiefer 422, 610
Svabó, István 491

T
talkies 26
Talmadge, Norma 144
Tanner, Alain 472
Tanovic, Danis 588
Tarantino, Quentin 454, 455, 511, 517, 523, 608, 617
Tashlin, Frank 410
Tavernier, Bertrand 377, 605
Taylor, Robert 397
Technicolor 47, 169
Thalberg, Irving 108
Thornton, Billy Bob 628
To, Johnnie 577
Toback, James 455
Tobias, Isa 47
Torn, Rip 333, 531
Tors, Ivan 226
Toth, André de 193
Trevor, Claire 162
Trier, Lars von 487, 493
Troell, Jan 452

638

Truffaut, François 359, 391, 408, 473, 487, 490, 555
Trumbo, Dalton 267, 313
Tsai, Ming-liang 490

U
United Artists 20

V
Vadim, Roger 258, 443, 486
Van Sant, Gus 591, 607, 620
Varda, Agnès 468
Veber, Francis 532
Velez, Lupe 144
Verhoeven, Paul 565
Vidor, Charles 281
Visconti, Luchino 235, 302, 424, 447, 449
Voight, Jon 628

W
Wachowski brothers 594
Wada, Makoto 573
Wagner, Robert 448
Wajda, Andrzej 387
Wakayama, Tomisaburo 394
Wanger, Walter 199
Warhol, Andy 531
Waters, John 392, 499, 520, 547, 587
Webb, Clifton 141
Weller, Peter 540
Wenders, Wim 203, 325, 428, 429, 472
Whale, James 28, 203
Wilcox, Herbert 83
Wilder, Billy 59, 132, 186, 266, 270, 348, 413
Williams, Bert 47
Williams, Tennessee 322
Wilson, Eileen 51
Winner, Michael 107
Woo, John 577
Wood, Sam 117
Woodward, Joanne 334–5
Wright, Jenny 590
Wright, Robin 571
wuxia films 508
Wyler, William 193, 266, 369

Y
Yimou Zhang 600
Young, James 42

Z
Zanuck, Darryl F. 201
Zeffirelli, Franco 558
Ziegfeld Follies 47, 150
Zinnemann, Fred 213, 298
Zulawski, Andrzej 555, 605

图片来源 PICTURE CREDITS

Many of the images that appear below are from the archives of The Kobal Collection, which seeks to collect, organize, preserve, and make available the publicity images issued by the film production and distribution companies to promote their films. Every effort has been made to credit the copyright holders of the images used in this book. We apologize in advance for any unintentional omissions or errors and will be pleased to insert the appropriate acknowledgment to any companies or individuals in any subsequent edition of the work.

8 The Kobal Collection **9** 20th Century Fox/The Kobal Collection **10** Snap/Rex Features **11** The Kobal Collection **12** Fox Films/The Kobal Collection **13** The Kobal Collection/Evans, Nelson **14** Warner Bros/The Kobal Collection **15** The Kobal Collection/Bull, Clarence Sinclair **16** MGM/The Kobal Collection/Hurrell, George **17** Universal/The Kobal Collection **18** The Kobal Collection/Bull, Clarence Sinclair **18** MGM/The Kobal Collection **19** MGM/The Kobal Collection **20** United Artists/The Kobal Collection **21** Warner Bros/The Kobal Collection **22** Paramount/The Kobal Collection **23** Republic/The Kobal Collection **24** Getty Images **25** Paramount/The Kobal Collection **26** The Kobal Collection **27** The Kobal Collection **28** Paramount/The Kobal Collection **28** Universal/The Kobal Collection/Jones, Ray **29** Universal/The Kobal Collection **30** Roger Viollet/Getty Images **31** Paramount/The Kobal Collection **32** MGM/The Kobal Collection **33** United Artists/The Kobal Collection **33** The Kobal Collection **35** Bettmann/Corbis **36** Getty Images **37** Columbia/The Kobal Collection **38** Rex Features **39** Universal/The Kobal Collection/Jones, Ray **40** Bettmann/Corbis **40** John Springer Collection/Corbis **41** John Springer Collection/Corbis **42** Getty Images **43** White Studio/The Kobal Collection/Witzel **44** Paramount/The Kobal Collection **44** Bettmann/Corbis **45** MGM/The Kobal Collection **46** Getty Images **47** Snap/Rex Features **48** Everett Collection/Rex Features **48** Bettmann/Corbis **49** Bettmann/Corbis **50** Universal/The Kobal Collection **51** Everett Collection/Rex Features **52** Everett Collection/Rex Features **52** Fox/The Kobal Collection **53** Hal Roach/Pathe Exchange/The Kobal Collection **54** Getty Images **55** Paramount/The Kobal Collection **56** Bettmann/Corbis **56** Underwood & Underwood/Corbis **57** John Springer Collection/Corbis **58** MGM/Filmways/The Kobal Collection **58** The Kobal Collection **59** Snap/Rex Features **60** The Kobal Collection **61** Warner Bros/The Kobal Collection **62** The Kobal Collection/Richee, E. R. **63** Getty Images **63** Snap/Rex Features **65** Hulton-Deutsch Collection/Corbis **66** J. Tavin/Everett/Rex Features **67** Everett Collection/Rex Features **68** Snap/Rex Features **69** Snap/Rex Features **69** MGM/The Kobal Collection **71** MGM/The Kobal Collection **72** The Kobal Collection **73** METRO/The Kobal Collection **74** Paramount/The Kobal Collection **75** The Kobal Collection/Gray, Eric **76** Time & Life Pictures/Getty Images **76** The Kobal Collection **77** Columbia/The Kobal Collection **78** Getty Images **79** Snap/Rex Features **80** Getty Images **81** The Kobal Collection **82** Studio Patellani/Corbis **83** Getty Images **84** Getty Images **85** Snap/Rex Features **86** KOBAL **86** Paramount/The Kobal Collection/Fraker, Bud **87** RKO/The Kobal Collection **88** Hulton-Deutsch Collection/Corbis **89** The Kobal Collection **90** Everett/Rex Features **90** Warner Bros/The Kobal Collection **91** Snap/Rex Features **93** Everett Collection/Rex Features **94** Snap/Rex Features **94** The Kobal Collection **95** Everett Collection/Rex Features **96** The Kobal Collection **97** The Kobal Collection **98** Bettmann/Corbis **99** RKO/The Kobal Collection **100** Selznick/MGM/The Kobal Collection **100** Columbia/The Kobal Collection **101** United Artists/Seven Arts/The Kobal Collection **102** John Springer Collection/Corbis **103** Bettmann/Corbis **104** Getty Images **104** Paramount/The Kobal Collection **105** UFA/The Kobal Collection **106** Oscar White/Corbis **107** Getty Images **108** Bettmann/Corbis **109** Orion/Everett/Rex Features **110** Archive Photos/Rex Features **111** Bettmann/Corbis **112** CinemaPhoto/Corbis **113** Films Du Cyclope/The Kobal Collection **114** Bettmann/Corbis **115** Snap/Rex Features **116** Mosfilm/The Kobal Collection **117** Everett Collection/Rex Features **118** John Springer Collection/Corbis **118** The Kobal Collection/Engstead, John **119** MGM/The Kobal Collection **121** Bettmann/Corbis **122** Getty Images **122** Orion/The Kobal Collection/Hamill, Brian **123** Sunset Boulevard/Corbis **124** Bettmann/Corbis **125** John Springer Collection/Corbis **126** Getty Images **127** Douglas Kirkland/Corbis **128** John Springer Collection/Corbis **128** Warner Bros/First National/The Kobal Collection **129** Warner Bros/First National/The Kobal Collection **130** The Kobal Collection/Blackwell Jr, Carlyle **131** The Kobal Collection **132** Coronado Prods/The Kobal Collection **133** Paramount/The Kobal Collection **134** MGM/The Kobal Collection/Hurrell, George **134** The Kobal Collection **135** Bettmann/Corbis **136** Getty Images **137** Everett Collection/Rex Features **138** The Kobal Collection/Schafer, A. L. "Whitey" **138** Bettmann/Corbis **139** 20th Century Fox/The Kobal Collection **140** The Kobal Collection **141** The Kobal Collection **142** MGM/The Kobal Collection/Bull, Clarence Sinclair **143** Paramount/The Kobal Collection/Walling, William Jr. **144** John Springer Collection/Corbis **145** 20th Century Fox/The Kobal Collection **146** Getty Images **147** The Kobal Collection **148** The Kobal Collection **149** Alain Dejean/Sygma/Corbis **150** The Kobal Collection/Richee, E. R. **151** NERO/The Kobal Collection **152** The Kobal Collection/Powolny, Frank **153** Universal/The Kobal Collection **154** MGM/The Kobal Collection/Bull, Clarence Sinclair **154** RKO/The Kobal Collection **155** Columbia/The Kobal Collection **157** Avco Embassy/The Kobal Collection **158** John Springer Collection/Corbis **158** Columbia/The Kobal Collection **159** The Kobal Collection **161** Paramount/The Kobal Collection **162** United Artists/The Kobal Collection **162** Universal/The Kobal Collection **163** Republic/The Kobal Collection **164** Paramount/The Kobal Collection **165** Warner Bros/The Kobal Collection **166** United Artists/The Kobal Collection **166** The Kobal Collection **167** Paramount/The Kobal Collection **168** Everett Collection/Rex Features **169** RKO/The Kobal Collection **170** Getty Images **171** United Artists/The Kobal Collection **172** 20th Century Fox/The Kobal Collection **173** Paramount/The Kobal Collection **174** CBS-TV/The Kobal Collection **175** 20th Century Fox/The Kobal Collection **175** Bettmann/Corbis **177** Bettmann/Corbis **178** Paramount/The Kobal Collection **178** The Kobal Collection **179** Universal/The Kobal Collection **181** RKO/The Kobal Collection **182** The Kobal Collection/Nelson, Ralph Jr. **183** Snap/Rex Features **184** Corbis **185** Everett Collection/Rex Features **186** The Kobal Collection **187** John Springer Collection/Corbis **188** Universal/The Kobal Collection **189** The Kobal Collection **190** 20th Century Fox/The Kobal Collection **191** The Kobal Collection **192** Warner Bros/The Kobal Collection **193** MGM/The Kobal Collection **194** Getty Images **194** Warner Bros/The Kobal Collection **195** AFP/Getty Images **196** Warner Bros./The Kobal Collection **197** Getty Images **198** Getty Images **199** United Artists/The Kobal Collection **200** The Kobal Collection **201** Getty Images **202** The Kobal Collection **203** 20th Century Fox/Paramount/The Kobal Collection/Wallace, Merie W. **204** Everett Collection/Rex Features **205** The Kobal Collection **206** The Kobal Collection **207** Getty Images **208** The Kobal Collection **209** Columbia/The Kobal Collection/Schafer, A. L. "Whitey" **210** 20th Century Fox/The Kobal Collection **210** The Kobal Collection **211** 20th Century Fox/The Kobal Collection **212** Universal/The Kobal Collection **213** Warner Bros/The Kobal Collection **214** The Kobal Collection **215** Bettmann/Corbis **216** The Kobal Collection **217** Time & Life Pictures/Getty Images **218** Bettmann/Corbis **219** Snap/Rex Features **220** Bettmann/Corbis **221** The Kobal Collection **222** The Kobal Collection/Bull, Clarence Sinclair **223** MGM/The Kobal Collection **224** Getty Images **225** Columbia/The Kobal Collection **226** John Springer Collection/Corbis **227** Paramount/The Kobal Collection **228** Paramount/The Kobal Collection **229** CinemaPhoto/Corbis **230** MGM/The Kobal Collection **231** Lucasfilm/20th Century Fox/The Kobal Collection **232** Getty Images **233** The Kobal Collection **234** The Kobal Collection **235** Columbia/The Kobal Collection **236** Selznick/MGM/The Kobal Collection **237** Warner Bros/The Kobal Collection **238** MGM/The Kobal Collection **239** Warner Bros./The Kobal Collection/Hurrell, George **240** John Springer Collection/Corbis **241** Tony Frank/Sygma/Corbis **242** The Kobal Collection **243** 20th Century Fox/The Kobal Collection **244** Jean Pimentel/Kipa/Corbis **245** The Kobal Collection/Schafer, A. L. "Whitey" **246** The Kobal Collection **247** The Kobal Collection **248** The Kobal Collection **249** Columbia/The Kobal Collection **250** RKO/The Kobal Collection **250** The Kobal Collection **251** London Films/The Kobal Collection **252** Bettmann/Corbis **253** MGM/The Kobal Collection **253** John Springer Collection/Corbis **255** John Springer Collection/Corbis **256** United Artists/The Kobal Collection **257** The Kobal Collection/Allan, Ted **258** John Springer Collection/Corbis **259** The Kobal Collection **260** The Kobal Collection **261** Universal/The Kobal Collection **262** Sunset Boulevard/Corbis **263** MGM/The Kobal Collection **264** The Kobal Collection **265** John Springer Collection/Corbis **266** BRYNA/Universal/The Kobal Collection **266** The Kobal Collection/Schafer, A. L. "Whitey" **267** Bryna Prods/United Artists/The Kobal Collection **268** 20th Century Fox/The Kobal Collection **269** United Artists/The Kobal Collection **270** The Kobal Collection **271** The Kobal Collection **272** John Springer Collection/Corbis **273** MGM/The Kobal Collection **274** Selznick/United Artists/The Kobal Collection **276** Bettmann/Corbis **277** The Kobal Collection/Welbourne, Scotty **278** Paramount/The Kobal Collection **279** Warner Bros/The Kobal Collection **280** Bettmann/Corbis **280** Columbia/The Kobal Collection **281** Columbia/The Kobal Collection/Cronenweth, Frank **282** The Kobal Collection **283** MGM/The Kobal Collection/Carpenter, Eric **284** MGM/The Kobal Collection **285** Hawk Films Prod/Columbia/The Kobal Collection **286** Walter Carone/Sygma/Corbis **287** Paramount/The Kobal Collection **288** Richard Melloul/Sygma/Corbis **288** Toho/The Kobal Collection **289** Toho/The Kobal Collection **290** Bettmann/Corbis **291** Shochiku/The Kobal Collection **292** The Kobal Collection **293** Universal/The Kobal Collection **294** The Kobal Collection **295** The Kobal Collection **296** MGM/The Kobal Collection **297** John Springer Collection/Corbis **298** John Springer Collection/Corbis **299** MGM/The Kobal Collection **300** Ponti-de Laurentiis/The Kobal Collection **301** Romulus/British Lion/

图片来源 • 致谢

The Kobal Collection **302** The Kobal Collection **303** Eric Fougere/Kipa/Corbis **304** RKO/The Kobal Collection/Hurrell, George **305** Elke Stolzenberg/Corbis **306** The Kobal Collection **307** The Kobal Collection **308** Paramount/The Kobal Collection **309** Jon Lyons/Rex Features **310** Warner Bros/The Kobal Collection **310** The Kobal Collection **311** MGM/The Kobal Collection **312** Time & Life Pictures/Getty Images **313** RKO/The Kobal Collection **314** Getty Images **315** Roger Viollet/Getty Images **316** Getty Images **317** Universal/The Kobal Collection **318** The Kobal Collection **319** Christian Simonpietri/Sygma/Corbis **320** Columbia/The Kobal Collection **320** The Kobal Collection/Engstead, John **321** Paramount/The Kobal Collection **323** Columbia/The Kobal Collection **324** The Kobal Collection **325** Getty Images **326** Getty Images **326** Getty Images **327** Warner Bros/The Kobal Collection **328** Bettmann/Corbis **329** Adriano/Excelsior/RAI/The Kobal Collection **330** MGM/The Kobal Collection **330** MGM/The Kobal Collection **331** Paramount/The Kobal Collection **332** MGM/The Kobal Collection **333** The Kobal Collection/Apger, Virgil **334** Jim Ruymen/Reuters/Corbis **334** MGM/The Kobal Collection **335** John Springer Collection/Corbis **337** Warner Bros/The Kobal Collection **338** Getty Images **339** Columbia/The Kobal Collection/Johnson, John P. **340** Paramount/The Kobal Collection/Fraker, Bud **341** Getty Images **342** The Kobal Collection **343** Getty Images **344** The Kobal Collection **345** The Kobal Collection **346** Getty Images **347** Getty Images **348** United Artists/Seven Arts/The Kobal Collection **348** The Kobal Collection **349** 20th C.Fox/Everett/Rex Features **350** Douglas Kirkland/Corbis **351** Michel Vauris Gravos/Sygma/Corbis **352** Columbia/The Kobal Collection **352** The Kobal Collection **353** United Artists/The Kobal Collection **354** Goldwyn/Columbia/The Kobal Collection **355** United Artists/The Kobal Collection **356** Columbia/The Kobal Collection **357** Universal/The Kobal Collection **358** Danjaq/EON/UA/The Kobal Collection **359** Getty Images **360** MK2 Prod/TF1 Prod/The Kobal Collection **361** The Kobal Collection **362** 20th Century Fox/The Kobal Collection **362** The Kobal Collection **363** 20th Century Fox/The Kobal Collection **364** Mitchell Gerber/Corbis **365** Universal/The Kobal Collection **366** Universal/The Kobal Collection **366** MGM/UA/The Kobal Collection **367** Svensk Filmindustri/The Kobal Collection **368** Paramount/The Kobal Collection **368** Paramount/The Kobal Collection/Fraker, Bud **369** Warner Bros/The Kobal Collection **371** Paramount/The Kobal Collection/Conant, Howell **372** Paramount/The Kobal Collection **372** Paramount/The Kobal Collection/Fraker, Bud **373** Paramount/The Kobal Collection **374** The Kobal Collection **375** The Kobal Collection **376** The Kobal Collection **377** Eric Robert/VIP Production/Corbis **378** Prod Eur Assoc/Gonzalez/Constantin/The Kobal Collection **378** Vulcan/The Kobal Collection **379** Warner Bros/The Kobal Collection **380** Amblin/Malpaso/The Kobal Collection/Regan, Ken **381** The Kobal Collection **382** Rafael Roa/Corbis **382** Bettmann/Corbis **383** Neue Constantin/ZDF/The Kobal Collection **384** Alan Pappe/Corbis **385** Micheline Pelletier/Corbis **386** Wolfgang Langenstrassen/dpa/Corbis **387** Polygram/The Kobal Collection **388** Sunset Boulevard/Corbis **388** Bettmann/Corbis **389** John Springer Collection/Corbis **390** The Kobal Collection **391** The Kobal Collection **392** The Kobal Collection **393** Embassy/The Kobal Collection **394** Everett Collection/Rex Features **395** United Artists/The Kobal Collection **396** Columbia/The Kobal Collection **396** MGM/The Kobal Collection **397** MGM/The Kobal Collection/Apger, Virgil **399** 20th Century Fox/The Kobal Collection **400** Time & Life Pictures/Getty Images **401** Paramount/The Kobal Collection **402** MGM/The Kobal Collection **403** Bettmann/Corbis **404** Toho Company/Everett/Rex Features **405** Paramount/The Kobal Collection **406** Getty Images **407** Globe/Rex Features **408** Everett Collection/Rex Features **409** Richard Melloul/Sygma/Corbis **410** The Kobal Collection **411** The Kobal Collection/Costa, Tony **412** Getty Images **413** MGM/The Kobal Collection **414** 20th Century Fox/The Kobal Collection **414** CCC/Concordia/PECF/The Kobal Collection **415** Miramax/The Kobal Collection **416** The Kobal Collection **417** NEF/Artistes Associes/Vides/The Kobal Collection **418** MGM/United Artists/Sony/The Kobal Collection/Maidment, Jay **419** 20th Century Fox/The Kobal Collection **420** MGM/The Kobal Collection **420** MGM/The Kobal Collection **421** MGM/The Kobal Collection **422** Warner Bros/Baltimore/Constant/The Kobal Collection/Hamill, Brian **423** The Kobal Collection **424** The Kobal Collection **425** The Kobal Collection **426** The Kobal Collection **427** Paramount/The Kobal Collection **428** The Kobal Collection **429** New Line/The Kobal Collection **430** Douglas Kirkland/Corbis **430** 20th Century Fox/The Kobal Collection **431** Warner Bros/The Kobal Collection **433** Bettmann/Corbis **434** 20th Century Fox/The Kobal Collection **435** The Kobal Collection **436** Tristar/Gracie Films/The Kobal Collection **436** Warner Bros/The Kobal Collection **437** United Artists/Fantasy Films/The Kobal Collection **438** Tristar/Gracie Films/The Kobal Collection/Baer, John **439** Jim Bourg/Reuters/Corbis **440** Columbia/The Kobal Collection **440** Corona/Allied Artists/The Kobal Collection **441** United Artists/The Kobal Collection **442** The Kobal Collection **443** Bettmann/Corbis **444** Eddie Adams/Corbis **444** MGM/Corbis **445** Columbia/Merchant Ivory/The Kobal Collection/Santini, Derrick **446** The Kobal Collection **447** The Kobal Collection **448** Warner Bros./The Kobal Collection **449** Getty Images **450** The Kobal Collection **451** Columbia/The Kobal Collection **452** Columbia/The Kobal Collection **453** The Kobal Collection **454** E. Charbonneau/BEI/Rex Features **455** Live Entertainment/The Kobal Collection **456** Douglas Kirkland/Corbis **457** Robert Eric/Corbis Sygma **458** Fabian Cevallos/Corbis Sygma **459** Rufus F. Folkks/Corbis **460** Getty Images **461** United Artists/The Kobal Collection **462** Warner Bros/The Kobal Collection **462** Lucy Nicholson/Reuters/Corbis **463** Paramount/The Kobal Collection **465** Universal/The Kobal Collection **466** AFP/Getty Images **467** The Kobal Collection **468** Apis/Sygma/Corbis **469** Getty Images **470** Universal/Everett/Rex Features **471** Sunset Boulevard/Corbis **472** Claudio_Onorati/epa/Corbis **473** The Kobal Collection **474** Warner Bros/The Kobal Collection **475** MGM/The Kobal Collection **476** Lucasfilm/20th Century Fox/The Kobal Collection **476** 20th Century Fox/The Kobal Collection **477** Lucasfilm LTD/Paramount/The Kobal Collection **478** Getty Images **479** The Kobal Collection **480** Reteitalia/Scena Film/The Kobal Collection **481** Rufus F. Folkks/Corbis **482** Robert Eric/Corbis Sygma **482** Paramount/The Kobal Collection **483** Columbia/The Kobal Collection **485** United Artists/The Kobal Collection **486** Marianne Rosenstiehl/Sygma/Corbis **486** Getty Images **487** Paris Film/Five Film/The Kobal Collection **488** Jamie Painter Young/Corbis **489** Corbis Sygma **490** Roger Viollet/Getty Images **491** The Kobal Collection **492** Paramount/The Kobal Collection **493** Getty Images **494** The Kobal Collection **495** Lynn Goldsmith/Corbis **496** Frank Trapper/Corbis **497** Touchstone Pictures/20th Century Fox/The Kobal Collection/Emerson, Sam **498** Getty Images **499** Time & Life Pictures/Getty Images **500** Douglas Kirkland/Corbis **501** Columbia/Tri-Star/The Kobal Collection/Marshak, Bob **502** Getty Images **503** United Artists/The Kobal Collection **504** Getty Images **505** Eric Robert/Corbis Sygma **506** Columbia/The Kobal Collection/O'Neill, Michael **507** Fox 2000 Pics/The Kobal Collection/Sebastian, Lorey **508** Sony Pics/Everett/Rex Features **509** Recorded Picture/Office Kitano/The Kobal Collection/Hanover, Suzanne **510** The Kobal Collection/Costa, Tony **511** Everett Collection/Rex Features **512** Getty Images **513** Getty Images **514** Touchstone/The Kobal Collection **515** Paramount Pictures/The Kobal Collection/Masi, Frank **516** Fine Line/Spelling Films/The Kobal Collection **517** Siemoneit Ronald/Corbis Sygma **518** Getty Images **518** Hachette/Camera 1/Films A2/DD Prod/UGC/The Kobal Collection **519** FR3/Europa Corp./Rectangle Prod./The Kobal Collection **520** Factory Films/The Kobal Collection **521** Universal/The Kobal Collection **522** Mike Cassese/Reuters/Corbis **523** Reuters/Corbis **524** Christian Simonpietri/Sygma/Corbis **524** United Artists/The Kobal Collection **525** 20th Century Fox/The Kobal Collection **527** 20th Century Fox/The Kobal Collection/Lacombe, Brigitte **528** Touchstone/Warners/The Kobal Collection **529** Marianne Rosenstiehl/Sygma/Corbis **530** Reuters/Corbis **531** Lynn Goldsmith/Corbis **532** AFP/Getty Images **533** Warner Bros/The Kobal Collection **534** Reuters/Corbis **535** Columbia/The Kobal Collection/Goldman, Louis **536** Warner Bros/The Kobal Collection **537** Universal/The Kobal Collection/Gordon, Melinda Sue **538** Warner Bros/DC Comics/The Kobal Collection **539** Getty Images **540** Getty Images **541** 20th Century Fox/The Kobal Collection/Dory, Attila **542** Getty Images **542** MK2 Prod/TF1 Prod/The Kobal Collection **543** Zenith/UGC/True Fiction/The Kobal Collection/Ludwig, Richard **544** Getty Images **545** MGM/The Kobal Collection/Phillips, Ron **546** Touchstone/The Kobal Collection/Cartwright, Richard **547** 20th Century Fox/The Kobal Collection **548** Marble Arch Prods/Universal/The Kobal Collection **548** Getty Images **549** Warner Bros/The Kobal Collection/Lee, David **550** Stephane Cardinale/People Avenue/Corbis **551** Orion/The Kobal Collection/Glass, Ben **552** Hollywood Pictures/The Kobal Collection/Phillips, Ron **552** Rex Features **553** Dimension Films/The Kobal Collection **554** Frank Trapper/Corbis **555** Corbis Sygma **556** Lisa O'Connor/Zuma/Corbis **557** Robert Eric/Corbis Sygma **558** ABC-TV/The Kobal Collection **559** The Kobal Collection **560** Getty Images **561** Paramount/The Kobal Collection **562** Stephane Masson/Corbis **563** Rufus F. Folkks/Corbis **564** Getty Images **565** The Kobal Collection **566** Rufus F. Folkks/Corbis **567** Time & Life Pictures/Getty Images **568** Getty Images **569** Getty Images **570** Fred Prouser/Reuters/Corbis **571** Getty Images for WICT **572** AFP/Getty Images **573** Getty Images **574** Frank Trapper/Corbis **575** Warner Bros./The Kobal Collection/Nelson, Ralph **576** Getty Images **577** Alex Li/Reuters/Corbis **578** Getty Images **579** Frank Trapper/Corbis **580** Rufus F. Folkks/Corbis **580** Paramount Pictures/The Kobal Collection/Fellman, Mark **581** Paramount/The Kobal Collection **582** Danjaq/EON/UA/The Kobal Collection/Hamshere, Keith **583** Columbia/The Kobal Collection/Morton, Merrick **584** AFP/Getty Images **585** Getty Images **586** Getty Images **587** Getty Images **588** Checchi Gori Group/The Kobal Collection **589** Mario Anzuoni/Reuters/Corbis **590** Rufus F. Folkks/Corbis **591** Universal/The Kobal Collection **592** Saul Zaentz Company/The Kobal Collection **593** Getty Images **594** Getty Images **595** Getty Images **596** AFP/Getty Images **597** Stephane Cardinale/People Avenue/Corbis **598** AFP/Getty Images **599** Miramax/The Kobal Collection/Michaels, Darren **600** Getty Images **601** Getty Images **602** Danjaq/EON/UA/The Kobal Collection/Hamshere, Keith **603** New Line Productions/The Kobal Collection/Wilson, Glen **604** Columbia/The Kobal Collection **605** Frederique Veysset/Sygma/Corbis **606** Getty Images **607** Getty Images **608** AFP/Getty Images **609** Sygma/Corbis **609** Reuters/Corbis **611** Universal/The Kobal Collection/Marshak, Bob **612** Getty Images **613** Getty Images **614** Getty Images **615** Getty Images **616** Columbia Pictures/Spyglass/The Kobal Collection/Cooper, Andrew **617** 20th Century Fox/The Kobal Collection **618** Getty Images **619** New Line/The Kobal Collection **620** Getty Images **621** Getty Images **622** Getty Images **623** Getty Images **624** Rufus F. Folkks/Corbis **625** Lucy Nicholson/Reuters/Corbis **626** Frank Trapper/Corbis **627** Columbia/The Kobal Collection/Michaels, Darren **628** Money Sharma/epa/Corbis **629** Sony Pictures/The Kobal Collection/Mein, Simon **630** Getty Images **631** Rune Hellestad/Corbis **632** Columbia Pictures/Dreamworks/Spyglass/The Kobal Collection/James, David **633** Getty Images

致谢 ACKNOWLEDGMENTS

Quintessence would like to thank the following people and picture agencies for their help in the preparation of this book:

Ann Barrett for compiling the index

Dave Kent, Angela Levin, and Phil Moad at The Kobal Collection

Stephen Atkinson at Rex Features

Jodie Wallis at Getty Images

Duncan Crawley at Corbis

General Editor Acknowledgments

My sincerest thanks to Jane Laing and Victoria Wiggins at Quintessence for their commitment, patience, and help every step of the way. These books are truly a team effort, and I have the luxury of working with the best publishing team imaginable. My thanks as well—and as always—to the contributors, who consistently amaze me with the insight and quality of their entries. Finally, I would like to thank my family, friends, and colleagues for their support and understanding during this entire process.

This book is dedicated to Roman and Lesya Winnicki, who have raised four stars of their own (five, including me).

梦想家微信号：iDearBook

图文

张维军 主编

梦想家·图文馆

让书成为最精美的礼物

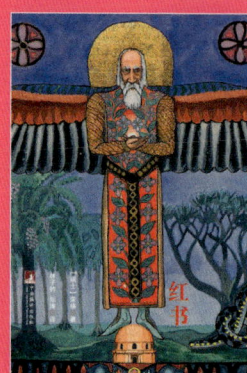

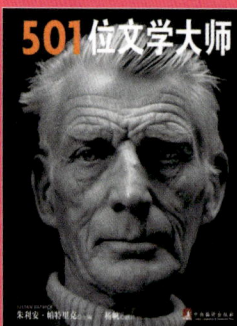

501位文学大师

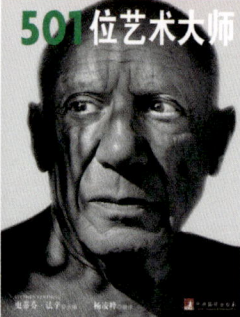

501位艺术大师

501位电影导演

501位电影明星

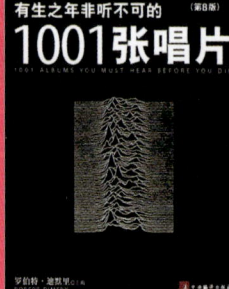

有生之年非听不可的1001张唱片（第8版）

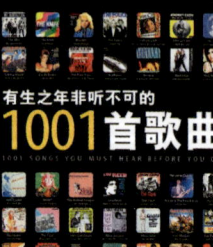

有生之年非听不可的1001首歌曲

有生之年非看不可的1001部电影（第10版）

有生之年非看不可的1001座建筑（第2版）

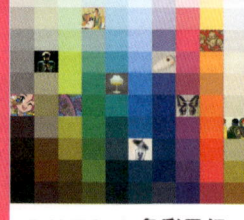

PANTONE 色彩圣经
The 20th Century in Color 20世纪色彩潮流

世界动画史
THE WORLD HISTORY OF ANIMATION

艺术谱系
名画密码与大师传承

时装设计型录
FASHION DESIGN DIRECTORY